What's Left?

BEITRÄGE ZUR POLITIKWISSENSCHAFT

Herausgeber:
Professor Dr. Klaus von Beyme, Professor Dr. Carl Böhret,
Professor Dr. Jürgen Fijalkowski, Professor Dr. Hans-Hermann Hartwich,
Professor Dr. Helmut Klages, Professor Dr. Christine Landfried, Professor Dr. Klaus Lompe,
Professor Dr. Margareta Mommsen, Professor Dr. Anton Pelinka,
Professor Dr. Georg Simonis

Band 76

PETER LANG
Frankfurt am Main · Berlin · Bern · Bruxelles · New York · Oxford · Wien

MICHA HÖRNLE

What's Left?

Die SPD und die British Labour Party in der Opposition

PETER LANG
Europäischer Verlag der Wissenschaften

Die Deutsche Bibliothek - CIP-Einheitsaufnahme

Hörnle, Micha:

What's Left? : die SPD und die British Labour Party in der Opposition / Micha Hörnle. - Frankfurt am Main ; Berlin ; Bern ; Bruxelles ; New York ; Oxford ; Wien : Lang, 2000
  (Beiträge zur Politikwissenschaft ; Bd. 76)
  Zugl.: Heidelberg, Univ., Diss., 1999
  ISBN 3-631-36589-6

Gedruckt auf alterungsbeständigem,
säurefreiem Papier.

D 16
ISSN 0170-8384
ISBN 3-631-36589-6
© Peter Lang GmbH
Europäischer Verlag der Wissenschaften
Frankfurt am Main 2000
Alle Rechte vorbehalten.

Das Werk einschließlich aller seiner Teile ist urheberrechtlich geschützt. Jede Verwertung außerhalb der engen Grenzen des Urheberrechtsgesetzes ist ohne Zustimmung des Verlages unzulässig und strafbar. Das gilt insbesondere für Vervielfältigungen, Übersetzungen, Mikroverfilmungen und die Einspeicherung und Verarbeitung in elektronischen Systemen.

Printed in Germany 1 2 3 4 6 7

Vorwort

Dann wak bei die Sozis. Na, also ick bin ja eijentlich, bei Licht besehn, ein alter, jeiebter Sosjaldemokrat [...] Ick werde wahrscheinlich diese Pachtei wähln - es is so ein beruhjendes Jefiehl. Man tut was für de Revolutzjon, aber man weeß janz jenau: mit diese Partei kommt se nich. Und das is sehr wichtig fier einen selbständjen Jemieseladen!

(aus: Kurt Tucholsky, „Ein älterer, aber leicht besoffener Herr", in: Gesammelte Werke 8, Reinbek 1993, S. 214)

Ein Gebot der Fairness in der Wissenschaft ist, das jeweilige Erkenntnisinteresse offenzulegen: Diese Arbeit ist der Hybris entsprungen, das Schicksal zweier großer sozialdemokratischer Parteien möglichst *umfassend* zu erklären. Als Mitglied der SPD und der Labour Party interessierten mich vier Dinge:
1. Warum waren beide Parteien so lange in der Opposition?
2. Warum werden beide Parteien zunächst seit den Wahlniederlagen Labours, später seit Labours Wahlsieg miteinander verglichen?
3. Warum hat genau dies noch kein Forscher für die *Gegenwart* versucht?
4. Warum sollte ich es versuchen?

Der vierte Punkt ist am einfachsten zu erklären: Während eines Erasmus-Stipendiums in Manchester hatte ich Gelegenheit, über mein Thema der Magisterarbeit zu reflektieren. Ergebnis des Nachdenkens war, den Standort- und Mitgliedsvorteil zu nutzen.

Der dritte Punkt ist mir selbst etwas unerklärlich, zumal in den Darstellungen beider Parteien häufig Referenzen auf die jeweilige Schwesterpartei auftauchen. Mit solchen Defiziten ist die Forschung nicht allein: Wie Gillespie (1993: 174) ausführt, wurden die sozialdemokratischen Parteien introvertierter in ihrer Programm- und Strategiefindung, anstatt auch einmal über das Schicksal ihrer ausländischen Schwesterparteien zu räsonieren. Zumindest bis Anfang der Neunziger sah es so aus, als gäbe es für die sozialdemokratischen Parteien kein „Rollenmodell" mehr, wie es die SPD seit Godesberg zwanzig Jahre lang war. Seit Tony Blair hat sich Gillespies Skepsis wieder gelegt: Offensichtlich gibt es doch eine Partei, von der Sozialdemokraten anderswo siegen lernen können. Oder doch nicht? Allerdings wird darauf verzichtet, die Bedingungen des institutionellen Systems, des Parteienwettbewerbs und des Wählermarktes genauer zu erforschen. Sektoral ist dies bereits geschehen: So untersuchte Koelble (1991) den Einfluß der neuen Linken, Scarrow (1996) die Rolle und Bedeutung der Parteimitglieder beider Parteien.

Aber das erklärt nur einen kleinen Ausschnitt des Schicksals beider Parteien. Die Punkte 1, 2 und 3 meiner Liste erfordern allerhand Kraftanstrengungen. Es ist sicher einfacher, beide Parteien sektoral zu betrachten als eine Art künstlichen

Holismus zu versuchen, der stets die Gefahr in sich birgt, allzusehr zu verkürzen. Denn entweder steht die Programmatik der Parteien im Vordergrund oder ihre Wähler. Dabei wird meist davon ausgegangen, daß der Wähler sich die ihm genehme Programmatik herauspickt, wie es das einfache Konsumentenmodell des Wahlverhaltens vorsieht. Aber Wähler sind schließlich rätselhafte Wesen, die sich in unterschiedlichem Umfang und aus unterschiedlichen Gründen von Wahl zu Wahl für eine Partei entscheiden. Diesem Rätsel ist der gesamte Teil II gewidmet, der banal mit der Frage beginnt „Warum wählen Wähler wann wie?".
Ursprünglich sollte „die Sache mit dem Wähler" in einigen Fußnoten abgehandelt werden, aber dann entwickelten sich die Dinge in eine Richtung, die nicht intendiert war. Aus den „Fußnoten" wurde ein ganzer Teil, der seine Existenz dem offensichtlichen Unvermögen deutscher Wahlforscher verdankt, einen Forschungsüberblick über das deutsche Wahlverhalten vorzulegen.
Warum Wähler eine andere Partei wählen, ist mir selbst nicht eingängig, bin (oder war) ich doch vom Politikprojekt der Sozialdemokratie überzeugt. Dies ist auch meinem Studium gedankt, als mich am Anfang Manfred G. Schmidts und Fritz W. Scharpfs Forschungsergebnisse in der Korporatismus-Forschung überzeugten. Wie Leon Festinger (1957) schon vor vierzig Jahren schrieb, vermeidet das Individuum Stimuli, die den Einstellungen widersprechen. Oder die Stimuli werden umbewertet, ohne die Einstellungen zu verändern. Doch manchmal sind die Stimuli so stark, daß eine Einstellungsänderung erfolgt.
Nach fünfjähriger Labour-Mitgliedschaft war ich angetreten, um die (angeblich) Blairsche Modernisierungspolitik niederzuschreiben. Gerade die Ergebnisse des Teils II („Wähler") haben mich dazu bewogen, diese Feindseligkeit gegenüber dem Verrat an „sozialistischen" Prinzipien zu überdenken. Das werden meine englischen Freunde nicht gern hören, die immer noch argwöhnen, Blair hätte Labours Seele einem puren „electoralism" geopfert. Kurt Tucholsky, der unentschiedene und dennoch enttäuschte Sozialist, hätte solches auch nicht gerne gelesen. Immerhin deutet er auf einen Punkt, der bei allen Darstellungen über die Sozialdemokratie durchschimmert: Ohne ihr enormes Anpassungsvermögen hätte sie es kaum vermocht, eine bedeutende, manchmal entscheidende politischen Kraft zu bleiben, obwohl es sie seit mehr als einem Jahrhundert gibt.
Die Hauptthese dieser Studie ist: Soll eine der hier diskutierten sozialdemokratischen Parteien wirklich wieder an die Regierung wollen und ein bestimmtes Programm durchsetzen wollen, muß sie auf ihre Weise die Diskursführerschaft um die wirtschaftliche und soziale Modernisierung wiedererringen. Die Diskursführerschaft kann nicht gegen, sondern nur mit den (aufstiegsorientierten, „materiell" gesonnenen) Mittelschichten errungen werden. Hier schimmert wieder ein wenig „kognitive Dissonanz" durch. Mich selbst haben die Themen der „neuen Politik" nie besonders interessiert. Tröstlich für mich selbst ist der Umstand, daß ich selbst damit zur neuen SPD-Zielgruppe der materiell orientierten Aufsteiger und Hedonisten gehöre.

Ohne die Mithilfe vieler Personen hätte die vorliegende Arbeit niemals geschrieben werden können. Dank gebührt in erster Linie Claudia Becker, die nicht nur unseren Haushalt bei weitgehender Absenz des Verfassers allein führte und durch allerhand Anregungen und Literatur bei sozialpsychologischen Fragen zur Seite stand. Sie hat im Alleingang alle Drucker der Heidelberger Universitätsbibliothek und die Widrigkeiten eines feindlich gesonnenen Textverarbeitungsprogrammes bezwungen. Ohne den finanziellen Langmut meiner Mutter hätte dies alles nicht geschrieben werden können. Sie hat mich fast preußisch zu nennendes Durchhaltevermögen gelehrt, das manchmal auf Kosten des väterlichen hessischen Frohsinns ging. Dank auch Jan Eggers und Sandra Frisch, die alles noch einmal durchsahen, und Bernd Kuzmits, der so treu die gemütlichen Abende zu zweit mit Labour und der SPD teilen mußte. Ebenso Dank an Ulrike Hacker, die sich unabhängig von dieser Arbeit dazu durchrang, zum ersten Mal SPD zu wählen. Andere Unterstützung gewährte Nicolas Singrün, der in kaum enden wollenden Diskussionen sich mit der SPD plagen mußte - und zwar wider seine politische Disposition. Langmut und gelegentliche Großzügigkeit bewies auch die bibliothekarische Aufsicht am IPW. Noch im Gewande einer Magisterarbeit gestatten mir die Hiwis und Bibliotheksangestellten so manche Laxheit bei der Rückgabe und zeigten aufrichtiges Interesse an meinem Tun.

Vor allem danke ich Prof. Dr. Klaus von Beyme und Prof. Dr. Wolfgang Merkel, die meine Arbeit betreuten und mich in meinem Vorhaben unterstützen, aus einer überlangen Magisterarbeit eine Dissertation zu „stricken". Nach gutem Zureden und wertvollen Anregungen wurde die Arbeit im August 1998 an der Ruprecht-Karl-Universität Heidelberg als Dissertation angenommen.

Da seitdem *beide* Parteien an der Regierung sind, schien es mir unerläßlich, Aktualisierungen, besonders in der Wahlanalyse (Kapitel 5), vorzunehmen und ein Unterkapitel über das bisherige Regierungshandeln (Kapitel 23.3) einzufügen, und zwar abweichend von der ursprünglichen Fassung der Dissertation vom August 1998.

Auch in Manchester wäre ohne die Unterstützung von Ursula Vogel und Jill Lovecy der Zugang zur reichhaltigen Bibliothek nicht möglich gewesen. Besonders Jill Lovecy hat mich noch zu Manchesters Tagen in den Korporatismus getrieben, wofür ich ihr *in retrospect* immer noch dankbar bin. Vor allem haben Janice McLaughlin, Dave Paine und Louise Bonner die Recherche in Cambridge und Manchester durch ihre Gastfreundschaft, mittlerweile fünfjährige Einführung in die englische Kultur und gelegentliche Zweifel erst möglich gemacht. Dave, Louise: Unfortunately, this one's for you - and next year in Glossop!

Heidelberg im November 1999   Micha Hörnle

Inhaltsverzeichnis

und Verzeichnis der Tabellen und Abbildungen

1 Einleitung 1

Teil I Niedergangstheorien im Test
Kapitel 2-5

2 Die erste Niedergangsthese im Test: 17
Die Krise der 70er Jahre: Der „überlastete" Sozialstaat
2.1 Was ist sozialdemokratisch am Wohlfahrtsstaat? 18
2.2 Krisentheorien 25
2.3 Zusammenfassung 37

3 Die zweite Niedergangsthese im Test: 39
Die Massenarbeitslosigkeit seit den siebziger Jahren
3.1 Was bestimmt die Höhe der Arbeitslosigkeit? 39
  3.1.1 Die Bundesrepublik Deutschland 40
  3.1.2 Großbritannien 45
3.2 Das Ende der korporatistischen Steuerung? 51
3.3 Zusammenfassung 57

4 Die dritte Niedergangsthese im Test: 59
Die postmaterialistische Konkurrenz
4.1 Die Theorie des Postmaterialismus und ihre Kritiker 59
4.2 Die Folgen des Postmaterialismus für die SPD 69
4.3 Warum gibt es keine Grünen in Großbritannien? 74
4.4 Zusammenfassung 77

5 Wie wirken sich die Niedergangsszenarien an den 79
Wahlurnen aus? Oder: Sozialdemokratie ohne Wähler?
5.1 Die elektorale Stärke von SPD und Labour 79
  5.1.1 Die elektorale Stärke auf nationaler Ebene 79
  5.1.2 Hochburgen 85
5.2 Die Regierungsmacht von SPD und Labour 88
5.3 Der föderale Triumph: Stimmstärke und Regierungsmacht 88
der SPD in den Ländern
  5.3.1 Die elektorale Stärke der SPD in den Bundesländern 89
  5.3.2 Die Regierungsmacht der SPD in den Ländern 94
5.4 Zusammenfassung 100

TEIL II Die Wähler
Kapitel 6-13

	Einleitung zu Teil II	101
6	Die Theorie der Columbia School	102
7	Die Theorie der Michigan School	109
	Zusammenfassung von Kapitel 6 und Kapitel 7	116
8	**Die große Wandlung: Dealignment**	**117**
8.1	Die Theorien des Dealignments	117
8.2	Was ist dran am Dealignment?	123
8.2.1	Die Parteiidentifikation	124
8.2.1.1	Wie wirkt die Parteiidentifikation?	124
8.2.1.2	Verbreitung und Stärke der Parteiidentifikation	126
8.3	Volatilität	132
8.4	Zusammenfassung	140
9	**Issues und Spitzenkandidaten**	**143**
9.1	Die Bedeutung von Issues und Spitzenkandidaten	143
9.2	Die Ergebnisse für SPD und Labour in der Opposition	148
9.3	Der „Schnauze voll"-Effekt	154
9.4	Das Issue-Paradox wird gelöst: Der Wähler mit Prinzipien	156
9.5	Zusammenfassung	162
10	**„Retrospective" / „Economic voting"**	**165**
10.1	Die Theorie	165
10.2	Die Ergebnisse für Großbritannien und die Bundesrepublik	170
10.3	Zusammenfassung	182
11	**Taktisches / strategisches Wählen**	**183**
	Zusammenfassung	188
12	**Der Einfluß der Medien**	**189**
12.1	Allmächtige Medien?	189
12.1.1	Die Schweigespirale	190
12.1.2	Agenda-Setting	194
12.1.3	Aktivierung	198
12.2	Der Medieneinfluß in Großbritannien und Deutschland	199
12.2.1	Fernsehen und Presse in Deutschland	201
12.2.2	Fernsehen und Presse in Großbritannien	204
12.3	Zusammenfassung	208

13	**Politische Kommunikation und die Wirkung von Kampagnen**	209
13.1	Kampagnenforschung	210
13.2	Wie wirken Kampagnen?	214
13.3	Wie werden heute Kampagnen durchgeführt?	219
13.4	Zusammenfassung: Was hat sich in den Wahlkämpfen beider Parteien verändert?	230

TEIL III Eine Bilanz: Parteiensysteme, Wähler und Parteien
Kapitel 14-18

14	**SPD und Labour im deutschen und britischen Parteiensystem**	233
14.1	Wie entstehen Parteiensysteme?	233
14.2	Wie lassen sich Parteiensysteme unterscheiden?	240
14.3	Zusammenfassung	248

15	**Die Wähler der SPD und der Labour Party**	249
15.1	Die Bedeutung gesellschaftlicher Konfliktlinien	249
15.2	Wie wählen gesellschaftliche Großgruppen (wenn es sie überhaupt gibt)?	258
15.3	Zusammenfassung	273

16	**SPD, Labour und die Arbeiter**	275
16.1	Warum wenden sich die Arbeiter von der Sozialdemokratie ab (wenn überhaupt)?	275
16.2	Die Effekte einer schrumpfenden Arbeiterklasse, des „Class Dealignment" und des sinkenden Organisationsgrads der Gewerkschaften	286
16.3	Zusammenfassung	292

17	**Was geschah bei den Nicht-Arbeitern?**	295
	Zusammenfassung	300

18	**Sind SPD und Labour Volksparteien?**	303
	Zusammenfassung	311

TEIL IV   Organisationsstruktur von SPD und Labour
Kapitel 19-21

19   **Parteien als Forschungsgegenstand**   **313**
19.1   Wege zur innerparteilichen Macht   317
19.2   Das (selbstgewollte) Ende der Mitgliederparteien?   330
19.3   Zusammenfassung   340

20   **Parteien als Organisationen**   **341**
20.1   „Faktionen": Innerparteiliche Gruppierungen und ihre Folgen   341
20.2   Die neue Linke und ihr Einfluß   353
20.3   Zusammenfassung   361

21   **Organisatorische Veränderungen bei Labour und der SPD in der Opposition**   **363**
    Zusammenfassung   374

TEIL V   Programmatik von SPD und Labour
Kapitel 22-23

22   **Der Hintergrund: Programmatik und Ideologie von Labour und SPD bis zur Oppositionszeit der achtziger Jahre**   **375**
22.1   Der ideologische Hintergrund: Herkunft und traditionelle Programmatik von Labour und SPD   377
22.2   Der Revisionismus   389
22.3   Zusammenfassung   397

23   **Die programmatischen Diskurse in der Oppositionszeit**   **399**
23.1   Diskurse, Programmentwicklung und Strategien der SPD: Zweimal Postmaterialismus und zurück   402
23.2   Diskurse, Programmentwicklung und Strategien Labours: Neorevisionismus einfach   420
23.3   Postskript: SPD und Labour an der Regierung   428
23.3   Zusammenfassung   445

24   **Faktor Führung**   **449**
    Zusammenfassung   463

25   **Schluß: Zwei Parteien, zwei Wege zur Macht**   **465**

Quellen- und Literaturverzeichnis   **471**

Verzeichnis der Tabellen und Abbildungen

Tabellen

Tabelle 4.1	Werttypenverteilung in Großbritannien 1970-1984	61
Tabelle 4.2	Werttypenverteilung in der Bundesrepublik Deutschland 1970-1984	61
Tabelle 5.1	Stimmenanteile von SPD und Labour nach Zeiträumen	81
Tabelle 5.2	Ergebnisse der Unterhauswahlen 1945-1997	82
Tabelle 5.3	Ergebnisse der Bundestagswahlen 1949-1998	83
Tabelle 5.4	Stimmenanteil von SPD, CDU/CSU und Grünen in Landtagswahlen 1946-1998 in Westdeutschland	92
Tabelle 5.5	Stimmenanteil von SPD, CDU/CSU, Grünen und PDS in Landtagswahlen im Durchschnitt aller und in den ostdeutschen Bundesländern (mit Berlin) 1990-1998	93
Tabelle 5.6	Stimmenanteil der SPD und der CDU/CSU in Landtags und Bundestagswahlen zur Zeit bundespolitischen Regierung und Opposition der SPD 1949-1998 (Werte für Gesamtdeutschland)	93
Tabelle 5.7	Stimmenanteil der SPD in Landtags- und Bundestagswahlen nach „Zeitaltern" (Werte für Gesamtdeutschland)	93
Tabelle 5.8	Regierungsstärke von SPD und CDU/CSU in den westdeutschen Bundesländern 1949-1998	97
Tabelle 5.9	Regierungsmacht von SPD und CDU/CSU in allen und in den ostdeutschen Bundesländern (mit Berlin) 1990-1998	98
Tabelle 5.10	Machtindex der SPD und der CDU/CSU auf Landesebene zur Zeit der bundespolitischen Regierung und Opposition der SPD	99
Tabelle 5.11	Machtindex der SPD auf Landes- und Bundesebene nach „Zeitaltern"	99
Tabelle 8.1	Butler-Swing in Großbritannien 1945-1997	133
Tabelle 8.2	Butler-Swing in der Bundesrepublik Deutschland 1949-1998	133
Tabelle 8.3	Pedersen-Index für Großbritannien 1945-1997	133
Tabelle 8.4	Pedersen-Index für die Bundesrepublik Deutschland 1949-1998	133
Tabelle 8.5	Netto-Wechselwahl (Pedersen-Index) in Bundestags- und Landtagswahlen in Westdeutschland 1972-1994	135
Tabelle 8.6	Wählerwanderungen in Großbritannien 1997	136
Tabelle 8.7	Bruttovolatilität in Westdeutschland 1972-1994	138
Tabelle 9.1	Regierungsdauer in Großbritannien 1945-1997	155
Tabelle 9.2	Regierungsdauer in der Bundesrepublik Deutschland 1949-1998	155
Tabelle 10.1	Wirtschaftsdaten in Großbritannien in Wahljahren 1983-1997	174
Tabelle 10.2	Wirtschaftsdaten in der Bundesrepublik Deutschland in Wahljahren 1983-1998	181
Tabelle 14.1	Anzahl der relevanten Parteien in der Bundesrepublik Deutschland 1949-1998	246

Tabelle 14.2	Anzahl der relevanten Parteien in Großbritannien 1945-1997	247
Tabelle 15.1	Wahlentscheidung und Kirchenbindung 1976 und 1994 in der Bundesrepublik Deutschland (1994: alte Bundesländer)	251
Tabelle 15.2	Alford-Index und Class Voting in Großbritannien 1945-1997	262
Tabelle 15.3	Odds-Ratio in Großbritannien 1964-1997	265
Tabelle 15.4	Alford-Index in Westdeutschland 1953-1994	268
Tabelle 16.1	Beschäftigungsanteile des Industriesektors in Großbritannien und der Bundesrepublik Deutschland 1975-1995	287
Tabelle 16.2	Veränderung des Anteils der Industriebeschäftigten an der Gesamtbevölkerung und Veränderung des Anteils sozialdemokratischer Parteien 1960-1973 / 1980-1989	287
Tabelle 16.3	Wahlentscheidung von Gewerkschaftsmitgliedern in Großbritannien 1964-1997	289
Tabelle 16.4	Wahlentscheidung von Gewerkschaftsmitgliedern in der Bundesrepublik Deutschland 1976-1990	289
Tabelle 18.1	Soziale Schichtung der SPD-Wähler und der Gesamtwähler 1975 / 1990	307
Tabelle 18.2	Soziale Schichtung der Labour-Wähler und der Gesamtwähler 1975 / 1990	307
Tabelle 19.1	Anteil der DGB-Mitgliedsgewerkschaften an den DGB-Mitgliedern, den DGB-Mitgliedern in der SPD-Bundestagsfraktion und der gesamten SPD-Bundestagsfraktion 1990-1994	323
Tabelle 19.2	Aufteilung der gesamten DGB-Mitglieder und der DGB-Mitglieder der SPD-Bundestagsfraktion nach Sektoren 1990-1994	323
Tabelle 19.3	Parteimitgliedschaft und Wahlergebnisse von SPD und CDU/CSU 1946-1994	334
Tabelle 19.4	Parteimitgliedschaft und Wahlergebnisse von Labour und den Konservativen 1945-1997	335
Tabelle 19.5	Anteil der Mitglieder von SPD und CDU/CSU an der gesamten wahlberechtigten Bevölkerung in den Bundesländern 1990, 1994	336
Tabelle 20.1	Verteilung der Werttypen der SPD-Wähler und der SPD-Mitglieder	356

Abbildungen

Abbildung 3.1	Grad der korporatistischen Interessenvermittlung in ausgewählten Ländern	56
Abbildung 5.1	Ergebnisse der Unterhauswahlen 1945-1997	82
Abbildung 5.2	Ergebnisse der Bundestagswahlen 1949-1994	84
Abbildung 5.3	Stimmenstärke von SPD, CDU/CSU und Grünen in Landtags- und Bundestagswahlen in Westdeutschland 1949-1998	92
Abbildung 5.4	Landtagswahlen in Gesamtdeutschland und in Ostdeutschland (mit Berlin) 1990-1998	94
Abbildung 5.5	Regierungsstärke von SPD und CDU/CSU in den westdeutschen Bundesländern 1949-1998	98
Abbildung 5.6	Regierungsmacht von SPD und CDU/CSU in den ost- und westdeutschen Bundesländern und im Durchschnitt aller Bundesländer (mit Berlin) 1990-1998	98
Abbildung 8.1	Parteiidentifikation und Wahlergebnisse von SPD, CDU/CSU, FDP und den Grünen 1976-1990	128
Abbildung 8.2	Parteiidentifikation und Wahlergebnisse von Labour, den Konservativen und den Liberalen 1964-1992	129
Abbildung 14.1	Sitze der Parteien im Unterhaus 1945-1997	238
Abbildung 14.2	Stimmanteile und Parlamentssitzanteile der regierenden Parteien in Großbritannien 1945-1997	239
Abbildung 14.3	Two-Party-Vote in der Bundesrepublik Deutschland 1949-1994	245
Abbildung 14.4	Two-Party-Vote in Großbritannien 1945-1997	247
Abbildung 15.1	Index des religiös-konfessionellen Wählens und Klassenwählens in der Bundesrepublik Deutschland 1996-1990	253
Abbildung 25.1	Strategien von Labour und SPD	467

1 Einleitung: Die Sozialdemokratie - Krise ohne Ende?

Die 450 folgenden Seiten sind dem Schicksal der zwei größten sozialdemokratischen Parteien, der Sozialdemokratischen Partei Deutschlands und der British Labour Party, zu Zeiten ihrer Opposition auf nationaler Ebene gewidmet. Das erklärte Ziel dieser Arbeit ist, den Leser in „enzyklopädischer" Art über das Tun und Lassen beider Parteien in der langen Oppositionszeit zu informieren und einen Überblick über ihr bisheriges Regierungshandeln vor und nach der Oppositionszeit - dieser sicherlich provisorisch - zu wagen. In hoffentlich verzeihlicher Breite werden Niedergangstheorien, das Schicksal beider Parteien in Wahlen, ihre Wähler, ihre Stellung im Parteiensystem, ihre Organisation, ihre Programmatik und ihre Führer zu untersuchen. Damit soll dem Partikularismus anderer Analysen entgegengewirkt werden, die sich auf einzelne Gegenstände konzentrieren und den Blick für die Komplexität des Schicksals von Parteien verlieren. Trotz des „Zerkleinerns von Geschichte" in 25 Kapiteln sollen dennoch eindeutige Schlüsse gezogen werden, die aus der schieren Menge der Kapitel und des zur Verfügung stehenden Materials gezogen werden können.

SPD und Labour befanden sich in den achtziger und neunziger Jahren in einer ungewöhnlich langen Opposition, und so manches Mal schien es absehbar, daß sie keine Chance mehr hätten, an die Regierung zu kommen. Labour und SPD wurden als ein Indiz dafür genommen, daß nicht nur die beiden Parteien, sondern die Sozialdemokratie überhaupt, in einem unaufhaltsamen, allgemeinen („säkularen") Niedergang begriffen ist. Und wenn der Niedergang alle sozialdemokratischen Parteien trifft, dann hat er auch allgemeine Ursachen.

Die Niedergangsthese wurde in mehreren Variationen vorgetragen, denen meist drei Grundbeobachtungen zugrunde liegen (vgl. Armingeon 1989: 322-327; Merkel 1993: 21-35; Meyer 1998: 71-86): die ökonomische Krise seit Mitte der siebziger Jahre, der sozialstrukturelle Wandel und der Wertewandel.

1. Ökonomische Krise

Kernstück des sozialdemokratischen Revisionismus der Nachkriegszeit war die Adaption des „himmlische[n] Geschenk[s] des Keynesianismus" (Kesselman 1996: 136): Die Nachfragesteuerung des Staates glich die Schwankungen der Wirtschaftszyklen aus und sorgte damit für höhere Investitionen und Beschäftigung. Da die kurzfristige Profitmaximierung der Wirtschaft domestiziert wurde, konnte der Staat die Wirtschaft auch langfristig planen und entwickeln. Dabei blieb die private Besitzstruktur der Wirtschaft unangetastet, sie sollte lediglich durch staatliche Politik dem Allgemeinwohl dienen (Przeworski 1985: 207). Somit fielen diesem Steuerungskonzept aus der Perspektive der Sozialdemokratie drei Funktionen zu:
1. Die Basisziele der Arbeiterbewegung (Vollbeschäftigung, ausreichende Löhne und soziale Sicherung) wurden durch den Gebrauch der Staatsmacht erreicht.

2. Der Keynesianismus sicherte das Fortbestehen des sozialdemokratischen Ideals der Gleichheit ab, die wirtschaftliche Expansion wird durch eine breite Streuung von Einkommen und Vermögen abgesichert.
3. Der Keynesianismus untermauerte die wirtschaftspolitische Glaubwürdigkeit der Sozialdemokratie, die ihre Macht an der Regierung für eine bessere wirtschaftspolitische Performanz gebraucht (Esping-Andersen 1985: 17; Przeworski 1985: 3; Shaw 1994a: 3). Endlich war der „elektorale Sozialismus" (Przeworski/Sprague 1986: 55) gerechtfertigt.

Durch die ökonomische Krise der 70er Jahre wird die Politikfähigkeit der Sozialdemokratie unterminiert. Der von ihr forcierte Ausbau des Wohlfahrtsstaates stößt an seine Grenzen, es treten Finanzierungsprobleme auf. Zudem verschärft sich der Konflikt zwischen den Steuerzahlern, denen zu seiner Finanzierung immer höhere Steuern aufgebürdet werden, und den Wohlfahrtsempfängern. Es kann wie in Dänemark zur Ausbildung von Steuerprotestparteien kommen, die der Sozialdemokratie Wähler abjagen.

Daraus ergeben sich zwei Konsequenzen: Die Sozialdemokratie hat ihren Auftrag erfüllt (Dahrendorf 1983), selbst politische Konkurrenten zu praktizierenden Sozialdemokraten gemacht, da z.B. die Herstellung von Vollbeschäftigung und wohlfahrtsstaatliche Politik zum programmatischen Gut vieler Parteien geworden ist. Zugleich schränkt ein hypertrophierender Staat das freie Unternehmertum und die Prosperität ein. Daher muß der Wohlfahrtsstaat, der den Bürgern ihr Geld wegnimmt, auf ein volkswirtschaftlich vertretbares Maß zurückgestutzt werden. Voreilig wurde der Sieg des „Neoliberalismus" und „Montetarismus" ausgerufen. Aber der Beweis, daß es einen dauerhaften Einstellungswandel der Bevölkerung hin zu neoliberalen Werten gegeben hat, steht noch aus. Gerade in Großbritannien, das die drastischsten Einschnitte im Wohlfahrtsstaat erlebte, hält sich doch in der Bevölkerung ein sozialdemokratischer Grundkonsens (Borchert 1995, Crewe 1988, Taylor-Gooby 1987). In Kapitel 2 wird dieser Frage nachgegangen: Sind Sozialdemokraten an der Regierung wirklich die einzigen Agenten wohlfahrtsstaatlicher Expansion? Genau dies steht nicht zweifelsfrei fest.

Die zweite Frage beschäftigt sich mit den Defiziten des Sozialstaats. Sind die Systeme der sozialen Sicherung überlastet? Wie wirkt sich ein „fordernder" Sozialstaat auf die wirtschaftliche Leistungskraft eines Landes aus? Hier sind die Antworten ebenfalls nicht eindeutig, wenn auch feststeht, daß besonders gut ausgebaute Wohlfahrtsstaaten an die Grenze des volkswirtschaftlich Vertretbaren angelangt sind und Auswirkungen auf die Höhe des Wirtschaftswachstums und der Arbeitslosigkeit haben. Aus diesen Gründen erscheint es unwahrscheinlich, daß er *weiter* ausgebaut wird. Die Probleme der Sozialdemokratie liegen dann eher darin, auf die neuen Herausforderungen zu reagieren - ohne die Existenz des Sozialstaates an sich zu gefährden: Umbau (vielleicht auch Rückbau) statt Ausbau. Auch hier wird sich zeigen, daß Sozialdemokraten nicht ein für allemal auf den Ausbau festgelegt sind, sondern Gestaltungsspielräume haben und sie nutzen.

Doch nicht nur der „überlastete" Sozialstaat, dessen Legitimationsbasis immer mehr erodiert, sondern auch das von den Sozialdemokraten adaptierte Konzept der keynesianischen Steuerung wird einem harten Test unterzogen (dazu Scharpf 1987: 31-60), das schließlich die nationale Souveränität in der Geld-, Zins- und Währungspolitik voraussetzt. Globalisiert sich dieser Markt, dann sieht es schlecht aus mit dem „Keynesianismus in einem Land".

Vor allem gelang es der regierenden britischen und deutschen Sozialdemokratie nicht, die Vollbeschäftigung in den 70er Jahren zu sichern. Diese war ein Grundziel des Revisionismus Croslandscher Prägung (Crosland 1956).

Schließlich wurde behauptet, daß die Massenarbeitslosigkeit und Sparpolitik zu einer wachsenden Entfremdung der Arbeitnehmerorganisationen von den regierenden Sozialdemokraten führt (Kastendiek 1984; Janzen 1982). Lag es nur daran, daß sie den Willen zur Vollbeschäftigung verloren (Webber/Nass 1984: 185)? Oder wirkten da andere Kräfte, die eine Vollbeschäftigungspolitik unmöglich machen, wie z.B. eine gewisse politisch-institutionelle Struktur (vgl. Scharpf 1987)? Kaum tröstlich war für Labour und SPD, daß andere sozialdemokratisch regierte Staaten (wie Österreich und Schweden) die Vollbeschäftigung halten konnten - was den Schluß nahelegt, daß Staaten mit sozialdemokratischer Regierung die Krise der siebziger Jahre eher besser bewältigten als christdemokratisch oder konservativ regierte (Merkel 1993: 250). Dies war aber nicht einzig einer erfolgreichen keynesianischen Steuerung zu verdanken, sondern auch der Existenz besonderer System des Interessenausgleichs zwischen Arbeit und Kapital. Genau dies stand im Zentrum diverser Schriften von Manfred G. Schmidt und Gerhard Lehmbruch, den Exponenten der „Konstanzer Schule". Allerdings gibt es seit Ende der achtziger Jahre eine gewisse Forschungslücke, was die erfolgreiche korporatistische Steuerung angeht. Höpner (1997) machte darauf aufmerksam, daß manche Annahmen dieser Steuerungstheorie später erodierten.

Prinzipiell gilt festzuhalten: Die Sozialdemokraten befanden sich in der Zeit nach 1945 in besonders günstigen Umständen: Vollbeschäftigung, steigender Massenwohlstand, der Ausbau des Sozialstaates schienen gleichbedeutend mit einem elektoralen Erfolg der Sozialdemokraten (Paterson/Thomas 1986: 4f.; Bartolini 1983: 185). Sind diese Umstände nicht mehr gegeben, so müßten die Sozialdemokraten Wähleranteile einbüßen, die Entwicklung ihrer Stimmstärke und Macht hätte dann den Verlauf einer umgedrehten U-Kurve. Dieser Umstand ist nicht universell eingetreten.

Freilich kann dieser Punkt auch unter völlig anderen Gesichtspunkten untersucht werden: Selbst wenn sich die Stimmenanteile der sozialdemokratischen Parteien nicht verringern, und sie sogar Wahlen gewinnen, wissen sie nicht wozu. Es ist die Erosion des sozialdemokratischen Politikmodus, der wahrscheinlich stärker wirkt. Als in den fünfziger Jahren der Revisionismus[1] allmählich in beiden Parteien siegte und für zwanzig Jahre den Politikmodus begründete, beruhte dieser auf der optimistischen Annahme, daß ein sozialdemokratischer Staat immer genügend zu verteilen habe, so daß durch wohlfahrtsstaatliche Politik die Klassengegensätze abgemildert werden können. Ähnlich beruhten auch korporatistische Systeme auf „Tauschpfändern": Die Gewerkschaften sollten Lohnzurückhaltung tauschen, während der Staat im Gegenzug fiskalische und wohlfahrtsstaatliche Politiken tauschte. Dieses relativ harmonische Tauschverhältnis wurde dadurch gestört, daß die Tauschfähigkeit der beteiligten Akteure abnahm. Darauf könnte die Sozialdemokratie reagieren, indem sie einen anderen, genauso konsistenten und attraktiven Politikmodus vorschlägt.

Es spricht einiges für die These, daß die Sozialdemokraten an der Regierung oder in der Opposition auf Veränderungen im Umfeld, auf Widerstände und Grenzen ihres Handelns reagieren. Dies kann aber schwerwiegende Folgen für das sozialdemokratische Selbstverständnis haben. Habermas (1985) machte bei Sozialdemokraten und ihren Politikvorstellungen eine Erschöpfung des utopischen Potentials ihrer Politiken aus. Hier bieten selbst die Heroen der sozialdemokratischen Internationale, die schwedische SAP, ein instruktives Beispiel. Stephens (1979) sah Schweden auf dem schrittweisen Weg zum Sozialismus (durch wohlfahrtsstaatliche Politik und die gesellschaftliche Kontrolle über die Wirtschaft). Dieser Optimismus bestand aber den Test der Wirklichkeit nicht: Manche Politikvorhaben (wie der „wage earner fund") wurden nur sehr abgeschwächt umgesetzt und dienten wahrscheinlich gar nicht als Todesstoß für den schwedischen Kapitalismus (sondern waren nur strategische Antworten auf die Investitionskrise). Ganz davon abgesehen, daß gerade die skandinavischen Staaten die Schrittmacher waren, als es darum ging, den Wohlfahrtsstaat zu begrenzen (Stephens 1996; derselbe Autor, der vor knapp zwanzig Jahren Schweden in der Transition zum Sozialismus sah!). Solche Maßnahmen werden meist nicht vom enthusiastischen Jubel der Sozialdemokraten und der Bevölkerung begleitet. Insofern ist schon etwas an der Behauptung dran, daß der utopische Elan der Sozialdemokratie sich verflüchtigt hat. Wie aber die nachfolgenden Kapitel zeigen, hat die Masse der Wähler diesen Elan teilen können. So darf die Sozialdemokratie immerhin damit zufrieden sein, daß Teile ihres Politikmodus Allgemeingut geworden sind.

---

[1] Der Begriff „Revisionismus" wird trotz der im deutschen Sprachgebrauch üblichen Konnotation der Bernstein-Kautsky-Kontroverse verwandt. In diesem Zusammenhang bezeichnet „Revisionismus" die reformorientiert-systemimmanente sozialdemokratische Alternativkonzeption gegenüber der marxistischen Orthodoxie, die die politische und wirtschaftliche Revolution anstrebt, *und* den weitreichenden Neuordnungsplänenplänen der Wirtschaft von SPD und Labour in der unmittelbaren Nachkriegszeit (vgl. Einleitung zu Kapitel 22).

2. Sozialstruktureller Wandel

Die Beschäftgungsanteile des sekundären Sektors (als der klassischen Wählerklientel der Sozialdemokratie) sinken seit den 50er Jahren deutlich: 1950 lag in der Bundesrepublik der Anteil dieses Sektors noch bei 44,9%, stieg 1970 auf 48,5% und sank in der Folgezeit bis auf 40,5% ab (Beyer 1992: 46)[2]. Jedoch gilt festzuhalten, daß der sekundäre Sektor in der Bundesrepublik noch immer stark ist und verhältnismäßig wenig abnimmt, während er in Großbritannien dramatisch erodierte.

So unterschiedlich die Stärke des Wandlungsprozesses, so eindeutig der Trend: Der elektorale Kern der Sozialdemokratie schmilzt langfristig immer mehr ab (Bartolini 1983: 165). Nun könnte die Sozialdemokratie die Lösung darin suchen, sich neue Wählerschichten, z.B. unter den Angestellten, zu erschließen. Folgt man der Argumentation von Przeworski und Sprague (Przeworski 1985, Przeworski/Sprague 1986), dann müssen sozialdemokratische Parteien eine Position einnehmen, die sich mit den Interessen der Arbeiterschaft nicht mehr deckt, so daß sie Unterstützung der Arbeiterklasse verlieren. Beschränken sie sich nur auf die Arbeiterklasse, so haben sie keine Aussicht auf eine Mehrheitsposition. Egal wie sich die Sozialdemokratie entscheidet, sie kann nicht die Mehrheit der Wähler erringen (Przeworski/Sprague 1986: 56). Merkel spielte diese Möglichkeit des „trade-off" durch, mit dem Ergebnis, daß zwar der Anteil der Angestellten an der Gesamtwählerschaft sozialdemokratischer Parteien eher steigt und der Anteil der Arbeiter eher sinkt, aber daß es keinen Zusammenhang mit der Stimmenstärke gibt (Merkel 1993: 82f).

Aber möglicherweise bestätigt sich die Hypothese, daß der sinkende Anteil der Arbeiter an der Gesamtwählerschaft doch etwas mit der Stimmstärke sozialdemokratischer Parteien zu tun hat. In beiden Staaten nahm der Anteil der Arbeiter an den Gesamtbeschäftigten ab (wenn auch ungleich stark), allerdings waren die Stimmenverluste von SPD und Labour völlig verschieden. Gerade der britische Fall läßt die sozialstrukturelle Niedergangsthese plausibel erscheinen. So ergab eine von der Labour Party in Auftrag gegebene Studie, daß sechs Prozentpunkte des Dreizehn-Prozentpunkt-Verlusts zwischen 1964 und 1987 auf das Konto des sozialstrukturellen Wandels zurückgeht (Labour Party 1988). Allerdings bestätigt sich diese These auf westeuropäischer Aggregatsebene nicht (Beyer 1992 für den Zeitraum 1972-87).

3. Wertewandel

Seit Ende der 60er Jahre ist nach den Ergebnissen der Studien von Inglehart (1971, 1977, 1986, 1990) ein Wertewandel eingetreten, der die Parteiensysteme verändert. Der Wertewandel hin zu neuen Werten jenseits des „Materialismus"

---

[2] Der Anteil der Arbeiter an der Wahlbevölkerung sinkt 1950-1985 von 51% auf 40% (Conradt/Dalton 1988: 5).

schwächt die Sozialdemokratie, da dieser das alte Links-Rechts-Schema der traditionellen Cleavages überwölbt: Schon heute ist absehbar, daß diese sich in ihrer Bedeutung abschwächen (Lipset 1981: 503ff. und Veen/Gluchowski 1988 für die Bundesrepublik). Die neuen postmaterialistischen Parteien, wie die der Grünen, werden zu einer Konkurrenz für die Sozialdemokratie. Damit gerät sie in eine Zwickmühle: Soll sie sich den postmaterialistischen bzw. „libertären" (Kitschelt 1994) Werten anpassen und dann vielleicht die Unterstützung der materialistisch-aufstiegsorientierten oder der materialistisch-autoritären Wählersegmente verlieren? Wie Kapitel 4 zeigt, gibt es dieses Dilemma für die SPD, allerdings nicht für Labour. Der Grund liegt allerdings nicht allein im Aufkommen der neuen Werte an sich, sondern auch an institutionellen Gegebenheiten, die das Aufkommen grüner Parteien begünstigen, und der Strategie der sozialdemokratischen Parteien, mit den neuen Werten zurecht zu kommen (Adaption oder Abgrenzung).

Doch die „Schicksalstheorien" haben nach Merkel (1993: 15f) das Potential der Sozialdemokratie unterschätzt, als Akteur Strategien zu entwerfen, die den Untergang abwenden. Ein Schlüssel zum Verständnis ist das Regierungshandeln, die Policies. So zeigte Esping-Andersen (1985), daß das unterschiedliche Schicksal sozialdemokratischer Parteien in Skandinavien davon abhing, ob sie es schafften, durch Policies „Klassenallianzen" zu schmieden. So konnten die schwedischen Sozialdemokraten durch das unbedingte Festhalten an der Vollbeschäftigung, aber auch durch die Wohnungsbau- und Rentenpolitik weite Kreise der Mittelschichten dauerhaft für sich gewinnen. Allerdings bestehen an dieser überoptimistischen Interpretation einige Zweifel.[3] Denn Klassenallianzen haben auch die britischen Konservativen geschmiedet, als sie die Sozialwohnungen verkauften und damit eine Schicht der wohnungsbesitzenden Arbeiter schufen, die überproportional konservativ wählten (vgl. Kapitel 15.2).

Der beste Test für Niedergangsthesen ist die Stimmenstärke der Sozialdemokratie. Sollten die Niedergangsthesen zutreffen, dann müßten ab Mitte der siebziger Jahre die Stimmenanteile sozialdemokratischer Parteien sinken; und sie müßten *überall* sinken, denn seit dieser Zeit arbeiten die drei Niedergangsfaktoren gegen sie.

---

[3] Esping-Andersen zitiert als Beispiele den staatlichen Pensionsfonds (50er Jahre) und den „wage earner fund" (70er Jahre), den Rudolf Meidner (Leiter des LO-Forschungsinstituts) vorgelegt hatte (Esping-Andersen 1985: 108, 290-302; Pontusson 1987: 477, 543). Durch eine Steuer auf Exzeß-Profite sollte ein Kapitalstock aufgebaut werden, der von den Gewerkschaften verwaltet werden sollte. Dieses Kapital sollte für Investitionen eingesetzt werden. Die Sozialdemokraten hatten durch diese Art von „social ownership" gehofft, eine Koalition der Lohnempfänger zu schmieden. Entgegen Esping-Andersens Analyse verfehlte dieser Plan sein Ziel: Weder gewannen die Sozialdemokraten in den Siebzigern die Wahlen, noch waren die Sozialdemokraten davon besonders enthusiasmiert, noch war der „wage earner fund" besonders populär (Swenson 1989: 164, 167).

Genau dies ist nicht geschehen: Im Durchschnitt der nationalen Parlamentswahlen von dreizehn Staaten errechnete Merkel für die Zeiträume 1945 bis 1973 („goldenes Zeitalter") und 1974 bis 1990 („Niedergang") fast gleiche Werte (31,7% zu 30,7%; Merkel 1993: 62, Tab. 1). SPD und Labour schnitten in diesen Zeiträumen höchst unterschiedlich ab: Labour verlor stark (1945-73: 46,0%, 1974-90: 34,4%), die SPD gewann leicht (1949-73: 36,3%, 1974-90: 38,3%). Offenbar hat es eine Uniformität sozialdemokratischer Verluste bei nationalen Wahlen nicht gegeben.[4]

Treffen nun die Krisenszenarien zu? **Teil I** widmet sich einer genaueren Analyse der Krisentheorien. **Kapitel 2** zeigt, daß die Sozialdemokratie durchaus imstande war, die Entwicklung des Sozialstaates, ihres angeblichen Lieblingsprojektes, an die enger gesteckten Möglichkeiten seit Mitte der siebziger Jahre anzupassen. Angesichts der multiplen Krise der siebziger Jahre zeigte sie sich durchaus pragmatisch, wenn es an die Konsolidierung der Ausgaben ging. In **Kapitel 3** geht es um die Massenarbeitslosigkeit, die die SPD und Labour angeblich besonders treffen soll. Es wird argumentiert, daß einerseits Systeme der Interessenvermittlung zwischen Arbeit, Kapital und Staat viel zur Erklärung beitragen, warum die Bilanz beider Staaten so unterschiedlich ausfiel. Ob z.B. die gepriesene korporatistische Steuerung mittlerweile obsolet geworden ist, kann nicht für alle Länder behauptet werden (für Großbritannien schon, für Deutschland nicht). Der Wertewandel in Form grüner Parteien, so zeigt **Kapitel 4**, hat die beiden Parteien unterschiedlich getroffen: die SPD stark, Labour kaum. Ob und wie grüne Parteien eine wirkliche Gefahr für sozialdemokratische Parteien darstellen, hängt weniger von dem Vorhandensein oder der Verbreitung der neuen „postmaterialistischen" Werte ab, sondern vor allem von der „Durchlässigkeit" des Parteiensystems. Konnten sich einmal grüne Parteien etablieren, hat das Implikationen für die von sozialdemokratischen Parteien gewählte Strategie: Sollten sie sich besser „angrünen", um die grüne Konkurrenz überflüssig zu machen? Sie soll es besser nicht, da sie sonst von der materialistischen (genauer: nicht rein-postmaterialistischen) Mehrheit bei Wahlen abgestraft wird. **Kapitel 5** testet dann genauer, wie sich die Stärke der SPD und Labours entwickelt hat, um zu zeigen, daß Labour seit den siebziger Jahren im Niedergang begriffen war, die SPD erst seit den achtziger Jahren. In **Kapitel 5.1** und **Kapitel 5.2** wird die Meßlatte „goldenes Zeitalter" (1945 bis etwa 1974/75) und „Niedergang" (ab 1975) angelegt, zeigt

---

[4] Merkel differenzierte die einzelnen sozialdemokratischen Parteien nach Parteitypen, die anhand der Kriterien „Beziehung von Partei und Gewerkschaften", „Position im linken Lager", „Ideologie" und „Ausmaß der Regierungsmacht" klassifiziert wurden. Er kam zu dem Ergebnis, daß der labouristische Parteityp die schwersten Einbußen erlitten hat, während sich der „pragmatische Koalitionstyp", zu dem auch die SPD gehört, stabil hält. Eindeutige Gewinner sind die mediterranen sozialdemokratischen Parteien (Merkel 1993: 68, Tab. 3).

sich, daß die SPD keinesfalls in ihrer Stimmstärke und Regierungsmacht seit 1975 schlechter dasteht als im Zeitraum davor, Labour allerdings erweist sich (bis 1997) als der eindeutige Verlierer. In **Kapitel 5.3** wird die deutsche Spezialität des Föderalismus untersucht. Denn im Gegensatz zur Entwicklung in den Bundestagswahlen gelang der SPD auf der Ebene der Bundesländer eine erstaunliches Comeback, so daß es eine Austauschbeziehung zwischen bundespolitischer Opposition und steigender Regierungsmacht in den Ländern zu geben scheint. Bemerkenswert ist vor allem, daß die SPD trotz stagnierender (wenn auch im Vergleich zu den Bundestagswahlen hoher) Stimmanteile in den Ländern in den neunziger Jahren spektakulär föderal an Macht gewinnt.

Wahlen entscheidet zunächst der Wähler, dem der *Teil II* gewidmet ist. Da bisher die deutschsprachige Wahlforschung eine Zusammenfassung des Wahlverhaltens (bis auf verkürzende Handbuch-Artikel) verweigert, werden in den folgenden Kapiteln die wichtigen Wahltheorien „scholastisch" vorgestellt, was Eingeweihten kam Neues bieten dürfte, und zugleich mit den beiden Parteien in Verbindung gebracht: **Kapitel 6** und **Kapitel 7** betrachten Theorien, die die Stabilität des Wahlverhaltens betonen. Die Wähler sind in gesellschaftlichen Großgruppen integriert, die den Wählern vorgeben, wie sie zu stimmen hätten. Solche Theorien sind allerdings schon sehr alt, sie beziehen sich auf die vierziger, fünfziger und sechziger Jahre. In **Kapitel 8.1** kommen die Wahlforscher zu Wort, die behaupten, es hätte sich seitdem viel verändert: Die Wähler sind in ihrem Stimmverhalten beeinflußbarer geworden. **Kapitel 8.2** fragt, ob Theorien, die eine „Verflüssigung des Wählermarktes" behaupten, stichhaltig sind. Die Antwort lautet: Der Wählermarkt hat sich verflüssigt, aber nicht derartig, daß alle Wähler bindungslos geworden sind.

Kapitel 9 widmet sich der bekanntesten Wandlungstheorie, nach der die angeblich bindungslos gewordenen Wähler ihr Stimmverhalten an den wahlentscheidenden Themen, der Kompetenzzumessung für eine Partei und der Attraktivität der Spitzenkandidaten ausrichten. In diese Fragen, so wird argumentiert, hatten SPD und Labour erhebliche Schwächen gezeigt, die sie beheben müssen, um Wahlen gewinnen zu können. **Kapitel 10** widmet sich einem Themenkomplex, von dem oft angenommen wird, daß er das Wahlverhalten beeinflußt: der Zustand der Wirtschaft. Aber nicht nur der objektive Zustand der Wirtschaft ist entscheidend, sondern die Frage, welcher Partei zugetraut wird, eine gute Wirtschaftspolitik zu betreiben. Die Schlußfolgerung aus Kapitel 9 und 10 ist, daß neben der relativen Unpopularität der Spitzenkandidaten von SPD und Labour auch die geringe Wirtschaftskompetenz beider Parteien (zumindest in der Wahrnehmung der Wähler) an den Wahlniederlagen schuld ist. In **Kapitel 11** wird ein Wahlforschungsansatz vorgestellt, der relativ wenige Wähler betrifft, nämlich Wähler, die „taktisch" wählen. Sie wählen dabei nicht die Partei, die sie eigentlich präferieren, sondern eine, die entweder (als „kleineres Übel") die besseren Chancen im Wahlkreis hat, oder die eine gewünschte Regierung erst möglich macht.

Immer noch unterstellt, daß viele Wähler in ihrem Stimmverhalten nicht festgelegt sind, wird in **Kapitel 12** und **Kapitel 13** nach dem Einfluß der Medien und der Kampagnen gefragt. Von einer Omnipotenz der Medien kann keine Rede sein, sie sagen dem Wähler nicht, wie er zu wählen und was er zu denken hat, sondern *worüber* er nachzudenken hat. Die Medien geben also die den Wählern die Themen vor. Dieses „Agenda-Setting" können die Parteien durchaus aktiv gestalten, indem sie entweder die Medien zu beeinflussen suchen oder in Wahlkämpfen sich direkt an die Wähler wenden. Gerade die politische Kommunikation hat sich in den letzten Jahren erheblich professionalisiert, wenn es auch ein Defizit bei der SPD gibt. Labour hingegen hat sich derartig professionalisiert, daß die Kampagnenstrategen seit 1987 auch den programmatischen Kurs vorgaben, nicht nur das Erscheinungsbild.

Im *Teil III* werden die abstrakten Ergebnisse des Teils II zusammengefaßt und in den jeweiligen politisch-institutionellen Rahmen beider Länder eingefügt. Denn Parteien operieren in durchaus unterschiedlichen Parteiensystemen, die wiederum das Wählerverhalten mitbeeinflussen. In Kapitel 6 und 7 wurden Theorien der stabilen Wahlentscheidung vorgestellt, die die Parteiensystem-Forschung geprägt haben So wird in **Kapitel 14** gefragt, wie Parteiensysteme überhaupt entstehen und welche Auswirkungen sie auf das Schicksal sozialdemokratischer Parteien haben. In jeder Gesellschaft gibt es „Spannungslinien" („Cleavages"), an denen sich gesellschaftliche Großgruppen ausbilden. Der bekannteste Cleavage ist der von Arbeit und Kapital. Parteien gehen mit solchen Großgruppen eine dauerhafte Verbindung ein (wie z.B. die Gewerkschaften mit der SPD oder Labour), so daß Angehörige dieser Großgruppen dieser Partei auch ihre Stimme geben. So werden Arbeiter eher sozialdemokratisch oder eine andere Partei wählen, die auf dieser Seite der Spannungslinie steht. Wenn sie das nicht tun, können andere Spannungslinien der Grund dafür sein, z.B. diejenige, die Religiöse von Nicht-Religiösen trennt. So kommen religiöse Arbeiter unter Druck, ob sie sich nun eher als Religiöse oder Arbeiter verstehen - und wählen dann manchmal die Partei, die auf dieser Seite der Spannungslinie steht (in Deutschland CDU/CSU). Solche Fragen greift **Kapitel 15** auf, das zugleich fragt, wie gesellschaftliche Großgruppen, insbesondere die „Klassen" wählen. In den achtziger Jahren herrschte Uneinigkeit darüber, ob es solch homogene Großgruppen überhaupt noch gibt und wie sie dann auch wählen. **Kapitel 15.1** geht zunächst der Frage nach, welche Bedeutung die „Cleavages" haben. **Kapitel 15.2** stellt einige neue Ansätze vor, gesellschaftliche Gruppen neu zu definieren und stellt die Frage: Hat die Zugehörigkeit zu einer Klasse einen immer geringeren Einfluß auf die Wahlentscheidung? Ausgangspunkt war die Beobachtung, daß eine starke Minderheit der Arbeiter nicht sozialdemokratisch wählt. Daher wendet sich **Kapitel 16** den Arbeitern zu. Während für Westdeutschland das Cleavage-Konzept eine hinreichend gute Begründung für dieses Phänomen liefert (der religiöse Cleavage überlappt den Arbeit-Kapital-Cleavage), so greift diese Erklärung in Großbritannien nicht, hier gibt es keinen überlappenden Religions-Cleavage. Alternative Erklärungen bietet **Kapitel 16.1**, das zum Schluß kommt, daß sich in Großbritannien (und schwächer auch in der alten Bundesrepublik) die Arbeiterklasse heterogenisiert hat: Immer weniger Arbeiter arbeiten in den schrumpfenden Altindustrien des britischen Nordens und wohnen in reinen Arbeitervierteln, immer mehr arbeiten im Süden und besitzen ihre eigenen Wohnungen und Häuser, sie „entproletarisieren" sich. **Kapitel 16.2** nimmt die Frage der Einleitung auf, welche Auswirkungen sich aus dem sozialstrukturellen Wandel ergeben, d.h. aus dem Umstand, daß es immer weniger Beschäftigte in der Industrie gibt. Das hat u.a. Auswirkungen auf die Stärke der Gewerkschaften, die immer noch ihren Mitgliederschwerpunkt in den (Alt-) Industrien haben, während sie im Dienstleistungssektor schwach vertreten sind. Sollte die Gewerkschaftsmitgliedschaft einen prinzipiell starken Einfluß darauf haben, sozialdemokratisch zu wählen, dann bedeutet das Schrumpfen der Gewerkschaften auch tendenziell sinkende Stimmanteile für beide Parteien.

Kapitel 17 richtet den Blick auf die Nichtarbeiter, insbesondere die „neue Mittelschicht". Entgegen optimistischer Prognosen Anfang der siebziger Jahre konnten beide Parteien diese wahlentscheidende Schicht nicht dauerhaft an sich binden. Das liegt in an dem verhältnismäßig einfach zu erklärendem Umstand, daß die Mittelschichten nicht in die herkömmlichen Cleavages eingebunden sind, sie tatsächlich die bindungslosen Wähler sind, die ihr Wahlverhalten danach ausrichten, was die Kapitel 9 bis 13 herausgearbeitet haben: Issues, Spitzenkandidaten, Wirtschaftskompetenz, Medienberichterstattung und Kampagnen. Hier zeigen sich deutlich die Defizite beider Parteien. Daran schließt sich die Frage des **Kapitel 18** an, ob beide Parteien Volksparteien geworden sind. Die Antwort lautet: Von den Wählern her gesehen sind sie keine Volksparteien, von den Mitgliedern her gesehen schon. In beiden Parteien findet sich das Paradox, daß sie bei den Wählern ihren Schwerpunkt bei den Arbeitern haben, die Mehrheit der Mitglieder aber aus den neuen Mittelschichten kommt.

Nach Niedergangstheorien, Wählern und Parteiensystem wird in *Teil IV* und *Teil V* ein Blick auf die Parteien selbst geworfen. Während sich *Teil IV* den Parteien als Organisationen widmet, die trotz aller Änderungen erstaunliche Konstanz beweisen, stellt *Teil V* die Programmatik von SPD und Labour vom Zeitpunkt der Gründung bis zur Opposition der achtziger und neunziger Jahre in den Mittelpunkt. **Kapitel 19** und **Kapitel 20** steht die Organisationssoziologie im Vordergrund. Zunächst geht es um die Frage, wer das Handeln einer Partei bestimmt. Denn nach den Ausführungen der vorangegangenen Kapitel drängt sich die Frage auf, warum beide Parteien so schwerfällig auf ihr Versagen, geeignete Kandidaten aufzustellen oder eine hohe Wirtschaftskompetenz zu vermitteln, reagiert haben. Manche Forscher, wie Michels (1989 [1912]) oder auch Schumpeter (1980 [1950]) und Downs (1957), behaupten, daß durch das „eherne Gesetz der Oligarchie" (Michels) die Parteiführung im Alleingang die Parteistrategie bestimmen könne. Elitistische (Michels, Schumpeter), ökonomische (Downs) und „spatiale"

Theorien der Politik gehen davon aus, daß Parteien zunächst das Ziel haben, an die Regierung zu kommen. Dies gelingt ihnen dann, wenn sie Positionen vertreten, die von der Mehrheit der Wähler geteilt werden. Studien über die Selbsteinschätzung von Wählern auf dem Links-Rechts-Spektrum zeigen, daß sich die meisten Wähler in der Mitte einordnen (Falter et al. 1994: 197f). Die Wahlniederlagen Labours und der SPD deuten darauf hin, daß sie es nicht vermocht haben, diese „Mitte-Wähler" zu gewinnen.[5] Wieso dies kam, beantworten die Kapitel 20 bis 24. Es konnten sich (wenn auch unterschiedlich stark) Strömungen und Gruppierungen innerparteilich durchsetzen, deren Tun sich im Parteienwettbewerb für beide Parteien disfunktional auswirkte. Damit werden auch Thesen entkräftet, die den Niedergang beider Parteien durch gesellschaftliche oder wirtschaftliche Trends erklären wollen. Die Parteien sind nicht nur Spielball säkulärer Trends, sondern gestalten ihr elektorales und programmatisches Schicksal bewußt oder unbewußt auch selbst.

Gerade die Programmatik (vgl. *Teil V*) ist oft die Resultante in einem Kräfteparallelogramm verschiedener innerparteilicher Gruppierungen. So wird in diesem Teil deutlich, daß die Stärke innerparteilicher Gruppierungen („Faktionen") und ihre Strategien das Programm mitbestimmen. Auch wenn ein Programm als solches nicht in seiner Wirkung auf die Wähler überschätzt werden sollte, bietet es auch für den unzureichend involvierten Wähler einen Anhaltspunkt (z.B. über die Berichterstattung darüber), in welche Richtung sich eine Partei bewegt. Manchmal sind Programmdebatten auch „symbolische Momente", in denen eine Partei mit ihrer Vergangenheit bricht: Dazu gehört das Godesberger Programm der SPD von 1959 oder die Revision des Labour-Parteistatuts von 1995.

Wie können innerparteiliche Gruppierungen oder Strömungen der Partei (**Kapitel 20.1**) ihren Stempel aufdrücken? **Kapitel 19.1** zeigt, daß der Weg zur innerparteilichen Macht bei Labour über die Gewerkschaften führt. In der SPD muß Stufe um Stufe der Territorialorganisationen gewonnen werden. Das hatte Auswirkungen auf die Art und Weise, wie sich die neue Linke innerparteilich durchsetzen konnte. **Kapitel 20.2** zeichnet den Weg der neuen Linken nach, die sich Mitte der sechziger Jahre in beiden Parteien formierte und den Marsch durch die innerparteilichen Institutionen antrat. Die neue Linke vertrat nicht nur ein Programm zur Umgestaltung der Gesellschaft, sondern auch ein Programm, die innerparteiliche Willensbildung umzuformen. Hintergrund dieser Überlegungen war, die „rechte" Parteiführung und Parlamentsfraktion der Parteibasis verantwortlich zu

---

[5] Die Selbsteinschätzung der Wähler und die Verortung einzelner Parteien auf dem Links-Rechts-Spektrum ist umstritten und ungenau - vor allem was die These angeht, daß die Partei am erfolgreichsten ist, die dem „Durchschnittswähler" (d.h. dem Mittelwert auf der Links-Rechts-Achse) am nächsten kommt. Denn dann müßten die FDP oder die LibDems die stimmenstärksten Parteien sein. Die SPD liegt ferner vom „Durchschnittswähler", die Union etwas näher. Dafür liegt Labour näher am Durchschnittswähler als die Konservativen (Falter et al. 1994: 196, 200f).

machen. Im Falle Labours erreichte die neue Linke ihre Vorstellungen bis 1981, die neue Linke der SPD blieb stecken, da sie zwar einige Großstadtverbände und Unterbezirke in ihre Hand brachte, aber nicht Parteitage, Parteivorstand und Parlamentsfraktion. Etliche verließen frustriert die Partei und wandten sich den Grünen zu. **Kapitel 21** beschreibt, was sich organisatorisch in beiden Parteien getan hat, seitdem sie in der Opposition sind. Labour machte in dieser Zeit zwei Kehrtwendungen mit. Zunächst setze sich die Linke durch und versuchte, die Autonomie der Parteiführung und der Parlamentsabgeordneten zu begrenzen. Nach 1987 schlug die Parteiführung zurück: Die Prärogative der Linken und der Gewerkschaften wurden geschleift, indem sie der Parteibasis (und nicht den Aktivisten) mehr Mitspracherechte gewährte - Kinnock glaubte, daß die normalen Parteimitglieder weniger radikal als die Aktivisten seien. Die organisatorischen Veränderungen innerhalb der SPD waren weniger durch Taktiken geprägt, radikale Elemente auszuschalten, sondern die Parteimitgliedschaft attraktiver zu gestalten.

Teil V geht in **Kapitel 22** geht von der Organisation auf die Programmatik beider Parteien über. Seit 1890 hatte die SPD formell ein marxistisches Programm, während sich Labour erst 1918 auf ein Programm umfangreicher Verstaatlichungen festlegte. Während Labour von 1945 bis 1949 sein Programm durchsetzen konnte, blieb die SPD in der neugegründeten Bundesrepublik in der Opposition, da ihr kompliziertes Sozialisierungskonzept (auf dessen Umsetzung sie nicht vorbereitet war) nicht sehr populär war **(Kapitel 22.1)**. In beiden Parteien fand in den fünfziger Jahren eine programmatische Wende statt: Die Marktwirtschaft wurde anerkannt, der Staat sollte für soziale Gleichheit und die Verstetigung des Wirtschaftswachstums zu sorgen **(Kapitel 22.2)**. Wie bereits in den Kapiteln 2 und 3 beschrieben wurde, gelangte das Wachstums-, Verteilungs- und Vollbeschäftigungsparadigma in den siebziger Jahren an seine Grenzen. Ausgelöst durch die Wirtschaftskrise und durch ökologische Bedenken setzten in beiden Parteien abermals programmatische Grundsatzdiskussionen ein. **Kapitel 23** zeigt, wie unterschiedlich in beiden Parteien der programmatische Diskurs verlief. Der Diskurs in der SPD **(Kapitel 23.1)** wurde durch drei Faktoren bestimmt:
- die innerparteilichen Kräftekonstellationen (vor allem die informelle Macht der Gewerkschaften, die Präferenzen der neu-linken Mitglieder und die der postmaterialistischen „Enkel"),
- die Segmentierung und Fragmentierung der SPD-Wählerschaft (Aufstiegsorientierte, traditionelle Arbeiter, Modernisierungsverlierer, Postmaterialisten),
- und den Parteienwettbewerb.

Mit den Grünen etablierte sich seit 1979 eine Partei, die der SPD die libertär-postmaterialistischen Wähler streitig machte. Die SPD schwankte zwischen zwei Strategien: die Forderungen der Grünen, die Themen der sogenannten „neue Politik" aufzunehmen oder sich auf die Forderungen der Arbeiterschaft zu konzentrieren. Die Folge waren strategisch-programmatische Inkonsistenz und die Unfähigkeit, sich als glaubwürdige Regierungsalternative zu präsentieren. Vor allem

Dingen wurde der „materielle" Modernisierungsdiskurs nicht aufgenommen, da sich die Partei in ihrem neuen Grundsatzprogramm 1989 auf die Herausforderungen der neuen Politik konzentrierte und dabei verkannte, wie die deutsche Einheit plötzlich materielle Themen wieder auf die Agenda gebracht hatte.
Die Labour Party **(Kapitel 23.2)** hatte es in dieser Beziehung leichter: Ihre Hauptkonkurrenz war die rechte Abspaltung der SDP, die sie programmatisch nur einzuholen brauchte. Im Rückblick war die katastrophale Niederlage 1983 die große Chance Labours, da sie klar machte, wie Wahlen nicht zu gewinnen waren: mit einem radikalen Programm, das die Arbeiterklasse mobilisieren sollte, sie aber in Wirklichkeit entfremdete. Labour kam allmählich zur Erkenntnis, daß sie die normative Kraft des faktischen Thatcherismus akzeptieren mußte, wollte sie die Wahlen gewinnen. Dazu war kein Spagat zwischen Postmaterialismus und Materialismus notwendig (wie bei der SPD), sondern ein konsequenter Modernisierungskurs. In diesem Punkt ist Labour eindeutig weiter gekommen als die SPD, vor allem was die Modernisierung des Sozialstaates angeht. Es soll nicht behauptet werden, daß die programmatische Modernisierung der alleinige Schlüssel zum Wahlerfolg ist. Sie ist vielmehr der Ausdruck einer Kräfteverschiebung innerhalb der Partei (d.h. der Marginalisierung der Linken) und des unbedingten Willens, Wahlen zu gewinnen. Auch hier war der Leidensdruck Labours höher als der der SPD. Die SPD war im Gegensatz zu Labour niemals von der Regierungsteilhabe ausgeschlossen. Sie regierte seit 1983 mehrere Bundesländer (seit 1991 sogar die Mehrheit der Bundesländer; s. Kapitel 5.3.2), hatte demzufolge eine strategische Mehrheit im Bundesrat, selbst im Bundestag war die Regierung manchmal auf die Stimmen der SPD angewiesen (z.B. beim Staatsvertrag über die Währungsunion und die Änderung des Grundgesetzartikels 16). Mit der Logik, nur die Parteien in der Opposition zu behandeln, bricht **Kapitel 23.3**. Es behandelt als Postskript das seit 1997 (für Labour) bzw. 1998 (für die SPD) erkennbare Regierungshandeln beider Parteien. Erste Ergebnisse (Scheer 1999, SPD 1999) stützen die Hypothese, daß Labour an der Regierung sein reformiertes marktorientiertes Konzept, das in der „Policy Review" seit 1990 (Kapitel 23.2) entwickelt wurde, konsequent umgesetzt hat. In einem institutionell ungleich komplizierterem Geflecht vermochte es die SPD bisher nicht, ein konzises Reform- und/oder Politikprojekt in die Tat umzusetzen. Dafür ist die bisher noch nicht abgeschlossene und entschiedene Programmdebatte verantwortlich. Die bisherigen Politiken an der Macht legen den Schluß nahe, daß der verfolgte *policy mix* eher Zeichen von Entschlußunfähigkeit, unvollständigem und zaghaftem Reformwillen und „Pfadabhängigkeiten" deutscher Politikfelder ist.
Im vorletzten **Kapitel 24** gilt ein Blick den Parteiführern, ihren Strategien, programmatischen Dispositionen, Führungseigenschaften und Machtressourcen. Dieses Kapitel ist typologisch ein Zwitter aus den vorangegangenen Teilen und Kapiteln über Organisation und Programmatik (und daher als „Solitär" keinem der beiden Teile zugeordnet). Hier zeigen sich abermals die Unterschiede zwi-

schen beiden Parteien. In der SPD ist eine autokratische Führung kaum mehr möglich, noch nicht einmal die Integration wichtiger Ämter (Parteivorsitz, Fraktionsvorsitz und Spitzenkandidat) - eine Ämterkonzentration, die bei Labour selbstverständlich ist. Daher wird ein SPD-Parteivorsitzender seiner Partei auch niemals mit dem Nachdruck den programmatischen Stempel aufdrücken können wie der *Labour Party leader*. Es wird argumentiert, daß diese Ämterdispersion der SPD durchaus sinnvoll ist, aber die Möglichkeiten einschränkt, die Partei effektiv zu führen und nach außen hin darzustellen. Eine Ämterkonzentration ist eine günstige Voraussetzung dafür, daß innerparteiliche Wandlungsprozesse (organisatorische und programmatische) angestoßen und abgesichert werden. Ob das Prinzip der kollektiven Führung sich bewährt, wird sich erst dann zeigen, wenn die SPD wieder an der Regierung ist. Die Chancen dafür stehen nicht günstig, da jederzeit Rivalitäten zwischen den jeweiligen Funktionsträgern aufbrechen können, die nicht dieselbe Gruppendisziplin und Kohäsion wie die Brandt-Schmidt-Wehner-Troika haben.

Ein Wort zur *Literaturlage und dem Forschungsstand*: Das zweite und dritte Kapitel haben vor allem drei Namen: Schmidt (1998), Esping-Andersen (1990) und Scharpf (1987). Besonders die deutsche Sozialpolitik und der internationale Vergleich bis in neueste Zeit hat mit Schmidt ein vorläufiges *state of the art* erfahren, wenn auch auf ältere Studien (wie Alber 1982) rekurriert wird. Die Briten haben das Interesse an ihrem Sozialstaat wohl verloren. Ebenfalls hat sich auch das Interesse an korporatistischer Steuerung eher verflüchtigt, nachdem dieses Thema in den siebziger und achtziger Jahren Konjunktur hatte. Höpner (1997) bietet eine interessante Übersicht über die bisherige Forschung und kommt zu noch interessanteren Ergebnissen. Der Postmaterialismus beruht auf diversen Analysen Ronald Ingleharts (1977, 1990), die unterschiedlche Rezeption fanden. Die Analysen der deutschen Grünen von Raschke (1993) und Poguntke (1993) dürfen als eher vorläufiger *state of art* gelten.
Anfang und Mitte der neunziger Jahre erschienen Studien, die sich - mit unterschiedlichem Schwerpunkt - sozialdemokratischer Parteien annahmen (Merkel 1993, Kitschelt 1994). Diese Studien haben für die Betrachtung von SPD und Labour nur einen begrenzten Wert, da sie recht viele sozialdemokratische Parteien auf hochaggregierter Ebene (zumindest bei Kitschelt) untersuchen und den Eigenheiten beider Parteien wenig Gewicht zumessen. Besonders bei Merkel schimmert eine besonders genaue Beschäftigung mit den südeuropäischen sozialdemokratischen Parteien durch.
Die Literaturliste zeigt, daß es keinen Mangel an Analysen der SPD und Labours gibt. Schon gar keinen Mangel gibt es an Wählerstudien. Die schiere Menge an Material und Analysen soll aber nicht über das Maß an Unklarheit hinwegtäuschen, wie besonders im Teil II („Wähler") offensichtlich wird. Während in der britischen Forschung mehrere exzellente Handbücher und Zusammenstellun-

gen über das Wahlverhalten in jüngerer Zeit erschienen sind (Denver 1994, Norris 1997), ganz zu schweigen vom Standardwerk von Butler und Stokes (1969, 1974), existiert für die deutsche Wahlforschung keine Forschungsübersicht. Lediglich verstreute Artikel und gelegentliche Analysen aus Anlaß der jeweiligen Bundestagswahlen werden offeriert. Diese haben den Charakter von elaborierten, wenn auch stellenweise autistischen Einzelstudien (vgl. Schultzes [1991b] radikale Kritik). Vor allem hat sich unter den deutschen Wahlforschern niemand in einer derartigen Breite und in verständlicher Sprache dem Wahlverhalten zugewandt wie Ivor Crewe. Sehr interessant ist ein Sammelband von Heath et al. (1994) mit dem Titel „Labour's Last Chance", in dem die Zukunft der Partei aus Sicht der Wahlforscher beleuchtet wird. Tröstlich an deren methodologischem Tun ist der Umstand, daß sich sämtliche Prophezeiungen als falsch erwiesen, z.B. daß das Potential an programmatischer Mäßigung ausgeschöpft sei und Labour nach anderen Möglichkeiten Ausschau halten müsse, um die Wahl zu gewinnen, wie Heath und Jowell (1994) meinten.

Werden die Parteien selbst in Augenschein genommen, können Leser und Verfasser auf ein reiches Quellenmaterial blicken. Jedoch verdienen einzelne Studien besonders hervorgehoben zu werden. Sicherlich wegweisend für Labour ist die Studie von Eric Shaw (1994a) über Labour zwischen 1979 und 1994, auch wenn der Verfasser zentrale Thesen dieser Analyse zurückweisen muß. Für Labours Programmatik darf ähnliches von Tudor Jones (1996) gelten. Durch den Dschungel der „Policy Review" ist Taylors exzellente Darstellung ein guter Wegweiser, wenn auch in dieser Arbeit gewisse Vorbehalte gegenüber der These geäußert werden, daß Labours Programm so substanzlos wie anbiedernd sei (Taylor 1997). Das Interesse an der SPD hat sich merklich abgekühlt, so daß die letzte große Studie schon sechs Jahre alt ist (Lösche/Walter 1992). Als Standard gilt daneben noch die Studie von Gerard Braunthal von 1983, deren Quellenbasis beeindruckend ist. Nach neueren Zusammenstellungen muß daher immer noch gesucht werden, die diversen Arbeiten von Padgett sind dabei stets eine gute und fundierte Anleitung.

Nachdem diese Arbeit das Rätsel der Wähler nicht völlig entschlüsseln kann, hat sie es auch schwer mit den Mitgliedern. Hier werden auf der Basis der Studie von Seyd und Whiteley (1992) und deutlich älterer Studien über SPD-Mitglieder Annäherungen an das seltene und merkwürdige Phänomen des Mitglieds versucht. Problem dabei ist, daß Labour kaum verläßliche Mitgliederstatistiken über einen längeren Zeitraum führte, die SPD führte wenigstens veraltete.

Die hier gewählte *Methode* ist die eines Vergleichs von zwei Parteien in verschiedenen Feldern (Niedergangstheorien, Wähler, Stellung im Parteiensystem, Organisation, Programmatik, Führung). Damit ist diese Studie ein Zwitter aus Vergleich und Fallstudie, da die Grundgesamtheit der analysierten Fälle sehr klein ist. Je nach Feld verwenden die Autoren verschiedene Ansätze. In der Betrachtung des Sozialstaates und der Massenarbeitslosigkeit dominieren politisch-institutionelle und Machtressourcen-Ansätze. Die Wahlsoziologie ist von jeher einem Methodenpluralismus (Schultze spricht sogar einem Methodenrigorismus) verpflichtet. Die Parteitheorie ist methodisch *elusive* (vgl. von Beyme 1991c), funktionale, historisch-narrative, deskriptive und normative Typenbildungen konkurrieren unkoordiniert nebeneinander her. Diese Studie entscheidet sich für den „narrativ-empirisch-analytischen" Ansatz (frei nach Manfred G. Schmidt), insofern als daß sie „ausführliche Belege, genaue Tests und Vorrang des empirischen Materials vor abstrakter Theorie" (Schmidt 1998: 18) anstrebt - zumindest da, wo möglich. Oft muß wegen Forschungslücken auf die residuale Kategorie „Plausibilität" rekurriert werden (gerade die Wahlforschung legt dies nahe). Gerade auf dem Gebiet der Wahlforschung hat diese Arbeit keinesfalls den Anspruch, eventuelle Forschungslücken zu schließen. Es soll lediglich der Versuch gemacht werden, die einzelnen Forschermeinungen gebündelt darzustellen und auf ihre Plausibilität zu überprüfen. Dabei wird zunächst die Theorie vorgestellt und dann auf beide Parteien (bzw. Staaten) angewandt.

Ist bei der Breite des Vergleiches Methodenpluralismus angebracht? Ja, wenn plausible und eindeutige Aussagen angestrebt werden. Daß die zentralen Aussagen dieser Studie auf *alle* sozialdemokratischen Parteien angewandt werden können, wird nicht behauptet. Schließlich geht diese Arbeit auch nicht davon aus, daß es *ein* Rezept sozialdemokratischer Parteien gibt, wieder an die Macht zu kommen. Es werden aber begünstigende Faktoren umrissen (Wirtschaftskompetenz, attraktive Spitzenkandidaten, einige Parteispitze, autonomresponsive Parteispitze).

Dringend der *Klärung* bedarf, warum in dieser Arbeit von der „Bundesrepublik" geschrieben wird. Hier geht es meist darum, Großbritannien und die Bundesrepublik Deutschland (in den Grenzen von 1989) zu vergleichen. Für die Zeit nach der Einheit wird Gesamtdeutschland gesondert erwähnt. Dies ist keine Willkür oder Mißachtung der neuen Bundesländer, sondern soll dazu beitragen, daß die Vergleichsobjekte konstant gehalten werden. Dies wird vor allen Dingen in Teil II der Arbeit wichtig sein, wenn die Wähler genauer untersucht werden. Es empfiehlt sich daher, zunächst nur die Wähler in den alten Bundesländern zu berücksichtigen, um „verzerrende" Wirkungen ostdeutschen Wahlverhaltens zu isolieren. In aller Regel sind die daher die Tabellen und Grafiken auf die alten Länder bezogen (wenn nicht anders vermerkt). Meist ist der westdeutsche *und* der gesamtdeutsche (d.h. Ost- und Westdeutschland umfassende) Wert aufgeführt.

Diese sorgsame Trennung zwischen Ost-, West- und Gesamtdeutschland ist wichtig, denn in der Tat unterscheidet sich der gesamtdeutsche Durchschnitt in den meisten Fällen deutlich vom westdeutschen. Es ist schon ein wenig auffällig, daß die offiziellen Wahlstatistiken nicht mehr getrennt nach Ost und West ausgewiesen werden, wohl aber die Wirtschaftsstatistiken (vor allem die Arbeitslosenquoten).

Teil I: Niedergangstheorien im Test
Kapitel 2-5

2 Die erste Niedergangsthese im Test: Die Krise der 70er Jahre: Der „überlastete" Sozialstaat

Die Nachkriegszeit war in mancherlei Hinsicht ein goldenes Zeitalter: In unterschiedlichem Ausmaß gingen Wachstum, Vollbeschäftigung und Ausbau des Wohlfahrtsstaates Hand in Hand (Esping-Andersen 1996a: 1). Nur sollte nicht vergessen werden, daß es in allen industrialisierten Staaten einen Ausbau des Wohlfahrtsstaates gab, aber das Tempo differierte und traditionelle Abstände im Ausmaß der Sozialausgaben beibehalten wurden (vgl. Schmidt 1998: 198, Tab. 6). Alle Politikziele waren in einem „keynesianischen Konsens" versöhnt: Wachstumspolitik ging nicht auf Kosten der sozialen Sicherheit, Gleichheit nicht auf Kosten der Effizienz. Gerade in vormals totalitären Staaten hatte diese Entwicklung segensreiche Auswirkungen auf die Stabilität der demokratischen Ordnung.

Mitte der siebziger Jahre hatte sich das Blatt gewendet: Es gab durchaus noch Wachstum, wenn auch nicht mehr so stark wie früher, in den meisten Ländern Massenarbeitslosigkeit, und auch die Expansion des Wohlfahrtsstaates war gebremst. Offenbar kehrte die traditionelle Unversöhnlichkeit der Politikziele wieder: So wird argumentiert, daß umfassende soziale Sicherung auf Kosten der Beschäftigung möglichst vieler geht (Layard et al. 1991: 508f; dies. 1994: 92; Schmidt 1998: 265; Esping-Andersen 1996a: 25). Denn soziale Sicherung bedeutet höhere Steuern und/oder höhere Lohnzusatzkosten, die es unattraktiv machen, neue Arbeitskräfte einzustellen. Ganz davon abgesehen, daß durch wohlfahrtsstaatliche Generösität viele Arbeitslose nicht so dringend darauf angewiesen sind, wirklich Arbeit zu finden.

Genau dieser Konflikt zwischen Egalität und Beschäftigung erscheint Esping-Andersen als das eigentliche Problem für diejenigen, die der Idee der Wohlfahrtsstaats im alten Sinne anhängen (Esping-Andersen 1996a: 4). Das läßt sich auf die Frage zuspitzen: lieber Armut oder lieber Vollbeschäftigung?

Der Wohlfahrtsstaat wird auch noch auf ganz andere Arten herausgefordert: Ist er so geschnitten, daß er neue Familien- und Berufsstrukturen und neue Lebensstile noch berücksichtigen kann? Wie sollen die alleinerziehenden Mütter, die Personen in unfreiwilliger Teilzeitarbeit oder in Scheinselbständigkeit auf dem Weg in die Armut aufgehalten werden?[1] Der Wohlfahrtsstaat wird außerdem durch exogene Veränderungen, wie demographische Trends, herausgefordert. So können

---

[1] Nach Esping-Anderson (1996a: Fußnote 10) leben in den USA sechzig Prozent, in Deutschland 27 Prozent der alleinerziehenden Personen unter der Armutsgrenze (= die Hälfte des Durchschnittseinkommens).

Systeme der sozialen Sicherung dann gefährdet sein, wenn der Kreis der Leistungsempfänger wächst (z.B. durch hohe Arbeitslosigkeit oder durch Veralterung). Prekär kann die Lage werden, wenn auf der anderen Seite die Beschäftigung stagniert oder zurückgeht: Denn dann gibt es weniger Steuerzahler und weniger Netto-Einzahler in die Sozialversicherungen (bei Expansion des Wohlfahrtsstaates).

Nun hieße dies, daß nach diesen Überlegungen Wohlfahrtspolitik in aller Welt gleichmäßig auf dem Rückzug sein müßte. Sie ist es nicht: In den Staaten, die am meisten einen Rückgang der wohlfahrtsstaatlichen Ausgaben erwarten ließen, stiegen sie von 1980 auf 1990 etwas an. So gab es in den USA und Großbritannien einen Anstieg zwischen 0,6 und einem Prozentpunkt (1990: 14,6% bzw. 22,3% des Bruttoinlandsprodukts), obwohl in beiden Ländern Parteien regierten, die sich der Beschneidung des Wohlfahrtsstaates zum Ziel gesetzt hatten. Im Wohlfahrtsstaat par excellence, Schweden, stieg der Anteil der Ausgaben am Bruttoinlandsprodukt um 0,7 Prozentpunkte (1990: 33,1%), in der Bundesrepublik sank er um fast zwei Prozentpunkte (23,5%; Esping-Andersen 1996a: 11, Tab. 1.1).

2.1 Was ist sozialdemokratisch am Wohlfahrtsstaat?

Vier Fragen stehen im Vordergrund: Erstens, was ist wirklich sozialdemokratisch am Wohlfahrtsstaat? Oberflächliche Betrachtung legt nahe, daß in allen industrialisierten Staaten seit 1945 der Sozialstaat gewachsen ist, egal wer gerade an der Regierung war. Zweitens, warum steigen die Ausgaben für soziale Sicherung in den achtziger Jahren tendenziell nicht mehr so stark an wie vorher? Dies deutet wohl darauf hin, daß es Finanzierungs- und/oder Legitimationsprobleme des Wohlfahrtsstaates gibt. Drittens, welche Probleme erzeugt ein Wohlfahrtsstaat? Wie oben angedeutet, gibt es gute Gründe, in der Ausweitung des Sozialstaates nicht nur einen grandiosen Erfolg für die Benachteiligten zu sehen, sondern auch eine Bedrohung für andere Politikziele. Und schließlich wird danach gefragt, was denn nun die einzelnen sozialdemokratischen Parteien in der Regierung taten: Expandierten sie wirklich den Wohlfahrtsstaat oder zeigten sie sich nicht vielmehr anpassungsfähig?

Die Einführung erster sozialpolitischer Maßnahmen geschah zu einer Zeit, da an sozialdemokratisch geführte Regierungen nicht zu denken war (vgl. die Übersicht bei Schmidt 1998: 180, Tab. 5). Ebenfalls hat die Stärke der Gewerkschaften die ersten Maßnahmen wohl nicht beeinflußt (Alber 1982: 126ff; 260ff). Das heißt nicht, daß die „soziale Frage" des 19. Jahrhunderts und die Existenz der Arbeiterbewegung völlig unbedeutend für die Anfänge der Sozialpolitik war. Alber zeigte in seiner Analyse über Sozialversicherungen, daß die damaligen Herrschaftsträger ihre Legitimität dadurch sichern wollten, daß sie die soziale Frage durch Sozialpolitik von oben zu entschärfen suchten - schließlich waren nicht die

Demokratien Schrittmacher, sondern die autoritären Monarchien Mitteleuropas, die „sozialkonservativen Pioniere", wie Schmidt sie nennt (Schmidt 1998: 185; Alber 1982: 133f, 149f).
Nach dem ersten Weltkrieg schlägt die Stärke der Arbeiterbewegung zu Buche: Die Sozialpolitik wurde dort ausgeweitet, wo Sozialdemokraten stark oder an der Regierung beteiligt waren (Alber 1982: 155ff). Nach dem zweiten Weltkrieg wurde die Sozialpolitik zu einem Anliegen aller großen Parteien; der einzige Unterschied bei linken Regierungen ist, daß sie auch in rezessiven Phasen die Sozialpolitik vorantreiben (Alber 1982: 164). Schmidt bestritt selbst diese kleine Prärogative und konstatierte, daß gerade unter den Mitte-Regierungen bis 1975 die Expansion der sozialen Sicherung stark ausfiel, und zwar deswegen, weil sie mit den gemäßigt linken Parteien um *dieselben* Wählerstimmen konkurrierten (Schmidt 1998: 195).[2] Diese konnten sie nur durch eine Art „Ansteckung von links" erreichen. Allerdings sollte hier nicht übertrieben werden, da sich in den Reihen der Union auch genügend „natürliche Feinde" der Sozialpolitik befinden, die eine hundertprozentige Verpflichtung der Union auf den Wohlfahrtsstaat erschweren (z.B. Bauern, Selbständige; Flora 1986: XXIX).
Machen denn nun unterschiedliche Parteien an der Regierung keine unterschiedliche Sozialpolitik mehr? Oder machen ganz andere Akteure (z.B. Institutionen) die Sozialpolitik? Wie sehr ist überhaupt der Typ und die Expansion des Wohlfahrtsstaates von der Zusammensetzung der Regierung bestimmt? Müssen Sozialdemokraten an der Macht unbedingt eine expansive Sozialpolitik betreiben (und somit all die Folgeprobleme verursachen)?
Dies behauptet die Parteiendifferenz-These, die Rose (1980) oder Hibbs (1977) für die Wirtschaftspolitik vertreten haben: Unterschiedliche Regierungen haben prinzipiell die Fähigkeit und die Möglichkeit, unterschiedliche Politik zu machen. So macht Esping-Andersen (1990) die Stärke von bestimmten Parteien für die Ausbildung eines bestimmten wohlfahrtsstaatlichen Typus verantwortlich: So war die Stärke sozialdemokratischer Parteien in Parlament und Regierung eine entscheidende Bedingung dafür, daß sich ein „social democratic regime" des Wohlfahrtsstaates herausgebildet hat (Esping-Andersen 1990: 27; 129). Dieses zeichnet sich durch ein hohes Maß an „de-commodification" (ebd: 35-54) aus. „Decommodification" bedeutet, daß ein Bürger seinen Lebensunterhalt bestreiten kann, ohne daß er vom Markt abhängig ist (und diese Leistung auch rechtlich verlangt werden kann; vgl. ebd: 22). Wichtig ist, daß eine Leistung jedem Bürger prinzipiell zugänglich ist, daß sie möglichst viel genutzt wird und daß die Leistungen so großzügig bemessen sind, daß sie ein Ersatzeinkommen sind. Umverteilung durch wohlfahrtsstaatliche Politik ist erwünscht. Vor allem verspricht das

---

[2]Alber errechnete, daß immerhin dreißig Prozent des Elektorats ihre Einkünfte aus irgendwelchen Sozialleistungen beziehen. Daher bemühen sich SPD und Union, um die Wählerstimmen dieses Segments zu konkurrieren (Alber 1986b: 45).

sozialdemokratische Wohlfahrtsstaatsregime Vollbeschäftigung. Esping-Andersen sieht sozialdemokratische Regierungen aber weniger als isoliertes Phänomen, sondern als Ausdruck einer bestimmten Machtressourcenverteilung innerhalb der Gesellschaft, d.h der Dominanz einer gesellschaftlichen Interessengruppe oder Klasse (in diesem Fall der Arbeiterklasse und der Gewerkschaften, vgl. Cameron 1978).

Andere Staaten, andere Typen: In „liberalen" Wohlfahrtsstaats-Regimen wird die Eigenleistung des Bürgers betont. Wer staatliche Hilfe will, muß nachweisen, daß er einen eigenen Beitrag zur Lebenshaltung nicht leisten kann (das sogenannte „means-testing"; ebd: 27). Ein solches Regime wird durch die anhaltende Schwäche von Linksparteien begünstigt (ebd: 136). Hier dominiert Armenfürsorge, die sich sonstiger sozialpolitischer Steuerung oder einer staatlichen Beschäftigungspolitik verwehrt.

In der Mitte zwischen dem „sozialdemokratischen" und „liberalen" Wohlfahrtsstaatstyp steht der „konservative" (besser: „zentristische") Typ. Hier wird zwar verteilt, aber nicht umverteilt, sondern die Abstände zwischen einzelnen Gruppen erhalten: Arbeiter haben andere soziale Sicherungssysteme als Angestellte oder zumindest unterschiedlich hohe Leistungen. Die Sozialehre der katholischen Kirche steht für ein solches Programm, und so dürfen christlich-demokratische bzw. katholische Parteien auch als Vertreter dieses Wohlfahrtsstaats-Typus gelten (ebd: 135).[3] Dieser „christliche Wohlfahrtskapitalismus" (Schmidt 1998: 195), Hartwich (1970) nennt es „sozialer Kapitalismus", sieht seine Instrumente eher in Sozialversicherungen als in staatlichen Direkt-Transfers und enthält sich einer rigiden Vollbeschäftigungspolitik.

In Deutschland und Großbritannien wurden die Bürger in ähnlich starker (oder schwacher) Weise vom Marktgeschehen geschützt („dekommodifiziert"): Die Bundesrepublik Deutschland erhält 27,7 Indexpunkte, Großbritannien 23,4 (Schweden: 39,1, USA: 13,8; Esping-Andersen 1990: 52, Tab. 2.2). Doch heißt dies, daß sie auch einem gemeinsamen Wohlfahrtsstaatstypus angehören? Um dies beantworten zu können, wurden die Strukturmerkmale der drei Typen (Universalität - Differenz - Selektion) in Indices operationalisiert. Die Ergebnisse für die beiden Extreme verblüffen nicht: Schweden hatte keinerlei Attribute (gemessen in Index-Werten) eines liberalen Regimes und die USA keine eines sozialistischen Regimes. Die Bundesrepublik hatte mehr Attribute eines konservativen Wohlfahrtsregimes und Großbritannien mehr Attribute eines liberalen, auch wenn es in beiden Ländern einige sozialistische Strukturelemente gibt (ebd: 74, Tab. 3.3).

Nun haben sich die Zeiten seit Erscheinen des Buches geändert (Esping-Andersens Referenzjahr war 1980) und die Staaten unterschiedliche Anpassungsstrategien auf die Herausforderungen (Globalisierung, Finanzierungsprobleme). Die

---

[3] Eine weitere erklärende Variable ist hier noch der Absolutismus.

Schweden reagierten mit Kürzungen der Sozialleistungen, einer differenzierten (statt egalitären) Lohnpolitik und einer Rentenreform (die sich vom Universalismus abwendet; vgl. Stephens 1996, Merkel 1999: 23-27). Diese Änderungen der letzten zehn Jahre deuten an, daß in die drei Welten Bewegung gekommen ist, auch wenn nicht die Seiten gewechselt werden (im Gegensatz dazu tendenziell Schmidt 1998: 225). So gab Schweden nach wie vor viel Geld für „workfare", staatliche Qualifizierungs- und Arbeitsbeschaffungsmaßnahmen, aus (Esping-Andersen 1996a: 14, Merkel 1999: 25f).

In der nicht mehr so heilen Welt seit 1989 gibt es nach Esping-Andersen drei Wege der Anpassung des Wohlfahrtsstaates gegenüber den globalen Herausforderungen. Im Vordergrund seines Interesses steht der Zusammenhang zwischen dem Typus des Wohlfahrtsstaates und der Höhe der Arbeitslosigkeit (ebd: 10-20):

- der skandinavische Weg: Einkommensersatzleistungen werden gekürzt (und dafür höhere soziale Ungleichheit in Kauf genommen), in die aktive Arbeitsmarktpolitik (Qualifizierungs- und Ausbildungsprogramme) wird investiert, bis Ende der achtziger Jahre auch in die öffentliche Beschäftigung (z.B. der „welfare industry");
- der neoliberale Weg: Die Löhne und der gesamte Arbeitsmarkt wurden (mit den oder gegen die Gewerkschaften) flexibler; die Arbeitslosenzahlen sanken; der Preis war steigende Armut und soziale Ungleichheit (vor allem durch das Phänomen der „working poor");
- der kontinental-europäische Weg: Während die Skandinavier durch Qualifizierungsmaßnahmen und die Angelsachsen durch Einkommenserosion die Arbeitslosigkeit bekämpften, versuchten die Europäer, das Arbeitskräfteangebot zu reduzieren (z.B. durch Frühverrentungen) und den transferintensiven Sozialstaat in Art und Umfang zu halten.[4] Diese Strategie verursachte Rigiditäten auf dem Arbeitsmarkt und Finanzierungsprobleme in der Sozialversicherung; allerdings wurde die Verarmung vermieden (Esping-Andersen 1996b; ferner: Layard et al. 1994: 107).

War nun die parteipolitische Färbung der Regierung schuld, in welche Welt des Wohlfahrtskapitalismus ein Land gerät?

Cameron (1978) sieht allerdings nicht die Sozialdemokratie als Hauptgrund für einen ausgebauten Sozialstaat, sondern die Abhängigkeit vom Weltmarkt, die es nötig mache, die Bevölkerung vor Schwankungen der weltwirtschaftlichen Zyklen möglichst gut abzusichern (Cameron 1978: 1249f). Ein hoher Grad an Industrie-

---

[4] Für Esping-Andersen (1996b: 79f) ist der Sozialstaat nicht nur transferintensiv, sondern auch „familiaristisch", d.h. auf einen Verdiener pro Haushalt (meist männlich) zugeschnitten. Während anderswo auch die Frauen und Jugendlichen arbeiten, konzentrieren sich Gesetzgeber und Gewerkschaften darauf, die Prärogative dieser arbeitenden Insider-Elite zu sichern. In der Bundesrepublik neigen z.B. die Gewerkschaften dazu, die Forderungen der Facharbeiteraristokratie („Stammbelegschaft") zu repräsentieren (Esser 1986: 208; Crouch 1980: 94).

konzentration, verbunden mit starken Gewerkschaften und starker Sozialdemokratie sind da erst die zweiten Glieder der Kette (ebd: Fig. 3, S. 1256). Damit kommt ein weiterer Faktor ins Spiel, auf den bereits Alber (1982) für die Zwischenkriegszeit verwiesen hatte: Je stärker die Machtressourcen der Arbeiterbewegung (Stimmstärke der Linksparteien, Organisationsgrad der Gewerkschaften) waren, desto stärker die Ausweitung des Wohlfahrtsstaates.
Schmidt (1982, 1986, 1990, 1998) betonte, daß insbesondere politisch-institutionelle Faktoren und die Art des Verhältnisses zwischen Staat und Verbänden noch dieser „Composition of government does matter"-These hinzugefügt werden müssen. So machten Crouch (1975: 223) und Stephens (1979: 122) darauf aufmerksam, daß in solchen Arrangements die Regierungen eine expansive Sozialpolitik gegen Lohnzurückhaltung der Gewerkschaften tauschen.
So paßt es auch nicht ins Bild der Cameron-These, warum gerade in den 50er Jahren eine konservativ-liberale Regierung den Sozialstaat so sehr ausbaute, so daß 1960 die Bundesrepublik die höchste Sozialleistungsquote der westlichen Industrieländer hatte. Großbritannien paßt besser, aber nicht perfekt in Camerons These: Die Gewerkschaften sind zwar zahlenmäßig stark, aber längst nicht im skandinavischen Ausmaß zentralisiert, und die Anfänge einer umfassenden Sozialgesetzgebung fallen eher in die Jahre des Kriegskabinetts (mit Labour-Beteiligung) als in die Jahre der Labour-Regierung, die die Pläne meist nur implementierte. Aber auch dann bleiben zwei Fragen im britischen Fall unbeantwortet: Warum beschnitten die konservativen Nachfolgeregierungen nicht das Sozialbudget, warum hielt der wohlfahrtsstaatliche Konsens bis zu Thatchers Zeiten? Und warum verfolgte eine starke Labour Party nicht einen universalistischen, skandinavischen Kurs?
Hicks/Swank (1992) argumentierten ähnlich, indem sie die Regierungszusammensetzung der Regierung nur als einen Faktor unter vielen betrachten, der die Entwicklung der Wohlfahrtspolitik determiniert: Sozialstaatliche Institutionen, Parteienstärke, Stärke und Kohäsion der nicht-sozialdemokratischen Parteien, Koalitionsregierungen, Gewerkschaftsstärke, Korporatismus und Zentralisationsgrad sind solche. So kann es dazu kommen, daß gerade in Patt-Situationen sich die Parteien in ihrem Programm oder in ihrem Tun an der Regierung gegenseitig anstecken.[5] Positiv formuliert: Je klarer die gesellschaftlichen Machtverhältnisse und geringer die Hürden für eine Partei an der Macht (so in vielen Mehrheitsdemokratien, vgl. Lijphart 1984), desto deutlicher der Regierungseffekt, auch in der Sozialpolitik. Schmidt stimmt dem zu, fügt aber noch hinzu, daß sozioökonomische Faktoren (Höhe der Arbeitslosigkeit, Seniorenanteil) eine Rolle spielen

---

[5]Solche Phänomene wurden mit „Contagion from the Left" bzw. „Contagion from the Right" bezeichnet: Sie treten dann verstärkt auf, wenn die bürgerlichen und sozialdemokratischen Parteien etwa stark groß sind und die Opposition gewisse Vetopositionen hat (z.B. durch Föderalismus oder eine zweite Kammer).

(Schmidt 1996; Schmidt 1998: 208, 223). Parteien machen einen Unterschied, aber nur einen, nicht *den*.
In der Bundesrepublik sind viele der oben genannten Kriterien erfüllt, so daß das Land ein „konservatives" (d.h. zentristisches) Wohlfahrtsregime - und kein sozialdemokratisches oder liberales - aufbaute und konsolidierte. Im Falle der Bundesrepublik kommt noch der Faktor „Tradition" dazu: Die Anfänge des modernen deutschen Sozialstaates unter Bismarck lagen in der Sozial*versicherung*.[6] Und an diesem Versicherungsprinzip hielten auch in der Bundesrepublik alle Regierungen weitgehend fest, d.h. eine egalitär orientierte universelle wohlfahrtsstaatliche Politik kam nie aus Ansätzen hinaus, es wird sogar von der SPD verteidigt, wie die Debatte um die Grundrente zeigte. Das zeigt, daß das „Contagion from the Right" durchaus auch auf Deutschland zutrifft. Das Versicherungsprinzip brachte zwar ein gerüttelt Maß an Stabilität mit sich, hatte aber den Preis der Persistenz der ungleichen Sozialstruktur. So brachten selbst die wohlfahrtsstaatlichen Boomjahre nur eine quantitative Ausweitung des Sozialstaates mit sich, nicht aber die Erfüllung egalitärer Ziele (Schmidt 1982c: 167). Dagegen standen eben auch politisch-institutionelle Hindernisse: Insbesondere das föderalistische Gefüge der Bundesrepublik, unterschiedliche Kosten-Nutzen-Kalkulationen der Akteure in der wohlfahrtsstaatlichen Politik, aber auch die Frage nach der Stärke der Parteien und außerparlamentarischer Arenen (z.B. Gewerkschaften)[7] und auch der Typus der Koalitionsregierungen machen es für die an der schwedischen Sozialdemokratie orientierte SPD schwer, den skandinavischen Typus der Wohlfahrtsstaates auch in der Bundesrepublik zu etablieren. Ganz davon abgesehen, daß in der Bundesrepublik, einem „semi-souveränen Staat", entscheidende sozialpolitische Aufgaben in ihrer Ausführung an Wohlfahrtsverbände delegiert wurden (Mangen 1996: 252). Die Bundesrepublik befindet sich in der Sozialpolitik auf einer „Politik des mittleren Weges" (Schmidt 1990b), die sowohl konservativ-reformerische wie auch (schwächer) demokratisch-sozialistische Strukturelemente trägt. Schmidt bezieht aber den Terminus von der „Politik des mittleren Weges" nicht nur auf die Sozialpolitik im engeren Sinne, sondern auch auf die Beschäftigungspolitik. Da die politisch-institutionellen Hürden zu hoch sind, Vollbeschäftigung aufrechtzuerhalten (bzw. neue Arbeitsplätze im öffentlichen Sektor zu schaffen), sucht man zur Linderung der sozialen Folgen der Arbeits-

---

[6]Ein auf dem Versicherungsprinzip basierendes soziales Netz ist qua definitione antiegalitär: Derjenige, der mehr in die Versicherung einbezahlt, erhält auch eben mehr Leistungen als derjenige, der wenig einbezahlt. Dieses antiegalitäre Prinzip ist auch dem Faktor Tradition zuzuschreiben, denn die unterschiedlichen Sozialversicherungen der Berufsgruppen entsprungen der Bismarckschen Sozialgesetzgebung der 1880er Jahre. Sie entsprang einer „defensiven Modernisierungspolitik der traditionellen Eliten" und nicht dem Druck der Arbeiterbewegung (Schmidt 1990a: 141).
[7]Die deutschen Gewerkschaften sind im internationalen Vergleich eher mittelstark (Schmidt 1990b: 29f.)

losigkeit Zuflucht in einem transferintensiven Sozialstaat: So wird Arbeitslosigkeit finanziert, nicht aber bekämpft.

Großbritannien hingegen befindet sich den drei Welten des Wohlfahrtskapitalismus in der Welt des „liberalen Wohlfahrtsstaates", der dem Staat keine umverteilende und universalistische Aufgabe zuerkennt. Allerdings entspricht Großbritannien nicht dem klassisch-angelsächsischen „liberalen" Strukturprinzip, da mit dem staatlichen Gesundheitsdienst (NHS) ein universalistisches Prinzip dem prinzipiell liberalen Wohlfahrtsstaatstyp beigefügt wurde. Dies ist vor allem Folge der ersten Labour-Regierung, die den aus Steuermitteln finanzierten NHS und egalitäre Maßnahmen (Mindestrente, staatlicher Wohnungsmarkt) einführte. Daß die Labour-Regierung nicht den sozialdemokratischen Weg zum Wohlfahrtsstaat einschlug, hatte fünf Gründe: Erstens ist das universalistisch-sozialdemokratische Wohlfahrtsregime eine Erfindung der sechziger und siebziger Jahre, vorher wurden universalistische Ansätze kaum rigoros verfolgt. So setzte Labour 1945 die Pläne des Liberalen Lord Beveridge um, die den Aufbau einer Sozialversicherung vorsahen (wenn auch Beveridge glaubte, ohne Bedürftigkeitsprüfung auskommen zu können; Hills 1994: 420f). Zweitens war Labour zu kurz in der Regierung (s.u.). Drittens gab es im Sinne der Machtressourcentheorie keine Dominanz des gewerkschaftlichen Lagers. Viertens lag Labours Schwerpunkt an der Regierung weniger im Aufbau eines Wohlfahrtsstaates, sondern in den Verstaatlichungen (und ihrer Konsolidierung). Fünftens hatte die damalige Regierung nicht genügend materielle Ressourcen: Seit 1947 hing über ihr das Damoklesschwert der Zahlungsunfähigkeit und der Währungskrise. Hinzu kamen ehrgeizige Aufrüstungspläne, wie der Aufbau einer eigenen Nuklearmacht, und der Beitrag zum Korea-Krieg. So kam es, daß Labour den Universalismus eines kostenlosen Gesundheitssystems schon 1951 teilweise der Haushaltsdisziplin opferte (Timmins 1995: 158f).

Schließlich gab es mit den Konservativen eine Partei, die der *Expansion* (nicht unbedingt der Existenz) des Wohlfahrtsstaates kritisch gegenüberstand.[8] Diese Partei regierte mit Abstand am längsten seit 1945 (35 von 53 Jahren). Labour hatte kaum Chancen, durch eine genügend lange Regierungszeit den Sozialstaat auszuweiten: Labours längste Regierungszeit waren sechs Jahre - und das zu einer Zeit, als das goldene Zeitalter der Expansion schon vorbei war (zumal die wirtschaftliche Krise in Großbritannien schon zehn Jahre früher als in der Bundesrepublik begann). Die Konservativen behielten 1951 zwar die sozialpolitischen Innovationen der Attlee-Regierung bei, bemühten sich aber kaum um die

---

[8]Nach Timmins (1995: Kap. 10) waren sich die Konservativen 1951 nicht einig in der Frage, ob der Wohlfahrtsstaat Labours beibehalten werden sollte, schließlich gab es immer noch die marktradiakle Strömung. Vor allen Dingen betrieben die Konservativen in den 50er Jahren energisch den sozialen Wohnungsbau, während den universalistischen Institutionen weniger Aufmerksamkeit zuteil wurde (Timmins 1995: 178).

Verstärkung des redistributiven Elements. So gibt es in Großbritannien zwar eine staatliche Grundrente, die allerdings sehr gering ist[9], vor allem aber Betriebsrenten, die die Versorgung im Alter gewährleisten sollen. Wer keine Betriebsrente erhält, hat Anspruch auf eine Zusatzrente (SERPS, seit 1975), deren Höhe sich nach dem Verdienst im Erwerbsleben bemißt (Hills 1994: 417, 425). So werden über achtzig Prozent der Sozialausgaben nicht nach universellen Kriterien verteilt, sondern entweder nach Höhe des Beitrags oder nach der Höhe des Einkommens (ebd: Schaubild 5).

Zudem gab es auch keine dauerhaften Konzertierungsstrukturen zwischen Staat und Verbänden, in denen staatlicherseits expansive Sozialpolitik für die Kooperation der Gewerkschaften in der Lohnpolitik getauscht werden konnte. In den sechziger Jahren, als in der Bundesrepublik in kleinen und großen Koalitionen der Wohlfahrtsstaat ausgebaut wurde, ging Labour auch schon zum „targeting" und „means-testing" über, da der Universalismus haushaltspolitisch nicht mehr realisierbar schien (Alcock 1992: 133f; Timmins 1995: Kap. 15).[10] Ab 1979 machten die Konservativen in der Regierung weitreichende Vorschläge, die die Reste universeller Staatsbürgerversorgung tilgen sollten: So sollten z.B. die staatlichen Grundrenten abgeschafft werden und die Bürger ermutigt werden, die SERPS zu verlassen und sich privat alterszuversorgen.

2.2 Krisentheorien

Die erste fundamentale Kritik am Wohlfahrtsstaat kam nicht von marktliberaler, sondern von linker, neomarxistischer Seite: In einem Band mit Aufsätzen Offes aus den frühen 70er Jahren wird das Feld der Sozialpolitik als ein Beispiel der „Strukturprobleme des kapitalistischen Staates" (Offe 1972) dargestellt. Ganz im Sinne seiner Krisentheorie[11] stößt dieser an seine Grenzen: Hat man sich erst

---

[9]1994 betrug die Wochenrente für Alleinstehende knapp 170 Mark; seit 1982 wird sie nicht mehr an die Einkommenssteigerung, sondern an die Preisentwicklung angeglichen (Hills 1994: 423f). Dies hat dazu geführt, daß viele alte Menschen auf „income support" angewiesen sind, dem eine Bedürftigkeitsprüfung vorausgeht.

[10]Es ist schon für den Mangel an Universalismus innerhalb Labours bezeichnend, daß fabianistische Reformer um Richard Titmuss Mitte der fünfziger Jahre eine Rentenversicherung nach deutschem Modell vorschlugen, das die staatliche Grundrente durch eine dynamische einkommensbezogene ersetzt (zu Titmuss: Anderson/Mann 1997: 207ff). Die kaum universalistisch zu nennenden SERPS wurden 1975 von der Labour-Ministerin Barbara Castle eingeführt. Die Anpassung der SERPs an die Nettolohnentwicklung änderte die Regierung Thatcher 1980.

[11]Diese besagt in groben Zügen, daß der kapitalistische Staat nicht mehr adäquat die Probleme, die auftreten, lösen kann, da seine Ressourcen (z.B. fiskalische Mittel und Massenloyalität) begrenzt sind. Geht er doch daran, sie lösen zu wollen, so muß er erhebliche Folgeprobleme in Kauf nehmen, es kann zum Beispiel nach einer getroffenen Maßnahme Legitimationsprobleme geben, sobald der Staat immer mehr zu regeln versucht. Ein weiteres Problem,

einmal zu seiner Expansion entschlossen, kommt es auch unweigerlich zur Expansion des Steuerstaates, da man die Politik der sozialen Sicherung finanzieren muß. Das Folgeproblem sind Proteste der Steuerzahler, die es nicht hinnehmen, daß sie immer mehr Steuern zu zahlen haben. Zum Zeitpunkt von Offes Aufsatz gab es durchaus Anzeichen, daß dem so sein könnte: In Dänemark hatte eine Partei Erfolg, die sich explizit gegen den Sozialstaat und höhere Steuern wandte: Die „Fremdskrits"(Fortschritts)-Partei unter dem Steuerverweigerer Mogens Glistrup trat 1973 zum ersten Mal zur Wahl an und errang auf Anhieb 16%, während die Sozialdemokraten als Protagonisten des Wohlfahrtsstaates erdrutschartige Verluste von 12% hinnehmen mußten: Glistrup hatte es erfolgreich vermocht, den Konflikt der Arbeiter (und Angestellten) gegen die Wohlfahrtsempfänger zu thematisieren (Esping-Andersen 1985: 97). Zugleich schien sich auch in anderen Ländern mit stark ausgebautem Sozialstaat, wie Norwegen, das Phänomen des „welfare backlash" (Wilensky 1976: 14ff.) auszubreiten. Nach Wilensky verbünden sich die oberen Arbeiterschichten mit der Mittelschicht zum „backlash", verfolgen eine antiegalitäre Politik, da sie nicht mehr bereit sind, qua hoher Steuern für Wohlfahrtsempfänger aufzukommen (die sogenannte „middle mass"-Theorie nach Wilensky 1975: 50-69).[12] Für einige skandinavische Länder schien sich vorübergehend diese Theorie zu bestätigen, wobei die Glistrupisten Ende der 70er Jahre wieder so schnell von der politischen Bühne verschwanden, wie sie gekommen waren. Im Falle der Bundesrepublik hat es solche Erscheinungen wie das des Glistrupismus nicht gegeben, politisch organisierter Steuerprotest (in Form von Parteien) hat der SPD also auch nicht schaden können. In Großbritannien hingegen zeigte sich eine Art Glistrupismus innerhalb einer Partei, nämlich der Konservativen seit der Ablösung Edward Heaths durch Margaret Thatcher 1975.

Schmidt stellte weitere Kritiken des Sozialstaates zusammen: Vertreter der „Überlastungsthese" argumentieren, daß der Sozialstaat, der „schleichende Sozialismus" (Weede 1988), an sich effizientes Wirtschaften behindere; die Wirtschaft wächst nach Weede (1988: 107) in den Staaten am langsamsten, in denen der Wohlfahrtsstaat gut ausgebaut ist. Ähnlich, wenn auch milder, behauptet die „Zielkonflikt-Hypothese", daß es zumindest einen Konflikt zwischen dem Ausmaß sozialer Sicherung und wirtschaftlicher Leistungskraft gibt (Schmidt 1998: 256-269). So wird behauptet, daß staatliche Sozialpolitik zu höheren Steuern, Sozialabgaben und höherer Verschuldung führt. Dies geht auf Kosten der Be-

---

das die Theorie anspricht, ist das der ungleich repräsentierten Interessen (womit sie sich in erster Linie gegen die Prämissen der Pluralismustheorie wendet): So gibt es Interessen, die nicht organisierbar sind und sich daher nicht durchsetzen, während andere permanent zum Zuge kommen (zur Beschreibung der krisenhaften Entwicklung durch den Sozialstaat vgl. Offe 1972: 24f, 57f.

[12]Habermas argumentierte 1985 (149f.) ähnlich: Dadurch, daß die Kosten des Wohlfahrtsstaats deutlich werden, schließen die Privilegierten einen Pakt gegen die Unterprivilegierten.

schäftigung, da sie arbeitsplatzsparende Rationalisierungsinvestitionen begünstigt (Habermas 1985: 14), zur Arbeitsplatzverlagerung oder zur Schwarzarbeit zwinge (um den hohen Belastungen zu entgehen). Ein teurer Sozialstaat verursacht chronische Budgetdefizite, engt damit den Investitionsspielraum der Regierungen ein und verursacht langfristig Inflation (Offe 1991: 145). In diesem Zusammenhang wird die volkswirtschaftliche Frage „Wie problematisch ist Staatsverschuldung?" gestellt (Mückl 1982). Es entsteht eine Spirale
Neuverschuldung ⇒ Zinsendienst ⇒ Steuererhöhungen,
die (da unpopulär) möglichst vermieden werden. So verlagert sich das Problem (steigende Staatsverschuldung) auf spätere Generationen.

Das Argument von der Begrenztheit der Ressourcen findet sich auch bei den Systemtheoretikern: Der Staat überfordert das Steuerungsmedium „Geld", das noch nicht einmal seines ist (Sachße 1986: 533-536[13], 1990: 13; Luhmann 1981: 94ff.): Politik und Staat können diesen Bereich nicht regeln, sind somit überfordert, tangieren mit ihrem Tun andere Subsysteme. So behaupten die Vertreter dieser Ansicht, daß die Sozialpolitik sich mit den von ihr selbst geschaffenen Problemen beschäftige, eigentlich sogar von ihnen lebe. Von liberalphilosophischer Seite wird vorgebracht, der Wohlfahrtsstaat schaffe neue Abhängigkeiten, er verhindere die Selbstbestimmung und den Selbstschutz des Individuums - das mache eine Gesellschaft sklerotisch (Sass 1990: 72, 82). Vor allem bei fortgeschrittener gesellschaftlicher Differenzierung und Individualisierung werde eine universelle Definition des Wohlfahrtsstaates unmöglich. Die Extreme berühren sich: Sowohl Neoliberale als auch Neomarxisten (Habermas: 1985: 151) kritisieren den Wohlfahrtsstaat als „Mündigkeitsstaat" (Sass 1990: 79), der den Verlust individueller Freiheit bedeute, Habermas sprach von der „Kolonialisierung der Lebenswelt" (zit. bei Schmidt 1998: 256), wohlfahrtsstaatliche Praxis bewirke „Normalisierung und Überwachung" (Habermas 1985: 151).[14] Dagegen wehren sich zwei Fronten: eine „antiproduktivistische Allianz" (Habermas 1985: 155), die sich in ihren Freiräumen bedroht sehe, und die Neoliberalen, die den Sozialstaat sowieso beschneiden wollen. Abgesehen davon, daß sich die „antiproduktivistische Allianz" bisher kaum artikuliert hat, hat der Grad an bürokratischer Kontrolle eher ab- als zugenommen (Alber 1982: 62).

Offe summiert, daß „dreifache Zweifel an der Finanzierbarkeit, der Legitimierbarkeit und der Effektivität wohlfahrtsstaatlicher Programme" bleiben (Offe 1990: 179). Diese Aussicht muß auch die Linke ernüchtern. Habermas spricht

---

[13]Sachße nennt in diesem Zusammenhang auch das „Steuermedium Recht", das - durch den Staat im Übermaß gebraucht - zu einer Verrechtlichung der Sozialisation führt.
[14]Eine treffende Anekdote für diese These bot eine BBC-Sendung über den britischen Sozialstaat vom März 1995: Hausmeister und Sozialbeamte übten in den Sozialwohnungen der späten vierziger Jahre ein rigides (oft moralisches) Regime aus, indem sie kontrollierten, ob überhaupt die angegeben Personen in einer Wohnung lebten und ob deren Sozialverhalten in die Umgebung paßte (BBC2, „The Welfare State We Live in", 23.3.1995).

von der „Krise des Wohlfahrtsstaates und der Erschöpfung utopischer Energien" (1985: 141). Der Wohlfahrtsstaat als Lieblingskind der Sozialdemokratie hat nicht nur für breite Bevölkerungsschichten, sondern auch für sie selbst an Anziehungskraft verloren und taugt nicht mehr zur Utopie, nachdem er an seine Grenzen gelangt zu sein *scheint*. Schmidt testete einige dieser Überlegungen und kam zu dem Ergebnis, daß ein stark ausgebauter Sozialstaat durchaus das Wirtschaftswachstum ungünstig beeinflußt, wenn es auch nicht für alle Länder zu jeder Zeit diesen Effekt gibt: So wurde z.B. in der Bundesrepublik der Sozialstaat bis Mitte der siebziger Jahre stark ausgebaut, und trotzdem wuchs die Wirtschaft stark (Schmidt 1998: 263, 267f mit Schaubild 1). Die Auswirkungen eines ausgebauten Sozialstaates auf den Arbeitsmarkt sind widersprüchlich: Einerseits kann er durch gezielte Maßnahmen, wie aktive und passive Arbeitsmarktpolitik, die Arbeitslosigkeit reduzieren, andererseits hat die Höhe der Sozialleistungsquote negative Effekte, was ein wenig für die These spricht, daß es Jobwunder eher dann gibt, wenn die Sozialabgaben (besonders in Form der Lohnnebenkosten) niedrig sind und das Kündigungsrecht flexibel ist - all dies fördert das Wachstum beschäftigungsintensiver Branchen. Layard et al. (1991: 49f, 62, 508f; 1994: 92) machen die unbefristete Arbeitslosenunterstützung für die hohe Arbeitslosigkeit verantwortlich. Damit werden den Arbeitslosen Anreize genommen, zur Not auch schlechter bezahlte Jobs anzunehmen. Zudem kann wohlfahrtsstaatliche Politik auch dafür sorgen, daß sich die Löhne nicht genügend differenzieren (wenn z.B. der Kündigungsschutz besonders ausgebaut ist, hohe Lohnnebenkosten die Bruttolöhne nivellieren oder ein hoher Sozialhilfesatz kaum mehr Abstand zu den unteren Lohngruppen mehr bietet; ebd: 75f[15]). Dieselben Autoren verdammen aber die Sozialpolitik nicht in Bausch und Bogen: So finden sie lobende Worte für die aktive Arbeitsmarktpolitik, die einerseits ihre Angebote für Arbeitslose verpflichtend macht, andererseits gerade die schwer vermittelbaren Arbeitslosen durch Qualifizierung und Training wieder eingliederbar macht. Wie die Autoren selbst zugeben, stellten sie auf die Angebotsseite des Arbeitsmarktes ab. Aber die Sozialpolitik hat auch auch Auswirkungen auf die gesamtwirtschaftliche Nachfrage: Sie wird durch Lohnersatzleistungen stabilisiert (Schmidt 1998: 265), was das Anwachsen der Arbeitslosigkeit dämpft.

Sowohl Layard et al (1991: 509; 1994: 93-97), als auch Esping-Andersen (1996a) und Schmidt (1998: 266) machen darauf aufmerksam, daß der Sozialstaat nicht wie das Kaninchen vor der Schlange Arbeitslosigkeit und Wachstumsschwäche sitzt. So können Änderungen in der Sozialpolitik (und nicht ein Verzicht darauf) wachstums- und beschäftigungsstimulierende Effekte haben. Und schließlich

---

[15]Schmidt zeigte, daß das Bundessozialhilfegesetz der Adenauer-Regierung (1961) genau dies tat: De facto wurde eine Art Mindestlohn eingeführt, der die flexible Anpassung der Löhne in Zeiten der Wirtschaftskrise unmöglich machte (Schmidt 1998: 87).

konnte Schmidt recht früh zeigen, daß Länder mit stark ausgebautem Sozialstaat nicht automatisch diejenigen sind, die in Wirtschaftskrisen am schlechtesten abschneiden, vor allem dann nicht, wenn sie funktionierende Systeme des Interessenausgleichs zwischen Staat, Arbeit und Kapital haben (Schmidt 1982b; 1983a; Scharpf 1987).

Die Bilanz wohlfahrtsstaatlichen Handelns fällt gemischt aus, wenn auch die Waagschale eher zugunsten seiner Existenz neigt. So darf davon ausgegangen werden, daß der Wohlfahrtsstaat die Armut verringert und die Ungleichheit reduziert hat, wenn auch je nach Nation in unterschiedlichem Ausmaß, in manchen Staaten vielleicht auch die junge Demokratie konsolidieren half (vgl. Schmidt 1998: 273-275, 287). Leider kann die Erschöpfung von utopischen Energien nicht empirisch überprüft werden (selbst von Schmidt nicht), so daß diese These völlig ungeprüft als plausibel erscheinen muß, angesichts der etwas getrübten Bilanz sozialstaatlichen Handelns. Denn schließlich gibt es durchaus Anzeichen, daß der sozialstaatliche Konsens und die sozialstaatliche Solidarität eher im Schwinden begriffen ist. Entgegen der Erwartungen der siebziger und achtziger Jahre kommt es nicht zu erfolgreichen Anti-Wohlfahrtsparteien, sondern auf subpolitischen Ebenen entfaltet sich der Erosionsprozeß, z.B. durch Schwarzarbeit, illegale Beschäftigung und den Rückgriff auf legale sozialversicherungsfreie Beschäftigungsformen (wie Scheinselbständigkeit und 620-Mark-Jobs). Dies muß weitere Ausbaupläne des Sozialstaates als wenig realistisch erscheinen lassen, besonders wenn seine *tendenziell* negativen Auswirkungen auf das Wirtschaftswachstum und den Arbeitsmarkt hinzukommen. Andererseits gibt es auch keine überzeugenden Beweise dafür, daß der Wähler mit besonderem Enthusiasmus den Konservativen und Bürgerlichen gefolgt wäre, als es darum ging, den Wohlfahrtsstaat zu begrenzen (was ihnen meist noch nicht einmal gelang). So herrscht letztlich ein utopisches Patt zwischen Wohlfahrtsstaat und freiem Markt.

Was ist nun in beiden hier interessierenden Staaten geschehen? Welchen Anteil an wohlfahrtsstaatlicher Politik hatten beide sozialdemokratischen Parteien? Und, um die Frage aus Kapitel 2.1 zu beantworten: Sorgen sozialdemokratische Regierungen denn für eine Ausweitung des Wohlfahrtsstaates? Kapitel 2.1 hat die vorläufige Antwort gegeben: im Prinzip jein.

Bundesrepublik Deutschland

In der deutschen Wohlfahrtspolitik gibt es viele Nebenschauplätze, die ihre Ausgestaltung mitbestimmen: so z.B. den Föderalismus, eine unabhängige Notenbank und die starke Stellung von Verbänden und parastaatlichen Institutionen: Die deutsche Sozialdemokratie kann oft nicht, auch wenn sie will (wenn sie überhaupt will). Dafür können auch Kritiker des Wohlfahrtsstaates nicht, wie sie wollen (wenn sie überhaupt wollen).

In einer Analyse der Sozialstaatspolitik in der Bundesrepublik seit den 70er Jahren kommt Offe zu dem rigorosen Schluß „Politics don't matter" (Offe 1991:

136). In einer „de facto Zweiparteienkoalition" (ebd:140) beschnitt eine SPD-geführte Regierung in Übereinstimmung mit der CDU das soziale Netz, indem es das Primat der Budgetkonsolidierung ab 1975 mit dem Haushaltsstrukturgesetz durchsetzte. Unbewußt thematisierte sie damit den Konflikt zwischen den Arbeitern und Angestellten zu den Wohlfahrtsempfängern, was sich im Wahlkampfslogan der CDU von 1983 „Leistung muß sich wieder lohnen" niederschlug. Durch ihre eigene Politik der Einschnitte ins soziale Netz hatte es die SPD unmöglich gemacht, sozialpolitische Issues wieder zu thematisieren, die Verteidiger des Wohlfahrtsstaates befanden sich fortan auf dem Rückzug (ebd:141). Eine Thematisierung dieser Issues wäre auch für die SPD unvorteilhaft, da sich die Mehrheit der Bevölkerung immer noch auf der privilegierten Seite befindet, während sich die Outsider, also die Wohlfahrtsempfänger, kaum organisieren können, und sich die Verteilungskonflikte zwischen Insidern und Outsidern verstärken - denn dann würde die SPD als potentielle Verteidigerin der Outsider eher verlieren.

Es spricht einiges dafür, von einer informellen großen Koalition bei wichtigen Sozialpolitiken auszugehen, dies zeigt schon die Verabschiedung der neuen Rentenformel 1957, als die Vorstellungen Adenauers und der SPD nicht sonderlich differierten. Schließlich konkurrierten Union und SPD um das Wählerpotential der Alten. Und beide wollten die Bundesrepublik als eine attraktive Alternative zum sozialistischen Vollversorgungsstaat machen. Die neue Rentenformel war eine bürgerliche Alternative zu Schumachers „Magnet-Theorie". Zugleich zeigte sich die fortdauernde Differenzierung der Sozialpolitik: Was zählte, waren die Versicherungsleistung und die Höhe des vorherigen Arbeitseinkommens, was Nicht-Beitragszahler (z.B. Hausfrauen und Mütter ohne eigenes Erwerbseinkommen) benachteiligte (Schmidt 1998: 82-86). Und schließlich gibt es auch Anzeichen, daß eine SPD-geführte Regierung die wohlfahrtsstaatlichen Leistungen erweiterte, wie z.B. die Rentenreform von 1972 zeigte (ebd: 96f).

Gegen die Thesen Offes sprechen die Zahlen: Statt eines Sozial*abbaus* setzte in den 70er Jahren eher eine Konsolidierung des Sozialstaates nach starkem Wachstum in den 50er und 60er Jahren ein (Alber 1986a: 34, 1986b: 114ff.). Zwar begrenzten die Haushaltsstrukturgesetze der Jahre 1975 und 1981 die Sozialausgaben, der Trend geht aber eher zu eine Kürzung der Leistungen für den einzelnen Wohlfahrtsempfänger als zu einem generellen Sozialabbau (Alber: 1986a: 49). Der von Offe und Volkswirtschaftlern behauptete Kausalzusammenhang von starkem Sozialstaat und Haushaltsdefiziten erweist sich in der Folgezeit ab 1975 als nicht existent: Trotz der Stagnation der Sozialausgaben steigen die Defizite im Haushalt weiter an: Alber sieht die gestiegene Arbeitslosigkeit und das hohe Zinsniveau als Gründe (1986b: 119). Vor allem die deutsche Einheit hat zu einem dramatischen Anstieg in der Staatsverschuldung geführt, auch wenn es der Regierung Kohl bis 1999 nicht gelang, selbst im gesamtwirtschaftlich außer-

ordentlich günstigen Klima der 80er Jahre, die Neuverschuldung auf null zurückzuführen (vgl. Scheer 1999: 104f).[16]
Auch der erwartete Cleavage zwischen *insiders* und *outsiders* hat sich nicht bestätigt. Zwar gibt es Tendenzen einer geringeren Akzeptanz des Sozialstaates, doch die breite Mehrheit äußert sich noch immer positiv ihm gegenüber.[17] Eine wie auch immer geartete „backlash"-Hypothese trifft auf die Bundesrepublik nicht zu. Noch nicht einmal eine konservativ-liberale Regierung, die mit dem Ziel antrat, die Haushalte zu konsolidieren und in Analogie zum Thatcherismus die Sozialausgaben zu senken, hat ihr Ziel erreichen können: Auch hier wird in der Sozialpolitik ein Kurs gefahren, der mehr nach Kontinuität denn Abbau aussieht (Lehmbruch et al. 1988). Die institutionelle Struktur der Bundesrepublik machte schnelle Kurswechsel auch in diesem Politikfeld unmöglich. Da waren die Staaten fixer, die einen noch stärker ausgebauten Sozialstaat hatten (Schweden, Niederlande) und in denen Exekutive und Legislative einen breiteren Spielraum hatten (wenn Veto-Institutionen fehlen).

Allerdings hat der Konsolidierungskurs auch Opfer gefordert. Erstes Opfer war die aktive Arbeitsmarktpolitik, an der dann gespart wurde, als ihre Ausweitung am nötigsten gewesen wäre (s.u.) und die Bezieher von staatlichen Transfers, sofern sie keinen Rechtsanspruch darauf hatten. So wurde der Kreis der Anspruchsberechtigten begrenzt und die Höhe der Leistungen gekürzt (Schmidt 1998: 99-101). Andere Leistungsempfänger wurden weniger geschoren, z.B. Rentner und Kranke (ebd: 213). So traf es diejenigen Gruppen, die wenig konflikt- und organisationsfähig sind (wie die geringe Beteiligung an den Arbeitslosenprotesten seit April 1998 zeigt). Vielleicht hat ein Spezifikum der sozialen Sicherung die Bundesrepublik vor dem Schlimmsten eines „welfare backlash" bewahrt: Sie ist eben zum Gutteil auf dem Versicherungsprinzip aufgebaut (Bäcker et al. 1989; Mangen 1996: 251-254) und folgt nicht dem Typus der universalistisch orientierten Wohlfahrtsstaaten Skandinaviens. Dieser Umstand verschafft dem deutschen Sozialstaat auch ein größeres Maß an Legitimation (fast jeder ist von diesen Versicherungen erfaßt und hat sich Ansprüche erworben) und verhindert das Aufkommen von Anti-Wohlfahrts-Parteien, da die Wohlfahrtspolitik nicht aus direkten Steuermitteln bestritten wird.[18] In der Bundesrepublik

---

[16] Die Steuerreformen der Regierung Kohl führten letztlich zu einer Bevorzugung der Besserverdienenden, da der Spitzensteuersatz abgesenkt wurde und die indirekten Verbrauchssteuern angehoben wurden (Sturm 1998: 195).

[17] Zwar gibt es noch stärkere Unterschiede in der Einstellung zum Sozialstaat zwischen Angestellten und Arbeitern gegenüber Selbständigen, doch konvergieren beide (Pappi 1979: 233). Nach Pappi wurde die Angleichung des Wahlverhaltens zwischen Arbeitern und Angestellten eben durch die gleichermaßen positive Haltung zum Sozialstaat vermittelt (ebd: 224).

[18] Das erkennt auch Offe an, verweist aber auf die Exklusion der Nichtbeitragszahler (1990: 181).

gilt das Paradoxon, daß perpetuierte Ungleichheit Legitimation und Existenz des Wohlfahrtsstaates sichern hilft (vgl. Alber 1989).

Großbritannien

Bereits in der Zeit zwischen 1947 und 1951 ging es der Labour Party höchstens noch um die Konsolidierung des Erreichten, 1950 wurden sogar erste Einsparungen im NHS vorgenommen, woraufhin Aneuran Bevan vom Amt des Gesundheitsministers zurücktrat (Laybourn 1988: 129-134). Noch deutlicher werden die Konsolidierungsbemühungen unter den letzten zwei Labour-Regierungen der siebziger Jahre. Wie im deutschen Fall setzten Sozialdemokraten in der Regierung Haushaltskonsolidierung vor eine Ausweitung ihres angeblichen Lieblingskindes, des Wohlfahrtsstaates. Legt man die Meßlatte der Staatsquote an, erhärtet sich der Eindruck: Während der Regierungszeit der SPD steigt sie zunächst steil bis zur Mitte der siebziger Jahre an (von 32,6% 1970 auf 43,4% des Bruttoinlandsproduktes [BIP] 1975) und fällt dann wieder leicht ab (auf 42,8% 1980; Lane/Ersson 1994: 328, Tab. 10.2). In den achtziger Jahren oszillierte die Staatsquote um einen Wert um 42-43%, wenn auch mit sinkender Tendenz am Ende des Jahrzehnts. Die Staatsquote in Großbritannien verharrte zwischen 1950 und 1970 immer bei einem Wert um die dreißig Prozent (mit einem leichten Ansteig auf 33% während des ersten Kabinetts Wilson 1964-1970) und stieg rapide auf über vierzig Prozent bis 1975 an (unter der konservativen Regierung Edward Heaths!). Trotz der Massenarbeitslosigkeit vermochten es die Labour-Kabinette Wilson II und Callaghan, den Anstieg zu bremsen, die Staatsquote stieg von 41% auf 42,3% des BIP 1980. Die erste Bremse zog Wilson, als für 1975 ein drastischer Sparhaushalt verabschiedet wurde (Laybourn 1988: 166). Unter den Konservativen stieg die Staatsquote dann noch einmal - verursacht durch die Massenarbeitslosigkeit - um 2,6 Prozentpunkte, fiel aber bis 1990 wieder unter 40 Prozent, vor allem aufgrund der guten wirtschaftlichen Entwicklung (Scheer 1999: 106). Ein ähnliches Bild bieten die Anteile der Sozialtransfers am BIP: Die Konsolidierung erfolgte unter sozialdemokratischen Regierungen, wenn auch in unterschiedlicher Stärke. Am rigorosesten begrenzten die deutschen Sozialdemokraten ab Mitte der siebziger Jahre den Anstieg der Sozialtransfers, sie waren es, die die Trendwende einleiteten (Lane/Ersson 1994: 336, Tab. 10.9). Auf der Insel dasselbe Bild wie bei der Staatsquote: Der Anstieg des Sozialtransfersanteils am BIP wurde während ihrer Regierungszeit gebremst, und erst nach über einem halben Jahrzehnt konservativer Regierung sank der Anteil.

Einen Offe verwandten Ansatz verwendet Jens Borchert (1995, 1996). Borchert dreht aber die Wirkungskette um: Eine Repräsentationskrise entsteht infolge des Bürgerwunsches nach einem ausgebauten Sozialstaat, den keine Partei mehr wolle. Der Wohlfahrtsstaat wurde von rechten Regierungsparteien in den 80er und 90er Jahren ausgehöhlt, die Sozialdemokraten gaben nach einer „Periode des zögerlichen Abwartens" (Borchert 1996: 60) ihr Plazet zur Transformation ihres eigenen Gedankenkindes. Der Bürger indes zeige aber immer noch eine starke Loyalität zum Wohlfahrtsstaat herkömmlicher Prägung, werde aber durch keine Partei mehr vertreten, da in der Frage des Wohlfahrtsstaates ein neuer Elitenkonsens herrsche (Borchert 1996: 66-70).

Seine Studie verlangt umso mehr Beachtung, weil sie die Entwicklungen in Großbritannien, die in ihrer Tendenz einheitlich seit 1979 sind, und der Bundesrepublik nach der Einheit berücksichtigen. Denn bis 1990 war im Falle der Bundesrepublik die Beobachtung Lehmbruchs et al. (1988) richtig: Eine Wende in der Sozialpolitik hatte nicht stattgefunden, die bekannten institutionellen Schranken und das Policy-Profil wohlfahrtsstaatlicher Politik wirkten gegen eine Kehrtwendung.[19] Die Wende kam angeblich mit der Wende von 1989/90. Die Vereinigung unterminierte die finanzielle Kapazität des Staates (Borchert 1996: 50f). Die Strategie des Thatcherismus war zwar rhetorisch radikal, aber keineswegs kohärent, es handelte sich um eine *trial and error*-Vorgehensweise, die vor allem durch das Wiederwahlinteresse bestimmt wurde (Bulpitt 1986: 33-38; Gamble 1988: 122).

In beiden Staaten kam es nicht zu einer Reduktion des Umfangs der Wohlfahrtsausgaben, selbst unter einer radikal sich gerierenden Thatcher-Regierung stiegen die Ausgaben für Sozialleistungen und das Gesundheitssystem vom Ende der siebziger bis Ende der achtziger Jahre um ein Drittel (lediglich die Ausgaben für den sozialen Wohnungsbau nahmen um drei Viertel ab; Kavanagh 1990: 213, Tab. 8.1). Auch wenn die erhöhten Sozialausgaben hauptsächlich auf den größeren Kreis an Unterstützungsempfängern zurückzuführen ist, steht doch der *conservative record* in deutlichem Gegensatz zur Rhetorik Thatchers. Ähnlich wie in der Bundesrepublik setzte die Regierung auf die Begrenzung der Sozialleistungen, d.h. die Unterstützungsempfänger wurden langsam von der allgemeinen Wohlstandsentwicklung abgekoppelt (Kavanagh 1990: 214f; für Deutschland: Geißler 1992: 174). Bis hierher waren sich die Strategien der beiden bürgerlichen Regierungen bemerkenswert ähnlich: „not ... reducing expenditure but ... containing the rise in costs, targeting benefits of the most needy ..." (Kavanagh 1990: 216).

In Großbritannien kam es vielmehr zur „Transformation durch Deinstitutionalisierung", intermediäre Organisationen wurden ausgeschaltet (Borchert 1996: 50, 53). Öffentliche Leistungen wurden immer mehr privatisiert, das bekannteste Beispiel ist der Verkauf von Sozialwohnungen an ihre Mieter infolge der Housing

---

[19] Der pragmatische, wenig ideologiegeleitete Charakter christdemokratischer Politik zeigte sich u. a. in einem kreditfinanzierten Ausgabenprogramm 1987 und den ab Ende 1984 ausgeweiteten Leistungen der Bundesanstalt für Arbeit, was eine günstige Konjunktur erleichterte. Besonders Forciert wurde die aktive Arbeitsmarktpolitik in Ostdeutschland (Sturm 1998: 158; Scheer 1999: 111f).

Acts (1980, 1984; Kavanagh 1990: 224). Aber auch die üblich gewordene Praxis des *opting out* ermöglichte es den Schulen, sich staatlicher Kontrolle zu entziehen: Schulen konnten sich selbst von den *local governments* und ihren *Local Education Authorities* lossagen und auf privatwirtschaftlicher Basis arbeiten (vgl. Ahrens 1994: 444). Für das NHS wurden interne Märkte geschaffen, d.h. unabhängig gewordene Anbieter (z.B Krankenhaus-Trusts) bieten ihre Leistungen den staatlichen *District Health Authorities* und den Allgemeinmedizinern an. Die Allgemeinmediziner erhalten wiederum Budgets - ähnlich der deutschen Sektoralbudgetierung - zugewiesen, von deren Management ihr Einkommen abhängt. Die Ärzte haben das Interesse, die Behandlungskosten der Patienten so gering wie möglich zu halten (wie in der Bundesrepublik nach der sog. „Seehofer II"-Strukturreform) und günstige Marktbedingungen mit den Krankenhäusern, mit denen sie in Marktbeziehungen treten auszuhandeln. Die Krankenhäuser sahen sich dadurch einem Preiskampf um die günstigsten Angebote ausgesetzt.

Ziele solcher Deregulierung war, die Effizienz zu steigern, die eine zentrale Planung (wie vor 1988) angeblich nicht gewährleisten konnte. Dabei erhofften sich die Konservativen auch zurückgehende Ausgaben im Gesundheitswesen, was so nicht eintrat (Hills 1994: 430). Kern dieser Maßnahmen war die Schaffung von Marktbeziehungen zwischen und unter Institutionen und der Gesellschaft. Die Deregulierung hatte aber auch ihre Kosten: Ungeheure Ausmaße nahm eine Entwicklung an, die sich „quangocracy" nennt. *Quangos*[20] (quasi-autonomous non-governmental organisations) sind Semi-Regierungsstellen, die mit Direktoren, die einzig von der (konservativen) Regierung ernannt worden sind, weite Teile öffentlicher Institutionen beherrschen. Über ihre Aufstellung entscheidet einzig die Regierung (ohne Mitsprache des Parlaments). Die *quangos* verdrängten angestammte Mitspracherechte der Gewerkschaften und Kommunen. Nach einer Studie des „Democracy Audit" (1994) gab es 1993 in Großbritannien 5521 *quangos*, die 46,6 Milliarden Pfund ausgaben und 73.000 Personen beschäftigten (Cohen/Weir 1994). Besonders betroffen von dieser Art der nicht-verantwortlichen Verwaltung sind das Schulwesen und das Gesundheitssystem. Schulen (s.o.) können sich von der Kontrolle der Kommunen lösen und erhalten Beihilfen aus Whitehall, über die wiederum ein *quango*, die „Government's Funding Agency", wacht. Zentrale und lokale *quangos* bestimmen den Lehrstoff und die Ausbildung der Lehrer. Ebenso wurde auch beim NHS verfahren. Es wurde in *trusts* aufgesplittet, denen Budgets gesetzt wurden (s.o.). In diesen *quangos* geben altgediente Konservative und Geschäftsleute den Ton an: Nach einer Unter-

---

[20]Der Name beruht auf einem Witz, den Anthony Barker, Dozent an der Essex University und Mitarbeiter an der Quango-Studie von 1994, Ende der sechziger Jahre machte. Er wollte damit Körperschaften außerhalb des *civil service* beschrieben, die aber dennoch aus Steuermitteln finanziert werden und deren Angestellte von der Regierung ernannt werden. Darunter fallen aber auch neugeschaffene Lokal- und Regionaltrusts (wie z.B. Entwicklungsgesellschaften u.ä.).

suchung von 372 NHS-Trusts in England und Wales kamen 54% der Ausschußmitglieder aus dem Geschäftsleben und dem Finanzsystem, lediglich 5,7% hatten bereits vorher im Gesundheitswesen gearbeitet (Cohen 1994). Dabei ist Nepotismus und Patronage unumgänglich: Die Trust-Posten dienen als Versorgeposten für Familienangehörige von Tory-Granden, so bekam der Mann der ehemaligen Landwirtschaftsministerin Gillian Shephard einen Posten im „King's Lynn Hospital Trust" (ebd; Guardian, 14.7.1995).

Neben den marktorientierten Organisationsreformen des NHS trug seine chronische Unterfinanzierung (trotz durchschnittlicher jährlicher Ausgabensteigerungen von 3% seit 1979; Economist 3.5.1997) zu einer Krise des Gesundheitswesens bei, die Mitte der 90er Jahre die Bevölkerung beunruhigte. Das Gesundheitswesen war in eine bedrohliche Schere zwischen Unterfinanzierung und steigenden Anforderungen geraten. Dies kumulierte in einer Explosion der NHS-Wartelisten: 1997 standen eine Million Menschen, die sich ohne private Zusatzversicherung keine schnelle Behandlung leisten konnten, auf den Behandlungslisten (Schönwälder 1998: 107).

Die Transformation des Sozialstaates in Großbritannien war also weniger eine finanzielle, sondern eine institutionelle, die Marktelemente in das Sozialsystem einführte. Dagegen blieb in Deutschland institutionell alles beim alten, lediglich die Einheit ließ eine bürgerlich-liberale Regierung das „window of opportunity" für die Realisierung ihrer Strategie des wohlfahrtsstaatlichen *containment* nutzen (Borchert 1996: 55). Besondere Beachtung verdient die Diffusion wohlfahrtsstaatlicher Transformationsstrategien, denn schließlich erodierte auch in den sozialdemokratischen Hochburgen Mittel- und Nordeuropas der Politikmodus der Sozialdemokratie. Wenn auch verzögert, paßten sich dort die linken Parteien den konservativen Politikrezepten Thatchers und Reagans an. Die Kernstaaten der Transformation dienten dann als „reference societies" (Reinhard Bendix) für die erstarkenden konservativen Parteien in Nordeuropa, die sich „an bei Wahlen erfolgreichen neokonservativen Politikmodellen" orientieren (Borchert 1996: 60; vgl. Lafferty 1990: 91-98).

Eine Mitschuld an dieser Entwicklung hätte auch das „Versagen der Sozialdemokratie als Opposition" (ebd: 61; wie im folgenden). Labour war bis Mitte der achtziger Jahre mit sich selbst beschäftigt, und vollzog einen radikalen Schwenk von radikal-linken Positionen zu Positionen, die Medienberater der Partei empfohlen hatten. Die SPD entwarf genauso wenig Gegenstrategien, zumal sie die Transformation als unausweichlich sah und die Popularität der Transformation annahm. All dies geschah vor dem Hintergrund einer prinzipiellen Loyalität der Bürger in beiden Staaten zum Wohlfahrtsstaat (für Großbritannien: Kavanagh 1990: 294-301; Taylor-Gooby 1991; Brook et al. 1996; für Deutschland: Roller 1992). Nun greift auch Borcherts These von der Repräsentationskrise: Die Bürger wollten den Wohlfahrtsstaat, die Eliten nicht, der Bürger fühle sich nicht mehr repräsentiert, das Thema war „per Elitenkonsens dem politischen Wettbewerb

entzogen" (Borchert 1996: 64). Und so präsentiert sich am Ende des zwanzigsten Jahrhunderts der Wohlfahrtsstaat politisch erschöpft, wenn auch seine schiere Größe eher auf Kontinuität hindeutet. Politisch erschöpft deswegen, weil das neue Paradigma des Standortwettbewerbs die einzelnen konkurrierenden Industriestaaten dazu zwingt, die wohlfahrtsstaatliche Politik nicht hypertrophieren zu lassen (Flockton 1996). Entgegen der öffentlichen Perzeption kam die Standortfrage nicht erst in den frühen Neunzigern auf die Agenda, sondern bereits in den frühen Achtzigern, wie Junne am Beispiel der Strukturpolitik zeigte (Junne 1984).
Die kohärente Analyse Borcherts hat allerdings ihre fundamentalen Schwächen: Zunächst trat die von ihm erwartete Krise der Repräsentation nicht ein. Das liegt zum Gutteil daran, daß der Issue Wohlfahrtsstaat kein Positions-, sondern ein Valenzissue ist (s. Kapitel 9.4). Wäre er ein Positionsissue, in dem Sinne, daß die Bevölkerung grundsätzlich eine andere Position vertritt als die Eliten, könnte es zu einer Krise nach Borchert kommen. Aber in beiden Staaten halten die großen Parteien prinzipiell am Wohlfahrtsstaat fest, radikale Rhetorik hin oder her. Selbst der Schatzkanzler unter Thatcher, Nigel Lawson, mußte einsehen, daß das NHS die heilige Kuh der Briten ist (abgesehen davon, daß der Gesundheitsetat ebenfalls unter Thatcher um ein Drittel anwuchs). Im Gegensatz zu Borcherts Darstellung gibt es keinen Elitenkonsens über die Transformation des Wohlfahrtsstaates, sondern über die Begrenzung seiner Größe: Konsolidierung und nicht Abbau. Und wiederum im Falle der beiden Staaten zeigt sich, daß eine zumindest zeitweilige Konsolidierung auch unter sozialdemokratischen Regierungen möglich war. Der Eindruck könnte entstehen, daß Borchert der bürgerlichen Rhetorik zu kritiklos gefolgt ist. In beiden Staaten waren die Sozialdemokraten die Totengräber ihres eigenen Politikmodus, nicht nachfolgende bürgerliche Regierungen.
Ob nun das Vorgehen der Sozialdemokraten eine erfolgreiche Anpassung an politische Realitäten war (wie es Merkel sehen möchte) oder eine Mitschuld an der Erosion des eigenen Politikmodus, ist eine andere Frage. Kitschelt hatte beobachtet, daß die Sozialdemokraten an der Regierung für ihre austeritäre Politik in Wahlen bestraft werden (1994: 92f). Dies mag aus der Perspektive eines Neun-Länder-Vergleichs seine Berechtigung haben, trifft aber die Umstände der Machtwechsel 1979 und 1982 kaum. Die SPD verlor das Regierungsamt durch den Koalitionswechsel der FDP und verlor die Wahl 1983 hauptsächlich durch das Anwachsen der Grünen und eine obendrein noch verfehlte postmaterialistische Orientierung, die etliche Arbeiter vorübergehend zu den Nichtwählern und zur CDU/CSU wechseln ließ. Labour verlor die Wahl 1979 durch die Erinnerung an den *winter of discontent* und einen ungünstig gelegten Wahltermin - und nicht weil der drastische Sparkurs allzu unpopulär geworden wäre.

2.3 Zusammenfassung

Der Sozialstaat ist keine Erfindung der Sozialdemokratie. Wie Gösta Esping-Andersen (1990) zeigte, gibt es unterschiedliche Typen von Wohlfahrtsstaaten: den (klassisch) sozialdemokratischen, den liberalen und den konservativen (oder besser: zentristischen/christdemokratischen). Sowohl die Charakteristika und das Tempo der Expansion der „Wohlfahrtsregime" hängen nicht allein von der Stärke und der Regierungsbeteiligung der Sozialdemokratie ab. Theorien der Machtressourcen, Institutionen, und des Parteienwettbewerbs können besser erklären, warum die Labour Party und die SPD, wenn sie regierten, es nicht vermochten, den umfassenden skandinavischen Wohlfahrtsstaat in ihren Ländern zu etablieren. Seit der Wirtschaftskrise der siebziger Jahre ist der Sozialstaat an seine Grenzen gestoßen, hat nicht mehr die enorme utopische Kraft, hat Leistungsdefizite gezeigt. Zugleich hat er ein erstaunliches Anpassungsvermögen offenbart, indem er sich nach der Krise der 70er - oft unter sozialdemokratischer Führung - konsolidierte. Und Eingang in die öffentliche Meinung sollte auch der Tatbestand finden, daß es nicht der Sozialstaat in seiner übergroßen Großzügigkeit ist, der Haushaltsdefizite verursacht. Denn seine Generösität hat Grenzen, vor allem dann, wenn sich der Kreis der Unterstützungsberechtigten vergrößert.

Die Akzeptanz für den Sozialstaat ist immer noch hoch, besonders in Großbritannien. Umfragen haben ergeben, daß die Zustimmung zu den kollektivistischen Idealen des Sozialstaates eher stärker als schwächer wurde - trotz Thatchers Versuche, den britischen Wohlfahrtsstaat zu transformieren. Die Deutschen, die von drastischen Leistungseinschränkungen und Deinstitutionalisierungen verschont geblieben sind, verhalten sich deutlich kühler in ihrer Akzeptanz des Wohlfahrtsstaates (Taylor-Gooby 1989: 41, 50). Zumindest in den Einstellungen der Bevölkerungen beider Länder hat das „Steuerargument" nicht durchgeschlagen: Drei Viertel der Deutschen und Briten bejahen die progressive Besteuerung, ungefähr genau so viele sehen zu große Einkommensunterschiede (Smith 1989: 65f).

Wie Kapitel 23 zeigen wird, haben die beiden sozialdemokratischen Parteien in den neunziger Jahren auch programmatisch das abgesichert, was seit den sechziger Jahren in Großbritannien und seit Mitte der Siebziger in der Bundesrepublik betrieben wurde: die Konsolidierung des Sozialstaates unter dem Primat der Wirtschafts- und Haushaltspolitik (vgl. für Labour Alcock 1992: 138f). Was allerdings den Umbau des Sozialstaates angeht, sehen sich beide Parteien einem völlig unterschiedlichen Umfeld ausgesetzt: Durch die Privatisierung mancher Leistungen oder die Einführung interner Märkte im Sozialwesen muß es Labour darum gehen, eine Koordination eines segmentierten Wohlfahrtssystems zu leisten. Die SPD hingegen muß sich Gedanken machen, ob ihre Kritik an den Leistungskürzungen seit 1982 dazu führen soll, den *status quo ante* wiederherzustellen. Besser sollte eine organisatorische Umstrukturierung des Sozialstaates in Angriff genommen werden, wie sie im Bereich der Renten Walter Riester vorgedacht hat. So gibt es z.B. in der deutschen Alterssicherung erhebliche Möglichkeiten zur Umverteilung, denn die obersten fünf Prozent der Rentenempfänger erhalten dreißig Prozent der gesamten *öffentlichen* Rentenzahlungen, während die untersten fünf Prozent der Rentner nur elf Prozent erhalten (Esping-Andersen 1996b: 71).[21] In beiden Parteien sollte offensiv auch über das Thema diskutiert werden, ob manche Sozialleistungen nur dann gewährt werden sollen, wenn die Betreffenden nachweisen können, nicht arbeiten zu können: *workfare* statt *welfare*. Dies bedeutet nicht unbedingt eine Reduktion der Sozialausgaben als solche, sondern ihre Umverteilung. Der Staatssekretär im „Department of Social Security", Frank Fields, machte dazu Vorschläge (basierend auf der „Commission on Social Justice"), die bisher nur ansatzweise umgesetzt worden sind.[22] Gerade in der Bundesrepublik haben sich die negativen Aspekte des kontinental-europäischen Weges zu „Wohlfahrt ohne Arbeit" (Esping-Andersen 1996b) summiert. Der Trend zur Frühverrentung müßte gebrochen werden (da er neben der Vergreisung der Bevölkerung zu erhöhten Ausgaben der Rentenversicherung, damit zu erhöhten Rentenbeiträgen und zu hohen Lohnnebenkosten geführt hat), der Arbeitsmarkt flexibilisiert, die Löhne differenziert und durch eine antizyklischen Ressourcenausstattung der Bundesanstalt für Arbeit das „social investment" angeregt werden (vgl. Kapitel 3.1.1 und Kapitel 23).

---

[21] 1997/98 gab es erheblichen Dissens innerhalb der SPD, wie eine Rentenreform auszusehen habe. Die SPD legte lediglich einen Antrag auf die Neuregelung der Hinterbliebenenrenten vor, entzog sich aber der Frage, ob und wie das Rentensystem umzubauen sei. Gerhard Schröder brachte im November 1997 den Vorschlag der Grundrente ein, ein Vorschlag, den sein designierter Arbeitsminister Walter Riester im Mai 1998 aufgriff (Süddeutsche Zeitung, 27.11.1997; Riester-Interview in: Süddeutsche Zeitung, 16.5.1998). Dies führte zu einer scharfen innerparteilichen Debatte, in der der Sozialexperte Rudolf Dreßler das alte System vertrat, Schröder und Riester die Grundrente und Heide Simonis ein Mischsystem (Süddeutsche Zeitung, 28.5.1998).

[22] Kernstück ist das „welfare-to-work"-Programm, das hauptsächlich die jugendlichen Arbeitslosen und die alleinerziehenden Mütter ins Visier nimmt. Arbeitslosen Jugendlichen werden obligatorische Qualifizierungsmöglichkeiten angeboten. Wer sie nicht annimmt, muß mit beträchtlichen Leistungskürzungen rechnen. Alleinerziehenden Müttern soll durch eine negative Einkommenssteuer und Kinderbetreuung untertags Anreize gegeben werden, Arbeit zu finden (Observer [Budget '98 Special Report und Comment], 22.3.1998).

3 Die zweite Niedergangsthese im Test: Die Massenarbeitslosigkeit seit den siebziger Jahren

In der Entwicklung der Arbeitslosigkeit in den großen demokratischen Industrieländern seit Mitte der siebziger Jahre fällt eines auf: Bis 1974 war die Welt in Ordnung: Die Arbeitslosenzahlen in den Ländern waren unterschiedlich hoch, aber nirgendwo über sechs Prozent. Ab 1974 muß etwas Schreckliches passiert sein, das die Arbeitslosigkeit nach oben schnellen ließ (vgl. Höpner 1997: 33, Fig. 5). In fast allen Staaten stieg die Arbeitslosigkeit steil an. Aber nicht in allen, lediglich eine kleine Länderschar blieb von Massenarbeitslosigkeit verschont. In Norwegen, Schweden, Finnland, Österreich, der Schweiz und Japan blieb die Arbeitslosenquote gering. In manchen Ländern stieg sie spürbar, erreichte aber im internationalen Vergleich nur eine mittlere Position (wie in der Bundesrepublik), in anderen stieg sie deutlich (wie in Großbritannien). Offenbar ist die Varianz der Arbeitslosenquoten größer geworden. Läßt sich dies nur mit externen Schocks erklären? Dies scheint nicht zuzutreffen, da die Ölkrise und der Zusammenbruch des Bretton-Woods-Systems 1973/74 alle Länder unerwartet und auch im gleichen Ausmaß trafen. Schlimmer noch, Ende der achtziger Jahre steigt in den Inseln der Seligen die Arbeitslosigkeit steil an, obwohl es keine externen Schocks wie z.B. eine Ölkrise gab. Und Mitte der neunziger Jahre nahmen in manchen Ländern die Arbeitslosenquoten ab, in anderen stiegen sie. Selbst ein Quasi-Schock wie plötzliche EU-Mitgliedschaft erklärt nicht, warum sich innerhalb der EU die Arbeitslosenquoten unterscheiden (Höpner 1997: 35). Offenbar lohnt es sich, nach anderen als Schock-Erklärungen Ausschau zu halten.

3.1 Was bestimmt die Höhe der Arbeitslosigkeit?

Nach der Studie von Hibbs (1977) hätte eine sozialdemokratische Regierung an der Macht das Primat der Vollbeschäftigung verfolgt und dafür den Preis einer erhöhten Inflation in Kauf genommen: Dies entspricht den Wünschen ihrer Klientel, die ein erhöhtes Arbeitslosigkeitsrisiko tragen muß (Hibbs 1977: 1467). Bürgerliche Regierungen mit einer ganz anderen Klientel verfolgen die reziproke Politik: Sie nehmen Arbeitslosigkeit in Kauf, wenn dafür die Inflation niedrig bleibt. Andere Forscher falsifizierten Hibbs' These und suchten eher nach wichtigen Institutionen und nach der Art, wie sich das Verhältnis zwischen Staat, Gewerkschaften und Arbeitgeberverbänden gestaltet. Gerade Modelle korporatistischer Steuerung machten eine geglückte Konzertierung dieser drei Seiten für eine erfolgreiche Bewältigung der Krise verantwortlich. Und sie fanden heraus, daß es weniger die Zusammensetzung der Regierung ist, die die Wirtschaftspolitik bestimmt, sondern die außerparlamentarische Machtverteilung, vor allem die Stärke der Gewerkschaften (Cameron 1984: 166, Schmidt 1982a: 125-127, 136f; Schmidt 1983a: 3).[1]

3.1.1 Die Bundesrepublik Deutschland

In der Bundesrepublik stellt sich während der Regierungszeit der SPD eine völlig andere Situation dar: In der „relativen Anomalie" (Schmidt 1992: 149) der Wirtschaftspolitik der Regierung Schmidt blieb die Inflation niedrig, die Arbeitslosigkeit erhöhte sich dramatisch. Warum konnte die SPD das von ihr (in Übereinstimmung mit Hibbs) verfolgte Ziel der Beschäftigungssicherung nicht erreichen, warum konnte Schmidt seinen Sinnspruch, wonach ihm 5% Inflation lieber wären als 5% Arbeitslosigkeit (zit. n. Scharpf 1987: 33), nicht wahrmachen? Für Großbritannien gelten ähnliche Befunde: Unter den Labour-Regierungen der sechziger und siebziger Jahre wurde die Inflation bekämpft, die Arbeitslosigkeit stieg an. Die konservative Regierung unter Ted Heath (1970-1974) bekämpfte ziemlich erfolgreich die Arbeitslosigkeit, während die Inflation zu galoppieren begann. Thatcher erreichte in ihrer ersten Amtszeit (1972-1982) beides: hohe Arbeitslosigkeit und hohe Inflation: Erst in der zweiten Amtszeit paßt wieder Hibbs' Hypothese: Die Arbeitslosigkeit ist hoch, die Inflationsrate sinkt (Alt 1984: 299). Einerseits liefen zu Beginn der 70er Jahre Sonderbedingungen aus, die die Vollbeschäftigung der 50er Jahre unter einer konservativ-liberalen Regierung begünstigten: das hohe Wirtschaftswachstum, die Dynamik der Binnen- und Exportmärkte, billige Rohstoffe und Arbeitskräfte, ein großer Agrarsektor, der als Arbeitskräftereservoir diente. Diese Kombination aus besonders günstigen angebots- und nachfrageseitigen Faktoren lief in den 70er Jahren aus: Das Wachstum war schwach, die Exportdynamik durch die weltweite Rezession gebremst, die Bundesrepublik wurde zum Hochlohnland, die Rohstoffkosten explodierten ab 1973. Insbesondere die beiden letzten Entwicklungen zeigen an, daß sich auf der Angebotsseite die Bedingungen erheblich verschlechtert hatten: Die Produktionsinput-Kosten stiegen dramatisch (u.a. auch durch erhöhte Sozialabgaben und durch die schwieriger gewordene Externalisierung von Kosten, z.B. durch eine verschärftere Umweltgesetzgebung; Schmidt 1992: 144-151). Doch diese makroökonomischen Begründungen allein erklären noch nicht, warum der *outcome* in der Bundesrepublik derartig war - denn andere sozialdemokratische Regierungen hatten es durchaus vermocht, weitgehende Vollbeschäftigung zu wahren, wie Österreich und Schweden (s. Scharpf 1987).

Die aufschlußreichste Erklärung für die Anomalie in der Bundesrepublik in den Jahren 1974 bis 1982 kommt von der politisch-institutionalistischen Theorie: Es muß in der Bundesrepublik spezifische politische und institutionelle Konstellatio-

---

[1] Nach zwanzig Jahren geschah Hibbs wieder Gerechtigkeit, als Höpner diese These für den Zeitraum von 1989 bis 1996 tendenziell bestätigte (Höpner 1997: 75).

nen gegeben haben, die diese Politik präjudizierten. Auf diesem Feld hat die Studie von Scharpf (1987) Bahnbrechendes geleistet: Sie erklärt stringent, warum in der Bundesrepublik eben die Politik der Preisstabilität sich durchsetzen konnte: Letztlich wirkten in der Bundesrepublik die Kräfte der Neben- oder Kontraregierungen, wie die der Bundesbank und des Föderalismus: Denn Katzensteins Modell vom „semisouveränen Staat" (1987) erweist sich in diesem Feld als besonders treffend. Verstärkt wird die bundesdeutsche Entwicklung durch eine spezifische Form der deutschen Arbeitsbeziehungen, einer Art latentem Korporatismus, der allerdings nicht sonderlich strukturiert scheint und in Krisensituationen nicht den optimalen Output bringt. Positiv formuliert dies die „politisch-institutionelle Konzertierungsthese" (Schmidt 1986b: 252): Für eine erfolgreiche Wirtschaftspolitik in Zeiten der Krise sind korporatistische Arrangements die conditio sine qua non. Diese ermöglichen eine expansive Fiskalpolitik des Staates, die von der Notenbank unterstützt wird, und eine moderate Lohnpolitik der Gewerkschaften, die diese gegen die Garantie der Vollbeschäftigung „tauschen". Dafür gibt es aber notwendige Bedingungen: Die Gewerkschaften müssen stark und zentralisiert sein[2], um im Rahmen eines „Klassengleichgewichts" (Schmidt 1986b: 266) den Deal „Vollbeschäftigung gegen moderate Lohnpolitik" erzwingen zu können. Und gerade hier liegt die entscheidende Schwäche der Bundesrepublik: Die Gewerkschaften sind zwar bei weitem kooperativer als beispielsweise die Großbritanniens, sonst herrschen aber „eher distanzierte und konfliktorientierte Beziehungen zwischen Arbeitgeberverbänden und Gewerkschaften" vor (Scharpf 1987: 247). Das Modell der Sozialpartnerschaft wie in Österreich, der Idealform des Korporatismus (Scharpf 1987: 81-97), findet keine Entsprechung in der Bundesrepublik, zumal die Gewerkschaften bei den Arbeitnehmern nur einen geringen Organisationsgrad erreichen und eher schwach zentralisiert sind (Scharpf 1987: 234, Tab. 9.1). Immerhin finden sich funktionale Equivalente darin, daß die Tarifverhandlungen in den Einzelgewerkschaften zentralisiert sind, und meist die Tarifpolitik der IG Metall eine Art Surrogat für die fehlende Kompetenz des DGB ist (Markovits 1982: 155; Swenson 1989: 33).
Über zehn Jahre existierte ein embryonales korporatistisches Gremium, die „Konzertierte Aktion" (Lehmbruch 1979b: 160-163; Schroeder/Esser 1999: 3-6). Nur war ihr Steuerungserfolg begrenzt: Dies lag an dem Unwillen der Einzelgewerkschaften, sich dem Diktum der Konzertierten Aktion zu unterwerfen - staatliche Lohnpolitik wurde gar nicht erst in Angriff genommen (Riemer 1982: 60; Markovits 1986: 37, 110). Eher verfolgte man einen rationalistischen Ansatz: Die Initiatoren nahmen an, daß die Verbreitung von Informationen die Einsicht in wirtschaftspoltische Notwendigkeiten böten. Konfliktverhalten entspringe also eher einem Informationsdefizit als der Interessenverfolgung (Lehmbruch 1984:

---

[2]Dies bedeutet, daß sie im Gegensatz zu den Facharbeitergewerkschaften auch die Schichten mit hohem Arbeitslosigkeitsrisiko vertreten.

67). Aber die Informationen und Verhaltensrichtlinien, die ausgegeben wurden, erwiesen sich bereits 1969 als nicht richtig. So wurde die Kraft des Aufschwungs unterschätzt und daher zu einer moderaten Lohnpolitik geraten, die auch ausgeführt wurde. Die Folge waren wilde Streiks, da die Arbeiter auch am Aufschwung teilhaben wollten. Zudem wurde mit der Zeit die Konzertierte Aktion in der Zahl der Akteure unhandlich (sogar Bauern- und Beamtenverbände nahmen teil), die Sitzungen waren zu unregelmäßig und zu kurz, so daß die Veranstaltung etwas Informelles und Zeremonielles hatte (Flanagan/Soskice/Ulman 1983: 285; Schroeder/Esser 1999: 4f).

Hauptgegner der Gewerkschaften ist die Bundesbank. Die angestrebte expansive Lohnpolitik der Gewerkschaften kollidiert mit der rein auf Preisstabilität ausgerichteten Politik der Bundesbank. Diese hat nach dem Bundesbankgesetz von 1957 in allererster Linie die Inflation zu bekämpfen - und tut dies als autonomer Akteur (Sturm 1990). Sie muß sich nicht innerhalb korporatistischer Arrangements an anderen gesamtwirtschaftlichen Zielen orientieren, muß sich nicht um die Verständigung mit Gewerkschaften und Bundesregierung zum Zwecke einer koordinierten Geld-, Finanz- und Lohnpolitik bemühen. Außerdem waren die SPD-Vorstellungen einer expansiven Finanzpolitik ganz im keynesianischem Sinne in der Minderheit gegenüber der konservativ-monetaristischen Orientierung, die die Bundesbank seit jeher beherrschte (Scharpf 1987: 257). Diese Determinanten definierten den Handlungsspielraum der SPD-Regierung, deren Strategiefähigkeit durch die föderalisierte Finanzverfassung eingeschränkt war. Diese bewirkt, daß der Zentralstaat nur geringe fiskalische Spielräume hat, will er eine expansive Fiskalpolitik betreiben, während Länder und Kommunen derweil eine restriktive betreiben. Eine Finanzierung durch überbordende Haushaltsdefizite nach schwedischem Muster fand nicht statt (Schmidt 1983a: 6f), trotzdem wurden die Sozialdemokraten den Ruf nicht los, sie könnten nicht mit Geld umgehen (Sturm 1985: 61).

Und eine koordinierte antizyklisch wirkende Fiskalpolitik existiert in der Bundesrepublik schon aufgrund unterschiedlicher Kosten-Nutzen-Relationen der drei staatlichen Ebenen und der parastaatlichen Versicherungen nicht.[3] Das hatte auch Auswirkungen auf einen möglichen Weg aus der Arbeitslosigkeit: eine verstärkte Beschäftigung im öffentlichen Sektor, wie sie in Schweden betrieben wurde.[4] Besonders auffallend ist, wie gering die „Wohlfahrtsindustrie" wuchs (obwohl die Sozialausgaben als Anteil am BIP sich nicht dramatisch unterschieden). Offen-

---

[3] Eine zentrale Instanz für die Aufrechnung der Kosten von Arbeitslosigkeit existiert nicht (vgl. Schmidt 1990b: 28): Die Kosten einer Vollbeschäftigungspolitik hätte in erster Linie der Bund zu tragen, während die Sozialversicherungen und die Gemeinden die Nutznießer wären. Im Falle der Massenarbeitslosigkeit wären die Gemeinden die Verlierer, da sie die Kosten für die zunehmende Zahl der Sozialhilfeempfänger zu tragen hätten.

[4] Pontusson 1987: 478; Scharpf 1987: 273: Der Anteil des Bundes an der öffentlichen Beschäftigung beträgt nur 11,8%.

sichtlich hatten sich die Deutschen für einen transferintensiven, aber nicht beschäftigungsintensiven Wohlfahrtsstaat entschieden (Schmidt 1990b: 28). Den institutionellen Aspekt aus anderer Warte beleuchten die Studien von Schmid (1990) und Schmid/Reissert (1988): Es geht in ihnen um die Spezifika der aktiven Arbeitsmarktpolitik in der Bundesrepublik und ihre Auswirkungen auf die Höhe der Arbeitslosigkeit.[5] Aktive und passive Arbeitsmarktpolitik sind unter einem Dach, der Bundesanstalt für Arbeit (BA), vereint, die beitragsfinanziert ist (mit Defizitdeckungsgarantie des Staates). Aber dieses System hat seine Tücken: Im Falle erhöhter Arbeitslosigkeit bleiben die Beiträge aus, der Staat muß die drohenden Defizite der BA decken (die er möglichst gering halten will). Dem Zwang zum Sparen fällt zuerst die aktive Arbeitsmarktpolitik zum Opfer, da die passive eine kaum disponible Größe darstellt. So verläuft die aktive Arbeitsmarktpolitik, die durchaus ihr Scherflein zum Abbau der Arbeitslosigkeit beigetragen hat[6], prozyklisch, wird also in den Zeiten, da man ihrer am meisten bedarf, zurückgenommen.

Aber nicht nur die institutionell beschränkte Strategie- und Kooperationsfähigkeit der Akteure bedingte diese Politik, sondern auch das bundesdeutsche Spezifikum der Koalitionsregierungen: Zwar einten die SPD-FDP-Koalitionsregierung in ihrer Anfangszeit die Reformprojekte, dieser Konsens aber verbrauchte sich, als es wirtschaftspolitisch zur Sache ging (Katzenstein 1987: 378). Die FDP zwang in der Endphase der Koalition die SPD auf einen austeritären Kurs (Webber/Nass 1984: 175f.): Ihr Druckmittel war das Wechseln des Koalitionspartners - dieses Druckpotential konnte sie aufgrund ihres Wahlerfolges von 1980 besonders gut einsetzen. So hatte 1981 mit dem Haushaltsstrukturgesetz die Regierung auf Druck der FDP de facto die Vollbeschäftigung als wirtschaftspolitisches Ziel aufgegeben. Stehen die Chancen für einen nationalen Keynesianismus für die SPD schon nicht günstig, so werden sie völlig unmöglich durch eine Internationalisierung der Waren- und Kapitalmärkte. Eine nationale Strategie des *deficit spending* wird dadurch obsolet, es kommt zur Blockade der keynesianischen Steuerung - und die Chancen für einen europäischen Keynesianismus stehen schlecht (Scharpf 1987: 319-329): Die Maastrichter Verträge beispielsweise folgen monetären Vorgaben, wie Inflations- und Haushaltsdefizitbegrenzung. Unbewußt scheint sich die SPD durch die Zustimmung zum Maastrichter Vertragswerk eventuelle Chancen zur Rückkehr zur keynesianisch-korporatistischen Politiksteuerung ver-

---

[5] „Mangelnde Vollbeschäftigung kann daher auch Ausdruck eines Institutionengefüges (i.e. der Arbeitsverwaltung, M.H.) sein" (Schmid/Reissert 1988: 285).
[6] Die Entlastungseffekte betragen immerhin 1,5-2% (Schmid 1990: 245). Im Lager der Gegner einer aktiven Arbeitsmarktpolitik befinden sich die FDP und gelegentlich auch Gewerkschaften. So fürchtete die ÖTV, daß durch Arbeitsbeschaffungsmaßnahmen ein zweiter Arbeitsmarkt für billige, im öffentlichen Dienst beschäftigte Arbeitskräfte entstehe, obwohl die Arbeiten von tariflich bezahlten Kräften zu leisten seien (der sogenannte „Mitnahme-Effekt").

baut zu haben.[7] Wobei anzumerken ist, daß dieser Steuerungstypus an Attraktivität verloren hat, zumal die Massenarbeitslosigkeit den Glauben daran bereits erschüttert hat (Knappe/Roppel 1982: 59f.).

Angesichts der aufgezeigten Schwierigkeiten eines korporatistisch-keynesianischen Krisenmanagements lag ein Weg nahe, die Arbeitslosigkeit von der *Angebots*seite des Arbeitsmarktes zu reduzieren: Durch die Ausweitung der Hochschulbildung, den Anwerbestopp für ausländische Arbeitnehmer und die Einführung einer flexiblen Altersgrenze konnte das Arbeitskräfteangebot reduziert werden. Nach den Daten von Gaby von Rhein-Kress (1993: 144ff. und Tab. 4.12) entlasteten diese Maßnahmen die Arbeitslosenquote um 5,3 Prozentpunkte.

Die SPD hatte es in diesem politisch-institutionellen Umfeld nicht leicht, ihr Vollbeschäftigungsideal durchzusetzen, sie befand sich in der „Politikverflechtungsfalle" (Scharpf 1984: 278, 281, 285). Die Frage ist aber, ob dieser Umstand ihr auch elektoral geschadet hat. Offe erwartete noch 1972, daß Arbeitslosigkeit als „'schuldhaftes' und daher 'einklagbares' Versagen politisch-administrativer Steuerung" perzipiert wird (Offe 1972: 98). Vollbeschäftigung wird von der Bevölkerung als Anspruch und Erwartung formuliert. Wird dieser Anspruch nicht eingelöst, so entstehen nach dem bekannten Muster der Krisentheorie Folgeprobleme, vielleicht sogar Systemdestabilisierung. Der Gedanke an Weimar stand hier Pate, Arbeitslosigkeit habe den Nationalsozialismus erst möglich gemacht. Doch diese Erwartung bestätigte sich nicht: Trotz der Massenarbeitslosigkeit seit den 70er Jahren destabilisierte sich das politische System der Bundesrepublik nicht. Noch nicht einmal die Wiederwahlchancen der amtierenden Regierung scheinen durch Arbeitslosigkeit gefährdet zu sein: Anhaltspunkte lieferte die Bundestagswahl von 1980, anhand welcher Rattinger nachwies, daß die Arbeitslosen in ihrer Mehrheit die Regierung Schmidt wiederwählten.[8] Schmidt (1986a) kam zu ähnlichen Ergebnissen: Ein erwarteter Anti-Regierungsparteieneffekt durch Massenarbeitslosigkeit bleibt aus, denn es gibt besondere Faktoren, die die

---

[7]Dies erkennt als einer der wenigen Wehr (1998: 155). Die SPD-Bundestagsfraktion stimmte dem Vertragswerk mit einer Gegenstimme und einer Enthaltung zu.

[8]Sie wählten immerhin zu 54,9% SPD (während der durchschnittliche Stimmenanteil der SPD bei nur 42,7% lag). Falter und Büchel hingegen sprechen in allgemeinerer Form von einer „oppositionellen Parteineigung" (1994: 390): Die Regierungsparteien werden von den *Langzeit*arbeitslosen für ihr Schicksal verantwortlich gemacht. Bezogen auf den Befragungszeitraum 1988 bis 1991 hieße dies eine klare Präferenz für die SPD und die Grünen. Ob aber bei einer SPD-geführten Bundesregierung dann auch eine Opposition der Union von der oppositionellen Parteineigung profitieren würde, darüber schweigen sich Büchel und Falter aus. Wahrscheinlich gibt es hier ein Klientelverhältnis zwischen SPD und Arbeitslosen, je länger die Arbeitslosigkeit andauert, desto stärker wird es (zumindest unter einer bürgerlichen Regierung). Bei Arbeitslosen, die weniger als ein Jahr ohne Arbeit sind, steigt die oppositionelle Parteineigung kaum an. Anzumerken ist, daß Arbeitslose mehr als der Wählerdurchschnitt zur politischen Apathie neigen; die Werte der Parteiidentifikation sinken (Rattinger 1983: 106-108; kritisch: Falter/Büchel 1994: 385-387). Für eine vertiefte Diskussion vgl. Kapitel 10.2.

politischen Reaktionen auf Arbeitslosigkeit dämpfen, z.B. der Klienteleffekt (Arbeitslose scharen sich um die SPD), Alternativrollen für Arbeitslose (z.B. im Haushalt oder in der Schattenwirtschaft), Konzentration des Arbeitslosigkeitsrisikos (80% der Arbeitnehmer sind von Arbeitslosigkeit nicht betroffen), starker Sozialstaat, um nur die wichtigsten zu nennen.

In völliger Umkehrung der Offeschen Annahme ist es wohl zu einem Wandel der „Regierungsphilosophien" gekommen (Schmidt 1993: 42): Arbeitslosigkeit bedroht weder das politische System noch die Wiederwahlchancen einer Regierung, während der Preisstabilität der Vorzug gegeben wird. Angesichts von zwei Hyperinflationen (1923, 1945-48) spricht einiges für die These, daß die Preisstabilität zu den gemeinsam geteilten Werten, die Gewerkschaften eingeschlossen, gehört (Fels 1977: 591).

3.1.2 Großbritannien

Wesentlich einfacher aus institutioneller Warte sind die Verhältnisse in Großbritannien, einem souveränen Staat im Sinne Katzensteins, gelagert. Keine Nebenregierungen nach bundesdeutschem Muster machen einer Regierung das Leben schwer. Die *Bank of England* war bis zu Blairs Machtübernahme im Mai 1997 von der Regierung abhängig, das Land ist hoch zentralisiert, ein Verfassungsgericht existiert nicht. Auch der Typus der (formalisierten) Koalitionsregierung ist hier unbekannt, auch wenn die Callaghan-Regierung seit 1977 von den Liberalen geduldet wurde.

Die fiskalische Flexibilität ist hoch, da alle Steuergesetze jährlich vom Parlament neu beschlossen werden müssen. Aufgrund der Bedeutung des Finanzplatzes London war die britische Zahlungsbilanz auch viel anfälliger für Finanzspekulantentum. So kam es zum typischen *Stop-Go*-Muster der Fiskalpolitik in der Nachkriegszeit. In Zeiten wirtschaftlicher Krise reagierte die Fiskalpolitik schnell und ging zur Nachfrageexpansion über, zumal keynesianische Steuerung in Großbritannien eine längere Tradition hatte. Zu Zeiten des Aufschwungs stiegen Löhne, Preise und Importe, während sich die Leistungsbilanz verschlechterte. Dies wiederum führte in der City, dem Finanzhandelsplatz, zu spekulativen Zahlungsabflüssen. Häufig erfolgte dabei der *Stop* der Fiskalpolitik zu früh, um den Aufschwung weiter tragen zu können. Dies blieb nicht ohne Auswirkungen auf die Investitionsbereitschaft der Betriebe (Scharpf 1987: 97-99). Ihnen wurde durch völlig instabile fiskalische Rahmenbedingung eine langfristige Planungsbasis entzogen.

In seinem außerordentlich populär gewordenen Buch „The State We're In" macht Will Hutton die City für die Grundübel der britischen Wirtschaft verantwortlich, es gab für ihn nicht das Scharpfsche „Drama der Einkommenspolitik" sondern das „Drama der City". „The City of London has become a byword for speculation, inefficiency and cheating. Given the power to regulate their own affairs, City financial markets and institutions have conspicuously failed to meet any reasonable standard of honest dealing with the public or their own kind" (Hutton 1996: 5). Die Struktur des Finanzwesens in Großbritannien begünstigte das typisch britische Phänomen des *short termism*, den „chief economic reason for Britain's disappointing performance": „The British economy is organised around a stock-market-based financial system and clearing banks averse to risk. Disengaged, uncommitted and preoccupied with liquidity, the financial system has been uniquely bad at supporting investment and innovation" (Hutton 1996: 21).

Doch die Regierungen seit den sechziger Jahren konzentrierten sich ausschließlich auf die Lohnpolitik. Sie sollte unter zentralstaatliche Kontrolle gestellt werden, um eine Verschlechterung der Leistungsbilanz mit all ihren Folgen abzuwenden. Doch die Regierungen stießen dabei immer mehr auf den Widerstand der Gewerkschaften. Deren mangelnde Strategiefähigkeit lag in der dezentralen Machtstruktur der britischen Gewerkschaftsbewegung, denn die wahre Macht liegt bei den „Betriebsräten", den *shop stewards*, die (im Gegensatz zu den deutschen Betriebsräten) die innerbetrieblichen Löhne aushandeln (Crouch 1980; Crouch 1982: 184; Gourevitch et al. 1985: 71; McIlroy 1995: 52).

Die Politik der Gewerkschaften unter den Labour-Regierungen hat nicht nur auf dem Gebiet der Wirtschaftspolitik Bedeutung, sondern beeinflußt auch die wirtschaftspolitischen Strategien einzelner Gruppierungen innerhalb der Labour Party. So vertrat die Linke innerhalb der Partei die kategorische Auffassung, daß das *free collective bargaining* und die Autonomie der *shop stewards* nicht eingeschränkt werden dürfe - auch nicht von der Einkommenspolitik einer Labour-Regierung. Die Linke hoffte auf einen Radikalismus der gewerkschaftlichen Basis, der die Lohneinbußen der Rezessionsjahre durch eine umso maßlosere Lohnpolitik wieder kompensieren sollte. Die von den „rechten" Labour-Regierungen oft enttäuschten Gewerkschaften wandten sich von der innerparteilichen Rechten ab und der Linken zu, die ihnen schließlich ihre Tarifautonomie zugesichert hatte (Crouch 1982: 186).

Die Labour-Regierungen experimentierten immer wieder mit dieser reichlich radikalen Maßnahme einer staatlich verordneten Lohnpolitik. Auch die mit großen Hoffnungen gestartete Regierung unter Harold Wilson scheiterte an dieser Politik. Zunächst hatte sich die Regierung ehrgeizigen Vorhaben wie dem *National Plan* verschrieben, der von einem völlig neuem Ministerium (*Department of Economic Affairs*) ausgearbeitet wurde. Nach dem *National Plan* sollte die Wirtschaft bis 1970 um insgesamt 25 Prozent wachsen (Thorpe 1997: 63), die Mittel dazu waren indikative Planung und Industriepolitik. Die Modernisierungs- und Wachstumspolitik unter Wilson sollte eigentlich von einer freiwilligen Lohnzurückhaltung der Gewerkschaften getragen werden. Pläne, das Pfund abzuwerten, waren wegen der Macht der City unmöglich zu realisieren - die autonome City bestand auf einem überhöhten (und dabei stabilen) Pfundkurs. Aber 1966 waren die überoptimistischen Annahmen obsolet geworden: Das Leistungsbilanzdefizit vergrößerte sich, und so griff die Regierung abermals zum Mittel der Lohnregulierung, im Sommer 1966 folgte sogar der gesetzliche Lohnstopp. Darauf reagierten die Gewerkschaften mit einer Streikbewegung der Einzelgewerkschaften, der bekannteste Streik war der vom heutigen *deputy prime minister* John Prescott angeführte Streik der Seeleute.

Der Verlierer der Juli-Krise 1966 war die Labour-Regierung: In der Entscheidung zwischen den Grundübeln deflationäre Politik oder Abwertung mußte sie am Ende beides exekutieren (die Pfund-Abwertung erfolgte im November 1967), die direkt regulierte Lohnpolitik wurde 1968 endgültig aufgegeben.[9] Inzwischen hatte sich in der Regierung die Ansicht durchgesetzt, daß die Arbeitsbeziehungen auf eine neue Grundlage gestellt werden müßten, da man in der Konflikthaftigkeit britischer Arbeitsbeziehungen einen Grund für die *British disease* sah. Inzwischen sahen die Gewerkschaften keinerlei Basis mehr für eine moderate Lohnpolitik, da die Regierung ihr in einem *quid pro quo* nichts mehr zu bieten hatte. Angesichts steigender Arbeitslosigkeit und Inflation und massiver Haushaltskürzungen nach der Juli-Krise unter Schatzkanzler James Callaghan hatte sie den Gewerkschaften nichts mehr anzubieten (Jefferys 1993: 68, 73f). Eine mit der Neuregelung der Arbeitsbeziehungen betraute Regierungskommission erstellte 1968 den „Donovan-Report", der in der organisatorischen Fragmentierung der Gewerkschaften (nur 183 der 600 Gewerkschaften gehörten 1960 dem Gewerkschaftsdachverband TUC an), den dezentralisierten Lohnverhandlungen und einem fehlenden Arbeitskampfrecht die Hauptprobleme sah (Streeck 1978: 121f; Taylor 1993: 157-173; Castle 1990: 280-282).[10] Da die Labour-Regierung sich außerstande sah, die Gewerkschaften auf der Basis des Industrieprinzips (wie in der Bundesrepublik) zu reorganisieren und die Lohnverhandlungen zu zentralisieren, konzentrierte sie sich auf die erstmalige Fassung eines Arbeitskampfrechtes. Ausgerechnet die Linke Barbara Castle zog sich als neue Arbeitsministerin (neben Michael Foot prominentestes Mitglied der „Keep Left Group" der Fünfziger) den ungeschmälerten Widerstand der Gewerkschaften zu, als sie das Weißbuch „In Place of Strife" im Januar 1969 vorlegte. *In Place of Strife* sah ein Schlich-

---

[9] Über die Juli-Krise siehe auch Castle 1990: 73-77 und die Aufhebung der direkten Lohnpolitik ebd: 191-193, 222-225. Die eindringlichste Darstellung über die diversen Strategien des ersten Kabinetts bieten die Tagebücher der Arbeitsministerin Barbara Castle. Ihre Aufzeichnungen gehören neben denen Richard Crossmans und Tony Benns zu den bekanntesten Tagebüchern britischer Politiker. Castles Tagebücher sind unter den dreien nicht nur die diskretesten (gegen die Veröffentlichung der *Crossman Diaries* prozessierte die Regierung 1974), sondern auch die in diesem Themenkomplex elaboriertesten und informativsten.

[10] Castle (1990: 240) schrieb in ihrem Eintrag vom 2. Juli 1968: „I can't see any revolutionary changes being carried through unless the Government is prepared to impose them on an unwilling TUC. The ones I would go for would be compulsory amalgamations of trade unions, but we won't even get that".

tungsverfahren für Zuständigkeitskonflikte unter Einzelgewerkschaften, ein Interventionsrecht der Regierung zur befristeten Aussetzung von Kampfmaßnahmen (Friedenspflicht) und eine Streikurabstimmung vor. Der prominente Labour-Linke Ian Mikado schrieb: „ The document which Barbara called ... 'In Place of Strife' was instead a provocation for strife" (zit. n. Jefferys 1993: 74). Nach heftigen Reaktionen wurde das Weißbuch zurückgezogen, der TUC versprach zur Gesichtswahrung der Wilson-Regierung, Richtlinien für Arbeitsniederlegungen auszuarbeiten, die für die Einzelgewerkschaften bindend sein sollten Thorpe 1997: 164; Gourevitch et al. 1985: 38). Labour an der Regierung hatte offensichtlich bei dem Versuch versagt, die britische Wirtschaft und die Arbeitsbeziehungen zu modernisieren. Die neuen Ministerien seit 1964 spielten kaum eine Rolle, das *Department of Economic Affairs* (DEA) wurde 1969 wieder aufgelöst, lediglich das *Ministry for Technology* diente als Instrument für eine Technologiepolitik. Aber der große *National Plan* des DEA, der ein jährliches Wirtschaftswachstum von knapp vier Prozent vorsah, verschwand bereits 1966 in den Schubladen, das Wirtschaftswachstum zwischen 1964 und 1970 erreichte nur 2,2 Prozent (was dem Durschnitt der wenig prosperitären Jahre 1924 bis 1937 entspricht; Thorpe 1997: 163; Jefferys 1993: 78f). Zu dem generellen Bild der Enttäuschung über Labour an der Macht gesellte sich auch die wachsende Entfremdung zwischen der Regierung und den Gewerkschaften, was sich in der Wahl 1970 mit einem hohen Anteil an Nicht-Wählern niederschlug (Butler/Pinto-Duschinsky 1971: 394).

Das Drama um die Arbeitsbeziehungen ging in die zweite und noch wesentlich konfliktreichere Runde mit dem *Industrial Relations Act* (1971) unter der konservativen Regierung Edward Heaths (Streeck 1978). Die Regierung wollte das Prinzip des *closed shop*[11] ersatzlos streichen und Gewerkschaften, die diese Neuerung anerkennen, registrieren. Nur noch registrierte Gewerkschaften sollten das Recht zum Streik haben (Taylor 1993: 186-202). Streikten nicht zugelassene Gewerkschaften, dann wurden sie nach dem allgemeinen Vertrags- und Deliktrecht bestraft, was zu ersten Verhaftungen von Gewerkschaftlern führte. In einer Widerstandsbewegung, die alle Maße von *In Place of Strife* sprengte, wurde die Regierung dazu gezwungen, den *Industrial Relations Act* de facto zurückzunehmen. Der Reformkonservatismus Heaths begab sich wieder auf eine gewerkschaftsfreundlichere Linie, als es zu Dreiparteien-Konsultationen von Regierung, Arbeitgebern und Arbeitnehmern analog zur Konzertierten Aktion der Bundesrepublik im Jahr 1972 kam (Taylor 1993: 202-205). Doch ihr Erfolg war ähnlich dem der Konzertierten Aktion: Einer konzertierten Einkommenspolitik standen die fehlende Verhandlungsmacht des TUC (der TUC hatte kein offizielles Mandat für diese korporatistische Gesprächsrunde) und eine Streikbewegung ei-

---

[11] Dieses Prinzip besagt, daß in einem Betrieb nur eine Gewerkschaft zugelassen ist und alle Beschäftigte dieses Betriebes sich dieser Gewerkschaft anschließen müssen.

ner Einzelgewerkschaft (der der Bergarbeiter) im Wege. Im Gegensatz zur Brandt-Regierung 1974 war Heath nicht gewillt, den Bergarbeitern entgegenzukommen, da die *tripartite talks* einen (freiwilligen) Lohn- und Preisstopp (bzw. in der dritten Phase eine begrenzte Erhöhung) ausgehandelt hatten. Als es angesichts der Ölkrise am nötigsten gewesen wäre, brach das reformkonservative Korporatismusmodell zusammen, obwohl die Regierung ihre Hausaufgaben gemacht hatte, indem sie ihre Fiskalpolitik expansiv gestaltet hatte (Scharpf 1987: 103). Heath ging zum Angriff über, als er für die Wahlen 1974 den Slogan ausgab: „Who Governs Britain - the Elected Government or the Trade Unions?".

Die Parallelen zur Situation der Bundesrepublik sind frappierend: Ein prinzipiell moderater Gewerkschaftsdachverband hat kaum genügend Macht, um in korporatistischer Manier mit Regierung und Arbeitgebern zu verhandeln. Allerdings herrschte in der Bundesrepublik des Jahres 1974 eher eine Sonderbedingung, als der ÖTV-Streik den Pfeiler der moderaten Lohnpolitik (als günstigste Strategie am Anfang der Krise) zertrümmerte. In Großbritannien sollte einzelgewerkschaftlicher Radikalismus und Mobilisierung zum treuen Begleiter bis zum Thatcherismus werden.

Die neu-alte Labour-Regierung unter Wilson (ab 1976 unter Callaghan) wechselte in den fünf Jahren ihres Bestehens von einer „Einkommenspolitik mit den Gewerkschaften" (1974-76) über eine „Einkommenspolitik ohne die Gewerkschaften" (1976-78) zu einer „Einkommenspolitik gegen die Gewerkschaften" (im *Winter of Discontent* 1978/79; Scharpf 1987: 106-117; detailliert bei Taylor 1993: 222-262). Die mit einer knappen Mehrheit von drei Unterhausstimmen an die Macht gekommene Labour-Regierung ließ am Anfang ihrer Regierung nichts unversucht, die Beziehungen zu den Gewerkschaften zu kitten. Der *Industrial Relations Act* wurde zurückgenommen und die Lohnforderungen der Bergarbeiter akzeptiert (an denen sich auch Tarifabschlüsse anderer Bereiche orientierten). Es war die Phase des „Social Contract", einem konzertierten Vorgehen von Labour Party und Gewerkschaften. Dreh- und Angelpunkt war wieder einmal die Lohnpolitik, vor allem ging es um den Gewerkschaften um die Sicherung der Reallöhne.[12] Nach Paul Omerod (1991) war der kapitale Fehler der Regierung, die Löhne de facto an die Inflation zu koppeln, denn die Inflation stieg infolge der Ölkrise dramatisch - und damit auch die Löhne. Diese drückten die Profitrate, so daß es zu Massenentlassungen kam (Ormerod 1991: 70f; Scharpf 1987: 106). Labour hatte von nun an den Ruf, eine Partei in den Händen der Gewerkschaften und eine Partei der Hyperinflation zu sein. Außerdem wäre es verfehlt, den *Social*

---

[12] Der „Social Contract" wurde bereits Anfang 1972 von Labour und dem TUC als Reaktion auf die Antigewerkschaftsgesetze Heaths beschlossen. In einer gemeinsamen Kommission wurden 1973 ein Regierungsprogramm für Labour formuliert, das die zukünftigen Gegenleistungen der Regierung auflistete (Reduktion der Arbeitslosigkeit, Wirtschaftsplanung, wirtschaftliche Demokratisierung, Mietstopp, partielle Preiskontrollen, Rentenerhöhungen, Rücknahme des „Industrial Relations Act"; vgl. Degen 1992: 153-155).

Contract als korporatistisches Steuerungsinstrument zu sehen. Wie McIlroy richtig vermerkt, fehlte ganz einfach die Kapitalseite (1995: 189). Außerdem war die Beteiligung der Gewerkschaften jederzeit rücknehmbar, zumal die Einzelgewerkschaften häufig eine Bastion des Widerstandes gegen eine freiwillige Lohnpolitik waren. Dazu kam, daß wie schon das Kabinett Wilson I, die Kabinette Wilson II und Callaghan wenig zum Tauschen hatten: Die Arbeitslosigkeit stieg und Schatzkanzler Dennis Healey leitete eine austeritäre Politik ein, um das schwache Pfund zu stabilisieren. Bis 1977 zeigte sich, daß die konzertierte Lohnpolitik ungünstigen Verlauf für die Gewerkschaften genommen hatte[13] und ausgerechnet eine Labour-Regierung die Interessen des Kapitals vertrat, wie die Verhandlungen um den Kredit des Internationalen Währungsfonds (IMF) zeigten (Crouch 1982: 90-110). Denn mit dem IMF-Kredit waren harte Einschnitte in den Haushalt verbunden, die Signale der finanzpolitischen Solidität an die Finanzwelt aussenden sollten, die „an element of overkill" (Artis/Cobham 1991: 12) enthielten: Der Pfundkurs zog wieder an, so daß sich die Exporte wieder verteuerten. Innerhalb der Regierung verschärften sich die Spannungen, Tony Benn sah sich aller Möglichkeiten einer „Alternative Economic Strategy" beraubt, Anthony Crosland um sein Credo betrogen (vgl. Kapitel 22.2).

Spätestens zu diesem Moment zeigte sich, daß das Ende keynesianischer Steuerung nicht erst in den späten 80ern erreicht war, sondern (zumindest in Großbritannien) unter einer Labour-Regierung ab der Mitte der siebziger Jahre (cf. Artis/Cobham 1991: 12-14). Denn wie formulierte Jim Callaghan es bereits auf dem Labour-Parteitag 1976: „You cannot spend your way out of a recession and increase employment by cutting taxes and increasing government spending" (zit. n. Scharpf 1987: 111). Die quasi-korporatistische Steuerung war seit 1978 so diskreditiert, daß sie von Thatcher nicht beendet werden mußte. Das letzte Kapitel war der *winter of discontent*, der zugleich auch das Ende der Labour-Regierung bedeutete. Nachdem der IMF-Kredit eher symbolischer Natur gewesen war, sowohl was das Vertrauen der Finanzwelt als auch das Ende des britischen Keynesianismus anging, wiesen die wirtschaftlichen Indikatoren wieder nach oben. Die Inflation sank, und so wollte Callaghan zur weiteren Stabilisierung die Löhne um nicht mehr als fünf Prozent steigen lassen, da er eine Inflationsrate in derselben Höhe für 1979 erwartete. Die Gewerkschaften hatten sich bereits Ende 1977 wieder auf die Generallinie des *free bargaining* festgelegt, jegliche Chance auf Callaghans staatlich verordnete fünf Prozent mußte illusorisch erscheinen. Trotz halbherziger Verhandlungsbereitschaft der Regierung wurde der TUC wieder von wilden Streikbewegungen überrollt, die zwischen November 1978 und

---

[13] Der alte Gewerkschaftskämpe John Jones hatte eine Regelung durchgesetzt, daß die Löhne bis zu sechs Pfund die Woche (aber nicht unter £4,50) steigen sollten. Da die Preise wegen der Pfundkrise weiter stiegen, wurde dieser Einkommenszuwachs bald aufgezehrt, 1977 gingen die Reallöhne um 10 Prozent zurück.

März 1979 das öffentliche Leben völlig lahmlegten. Die Unterhauswahl vom Mai 1979 gewann die Partei, von der die Gewerkschaften keinerlei Avancen in Sachen Korporatismus erwarten konnten. Die Konservativen waren sich paradoxerweise mit den Gewerkschaften einig, zum *free collective bargaining* zurückzukehren. Denn, so die konservative Logik, würden erst einmal die richtigen Rahmenbedingungen in der Geld- und Fiskalpolitik gesetzt, sei *free collective bargaining* völlig angemessen.

Labour scheiterte also daran, ein Minimum an Kooperation zwischen staatlicher Wirtschafts- und Finanzpolitik und gewerkschaftlicher Lohnpolitik zu schaffen. Das lag weniger an einem Mangel an gutem Willen seitens der Akteure als vielmehr an der institutionellen Schranken und der dezentralen Struktur der britischen Gewerkschaftsbewegung. Großbritannien zeigt, daß einem Land mit einer langen Tradition von Nicht-Konzertierung wirtschaftspolitischer Akteure deren Konzertierung nicht übergestülpt werden kann (Lehmbruch 1996).

Margret Thatcher fand den konservativen Königsweg zur Lösung des britischen Dilemmas: Die völlige Entmachtung der Gewerkschaften und eine radikale Absage an ein korporatistisches Steuerungsmodell, das noch ihr Amtsvorgänger und Erzrivale Ted Heath vertreten hatte. Sie zog die logische Konsequenz, daß Korporatismus auf der Insel nicht möglich war, Keynesianismus hingegen schon. Der nannte sich aber anders und tauchte ab Mitte der achtziger Jahre in Gestalt des Schatzkanzlers Nigel Lawson auf. Labour indessen hatte jeden Kredit verspielt „to deal with the unions".

3.2 Das Ende der korporatistischen Steuerung?

Wie gerade im Falle der beiden Länder demonstriert, kann der Grad an wirtschaftspolitischer Koordination der drei Akteure Staat, Arbeitgeber- und Arbeitnehmerorganisationen entscheidend für die wirtschaftliche Performanz von Ökonomien sein. Wie Scharpf (1987) und diverse Analysen von Schmidt (1982a, 1983a, 1986b) nahelegen, schnitten die Wirtschaften am besten ab, denen es gelungen war, ihre Ökonomien auf der Makro-Ebene erfolgreich kooperativ zu steuern. Für dieses Steuerungsphänomen fand sich bald auch ein theoretischer Bezugsrahmen: In den siebziger Jahren flammte eine Diskussion der dreißiger Jahre erneut auf, die die Steuerung von Marktökonomien bei prinzipieller Beibehaltung der Besitzverhältnisse zum Gegenstand hatte. Das Phänomen nannte sich „Korporatismus" und seine Wurzeln lagen im 19. Jahrhundert, als sich politische Romantik und katholische Soziallehre gegen die liberalistische Atomisierung der Gesellschaft einerseits und gegen die antagonistische Gesellschaftsidee des Sozialismus andererseits wandte.

Auf definitorische Probleme und die Geschichte des Korporatismus soll an dieser Stelle nicht näher eingegangen werden,[14] lediglich soll kurz umrissen werden, ob und wieweit Großbritannien und die Bundesrepublik Deutschland vom angeblichen Niedergang dieser Steuerungsform betroffen sind. Dabei spielt zunächst keine Rolle, ob der „liberale Neokorporatismus" (von Beyme 1991b: 129) aus Gründen einer neuen Bescheidenheit des Staates, als erfolgreiche eigenständige Steuerungsform abseits einer neoklassischen Verschwörungstheorie der Olsonschen „Verteilungskoalitionen" (Olson 1982), als Systembegriff, als politischnormatives Konzept oder lediglich als analytische Kategorie in der vergleichenden Forschung entstanden ist (vgl Höpner 1997: 8-16). Interessanter wird der Korporatismus durch die sozialdemokratische Rezeption: „Für sozialdemokratisch Orientierte mag ein besonderer Anreiz zur Rezeption des Korporatismus-Begriffs bestanden haben, weil er gewerkschaftliche Politik legitimierte, mit Reformpolitik in Verbindung gebracht werden konnte und gleichzeitig die Stabilisierbarkeit kapitalistischer Ökonomien (in Verbindung mit keynesianischer Politik) betonte" (Höpner 1997: 12). Allerdings fällt unter Höpners Rubrum einer „politisch koordinierten Ökonomie" nicht alles, was nach klassisch-revisionistisch sozialdemokratischer Politik anzustreben wäre: sozialdemokratische Regierung und keynesianische Politik. Mag es auch sein, daß die Einbeziehung der Gewerkschaften in die Koordination von Wirtschaften durch Sozialdemokraten an der Regierung (Compston 1995a für den Fall Skandinaviens und 1995b für Frankreich, Italien, Deutschland und Großbritannien) prinzipiell gefördert wird, stimmt diese Rechnung nicht unbedingt für unsere beiden Staaten: Einerseits gibt es seit den achtziger Jahren auch das Phänomen des „sektoralen oder regionalen Angebotskorporatismus"[15], der „eine weitgehend 'unideologische' Veranstal-

---

[14]Eine neuere Zusammenstellung bietet die Zulassungsarbeit Martin Höpners, die vom WSI veröffentlicht wurde (Höpner 1997). Eine Einordnung in den Kontext politischer Theorie leistet von Beyme (1991b: 129-139). Von Beyme warnte vor einer Überfrachtung des Korporatismus-Begriffs (1991b: 133), so daß Höpner den Begriff „politische Koordination von Ökonomien" verwendet, unter der er „die Koordination der Arbeitgeberseite, die Koordination auf Gewerkschaftsseite sowie deren Koordination untereinander und mit dem Staat" versteht (1997: 4). Dies kommt auch von Beymes engerer Definition von Korporatismus als einem Dreiecksverhältnis von Staat und „zwei konfliktorisch zueinander stehenden mächtigen Interessengruppen" mit jeweiligem Repräsentationsmonopol nahe (von Beyme 1991b: 135). Interessant, wenn auch müßig in diesem Zusammenhang ist die Frage, ob die politische Koordination von Ökonomien eher Ausdruck eines starken (wie Höpner 1997: 19) oder schwachen Staates (tendenziell von Beyme 1991b) ist. Entscheidender ist allerdings, ob lediglich die Koordination auf zentralstaatlicher Ebene das entscheidende Korporatismuskriterium ist. Um definitorische Kautelen zu umgehen (und um Koordination auf der Meso- und Mikro-Ebene einschließen zu können), entschied sich Höpner für den Begriff der „politischen Koordination" statt „Korporatismus" (1997: 22).

[15]Für dieses Phänomen muß nicht erst die strenge Korporatismus-Definition aufgebrochen werden, nach der nur die Koordination von Arbeitgebern, Gewerkschaften und Staat auf zentralstaatlicher Ebene gelten soll. Es gibt bereits genügend Anzeichen dafür, daß auch die

tung" (Höpner 1997: 22) abseits traditioneller sozialdemokratischer Politikmodi ist; andererseits zeigt das Beispiel Deutschlands, daß in Folge der deutschen Einheit die Gewerkschaften unter einer bürgerlichen Regierung immer stärker in die Formulierung der Politik eingebunden werden (Compston 1995b: 323-326, 331; Lehmbruch 1996: 747f). Und schließlich gibt es auch noch Meso-Formen korporatistischer Verhandlung, wie z.b. die Betriebsräte in Deutschland (Helm 1986: 47-49; allgemein: Esser 1982), deren Tun und Lassen unabhängig von der parteipolitischen Färbung der Regierung ist.[16]

Allerdings sollte doch gelten, daß die Sozialdemokratie in der Regierung die Teilnahme der Gewerkschaften in der Wirtschaftspolitik fördert - und zwar unabhängig davon, wie stark die Sozialdemokraten in der Regierung vertreten sind (Compston 1995b). Denn anders kann der Anstieg gewerkschaftlicher Einflußnahme in die Wirtschaftspolitik (gemessen anhand eines Zehn-Punkt-Index) in den siebziger Jahren nicht erklärt werden.

Die klassische Korporatismus-Forschung konzentrierte sich aber auf den zentralstaatlichen Korporatismus - und kam zu eindeutigen Bedingungen seiner Entstehung. Wie Studien von Cameron (1978), Katzenstein (1983: 118, 1985: 80-93), und Garrett und Lange (1986: 541) und Czada (1988) nachwiesen, waren die Entstehungsbedingungen für Systeme korporatistischer Interessenvermittlung besonders günstig, wenn die Länder klein und für die Schwankungen auf dem Weltmarkt anfällig waren: Die „openness of the economy" führte zu einer Konzentration der Firmen (um wettbewerbsfähig zu bleiben) und zum Entstehen von Großbetrieben - eine gute Basis für die Gewerkschaften, die sich in Großbetrieben schneller bilden und Mitglieder gewinnen als in Klein- und Mittelbetrieben. Sind die Gewerkschaften mitgliederstark, dann darf man auch günstige Chancen für sozialdemokratische Parteien an den Wahlurnen erwarten. Die Konzentration und die große Gewerkschaftsmacht lassen auch das „collective bargaining" zentralisieren. So verhandeln die Gewerkschaften meist auf nationaler Ebene direkt mit den Arbeitgebern. Dies freilich erfordert, daß der nationale Gewerkschafts-

---

Sozialdemokratie von angebotsseitigen Strategien durchdrungen ist: Gewähr dafür bietet die wirtschaftspolitische Strategie der Labour-Regierung und Vorschläge der SPD, durch die Senkung der Pflichtbeiträge zur Rentenversicherung die Arbeitskosten zu senken.

[16] Hier bewegt sich Compston auf etwas schwankendem Boden. Dagegen sprechen zwei Beobachtungen: Erstens wurden die Gewerkschaften 1996 deutlich von der Bundesregierung beschieden, daß das von ihnen (d.h. vom IG-Metall-Vorsitzenden Klaus Zwickel) vorgeschlagene Bündnis für Arbeit nicht erwünscht sei (Schroeder/Esser 1999: 6f; vgl. Kapitel 23.3). Zweitens wurde in einer Umfrage unter sieben Korporatismus-Forschern Deutschland nur einen Platz im unteren Mittelfeld zuerkannt (Höpner 1997: 64f) - mit absteigender Tendenz seit den achtziger Jahren. Vielleicht spricht dies eher für die Bedeutung sozialdemokratischer Parteien (zumindest in der Bundesrepublik Deutschland). Nach der Experten-Umfrage stimmt zumindest das Bild für Großbritannien: Hier hat sich im Vergleich der achtziger und neunziger Jahre nichts verändert: Die Gewerkschaften bleiben von der Formulierung der Wirtschafts-, Arbeitsrechts- und Sozialpolitik ausgeschlossen.

dachverband genügend Machtressourcen hat, um im Namen seiner Mitglieder und Mitgliedsgewerkschaften überhaupt zu verhandeln. So dürfen als die Hauptbestandteile für erfolgreiche korporatistische Interessenvermittlung gelten: eine ideologisch geeinte und zentralisierte Arbeiterbewegung, die enge Verbindungen zu einer gemäßigt linken Partei hat, und Lohnverhandlungen auf zentraler Ebene (vgl. Lehmbruch 1982: 5f). Eine zumindest günstige Bedingung ist die Regierungsbeteiligung der Sozialdemokraten. Die Arbeiterbewegung kann ihre Politikvorstellungen durchsetzen - und zwar mit einer Strategie wirtschaftlichen Wachstums (um genügend Ressourcen für deren Durchführung zu haben): Der Klassenkonflikt wird zu einem „positive sum game" (Korpi/Shalev 1979: 172), besonders dann, wenn die Gewerkschaften auf den Streik als Kampfinstrument verzichten. Der Forschungsmainstream hat daher immer angenommen, daß die Existenz korporatistischer Arrangements die Streikhäufigkeit eindämmt, eigentlich sogar ein Indikator für den Korporatismus ist (Schmidt 1986). Wie Höpner nachweist, war der Zusammenhang bis Ende der achtziger Jahre eindeutig, hat sich aber seitdem abgeschwächt (Höpner 1997: 72f). In Ländern, die vorher konfliktorientierte Arbeitsbeziehungen aufwiesen, hat die Streikaktivität deutlich abgenommen, während sie in den Korporatismus-Staaten leicht zugenommen hat. Immerhin sind letztere immer noch führend in puncto Arbeitsfrieden.

Potentielle Gefahren für korporatistische Systeme sind immer wieder benannt worden:

- Lehmbruch (1979a: 60), von Alemann (1983: 266) und Schmitter (1981: 71) sahen die Schwachstelle bei den Gewerkschaften, da sie ihren Mitgliedern greifbare Erfolge präsentieren müßten, und wenn diese ausblieben, sich mit wilden Streiks konfrontiert sehen. Die wilden Streiks in Schweden 1969 sind dafür ein gewichtiges Indiz (Flanagan/Soskice/Ulman 1983: 328-330). Prekär wird die Lage dann, wenn entweder der Dachverband durch Konkurrenzgewerkschaften (z.B. des Dienstleistungssektors wie in Schweden) herausgefordert werden, oder er Mitglieder verliert (Schmitter 1981: 73). Wie Studien aus Schweden belegen, führte dort die Ausweitung der öffentlichen Beschäftigung zu einer stärkeren Macht für die Dienstleistungsgewerkschaften, die einerseits das Vertretungsmonopol des Dachverbandes (LO) angriffen, andererseits die Löhne hochtrieben - und zwar zum Schaden der Exportindustrie (Flanagan/Soskice/Ulmann 1983: 210; 215f; Pontusson 1987: 478-488; Swenson 1989: 148-150). Selbst vor den wilden Streiks vom September 1969 gab es auf dem IG-Metall-Gewerkschaftstag 1968 eine polarisierte Debatte über den Verbleib der IG Metall in der Konzertierten Aktion, da viele Delegierte laut Protokoll „nachteilige Auswirkungen für die weitere Tarifpolitik" befürchteten (zit. n. Schroeder/Esser 1999: 5). Die Abstimmung fiel mit 200 Stimmen für und 163 Stimmen gegen den Verbleib knapp aus (ebd.).

- Schmitter (1981: 77) und Offe (1984: 245) sahen die Arbeitgeber als Sollbruchstelle, die keine Möglichkeit zum *roll-back* ausließen. Schließlich ist der Korporatismus auch ein Anschlag auf ihre Autonomie.
- Ein dritter Schwachpunkt ist der offensichtliche Zwang korporatistischer Systeme, den Wohlfahrtsstaat auszuweiten; schließlich muß der Staat den Gewerkschaften etwas anzubieten haben. Oben wurden die tendenziell schädlichen Auswirkungen eines überbordenden Sozialstaates beschrieben. Sollte es einen Nexus Sozialstaatsexpansion - Korporatismus geben, kann sich dies nachteilig auf die Wettbewerbsfähigkeit, die Effizienz des Wirtschaftens und den Leistungswillen der Bürger auswirken. Wie Schmidt nahelegt, wurde Wohlfahrtsexpansion (z.B. in Schweden) hauptsächlich über den Ausbau des Steuerstaates finanziert (Schmidt 1983b). Nun könnte das heißen, daß im Zeitalter der Globalisierung solche Tauschhändel unmöglich geworden sind: Flexibilisierung und Sozialabbau werden die Norm. Die Konsequenz: Die Staaten nähern sich in ihrer Sozialpolitik und in ihren Arbeits- und Interessenausgleichsbeziehungen einander an. Bereits in Kapitel 2.1 wurde angedeutet, daß die wohlfahrtsstaatliche Konvergenzthese nicht völlig überzeugt, schließlich walten erhebliche Beharrungskräfte.
- Eine vierte Schwäche ist der Ausschluß der Legislative: Entweder wird das Parlament in die korporatistische Willensbildung miteingebunden, oder sperrt sich gegen notwendige Maßnahmen (vgl. Lehmbruchs Beispiel einer antizyklischen Einkommenssteuerpolitik; Lehmbruch 1979: 153; Offe 1984: 235; im Falle des „Bündnis für Arbeit" von 1998/99: Wilke 1999: 25).
- Schwerer wirkt die „Erfolgshypothese": Die positiven Effekte korporatistischer Steuerung nehmen ab. So konnten marktorientierte, unkoordinierte Ökonomien die Schere zu den koordinierten (i.e. korporatistischen) schließen. Vielleicht spricht manches sogar für eine Null-Hypothese (Höpner 1997: 78, Fig. 8, 9; 89f).

Nun verhält es sich mit dem Niedergangsszenario, was den Korporatismus angeht, genauso wie mit allen anderen: Wenn sie zutreffen, dann müßte es einen generellen („säkularen") Trend geben, der in Richtung Auflösung korporatistischer Strukturen deutet. Gibt es ihn nicht, geht es der Niedergangsthese wie den schwarzen Schwänen des kritischen Rationalismus.
Kapitel 3.1 hat gezeigt, daß der Grad an korporatistischem Interessenausgleich in Großbritannien und der Bundesrepublik unterschiedlich war. Einzelne Länder lassen sich auf einer Skala wie in Abbildung 3.1 verorten.
Für Großbritannien hat dieses Kapitel keine Relevanz mehr, über die korporatistische Interessenvermittlung wird schon gar nicht mehr geredet, selbst Labour nahm sie aus ihrem Programm (und hat nach dem Regierungsantritt auch keine

Schritte mehr in diese Richtung unternommen).[17] Mit dem Korporatismus herkömmlicher Art hat der Partnerschaftsgedanke New Labours nichts mehr zu tun. Denn die anvisierte Partnerschaft umfaßt nur Regierung, Wirtschaft und die City, die Gewerkschaften werden ausgeklammert (Mandelson/Liddle 1996: 88f). Zudem haben sich die Ziele der Kooperation geändert: Waren es in den 60ern und 70ern noch Vollbeschäftigung und Ausbau des Wohlfahrtsstaates, sind es bei der „unvollständigen" Partnerschaft der 90er die Verbesserung der Wettbewerbssituation Großbritanniens (Labour Party 1995: 4, Thompson 1996: 44f).

Abbildung 3.1: Grad der korporatistischer Interessenvermittlung in ausgewählten Ländern

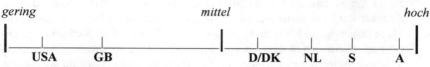

Quelle: nach Lehmbruch (1982: 18-20)

In der Bundesrepublik bestehen nicht-institutionalisierte Vermittlungsformen auch unter bürgerlichen Regierungen fort. Solche merkwürdigen Ergebnisse lassen sich gut durch die „historisch-genetische" Korporatismus-Forschung erklären (Höpner 1997: 30): Je nachdem, wie stark die historischen Wurzeln korporatistischer Interessenvermittlung sind, bleiben ihre Strukturen konstant (Lehmbruch 1996: 738f; Armingeon 1996: 826).[18] Und umgekehrt heißt das für die Briten: In Staaten, die solche Interessenausgleichssysteme historisch nicht kennen, halten sie sich nicht lange, sie werden als historische Fremdkörper wieder abgestoßen. Dies hilft noch nicht die Frage zu beantworten, wie sich die Stärke des Korporatismus auf die makroökonomische Performanz eines Staates auswirkt. Der traditionelle Mainstream hatte behauptet: je stärker desto besser. Wie Scharpf (1987) für die Bundesrepublik zeigte, war die Wachstums- und Inflationsbilanz der siebziger Jahre nicht schlecht, Defizite zeigten sich in der Arbeitslosigkeit. Für die neuere Zeit zeigte sich für halbkoordinierte Staaten, wie die Bundesrepublik, ein denkbar suboptimales Ergebnis, was die Arbeitslosigkeit angeht; Inflation und Arbeitsfrieden waren hervorragend, die Wachstumsraten akzeptabel (Höpner 1997: 89). Andererseits bieten gerade koordinierte Ökonomien wie die Niederlande und

---

[17] Shaw (1996: 189f) erklärt dies damit, daß „New Labour" unbedingt zu den Gewerkschaften Distanz halten will, und daher gewerkschaftliche Mitspracherechte qua Korporatismus ablehnt.

[18] Czada machte zu Recht darauf aufmerksam, daß abseits von funktionalistischen Korporatismus-Theorien dessen Existenz auf „einer Reihe struktureller Voraussetzungen" basiert, die „nicht schnell und zielgerichtet veränderbar sind" (Czada 1988:192). Damit grenzte sich Czada gegen die damals verbreitete Konvergenztheorie ab, nach der es einen allgemeinen Trend zu mehr Korporatismus gäbe.

Österreich auch nach der Zeitenwende 1989 Beispiele dafür, daß die Koordination eine Bedingung für eine niedrige Arbeitslosigkeit ist.

3.3 Zusammenfassung

Die korporatistische Steuerung von Ökonomien war in den siebziger und achtziger Jahren erfolgreich. Die neunziger Jahre hingegen haben gezeigt, daß es in dieser Dekade zwei Wege zu Wachstum und sinkender oder niedriger Arbeitslosigkeit gibt: Die Nicht-Koordination in Marktwirtschaften und die starke Koordination. Eine halbe oder mittelstarke Koordination ist kein Königsweg, sondern im internationalen Vergleich der Weg in wirtschaftliche Stagnation und Arbeitslosigkeit. Daher spricht einiges dafür, den (Neo-) Korporatismus als ein zeitlich begrenztes Konzept zur erfolgreichen Krisenbewältigung zu sehen. Allerdings gelten zwei Einschränkungen, was den „erfolgreichen Korporatismus" angeht: Erstens beruht eine erfolgreiche Koordination von Marktökonomien auf einer möglichst *starken* Konzertierung aller relevanten Akteure, was deren Strategiefähigkeit voraussetzt. Halbgesteuerte Ökonomien hatten deutlich schlechtere Bilanzen in der Bekämpfung der Arbeitslosigkeit. Zweitens läßt sich eine Konzertierung nicht auf jedes Land übertragen, zumal nicht alle Staaten eine Tradition darin haben. Es zeigt sich, daß der rein funktionalistisch begriffene Korporatismus dringend durch eine historische Analyse der Entstehungsbedingungen (und Erfolgschancen) ergänzt werden muß.

Großbritannien ist nach 1976 (unter Labour) wohl den richtigen Weg gegangen, der auf lange Sicht eine Flexibilisierung des Arbeitsmarktes ermöglichte. Die Callaghan-Regierung und die nachfolgenden konservativen Regierungen hatten die Konsequenzen aus der mangelnden Strategiefähigkeit der britischen Gewerkschaften gezogen, denen es selbst ab 1976 während einer für sie „freundlichen" Regierung nicht möglich war, sich dauerhaft mit der Regierung zu konzertieren. Bemerkenswert ist, daß kaum Ansätze verfolgt wurden, die Arbeitgeber oder die City in die Konzertierung miteinzubeziehen. Die konservative Regierung unternahm ab 1980 Schritte zu einer Teilentmachtung der Gewerkschaften. Doch weniger die Absage an das korporatistische Modell kennzeichnet die konservative Gesetzgebung, sondern der Umstand, daß die Gewerkschaften zu internen Strukturreformen gezwungen wurden (zumal diese Gesetze eher kontinentaleuropäische Handlungsroutinen etablierten als auf eine völlige Entmachtung der Gewerkschaften hinausliefen).

Die deutschen Gewerkschaften operieren in einem anderen Umfeld, das eher nahelegt, eine Konzertierung zu suchen. Sie sind zu stark, überparteilich und verantwortungsbewußt, um sie übergehen zu können. Anderseits zeigen sie in Teilen sowohl eine mangelnde Strategiefähigkeit (geringer Organisationsgrad, unzureichende Zentralisierung) als auch starke sozial- und tarifpolitische Beharrungskräfte, was die Flexibilisierung des Arbeitsmarktes angeht (vgl. Kapitel 2). Eine erfolgreiche Koordination schließt auch die Arbeitgeberseite und die Notenbank mit ein. Diese haben allerdings schon zu Zeiten der „Konzertierten Aktion" ihre Reservation gegenüber der Konzertierung erkennen lassen. So scheint die Zukunft des „Bündnis für Arbeit", das sofort nach Regierungsübernahme der SPD initiiert wurde, durchaus ungewiß (vgl. Der Spiegel, 13.3.1999; detaillierter in: Kapitel 23.3), zumal dem DGB-Vorsitzenden Dieter Schulte die Kompetenzen fehlen, zu einer bindenden Regelung zu kommen.[19] Im Gegensatz zur „Konzertierten Aktion" sind die vom Bündnis zu bewältigenden Aufgaben wesentlich komplexer. Ging es Ende der 60er Jahre um die Überwindung einer kurzen Rezession mit einer *nationalstaatlichen* Abstimmung von keynesianischer Nachfragesteuerung und Tarifpolitik, war also eher eine „Schönwetter-veranstaltung" (Schroeder/Esser 1999: 12), muß sich das Bündnis mit den weitreichenden Folgen der Globalisierung (Stärkung der Wettbewerbsfähigkeit, Anpassung des Arbeitsmarktes und der sozialen Sicherungssysteme) auseinandersetzen (ebd: Tab. 3; Wilke 1999: 25). Das deutsche Dilemma besteht aber weiterhin: der Zwang zur Kooperation der Tarifpartner bei gleichzeitigem Unwillen und institutionellen Unvermögen zu kooperieren. Der gewerkschaftliche Unwillen dürfte sich noch verstärken, falls die neue Bundesregierung an ihren weitreichenden Sparzielen festhält, wogegen die Gewerkschaften entschiedenen Widerstand angekündigt haben.[20]

---

[19] Das dritte Spitzengespräch erbrachte eine prinzipielle Übereinkunft, die Überstunden zu begrenzen und eine allgemeine Ausbildungsinitiative in die Wege zu leiten (Süddeutsche Zeitung, 8.7.1999). Eine detaillierte Regelung ist bisher nicht erfolgt.
[20] Nur mit knapper Not konnte eine Koalition zwischen CDU und den Gewerkschaften gegen den Sparhaushalt 2000 abgewehrt werden (Süddeutsche Zeitung, 14.8.1999). Im Oktober 1999 fand die erste große Demonstration der im öffentlichen Dienst Beschäftigten in Berlin mit etwa 70.000 Teilnehmern statt (Süddeutsche Zeitung, 21.10.1999).

4 Die dritte Niedergangsthese im Test: Die postmaterialistische Konkurrenz

4.1 Die Theorie des Postmaterialismus und ihre Kritiker

Wie bereits in der Einleitung beschrieben, betrat in den 80er Jahren eine neue Partei die politische Arena der Bundesrepublik, die binnen kurzer Zeit den Sprung in die meisten Landesparlamente und in den Bundestag schaffte (mit Ausnahme der Bundestagswahl 1990, in der die Grünen an der Fünf-Prozent-Hürde knapp scheiterten). Prima facie scheint es eine Beziehung zwischen den Verlusten der SPD und dem Stimmengewinn der Grünen zu geben. Inwieweit besteht dieser vermutete Zusammenhang? Wie kam es zum Entstehen der Grünen? Warum etabliert sich eine Partei mitten in einer Zeit, in der man von alternativlosen Großparteien redete, bzw. die amorphe „Einheitspartei fdGO" die Szene des Parteiensystems beherrschte?

1971 beschrieb Ronald Inglehart einen Vorgang, dessen Tragweite er mit dem Titel „silent revolution" benannte: Wohl auch unter dem Eindruck der Studentenbewegung[1] kam Inglehart zu dem Schluß, daß sich in der Werthaltung der jüngeren Altersgruppen, insbesondere derer, die nach dem Krieg aufwuchsen, einiges geändert hat: Sie verfolgen nicht mehr bloß materialistische Ziele[2] wie ältere Jahrgänge der Kriegs- oder Vorkriegsgeneration. Ingleharts Erklärungsansatz (1971: 991-993) reicht bis in den generellen Prozeß der Werteentstehung hinein; für ihn sind zwei Basisannahmen bei der Entstehung von Werten entscheidend:

1. *„Knappheits-Hypothese"*: Menschen erklären das zum höchsten Gut, was sie entbehren (nach der Maslowschen Bedürfnishierarchie; vgl. Inglehart 1977: 42, Inglehart 1990: 133f). So präferieren Menschen, die in materiell kargen Zeiten aufgewachsen sind (z.B. Kriegsjahre, Hyperinflationen), materielle Werte, aber eben die Generationen, die zu Zeiten des Massenwohlstands und der sozialen Sicherheit aufgewachsen sind, „postmaterielle" Werte.[3]

2. *„Sozialisations-" oder „Generations-Hypothese"*: Werte, erst einmal erworben, verändern sich nicht über Nacht. Sie werden beibehalten, unabhängig von sich ändernden Umständen und Umwelten. So bleiben die Vorkriegs- und Kriegsgenerationen auch in Zeiten des Massenwohlstands weitgehend materialistisch, während diejenigen, die postmaterialistisch eingestellt sind, es auch

---

[1] Teile der Terminologie Ingleharts lassen diesen Schluß zumindest zu: Verwendet Inglehart 1971 noch den Begriff „post-bourgeoise", so wird bis 1977 „postmaterialistic" daraus, um die neue Werthaltung zu kennzeichnen.

[2] Unter materiellen Werten versteht Inglehart die Präferenz für Issues wie „Bekämpfung der Inflation" und „Recht und Ordnung", „postmaterialistisch" ist beispielsweise das Eintreten für mehr Partizipation, Umweltschutz u.ä. (vgl. Inglehart 1977: 42).

[3] „For them, economic security may be taken for granted, as the supply of water or the air we breathe" (Inglehart 1971: 991).

dann bleiben, sollte sich die ökonomische Situation verschlechtern. Die Trennlinie verläuft also zwischen den Generationen vor und nach 1945. Dieser Effekt kann im Verlauf verschiedener Alterskohorten deutlich gemacht werden. Jüngere Alterskohorten sind deutlich materialistischer als ältere und behalten diese Wertorientierung bei, auch wenn sie älter werden. Nach Inglehart (1990: 77ff.) ist dieser Effekt bis in die späten 80er hinein zu verfolgen; weitgehend ohne Einfluß ist die sogenannte „Lebenszyklus-Hypothese", die behauptet, daß Menschen, je älter sie werden, auch automatisch materialistischer werden. Eher Einfluß haben Periodeneffekte: In bestimmten Zeiten, beispielsweise in Rezessionen, kann es zu Rückgängen in der postmaterialistischen Orientierung auch der Jüngeren kommen (Inglehart 1990: 87), jedoch bleiben die Abstände zwischen den Kohorten stabil.

Die Verbreitung postmaterialistischer Werte innerhalb der Bevölkerung führt zur Transformation der Cleavage-Struktur.[4] „From Class-Based to Value-Based Political Polarization" (Inglehart 1990: 258). Die alten Cleavages, wie der sozioökonomische und der religiös-konfessionelle, werden langsam durch das Nachwachsen immer stärker postmaterialistisch orientierter Alterskohorten durch den Cleavage materialistisch-postmaterialistisch überlagert und verdrängt. Im Fall der Bundesrepublik übernahmen Baker, Dalton und Hildebrandt das Konzept der „Old" und „New Politics" (1981: 136-159): Langsam werden Issues der alten Politik von denen der neuen verdrängt. Baker und seine Kollegen sind sich mit dem Mainstream der Forschung (vgl. Dalton 1984: 125) einig, daß nicht nur die Generationenzugehörigkeit entscheidend ist: Träger des Wandels hin zum Postmaterialismus sind gewiß diejenigen, die das Wirtschaftswunder im Vollbild miterlebt haben. So gibt es dann durch die nachwachsenden postmaterialistischen Generationen einen immer stärkeren Ausschlag in der Wertverteilung (s. Tabellen 4.1 und 4.2). Sowohl die von Dalton vorgelegten Eurobarometer- als auch die von Meulemann vorgelegten Allbus-Erhebungen zeigen, daß sich in den siebziger Jahren auffällig wenig getan hat, der *take-off* des Postmaterialismus kam erst in den achtziger Jahren - je nach Erhebung waren Ende der 80er 25 bis 30 Prozent der westdeutschen Bevölkerung Postmaterialisten, zu den Mischtypen zählten etwa sechzig Prozent (Meulemann 1996: 110f; Wolf-Csanády 1996: 92). Inglehart selbst mißt die Prozentpunktdifferenz zwischen Postmaterialisten und Materialisten. In beiden Ländern war die Prozentpunktdifferenz in den siebziger Jahren solide im Minus (mehr Materialisten als Postmaterialisten), in den achtziger Jahren geht sie in Westdeutschland ins Plus, in Großbritannien halten sich beide die Waage (Inglehart/Abramson 1994: Tab. 5). Nach 1990 hat sich aber in West-

---

[4]Zum Cleavage-Konzept s. Kapitel 14.1.

deutschland allerhand getan, die Prozentpunktdifferenz sinkt wieder ab (minus 15; ebd: Fig. 1).[5]

Tabelle 4.1: Werttypenverteilung in Großbritannien 1970-1984 (in %)

	1970	1973	1976	1979	1982	1984
Materialisten	36	32	36	25	25	24
Mischtyp	56	60	56	63	61	59
Postmaterialisten	8	8	8	11	14	17

Tabelle 4.2: Werttypenverteilung in der Bundesrepublik 1970-1984 (in %)

	1970	1973	1976	1979	1982	1984
Materialisten	46	42	42	37	32	23
Mischtyp	44	50	47	52	54	58
Postmaterialisten	11	8	11	11	13	20

Quelle: Dalton 1988: 84.

Ausgehend von Ingleharts Ansatz bildete sich ein weiterer Forschungsstrang, der allerdings die Reduktion auf Postmaterialismus versus Materialismus kritisierte, da diese Wertekonstellation nicht die Dynamik des Wertewandels erfasse. Flanagan (1987) und Bürklin (1988: 119-122, 1994) suchten vielmehr nach Veränderungen der politischen Kultur und entwickelten eine funktionale Theorie des Wertewandels. Entscheidender Auslöser für die Wandlungsprozesse sind nicht mehr wachsender Wohlstand, sondern „der Wegfall sozialer Zwänge in der modernen Industriegesellschaft" (Bürklin 1994: 40). Wohlstand, wohlfahrtsstaatliche Absicherung, Säkularisierung, Verstädterung, Anonymität und die Erosion von Kollektiven führten zur Verhaltensfreiheit und Selbstentfaltung, wo früher nur soziale Kontrolle und Selbstkontrolle herrschte. Gerade das höhere Bildungsniveau fördere Prozesse der „kognitiven Mobilisierung" (Bürklin 1994: 42), was sich in einem gestiegenen Interesse für Politik und einer postmaterialistischen Haltung widerspiegelt. Das Ergebnis ist dann ein individualisierter Mensch, der sich von traditionellen Großorganisationen jeder Art abwendet. Gewerkschaften, Kirchen und Parteien sind dann die Verlierer eines solchen Wandels (Wiesendahl 1992).

Gegen die These vom funktionalen Wertewandel spricht auf den ersten Blick das Bild der Stabilität: Die kollektivistische „alte Welt" war zumindest im Falle der Parteien und der Gewerkschaften keine sonderlich alte, bzw. die „neue Welt" ist

---

[5]Inglehart und Abramson (1994: 338) erklären beispielsweise den Rückgang postmaterialistischer Werteorientierungen (1984: 23% Postmaterialisten, 1992: 14 % Postmaterialisten; 1992) mit den Auswirkungen der deutschen Einheit, die materielle Probleme auf die Agenda gebracht hätten.

keine neue: Die Mitgliederzahlen der bundesdeutschen Parteien stiegen erst in den siebziger Jahren an, fielen ab Mitte der achtziger Jahre wieder leicht.[6] Auch der gewerkschaftliche Organisationsgrad stieg seit den fünfziger Jahren an (vgl. Merkel 1993: 106, Tab. 12). Lediglich die Kirchen erfuhren einen enormen Bedeutungsverlust als Vermittler traditioneller Werte- und Verhaltensordnungen, wenn auch die Höhe der formalen Mitgliedschaft in einer der beiden Kirchen erstaunlich konstant bleibt. Sicherlich sinken die Mitgliederzahlen für die Großorganisationen seit den achtziger Jahren, aber aus vielen Gründen, die sicherlich nicht nur in der Individualisierung liegen.

Welche Parteiengruppen profitieren nun vom Wertewandel? Im Laufe der Jahre wandelte sich Ingleharts Auffassung:

- Anfang der 70er Jahre ging Inglehart davon aus, daß zunächst das bürgerliche Lager profitieren wird. Denn Materialisten sehen sich in bürgerlichen Parteien repräsentiert, Postmaterialisten in linken. Da die Postmaterialisten aber noch deutlich in der Minderheit sind, allerdings zahlenmäßig (nach der Generationenhypothese) aber immer mehr Gewicht bekommen, werden die Linksparteien langsam die Nutznießer des Wertewandels.[7]
- 1986 sah er die kommunistischen Parteien als Verlierer, da es zwar Anzeichen eines Realignments der Postmaterialisten an die Kommunisten gab, aber sie bald entdeckten, daß die Kommunisten eine rein materialistische Politik verfolgten - und sich dann von ihnen abwandten. Gewinner sind nun die Parteien der „Neuen Linken" (Inglehart/Rabier 1986: 479).
- In seiner Studie von 1990 sieht Inglehart die gesamte „Alte Linke" vom Wertewandel benachteiligt: Die Postmaterialisten, die in den sich verändernden Parteiensystemen die Möglichkeit haben, neue, postmaterialistische Parteien zu wählen, kehren sich von den Parteien der „Alten Linken" ab.

Gegen das Konzept des Wertewandels und seine Auswirkungen wurden prinzipielle Bedenken geäußert. Sie kreisen um die Fragen:
1. Wie stabil sind die neuen Werte?
2. Sind die neuen Werte wirklich neu?
3. Wie wirkt sich der Postmaterialismus auf das Parteiensystem aus? Und gibt es einheitliche Auswirkungen über alle Parteiensysteme hinaus?

---

[6] 1968 waren 1.150.000 Personen in SPD, Union und FDP organisiert, 1980 waren es 1.937.000 (Grüne: 18.000), 1989 1.825.000 (Grüne: 38.000; nach: Mintzel/Oberreuther [Hg] 1992: 568). Nach der deutschen Vereinigung waren 1.555.000 Personen in SPD, CDU/CSU und FDP organisiert (in Westdeutschland: 1.435.000) und 46.000 bei den Grünen (in Westdeutschland: 43.500; nach Gabriel/Niedermayer 1997: Tab. 1).
[7] Inglehart rechnete mit einem Zeitraum von 15 Jahren (Inglehart 1971: 1016).

1. Wie stabil sind die neuen Werte?

Trifft die Lebenszyklushypothese zu, nach der das Individuum mit steigendem Alter auch seine Wertorientierungen ändert?[8] Demnach müßten die Postmaterialisten mit steigendem Alter eher materialistisch werden. Oder spricht nicht manches für die Generationenhypothese, die Inglehart vertritt, nach der die Wertehaltungen innerhalb einer Generation konstant bleiben? Und welchen Einfluß hat der „Zeitgeist"? Gluchowski/Mnich untersuchten den Postmaterialisten/Materialisten-Quotient zu fünf Erhebungszeitpunkten (1974, 1978, 1982, 1986, 1990) und kamen zu dem Schluß, daß viel für die Generationenhypothese, manches für den Zeitgeist („Periodeneffekt") und wenig für die Lebenszyklushypothese spricht (1993: 15f mit Tab. 1).[9] Sollte mithin Wahlverhalten auch innerhalb einer Generation/Alterskohorte konstant sein, dann hieße dies: schlechte Nachrichten für die Union, da sie ihre Schwerpunkte eindeutig in den älteren Alterssegmenten hat und gute für die Grünen, die bei den Wählern reüssierten, die Anfang der neunziger Jahre unter vierzig waren (ebd: 19-22).[10] Raschke und Schmitt-Beck vertreten die These, daß die Grünen ihren altersmäßigen Schwerpunkt bei den Anfang der fünfziger bis Ende der sechziger Jahre Geborenen hätten, während die Jungwähler (18-24 Jahre) die Grünen nur durchschnittlich unterstützen (1994: 167), die Zahlen von Gluchowski und Mnich über die Wahlabsicht nach Altersgruppen widersprechen dem aber. Im Fall der SPD spricht wenig für die These von einer Vergreisung ihrer Wähler, sie hat keine altersmäßigen Schwerpunkte, allerdings spricht auch wenig dafür, daß sie die Partei der Jungen sei (wie noch Anfang der siebziger Jahre.

Böltken/Jagodzinski bestritten darüber hinaus die Gültigkeit des von Inglehart behaupteten Kohorteneffektes: Ist ein umfassender *intra*kohortaler Wertewandel nach Inglehart unmöglich, so ist eben dieser in den frühen 80er Jahren europaweit in der jüngsten Kohorte eingetreten: Diese (die Jahrgänge von 1946-1955) schlagen seit Mitte der 70er Jahre in ihren Werthaltungen unerwartet aus, der Anteil der Materialisten steigt von Mitte der 70er bis 1981 von 20% auf 40% (Böltken/Jagodzinski 1985: 466). Zum ersten Mal ist die jüngste Kohorte nicht postmate-

---

[8] Die Lebenszyklus-These wurde Ende der zwanziger Jahre von Karl Mannheim vorgestellt, fand jedoch kaum Anwendung in der Wahlsoziologie (Mannheim 1969). Lediglich Helmut Fogt führte Mannheims Ansatz fort (Fogt 1982). Nach dieser Hypothese passen Individuen ihre Werteausstattung an ihre Stellung als Generationstyp an. Der unterdrückte Generationstyp (Jugendlicher) neigt daher eher zum Radikalismus und Idealismus als der führende. Wichtige Stationen im Lebenszyklus sind Familiengründung, berufliche Etablierung und der Eintritt ins Rentenalter.

[9] Dies trifft besonders bei der Geburtskohorte 1949-1952 zu, die die Scheidelinie zwischen den postmaterialistischen Jüngeren und den materialistischen Älteren bilden soll. Allerdings variiert der Quotient durchaus, manchmal gibt es auch innerhalb einer Alterskohorte beträchtliche Schwankungen. Hier greifen dann Erklärungen mit Periodeneffekten.

[10] Einen Sonderfall stellen dabei die neuen Länder dar: Erstens ist dort der Anteil der Postmaterialisten gering, zweitens das Altersprofil von Union und den Grünen wesentlich diffuser.

rialistischer als die nächstälteste. Scheint bis Mitte der 70er Jahre noch die Welt im Inglehartschen Sinne in Ordnung, so erweisen sich in der ökonomischen Krise der frühen 80er die Wertorientierungen alles andere als stabil.[11] Doch es bleibt die Frage abseits methodologischer Differenzen, welche Auswirkungen eben der von Inglehart konzedierte Periodeneffekt hat. Inglehart selbst vergleicht die Höhe der Inflationsrate mit der Höhe postmaterialistischer Wertorientierungen (Inglehart 1985: 514ff.; Inglehart 1990: 94; Inglehart/Abramson 1994: 342). Möglicherweise ist dieser Indikator für das Ausmaß des Wohlstandes nicht sonderlich geeignet, zumindest nicht in Zeiten von Massenarbeitslosigkeit (bei weitgehender Preisstabilität; so z.B. Jagodzinski 1985: Anm. 20).

Beyer macht in diesem Zusammenhang auf einen kleinen, aber bedeutenden Unterschied aufmerksam: Liegt denn wirklich ein *Werte*wandel vor, wenn zu Krisenzeiten doch erhebliche Schwankungen in den Orientierungen zu verzeichnen sind? Ist es nicht eher ein *Einstellungs*wandel, wenn man zwischen Werten, die langfristig stabil bleiben, und situationsabhängigen Einstellungen unterscheiden will (Beyer 1992: 79)? Widerspricht nicht dieser Befund Ingleharts Konzept von der Stabilität der Werte? Auch zur Frage der quantitativen Stärke des Werte(?)wandels sind kritische Fragen durchaus angebracht. Denn die jüngeren postmaterialistischen Alterskohorten sind so postmaterialistisch dann doch nicht, der Wandel geht ziemlich langsam vor sich. Inglehart hatte das Tempo des Wertewandels überschätzt[12] - was sich unter anderem darin zeigt, daß in Westeuropa nur 15% der Bevölkerung Postmaterialisten sind.[13] Trotz all dieser Bedenken hielt Inglehart an der These fest, daß der neue Cleavage die zukünftigen Parteiensysteme bestimmen wird.

2. Sind die neuen Werte wirklich neu?

Pappi (1979: 477; 1984: 22) wies darauf hin, daß die neuen postmaterialistischen Issues eben zum Gutteil auch Issues der alten Politik sind und waren.[14] Aufgrund der ALLBUS-Umfrage konnten Jagodzinski und Kühnel (1997) nachweisen, daß

---

[11]In einer Antwort auf Böltken/Jagodzinski machte Inglehart methodische Fehler der beiden für deren überraschendes Ergebnis verantwortlich, denn in der Untersuchung von Böltken/Jagodzinski liegt ein „sample error" vor, der die Zahlen für die frühen 80er Jahre verzerrt. Wird die Meßreihe bis 1984 weitergeführt, so ergibt sich wieder das erwartete Bild stabiler Kohortendifferenzen (Inglehart 1985: 501ff.).

[12]Daher erklärt sich auch Ingleharts Klassifikation des Wertewandels als „Revolution".

[13]In der Bundesrepublik sind es 23% (nach Inglehart 1990: 93).

[14]Dies läßt sich beispielsweise an den „neuen" Issues wie Demokratisierung, Entspannungspolitik und Erziehungspolitik zeigen, die längst schon vor der postmaterialistischen Wende von den „alten" Parteien besetzt waren. Außerdem zeigen auch Postmaterialisten durchaus Präferenzen in alten Issues (z.B. Arbeitslosigkeit, Wirtschaftswachstum, Sozialpolitik u.ä.). So neigten viele der *middle-class*-Postmaterialisten im Bereich der *old politics* den klassisch linken Positionen zu (entgegen den sozioökonomischen Interessen ihrer eigentlichen Klasse; Baker/Dalton/Hildbrandt 1981: 294; Armingeon 1989: 324, Poguntke 1993: 191).

erstens die Grünen-Wähler, die mehr als andere postmaterialistischen Werten anhängen, durchaus auch „alte" Wertorientierungen haben, die darauf hindeuten, daß gerade bei wohlfahrtsstaatlich-sozialistischen Werten ähnliche Verteilungen wie bei SPD-Wählern vorliegen (ebd: Tab. 1), die Grünen-Wähler sogar manchmal die der SPD „links" überholen (ebd: 226).
So stellt sich die Frage, ob die neuen Parteien denn nun postmaterialistische oder eher linke sind. Es gibt abweichend von Inglehart durchaus Anzeichen dafür, daß diese eben linke Parteien sind: Das ergibt sich einerseits aus der Selbsteinstufung der Anhänger dieser Parteien, die sich zu 70% als „links" einstufen, andererseits aus der Verortung der Grünen als einer Partei links von der SPD (Schmitt 1992: 141; Müller-Rommel/Poguntke 1992: 355; Falter/Schumann 1992: 210ff. und Abb. 5, 214; Poguntke 1993: 196).[15] Ob postmaterialistisch oder links, die Grünen gehören mit der SPD zum nicht-bürgerlichen Lager, d.h. zu einer „Konstellation von Parteien ... zwischen denen, vermittelt über emotionale Affinitäten, eine Wählerfluktuation deutlich wahrscheinlicher ist als zu den anderen Parteien des Systems" (Kaase/Gibowski 1990: 735). Diese zeigt sich darin, daß Grünen-Wähler die SPD sympathischer ist als andere Parteien (und umgekehrt die Grünen SPD-Wählern) und diese eine rot-grüne Koalition allen anderen Koalitionen vorziehen (ebd: 735, Tab. 1).

3. Wie wirkt sich der Postmaterialismus auf das Parteiensystem aus?

a) Von Beyme (1984: 183) stellte die prinzipielle Frage, ob es tatsächlich einen Automatismus zwischen Postmaterialismus und neuen Parteien (oder dem Erfolg ihrer funktionalen Äquivalente) gäbe. Denn gäbe es einen durchgreifenden Wertewandel, dann müßten doch überall postmaterialistische Parteien Erfolg haben (was nicht der Fall ist). Offenbar müssen hier andere Faktoren als die Existenz neuer Werte in Betracht gezogen werden, die über die bloße Stärke des Postmaterialismus hinausgehen. Beyme (1984: 187-189) sah in der „Absorptionsfähigkeit des Parteiensystems" und dem Themenprofil der neuen Parteien wichtigere Gründe für deren Erfolg oder Nichterfolg - der Parteienwettbewerb und das „institutionelle Nadelöhr" (Ruß/Schmidt 1998: 273) bestimmen also den Erfolg oder Mißerfolg grüner Parteien. Je weniger die alten Parteien die neuen Themen aufnahmen und je mehr Themen auch außerhalb des Umweltschutzes die neuen

---

[15]Legt man eine 10er Skala (1=extrem links, 10=extrem rechts) zugrunde, um die ideologische Selbsteinstufung der Wähler zu messen, stuften sich 57,5 Prozent der Grünen-Wähler als links und gemäßigt links ein (1984), aber nur 42,3 Prozent der SPD-Wähler (1986; Pfennig 1990: 211, Tab. 12). In der ALLBUS-Umfrage von 1994 stuften sich Grüne-Wähler durchschnittlich mit 4,17 ein, SPD-Wähler mit 4,51 (FDP-Wähler: 5,63; CDU-Wähler: 6,04; Republikaner-Wähler: 7,19; Jagodzinski/Kühnel 1997: Tab. 1).
Dalton sah in solchen Ergebnissen weniger die Integration der Grünen in das gängige Rechts-Links-Muster gegeben, sondern die Transformation dieses Klassifikationsschemas: „Links" und „rechts" trägt seit den Siebzigern sowohl eine „Old Politics"- als auch eine „New Politics"-Komponente (1988b: 115).

Parteien vertraten, desto höher die Chancen für Ökoparteien. Müller-Rommels Studien von 1992 und 1993[16] zeigen die Gründe auf, warum sich in einigen Staaten Westeuropas (so auch in der Bundesrepublik) grüne Parteien außerordentlich erfolgreich entwickeln. Bezogen auf die Bundesrepublik lautet der Befund[17]:
Eine hohe Bevölkerungsdichte (a), interessanterweise eine hohe Erwerbstätigkeit im industriellen Sektor (a)[18], niedrige Inflation (a), ein Verhältniswahlsystem mit bestimmten Hürden (a/b)[19], Föderalismus (a/b), keine Referenden (a/b) hohe Wahlbeteiligung (b), sozialdemokratische Regierung zur Gründungszeit (b), ein gemäßigt pluralistisches Parteiensystem (a), niedrige Volatilität (a/b)[20], ein starker Konflikt um die Kernkraft (b), die Existenz korporatistischer Strukturen, die zu materialistischer Politik zwingen (b), ein hoher Anteil neuer Wertorientierungen (a/b), hohes Umweltbewußtsein und Parteienfinanzierung (b) - all dies sind günstige Präpositionen für den Erfolg der Grünen, da die Bundesrepublik fast mustergültig diese Bedingungen erfüllt: Es gibt im sozioökonomischen und politisch-institutionellen Gefüge der Bundesrepublik durchaus Konstellationen, die die Grünen in der Bundesrepublik erfolgreicher und es für die sozialdemokratische Partei schwerer machen als anderswo. Immerhin scheint die SPD mit ihrer Bejahung der Kernkraft und ihrer engen Bindung an die Gewerkschaften[21] (und dem daraus resultierendem Zwang zu einer materialistischen Politik) durchaus ihr Scherflein zum Erfolg der Grünen beigetragen zu haben. Ein ausgesprochenes Pech war der Umstand, daß die SPD dadurch, daß sie just zur Entstehungszeit der Grünen in der Regierung war, das Geschick der neuen Linkskonkurrenz entscheidend förderte.

---

[16] In diesen Studien werden die Erfolgsbedingungen grüner Parteien in Westeuropa verglichen. Die Studie von 1992 mißt die Stärke diverser Faktoren auf der Aggregatsebene der zehn erfolgreichsten grünen Parteien, die von 1993 wählt die Aggregatsebene von 17 grünen Parteien.
[17] Alle im Vergleich der 17 Länder besonders wirkungsmächtigen Faktoren für den Erfolg grüner Parteien (r > .40) sind mit einem „a" gekennzeichnet und die der *zehn erfolgreichsten* grünen Parteien mit einem „b".
[18] Das stand eigentlich nicht zu erwarten. Noch interessanter der Befund, daß ein hoher Anteil des Dienstleistungssektor nicht mit guter elektoraler Performanz der grünen Parteien auf europäischer Ebene korreliert.
[19] Ein reines Mehrheitswahlrecht würde die Wahl grüner Parteien zu einer verlorenen Stimme machen. Im Verhältniswahlrecht mit Sperrklauseln wählt der Wähler taktischer als in reinen: Er wählt die grünen Parteien, auch wenn er vielleicht andere Parteien präferiert, um ihnen über die Sperrklausel zu helfen.
[20] Sie ist ein Indiz auch dafür, wieviel sich ein Parteiensystem gewandelt hat: Ist sie niedrig, hat es sich kaum gewandelt, ist also zu starr, als daß sich neue Wertorientierungen in ihm ohne eine neue Partei integrieren könnten.
[21] Trotz aller Krisen im Verhältnis Anfang der 80er Jahre. Diese Krisen entzündeten sich nicht an einer zu postmaterialistischen Orientierung der SPD, sondern an materialistischen Themen wie Arbeitslosigkeit und Sozialabbau (Ruß/Schmidt 1998: 271, insbesondere im Vergleich zwischen SPD und der PS).

b) Der neue materialistisch-postmaterialistische Cleavage hat es nicht vermocht, das Parteiensystem derart zu durchdringen, daß andere Cleavages verschwinden. Wie in Kapitel 15.1 beschrieben wird, bestehen zumindest in der Bundesrepublik die beiden prägenden Cleavages fort: der religiös-konfessionelle und - allerdings deutlich schwächer - der sozioökonomische. Außerdem sind die postmaterialistischen Werte nicht gleich auf alle sozialen Gruppen verteilt, der Postmaterialismus trifft die sozialen Schichten der Industriegesellschaften nicht wie ein Asteroid. Postmaterialisten lassen sich kennzeichnen als jüngere Alterskohorten aus der *neuen Mittelschicht* mit hohem Schulabschluß (Poguntke 1987, Frankland/ Schoonmaker 1992: 87 in bezug auf das Wählerprofil der Grünen; allgemein Dalton 1988: 89, 154 und Inglehart/Rabier 1986: 475; Inglehart 1990: Kap. 5). Kontrovers diskutiert wurde, aus welchem Teil der Mittelschicht sich nun die Postmaterialisten bzw. die Anhänger neuer postmaterialistischer Parteien rekrutieren: Sind es nach Pappi/Terwey (1982: 192) die oberen Klassen (auf die besonders die „Knappheitshypothese" zuträfe), oder lediglich junge Wähler im allgemeinen (Bürklin 1994: 36) oder eher „jugendliche Alterskohorten mit hohem Bildungsabschluß, aber blockierten Mobilitätschancen" (Alber 1985: 220)? Letztere Hypothese impliziert aber, daß der Anteil der Postmaterialisten bzw. der Grünenwähler dann zurückgehen müßte, wenn den arbeitslosen Akademikern mehr und besser bezahlte Stellen verschafft werden. Dann nämlich wäre die These Ingleharts von der Stabilität einmal gewonnener Werte obsolet geworden. Der kleinste (und plausibelste) gemeinsame Nenner ist wohl, daß die Wähler der Grünen aus dem Wählersegment stammen, das keine oder schwache sozialstrukturelle Bindungen hat.

Die Studie von Gluchowski/Veen aber kommt in ihrer Analyse der Wählerstruktur der bundesdeutschen Grünen zu ganz anderen Ergebnissen: Zwar gäbe es gewisse sozialstrukturelle Ausprägungen bei den Grünen (hoher Schulabschluß, hoher Anteil noch nicht Berufstätiger, Konfessionsloser und vor allem junge Menschen), es scheint aber nicht so, daß dieser sozialstrukturelle Kontext die politisch-ideologische Einstellung und das Wahlverhalten determiniert - ein Phänomen der „totalen Emanzipation des Überbaus von der Basis" (Gluchowski/Veen 1988: 248).[22] Dies hieße im Sinne der Cleavage-Theorie, daß den Grünen keine dauerhafte Koalition mit einer gesellschaftlichen Großgruppe oder einem sozialen Stratum geglückt ist. Dafür sprechen die Zahlen der neunziger Jahre. In einer Synopse der Forschungsgruppe Wahlen-Analysen der Bundestagswahl 1994 und diverser Landtagswahlen 1993-1995 lassen sich die heterogenen sozialstrukturellen Schwerpunkte der Grünen herauslesen: Durchgängig wählten Angestellte, Beamte, Personen in Ausbildung und Selbständige(!) grün, die Arbeitslosen

---

[22] Nach der Studie von Raschke scheint einiges darauf hinzudeuten, daß sich eine Art grünes Wählermilieu, eine Stammwählerschaft der Grünen entwickelt hat (Raschke 1993: 669ff.).

leicht, Arbeiter, Landwirte und Rentner deutlich unterdurchschnittlich (Kleinert 1996: Tab. 1).
Auch die neuen sozialen Bewegungen (NSB), deren Ziele und Werte keineswegs einheitlich sind, können wohl nicht als gesellschaftlicher Koalitionspartner der Grünen gesehen werden.[23] Denn selbst strikte Atomkraftgegner, deren natürlicher politischer Repräsentant die Grünen sein müßten, wählen lediglich zu einem Drittel die Grünen, aber zu über fünfzig Prozent die Sozialdemokraten (Pappi 1990: 184, Tab. 18).[24] Es ist wohl der Grad der Aktivität, des Engagements und der Position in NSB-Netzwerken, der die Wahl der Grünen maßgeblich beeinflußt - und nicht die bloße Sympathie für die NSB (ebd. 187-189). Prinzipiell haben es die Grünen nicht vermocht, die NSB zu dominieren, besonders die Friedensbewegung hatte eine Strahlkraft in die SPD hinein (Poguntke 1993: 203). Dabei soll auch nicht übersehen werden, daß die Stärke der NSB in absoluten Zahlen nicht besonders beeindruckend ist: Bei den 45 Millionen Wahlberechtigten der alten Bundesrepublik des Jahres 1987 machten der harte Kern der Friedensbewegung 1,8 Millionen, der Antikernkraftbewegung 1,4 Millionen und der Frauenbewegung 350.000 Anhänger aus (Pappi 1990: 163).
Selbst die Wertegemeinschaft der Postmaterialisten wählt keineswegs die Grünen in einer Größenordnung, wie es gewerkschaftlich organisierte Arbeiter im Fall der SPD (oder gläubige Katholiken bei der CDU/CSU) tun. Aus diesem Grunde ist das „Kernpotential" der Grünen sehr klein: Lediglich vier Prozent der Wahlberechtigten identifizieren sich stabil mit dieser Partei (Raschke/Schmitt-Beck 1994: 163). Die Grünen müssen daher Stimmen vom „Randpotential"[25] und von den „Sympathisanten"[26] erhalten, um über die Fünf-Prozent-Hürde zu kommen. Insofern ist noch nicht völlig geklärt, ob die Grünen überhaupt eine Stammwählerschaft haben (Poguntke 1993: 208).

---

[23]Für eine andere Bewertung vgl. Pfennig (1990), der die grünen Netzwerke in Rheinland-Pfalz untersucht. Er sieht in den NSB „eine Art Stammwählerpotential" (Pfennig 1990: 210), das durch interpersonelle und organisatorische Verbindungen zwischen der grünen Partei und den NSB entstanden sei.
[24]Ähnliche Werte gibt es für konsistente Anhänger der Friedens- und der Frauenbewegung (Pappi 1990: 185f).
[25]D.h. Wahlberechtigte, denen die Grünen am besten gefallen, die sich aber nicht mit dieser Partei identifizieren. Sie machen acht Prozent der Wahlberechtigten aus (Raschke/Schmitt-Beck 1994: 163).
[26]D.h. Wahlberechtigte, die als Erstpräferenz eine andere Partei (in der Regel die SPD) angeben, als Zweitpräferenz die Grünen. Sie machen etwa 16 Prozent der Wahlberechtigten aus (Raschke/Schmitt-Beck 1994: 164).

4.2 Die Folgen des Postmaterialismus für die SPD

Folgt man der These, daß Postmaterialismus eher ein Phänomen der neuen Mittelschichten ist und Arbeiter weitgehend materialistisch eingestellt sind (Inglehart 1971: 1016), dann könnte sich durchaus ein strategisches Dilemma für die Sozialdemokratie ergeben: Sie will als Stimmenmaximiererin auch die Stimmen des Mittelstandes erreichen, ohne die der Arbeiterschaft zu verlieren. Der postmaterialistische Mittelstand wählte zu Zeiten, als es noch keine Parteien gab, die ihn repräsentieren könnten, sozialdemokratisch. Sind diese erst einmal etabliert, dann besteht die Gefahr, daß diese wahlentscheidende Schicht abwandert.[27] Soll nun die Sozialdemokratie versuchen, durch eine postmaterialistisch ergänzte Programmatik diese hinzuzugewinnen? Dann könnte sie aber den Preis des Verlusts materialistischer Wähler, insbesondere der Arbeiter bezahlen. Entgegen der Inglehartschen Hypothese von der neuen Konfliktachse Materialismus-Postmaterialismus ergäbe sich dann eher eine Ausdifferenzierung der sozioökonomischen: Arbeiter und Teile der unteren Mittelschicht vs. postmaterialistischer Mittelstand vs. Selbständige. Dies ist eine andere Variante des von Przeworski vermuteten Trade-off.

Nach den Ergebnissen von Gluchowski/Veen stellt sich das Problem etwas weniger dramatisch dar: Wie kann die SPD dieses neue Grünen-Milieu *jenseits* von sozialstrukturellen Merkmalen wieder für sich (zurück)gewinnen?

Exemplarisch für die Auswirkung des Postmaterialismus auf die Sozialdemokratie ist die Entwicklung in der Bundesrepublik seit Ende der 60er Jahre: 1969 konnte die SPD zum erstenmal als Seniorpartner die Regierung bilden, sie hatte es vermocht, die postmaterialistische Jugend von 1968 an sich zu binden, indem sie innenpolitische Reformen anstrebte (Baker/Dalton/Hildebrandt 1981: 242-248; Müller 1984: 400).[28] In den siebziger Jahren sah es noch so aus, als sei die SPD der Profiteur des Wertewandels, da sie als *die* postmaterialistische Partei galt. Zugleich gelang es ihr auch, Anhänger der alten Werte anzusprechen - der Brückenbau zwischen alter und neuer Politik war ihr eher geglückt als der CDU/CSU (Baker/Dalton/Hildebrandt 1981: 243 mit Tab. 9.2).

Aber der Anspruch der SPD als „Reformpartei" konnte nicht für die Zeit ab Mitte der 70er Jahre aufrechterhalten werden: Einerseits waren einige Reformvorhaben nicht zu verwirklichen, andererseits traten im Gefolge der Wirtschaftskrise ab 1973 wieder ökonomische, also materielle Issues in den Vordergrund, an denen

---

[27]Deutlich wird dies im „Swing" der Postmaterialisten bei der Bundestagswahl 1980: Wählten 1976 noch 62% SPD, so waren es 1980 nur noch 42%, während 22% grün wählten. Schon früh wiesen Baker, Dalton und Hildebrandt (1981: 295) darauf hin, daß der entscheidende Vorteil der Union ist, daß sie sich nicht der fortwährenden Spannung Materialismus-Postmaterialismus aussetzen muß.

[28]Durch den Wahlkampfslogan „Mehr Demokratie wagen" wird dieser Umstand treffend illustriert. Er griff den postmaterialistischen Wert „mehr Partizipation und Emanzipation" auf.

sich das Regierungshandeln der SPD orientierte. Illustriert wird die „Materialisierung" der SPD in jenen Jahren auch durch den Wechsel von Brandt zu Schmidt. Die Integrationsfigur der Postmaterialisten Brandt machte dem „Manager" Schmidt Platz.[29] Dieser Wandel in der Orientierung im Regierungshandeln der SPD schlug sich darin nieder, daß die SPD den Issue „Umweltschutz" in den späten 70er Jahren nicht thematisierte (Paterson 1989: 274). Ganz im Gegenteil: Die Umweltpolitik ist nach Schmidt ein typisches Feld „verspäteter Politiksteuerung" (Schmidt 1992: 165), das in erster Linie ökonomischen Imperativen folgt (z.B. verteuerte Produktionsinputkosten durch verschärfte Umweltgesetzgebung). Auch in der Frage nach dem Ausbau der Kernkraft bezog die SPD konsequent materialistische Positionen.[30] Folgt man der Studie von Müller-Rommel, so ist für das Entstehen und das Etablieren grüner Parteien eine sozialdemokratische Regierung in dieser Zeit *mit* ein Faktor für deren Erfolg (1992: 200). Denn die sozialdemokratische Regierung kann, besonders im Konzert mit den Gewerkschaften, nicht mehr die Reformerwartungen, die Postmaterialisten haben, einlösen. Dies zeigte sich Mitte und Ende der siebziger Jahre, als die SPD (mit den Gewerkschaften) stur an der Kernenergie festhielt. Die Umwelt- und Antikernkraft-Bewegung fand keinen Zugang zum politischen System, keine traditionelle Interessengruppe oder Partei machte sich ihre Anliegen zu eigen (Kitschelt 1986: 64; Paterson 1989: 278-280; Bickerich: Lafontaine-Interview 1985: 214).[31] So mußten sich diese neuen postmaterialistischen Bewegungen ihre eigene Partei schaffen.

Nach dem Verlust der Regierungsmacht versuchte die SPD, wieder ein postmaterialistischeres Profil von sich zu zeichnen, um die potentiellen Grünwähler wieder an sich zu binden, die die SPD besonders auf Landesebene verloren hatte. Der Wahlkampf 1983, der von Brandt und Glotz geplant wurde, präsentierte eine „angegrünte" SPD, die insbesondere die Nachrüstungsdebatte thematisierte. Glotz hatte schon zu Beginn der 80er Jahre erkannt: „Es beginnt jetzt eine Neuorientierung der Linken eher in Richtung auf neue Werte, die sich in der Frauenbewegung, der Ökologiebewegung, in der neuen Jugendbewegung zeigen" (Glotz 1980: 108).

---

[29]Bürklin beschreibt diesen Wechsel mit „von der programmatisch-emotionalen Sinndeutung zum rationalen Politikmanagement" (Bürklin 1981: 379).
[30]Nach Müller-Rommel ist eine hohe Intensität des Konflikte um die Kernenergie durchaus ein Faktor, der das Entstehen grüner Parteien und ihren Erfolg begünstigt (Müller-Rommel 1992: 205, 1993: 152, vgl. Paterson 1986: 139f).
[31]Kitschelt (1986) untersuchte in seinem Artikel die „political opportunity structures" von neuen Interessen. Diese Strukturen geben vor, wie gut und schnell neue Forderungen in das politische System integriert werden können. Für die Bundesrepublik sah er ein geschlossenes System gegeben, das kaum neue Forderungen aufnehmen kann. So konnte die SPD wegen ihrer engen Bindungen an die Gewerkschaften nicht die neuen Interessen integrieren.

Doch diese Strategie verfing nicht, die SPD verlor massiv - und zwar nach beiden Seiten: 1,6 Millionen Wähler wanderten zur CDU, 750.000 zu den Grünen (Paterson 1986: 147). Die Strategie hatte die quantitative Konsequenz, daß sie materialistische Wähler in die Arme der Union trieb, die nahe an die absolute Mehrheit gerückt war. Das elektorale Versagen der SPD in den 80er Jahren resultiert in den Verlusten insbesondere in der materialistischen Mittelschicht (1983 auch der Arbeiterschaft) einerseits, andererseits aber in der Gruppe der Postmaterialisten, die grün wählen (s. Padget/Paterson 1991: 119ff.). Die SPD hatte die Lektion zu lernen, daß ein „greening" (ebd.) einen hohen Preis fordert, mehr noch, daß der Anteil der Postmaterialisten an der Gesamtanhängerschaft der SPD doch relativ gering ist.[32] Schließlich ist der Postmaterialismus eben nicht, wie Inglehart noch Anfang der 70er Jahre behauptete, zu einer Massenbewegung geworden.[33]
Jedoch gibt es auch einige durchaus ermutigende Trends für die SPD: Immer noch hat sie trotz der grünen Erfolge die Mehrheit unter den Postmaterialisten. Von den deutschen Postmaterialisten wählen, je nach Wahl, zwischen 25 und 30 Prozent die Grünen, etwa genauso viele die Union und 40 bis 50 Prozent die SPD (Maag 1991: 172ff). Interessanterweise wählt die Mehrheit der Postmaterialisten *nicht* eine postmaterialistische Partei. Und im besonders postmaterialistischen Issue, der Umweltpolitik, einem „valence-issue" (folgt man den Daten von Conradt/Dalton 1988: 16), hat sie immer noch einen soliden Kompetenzvorsprung vor anderen Parteien (trotz der mageren Erfolge der 70er).
Eine beruhigende, wenn auch überraschende Botschaft für die SPD hatte Schmitt-Beck (1994c: 104), was die postmaterialistischen SPD-Anhänger angeht: „Unter den Postmaterialisten ist der Anteil der Ungebundenen, die im parteipolitischen Konkurrenzkampf an andere Parteien verloren gehen können, kleiner als bei den Materialisten". Wenn das zutrifft, ist ein materialistischer Kurs der Mitte wahrscheinlich erfolgreicher als ein postmaterialistisch linker.
Andererseits gibt es durchaus dafür Anzeichen, daß die Wahl von postmaterialistischen Parteien auch ein Altersphänomen ist.[34] Je älter die Kohorten werden, desto weniger stark wählen sie grün, während sie immer mehr die SPD präferieren. Einen entgegengesetzten Trend erkennt Poguntke, der die Grünen als eine Partei der 25-34jährigen sieht (Poguntke 1993: 196). Möglicherweise sind die Grünen dann eine alternde Partei, die sich der Jungwähler nicht sicher sein kann.

---

[32]Nach Müller liegt dieser kaum über dem Bevölkerungsdurchschnitt mit Werten um die 20-30% (1992: 149). Schmitt-Beck (1994c: 102) kommt auf vierzig Prozent.
[33]Ein „tactical dilemma of the Left" erkannte 1990 auch Inglehart: Der Postmaterialismus hat noch nicht den Massenlevel erreicht, daß sich eine *greening*-Strategie auszahlen könnte - und sozialdemokratische Parteien die Wahl verlieren, sollten sie sich zu postmaterialistisch gerieren (Inglehart 1990: 324f.).
[34]Nach Falter/Schumann (1992: 210ff) erreicht die SPD 1989 in den nach Inglehart postmaterialistischen Altersgruppen der 18-24 und 25-39jährigen 37% bzw. 43%. Die Grünen sacken im Vergleich dieser Alterskohorten von 24% auf 15% ab.

Es gibt Beweise für beide Thesen: Nach den Daten der Forschungsgruppe Wahlen (1994: 18, 20) waren die Grünen mit 14,2% in der Altersgruppe der 18-24jährigen am stärksten, danach sinken die Werte. Lediglich Wähler ab 45 haben unterdurchschnittliche Sympathien für die Grünen - das spricht für Kohorten- *und* Lebenszyklus-Thesen.

Beschaut man sich die altersmäßige Zusammensetzung, so machen die 25 bis 34jährigen fast ein Drittel der Grünen-Wähler aus, die Jungwähler (wegen ihrer geringen Zahl) nur ein Fünftel (ebd).

Unabhängig davon, wie alt die Grünenwähler sind, erscheint die Annahme abwegig, daß junge Wähler *automatisch* postmaterialistisch sind und immer stärker die Grünen wählen, wie die Wahl 1987 zeigte. Außerdem kann man insbesondere in Krisenzeiten nicht von einer Stabilität postmaterialistischer Werte sprechen. Hier bietet sich vielleicht eine große Chance für die SPD: Präsentiert sie in Krisenzeiten sich als materialistische Partei mit hoher Problemlösungskompetenz, kann sie auch in Wählerschichten einbrechen, die in Prosperitätszeiten noch postmaterialistisch eingestellt waren. Vielleicht kommt es auf den richtigen Mix und das Austarieren beider Wertorientierungen je nach wirtschaftlichem Umfeld an.

Gerade das Wahljahr 1998 läßt manche Zweifel an dem Kausalzusammenhang Postmaterialismus - grüner Wahlerfolg aufkommen. Denn wie wäre es sonst zu erklären, daß in den Umfragen seit März 1998 die Grünen von zehn auf sechs Prozent absinken? Auf dem Parteitag in Magdeburg hatten die Grünen den Beschluß gefaßt, den Benzinpreis schrittweise auf fünf Mark pro Liter anzuheben (Der Spiegel, 30.3.1998). Offensichtlich wurde dies vom grünen Wählerpotential nicht goutiert - der grüne Postmaterialismus hat auch seine materiellen Grenzen.

Außerdem stellen die Grünen nicht zu jeder Zeit eine elektorale Gefahr für die SPD dar. Es kommt auf die Wahl an: Der taktische Wähler neigt dazu, der SPD seine Stimme zu geben, wenn Aussicht auf eine SPD-Mehrheit besteht. Ist diese aber in weiter Ferne, so wählt er grün (Frankland 1989: 71) - für eine durch die Fünf-Prozent-Hürde immer noch gefährdete Partei kann die Entscheidung der taktischen Wähler immer auch eine Frage des parlamentarischen Überlebens sein. Eine andere Möglichkeit bietet die Personalauswahl der SPD: Für Grünen-Wähler attraktive Spitzenkandidaten machen die Grünen wahlpolitisch verwundbar. So konnten Oskar Lafontaine bei der Bundestagswahl 1990 oder auch Gerhard Schröder in Niedersachsen den Grünen Stimmen abjagen.

Nicht ohne Bedeutung sind organisationsstrukturelle Variablen. Während der sozioökonomische und Konfessions-Cleavage organisationszentrierte Cleavages sind (hinter den Parteien stehen mächtige Organisationen wie Gewerkschaften und Kirchen), lebt das grüne Milieu von symbolischer Integration (Raschke 1985, Raschke 1993; Dalton 1989: 114). Und das hat durch die hohe Informalität auch seine Schwächen: „Dies ist ein labiler Mechanismus, stark abhängig von Themen- und Stimmungskonjunkturen sowie von massenmedialer Resonanz" (Raschke/Schmitt-Beck 1994: 174). Dieser Umstand hat auch verhindert, daß die

Grünen eine Mitgliederpartei wurden - was allein schon deswegen nicht verwundern darf, da sich die Menschen der „neuen Welt" nach der Logik der funktionalen Theorie des Wertewandels nicht besonders gerne verpflichtend organisieren. Joachim Raschke hat für Parteien dieses neuen Typs, die kein organisatorisches Umfeld haben, den Begriff „Rahmenpartei" geprägt (Raschke 1993; Leif/Raschke 1994; Raschke/Schmitt-Beck 1994; vgl. Kapitel 21). Als Dame ohne organisatorischen Unterleib und ohne großen Ressourcen müssen diese zwischen einer ihr geneigten Öffentlichkeit (z.B. kritischen Teilöffentlichkeiten und sozialen Bewegungen) und dem politisch-administrativen System vermitteln. So weit, so schwer, denn Raschke hat dafür in einer Analyse westdeutscher Landesverbände der Grünen mehrere Bedingungen aufgestellt, daß solcher Kraftakt gelingt, z.B. durch politisch vernetzte Eliten, politisches Unternehmertum, frühe und lange Vertretung in den Parlamenten, in denen zentrale Gestalten als Abgeordnete wirken (Raschke 1993: 385-394). Gerade in diesem Punkt zeigten die Grünen bis in die neunziger Jahre Schwächen, da sie kein kommunikationssteuerndes Zentrum hatten. Außerdem herrschten bis Ende der achtziger Jahre Flügelkämpfe, die sich erst in den Neunzigern mit der friedlichen Koexistenz der verschiedenen Flügel legten. Während in der Bundestagsfraktion weitgehende Stabilität eingekehrt ist, die damit zum strategischen Steuerungszentrum geworden ist, erscheinen die Parteitage der Grünen als unberechenbar: Personelle Kontinuität existiert hier nicht, und *consensus building*, der auf Berechenbarkeit ausgelegt ist, wird zum Kraftakt (Raschke 1991: 54, 1993: 550ff). So kommen selbst nach erfolgter Selbstdisziplin in der Öffentlichkeit schwer vertretbare Entscheidungen zustande, wie der Benzinpreisbeschluß auf dem Magdeburger Parteitag (März 1998).

Um ein Bild von Frankland/Schoonmaker zu gebrauchen: Die „'green' clouds on the horizon for the Social Democrats" werden so schnell nicht abziehen (1992: 73). Dies liegt zusammenfassend an vier Gründen:

1. Die Grünen sind ein Ausdruck eines Wertewandels der kulturellen Umbrüche in der westdeutschen Gesellschaft seit Ende der sechziger Jahre,
2. Sie haben weiterhin eine hohe Kompetenzzumessung bei dem wichtigen (aber nicht wichtigsten) Issue „Ökologie".
3. Sie haben Anfang der neunziger Jahre ihre Flügelstreitigkeiten geklärt: Die Realos haben sich durchgesetzt und gingen an die Ablösung von der radikalökopazifistischen Vergangenheit.
4. Die SPD hat sich seit der Wahlniederlage 1990 aus der Konkurrenz um das grüne Wählermilieu zurückgezogen (Kleinert 1996: 38-41).

Das bedeutet, daß es wohl für absehbare Zeit Wolken für die SPD geben wird, es ist aber nicht ausgemacht, ob sie immer und im gleichen Ausmaß die Sicht der SPD auf Wahlerfolge verdecken.

4.3 Warum gibt es keine Grünen in Großbritannien?

In Großbritannien erreichten die *Greens* 1992 landesweit 0,5 Prozent, in den Wahlkreisen, in denen sie antraten, lediglich 1,3 Prozent (Rüdig et al. 1996: 1). 1997 sind sie auf 0,2 Prozent geschrumpft. Damit scheinen die britischen Grünen zu den „flash parties", den kurzlebigen Parteien, zu gehören (Converse/Dupieux 1962). Converse und Dupeux' Konzept bezog sich eigentlich auf populistische Rechtsparteien, die von charismatischen Führern gegründet waren und die von Wählern mit geringem Bildungsgrad, geringem politischen Interesse und geringer Bindung an eine Partei gewählt werden. Die grünen Parteien, auch in Großbritannien, haben aber ein entgegengesetztes Wählerprofil (höhere Bildung, hohes politisches Interesse; Rüdig/Lowe 1986), lediglich die Parteiidentifikation der Grünwähler mit ihrer Partei ist ähnlich niedrig (Inglehart 1990). Ist der Wahlerfolg der britischen Grünen bei der Europawahl 1989 ein Indiz dafür, daß die britischen Grünen eine *flash party* sind?

Die Antwort lautet: ja und nein. Ja, denn die *Greens* verschwanden wieder im politischen Orkus. Nein, denn ihre Wähler von 1989 und ein recht hoher Grad an *environmental concern* sind noch da (Young 1991: 110-117). Die Frage ist, ob generell postmaterialistische Werte in Großbritannien weniger verbreitet sind als in Deutschland. Inglehart (1990: 93) sah generell postmaterialistische Werte in Großbritannien weniger verbreitet als anderswo, auch die Jungen seien deutlich weniger postmaterialistisch. Die Tabellen 4.1 und 4.2 zeigen an, daß zwischen der Bundesrepublik und Großbritannien kaum Unterschiede in der Verbreitung solcher Werte gibt (vgl. Rootes 1992: 177).

Daher mag zunächst ein Blick auf die Gründe des Wahlerfolgs nützlich sein: Rüdig et al. (1996: 4-10, Fußnote 23) führen als mögliche Gründe auf:
- Der Issue Umweltschutz erlebte eine Konjunktur Ende der achtziger Jahre;[35]
- der Wirtschaft ging es gut, die Wähler konnten es sich leisten, sich um die Umwelt sorgen zu machen;
- die alten Parteien hatten den Issue Umweltschutz nicht richtig besetzt;[36] selbst die Oppositionsparteien waren von ihrem grünen Profil aus anderen Gründen

---

[35] Zum Konzept der Themenkonjunktur: Downs 1972 (Konzept des „issue-attention cycle").
[36] Dieses Konzept geht auf eine Studie von Maurice Pinard zurück, der das Entstehen einer dritten Partei in Kanada („Social Credit") Anfang der sechziger Jahre untersucht. Er macht dabei zwei Faktoren aus, die das Entstehen einer dritten Partei begünstigen: eine dominante Partei (an der Regierung) und eine schwache Opposition (weniger als ein Drittel der Stimmen), die außerdem einen Issue nicht aufnimmt (1975: 280-282, 286). Besonders begünstigt wird nach Pinard (1975: 37-39) eine dritte Partei, wenn die Opposition sich plötzlich fragmentiert. Im Falle Großbritanniens müßte in diesem Zusammenhang weniger von der „dominant party"-These ausgegangen werden, sondern eher von einer „two dominant parties"-These: zwei große Parteien nehmen den Issue „Umweltschutz" nicht auf, und eine dritte Partei, die LibDems, versagt aufgrund innerer Schwierigkeiten (vgl. Rüdig et al. 1996: 15)

abgegangen: Labour wollte den „middle-of-the-road"-Wähler wiedergewinnen, dem Umweltschutz dem materiellen Wohlergehen nachgeordnet ist. Die (ursprünglich grünen) Liberalen hatten nach der Vereinigung mit der gewiß nicht grünen SDP mit sich selbst genug zu tun;
- gerade in einer Wahl zweiten Ranges, wie der Europawahl, ist die Neigung recht hoch, dem aufgestauten Ärger über die Nichtbesetzung des Themas Umweltschutz durch die Wahl einer neuen Partei Luft zu machen;[37]
- die *Greens* konnten in jedem der 78 britischen Europawahl-Wahlkreise einen Kandidaten aufstellen, was ihnen bei den 650 Wahlkreisen der General Election nicht gelingt; außerdem war die Wahlbeteiligung recht niedrig (knapp 38 Prozent), so daß der Stimmenanteil der Grünen bei einer höheren Wahlbeteiligung automatisch sinken muß.

Die Erosion dieser (Sonder-)Bedingungen mußte es entsprechend schwieriger für die *Greens* machen zu reüssieren. Wendet man den Blick noch einmal auf die von Müller-Rommel aufgeführten Erfolgsfaktoren grüner Parteien (s.o.), dann dürfte dieses Ergebnis nicht verwundern: Keine föderalen Einheiten ermöglichten es den Greens, sich zu präsentieren, keine staatliche Parteienfinanzierung erlaubte es ihnen, eine überall präsente Organisation aufbauen zu können, und das *first-past-the-post*-Wahlsystem führte dazu, daß viele potentielle Grünen-Wähler aus Angst vor dem „wasted vote" die Liberalen oder eine Regionalpartei (im *celtic fringe*) wählten (Rüdig/Lowe 1986: 278; Rootes 1992: 182). Im Gegensatz zur Bundesrepublik sind die meisten Erfolgsgründe für grüne Parteien in Großbritannien nicht gegeben, am eklatantesten ist das völlige Fehlen eines Konfliktes um die Kernkraft, offensichtlich war hier die Regierung vorsichtiger als in der Bundesrepublik, als es darum ging, mit lokalem Widerstand gegen Atomanlagen umzugehen.[38] Außerdem hatten die Regionalparteien, später auch die Liberalen, partiell auch die Umweltprogrammatik übernommen. Darüber hinaus gibt es in Großbritannien eine Menge traditionell apolitischer Umweltorganisationen, die kaum Verbindungen mit den Grünen haben (Rüdig/Lowe 1986: 270). Labour hatte das Issue „nukleare Abrüstung" bereits in den fünfziger Jahren besetzt (Rootes 1992: 183f; Kitschelt 1994: 178). Anhänger der Friedensbewegung (CND) hatten schon früh eine Heimat in der Labour Party gefunden, da sich die Labour-Linke schon zu Zeiten Aneurin Bevans der einseitigen Nukleararabrüstung verschrieben hatte (Parkin 1968: 17 mit Tab. 7; vgl. Kapitel 20.1; 22.2).

---

[37]Diese Ansicht wird aber durch die Zahlen nicht erhärtet: Auf die Frage „Which political party's views on the environment would you say come closest to your own views?" antworteten 1987 (vor dem Aufkommen der *Greens*) 53 Prozent „Don't know", 1990 nur noch 32 Prozent, während die Anteile für die Konservativen und Labour gleichblieben. Ein größerer Austausch hat also unter den Antwortgruppen „Liberale", „Grüne" und „Don't know" stattgefunden (Rüdig et al. 1996: 8 mit Tab. 1).
[38]Eine Strategie der britischen Regierung war, neue Atomanlagen in abgelegenen Gebieten zu bauen; bei lokalem Widerstand wurden Pläne schnell zurückgezogen (Rüdig/Lowe 1986: 282).

Die Wählerprofile der deutschen und britischen Grünen sind durchaus unterschiedlich: Relativ jung sind die Wähler beider Schwesterparteien (die deutschen Grünwähler allerdings ein bißchen älter). Aber die britischen Grünwähler sind wesentlich weniger postmaterialistisch eingestellt und verorten sich selbst und ihre Partei als nicht besonders links.[39] Die britischen Grünwähler des Jahres 1989 sind politische Zentristen: Denn bei der General Election 1987 wählten sie zu 25 Prozent die Konservativen, zu 19 Prozent Labour und zu 27 Prozent Alliance (Nichtwähler: 20 Prozent; Rüdig et al. 1996: 13, Fußnote 23). Die Nähe der Grünwähler zu den LibDems ist frappierend, offensichtlich konkurrieren beide Parteien um dieselbe Wählerklientel.[40] Und der Erfolg der Liberalen in den General Elections seit 1992 mußte zu Lasten der *Greens* gehen. Wohl oder Wehe der *Greens* hängt bei Wahlen von ganz bestimmten Umständen ab. Klarer gefaßt: Geht es bei einer verhältnismäßig unwichtigen Wahl um Umweltschutz, dürfen die *Greens* Zulauf erwarten. Insofern unterscheiden sich die *Greens* von den rechtspopulistischen „flash parties" herkömmlichen Typs (Rüdig et al. 1996: 14f). Aber im Gegensatz zu den deutschen Grünen haben sie keine nennenswerte Stammwählerschaft.

---

[39]Während Grünwähler auf dem Kontinent besonders stark gegen die Atomkraft eingestellt sind, findet sich diese Einstellung nicht bei den Wählern britischer Grünen. Der Issue „Atomenergie" wird in Großbritannien stärker mit der Labour Party in Verbindung gebracht - unter anderen wegen der seit den fünfziger Jahren laufenden innerparteilichen Diskussion um die einseitige nukleare Abrüstung. (Heath et al. 1991: 192f).
[40]Dies ergibt sich aus dem British Attitude Survey von 1991 (Jowell et al 1991: 268), als die Befragten ihre Gefühle bestimmten Parteien gegenüber angegeben sollen..

4.4 Zusammenfassung

Nicht nur Kitschelt (1994: 167f) wunderte sich, warum die SPD den Grünen so lange nachlief. Das Ein- und Überholen war vergeblich, im Zweifelsfall verlor die SPD stärker an die bürgerlichen Parteien. Die hartgesottenen Postmaterialisten wählten lieber das Original als die rote Kopie: 1983 verlor die SPD 1,6 Millionen Stimmen an die Union, 600.000 an die Grünen, 1987 abermals 600.000 an die Grünen, ohne die Verluste an die Union von 1983 ausgleichen zu können (vgl. Padgett/Paterson 1991: 57). Lediglich 1990 konnte Lafontaine die Grünen für kurze Zeit eliminieren, wenn auch unter dramatischen Verlusten bei materialistischen Einheits-Wählern. Statt eines Verdrängungswettbewerbs hätte eine Strategie gewählt werden können, die auf die graduelle Mäßigung der Grünen als Koalitionspartner setzt, vor allem aber die (materialistischen) Wähler der Mitte ins Auge faßt. Der Schlüssel hierfür, so argumentieren Kapitel 9 und 10, ist eine hohe Problemlösungskompetenz und ein attraktiver Spitzenkandidat. Im Jahre 1998 zeigte sich der Erfolg dieser „wahlgewinnenden" Konstellation: Ein attraktiver Spitzenkandidat und eine relativ hohe Problemlösungskompetenz (vgl. Kapitel 9 und 10) ließen die SPD die Wahl gewinnen - und zwar mit den Stimmen, die die SPD aus dem Lager der Union gewinnen konnte (1,7 Millionen). Diese Stimmen machten fast zwei Drittel des gesamten Stimmenzuwachses der SPD von 2,6 Millionen Stimmen aus. Von den Grünen kamen 424.000 - bei einem geradezu anti-postmaterialistischen Spitzenkandidaten -, von den Nichtwählern immerhin 512.000 Stimmen (Zahlen nach: Spiegel-Wahlsonderheft 1998, S. 34, basierend auf Emnid-Daten).

Der entscheidende Fehler der SPD war bis 1998, sich nicht auf eine konsistente Strategie zu einigen: Ein Schwanken zwischen Überholen und Ausgrenzen postmaterialistischer Orientierungen ist wohl fatal. Was nicht heißen soll, daß die SPD zentrale Anliegen der Grünen ausklammert: Das tut mittlerweile keine Partei mehr (vgl. die Analyse der Parteiprogramme, insbesondere des Punktes „Umweltschutz" bei Klingemann/ Volkens 1997: 527f und Abb.1).

5 Wie wirken sich die Niedergangsszenarien an den Wahlurnen aus? Oder: Sozialdemokratie ohne Wähler?

Wenn die These zutrifft, daß die Sozialdemokratie seit Mitte der 70er Jahre im Niedergang begriffen ist, dann müßte bewiesen werden, daß beide Parteien seit Mitte der 70er Jahre immer weniger Wähler finden. Ergänzend müßte dann auch die Frage gestellt werden, ob - oder vielmehr, daß - die SPD und die Labour Party signifikant an Regierungsmacht einbüßen. Im folgenden wird die elektorale Stärke und die Regierungsmacht von Labour und SPD untersucht, um festzustellen, ob sich ein Abwärts*trend* für beide Parteien seit Mitte der 70er Jahre auch belegen läßt.

Das Problem hierbei ist, wie sich eine Niedergangsbewegung quantifizieren läßt. Hat man es mit dem „Ende der Sozialdemokratie" (Merkel 1993) zu tun[1] oder bloß mit einem Niedergang - oder vielleicht nur mit einer Stagnation? Die Beantwortung dieser Frage kann im Falle der Bundesrepublik als einem „semisouveränen Staat" (Katzenstein 1987), dessen Hauptmerkmal eine vielfach (u.a. durch den Föderalismus) fragmentierte Zentralgewalt ist, sich nicht nur auf die zentralstaatliche Ebene konzentrieren, sondern muß auch die Entwicklung der SPD in den Bundesländern miteinbeziehen.[2] Denn die Länder sind eben nicht nur reine Verwaltungsgliederungen, sondern auch „Gegengewichte" (Schmidt 1992: 42ff.), die den Spielraum jeder Bundesregierung mit entscheidend determinieren. Denn es könnte ja sein, daß sich die SPD auf Bundesebene in einem Abwärtstrend in puncto elektoraler Stärke und Regierungsmacht befindet, aber in den Ländern überhaupt nicht. Und sollte dies der Fall sein, wäre es problematisch, die SPD in einem Niedergang zu wähnen, eben weil sie diese Gegengewichte kontrolliert - und man an ihr auch bundespolitisch nicht vorbeikommt.

5.1 Die elektorale Stärke von SPD und Labour

5.1.1 Die elektorale Stärke auf nationaler Ebene

Die Ergebnisse der Bundestagswahlen sprechen für die *SPD* eine deutliche Sprache. Die Partei erreichte 1972 ihr Maximum mit 45,8% der Stimmen und überflügelte damit zum ersten und (vorerst) letzten Mal ihre Hauptkonkurrentin, die CDU. Von 1980 bis 1990 hat sie beständig Anteile verloren und lag 1990 im „Wahlgebiet West", also dem Wahlgebiet, in dem bis 1987 Bundestagswahlen

---

[1] Wolfgang Merkel formuliert dies wohlweislich als Frage.
[2] Der Föderalismus ist natürlich nur ein Faktor, der die Bundesrepublik als einen „semisouveränen Staat" erscheinen läßt. Hinzu kommen nach Katzenstein Koalitionsregierungen und parastaatliche Institutionen, die den Zentralstaat zähmen.

abgehalten wurden, mit 35,9% immerhin fast zehn Prozentpunkte unter ihrem Spitzenergebnis und erholte sich 1994 auf knapp 38 Prozent - schlechter als bei der Wahl 1983, die die SPD in die Opposition verwies. Erst 1998 überschritt die SPD wieder die Vierzig-Prozent-Marke, als sie 42,4% in Westdeutschland und 35,6% in Ostdeutschland einschließlich Berlins erzielte (gesamt: 40,9%). Damit hat die Partei wieder das Niveau der Bundestagswahlen 1976 und 1980 erreicht.

Doch ist bemerkenswert, daß die Verluste bei weitem nicht linear erfolgten, sondern in Sprüngen. Den ersten Verlust gab es mit über drei Prozentpunkten 1976, einen weiteren größeren 1983 mit fast fünf Prozentpunkten. Bis 1998 stagnierte die SPD auf niedrigerem Level bei Werten, die deutlich unter der 40%-Marke liegen. Zeitlich korrelieren diese Verluste mit dem Aufkommen einer neuen Partei, der Grünen. Prima facie ließe sich vermuten, daß ein Gutteil der Verluste dieser neuen Linkspartei[3] zugute gekommen ist.

Die *Labour Party* der Nachkriegszeit erreichte ihre besten Ergebnisse in der Mitte der vierziger und Anfang der fünfziger Jahre, zu einer Zeit also, als die SPD sich tief im Dreißig-Prozent-Turm befand. Ihr Maximum erreichte sie 1951, als sie 48,8% der Stimmen erreichte, dennoch aber die Wahlen verlor. Ihr *all-time low* war die Wahl 1983, als sie 27,6% erhielt.

Bis in die frühen siebziger Jahre hinein erreichte sie Anteile, die deutlich über der 40-Prozent-Marke liegen. Die sinkende Tendenz ihrer Stimmanteile beginnt bereits 1951, unterbrochen von einer leichten Erholung 1964 und einem kräftigen Plus 1966. In den siebziger Jahren erhält sie Anteile um die 38%, bis sie 1983 abstürzt. Auch in den achtziger Jahren kann sie sich nur im Dreißig-Prozent-Turm stabilisieren, 1997 hatte sie sich, wenn auch mit erdrückender Sitzmehrheit im Unterhaus auf das Niveau der (verlorenen) Unterhauswahl 1959 verbessert. Impressiver als das Wahlergebnis Labours 1997 war das katastrophale Abschneiden der Konservativen (bei Stabilität des liberalen Anteils).

Die Konvergenz der Stimmanteile der beiden Parteien in den achtziger Jahren ist frappierend, waren doch die Ausgangsbedingungen der Nachkriegszeit so unterschiedlich: Beide Parteien waren im Dreißig-Prozent-Turm, Labour fiel 1983 auf unter dreißig Prozent zurück. Am Ende der neunziger Jahre haben sie sich jenseits der vierzig Prozent vorgearbeitet (zumindest wenn sich die FGW-Prognose vom Mai 1998 bewahrheitet). Seitdem beide Parteien in der Opposition waren, öffnete sich auch die Schere zwischen dem Stimmanteilen der Sozialdemokratie

---

[3] Die Grünen werden auf der Rechts-Links-Achse als eine Partei verortet, die links von der SPD steht, und Wähler der Grünen bezeichnen sich zu über 70% als links (Müller-Rommel/ Poguntke 1992 : 354f., Poguntke 1987: 374). Schoonmaker betont nicht nur die Dauerhaftigkeit der Grünen im Parteiengefüge der Bundesrepublik, sondern auch, daß sie ein „threat to the SPD" seien (1988: 57).

und dem der Bürgerlichen und schloß sich nur zögerlich. Verblüffend ist die Konstanz des konservativen Stimmanteiles zwischen 1979 und 1992, während die Union kontinuierlich Stimmen verlor. Versucht man nach dieser oberflächlichen Betrachtung eine Periodisierung (fünfziger Jahre bis Mitte der siebziger Jahre als „goldenes Zeitalter" und ab der Mitte der siebziger Jahre als „Niedergangsphase"), so kommt man zu anderen Ergebnissen: In der „goldenen Phase" erreicht die SPD durchschnittlich 36,3%, in der „Niedergangsphase" 39,1%, 37,2% in der Oppositionszeit seit 1982 (vgl. Tabelle 5.1). Trotz eines deutlichen Abwärts*trends* in den 80er Jahren, liegt die SPD in der „Phase des Niedergangs" immer noch deutlich über dem Durchschnitt aller SPD-Ergebnisse bei Bundestagswahlen (37,6%).[4] Von diesen Daten ausgehend, erscheint es nicht sehr plausibel, von einem Niedergang zu sprechen. Labour hingegen erscheint seit den späten siebziger Jahren als der kranke Mann der Sozialdemokratie. Trotz sinkender Anteile in den fünfziger Jahren (und einer kurzen Auferstehung in der Mitte der Sechziger) waren diese zwei Jahrzehnte für Labour verhältnismäßig golden (46%). Die Zeit seit Mitte der siebziger Jahre war für Labour tatsächlich eine Zeit des Niedergangs (35,6%). Die Oppositionszeit seit 1979 brachte noch schlechtere Wahlergebnisse (34,7%).

Tabelle 5.1: Stimmanteile von SPD und Labour (in %) nach Zeiträumen

	Durchschnitt 1945/49 - 1997/98	„Goldenes Zeitalter" 1945/49 - 1970/72	„Niedergang" 1974/76 - 1997/98	„Opposition" 1979/83 - 1997/98
SPD	37,9	36,3	39,5	38,3
Labour	41,2	46,0	35,6	34,7

Quelle: s. Tabelle 5.2 und 5.3

Das sollte aber nicht darüber hinwegtäuschen, daß die SPD seit den 80er Jahren Stimmanteile eingebüßt hat, wohl hauptsächlich zu Lasten der (westdeutschen) Grünen, die 1979 gegründet wurden, von 1983-1990 und wieder ab 1994 im Bundestag vertreten waren und während dieser Zeit erheblichen elektoralen Druck auf die SPD ausübten. Allerdings sind *trade off*-Hypothesen, also ein Nullsummenspiel zwischen SPD- und Grünen-Anteil, nicht korrekt (vgl. Tabelle 5.3, untere Tabelle, unterste Zeile). Zwar pendeln viele Wähler des linken Lagers zwischen SPD und Grünen, etliche Anhänger des linken Lagers wanderten aber auch zu den Nichtwählern ab (wie 1990, s. Kapitel 8.3, vgl. Abbildung 5.2).

Fortsetzung auf Seite 84

---

[4] Eigene Berechnung anhand der Daten von Gibowski/Kaase 1991: 4. (s. Tab. 1)

Tabelle 5.2: Ergebnisse der Unterhauswahlen 1945 bis 1997 (in Prozent)

	1945	1950	1951	1955	1959	1964	1966	1970
Wahlbeteiligung	73,3	84,0	82,5	76,8	78,7	77,1	75,8	72,0
Labour	48,3	46,1	48,8	46,4	43,8	44,1	47,9	43,0
Konservative	39,8	43,5	48,0	49,7	49,4	43,4	41,9	46,4
Liberale	9,1	9,1	2,5	2,7	5,9	11,2	8,5	7,5
Sonstige	2,7	1,5	0,7	1,1	1,0	1,3	1,6	3,1
Prozentpunktdifferenz zwischen dem Anteil Labours und der Konservativen	+8,5	+2,6	+0,8	-3,3	-5,6	+0,7	+7,0	-3,4

	2/1974	10/1974	1979	1983	1987	1992	1997
Wahlbeteiligung	78,1	72,8	76,0	72,7	75,3	77,7	71,2
Labour	37,1	39,2	37,0	27,6	30,8	34,4	43,2
Konservative	37,8	35,8	43,9	42,4	42,3	41,9	30,7
Liberale	19,3	18,3	13,8	25,4	22,6	17,8	16,8
Sonstige	5,8	6,7	5,3	4,6	4,3	5,8	9,3
Prozentpunktdifferenz zwischen dem Anteil Labours und der Konservativen	-0,7	+3,4	-6,9	-14,8	-11,5	-7,5	+12,5

Liberale: „Liberals" 1945-79, „Liberal-SDP-Alliance" 1983-87, „Liberal Democrats" ab 1992

Abbildung 5.1: Ergebnisse der Unterhauswahlen 1945 bis 1997

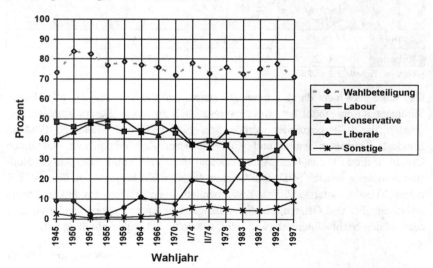

Quelle für Tabelle 5.2 und Abbildung 5.1: Butler/Kavanagh 1997: 254f.

Tabelle 5.3: Ergebnisse der Bundestagswahlen 1949-1994 (in Prozent der Zweitstimmen)

	1949	1953	1957	1961	1965	1969	1972	1976
Wahlbeteiligung	78,5	86,0	87,8	87,7	86,8	86,7	91,1	90,7
SPD	29,2	28,8	31,8	36,2	39,3	42,7	45,8	42,6
CDU/CSU	31,0	45,2	50,2	45,3	47,6	46,1	44,9	48,6
FDP	11,9	9,5	7,7	12,8	9,5	5,8	8,4	7,9
Grüne	-	-	-	-	-	-	-	-
Sonstige	27,9	16,5	10,3	5,7	3,6	5,4	1,0	0,9
Prozentpunktdifferenz zwischen Anteil der SPD und CDU/CSU	-1,8	-16,4	-18,4	-9,1	-8,3	-3,4	-0,9	-6,0
Prozentpunktdifferenz zwischen den Anteilen des linken und des rechten Lagers*	-13,7	-25,9	-26,1	-21,9	-17,8	+2,4	+9,3	+1,9

	1980	1983	1987	1990	1994	1998
Wahlbeteiligung	88,6	89,1	84,4	78,5 (77,8)	80,5 (79,0)	82,8 (82,3)
SPD	42,9	38,2	37,0	35,9 (33,5)	37,8 (36,4)	42,4 (40,9)
CDU/CSU	44,5	48,8	44,3	44,2 (43,8)	42,4 (41,4)	37,2 (35,2)
FDP	10,6	7,0	9,1	10,6 (11,0)	7,7 (6,9)	7,0 (6,2)
Grüne	1,5	5,6	8,3	4,7 (5,0)	7,8 (7,3)	7,1 (6,7)
Sonstige	0,5	0,5	1,4	4,6 (6,6)	4,6 (8,0)	6,2 (11,0)**
Prozentpunktdifferenz zwischen Anteil der SPD und CDU/CSU	-1,6	-10,6	-7,3	-8,3 (-10,3)	-4,6 (-4,8)	+5,2 (+5,7)
Prozentpunktdifferenz zwischen den Anteilen des linken und des rechten Lagers*	-12,2	-12,0	-8,1	-14,2 (-16,3)	-4,5 (-4,6)	+5,3 (+6,3)

ab 1957 mit Saarland, ohne West-Berlin; 1990, 1994, 1998: Wahlgebiet West (alte Bundesländer ohne Berlin; Gesamtdeutschland in Klammern.
* linkes Lager: 1949-65: SPD, 1969-1980 SPD, FDP (ohne Grüne), ab 1983 SPD, Grüne, 1990, 1994, 1998 ohne PDS, die auf Bundesebene als nicht koalitionsfähig gilt (Stimmanteile 1990: 2,4%, 1994: 4,4%, 1998: 5,1%)
rechtes Lager: 1949-1965: CDU/CSU, 1969-1980 CDU/CSU, ab 1983: CDU/CSU, FDP (Kleinparteien von 1949 bis 1957 nicht berücksichtigt)
** in den alten Bundesländern erreichte die PDS 1,1% und 5,1% in allen Bundesländern. Die übrigen Parteien erreichten in den alten Bundesländern 5,1%, in allen Bundesländern 5,9%.

Abbildung 5.2: Ergebnisse der Bundestagswahlen 1949 bis 1994 (ab 1990 Wahlgebiet West)

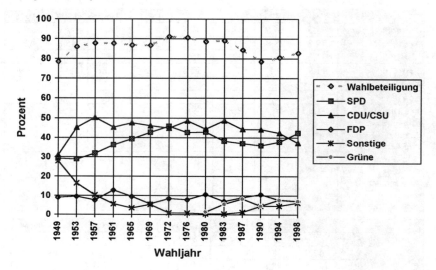

Quelle für Tabelle 5.3 und Abbildung 5.2: Gibowski/Kaase 1991: 4, Statistisches Jahrbuch 1995: 91 (eigene Berechnungen für das Wahlgebiet West); Forschungsgruppe Wahlen 1998: 6-11.

Fortsetzung von Seite 81

Sollte es stimmen, daß die Grünen - trotz ihres schlechten Ergebnisses von 1990 - sich im Parteiensystem fest etabliert haben und kein vorübergehendes Phänomen sind, steht für die SPD zu befürchten, daß sie sich bundesweit mit Ergebnissen begnügen muß, die in der Größenordnung der 80er Jahre liegen. Ein Spitzenergebnis wie 1972 erscheint unter diesen Auspizien als utopisch, falls es der SPD nicht doch gelingen sollte, Wähler der Grünen, die sie in den 70ern noch wählten (Conradt/Dalton 1988: 7ff.), wieder an sich zu binden oder andere Wählerschichten zu erschließen. Dies kann z.B. durch programmatische Fehler der Grünen (wie der Benzinpreisbeschluß des Magdeburger Parteitages vom März 1998) oder auch durch eine abgewirtschaftete Regierung und einhergehend durch eine vergleichsweise geringe Wählerwanderung zwischen den Parteiblöcken (z.B von CDU/CSU oder der FDP zur SPD) oder durch eine gleichzeitige besondere Mobilisierung der SPD-Wähler (bei gleichzeitiger Demobilisierung der Wähler der Konkurrenten des anderen Parteilagers (wie 1998) geschehen.

Auch in Großbritannien fallen die schlimmsten Verluste Labours mit dem Erstarken einer anderen Partei zusammen. Bereits in den siebziger Jahren erholten sich die Liberalen deutlich. Als sich Teile des rechten Labour-Flügels abspalteten und ihre neue Partei, die SDP, ein Wahlbündnis mit den Liberalen schloß („Alliance"), war sogar Labours Status als größte Oppositionspartei gefährdet. Als Labour sich allmählich erholte, sanken auch die Stimmanteile der Alliance (seit 1992: „Liberal Democrats"). Die Wählerschaft der LibDems erinnert an ein Waschbecken, in das das Wasser von zwei aufgedrehten Wasserhähnen fließt (Crewe 1985): Sie werden sowohl von früheren Labour- als auch Konservativen-Wählern gewählt. 1997 wechselten viele LibDems (22% der Lib-Dem-Wähler von 1992) und relativ viele Konservative-Wähler (14,2%) und viele Nichtwähler zu Labour (Butler/Kavanagh 1997: 250). Um Mißverständnissen vorzubeugen: Die geringe Wahlbeteiligung ist nicht auf desillusionierte Tory-Wähler des Jahres 1992 zurückzuführen, die zuhause blieben (eher blieben die Labour-Stammwähler daheim; Curtice/Steed 1997: 299). Die Wahlniederlage lag eher daran, daß sowohl Wähler der Oppositionsparteien als auch ehemalige Tory-Wähler bereit waren, einen konservativen Kandidaten im Wahlkreis zu verhindern (ebd: 309).

5.1.2 Hochburgen

In Großbritannien und in Westdeutschland gibt es deutliche geographische Unterschiede in der Stimmstärke beider sozialdemokratischen Parteien. Der Norden wählt mehrheitlich rot, der Süden blau bzw. schwarz. Allerdings erodierten in Deutschland die sozialdemokratischen Hochburgen der Großstädte (außerhalb des Ruhrgebiets) weitgehend, andere kamen erst recht spät hinzu, während die britischen Großstädte immer noch Labours Hochburgen darstellen. Die Gründe hierfür mögen u.a. auch in der relativen Deprivation britischer Großstädte liegen: Während die Armen im Innenstadtbereich bleiben, zieht die konservativ wählende *middle class* aufs Land. In der Bundesrepublik hat das traurige Schicksal der SPD in vielen Großstädten die Wurzeln in dem Wandel der Erwerbsstruktur und der teilweise grotesken Zerstrittenheit ihrer dortigen Parteiverbände (Lösche 1996c: 23). Je stärker der sozioökonomische Wandel in einer Stadt ausfiel und traditionelle Sozialmilieus erodierten und der Dienstleistungssektor stärker wurde, desto mehr profitierten die Union und die Grünen (zumindest in den achtziger Jahren).[5] Denn der materiell orientierte neue Mittelstand wandte sich seit den Achtzigern der Union zu, der postmaterialistische Flügel den Grünen, während sich bei statusbedrohten Teilen der SPD-Klientel Tendenzen zeigten, rechtsradikal zu wählen: In Berlin, Frankfurt und Bremen zogen zeitweilig Vertreter der Republikaner bzw. der DVU ins Stadtparlament ein. Die SPD machte 1995 in einer Arbeits-

---

[5] Verblüffend genau passen die SPD-Verluste in den Großstädten zu den Stimmengewinnen der Grünen (im Zeitraum 1972 bis 1987; Feist/Krieger 1987: 35; vgl. Der Spiegel, 28.8.1995).

gruppe um Günther Verheugen gerade die Individualisierung und die Vielfalt der Lebensstile und -welten als Ursache der Krise aus (ebd.). Völlig desaströs wird die Bilanz der SPD dann, wenn sie innerparteilich zerstritten ist und die Union auch noch einen populären Spitzenkandidaten hat wie z.B. in Frankfurt, wo die CDU unter Walter Wallmann sogar die absolute Mehrheit errang oder in Berlin, als die SPD 1994 mit 23,6% und 1999 mit 22,4% mit einer uncharismatischen Ingrid Stamer und einem höchst unpopulären Walter Momper verlor (bei hohen Popularitätswerten des farblosen Eberhard Diepgen).

Innerparteilicher Streit in lokalen Organisationen hat beiden Parteien Wahlniederlagen beschert, wie Thomas Koelble anhand der ehemaligen Hochburgen München und Bermondsey (Süd-London) zeigte (Koelble 1991: 101-115). Gerade München als einzige SPD-Hochburg in Oberbayern galt als das Sinnbild der Zerstrittenheit. Aber der kommunale Abstieg der SPD ist kein Schicksal: In der Hochburg des Desasters, München, gelang ihr seit 1984 ein eindrucksvoller Aufstieg: Ihre Kandidaten Georg Kronawitter und Christian Ude (ehemalige kommunale Todfeinde) erreichten trotz unterschiedlichen Politikstils eindrucksvolle Popularitätswerte. Zwar erlitt die SPD bei den Kommunalwahlen 1994 arge Verluste, aber der seit 1993 amtierende Oberbürgermeister Ude konnte die Partei konsolidieren, so daß die nächsten Kommunalwahlen (laut den Prognosen der SZ; SZ, 21.3.1998) in eine für die SPD günstige Richtung deuten. Franz Walter hat angesichts der chronischen Zerstrittenheit der SPD-Großstadtverbände sein höchstes Attribut des Lobes vergeben: Die Münchner SPD sei „langweilig" (Walter 1995b: 109).

In anderen Großstädten, insbesondere Frankfurt, Bremen und Berlin ging der Abstieg ungebremst weiter. In einer SPD-Analyse der Bundestagswahl verdichten sich die Aussagen über Hochburgen, wenn es um die Großstädte geht: Hochburgen bleiben das Ruhrgebiet, immerhin stärkste Partei wird die SPD in norddeutschen Großstädten, in die Minderheit gerät sie in den süddeutschen Großstädten und im Osten (bis auf Berlin). Problematisch ist, daß sie in ihren Hochburgen 1994 noch dazugewann, in den Minderheitsstädten tendenziell - zu Lasten der Grünen - verlor (o.A. [1994]: „Analysen zur Bundestagswahl 1994": 24-27). Auch hier zeigt sich, daß die SPD fundamentale Schwächen in den Städten und Regionen hat, die prosperieren und die einen „hohen Anteil der hochwertigen Produktionsdienste" haben (ebd.). Die SPD läuft Gefahr, in den dynamischen und wachsenden Dienstleistungszentren marginalisiert zu werden (vgl. Schultze 1995: 350). Dennoch ist die Lage der SPD in Städten mit mehr als 100.000 Einwohnern nicht katastrophal: Sie schneidet sie bei Bundestagswahlen in den Großstädten besser ab als in der Gesamtwählerschaft (1994: 3,8 Prozentpunkte) und stellte 1994 in 59 der 84 deutschen Großstädte den Oberbürgermeister (Lösche 1996c: 23).

In Großbritannien zeigen sich gewisse Nivellierungstendenzen, nachdem sich seit den späten fünfziger Jahren die Hochburgen immer stärker ausdifferenziert haben.

1992 gab es bei einem landesweiten Verlust der Konservativen von 0,4 Prozentpunkten und einem Gewinn von 3,6 Prozentpunkten für Labour leichte Gewinne für die Konservativen in Schottland, im Norden und Nordwesten Englands. In diesen Regionen waren die Verluste der Konservativen 1997 *eher* unterdurchschnittlich, ebenso die Zuwächse für Labour (Butler/Kavanagh 1997: 256f; Denver 1997: 11). Jedoch überwiegt der Eindruck eines einheitlichen Swings zu Labour. Ähnlich verhielt es sich bei der Bundestagswahl 1994: Die SPD stagnierte im Westen in ihren Hochburgen, verlor leicht in den Grünen-Schwerpunkten, gewann aber kräftig (fast vier Prozent) in den CDU-Hochburgen. Im Osten gewann sie in allen Hochburgen oder Schwerpunkten anderer Parteien, am wenigsten in PDS-Hochburgen (Forschungsgruppe Wahlen 1994: 37).

In Deutschland liegen die Hochburgen der SPD weiterhin eher im Norden als im Süden, wobei Hochburgen im strengen Sinn (mehr als fünfzig Prozent Stimmanteil bei *Landtagswahlen*) nur in Nordrhein-Westfalen (auf Basis der Landtagswahlergebnisse 1966-1995; seit 1995 mit Abstrichen), dem Saarland (1985-1999) und Brandenburg (1990-1999) bestehen, die Union hält nur noch Bayern (seit 1954), Sachsen (1990) und seit 1999 auch Thüringen in einer Stimmstärke von über fünfzig Prozent, manche ihrer Hochburgen (Baden-Württemberg, Schleswig-Holstein, Rheinland-Pfalz, Saarland) wurden ebenfalls geschleift.[6] Hier ist die Nivellierung weiter fortgeschritten als in Großbritannien, denn nur in sieben Bundesländern (Brandenburg bis 1999, Saarland bis 1999, Nordrhein-Westfalen, Niedersachsen für die SPD, Sachsen, Bayern, 1999 Thüringen für die CDU/CSU) erreichte eine Partei (1994-1999) in Landtagswahlen mehr als 45 Prozent der Stimmen, bei der *Bundestagswahl* 1998 in ebenfalls sieben Ländern (Bremen, Saarland, Brandenburg; Hamburg, Niedersachsen, Nordrhein-Westfalen für die SPD, Bayern für die CSU). 1997 erreichte in sieben der zehn Standard-Regionen Großbritanniens[7] keine Partei mehr als 45 Prozent (1992: fünf). Allerdings wurden die absoluten konservativen Hochburgen (mehr als 50 Prozent Stimmanteil) des Jahres 1992 fünf Jahre später zu „Patt-Burgen", relative Hochburgen (mehr als 45 Prozent) der Konservativen zu relativen Labours. Aber immer noch sind in den Regionen East Anglia, South East und South West die Konservativen die stärkste Partei, wenn auch hier Labour überdurchschnittlich (bis auf South West) zulegen konnte (Denver 1997: 11).

---

[6]Wird das weichere Kriterium „über dem Durchschnitt der letzten Bundestagswahlergebnisses" genommen, kommen für die SPD Schleswig-Holstein, Hamburg, Niedersachsen, Rheinland-Pfalz und Hessen dazu. Gerade Niedersachsen, ein Bundesland ohne strukturelle Begünstigung einer Volkspartei, hat sich seit 1990 zu einer relativen Hochburg der SPD entwickelt. Der exorbitant hohe SPD-Anteil bei der Landtagswahl 1998 (48 Prozent) läßt sich u.a. durch die Popularität des Ministerpräsidenten und SPD-Kanzlerkandidaten Gerhard Schröder erklären. Schröder hatte diese Landtagswahl zum Prüfstein seiner Kandidatur gemacht.

[7]Scotland, Wales, North, Yorkshire/Humberside, North West, West Midlands, East Midlands, East Anglia, South East, South West.

5.2 Die Regierungsmacht von SPD und Labour

Als Machtindikatoren eignen sich z.B. Kabinettssitzanteile (Beyer 1992) oder der von Pelinka (1980: 99 und Merkel 1993: 87, allerdings leicht modifiziert) entwickelte Machtindex.[8] Im folgenden wird Pelinkas Machtindex verwandt, um die Regierungsmacht der SPD auf Bundes- und Landesebene zu messen. Somit ergeben sich folgende Werte für die SPD: **1949-1966: 0, 1966-1969: 2, 1969-1982: 3** (die letzten zwei Wochen nach dem Ausscheiden der FDP aus der Koalition und der SPD-Alleinregierung dürften kaum ins Gewicht fallen), **1983-1998: 0**. Verwendet man wieder die Periodisierung „Goldenes Zeitalter" (in diesem Falle 1949-1973, also bis zum Beginn der Wirtschaftskrise) und „Niedergangszeit" (1974-1998), so bestätigt sich das Niedergangsszenario abermals nicht. Die SPD erhält für **1949-1973 („goldenes Zeitalter") 0,75** als Indexwert, und für **1973-1998 („Niedergang") 1,3** (für eine geringfügig andere Periodisierung anhand von Bundestagsperioden vgl. Tabelle 5.10). Gewiß, die SPD ist seit Ende 1982 in der Opposition, aber sie hat lange in die Phase des vermuteten Niedergangs hineinregiert.

In Großbritannien gab es bis auf den kurzen Lib-Lab-Pakt 1977 bis 1979 nur Alleinregierungen einer Partei. So ergeben sich für die Regierungsmacht Labours folgende Werte: **1945-1951: 4, 1951-1964: 0, 1964-1970: 4, 1970-1974: 0, 1974-1977: 4, 1977-1979: 3** (hier koalierten die Liberalen mit Labour) und **1979-1997: 0 (seit 1998: 4)**. Auffällig ist, daß Labour niemals über zwei volle Amtsperioden hinweg regiert hat. Nur zwischen 1945 bis 1950 und 1966 bis 1970 konnte die Partei mit stabilen Mehrheiten regieren.

Wird nach den Zeitaltern geschieden, so lag Labours Indexwert im **„goldenen Zeitalter" (1945-1973) bei 1,7** und im **„Niedergangszeitalter" (1974-1997) bei 0,8**. Hier sprechen alle Zahlen für die Bestätigung des Niedergangsszenarios.

5.3 Der föderale Triumph: Stimmstärke und Regierungsmacht der SPD in den Ländern

In den Analysen über die Stärke der SPD in Wahlen und an Regierungsmacht wird das Abschneiden der SPD in den Bundesländern zumeist ausgeblendet. Das ist deswegen nicht gerechtfertigt, weil sich seit den siebziger Jahren bei Landtagswahlen ein Austauschverhältnis („trade off") zwischen dem relativen Mißerfolg von Bonner Regierungsparteien und dem relativen Erfolg von Oppositionsparteien gezeigt hat. Diese These wurde von Meyer (1997: 132f), was die Wahl-

---

[8]Pelinkas Machtindex reicht von 0 bis 4 Punkten. 0 bedeutet Opposition, 1 Regierungsbeteiligung als Juniorpartner, 2 Regierungsbeteiligung als gleichberechtigter Partner, 3 Regierung mit Dominanz, 4 Alleinregierung.

ergebnisse für die SPD in den 90ern auf Landesebene angeht, und von Scheer (1999: 32), was die Regierungsmacht angeht, bestritten. Im folgenden geht es um die Überprüfung dieser beiden Thesen. In der Tat spricht einiges für die Stagnation der SPD bei Landtagswahlen in den neunziger Jahren, wie die anhaltende Schwäche der SPD in den süddeutschen Flächenstaaten und in Berlin belegt. Zugleich liegt sie aber im Schnitt aller Landtagswahlen (absolute SPD-Stimmen *aller* Landtagswahlen geteilt durch die gültigen Stimmen *aller* Landtagswahlen innerhalb einer Bundestagsperiode) konstant über den Bundestagswahlergebnissen. Und wie die Stimmverhältnisse im Bundesrat in den letzten vier Jahren der christlich-liberalen Regierung zeigen, war offenbar die SPD in einer günstigen Situation, was ihre Regierungsmacht in den Ländern anging. Offensichtlich spiegelt die Regierungsmacht der SPD auf Landesebene nicht die Stimmentwicklung wieder.

5.3.1. Die elektorale Stärke der SPD in den Bundesländern

Anhand der Ergebnisse der Landtagswahlen in den Bundesländern von 1949 bis 1998 kann man illustrieren, daß die Lage der SPD in den alten Bundesländern (ohne Berlin) nicht unbedingt mit der Bundestagswahlen korreliert. 1949-1965 erhielt die SPD im Mittel aller Landtagswahlen 36,4%, steigert sich in der Zeit der sozialliberalen Koalition auf 41,1% und stagniert im Zeitraum ihrer bundespolitischen Opposition bei immer noch beachtlichen 40,5% (vgl. Tabelle 5.6). Wählt man eine andere Periodisierung als die vorangegangene (Regierungs- und Oppositionszeit), nämlich „goldenes Zeitalter" (1949-1976) vs. „Niedergang" (1976-1998), so zeigt sich, daß entweder das goldene Zeitalter nicht so gülden oder der Niedergang kein Niedergang war: 1949-1976 erreichte die SPD in den Ländern durchschnittlich 38,3% der Wähler und konnte sich 1976-1998 auf 40,7% verbessern, wenn nur die westdeutschen Länder herangezogen werden. In diesen Ländern hat sie sich zunächst gehalten, der föderale Stimmanteil der SPD liegt zwischen 1990 und 1998 bei 40,3%. Allerdings sinken die Stimmenanteile kontinuierlich ab, und die SPD hat bis zur Bundestagswahl 1998 den schlechtesten Länderschnitt seit 1961. In den ostdeutschen Ländern sieht es für die Sozialdemokraten ungünstig aus: Hier kommt die SPD nur auf unter dreißig Prozent (s. Tabelle 5.5 und Abbildung 5.4). Dies führt dazu, daß die gesamtdeutsche Stimmenstärke auf föderaler Ebene von 1990 bis 1998 nur noch bei 37,4% (West: 40,3%, Ost: 28,2%) liegt. Gerade in Ostdeutschland zeigen sich die strukturelle Schwächen der SPD und der Grünen, während die PDS sich stetig verbessert. Hierin liegen auch die fundamentalen Unterschiede des west- und ostdeutschen Parteiensystems auf Länderebene: Während in westdeutschen Ländern meist ein Drei- oder Vierparteiensystem (gemessen an der Anzahl der in den Landtagen vertreten Parteien) aus CDU/CSU, SPD und FDP bzw. Grünen

herrscht, existiert in den ostdeutschen Ländern durchgehend seit 1994 ein Dreiparteiensystem aus CDU, SPD und PDS (vgl. Kapitel 14.2).
Besonders interessant ist der Vergleich zur Hauptkonkurrentin CDU: Die CDU erreicht 1976-1998 44,3% der Wähler in den Ländern, nachdem sie 1949-1976 41,3% erreicht hatte. Dieser hohe Wert resultiert aber aus den enormen Erfolgen, die die CDU unter der sozialliberalen Koalition (1969-1982) in den Ländern errang (48,9%). Der Anteil der CDU an der Wählerschaft in den westdeutschen Landtagswahlen von 1983 bis 1998, also während ihrer Regierungszeit, sinkt deutlich (42,2%, 1990-1998 auf sogar nur noch knapp über 40%). Wohlgemerkt: Die SPD konnte sich in den sechzehn mageren Jahren ihrer bundespolitischen Opposition in den Ländern in etwa halten, obwohl ihr eine neue Konkurrenz in Form der Grünen erwuchs, während der Vorsprung der Union von zeitweise 13 Prozentpunkten (wie bis zur Bundestagswahl 1976) zusammenschmilzt und sogar die SPD zeitweise - in Westdeutschland - zum ersten Mal seit 1969 leicht wieder führen konnte (1990-1994). Im Wahljahr 1998 war der Unionsanteil seit dem Maximum von 1976 (51,3%) auf Werte knapp über 40 Prozent gesunken. Die Union ist seit Ende der achtziger Jahren stimmenmäßig in einem schlimmeren Niedergang als die SPD begriffen, auch wenn sie in der Summe der Landtagswahlen bis auf 1990-1994 knapp vor der SPD lag.
Noch mehr: Während die CDU verliert, kann sich die SPD trotz der grünen Konkurrenz in den Ländern auf hohem Niveau stabilisieren. Doch dieses Phänomen ist bereits aus der Geschichte der Bundesrepublik vertraut. Die Parteien der Bundesregierung haben es in den Ländern schwer. Diese Erfahrung mußte in den 70er Jahren bereits die sozialliberale Koalition machen, indem sie in Landtagswahlen deutlich schlechter abschnitt, als es die Ergebnisse der Bundestagswahlen erwarten ließen, so daß es eine Art „Gesetzmäßigkeit der Trendverschiebungen zwischen Landtags- und Bundestagswahlen" (Dinkel 1981, auch Dinkel 1989) zu geben scheint. Einfach ausgedrückt: Die Bürger in den Bundesländern neigen dazu, in den Landtagswahlen den Regierungsparteien auf Regierungsebene einen Denkzettel zu verpassen, wie es so häufig bei *second order elections*, wie z.B. Europa- oder Landtagswahlen, vorkommt (vgl. Reif/Schmitt 1980: 8). Abbildung 5.3 zeigt, daß manches für diese These des „Trade-Off" spricht: Zwar kann die SPD die CDU/CSU in den westdeutschen Ländern zu Zeiten ihrer Opposition nicht überflügeln (bis auf 1994), aber die Ergebnisse der SPD in den Ländern sind deutlich höher als die Ergebnisse der SPD bei Bundestagswahlen. Zelle konnte zusätzlich die Stimmigkeit des *second order election*-Konzepts nachweisen, denn die Volatilität bei Landtagswahlen (in den Bundestagswahlperioden) steigt seit den achtziger Jahren, auch wenn hier die Werte für den Pedersen-Index nicht übermäßig hoch sind (1976-1980: 5,6, 1987-1990: 8,5; Zelle 1994: 60-66; genaue Daten der Jahre 1972-1994 sind in der Tabelle in Kapitel 8, Fußnote 21 zu finden). Offenbar neigen die Bürger immer stärker dazu, ihre Parteienloyalität zu

splitten: 1991 gaben zwölf Prozent der befragten Westdeutschen an, sie würden eine andere Partei auf Landesebene als auf Bundesebene wählen (1980: 7%). Dinkels Argument läuft darauf hinaus, daß Bonner Oppositionsparteien *strukturell* die Macht im Bundesrat haben und damit alles andere als machtlos sind (vgl. Kapitel 5.3.2). Allerdings scheint sich in den 80er Jahren zu erweisen, daß die *trade off*-Beziehung in *Stimmergebnissen* (und nicht der Regierungsmacht in den Ländern, vgl. Kapitel 5.3.2) nicht mehr ganz so deutlich ist wie noch in den 70ern: Konnte die CDU ihren Stimmanteil im Mittel der Landtagswahlen zu Zeiten der sozialliberalen Koalition noch um fast drei Prozentpunkte (gemessen an dem Niveau der Jahre 1949-1965) steigern, gelingt dies der SPD in den 80ern nicht mehr, sie stagniert, wenn auch auf hohem Niveau. Aber immer noch konnte die SPD im Durchschnitt der westdeutschen Länder über drei Prozentpunkte mehr als die SPD als bei Bundestagswahlen gewinnen (vgl. Tabelle 5.6). Für die Stagnation der SPD auf Länderebene 1983-1998 sind die Wahlerfolge der Grünen zu Ungunsten der SPD verantwortlich: Die Grünen erreichten 1983-1998 durchschnittlich 6,5% der Stimmen in westdeutschen Landtagswahlen (gesamtdeutsch: 6,3%, s. Tabelle 5.4 und Abbildung 5.3). Vor allem in den Stadtstaaten mußte die SPD erhebliche Stimmverluste seit den 80ern verkraften (nachdem die SPD-Suprematie der 50er und 60er schon gebrochen war).[9]

Hinzu kommen auch die Erfolge rechtsradikaler Parteien bei Landtags- und Europawahlen. Auch hier taugt das Konzept der *second order elections*, um die Wahlerfolge der DVU und Republikaner zu erklären. Es ist nachgerade rational, bei Wahlen, die als nicht sehr bedeutend eingeschätzt werden, eine Protestpartei zu wählen, um die Änderung der Politik der Partei zu erreichen, der man eigentlich zuneigt (Pappi 1990c, Roth 1990b). Ob allerdings die Landtagswahlen zu Experimentierfeldern werden, die dann zu einem längerfristigen Realignment führen, wie Schultze (1994: 476) meinte, ist völlig unbewiesen; lediglich im Fall der Grünen Anfang der achtziger Jahre spricht etliches dafür, daß erste „Denkzettelerfolge" gegen die Schmidt-SPD zumindest die „Sichtbarkeit" der Grünen erhöht haben. Postmaterialisten konnten davon ausgehen, daß ihre Partei vielleicht auch auf Bundesebene nicht mehr ganz chancenlos ist. Die rechtsradikalen Parteien waren bisher darin erfolglos, sich trotz gewisser Landtagserfolge bundespolitisch zu etablieren - ihnen fehlte entweder ein stabiles Milieu oder eine besondere Gruppe, die sie dauerhaft an sich binden können (gegensätzlich: Schultze 1992, 1994: 484f).

---

[9]Dies zeigen Zelles Wählerwanderungsanalysen: Die meisten Wähler wechselten auch auf Landesebene innerhalb eines politischen Lagers: Von den 12,2 Prozent, die 1991 angaben, eine andere Partei auf Landes- als auf Bundesebene wählen zu wollen, verteilten mehr als die Hälfte ihre Präferenzen auf Parteien innerhalb eines Lagers (Präferenz für Union auf Bundesebene und FDP auf Landesebene oder umgekehrt: 2,9%; SPD/Grüne: 3,7% der Befragten; zum Vergleich: Union/SPD: 2,2%; Union/Grüne: 0,4%, SPD/FDP: 1,7%).

Tabelle 5.4: Stimmenanteil von SPD, CDU/CSU und Grünen in Landtagswahlen in Westdeutschland 1946-1998(in Prozent)

	14.8. 1949	6.9. 1953	15.9. 1957	7.9. 1961	19.9. 1965	28.9. 1969	19.11. 1972
SPD	35,4	32,5	33,4	38,3	42,3	42,5	42,2
CDU/CSU	37,2	30,0	36,8	42,1	42,6	42,0	47,1
Grüne	-	-	-	-	-	-	-

	3.10. 1976	5.10. 1980	6.3. 1983	25.1. 1987	2.10. 1990	16.10. 1994	27.9. 1998
SPD	40,0	41,5	40,8	41,7	41,1	40,9	38,1
CDU/CSU	51,3	48,6	48,7	45,0	43,0	39,8	40,9
Grüne	-	2,5	4,5	6,1	6,2	6,9	9,0

ohne West-Berlin; ab 1957 mit Saarland; 1949: Baden, Württemberg-Baden, Württemberg-Hohenzollern, ab 1953 Baden-Württemberg.
Zur Berechnungsmethode: Die abgegebenen gültigen Stimmen der letzten bis zum Tag einer Bundestagswahl stattgefundenen Landtagswahlen werden addiert. Landtagswahlen, die am Tag der Bundestagswahl stattgefunden haben, werden nicht berücksichtigt. Die Addition der Stimmen der bis zum Stichtag einer Bundestagswahl stattgefundenen Landtagswahlen geschieht auch mit den Stimmen der SPD, der Union, der Grünen und in Tabelle 5.5 der PDS. Alle gültigen Stimmen für eine Partei in den letzten Landtagswahlen bis zum Tag der Bundestagswahl sind dann die „föderale Stimmstärke" einer Partei (geteilt durch die gültigen Stimmen der Landtagswahlen, die vor dem Stichtag einer Bundestagswahl abgehalten worden waren). Deswegen sind auch die bayerischen Zweitstimmen in Landtagswahlen als nur eine Stimme gezählt worden (Stimmanteile der Parteien als Anteil an den wählenden Wahlberechtigten abzüglich der ungültigen Stimmen).Die Berechnungsmethode ist für die Tabellen 5.5, 5.6, 5.7 und die Abbildungen 5.3, 5.4 maßgeblich
Quelle: eigene Berechnungen nach: Statistisches Jahrbuch für die Bundesrepublik Deutschland 1949ff, Fischer 1990.

Abbildung 5.3: Stimmenanteil von SPD, CDU/CSU und Grünen in Landtags- („LTW") und Bundestagswahlen („BTW") in Westdeutschland 1949-1998 (in Prozent)

Tabelle 5.5: Stimmenanteil von SPD, CDU/CSU, Grünen und PDS in Landtagswahlen im Durchschnitt aller und in den ostdeutschen Bundesländern (mit Berlin) 1990-1998 (in Prozent)

	2.12.1990 D	2.12.1990 Ost	16.10.1994 D	16.10.1994 Ost	27.9.1998 D	27.9.1998 Ost
SPD	37,7	26,3	38,5	28,9	36,1	29,4
CDU/CSU	43,0	43,0	40,2	41,8	40,3	38,3
Grüne	5,9	4,7	6,8	6,5	8,2	5,6
PDS	2,5	11,1	3,0	14,3	3,8	17,6

Das Land Berlin zählt zu den ostdeutschen Bundesländern.
Quelle für Tabelle 5.5 und Abbildung 5.4: wie Tabelle 5.4.

Tabelle 5.6: Stimmanteil der SPD und der CDU/CSU in Landtags und Bundestagswahlen zur Zeit bundespolitischen Regierung und Opposition der SPD, 1949-1998 (Werte für Gesamtdeutschland; in Prozent)

	Opposition der SPD 1949-1965	Regierung der SPD 1969-1983	Opposition der SPD 1983-1998
SPD in den Ländern	36,4	41,1	38,5 / West: 40,5
SPD im Bund	33,1	42,5	37,2 / West: 38,3
CDU/CSU in den Ländern	37,7	47,5	42,1 / West: 42,2
CDU/CSU im Bund	43,9	46,6	41,2 / West: 43,4

standardisiert nach Bundestagsperioden
Quelle: wie Tabelle 5.4 und Tabelle 5.3.

Tabelle 5.7: Stimmenanteil der SPD in Landtags- und Bundestagswahlen nach „Zeitaltern" (Werte für Gesamtdeutschland; in Prozent)

	Durchschnitt 1994-1998	„goldenes Zeitalter" 1949-1972	„Niedergang" 1976-1998
SPD in Ländern	38,7 / West: 39,3	38,3	39,4 / West: 40,7
SPD im Bund	37,5 / West: 37,9	36,3	38,8 / West: 39,5

standardisiert nach Bundestagsperioden
Quelle: wie Tabelle 5.3 und Tabelle 5.4.

Abbildung 5.4 (zu Tabelle 5.5): Stimmanteil von SPD, CDU/CSU, Grüne und PDS in den ost- und westdeutschen Bundesländern und im Durchschnitt aller Bundesländer 1990-1998 (in Prozent)

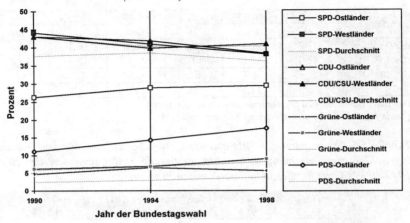

5.3.2 Die Regierungsmacht der SPD in den Bundesländern

Nach den Ausführungen in Kapitel 5.3.1 steht zu erwarten, daß die SPD
- eine wesentlich höhere Regierungsmacht in den Ländern hat als auf Bundesebene,
- aufgrund ihrer elektoralen Stabilität dort eine weiterhin hohe Regierungsmacht hat und diese sich in der „Niedergangsphase" nicht nach unten entwickelt hat,
- stärker in den Länderregierungen vertreten ist als die bundespolitisch regierende CDU.

Diese Vermutungen klingen plausibel, sollte die *trade off*-Hypothese zutreffen. Auch hier dürfte der Umstand festzustellen sein, den man in den 70er Jahren schon vorfand, nämlich daß die Opposition im Bund auf Landesebene stark ist und manchmal, wie Ende der 70er und Ende der 80er, die Zweidrittelmehrheit im Bundesrat hat (Schmidt 1992: 43ff.) und daher zugleich auch Regierungspartei ist. Die Befunde bestätigen die Hypothesen. Unabhängig von den Meßverfahren zur Bestimmung der Regierungsmacht (Machtindex nach Pelinka und Kabinettssitzanteile[10]) zeigt sich die Validität der *trade off*-Hypothese, die von Scheer (1999: 32) bestritten wurde.[11]

---

[10]Die Messung nach Kabinettssitzanteilen hat ihre Tücken, weswegen dieser Indikator der Regierungsmacht nur in Tabelle 5.8 verwandt wird. Gerade die Stadtstaaten, die im Bundesrat nur wenige Stimmen haben, unterhalten große Kabinette. Werden z.B. alle 14 Hamburger Se-

Für die Zeit **1949-1965** erhält die SPD im Mittel der westdeutschen Länder nach Pelinkas Machtindex den Wert **1,67, 1969-1983: 1,39** und **1983-1998: 2,0** (s. Tabelle 5.10). Damit erscheint die *trade off*-Hypothese Dinkels bestätigt.

Die *trade off*-Hypothese gilt bereits seit den 70er Jahren, als die CDU/CSU seit 1972 einen deutlichen Aufschwung in der Regierungsmacht auf Länderebene nahm (s. Tabellen 5.8, 5.9 und Abbildungen 5.5 und 5.6). Seitdem die SPD in Bonn in der Opposition ist, wendet sich wieder das Blatt. Seit 1987 kam es zu dramatischen Verschiebungen in den Indexwerten, wie sie auch für die Zeit der sozialliberalen Regierung für die Union zu beobachten waren. Einher ging der dramatische Verlust an Regierungsmacht für die CDU/CSU in den Ländern. Bis zur Bundestagswahl 1994 sackte die Union in den westdeutschen Ländern auf einen Wert unter 1, der mit Abstand niedrigste Indexwert seit Bestehens der Länder. Die SPD hatte es sogar ab Ende der 80er geschafft, uneinnehmbar erscheinende CDU-Bastionen zu schleifen: In Schleswig-Holstein (1988) und Rheinland-Pfalz (1991) wurde sie die dominante Regierungspartei. Das Saarland wurde 1985 von einer CDU-Hochburg zu einer der SPD als alleiniger Regierungspartei (bis zur Landtagswahl 1999). In anderen Ländern ist sie weiterhin die dominante Regierungspartei (Hamburg 1997 [dort verlor sie 1993 ihre absolute Mehrheit], Hessen bis 1999). In wiederum anderen verlor die SPD die alleinige Regierungsmacht (Nordrhein-Westfalen 1995, Schleswig-Holstein 1996, Bremen 1991). Sogar in Baden-Württemberg gelang ihr 1992 trotz niedriger (und zurückgehender) Stimmanteile der Einzug in die Regierung (1992 bis 1996 mit der CDU). Auf gesamtdeutscher Ebene wurde dieser Verlust nur durch die hohe Regierungsmacht der Union in Ostdeutschland aufgefangen (s. Tabelle 5.9 und Abbildung 5.6). Hier war die SPD bis zum Zeitpunkt der Bundestagswahl 1994 schwach vertreten, konnte aber ihre Regierungsmacht durch die Bildung von großen Koalitionen (Mecklenburg-Vorpommern 1994-1998, Thüringen 1994-1999), die rot-grüne Minderheitsregierung in Sachsen-Anhalt (1994-1998) und die Alleinregierung in Brandenburg (1994-1999) stärken. Damit verringerte sich auch die enorm hohe Regierungsmacht der CDU, die bis 1998 darin von der SPD überflügelt wurde.

Noch deutlicher wird, wenn danach gefragt wird, über wie viele Stimmen SPD-geführte oder dominierte Landesregierungen im Bundesrat verfügen: Von den insgesamt 69 Stimmen kamen bis zum Ende der Oppositionszeit der SPD (September 1998)

- 13 von Bundesländern mit SPD-Alleinregierung (Niedersachsen, Brandenburg, Saarland),
- 4 von einem Bundesland mit SPD-Minderheitsregierung und Tolerierung durch die PDS (Sachsen-Anhalt)

---

natorensitze nur von der SPD bekleidet, hätte die SPD einen höheren Kabinettssitzanteil als die CSU, die alle zehn bayerischen Minister stellt.

[11]Scheer berechnet nur die Regierungsmacht der SPD (Machtindex) bis in das Jahr 1990.

- 18 von Bundesländern mit rot-grünen Koalitionen (Nordrhein-Westfalen, Hessen, Schleswig-Holstein, Hamburg),
- 4 von einem Bundesland mit einer SPD-FDP-Koalition (Rheinland-Pfalz),
- 14 von Bundesländern mit einer großen Koalition (Berlin, Thüringen, Mecklenburg-Vorpommern, Bremen).[12]

Drei Viertel aller Bundestagsstimmen waren mit in der Hand der SPD. Hingegen sind nur 16 Sitze fest in der Hand von Ländern, in denen die damaligen Bonner Regierungsparteien regierten. Bedenkt man, daß in den Koalitionsverträgen auf Landesebene in strittigen Fragen sich der Bundesratsstimme enthalten wird, sieht die Bilanz immer noch günstig für die SPD aus. Die 18 Stimmen der Länder mit SPD-FDP oder CDU-SPD-Koalition fallen heraus, so bleiben 35 Stimmen für Länder, die von Parteien regiert wurden, die bis zur Wahl 1998 in Bonn in der Opposition waren, gegen die 16 Stimmen der Länder, in denen die damaligen Bonner Regierungsparteien regierten.

Allerdings ist Vorsicht geboten, an der bloßen Stimmenzahl im Bundesrat auch auf eine dementsprechende Veto-Position schließen zu können: Erstens wir der Bundesrat nur selten als Obstruktionsintrument von der Bundesopposition benutzt (Rudzio 1991: Tab. 2; von Beyme 1991a: 332), zweitens haben die Länder unterschiedliche Interessen. So stimmen manche SPD-Länder gegen die offizielle Parteilinie, wie Brandenburg bei der Mehrwertsteuererhöhung und Rheinland-Pfalz bei der Beschleunigung von Verkehrsprojekten (Der Spiegel, 3.2.1992; Sturm 1993: 121). Erst 1997 konnte sich Oskar Lafontaine mit seiner Linie durchsetzen, via Bundesrat die Steuerreform zu verhindern - obwohl sich anfangs der damals regierende Hamburger Bürgermeister Henning Voscherau und der nordrheinwestfälische Finanzminister Hermann Schleußer konziliant gezeigt hatten.

Die *trade off*-Hypothese ist also besonders gut bewiesen, was die Regierungsmacht angeht: Ist die SPD in Bonn an der Regierung, sinkt die Präsenz in Landesregierungen, ist sie in Bonn in der Opposition, steigt sie wieder. Weiter ist interessant, daß die SPD trotz stagnierender Wähleranteile (vgl. Tabelle 5.4 und Abbildung 5.5) in den Ländern ihre Macht dort noch weiter ausbauen konnte, wie die Tabellen 5.8 und 5.9 zeigen. Obwohl 1994-1998 die CDU/CSU die SPD wieder im Durchschnitt der Landtagswahlen eingeholt hatte (im Westen und in ganz Deutschland), hatte sie signifikant weniger Regierungsmacht als die SPD. Und schließlich wird auch deutlich, daß von der Warte der Macht in den Ländern der Aufstieg der Grünen die Position der SPD in keiner Weise beeinträchtigt hat.

---

[12]Ein Jahr später, im September 1999, hatte sich das Bild wieder dramatisch geändert. Von der SPD allein regierte Länder verfügen über 6 Stimmen, rot-grün regierte Länder über 13, und von SPD und PDS regierte Länder über 7 Stimmen (einschließlich des von der PDS tolerierten Minderheitskabinetts Höppner). Damit hat die neue Regierung mit ihren sicheren 26 Stimmen die Mehrheit im Bundesrat verloren, da sich die Länder mit großen und sozialliberalen Regierungen (15 Stimmen) enthalten, während unionsgeführte Länder 28 Stimmen halten.

Das elektorale Nullsummenspiel linker Parteien auf Bundesebene der 80er Jahre (Meyer 1997: 128, 131) fand auf Länderebene also keine Fortsetzung.

Fortsetzung auf Seite 99

Tabelle 5.8: *Regierungsstärke von SPD und CDU/CSU in den westdeutschen Bundesländern 1949-1998*

	14.8. 1949	6.9. 1953	15.9. 1957	7.9. 1961	19.9. 1965	28.9. 1969	19.11. 1972
MI-SPD	2,12	1,80	1,12	1,10	1,20	1,68	1,66
MI-CDU/CSU	1,67	1,27	1,56	2,12	2,12	1,78	2,05
KS-SPD	48,5%	48,4%	20,4%	27,5%	29,3%	55,6%	48,2%
KS-CDU/CSU	36,4%	27,5%	28,6%	43,8%	45,1%	30,9%	42,2%

	3.10. 1976	5.10. 1980	6.3. 1983	25.1. 1987	2.12. 1990	16.10. 1994	27.9. 1998
MI-SPD	1,17	1,37	1,37	1,59	2,04	2,96	2,35
MI-CDU/CSU	2,54	2,46	2,46	1,88	1,72	0,78	1,04
KS-SPD	38,1%	41,6%	45,7%	50,5%	52,8%	70,9%	61,3%
KS-CDU/CSU	53,6%	52,8%	50,0%	44,3%	33,0%	15,5%	22,6%

MI: Machtindex nach Pelinka (1980):   0: Opposition
                                                                                     1: Regierungsbeteiligung als Juniorpartner
                                                                                      2: große Koalition
                                                                                      3: Koalition als dominanterRegierungspartner
                                                                                      4: Alleinregierung

Zur Berechnungsweise: Der Machtindex einer Partei in jedem Bundesland wird bis zum Stichtag der Bundestagswahl errechnet und dann mit der Anzahl seiner Bundesratsstimmen multipliziert. Die Summe wird durch die gesamte Anzahl an Bundesratssitzen (1949: 43, 1953: 38, 1957-1987: 41, 1990-1998: 46) geteilt.
KS: Kabinettssitzanteil (Anteil der Partei an allen Kabinettssitzen in den Ländern) ohne West-Berlin; ab 1957 mit Saarland; 1949: Baden, Württemberg-Baden, Württemberg-Hohenzollern, ab 1953 Baden-Württemberg

Quelle für Tabelle 5.8 und Abbildung 5.5 (S. 98): wie Tabelle 5.4.

Abbildung 5.5: Regierungsstärke von SPD und CDU/CSU in den westdeutschen Bundesländern 1949-1998

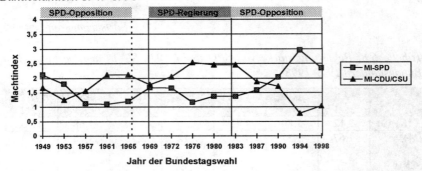

Tabelle 5.9: Regierungsmacht von SPD und CDU/CSU in allen und in den ostdeutschen Bundesländern (mit Berlin) 1990-1998

	2.12.1990		16.10.1994		27.9.1998	
	D	Ost	D	Ost	D	Ost
MI-SPD	1,65	0,87	2,47	1,39	2,29	2,17
MI-CDU/CSU	1,97	2,48	1,19	1,95	1,25	1,65
KS-SPD	39,4%	17,2%	58,4%	36,5%	57,7%	51,8%
KS-CDU/CSU	42,4%	57,0%	28,9%	52,4%	30,9%	44,6%

MI: Machtindex nach Pelinka 1980 (vgl. Legende zu Tabelle 5.8)
KS: Kabinettssitzanteil (vgl. Legende zu Tabelle 5.8)
Zur Berechnungsweise: Wie in Tabelle 5.8. Allerdings wird hier in der Spalte „D" durch die Anzahl der Bundesratsstimmen aller Bundesländer (69) und in der Spalte „Ost" durch die Anzahl der Bundesratsstimmen aller ostdeutschen Länder (23) geteilt.
Quelle für Tabelle 5.9 und Abbildung 5.6: wie Tabelle 5.4.

Abbildung 5.6: Regierungsmacht von SPD und CDU/CSU in den ost- und westdeutschen Bundesländern und im Durchschnitt aller Bundesländer 1990-1998 (mit Berlin)

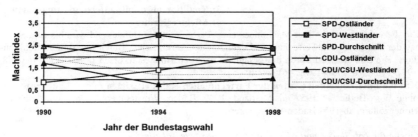

Tabelle 5.10: Machtindex der SPD und der CDU/CSU auf Landesebene zur Zeit der bundespolitischen Regierung und Opposition der SPD

	Opposition der SPD 1949-1965	Regierung der SPD 1969-1983	Opposition der SPD 1983-1998
SPD in den Ländern	1,47	1,39	2,0 West: 2,24
CDU/CSU in den Ländern	1,75	2,26	1,36 West: 1,57

standardisiert nach Bundestagswahlperioden
Quelle: wie Tabelle 5.3 und 5.4, zum Machtindex vgl. Legende zu Tabelle 5.8.

Tabelle 5.11: Machtindex der SPD auf Landes- und Bundesebene nach „Zeitaltern"

	Durchschnitt 1949-1998	goldenes Zeitalter 1949-1976	Niedergang 1976-1998
SPD auf Landesebene	1,61 West: 1,68	1,48	1,79 West: 1,95
SPD auf Bundesebene	0,92	0,89	0,95

standardisiert nach Bundestagswahlperioden
Quelle: wie Tabelle 5.3 und 5.4; zum Machtindex vgl. Legende zu Tabelle 5.8.

Fortsetzung von Seite 97

Wird wieder die Meßlatte „goldenes Zeitalter" vs. „Niedergang" angelegt, so läßt sich der ab Mitte der 70er Jahre prognostizierte Niedergang nicht sehr deutlich belegen. Für die Zeit von 1949-1976 erhält die SPD den Indexwert 1,48 und für 1976-1998 den Wert 1,95 (Westdeutschland, s. Tabelle 5.11). Damit liegen die Werte für die SPD auf Landesebene in der „Niedergangsphase" deutlich über denen des „goldenen Zeitalters". Und zugleich liegen sie auch fast doppelt so hoch wie die der SPD auf Bundesebene. Es zeigt sich also, daß es der SPD gelang, auf der Ebene der Bundesländer eine stabile und bis in die 90er Jahre wachsende Machtbasis aufzubauen, was die Apologeten der Niedergangsthese widerlegen dürfte.

5.4 Zusammenfassung

Wenig spricht für den Niedergang der SPD auf der Ebene der Wahlergebnisse und der Regierungsmacht, zumindest nicht für den „Niedergangszeitraum" ab Ende der 70er Jahre im Vergleich zum „goldenen Zeitalter" davor. Es mag die Apologeten dieser These vielleicht der Umstand trösten, daß es auf *Bundesebene* seit Beginn der 80er Jahre deutliche Zeichen dafür gibt, daß sich die SPD in einem Abwärts*trend* befindet (wenn auch lediglich gemessen an ihren Glanzzeiten in den 70er Jahren). Die Befunde auf der Ebene der Länder sprechen eine andere Sprache: Die SPD konsolidiert sich dort trotz der Linkskonkurrenz auf hohem Niveau, die CDU verliert besonders am Ende der 80er und noch stärker in den 90ern so daß die Regierungsmacht der SPD ist zumindest zum Zeitpunkt der Bundestagswahl 1998 ungefähr so hoch ist wie die der CDU/CSU zu Zeiten der sozialliberalen Koalition. Ihre Stimmenmehrheit im Bundesrat überließ ihr ein großes Veto-Potential. Die These vom „föderalen Triumph" trifft in aller Linie auf die Entwicklung der Regierungsmacht auf Länderebene seit den späten 80er Jahren zu.

Labour bestätigt die „Zeitalter"-Hypothese (zumindest bis 1997). Aber auch hier ist der Niedergang nicht säkular. Seit 1983 erholte sich Labour langsam, 1997 deutlich. Auch im internationalen Vergleich läßt sich die These vom Niedergang der Sozialdemokratie wohl nicht in der von Dahrendorf und anderen (s. Einleitung) behaupteten Ubiquität halten.[13]

Dies wirft viele Fragen auf: Warum verlieren beide Parteien tendenziell seit den achtziger Jahren auf nationaler Ebene? Warum setzte Labours Niedergang schon viel früher ein? Welche Auswirkungen haben soziostrukturelle Wandlungsprozesse? Es scheint daher nötig, zunächst einmal die Wahlentscheidung an sich genauer zu betrachten (Teil II). Welche Theorien gibt es und welche Auswirkung haben diese auf das Schicksal von SPD und Labour? Und wie lassen sich die Erkenntnisse für beide Parteien nutzbar machen?

---

[13]Beyer 1992, Merkel 1993: 61-102. Merkel verweist hier auf die Notwendigkeit, nach bestimmten Parteitypen zu differenzieren: So ist der eindeutige Verlierer der „Labour-Typ" der Sozialdemokratie, der Einbußen in elektoraler Stärke und Regierungsmacht hinnehmen muß. In deutlich abgeschwächter Form gilt dies (auf ungleich höherem Niveau) für den „Wohlfahrtstyp". Der „pragmatische Koalitionstyp", zu dem Merkel die SPD zählt, erweist sich als sehr stabil. Armingeon (1989) lehnt insbesondere die These vom Niedergang der Regierungsmacht entschieden ab.

TEIL II: Die Wähler
Kapitel 6-13

Einleitung zu Teil II

Die Wählerforschung hat viel Mühe und Mittel darauf verwandt, den Wähler, das unbekannte Wesen, zu erforschen. An elaborierten Modellen wurde nicht gespart, und doch kommen so versierte Empiriker wie Jagodzinski und Kühnel resigniert zu der Feststellung: „Es fehlt nicht in erster Linie an angemessenen statistischen Verfahren, es fehlt zuallererst eine informationshaltige Theorie der Wahlentscheidung. Auf welchen Erwägungen die Wahlentscheidung letztlich beruht, [...] entzieht sich weitgehend unserer Kenntnis" (Jagodzinski/Kühnel 1990: 61).

Wer wählt wen warum, lautet die Frage dieses Kapitels. Diese Frage ist weder originell, noch läßt sie sich einfach beantworten.

Theoretisch lassen sich zwei Ansätze unterscheiden:[1] Theorien des *Alignments* (Kapitel 6 und Kapitel 7) und des *Dealignments* (Kapitel 8 bis Kapitel 13). *Alignment* bedeutet den Umstand, daß Wähler aus bestimmten Gründen längerfristig zu einer Partei tendieren, sie in aller Regel auch immer wieder wählen. *Dealignment*-Theorien sehen einen gegenläufigen Prozeß am Werk: Langfristige Bindungen an eine Partei lösen sich auf, die Wähler wechseln zwischen den Parteien, da sie sich nicht konstant von deren Programmatik oder der jeweiligen Kandidaten angezogen fühlen: „Voters begin to choose" (Rose/McAllister 1986, vgl. Kapitel 8).

Unter den *Alignment*-Theorien sieht der soziologische Gruppenansatz der Columbia School das individuelle Wählerverhalten sozialstrukturell determiniert. Demnach wird ein Arbeiter eine Arbeiterpartei wählen und ein religiöser Mensch eher eine nicht-säkuläre Partei (dazu ausführlicher: Kapitel 14, 15 und 16). Ähnlich gelagert waren die frühen Ansätze der Michigan School: Das Individuum erwirbt durch frühe Sozialisation eine bestimmte Bindung an eine Partei, die es über sein ganzes Leben aufrechterhält. Allerdings können unter bestimmten Umständen auch kurzzeitige Einflüsse die Wahlentscheidung beeinflussen. Dieser dynamische Aspekt wird von den Nachfahren der Michigan School seit den 70er Jahren behauptet: Sie gehen von einem rationalen Verhalten des individuellen Wählers aus. Er trifft seine Wahlentscheidung nicht aufgrund irgendeines sozioökonomischen Status oder der Zugehörigkeit zu einer Religion (um nur einige Quel-

---

[1] Eine knappe Zusammenfassung der Ansätze findet sich bei Schultze 1991: 773-775; insbesondere für Großbritannien eignet sich der zweite Teil in Pippa Norris' ausgezeichneter Darstellung (Norris 1997: 73-148), der in der Blackwell-Reihe „Making Contemporary Britain" erschienen ist, einer mittlerweile 37bändigen Bestandsaufnahme britischer Politik seit 1945.

len einer Parteiidentifikation zu nennen), sondern er entscheidet nach der Nähe der verschiedenen Parteien zu seiner Position in bestimmten Sachfragen, ihrer Lösungskompetenz und auch der Attraktivität der Spitzenkandidaten (Kapitel 9). Einen besonderen Fall stellt dabei das *retrospective* und das *economic voting* dar: Der Wähler trifft seine Entscheidung danach, welche Erfahrungen er in der Vergangenheit mit den konkreten Politiken, der Problemlösungskompetenz von Parteien und Kandidaten gemacht hat. Das wichtigste Politikfeld dürfte dabei das der Wirtschaftspolitik sein. Geht es der Wirtschaft gut, ist der Wähler auch eher gewillt, der amtsinhabenden Partei die Stimme zu geben, und sie im gegenteiligen Fall abzustrafen. In diesem Fall spricht man von *(retrospective) economic voting* (Kapitel 10).

Besondere Beachtung verdienen zusätzlich die Effekte, die Massenmedien auf die Wahlentscheidung haben. Bereits die Columbia School war Anfang der vierziger Jahre in ihrem ursprünglichen Forschungsansatz davon ausgegangen, daß die Massenkommunikation durch Radio und Zeitungen die Wähler in ihrer Wahlentscheidung erheblich beeinflußt. Auch wenn ihre Ergebnisse diese Hypothese widerlegen, wurde die Frage mit dem Aufkommen des Fernsehens erneut gestellt (Kapitel 12).

Sollten prinzipiell die Bürger alte Bindungen an eine Partei verlieren, dann kann es auch möglich sein, daß sie sich durch Kampagnen bzw. Wahlkämpfe in ihrer Wahlentscheidung leiten lassen. Diesem Aspekt ist das letzte Kapitel (Kapitel 13) des Teils II gewidmet.

6 Die Theorie der Columbia School

Der soziologische Gruppenansatz der Columbia School begann mit der Studie „The People's Choice" von Lazarsfeld, Berelson und Gaudet (Lazarsfeld et al. 1948). Diese Studie war in zweifacher Hinsicht wegweisend: Erstens stellte sie den Akt des Wählens in einen Zusammenhang zur sozialen Position des Wählers, zweitens machten sie bedeutende Entdeckungen bei der Kommunikation unter den Wählern. In einer Studie über Erie County in Ohio während des Präsidentschaftswahlkampfes 1940 wollten Lazarsfeld und seine Kollegen zunächst den Einfluß der Wahlpropaganda in den Massenmedien untersuchen. Doch entgegen der damals gängigen Einsicht stellte sich heraus, daß ein ganz anderer Faktor wichtiger als die Massenmedien war: der *face-to-face*-Kontakt mit anderen Personen. Bei Wahlen machten Lazarsfeld et al. die Entdeckung, daß viele Wähler in Gruppen abstimmen, Wählen also eine Art Gruppenerlebnis oder -handeln war: „People who work or live or play together are likely to vote for the same candidates" (Lazarsfeld et al. 1948: 137, 148). Gruppenangehörige mit noch inkonsistenten Einstellungen (also Unentschiedene oder Abweichler) werden von der Gruppe auf eine Linie gebracht („bringing opinions into line"; Lazarsfeld et al.

1948: 146).² Von besonderer Bedeutung innerhalb der Meinungsbildung sind die Meinungsführer, die *opinion leaders*, die aufgrund besserer oder umfangreicherer Informationen die Personen ihrer unmittelbaren Umgebung beinflussen. Lazarsfeld et al. stellen einen Zusammenhang zwischen massenmedialer und *face-to-face*-Kommunikation in Form der Hypothese des Zweistufenflusses der Kommunikation („two-step flow of communications") dar: „ ... ideas often flow *from* radio and print *to* the opinion leaders and *from* them to the less active sections of the population" (Lazarsfeld et al. 1948: 151). Die Massenmedien wirken also nur indirekt auf die „less active sections of the population" ein, es ist das „Netzwerk von Sozial- und Kommunikationsbeziehungen" (Schenk 1989: 406), das das Wahlverhalten bestimmt. Die verschiedenen sozialen Gruppen entwickeln eigene Werte je nach sozioökonomischem Status, Religionszugehörigkeit und Wohnsitz: „A person thinks politically, as he is socially. Social characteristics determine political preference" (Lazarsfeld et al. 1948: 27).³ Werte und Einstellungen werden in diesen sozialen Großgruppen weitgehend stabil gehalten oder verfestigen sich noch. Und diese werden von den Meinungsführern repräsentiert, sie sind „super-normative Mitglieder ihrer sozialen Gruppen, in denen sie über gute Kontakt- und Kommunikationsmöglichkeiten verfügen" (Schenk 1989: 409). In ihrer Nachfolgestudie „Voting" (Berelson et al. 1954) erweiterten sie ihre Argumentation, daß soziale Charakteristika das Wahlverhalten prägen, indem sie Bedingungen definierten, unter denen sich soziale Unterschiede auch politisch manifestieren. So sollten unterschiedliche Gruppen mit unterschiedlichen Interessen auch unterschiedlich von (materiellen oder symbolischen) Policies profitieren und sich diese Unterschiedlichkeit über Generationen hinweg erhalten (ebd: 75). Die Gruppenmitglieder entwickeln einen Sinn für diese Unterschiedlichkeit, da sie in sie hineingeboren werden und sie durch Familien- oder Peer-Kontakte aufrechterhalten wird. Sie erkennen die Interessen ihrer eigenen Gruppe und bringen diese mit einer Partei in Verbindung, die die Gruppeninteressen repräsentiert.

Daher darf es auch nicht verwundern, wenn gerade die „überzeugten" Wähler Meinungsführer sind, wie Befragungen zur Bundestagswahl 1994 ergaben (Schulz 1998: 382f mit Tab. 2). Sie sind auch diejenigen, die am intensivsten die Massenmedien nutzen, um politische Informationen zu gewinnen.

Wie später gezeigt wird, hat dieses „interests plus socialisation"-Modell etliche Erklärungsdefizite. Wie werden sich die Gruppenmitglieder bei sich überlappenden Mitgliedschaften verhalten? Wie lassen sich die Abweichungen von der

---

²In der Theorie der Schweigespirale (s. Kapitel 12.1.1) hieße dies, daß hier der Fall einer erhöhten „Redebereitschaft" vorliege, die die Abweichler und Unentschiedenen zum Schweigen oder zur Konversion zwinge; darauf wies Schenk hin (1989: 406).
³Lazarsfeld und seine Kollegen fanden heraus, daß hoher sozioökonomischer Status, protestantische Konfession und Wohnsitz auf dem Land die Wahlentscheidung zugunsten der Republikaner prädisponieren (Lazarsfeld et al.: 1948: 16-25).

Norm erklären, d.h. warum wählen starke Minderheiten nicht nach ihren eigentlichen Gruppeninteressen (z.B. Arbeiter, die bürgerliche Parteien wählen)? Schließlich unterschätzt dieses Modell auch die Möglichkeiten von politischen Parteien, ihre Wählerschaft zu strukturieren und zu mobilisieren.

Das Kommunikationsmodell der Columbia-School (*two-step flow of political communication*) bot allerdings Kritikern eine breite Spielwiese: Es wurde hauptsächlich deswegen kritisiert, weil der Kommunikationsfluß oft direkt zu den Rezipienten (ohne Filterung durch die Meinungsführer) läuft, besonders wenn Rezipienten einfach derart inaktiv sind, daß es oft nicht zu einer *face-to-face*-Kommunikation kommt (Schenk 1989: 411f; tendenziell: Sculz 1998: 383).

Überhaupt scheint es eher selten der Fall zu sein, daß es homogene Gruppen gibt, in denen ein Meinungsführer Informationen weitergibt. Stattdessen muß von unterschiedlich starken und prägenden Gruppenzugehörigkeiten (Familie, Arbeitskollegen etc., s.u.) ausgegangen werden. Außerdem können Meinungsführer bei anderen Experten und Meinungsführern um Rat fragen (Troldahl 1966: 622f). Wie Troldahl und van Dam in einer frühen Studie zeigen, sind *opinion leaders* selbst wieder Einflüssen ihrer eigenen Gruppe ausgesetzt (1965: 433f). Statt eines *two-step flow* an Informationen ähnelt die Kommunikation einer Unterhaltung von Personen mit ähnlich hohem Wissensstand.[4] Als den aktivsten Kommunikationskanal fanden sie Gespräche mit Arbeitskollegen heraus, während das „opinion asking" und „opinion giving" (so Troldahls und van Dams Termini) kaum in der Familie oder unter Nachbarn stattfanden. Mehr noch, es gab auch Anzeichen eines Einstufenflusses der politischen Kommunikation: 63% der Befragten gaben an, sie hätten in letzter Zeit niemanden um seine politische Meinung gefragt und seien auch nicht nach ihrer gefragt worden, sie waren also weder *opinion askers* noch *givers*. Allerdings wußten diese 63 Prozent um die infragestehenden politischen Ereignisse aus den Massenmedien (Troldahl/van Dam 1965: 628, 634). Diese regionalen Beobachtungen bestätigte Robinson (1976) in einer Analyse, die auf der CPS-Repräsentativerhebung der Präsidentschaftswahlen basierte. Robinson errechnete 51% Inaktive bzw. Nicht-Diskutanten (1976: 312). Aber auch diese werden zu 87% durch das Fernsehen erreicht (ebd). Klingemann kam zu dem Ergebnis, „daß die Hypothese vom Zwei-Stufen Fluß der politischen Information in ihrer ursprünglichen Form nicht mehr zu halten ist" (Klingemann 1986: 392). Kiefer sekundierte: „Das Theorem [des Zwei-Stufen-Flusses der politischen Kommunikation, M.H.] erwies sich als an eine bestimmte historische Konstellation der Medienausstattung gebunden" (Kiefer 1992: 279).

Der Forschungsansatz der interpersonalen Kommunikation „begründete keine fortdauernde Traditionslinie in der Wahlforschung" (Schmitt-Beck 1994a: 189; vgl. Knoke 1990: 29ff). Besonders in der britischen Wahlforschung spielte er

---

[4]So unterhielten sich die überzeugten Wähler der Bundestagswahl wahrscheinlich eher mit den sog. „unabhängigen", aber kaum mit den unpolitisch-inaktiven (Schulz 1998: 383).

keine Rolle, zumal sie meist auf Modelle der Michigan School zurückgriff. In den Vereinigten Staaten hingegen kam es zu heftigen Diskussionen, wenn es z.B. um den Einfluß der Medien auf den Wähler ging (s. Kapitel 12). Erbring et al. (1980: 18) kritisierten beispielsweise die Massenkommunikationsforschung, die sich nur dafür interessiert, wie sich Medieninhalte auf die Haltungen des Publikums niederschlagen, dabei aber außer Acht ließen, daß viele Menschen auch ganz andere Quellen als die Massenmedien haben könnten. Denn entgegen der zentralen Annahme des Medieneffekte-Theorems ist das Publikum nicht eine Masse atomisierter Individuen, auf das Medienbotschaften ungehindert und unfiltriert wirken. Vielmehr stehen die einzelnen Empfänger von Medienbotschaften in sehr komplexen Beziehungen zueinander (Knoke 1990: 54; Chaffee 1972: 114). In letzter Zeit bahnen sich vermittelnde Konzepte den Weg: Für Personen, die nach Informationen suchen, ergänzen sich Massenkommunikation und interpersonaler Kontakt (Schmitt-Beck 1993a: 459). Massenmedien geben Primärinformationen über alltagsferne Geschehnisse, während interpersonaler Kontakt diese massenmedial verarbeiteten Themen mit Metainformationen versieht und bewertet (Schmitt-Beck 1994a: 191f). Oder einfacher: Massenmedien für die reine Information[5] und interpersonaler Kontakt für die Evaluation.

In der Bundesrepublik wurde die interpersonale Perspektive stärker als in Großbritannien rezipiert, hier gab es außerdem eine groß angelegte Langzeitstudie über Mediennutzung und Medienbewertung (Berg/Kiefer 1987, 1992). Wie Klingemann subsumiert, weisen die deutschen Daten in die amerikanische Richtung: Je nach Indikator dürfen 17 bis 25 Prozent als Meinungsgeber, 18 bis 41 Prozent als Meinungsnachfrager und 34 bis 65 Prozent als Inaktive gesehen werden (Klingemann 1986: 395).[6] Andere Zahlen lieferte Schmitt-Beck: Nur sechzehn

---

[5]Dieser Aspekt wird vertiefend in Kapitel 12.1.2 behandelt, besonders, wenn es um die *Agenda-Setting*-Funktion der Massenmedien geht.
[6]Wählt man den Indikator „Wie oft werden Gespräche über Politik geführt", sinkt der Anteil der Inaktiven (Antwort: „Nie") auf 12 Prozent in Westdeutschland und 4% im Osten (vgl. Kiefer 1992: 168, Tab. 67). Kiefer (1987: 123, Tab. 63) kombinierte die Selbsteinstufung des politischen Interesses mit der Gesprächshäufigkeit über Politik und kam zu drei Gruppen politisch Interessierter:
1. Politisch Interessierte mit hoher Gesprächshäufigkeit über Politik (22% der Befragten 1985)
2. Politisch mittelstark Interessierte mit mittlerer Gesprächshäufigkeit über Politik (49%),
3. Politisch schwach Interessierte mit schwacher Gesprächshäufigkeit über Politik (29%).
Gabriel und Brettschneider (1998: 289f) konstruieren aus Mediennutzung und interpersonaler Kommunikation sechs Kommunikationstypen:
1. Unpolitische (5%),
2. TV-Abhängige (14%),
3. Presse-Abhängige (31%),
4. Kommunikations-Adressaten, „opinion-askers" (20%),
5. persuasiven Mediennutzer, „opinion givers" (26%),
6. Diskutierer ohne Mediennutzung (3%).

Prozent der westdeutschen Wahlbevölkerung konnten in einer Netzwerkanalyse (N=1340) keine Person nennen, mit der sie in letzter Zeit politische Gespräche geführt hätten (1994a: 194, Tab. 1). Und im Gegensatz zu den amerikanischen Untersuchungen wurde am stärksten mit dem Lebenspartner und Freunden und weniger mit Arbeitskollegen über Politik gesprochen (Schmitt-Beck 1994a: 197, Tab. 2).[7] Außerdem ergab sich, daß Geschlecht und Bildung wichtige Determinaten für die interpersonale Kommunikation sind: Frauen sprachen mit ihren Ehe- oder Lebenspartnern häufiger über Politik als Männer, die dafür eher Kontakte außerhalb der Kernfamilie suchten. Personen mit höherer Bildung sprachen häufiger mit Arbeitskollegen über Politik als Personen mit einfacherer Bildung (Schmitt-Beck 1994a: 200f mit Tab. 6). Möglicherweise ist dies eher ein Indiz dafür, von einem hierarchischen Konzept der Meinungsgebung und -nachfrage abzurücken und interpersonale Kommunikation als ein Gespräch (freilich nicht im sokratischen Sinn) zu sehen. Dafür spricht im übrigen, daß die Kommunikation meist mit Personen abläuft, die eine ähnliche politische Einstellung haben: „Like talks to like" (Chaffee 1972: 99).[8] Dies erklärt auch den bereits festgestellten „neighbourhood effect" im Wahlverhalten (Butler/Stokes 1974; Miller 1978, 1979).

Wie sieht es mit der Reichweite der Massenmedien aus? 1990 wurden 91 Prozent der Bevölkerung an einem Werktag durch politische Information (per Massenmedien) erreicht (Kiefer 1992: 169; Tab. 68). Dabei kann die Faustregel gelten, daß politisches Interesse zu einer verstärkter Aufnahme politischer Berichte im Fernsehen und in den Zeitungen führt. Wer eine Zeitung liest (60 Prozent der Westdeutschen lesen regelmäßig oder gelegentlich eine Abonnementzeitung), der verfolgt die politische Berichterstattung in den Zeitungen tendenziell stärker als in den TV-Nachrichten. Wer aber keine Zeitung liest (26,9 Prozent der Westdeutschen), der wird wenigstens aus dem Fernsehen politische Informationen beziehen (Schmitt-Beck 1994a: 210-215). Es scheint wahrscheinlich, daß gerade die Inaktiven (definiert als politisch schwach Interessierte) das Fernsehen als die pri-

---

[7] Wird aber nach der Häufigkeit politischer Unterhaltungen mit verschiedenen Netzwerkgruppen gefragt, ergibt sich ein Bild, das den amerikanischen Ergebnissen eher entspricht: „Fast immer" oder „Manchmal" antworteten bei der Kategorie „Lebenspartner" 70 Prozent, bei „Freund" 71,4 Prozent und bei „Arbeitskollege" 75,3 Prozent (Schmitt-Beck 1994a: 198, Tab. 3). In Ostdeutschland liegen die Zahlen für die Kategorie „Arbeitskollege" sogar bei über neunzig Prozent. Überhaupt diskutieren Ostdeutsche mit ihrem Kollektiv ebenso gerne und häufig über Politik wie mit ihren Lebenspartnern oder Verwandten, dafür aber kaum mit Freunden (ebd.).

[8] Diesen Umstand der kommunikativen „Homophilie" zeigten bereits Rogers und Bhowmik Anfang der siebziger Jahre auf: In Kontaktnetzen dominieren Beziehungen zwischen einander ähnlichen (Rogers und Bhowmik 1970). Für Ost- und Westdeutschland konnte Schmitt-Beck diesen Umstand ebenfalls beweisen (1994a: 201-209, bes. Tab. 7, 9). Dabei weisen insbesondere Ehe- und Lebenspartner (als häufigste Kommunikationspartner) eine ähnlich Übereinstimmung in den Wahlabsichten.

märe Quelle politischer Information nutzen (Klingemann 1986: 396), da ihnen der interpersonale Kontakt fehlt.[9] Dagegen sprechen allerdings die Daten: Im Jahre 1985 (Vergleichsdaten von 1990 gibt es nicht) nutzten 54 Prozent der schwach Interessierten das Fernsehen, aber 67 Prozent der stark Interessierten (Kiefer 1987: 117, Tab. 57; 127).[10] Die als Meinungsführer/-geber Apostrophierten nutzen die Medien eher mehr als die Inaktiven. Also doch eine Rückkehr zum Meinungsführerkonzept? Eher nicht, dagegen sprechen zwei Gründe:

1. Gespräche über Politik sind nicht die Hauptquelle politischer Information. Denn Inaktive dürften trotz schwächerer Mediennutzung auf die politische Information der Massenmedien angewiesen sein. Die entscheidende Einflußgröße ist dabei die primäre Informationsquelle: Denn die schwach Interessierten erfahren über Politik am meisten durch das Fernsehen, wie Infratest 1975 herausfand (Klingemann 1986: 397, Tab. 3) und nur zu einem Bruchteil durch Gespräche. Generell scheint das Fernsehen Hauptquell politischer Information zu sein, denn nur 17% aller Befragten gaben an, viel über Politik in Gesprächen in der Familie (und 19% in Gesprächen mit Freunden, Bekannten und Kollegen) zu erfahren, das Fernsehen erreichte 1975 einen Wert von 76 Prozent (ebd).
2. Die Mediennutzung verstärkt sich nicht bei geringem politischen Interesse. Denn prinzipiell gilt (zumindest für den Westen Deutschlands), daß diejenigen, die weniger politische Gespräche führen, eher weniger Nachrichten sehen und noch weniger Zeitungen lesen als politisch Interessierte (Schmitt-Beck 1994a: 225, Tab. 15).

Auch wenn heute die Ergebnisse der Lazarsfeld et al.-Studie in Zweifel gezogen werden, war der Startschuß für eine ganze Forschungsschule gegeben, die besonders in den fünfziger Jahren die Massenkommunikationsforschung bestimmte.[11] Spätestens zu diesem Zeitpunkt entfachte sich die Diskussion um die Wirkung der Medien (s. Kapitel 12) erneut.

Noch einflußreicher war ein anderer Befund, nämlich, daß die Wähler anhand von Gruppenzugehörigkeiten wählen (Katholiken und Arbeiter die Demokraten, Protestanten und Selbständige die Republikaner). In der späteren Forschung wurde diesem Phänomen nachgegangen und mündete in der Feststellung, daß sowohl das Wahlverhalten als auch das Parteiensystem gesellschaftliche Konfliktlinien

---

[9]Politisches Interesse und politische Kompetenz sind wichtige Determinanten der Häufigkeit politischer Unterhaltungen und der Häufigkeit, politische Informationsangebote in den Massenmedien zu nutzen (Schmitt-Beck 1994a: 200, Tab. 6; 216, Tab. 15). Wer sich nicht politisch interessiert und/oder sich nicht für politisch kompetent hält, wird sich weniger über Politik unterhalten, weniger über Politik in der Zeitung lesen und im Fernsehen schauen.

[10]Wer sich politisch interessiert, schaut sogar tendenziell *mehr* politische Berichte, als er in den Zeitungen liest (Schmitt-Beck 1994a: 216, Tab. 15, 225, Tab. 20).

[11]Überblick über die Columbia-Studien zum persönlichen Einfluß bei Schenk 1987: 407.

(„Cleavages") widerspiegeln (Lipset/Rokkan 1967). Kapitel 14 und 15 beschäftigen sich mit der Cleavage-Theorie separat, so daß an dieser Stelle der Hinweis genügen soll, daß in Großbritannien und der Bundesrepublik unterschiedliche gesellschaftliche Konfliktlinien existieren, die das Wahlverhalten und das Parteiensystem strukturieren. So wurde für beide Staaten dokumentiert, daß es in Großbritannien eine Konfliktlinie zwischen Arbeit und Kapital gibt, in der Bundesrepublik gibt es ebenfalls den Cleavage Arbeit-Kapital und den stärkeren Cleavage, der religiös Orientierte von säkular Orientierten trennt. Entscheidend dabei ist, daß diese Cleavages das Wahlverhalten stabil halten, d.h. die Arbeiter werden in ihrer Mehrheit stets für eine sozialdemokratische Partei stimmen. Nun ist diese Theorie bereits dreißig Jahre alt, und es gab seit den siebziger Jahren vermehrte Kritik an diesem Konzept der Stabilität. Besonders in Großbritannien wurde immer wieder behauptet, daß die Prägekraft der Cleavages abgenommen hätte (Crewe 1982, 1985; Crewe et al. 1977; Franklin 1985). Andere britische Forscher widersprachen (Heath et al. 1985). In der deutschen Forschung hat lange die Meinung dominiert, daß mehr für die Persistenz der „alten" Konfliktlinien und des daraus resultierenden Wahlverhaltens spreche (Pappi 1990; Pappi/Terwey 1982: 153; vgl. auch Crewe 1985: 6). Doch auch dies blieb nicht unwidersprochen (Baker et al. 1981: 193), vor allem machte Klingemann auf soziale Gruppen aufmerksam, deren Wahlverhalten nicht von Cleavages strukturiert werde (Klingemann 1985: 249).

7 Die Theorie der Michigan School

Das epochemachende Werk der Michigan School war die Studie „The American Voter", die auf Untersuchungen des amerikanischen Elektorats zwischen 1948 und 1956 beruhte und im Research Center der Michigan University durchgeführt wurde (Campbell et al.: 1960). 1954 war das Vorgängerwerk „The Voter Decides" erschienen, das die Grundzüge der neuen Theorie des Wahlverhaltens vorwegnahm (Campbell et al. 1954). Diese Werke räumten mit gängigen Klischees vom mündigen und informierten Wähler auf: Der amerikanische Durchschnittsbürger war kaum informiert, er konnte meist nicht in einem „coherent set of beliefs" denken, wie die Analyse der Einstellungen zu diversen Issues ergab. Sollte der Wähler nach bestimmten politischen Streitfragen seine Wahlentscheidung ausrichten (issue voting), dann gelten dafür drei Bedingungen (Campbell et al. 1960: 168-170):

- Der Wähler muß den Issue (er)kennen und etwas mit ihm anfangen können („issue familiarity");
- der Issue muß „some minimal intensity of feeling" erzeugen („intensity of issue opinion");
- der Wähler muß die Differenzen der Parteien bei einem Issue erkennen („issue position of the parties").

Jedoch zeigten die Ergebnisse, daß die Wähler häufig mit den Issues nicht vertraut waren. Selbst wenn sie eine Meinung zu einem politischen Thema hatten, konnten sie die Differenzen der Parteien nicht erkennen (Campbell et al. 1960: 182). Überhaupt scheinen die Wähler nicht nur uninformiert zu sein, sondern auch unfähig, in abstrakten ideologischen Kategorien zu denken. Als die Forscher die *attitudes* (Einstellungen zu politischen Themen) untersuchten, machten sie die Entdeckung, daß die Mehrheit der Befragten ihre *attitudes* nicht konsistent organisierte. Kaum einer dachte in den politisch-ideologischen Kategorien „liberal" und „conservative" (im amerikanischen Sinn) und gab konsistente Antworten hinsichtlich der eigenen Position bei Issues (Campbell et al. 1960: 216-265). Augenscheinlich gaben die Befragten ihre Stimme einer bestimmten Partei, nicht weil sie sich genau überlegten, welche Position sie bei Issues einnehmen (und welche die Parteien), schon gar nicht weil sie ein „coherent set of beliefs" hatten, sondern aus ganz anderen Gründen (Converse 1964: 246f).[1] Lediglich 12% des Elektorats trafen ihre Wahlentscheidung als „Ideologen" oder „Beinahe-Ideologen", als der Idealtyp des rationalen einstellungskonsistenten Wählers, der der

---

[1] Mit einem „coherent set of beliefs" ist gemeint, daß sich ein Befragter konsistent bei allen Issues im Einklang mit der präferierten Partei positioniert; z.B. sollte der ideale demokratische Wähler in den USA für eine höhere Besteuerung der Wohlhabenden, einen expansiven Sozialstaat, eine interventionistische Wirtschaftspolitik und die Gleichberechtigung der Minderheiten sein. Diese Positionen bei bestimmten Issues ordnet er der Democratic Party zu und wählt diese.

Partei die Stimme gibt, die seine Positionen bei Issues vertritt und der mit den politischen Kategorien „liberal" und „conservative" etwas anfangen kann. 42% wählten eine Partei deswegen, weil sie sich einer Gruppe angehörig fühlten, die sie von der Partei vertreten sahen: Ein Arbeiter wählte eher die Demokraten, weil er sich für die Arbeiter unter einer demokratischen Regierung Verbesserungen versprach. 24% wählten eine Partei, weil sie für gute oder schlechte Zeiten stand (Krieg - Frieden, Prosperität - Rezession). 22% konnten keinerlei konsistente Antworten geben. Ein Fünftel des amerikanischen Elektorats konnte nicht (nachvollziehbar) begründen, warum es eine Partei gewählt hatte (Campbell et al. 1960: 249; Table 10.1; Converse 1964: 213, 218).

Warum wählen viele Leute eine Partei, von deren Programm und Issue-Position sie keine Ahnung haben? Und warum tun sie dies mit einer bemerkenswerten Stabilität über die Jahre hinweg? Die Antwort darauf ist die zweite zentrale Entdeckung der Michigan-Studie. Die meisten Bürger hatten doch eine generelle politische Orientierung, „a cognitive and affective map - which guided their electoral choice" (Norris 1997: 77). Campbell und seine Kollegen führten dazu das Konzept der *Parteiidentifikation* ein (1954: 88f; 1960: 120-145). Die Parteiidentifikation ist eine affektive Bindung an eine Partei, also ein psychologischer Prozeß, der das Individuum an eine Partei bindet.

Diese affektive Bindung sucht sich der Wähler meist nicht selbst aus, sondern wird in einem bestimmten sozialen Milieu gewonnen. Die Sozialisation in der Familie und einer Gruppe erzeugt ein Zugehörigkeitsgefühl zu einer Gruppe und eine Identifikation mit einer Partei. Wenn die Eltern eines Jungwählers beispielsweise die Demokraten gewählt haben und wenn sich der Jungwähler einer bestimmten Gruppe zugehörig fühlt, sich die von den Demokraten vertreten sieht, dann wird er auch die Demokraten wählen (Campbell et al. 1960: 146-149; 303-327). Natürlich mag der Wähler von Zeit zu Zeit auch einmal für eine andere Partei stimmen, wenn ein Issue für ihn besonders wichtig oder ein Kandidat besonders attraktiv ist - aber das ist die Ausnahme.[2] Parteiidentifikation hat also „den Charakter einer Prädispositionsvariablen, die die Entscheidung des Individuums bei jeder Wahl mehr oder weniger stark in Richtung derjenigen Partei, mit der sich das Individuum identifiziert, festlegt" (Gluchowski 1978: 267).

Später wurde im Lichte der *rational choice*-Theorie die Parteiidentifikation neu interpretiert: Sie diente als Instrument, die Informationskosten zu minimieren - nicht jede Person kann sich vor der Wahl genau überlegen, bei welchem Issue man sich selbst verortet und wo eine bestimmte Partei oder einen Kandidaten (vgl. Shively 1979). Daher ist es sicherlich rational, in der Zukunft nach einer

---

[2]In ihrer Veröffentlichung „The Voter Decides" gingen Campbell et al. noch von einer Gleichgewichtigkeit von Identifikation, Kandidaten- und Issueorientierung aus. Sechs Jahre später gab es eine klare Hierarchie: Langfristig entscheidet die stabile Parteiidentifikation, während Issues und Kandidaten nur kurzfristige variable Einflüsse sind.

Parteiidentifikation zu wählen, für die man sich (wie auch immer) entschieden hat (Goldberg 1969; Falter 1977: 478). Die Loyalität zu einer Partei soll daher als „simplified decisions and information shortcuts" (Norris 1997: 77) gesehen werden, denn sie „dient dem Wähler vornehmlich zur Strukturierung der Informationsvielfalt und zur Reduktion der komplexen politischen Realität" (Schultze 1991: 773; vgl. Budge/Crewe/Farlie [Hg] 1976).[3]

Parteiidentifikation ist nicht dasselbe wie Wahl einer Partei: Erstens ist die Parteiidentifikation eine Einstellung, während das Wählen ein Verhalten ist; zweitens ist die Parteiidentifikation dauerhaft, nicht zeitspezifisch; drittens kann die Parteiidentifikation in ihrer Stärke variieren, während es bei einer Wahl keinen Unterschied macht, ob der Wähler eine Partei mit einem großen dicken oder einem kleinen dünnen Kreuz markiert. Und schließlich kann der Wähler entgegen seiner Parteiidentifikation die gegnerische Partei wählen.

Die deutsche Wahlforschung übertrug das Konzept der Parteiidentifikation, wenn auch mit Schwierigkeiten.[4] Dreh- und Angelpunkt der Michiganer war die Parteiidentifikation, die logischerweise der Wahlabsicht vorausgeht. Anfangs standen deutsche Wahlforscher der Übertragbarkeit des amerikanischen Konzeptes der Parteiidentifikation skeptisch gegenüber: In den deutschen Umfragen schwankten entweder die Werte der Parteiidentifizierer zu stark oder die Anzahl der Parteiidentifizierer war zu gering.[5] Somit schienen die Grundannahmen der Parteiiden-

---

[3]Eine methodologisch interessante Kritik präsentiert Robertson (1976): Für ihn schließen sich die Basisannahmen der Parteiidentifikation, die Sozialisations- und Informationsökonomisierungs-These, gegenseitig aus. Sein Hauptargument gegen die gängige Parteiidentifikationsthese ist, daß sie (in Form der Normalwahl-These) den Wandel der Wahlentscheidung tautologisch erklärt: Entweder er verhält sich gemäß seiner Parteiidentifikation und wählt seine Partei oder er tut es nicht, wenn ihn starke politische Faktoren beeinflussen. Nach Robertson erklärt diese Theorie nicht die Wahl, sondern sagt sie lediglich voraus, daß die meisten Menschen nach ihrer Parteiidentifikation wählen. Aber unter welchen Umständen sie sich anders entscheiden, darüber schweigt sich die Theorie aus (vgl. eine ähnliche Kritik bei Kaase 1976, Crewe 1976 und Thomassen 1976). Ein modifizierter Rational-Choice-Ansatz hingegen kann erklären, warum sich ein Wähler für eine andere Partei entscheidet: Der Wähler hat gewisse Prädispositionen, aufgrund derer er das Verhalten seine Partei mit den eigenen Präferenzen abgleicht - und sich dann für eine Partei entscheidet (Robertson 1976: 369).

[4]In Deutschland war das Konzept der Parteiidentifikation zunächst umstritten. In historischer Perspektive zeigte Shively (1972), daß es in der Weimarer Republik eine stabile Unterstützung für Parteienblöcke gab, nicht aber für individuelle Parteien. Offensichtlich war zu dieser Zeit keine Parteiidentifikation am Werk, sondern eine „social partisanship" - der Wähler entschied sich aufgrund seiner soziostrukturellen Position für eine Partei eines Parteienblocks (vgl. Pappi 1973; Gluchowski 1978). So darf auch nicht weiter verwundern, daß eine individuelle Parteineigung sich erst langsam entwickelte - daher auch die ansteigenden Zahlen in den sechziger und siebziger Jahren. Baker, Dalton und Hildebrandt (1981: 230f) machen plausibel, daß zu dieser Zeit Prozesse des kollektiven Lernens wirkten, mit der Folge, daß sich die sozialstrukturellen Bestimmungsfaktoren der Parteineigung immer stärker „auswaschen".

[5]Die diversen Probleme, wie Parteiidentifikation zu messen ist, sollen in diesem Zusammenhang ausgeklammert werden. Instruktive Informationen und eine Einführung in die

tifikationstheorie (Stabilität und weite Verbreitung der Parteiidentifikation) nicht bestätigt (Kaase 1970, 1976). Möglicherweise messen Parteiidentifikation und Wahlabsicht doch dasselbe, so daß die Parteiidentifikation nicht die der Wahlabsicht vohergehende Variable sei (vgl. Thomassen 1976, neuerdings auch Gabriel 1997: 252).

Ab den siebziger Jahren gewann das Konzept der Parteiidentifikation aber an Akzeptanz (vgl. Falter 1977: 489-497). Berger (1973), Norpoth (1978: 55f), Falter (1977: 495) und Gluchowski (1983: 474f) sprachen sich für die Übernahme dieses Konzeptes aus, zumal sie nachweisen konnten, daß die Parteiidentifikation weit verbreitet war (etwa 70 Prozent) und sie stabil blieb, während das Wahlverhalten wechseln kann - d.h. Parteiidentifikation und Wahlabsicht sind nicht dasselbe (Berger 1977: 504).

Auch in der britischen Wahlforschung war das Konzept der Michiganer außerordentlich einflußreich, so daß es von den Wahlforschern des Nuffield College, insbesondere David Butler und Donald Stokes (der beim „American Voter" Koautor war) auf Großbritannien angewendet wurde. Auch auf der Insel fanden Butler und Stokes, daß der durchschnittliche Wähler kaum in das politische Leben involviert und weitgehend uninformiert war (1969: 24-27, 175f). Ähnlich wie in den USA hatten auch die meisten britischen Wähler keine konsistenten Einstellungen bei bestimmten Issues (ebd: 277, 320). In Analogie zu den Bedingungen für *issue voting* in den USA formulierten beide ähnlich hohe Hürden dafür:

- „saliency": Der Issue ist für die Wähler relevant.
- „skewness": Die öffentliche Meinung ist über den Issue geteilt.
- „differentiation": Parteien müssen alternative Positionen bei einem Issue einnehmen (Butler/Stokes 1969: 187-190; 341-343).

Die Conclusio: „The typical British voter was found to display fairly mixed-up attitudes, adopting left-wing and right-wing stances on different issues. For most people political attitudes were not organized on a consistent basis, let alone

---

Problematik bietet der Sammelband von Budge, Crewe und Farlie (1976), besonders der Aufsatz von Miller in diesem Band (1976: 21-31; vgl. Baker/Dalton/Hildebrandt 1981: 200-204; Klingemann/Wattenberg 1990: 325-329). In der Zeit zwischen 1961 und 1972 wurden von deutschen Wahlforschern insgesamt fünf verschiedene Fragestellungen gebraucht, um eine Art Parteiidentifikation/-neigung/-unterstützung/-präferenz zu messen. In der Bundesrepublik verstehen viele Befragte nicht die Frage, ob sie sich mit einer Partei identifizieren. Daher wurde hier nach der Partei*neigung* („leaning toward a party") gefragt (diese Frage wurde von Frank Dishaw für das sozialwissenschaftliche Institut der Konrad-Adenauer-Stiftung entworfen und seit 1972 von der Forschungsgruppe Wahlen verwandt). Wie in den angelsächsischen Ländern sollen die Befragten auch die Stärke der Parteineigung angeben: Dies kann in Worten („sehr stark", „ziemlich stark", „mäßig", „ziemlich schwach", „sehr schwach") oder in einem Skalometer (0 bis 5, je höher die Zahl, desto sympathischer die Partei) geschehen. So kann dann zwischen einer starken, schwachen und prinzipiellen oder gar keiner Parteineigung differenziert werden.

structured into a sophisticated abstract 'conservative' or 'socialist' ideology" (Norris 1997: 80). Wie in den USA war auch in Großbritannien die Parteiidentifikation ein wichtiger Faktor der Wahlentscheidung.[6] Parteiidentifikationen durchdringen die Wähler (90% der Wähler ordnen sich einer Partei zu), sie sind stabil (80% wählen diese Partei) und verstärken sich beim Älterwerden (junge Wähler identifizieren sich weniger mit einer bestimmten Partei als ältere; Butler/Stokes 1969: 38-41; 55-61, Särlvik/Crewe 1983: 334f). Die Wurzeln der Parteiidentifikation liegen in der Familie; die Eltern (besonders wenn sie sich mit derselben Partei identifizieren) drücken den Kindern den Stempel der Identifikation auf: „A child is very likely indeed to share his parents' party preference. Partisanship over the individual's lifetime has some of the quality of a photographic reproduction that deteriorates with time: it is a fairly sharp copy of the parents' original at the beginning of political awareness, but over the years it becomes somewhat blurred although remaining easily recognizable" (Butler/Stokes 1969: 47).[7] Selbst Autoren, die zu ganz anderen Schlußfolgerungen kommen, da sie die Wähler wesentlich beweglicher sehen, konzedieren immer noch einen starken (wenn auch sich abschwächenden) Einfluß der elterlichen Parteipräferenz auf die Präferenz der Kin-

---

[6]Butler und Stokes (1974: 39-47) und Crewe et al. (1977: 139-142) zeigten, daß im Falle Großbritanniens das Konzept der Parteiidentifikation anwendbar ist: Es ist wesentlich wahrscheinlicher, daß ein Wähler sein Wahlverhalten ändert, ohne seine Parteiidentifikation zu ändern, als daß ein Wähler seine Parteiidentifikation ändert, ohne sein Wahlverhalten zu ändern. Ivor Crewe machte schon früh darauf aufmerksam, daß Butler und Stokes eine Vielzahl von Begriffen für das amerikanische Konzept von Parteiidentifikation wählen: Am häufigsten verwenden Butler und Stokes „partisan self-image", aber auch alternativ „partisanship", „party allegiance", „party attachment" und „party support" (Crewe 1974). Eine genauere Erläuterung ihrer Parteiidentifikationstheorie (wie in Campbell et al. 1960) fehlt hier. Crewe zeigte später (1976), daß das Konzept der Parteiidentifikation für Großbritannien nicht ohne Probleme ist. Die zentrale Schwäche des Konzepts sah er darin, daß es nicht den politischen Wandel in Großbritannien erklären könne: Warum bekommen die beiden großen Parteien immer weniger Stimmen und warum wechseln immer mehr Menschen die Partei, obwohl der Grad an Parteiidentifikation gleichgeblieben ist? Andererseits benutzte Crewe das Konzept der Parteiidentifikation trotz seiner offenbaren Schwächen in seinen folgenden Arbeiten.

[7]Allerdings bleibt die Frage weitgehend unbeantwortet, woher die Eltern ihre Parteiidentifikation erhalten haben und wie sie sich geändert hat. Eine Antwort versuchten bereits Campbell et al. (1960) zu geben, als sie im wesentlichen zwei Wahlen für die prinzipielle und dauerhafte *Änderung* von Parteiidentifikationen („Realignment") ausmachten: 1860 (als die weißen Landbewohner der Südstaaten sich mit den Demokraten zu identifizieren begannen) und 1932 (als viele ehemalige Republikaner sich den Demokraten zuwandten; vgl Burnham 1970: 11-33). Dieses Konzept der „politischen Generation" wurde auch auf Großbritannien angewandt. Einschneidende Wahlen waren die Anfang der Zwanziger (als sich die Liberalen auflösten) und 1945 (als Labour zum ersten Mal eine Regierung bildete). Aus der Wahlentscheidung bei „critical elections" wird dann eine Gewohnheit - bis zur nächsten „critical election".

der (Himmelweit et al. 1985: 68f). Parteiidentifikation entsteht aber nicht in einem sozialen Vakuum. Mehr noch als bei Campbell et al. betonen Butler und Stokes den Zusammenhang zwischen Wahlentscheidung und Klassenzugehörigkeit. Die Zugehörigkeit zu einer Klasse bestimmt ebenfalls die Parteiidentifikation (Butler/Stokes 1969: 76-87).[8] Die Klasse dient als Referenzgruppe, um sich selbst zu definieren („class self image") und die Klassenpartei zu identifizieren: „The individual, identifying with a particular class forms a positive bond to the party which looks after the interests of the class..." (ebd: 87). Neben der Klassenzugehörigkeit gibt es auch noch andere Formen des *party alignments*, so z.B. die Parteiidentifikation, die der Religionszugehörigkeit oder der geographischen Lage entspringt.

Angehörige der *Church of England* tendierten dazu, die Konservativen zu unterstützen (Butler/Stokes 1974: 158). Allerdings waren bereits in den fünfziger und sechziger Jahren die Zeiten vorbei, als die *Church of England* „the Conservative Party at prayer" war, da die fortschreitende Säkularisierung diese Determinate des Wahlverhaltens erodierte (ebd.). Lediglich die Katholiken, die meist irischer Herkunft sind, dürften überproportional immer noch Labour wählen, da die Konservativen als protestantisch und anti-irisch gesehen werden - abgesehen davon, daß die meisten Katholiken der *working class* angehören (Denver 1994: 40f).

Selbst wenn nach Klassenzugehörigkeit kontrolliert wird, konnten Butler und Stokes (1974: 129) einen Regionaleffekt zeigen: In der heilen Welt der sechziger Jahre ohne Liberale oder Regionalparteien wählte Süd- und Mittelengland konservativer, Schottland, Wales und der englische Norden eher Labour. Doch hier waren nicht nur regionale Effekte am Werk, sondern die soziale Komposition der Gegend, in der der einzelne Wähler lebt. Wie beide Forscher fanden, richteten sich die Wähler nach ihrem Umfeld und beugten sich der lokal dominanten Norm: Je stärker *middle class* eine Gegend war, desto stärker wählten sie konservativ - und zwar in der *middle class* als auch in der *working class* (ebd: 120-127). In späteren Untersuchungen Millers wurde dieser „neighbourhood effect" bestätigt (Miller 1978, 1979; vgl. zur Unterhauswahl 1987: Butler/Kavanagh 1988: 286). Auch in der Bundesrepublik wurden ähnliche Effekte gefunden, hier sprach man von bestimmten Milieus, wie Blankenburg (1967) am Beispiel CDU-wählender Arbeiter in ländlichen Gebieten Nordrhein-Westfalens zeigte.

In ihrer inneren Logik unterscheiden sich die sozialstrukturellen und wertorientierten Ansätze nicht sonderlich: Beide gehen davon aus, daß die Bindung eines Wählers an eine Partei intensiv und stabil ist (vgl. Converse /Markus 1979).

---

[8]Dies zeigt sich vor allem in zwei Fällen: Eine Person wird dann eher nicht die Partei seiner Eltern wählen, wenn zwar beide sich mit einer Partei identifizieren, diese Partei aber keine Mehrheit in einer bestimmten Klasse hat (z.B. Eltern: *Conservatives*-Anhänger in der Arbeiterklasse). Die Person wird sich auch dann mit einer anderen Partei als seine Eltern identifizieren, wenn sie im Vergleich zu den Eltern sozial auf- (oder ab-) steigt (Butler/Stokes 1969: 51, 98-101).

Erklärten Campbell et al. und Butler und Stokes zunächst die Stabilität der Wahlentscheidungen, so mußte auch ein dynamisches Element eingeführt werden, um Regierungswechsel infolge von Wahlen plausibel erklären zu können. Campbell et al. stützten sich dabei auf das Konzept der *critical elections* von V.O. Key (1955: 3f, 11). *Critical elections* sind „an election type in which the depth and intensity of electoral involvement are high, in which more or less profound readjustments occur in the relation of power within the community, and in which new and durable electoral groupings are formed" (Key 1955: 4). Campbell et al. teilten daher Wahlen in drei Grundtypen ein: „maintaining", „deviating" und „realigning" elections (1960: 531-538). Somit hatte die Michigan School auch ein genügend flexibles Instrumentarium in der Hand, außer der Stabilität auch den Wandel des Wahlverhaltens erklären zu können. Dennoch steht hier die Stabilität der Parteiidentifikation im Vordergrund (daher sprechen auch die Anhänger dieses Ansatzes von der „Normalwahl"; vgl. Converse 1966, Falter/Rattinger 1983; Rattinger 1998).

Es ist keinesfalls so, wie es Schultze beschreibt, daß es der Michigan School „um den Wechsel von Parteipräferenzen, um die kurzfristige Abweichung vom traditionellen Wahlverhalten und um deren Ursachen" (Schultze 1991: 773) geht, zumindest nicht primär. Die Michiganer bieten lediglich eine (nicht sehr elaborierte) Erklärung dafür an, weswegen sich Wähler gelegentlich umorientieren. Converse erklärt die Abweichungen von Parteiidentifikation und Wahlverhalten in Wahlsituationen mit bestimmten Issues und der Attraktivität von Kandidaten (Converse 1966). Allerdings sehen sie die Möglichkeiten dafür gering: Die Wähler sind einfach zu uninformiert, um auf der Basis von Issues und Kandidaten zu entscheiden.

Zusammenfassung von Kapitel 6 und Kapitel 7

Abgesehen vom Columbia-Modell der politischen Kommunikation liegen die beiden vorgestellten Ansätze der Michiganer und Columbianer nicht sonderlich weit auseinander: Denn in beiden Theorien des Wahlverhaltens ist die Mitgliedschaft in einer Gruppe das ausschlaggebende Moment, eine bestimmte Partei zu wählen. Lediglich die theoretische Fokussierung ist anders gelagert: Die Columbia-School vertritt einen makrosoziologischen Ansatz: Durch die Mitgliedschaft in sozialen Gruppen erfolgt eine Anbindung des Individuums an das Cleavage-System, in dessen Gefolge sich langfristige Koalitionen zwischen politischen Parteien und gesellschaftlichen Großgruppen ergeben (vgl. Falter 1983: 341f). Im Gegensatz zu sozialstrukturellen Ansätzen beleuchtet der sozialpsychologische Ansatz der Michigan-School eher die individuelle Seite des Wählerverhaltens, wobei der Sozialisation des Individuums eine besondere Bedeutung zukommt. Dabei müssen sich beide Ansätze allerdings nicht ausschließen, denn die politische Sozialisation erfolgt nicht in einem sozialstrukturellen Vakuum. Im Gegensatz zu Schultze (1991: 773) und Falter (1983: 343f) sollten die Unterschiede zwischen dem sozialstrukturellen Ansatz und den frühen sozialpsychologischen Ansätzen nicht überbetont werden. Schultze und Falter behaupten, daß der große Unterschied zwischen beiden darin liege, daß die Michigan School nicht auf die sozialen Gruppen als Bezugspunkt des Wählerverhaltens abhebt, sondern auf die individuelle Parteiidentifikation als Langzeiteinfluß (Issues und Kandidaten kommen als Kurzzeiteinflüsse hinzu). Wie aber Campbell et al. (1960: 160ff) schreiben, wird die individuelle Parteiidentifikation durchaus in soziokulturellen Milieus erworben. Die Bezeichnung „sozialpsychologischer Ansatz" (als Abgrenzung zum sozialstrukturellen) ist lediglich bei der Erklärung des Zustandekommens der Parteiidentifikation gerechtfertigt. Ansonsten ähneln sich beide Ansätze in ihrer Rigidität frappierend.

8 Die große Wandlung: Dealignment

8.1 Die Theorien des Dealignments

Bisher wurden zwei Modelle des Wahlverhaltens dargestellt, die die Stabilität der Wählerentscheidungen gut erklären konnten. Wie gezeigt, hatte die Michigan School allerdings auch ein dynamisches Element inkorporiert: Die Parteiidentifikation diente als langfristiger Einfluß, allerdings konnten unter bestimmten Umständen kurzfristige Einflüsse wirken (Issues, Kandidaten).

An den Ergebnissen der Michigan-Studie wurde zuerst in den USA Kritik geübt, die darauf abstellten, daß Campbell et al. die Situation der fünfziger Jahre in den USA referierten. Besonders Forscher um Norman Nie bestritten immer wieder, daß die Trends der fünfziger Jahre auch auf die Zeit seit der Mitte der sechziger Jahre zutreffen. Denn mit der Wahl 1964 erfolgte ein Wendepunkt: Die Bürger waren sehr wohl über die Issues und die Position der Parteien informiert, zumal die Issues andere als in den fünfziger Jahren waren und die Wähler wesentlich stärker mobilisierten, wie die Untersuchungen der Wahlkämpfe zwischen 1956 und 1972 ergäben. Außerdem änderte sich seit den fünfziger Jahren auch das Elektorat, die *baby boomers* hätten als Wähler eine wesentlich geringere Parteiidentifikation als noch ihre Eltern (Nie/Andersen 1972; Nie et al. 1977: 43-46, 49, 168). Zusammenfassend schrieben Nie et al. (1977: 48):

> „(1) Fewer citizens have steady and strong psychological identification with a party. (2) Party affiliation is less a guide to electoral choice. (3) Parties are less frequently used as standards of evaluation. (4) Parties are less frequently objects of positive feelings on the part of citizens. (5) Partisanship is less likely to be transferred from generation to generation."

Der Wandel zu *sophistication*, zu mehr Informiertheit, führte auch zu einem höheren Grad an *issue voting*, zu „an 'individuation of American political life" (Nie et al. 1977: 347). Langsam erfüllten die Wähler bei wichtigen Themen (*salient issues*) die hoch gesteckten Bedingungen, die Campbell et al. für das *issue voting* gestellt hatten (RePass 1971: 400). Smith wiederum kritisierte die Kritik und stellte fest: „The static description of 'The American Voter' was the right description" (Smith 1989: 8). Die „Sophistication-These" hatte schwerwiegende Mängel im Forschungsdesign (wie überhaupt die Kontroverse über methodologische Fragen geführt wurde).[1] Selbst die Ausweitung der Bildung seit den sechziger Jahren hatte die *sophistication* nicht befördert (Smith 1989: 4).

Ausgehend von den amerikanischen Analysen der siebziger Jahre lösten auch in Großbritannien Theorien des Dealignments die statische Theorie von Butler und Stokes ab. Besonders Ivor Crewe hat immer wieder die These vertreten, daß sich

---

[1] Zusammenfassung der Methodendiskussion bei Yeric/Todd 1989: 102-105.

langfristige Identifikationen mit einer Partei abschwächen (Crewe et al. 1977, Budge et al. [Hg] 1976, Crewe/Denver [Hg] 1985). Dieses Phänomen wird „Dealignment" genannt und bezeichnet die „Schwächung oder Auflösung stabiler Parteipräferenzen von gesellschaftlichen Gruppen" (Schmidt 1995: 200). Wie Studien von Crewe und Särlvik (1983) und Mark Franklin (1985) zeigten, verflüssigte sich der Wählermarkt immer mehr. Als Zeitpunkt der großen Wende nannte Crewe den Anfang der siebziger Jahre. Zu dieser Zeit kam es zu größeren Wählerwanderungen zwischen den Parteien, die Wähler entzogen in großem Maß der Regierungspartei bei Nachwahlen das Vertrauen, und die Wählergunst bei monatlichen Umfragen schwankt beträchtlich (Crewe 1985: 103-108 mit Tab. 5.2). Wie zufällig erleben die Liberalen zu dieser Zeit ihre Wiederauferstehung und der Stimmanteil beider großer Parteien zusammen sank von 90,1 Prozent (oder 65 Prozent aller Wahlberechtigten) 1970 auf knapp 72 Prozent (52 Prozent aller Wahlberechtigten) 1983 (Crewe 1985: Tab. 5.1, 5.3).

Rose und McAllister (1986: 1) faßten die Situation der Mittachtziger zusammen:

> „The electorate today is wide open to change, three quarters of voters are no longer anchored by a stable party loyalty determined by family and class. More voters float between parties - or are wobbling in their commitment to one party - than show a lifetime loyalty to a particular party"

Die Wähler werden also anfälliger für Kurzzeiteinflüsse, wie wahlentscheidende Themen, Attraktivität der Spitzenkandidaten, die Leistungen einer Regierung im Amt, Wahlkämpfe und der Vermarktung der Parteiimages (Crewe/Denver 1985). Davon können auch kleinere, vorher unbedeutende oder neugegründete Parteien profitieren:

> „Looser class identities and party loyalties should increase the willingness of voters to consider different parties, and hence the chances that minor parties can mobilize support, especially in second-order contests such as local, European and by-elections" (Norris 1997: 87).

Crewe (1982b: 279) stellte fest, was als die Kernausage der Dealignment-Theoretiker gelten kann:

> „Partisan dealignment in all its manifestations - a plummeting of party membership, a weakening of party identification, a wavering and prevarication among major party supporters, negative voting, and a growing instability and unevenness of electoral change - have all occured, indeed, accelerated, over the past three decades".

Damit sind die folgenden Analyseschwerpunkte benannt: Um festzustellen, welche Richtung und Stärke der Wandel genommen hat, werden im folgenden
- die Parteiidentifikation,
- die Instabilität oder Stabilität des Wahlverhaltens und
- die Entwicklung der Parteimitgliedschaft (näher dazu: Kapitel 19.2) untersucht.

Doch erst einmal: Warum kommt es überhaupt zu einem Dealignment? Hier unterscheiden sich die britischen Antworten von den amerikanischen, die das Aufkommen besonders strittiger Issues (z.B. Vietnamkrieg) und einer neuen Generation ohne Parteiidentifikation in den Vordergrund stellten. Die Gründe für das Phänomen des *party dealignments* liegen zunächst in einem *social dealignment*. Bereits Butler und Stokes hatten von einem „ageing of class alignment" (1969: 115-122) gesprochen und meinten damit, daß sich langsam die Klassenzugehörigkeit vom Wahlverhalten abkoppelt.

Der Schwerpunkt der Forschung lag häufig darin, die Auflösung alter Bindungen, die z.B. durch die Klassenzugehörigkeit vermittelt werden, festzustellen. Mehrere Prozesse des gesellschaftlichen Wandels sind dabei denkbar (Dalton/Beck/Flanagan 1984: 15-19; vgl. Zelle 1998).

- Der soziale Aufstieg bringt viele Menschen dazu, traditionelle Parteibindungen abzulegen[2], vor allem ist dabei an die „Verbürgerlichung" der Arbeiter infolge des Massenwohlstands („Embourgeoisement") zu denken, die dazu führt, daß sich deren Bindung an sozialdemokratische Parteien lockert.
- Traditionelle Milieus, die bisher die Werte- und die Parteieigungen vermittelten, erodieren; z.B. lösen sich traditionelle Arbeitergemeinschaften auf, oder religiöse Bindungen schwächen sich ab.
- Amerikanische Forscher haben behauptet, die Wähler der *baby boomer*-Generation hätten eine schwächere Parteibindung als die älteren Wähler, die noch in der „issuelosen" Zeit sozialisiert worden waren. Allerdings bestritten Crewe und seine Kollegen, daß es sich beim Dealignment um ein Generationsphänomen handelte: Alle Generationen zeigten eine schwächere Neigung zu den Parteien (Crewe et al. 1977: 168).
- Prozesse der „kognitiven Mobilisierung" machen die Wähler sowohl informierter als auch sensibler. Der Grund liegt hauptsächlich in der Ausbreitung der höheren Schulbildung und der politischen Information (insbesondere durch das Fernsehen), die zu einem höheren Grad an „political sophistication" führen. Der höher gebildete informierte Wähler (unabhängig, welcher Klasse oder Generation er angehört) hat eine geringere Parteineigung als andere (Crewe et al. 1977: Tab. 18; Zelle 1994: 76 und Tab. 8; Bürklin 1996: 216). Shively (1979) brachte eine ziemlich einfache Erklärung für dieses Phänomen: Dient die Parteiidentifikation der Reduktion der Informationskosten, entfällt dies bei höher Gebildeten. Sie brauchen nicht die „Entscheidungsabkürzung" („deci-

---

[2] Im Unterschied zu „Verbürgerlichungsthesen" liegt die Abschwächung nicht in den homogenisierenden Effekten des Massenwohlstands, sondern ist eine Funktion der sozialen und beruflichen Mobilität. Besondere Aufmerksamkeit verdient dabei der Aufstieg von Arbeiterkindern in die neue Mittelschicht. Dies kann dabei durchaus unterschiedliche Auswirkungen auf den Wertehaushalt und die Parteineigung haben: Einerseits können sie die konservativ-bürgerliche Grundorientierung der *middle class* annehmen, andererseits auch für nicht-materielle Werte empfänglich werden (besonders, wenn sie im öffentlichen Sektor angestellt sind).

sional shortcut") der Parteiidentifikation, da sie sich „ihren eigenen Kopf machen" und die hohen Informationskosten nicht scheuen (bzw. sie als nicht hoch ansehen). Sie machen sich eine „eigene" Meinung, indem sie für sich Issues und Kandidaten evaluieren (Denver 1994: 55-57).[3] Und in der Tat gibt es Hinweise darauf, daß im Gegensatz zu den pessimistischen Ergebnissen der Michigan-Studie die Wähler doch Parteien charakteristischen Issues zuordnen können. In einem Survey anläßlich der Unterhauswahl 1987 konnten vor der Wahl immerhin 42 Prozent sieben oder mehr von zehn abgefragten Issues einer Partei richtig zuordnen (38 Prozent vier bis sechs), lediglich zwanzig Prozent gehörten zu den chronischen Nichtswissern (McGregor et al. 1989: 182f). Und je mehr die Leute im Wahlkampf fernsahen, umso besser kannten sie sich bei den Issues und den Parteien aus.

- Die Parteien an der Regierung liefern dem Wähler nicht mehr das, was er erwartet. Seit Mitte der sechziger Jahre ist die Zufriedenheit mit den Leistungen der Regierung („approval of government record"), die von „Gallup" gemessen wurden, stark zurückgegegangen - von fast fünfzig Prozent bis 1966 auf etwa 33 Prozent seither (Denver 1994: 58, Tab. 3.2). Wie Alt (1979, 1984) nahelegt, hatte dies auch Auswirkungen auf die Parteiidentifikation, also die feste Bindung vieler Wähler an eine Partei.
- Mit Kirchheimer (1965) kann argumentiert werden, daß sich der „ideologische" Abstand zwischen konkurrierenden Parteien verkleinert, so daß dem Wähler keine klaren Alternativen geboten werden. Rose sah einen solchen Trend in Großbritannien bereits seit den dreißiger Jahren gegeben. Er verglich Parteiprogramme („party manifestos") und fand einen Trend hin zu mehr ideologischer Konvergenz (Rose 1980: 45-48). Auch die Wähler haben diesen Trend mitbekommen: 1951 glaubten 71 Prozent der Wahlbevölkerung, es gäbe wichtige Unterschiede zwischen den Parteien („there are important differences between the parties"), 1979 waren es nur noch 54 Prozent (ebd: 43). Allerdings paßt dies nicht ganz zum vorgeschlagenen Bestimmungszeitpunkt des Dealignments. Ist sich doch die Forschung einig, daß der Dealignment-Prozeß irgendwann ab Mitte der sechziger, spätestens ab Anfang der siebziger Jahre einsetzt, deuten Roses Zahlen in noch frühere Jahre.[4] Aber auch eine entgegengesetzte Erklärung wäre denkbar: Die Wähler sehen sich nicht mehr von ihrer Partei vertreten - aber nicht, weil sie sich so moderat (aufgrund ideologischer Konvergenz) gibt, sondern weil sie so radikal erscheint. Jedenfalls scheint dies im Fall Labours so zu sein, wie Crewe und seine Kollegen herausfanden (Crewe et al. 1977: 178-181, Crewe 1982, Särlvik/Crewe 1983):

---

[3]Crewe et al. fanden heraus, daß die Abnahme der Parteiidentifikationsstärke am ausgeprägtesten bei Personen mit höherer Schulbildung war (1977: 166f).
[4]Denn 1966 sagten nur noch 55 Prozent, es gäbe wichtige Unterschiede. Offensichtlich trat nach diesem Meßinstrument das Dealignment bereits *vor* 1964 ein.

Der Anteil der Labourgeneigten, die prinzipielle Positionen der Labour Party unterstützten, sank dramatisch.[5] Das bedeutet dann: Dealignment ist ein Problem der Labour Party, die den Issue-Positionen ihrer Anhänger nicht mehr gerecht wird.

Eben war von einem „Dealignment" die Rede. Die meisten Forscher schreiben von „Dealignment", wenn sie die prinzipielle Auflösung alter Bindungen und Loyalitäten meinen. Aber gibt es denn gar keine Chancen dafür, daß sich neue Bindungen, neue Loyalitäten herausbilden? Dann wird das „Realignment" genannt und bezeichnet die „Neugruppierung der Parteipräferenzen von gesellschaftlichen Gruppen, die eine weitreichende Verschiebung der Kräftekonstellationen im Parteiensystem zur Folge hat" (Schmidt 1995b: 800). Welche gesellschaftlichen Gruppen haben sich neu orientiert? Oder formierten sich in den letzten 25 Jahren neue gesellschaftliche Gruppierungen? Und wie sind sie entstanden?

Ein kurzer Überblick soll nun die unterschiedlichen Forschermeinungen dazu bündeln. Einige behaupten, nichts habe sich an der Bindung der Menschen an gesellschaftliche Gruppen und Parteien geändert; andere setzen dagegen, alte gesellschaftliche Gruppen seien zerfallen; manche wiederum meinen, es hätten sich neue gesellschaftliche Gruppen gebildet.

Die wichtigsten gesellschaftlichen Gruppierungen sind Klassen. Was Klassen angeht, kommen die Forscher zu unterschiedlichen Auffassungen:

1. Heath et al. (1985) kamen zum Schluß, daß bei richtiger Messung der Klassenzugehörigkeit die „Klassenwahl" (die Wahl der Klassenpartei) nicht abnimmt. Lediglich das Schrumpfen der „wahren" Arbeiterklasse, die treu zu Labour stehe, sei für den Niedergang der Labour Party verantwortlich. Dunleavy und Husbands (1985: 136-144) sahen hingegen zwei neue Cleavages: Der eine scheidet Angehörigen des öffentlichen Sektors von denen des privaten Sektors. Beide neue „Klassen" haben unterschiedliche Interessen (z.B. favorisiert der öffentliche Sektor die Expansion staatlicher Ausgaben und neigt daher eher Labour zu). Der andere Cleavage zielt auf Konsummuster ab. Menschen mit eigenem Haus und Auto haben andere Interessen als diejenigen, die in Sozialwohnungen leben und auf den öffentlichen Transport angewiesen sind.

Crewe (1987b) verfolgte eine ähnliche Richtung und unterschied zwischen der alten und der neuen Arbeiterklasse. Die alte *working class* arbeitet in Fabriken oder im öffentlichen Dienst, lebt in staatlichen Mietverhältnissen (*council estates*), ist in Gewerkschaften organisiert und lebt in Schottland oder im Norden Englands. Die neue Arbeiterklasse besteht aus gewerkschaftlich nicht organisierten Facharbeitern in der Leichtindustrie und lebt im eigenen Haus in Mittel- und

---

[5]Unter solche Positionen fallen: mehr Nationalisierung, höhere Sozialausgaben, keine Begrenzung der Gewerkschaftsmacht (Crewe 1982; Crewe 1985; Särlvik/Crewe 1983)

in Südengland. Beide Arbeiterklassen bevorzugen aufgrund unterschiedlicher Interessen auch unterschiedliche Parteien. Und dies hat negative Folgen für die Labour Party, da die immer größer werdende neue Arbeiterklasse nicht auf Labour festgelegt ist. Dies zeigt sich beispielsweise daran, daß Labours Vorsprung vor den Konservativen bei Arbeitern in Wales, Schottland und im englischen Norden zwischen 1964 und 1987 stabil war, während er in den Midlands erodierte und im Süden sich in einen soliden konservativen Vorsprung verwandelte (Denver 1994: 80, Tab. 3.10). Dies kann aber auch ein Anzeichen eines regionalen Cleavages sein, denn die regionalen Unterschiede sind immer noch sichtbar, wenn nach Gewerkschaftsmitgliedschaft und Wohnverhältnissen kontrolliert wird. D.h. auch ein Häuslebauer ohne Gewerkschaftsmitgliedschaft wird dann Labour wählen, wenn er im *celtic fringe* oder im Norden Englands lebt.

Prinzipiell ist davon auszugehen, daß sich das einfache Bild von *manual workers* und *white collar employees* erheblich differenziert hat (Rose 1980: 29). Zwar befinden sich die Arbeiter in den Altindustrien auf dem Rückzug, jedoch füllen Angestellte (wenn auch unvollständig) die Reihen der Gewerkschaften wieder auf.

2.   Andere Forscher hingegen betonten, daß es nicht mehr die Klassen seien, die Identitäten definieren und konstruieren. Bogdanor und Field (1993) zeigten, daß der sich abschwächende Klassencleavage den Zentrum-Peripherie-Cleavage neu belebt hat. In den bereits in Kapitel 4 vorgestellten Studien Ronald Ingleharts (1977, 1990, Inglehart/Abramson 1995) werden Unterschiede zwischen den Generationen wichtiger. Wähler, die nur die Nachkriegsprosperität kennen, interessieren sich für sogenannte „postmaterialistische" Themen (Bürgerrechte, „quality of life issues" wie Umweltschutz u.ä.). Diese neuen Werte verfestigten sich unter den wohlstandsgewohnten *baby boomers* immer mehr und transformierten am Ende Parteiidentifikation und Parteiensystems, da die „Verzogenen" die neuen sozialen Bewegungen und grüne Parteien bevorzugen. Pippa Norris hingegen sah eher die Geschlechtszugehörigkeit als ausschlaggebenden Faktor der Wahlentscheidung. Allein durch den Umstand, daß Frauen über die Hälfte der Wahlbevölkerung stellen, ist ein Kampf um die weiblichen Wählerstimmen entbrannt, der sich um Themen wie gleiche Bezahlung und Kinderbetreuung dreht (Norris 1996b). „Women vote" war und ist in der Wahlforschung vernachlässigt worden. Dies hatte zwei Gründe: Erstens wurde das Wahlverhalten der Frauen insgesamt mit denen der Männer insgesamt verglichen - so als agierten die Frauen als eine soziale Großgruppe mit einem definierten Gruppeninteresse. Zweitens wurde bei der sozialen Kategorisierung immer nur nach der Klassen- (d.h. Einkommens-) zugehörigkeit des Haushaltsvorstandes gefragt - und das waren zu Zeiten Butlers und Stokes mehrheitlich Männer (Butler/Stokes 1969: 70).[6] Alle verheirateten Frauen wurden also der soziale Kategorie des Ehemannes zugeordnet. Wird der berufliche Status und das Wahlverhalten von Frauen mit denen von Männern ver-

---

[6]Diese Praxis führten z.B. auch Särlvik und Crewe fort (1983: 106).

glichen, zeigt sich, daß Frauen, die im Dienstleistungsbereich oder als gelernte Arbeiter arbeiten, stärker als Männer konservativ wählen. Sind sie allerdings ungelernte oder angelernte Arbeiterinnen, wählen sie stärker als ihre männlichen Kollegen Labour (Dunleavy/Husbands 1985: 126).[7] Es ließen sich sicherlich in Großbritannien angesichts einer eingebürgerten eingewanderten Bevölkerungsminderheit (aus den ehemaligen Kolonien) andere Identifikationsmuster finden: Die Nichtweißen in Großbritannien präferieren eindeutig Labour (Saggar 1992).[8] Unabhängig von den verschiedenen gesellschaftlichen Großgruppen, mit denen sich der Wähler identifiziert, gilt für die Vertreter dieses Ansatzes: „What has altered ... is less *dealignment* than a *restructuring* of the components contributing to the vote" (Norris 1997: 92). Norris, die selbst diesen Ansatz vertritt, prüfte die Prägekraft soziostruktureller Variablen auf das Wahlverhalten (1964 bis 1992): Klasse, Privateigentum an Wohnraum, Gewerkschaftsmitgliedschaft, Religion, Alter und von Wahl zu Wahl auch das Geschlecht prägen das Wahlverhalten - und zwar in ähnlicher Weise über die letzten dreißig Jahre hinweg (Norris 1997: 140f, Tab. 6.3 und 6.4).[9] Dies steht in scharfem Kontrast zu den Ergebnissen von Rose und McAllister, die mit einer anderen Meßmethode (die der multiplen Regression) einen sinkenden Einfluß von soziostrukturellen Variablen auf die Wahlentscheidung konstatierten.

8.2 Was ist dran am Dealignment?

Treffen diese Wandel-Theorien die Situation in beiden Ländern? Zur Bewertung dieser Theorien eignen sich zunächst die Entwicklung
- der Parteiidentifikation und
- der Volatilität, also der Wechselwahlbereitschaft der Wähler.

Denn offenbar treten diese beiden Phänomene gleichzeitig auf, wie für die Bundesrepublik seit den siebziger Jahren gezeigt wurde (Baker/Dalton/Hildebrandt 1981: 204-221).

---

[7] Die generell niedrigere Disposition von Frauen Labour gegenüber läßt sich dadurch erklären, daß weit weniger Frauen als Männer sich einer Gewerkschaft anschließen (Dunleavy/Husbands 1985: 131).

[8] Saggar sieht die Labour-Präferenz bei Angehörigen der ethnischen Minderheit bei etwa 80 Prozent (wobei die Asiaten sich langsam von Labour abwenden), die BES von 1992 kommt auf einen Labour-Anteil von 62 Prozent (Denver 1994: 82; Norris 1997: 139; vgl. Fitzgerald 1989: 285). In Gegenden, in denen Schwarze und Asiaten sich nur gering konzentrieren, sinken die Zahlen für Labour - 77 Prozent für Labour in Gegenden mit geringer Konzentration und 43 Prozent in Gegenden mit niedriger Konzentration (Zahlen für 1987). Allerdings machen die Wähler dieser Wählergruppe nur fünf Prozent der Wähler aus.

[9] Die durch soziostrukturelle Variablen erklärte Varianz des individuellen Wahlverhaltens (adjusted R^2) schwankt zwischen $R^2=.14$ (1964, 1992) und $R^2=.08$ (1966), jedoch läßt sich kein Trend herauslesen (Norris 1997: 141, Tab. 6.4).

8.2.1 Die Parteiidentifikation

8.2.1.1 Wie wirkt die Parteiidentifikation?

Nicht nur in Amerika, sondern in den westlichen Industriestaaten schien sich eine prinzipielle Trendwende anzubahnen, die eher in Richtung einer „decomposition of electoral alignments" als in Richtung Stabilität des Wahlverhaltens deutete (Dalton/Beck/Flanagan 1984: 8; vgl. die Länderstudien in Teil zwei und drei des Sammelbandes). Im Vordergrund stand dabei meist die Frage der Parteiidentifikation, die Campbell und seine Kollegen als ein - *unabhängig* vom tatsächlichen Wahlverhalten - eigenständiges Konzept einführten, um die Dauerhaftigkeit der Loyalität einer Partei gegenüber zu erklären.[10] In Europa hingegen kamen Zweifel auf, das Konzept der Parteiidentifikation, d.h. Parteiloyalität als psychologische Identifikation mit einer Partei, zu übertragen. Denn in Europa gehen Änderung des Wahlverhaltens (was recht selten vorkam) Hand in Hand mit der Änderung der Parteiidentifikation, wie bereits Butler und Stokes zeigten. Überhaupt schien in Europa weniger eine bestimmte (individual-psychologische) Parteiidentifikation am Werk zu sein, wenn es um die Parteienwahl oder -neigung ging, sondern die Zugehörigkeit zu einer sozialen Großgruppe, z.B. Konfession oder Klasse (Shively 1972).[11] Während der *Ursprung* der Parteiidentifikation umstritten ist, gibt es weitgehenden Konsens, daß es prinzipiell eine längerfristige Bindung an Parteien gibt, in Form einer recht stabilen Präferenz für eine Partei (und deren Kandidaten). Sind diese langfristigen „Selbstverpflichtungen" auf eine Partei weit verbreitet und konstant, wird von einer Periode des stabilen *Alignment* gesprochen.

Was sagt die Parteineigung/-identifikation über das tatsächliche Wahlverhalten aus? Nach den Michiganern und ihren britischen Adepten konnte der Wähler durchaus eine andere Partei wählen als die, der er gerade zuneigt. Dieser Wähler war dann ein *defecting voter* mit einem *deviating vote*, um aber im Laufe seines Lebens wieder bei seiner ursprünglichen Partei zu landen. Wird dieses *defecting vote* häufiger, verliert die Parteineigung ihre Prägekraft auf das Wahlverhalten.

---

[10]Denn nach Campbell et al. (1960) war es durchaus möglich, daß das tatsächliche Wahlverhalten von der Parteiidentifikation abwich. Dies hatte sich in den fünfziger Jahren gezeigt, als die Republikaner zwei große Wahlsiege (1952, 1956) errangen, obwohl die Identifikation mit den beiden Parteien gleich blieb.

[11]Shively (1972) zeigte, daß es im Fall der Weimarer Republik gar nicht nötig war, eine individuelle Parteiidentifikation zu entwickeln, wenn eine starke Bindung an soziale Gruppen vorlag. So erklärt sich beispielsweise, warum der Stimmanteil der Arbeiterklasse-Parteien (SPD, KPD) insgesamt gleich hoch blieb, während der jeweilige Anteil der Parteien stark schwankte. Es gab also eher eine Klassenidentifikation, die zwar dazu führte, daß irgendeine Arbeiterpartei gewählt wurde, die aber nicht die Unterstützung einer bestimmten Partei bedeutete.

Prinzipiell geht die Forschung davon aus, daß eine *starke* Parteiidentifikation die Wahlentscheidung gut voraussagt. Nach Särlvik/Crewe wählten Personen mit starker Parteiidentifikation zu 95 Prozent auch ihre Partei im Jahr 1979, 93 Prozent in zwei aufeinanderfolgenden Wahlen (Oktober 1974 und 1979), während Personen ohne besonders starke Parteiidentifikation nur zu drei Vierteln im Jahr 1979 „ihre" Partei wählten, und nur 58 Prozent bei den Wahlen 1974 *und* 1979 (Särlvik/Crewe 1983: 296f; vgl. Butler/Stokes 1969: 39, 41-43). Die ewigen Rebellen der britischen Wahlforschung, Heath, Jowell und Curtice, ließen diese Ergebnisse nicht unwidersprochen. Nachdem sie Unregelmäßigkeiten in der Fragestellung der Election Surveys festgestellt haben, machen sie eine andere Rechnung auf. Die Anzahl der Wähler, die daran gedacht haben, eine andere Partei als die zu wählen, mit der sie sich identifizieren, ist gering (etwa ein Fünftel aller Wähler) und seit 1964 nicht sonderlich im Steigen begriffen (1964: 25%, 1987: 28%; Heath et al. 1992 [1988]: 163-165 mit Tab. 4.5.3). Doch prinzipiell soll folgendes gelten: Geht die Anzahl der Wähler mit starker Parteiidentifikation zurück, dann spricht etliches dafür, daß die Wähler weniger Scheu haben, zwischen den Parteien zu pendeln. Auch hier sprechen die Zahlen für die Crewe-These des Einbruchs in den siebziger Jahren (Crewe 1985: 124, Tab. 5.10).
Bleibt man bei der generellen Parteineigung, ergeben sich im Vergleich zwischen Großbritannien und der alten Bundesrepublik durchaus Unterschiede: Im britischen Fall wurde mehrfach behauptet, die generelle Parteineigung verliere ihre Prägekraft für das tatsächliche Wahlverhalten (Miller et al. 1990: 11), auch wenn dies bestritten wurde (Heath et al. 1992 [1988]). In der Tat zeigen die unten aufgeführten Grafiken (Abbildung 8.1 und Abbildung 8.2), daß die meisten Parteien weniger prinzipielle Anhänger als Wähler hatten, besonders groß ist die Schere zwischen Parteigeneigten und Wählern bei den bürgerlichen bzw. konservativen Parteien. Sie vermochten es offenbar, über den Kreis ihrer Anhänger Wähler zu gewinnen. Gerade bei Labour zeigt sich, daß offenbar noch nicht einmal die Anhänger dieser Partei sie auch wählten.
Zugleich liegt die Vermutung nahe, daß Parteiidentifikation eher *weniger* stabil ist als die Unterstützung der Parteien durch die Wähler (zumindest im Fall der beiden großen linken Parteien). Besonders die liberalen Parteien haben ziemlich wenige generelle Anhänger. Ist es dann noch sinnvoll, von einer stabilen und dauerhaften Parteiidentifikation wie im Michigan-Modell auszugehen? Hier spricht viel dafür, die Parteiidentifikation nicht mehr als exogene, sondern als endogene Variable der Parteiwahl zu sehen: Nach den Michiganern bestimmt Parteiidentifikation die Parteiwahl (exogen). Page und Jones (1979), Fiorina (1981), Franklin (1984) und Richardson (1991) zeigten hingegen, daß die Parteiidentifikation sowohl die Parteiwahl beeinflußt als auch von ihr beeinflußt wird (endogen). So zeigt sich aus der weitgehend parallelen Entwicklung von Parteiidentifikation und Wahlergebnis, daß die Messung der Identifikation die generelle Unterstützung für

eine Partei anzeigt.[12] Veränderungen in der Richtung und Stärke der Identifikation und der Parteiunterstützung können ihre Ursachen in kurzfristigen Einflüssen, wie Wahlkämpfe, die Evaluation von Parteien und Parteiführern und dem Wandel in der Einstellung eines Wählers haben (Himmelweit et al. 1985: 10). Zumindest legt dies der deutliche Einbruch bei Labour im Jahre 1983 nahe (s. Abbildung 8.2).

8.2.1.2 Verbreitung und Stärke der Parteiidentifikation

In *Großbritannien* gibt es keine generelle Krise der Parteiidentifikation, wie es Rose und McAllister behaupteten (1986: 154f): Von 1964 bis 1992 identifizierten sich zwischen 85 (1979) und 92 Prozent (1964) mit einer Partei, und zwischen 67 (1983, 1987) und 81 Prozent (1964, 1970) entweder mit Labour oder den Konservativen. Was sich aber geändert hat, ist die *Stärke* der Identifikation: 1964 identifizierten sich 43 Prozent der Befragten stark mit einer Partei, 1992 nur noch 18 Prozent (Norris 1997: 101, Tab. 5.1; Denver 1994: 54, Tab. 3.1, Crewe 1985: 124f).[13] Allerdings erfolgte die Abnahme der starken Parteiidentifikation nicht linear, sondern in zwei Sprüngen: 1974 (minus zwölf Prozentpunkte) und 1979 (minus fünf Prozentpunkte). Danach stabilisiert sich die starke Parteiidentifikation bei etwa zwanzig Prozent der Wähler (vgl. Crewe 1983: 189f). Interessant dabei ist, daß die Abschwächung der Parteiidentifikation *kein* Generationenphänomen ist: Sowohl ältere als auch jüngere Wähler - letztere weniger deutlich - zeigen abnehmende Werte (Crewe et al. 1977: 164, 182f; Clarke/Stewart 1984: 696). Jüngere Wähler sind also nicht die Speerspitze des Dealignments. Die Abschwächung der Parteibindung ist also kein Phänomen politischer Generationen. Denn ursprünglich war die Theorie der Parteiidentifikation davon ausgegangen, daß sich die Identifikation mit zunehmenden Alter festigt, also ein Lernprozeß ist. Wenn nun die Abschwächung von Parteibindungen quer durch alle Altersklassen geht, ist ein Grundpfeiler der Michiganer erschüttert. Allerdings verschwinden Loyalitäten nicht völlig, wie Tate (1980: 398) gezeigt hat, sie gehen zum Teil auf die kleinen Parteien über.

---

[12] Bereits Butler und Stokes hatten Zweifel daran, ob die Parteiidentifikation eine unabhängige (erklärende) Variable ist: Denn viele britische Wähler, die die Partei wechselten, wechselten *auch* ihre Parteiidentifikation (1969: 41f). Berger (1973: 222), Kaase (1976) und Gluchowski (1978) fanden für die Bundesrepublik heraus, daß die Parteineigung in der Regel mit der Parteipräferenz schwankt oder daß der Wähler, der eine andere Partei wählt als die, mit der er sich identifiziert, auch seine Parteipräferenz ändert; vgl. für den Fall der Niederlande auch Thomassen 1976.

[13] Starke Identifikation mit Labour oder Konservativen: 1964: 40%, 1992: 17%. Der Mittelwert der Parteiidentifikationsstärke (gemessen auf einer Skala von 0 [no identification] und 3 [very strong identification]) sinkt von 2.19 (1964) auf 1.76 (1983).

Über den Zeitpunkt des Wandels wurden verschiedene Angaben gemacht. Crewe et al. (1977: 182) meinten: „whereas the two-party vote had been subject to almost continuous decay since the 1950s, major-party identification held steady throughout the 1960s before crumbling abruptly in February 1974". Miller et al. (1986: 45) sahen den Verfall der Identifikation mit der Labour Party bereits in den Mittsechzigern angelegt, als Reaktion auf die enttäuschenden Leistungen des Wilson-Kabinetts (1964-70). Offenbar ist Parteienverdrossenheit kein Phänomen der neunziger Jahre, sondern existiert seit dreißig Jahren (Alt 1984) - und zwar in Form abnehmender Stärke der Parteiidentifikation als Zeichen der Unzufriedenheit mit den jeweiligen Regierungen.

Clarke und Stewart (1984: 701-712) sehen als Gründe für die abnehmende Parteiidentifikation in Großbritannien weniger die Lockerung der Klassenverhältnisse (*party/class dealignment*), sondern kurzzeitige Faktoren wie die Popularität der Spitzenkandidaten und die wahlentscheidenden Themen. Der jeweilige Wähler wird dann eine schwächere Parteiidentifikation haben, wenn er den Spitzenkandidaten seiner eigentlichen Partei nicht mag und ihr eine geringere Kompetenz bei wichtigen Themen zuspricht. Nach neueren Ergebnissen von Johnston und Pattie hat sich dieser Prozeß noch beschleunigt: In einer Langzeitstudie Anfang der neunziger Jahre hatten sie herausgefunden, daß lediglich eine Minderheit der Befragten sich durchgängig mit einer der beiden großen britischen Parteien identifiziert, und von diesen wiederum habe eine knappe Mehrheit dieselbe Stärke der Parteiidentifikation beibehalten (Johnston/Pattie 1996: 297).[14]

Für die *Bundesrepublik* lassen sich ähnliche Trends herauslesen. Nicht die Verbreitung einer Parteineigung insgesamt wird schwächer, sondern deren Stärke (Zelle 1994: 67-71; im Gegensatz dazu: Dalton 1996: 44-47, Dalton/Rohrschneider 1990: 308, die auch einen leichten Rückgang der generellen Parteineigung behaupten). Davon sind auch die Milieus betroffen, die als Bollwerke einer starken Parteiidentifikation gelten dürften. Gewerkschafter und Kirchgänger haben (wie alle anderen) eine deutlich schwächere Parteiidentifikation Ende der achtziger Jahre als noch Anfang der siebziger Jahre (Dalton/Rohrschneider 1990: 313, Tab. 2). In Analogie zu den Ergebnissen Alts und Denvers lassen auch in der Bundesrepublik die politisch Interessierten und kognitiv Mobilisierten in der Stärke ihrer Parteiidentifikation nach.[15]

Fortsetzung auf Seite 129

---

[14] Ihrer Analyse lag allerdings ein anderes Panel zugrunde: Sie verwandten nicht die BES-Daten, sondern die British Household Panel Study.

[15] Zum Konzept der kognitiven Mobilisierung siehe Dalton 1984. Die These der kognitiven Mobilisierung sieht Parteiidentifikation als Orientierungshilfe für den Wähler. Steigt nun der Grad an kognitiver Kompetenz (z.B. durch höhere Bildung, bessere Verbreitung politischer Informationen und größeres politisches Interesse), dann wird er diese Orientierungshilfe nicht mehr benötigen.

Abbildung 8.1: Parteiidentifikation (PI) und Ergebnis in Bundestagswahl (BTW) 1972 bis 1990 von SPD, CDU/CSU, FDP und Grüne (in Prozent)

SPD

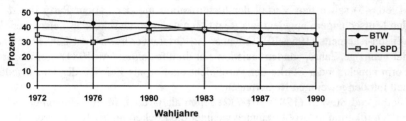

CDU/CSU

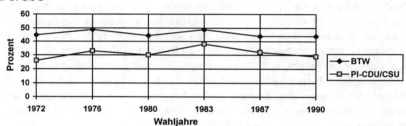

FDP

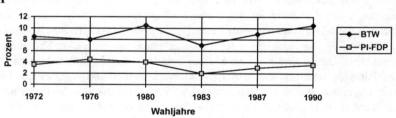

Grüne

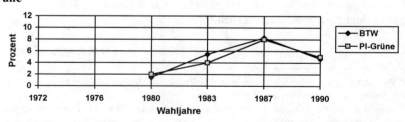

Abbildung 8.2: Parteiidentifikation (PI) und Ergebnis in General Election (GE) 1964 bis 1992 von Labour, Conservative Party, Liberale (1964-79: Liberal Party; 1983-87: Alliance; seit 1992: LibDems) (in Prozent)

Labour

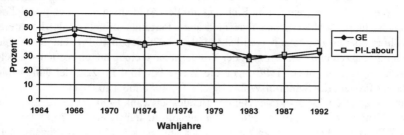

Conservative Party

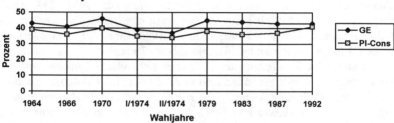

Liberale

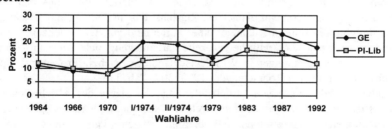

Quellen der Abbildungen 8.1 und 8.2: eigene Berechnungen aus Zelle 1994: 69, Grafik 4, Heath/Jowell/Curtice 1994: 287, Norris 1997: 110, Tab. 5.2.

Fortsetzung von Seite 127

Ob aber hier Prozesse der *sophistication* am Werke sind, scheint nicht ausgemacht: Denn der Anteil dieser *sophisticated ones* mit starker Parteiidentifikation liegt immer noch doppelt so hoch wie bei Personen mit geringem politischen Interesse und niedriger kognitiver Mobilisierung (ebd: 316, Tab. 3). Dalton und

Rohrschneider versuchten, Alts Parteienverdrossenheits-Hypothese auf die Bundesrepublik anzuwenden - und ihre Befunde stützen diese These nicht. Es gibt keinen Zusammenhang zwischen der Stärke der Parteiidentifikation und der wahrgenommenen Problemlösungskompetenz der Parteien.[16] Wird die Frage nach einer Parteiidentifikation jungen Wählern gestellt, zeigt sich, daß die Ergebnisse ziemlich im Einklang mit den Annahmen der Michigan School stehen. Junge Wähler haben eine niedrigere Parteiidentifikation als die älteren Wähler, aber es gibt keinen Trend nach unten. 1976 gaben 40 Prozent der Wähler unter 24 Jahren und 54,5 Prozent der Wähler über sechzig an, eine grundsätzliche Parteineigung zu haben. 1990 lagen die Werte bei 43,4 Prozent der Jungwähler und 62 Prozent der Senioren-Wähler (Zelle 1994: 80 mit Tab. 10).
Zurück zur Vogelperspektive: Bei der Bundestagswahl 1990 gaben 72,2 Prozent der Wähler an, eine prinzipielle Parteineigung zu haben (1972: 70,8 Prozent), 34,7 Prozent gaben an, sie sei ziemlich oder sehr stark (1972: 49,8 Prozent; Zelle 1994: 68, Tab. 5). Hoffman-Jaberg und Roth legten völlig anders gelagerte Ergebnisse aufgrund von Politbarometer-Befragungen vor (1994: 135, Tab. 1): Demnach hatten 1980 52 Prozent der Befragten eine starke Parteiidentifikation, 25 Prozent eine schwache, 13 Prozent keine. 1990 hatten sich die Gewichte verschoben: Eine starke Parteiidentifikation gaben 37 Prozent an, eine schwache 33 Prozent und keine 28 Prozent. Im Dezember 1993 waren Personen mit starker Parteiidentifikation in Westdeutschland in der Minderheit (24 Prozent; schwache Identifikation: 38 Prozent, keine: 32 Prozent). Diese unterschiedlichen Ergebnisse dürfen nicht weiter verwundern: Auch hier zeigt sich ein Schulenstreit wie in Großbritannien: Vertreter von Wandlungsthesen gegen Vertreter von Stabilitätsthesen. Und diese benutzen jeweils andere Methoden und Fragestellungen. Welches Ergebnis erscheint plausibler? Zunächst das, in dem eigentlich kein Dissens besteht: Die starken Anhänger einer Partei sind auf dem Rückzug. Und es erscheint auch plausibel, daß die generelle Parteineigung nicht auf dem Rückzug ist, denn immer noch neigen in Westdeutschland etwa siebzig Prozent prinzipiell einer Partei zu (Dalton/Rohrschneider 1990: 307, Tab. 1).[17]
Im internationalen Vergleich variiert allerdings die Stärke des Abschwächungsprozesses - im übrigen je nachdem, welche Datenquellen herangezogen werden (Eurobarometer oder nationale Wählerbefragungen; vgl. Schmitt/Holmberg 1995). Das generelle Bild in westlichen Industriestaaten ist das eines sinkenden Trends sowohl der generellen Parteiidentifikation und der Stärke der Parteiidenti-

---

[16] Interessanterweise sank der Anteil der Befragten mit starker Parteiidentifikation am stärksten, die den Parteien prinzipiell eine hohe Problemlösungskompetenz zusprachen (Dalton/Rohrschneider 1990: 320, Tab. 4).

[17] Außerdem macht es wohl auch einen Unterschied, zu welchem Zeitpunkt der (Nicht-)Wähler nach seiner Parteiidentifikation gefragt wird. Direkt vor einer Wahl liegt sie aufgrund des Wahlkampfes höher, da die Wählerschaft mobilisiert und polarisiert wird, als bei *mid term*-Umfragen (wie im Dezember 1993).

fikation, allerdings schieben Schmitt und Holmberg dieser Aussage ein großes „Aber" hinterher: Der Niedergang unterscheidet sich nach Intensität und Zeitpunkt. Lediglich Schweden und Großbritannien werden als Länder identifiziert, in denen es einen eindeutigen Trend nach unten gibt, ein Trend ist in der Bundesrepublik nicht auszumachen (Schmitt/Holmberg 1995: 101-109).[18] Holmbergs und Schmitts Befunde bestätigen die Aussagen oben: Es gibt ein starkes Dealignment in Großbritannien (mit Stabilisierung in den Achtzigern) und ein kaum merkliches in der Bundesrepublik. Entgegen der Beobachtungen mancher britischer (Franklin [Strathclyde], Crewe [Essex]) und deutsch-amerikanischer Forscher (Dalton) ist das Dealignment periodenspezifischer als angenommen. Dies heißt aber auch, daß Heath et al. (Nuffield) ihre Stabilitätsthese so nicht aufrecht erhalten können. Schmitt und Holmberg weisen den Weg in eine für den Verlauf dieser Arbeit wichtige Richtung: „Politics" ist das entscheidende Kriterium, um die Stärke der Parteiidentifikation bestimmen zu können: Je stärker das Elektorat politisiert wird, da verschiedene (attraktive) Politikalternativen zur Wahl stehen, desto stärker wird die Parteiidentifikation ausfallen. Im Fall der Bundesrepublik erklärt Norpoth (1984: 68-71) schlüssig, daß der Anstieg der Parteiidentifikation der frühen siebziger Jahre aus der Erfahrung des ersten Regierungswechsels der Nachkriegszeit resultiert; im Wahlkampf bezogen beide Parteien deutlich unterschiedliche Positionen und die Spitzenkandidaten polarisierten die Wählerschaft. Das „Willy wählen" des Jahres 1972 war mehr als der bloße Entscheid zwischen Rainer Barzel und Willy Brandt.

In beiden Ländern fanden sich auch etliche Forscher, die die Höhe der Wahlbeteiligung als Indikator für Dealignment-Prozesse ausmachen. Es wurde behauptet, daß eine abnehmende oder fehlende Parteiidentifikation die Nichtwahl begünstigt. Nicht zufällig geschah dies in der Bundesrepublik, war doch hier die Wahlbeteiligung in den sechziger und siebziger Jahren extrem hoch. Eilfort (1996: 85) sah darin sowohl eine Normalisierung (im Vergleich zu anderen westlichen Demokratien) als auch als eine Folge von Individualisierungsprozessen (so müssen heute viele Menschen als Singles zur Wahl gehen, während früher der eine Ehepartner den anderen mitzog). Anderseits machte er auch einen neuen Typ von Nichtwähler aus, den kognitiv mobilisierten, der auf diese Art Protest äußert. Ähnliche Ansichten vertritt auch Schultze (1994), der nach einer interessanten Forschungsübersicht einen überraschenden Bogen zur schleichenden Ent-

---

[18]Beide Länder haben eine verhältnismäßig lange Wahlforschungstradition. In Schweden gibt es seit 1956 bzw. 1968 nationale Wählerbefragungen, in Großbritannien seit 1964 (BES), in der Bundesrepublik seit 1972 (Forschungsgruppe Wahlen [FGW]). „Eurobarometer" wird seit 1975 erhoben (für Großbritannien seit 1978). Nimmt man die siebziger Jahre in Großbritannien als „decade of dealignment", dann erklärt sich auch, warum die BES eine Abnahme der Parteiidentifikation aufweisen, während die Eurobarometer-Surveys, die seit 1978 erhoben werden, eine bemerkenswerte Stabilität aufweisen - zu dieser Zeit war der Dealignment-Prozeß abgeschlossen (vgl. Schmitt/Holmberg 1995: 124).

legitimisierung der Wahl als *der* politischer Partizipationsform schlägt. Briten reagieren auf solche deutschen Kapriolen kaum: Wahlbeteiligungen um die siebzig Prozent sind hier schon lange die Norm. Dessen ungeachtet wird bestätigt, daß geringe Parteiidentifikation und soziale Isolation die Wahlenthaltung fördert, die erwartete Knappheit des Ergebnisses im Wahlkreis („marginality") die Wahlbeteiligung begünstigt (vgl. die drei Exzerpte von Analysen bei Denver/Hands 1992: 15-39). Von Legitimationskrisen war bisher noch nicht die Rede.

8.3 Volatilität

Rose und Urwin stellten eine Beziehung zwischen dem Ausmaß an Volatilität und dem Alter eines Parteiensystems her: Je älter (und reifer) ein Parteiensystem, desto geringer die Volatilität, während bei jungen Parteiensystemen noch ein wenig Aufgeregtheit der Wähler herrscht, die etwas bindungslos pendeln (Rose/Urwin 1970: 306). Wie verträgt sich der bisher festgestellte Lockerungsprozeß der Parteibindungen mit der Volatilität und dann wieder mit dem Alter des Parteiensystems? Ist die Bundesrepublik erwachsen geworden oder wird Albion wieder jung?
Kann davon ausgegangen werden, daß die Wechselwähler bindungslos zwischen den Parteien pendeln? Und wie groß ist das Ausmaß der Wechselwahl? Auch in diesem Fall hängt viel von der Meßmethode ab: Relativ simple Meßinstrumente sind der „Butler-Swing" oder der „Pedersen-Index".[19] Die Tabellen 8.1 bis 8.4 geben die Werte für beide Meßinstrumente der Volatilität an.
Beide Meßinstrumente der Volatilität lassen es nicht zu, von einem generellen, d.h. linearen Trend hin zur Verflüssigung des Wählermarktes zu sprechen, von einer generellen Volatilität kann nicht die Rede sein, er beschreibt die „trendless

---

[19] Der Butler-Swing errechnet sich aus den Verlusten der einen großen Partei und den Gewinnen der anderen großen Partei:

$$\frac{|C2-C1|+|L1-L2|}{2}$$

C1: Stimmenanteil der Konservativen bei der ersten Wahl
C2: Stimmenanteil der Konservativen bei der zweiten Wahl
L1: Stimmenanteil Labours bei der ersten Wahl
L2: Stimmenanteil Labours bei der zweiten Wahl
Bei positivem Vorzeichen gibt es einen Swing zu den Konservativen, bei negativem Vorzeichen einen Swing zu Labour. Analog wurde der Two-Party-Swing für SPD und CDU berechnet (man ersetze C durch CDU und L durch SPD). Die entscheidende Schwäche dieses Meßverfahrens ist, daß es lediglich die Wählerwanderung der zwei großen Parteien berücksichtigt.
Der Pedersen-Index erfaßt, wie sich die Stimmanteile aller Parteien von einer Wahl zur darauffolgenden verändert haben:

$$\frac{|C2-C1|+|L2-L1|+|LibDem2-LibDem1|+|Sonstige2-Sonstige1|}{2}$$

Tabelle 8.1: Butler-Swing in Großbritannien 1945-1992:

Swing	1945	1950	1951	1955	1959	1964	1966
Zu Lab	11,8					3	2,7
Zu Cons		2,9	0,9	2	1		

Swing	1970	I/1974	II/1974	1979	1983	1987	1992	1997
Zu Lab		1,3	2.1			1,7	2,1	10,0
Zu Con	4,7			5,2	4,1			

Tabelle 8.2: Butler-Swing in der Bundesrepublik Deutschland 1945-1987; Wahlgebiet West 1990, 1994, 1998

Swing	1953	1957	1961	1965	1969	1972
Zur SPD			4,65	0,4	2,45	2,15
Zur CDU	7,3	1				

Swing	1976	1980	1983	1987	1990	1994	1998
Zur SPD		2,2		1,65		1,85	4,9
Zur CDU	3,45		4,5		0,5		

Tabelle 8.3: Pedersen-Index für Großbritannien (PeI) 1945-1997

	1945-1950	1950-1951	1951-1955	1955-1959	1959-1964	1964-1966	1966-1970
PeI	3,8	7,3	2,1	3,2	5,9	4,3	6

	1970-1974	2/1974-10/1974	10/1974-1979	1979-1983	1983-1987	1987-1992	1992-1997
PeI	13,3	3,1	8,2	11,9	3,2	5,6	13,0

Tabelle 8.4: Pedersen-Index (PeI) für die Bundesrepublik Deutschland 1949-1998 (1990, 1994, 1998 Wahlgebiet West; Gesamtdeutschland in Klammern)

	1949-1953	1953-1957	1957-1961	1961-1965	1965-1969	1969-1972	1972-1976
PeI	14,2	8,0	9,4	5,4	5,25	5,65	3,75
PeI Union, SPD, FDP	8,5	4,9	7,2	4,35	4,3	3,9	3,7

	1976-1980	1980-1983	1983-1987	1987-1990	1990-1994	1994-1998
PeI	4,55	6,55	5,7	4,75	4,85 (7,15)	6,4 (7,5)
PeI für Union, SPD, FDP	3,6	5,6	3,9	1,35	3,3 (4,7)	5,25 (5,7)

Quellen der Tabellen 8.1, 8.2, 8.3, 8.4: Großbritannien: Norris 1997: 111, Fig. 5.4; Crewe 1985: 102, Tab. 5.1 (Werte für 1950-1983); Bundesrepublik: eigene Berechnungen aus: Gibowski/Kaase 1991: 4; Mintzel/Oberreuter (Hg) 1992: 510-513, Statistisches Jahrbuch 1995: 91; Forschungsgruppe Wahlen 1998: 11

fluctuation", die sich nicht strukturell, sondern eher politisch erklären läßt (Heath et al. 1991: 17). Augenfällig ist allerdings das Aufleben der Liberalen ab 1974 und der gewaltige Swing zu Labour 1997. Auch wenn im deutschen Fall der Pedersen-Index nur für die Union, SPD und FDP errechnet wird (um das Aufkommen einer neuen Partei, wie der Grünen, zu isolieren) ergibt sich das gleiche Bild: In der Wahl 1983, die auf einen Koalitionswechsel folgte, lag ein relatives Maximum, ansonsten schwanken die Werte nicht besonders, vor allem läßt sich kein linearer Trend herauslesen (s. Tabelle 8.4).

Um die Altersmetapher Roses und Urwins zu gebrauchen: Großbritanniens Parteiensystem wurde Ende der siebziger Jahre und 1997 nach längerer Pause deutlich jünger, die Bundesrepublik eher älter, verjüngte ein wenig in den frühen Achtzigern. Gerade der Zeitpunkt steigender Volatilität läßt den Schluß zu, daß dies mit einer geringeren Intensität der affektiven Parteibindungen zusammenhängt. Allerdings liegt hier keine Monokausalität vor: Die niedrige Volatilität der achtziger Jahre in beiden Staaten lag nicht nur daran, daß sich die Parteiidentifikation wieder gefangen hatte, sondern auch daran, daß Labour und SPD als Oppositionsparteien keine Alternative zu den regierenden bürgerlichen Parteien boten.

Aber dies ist nur die eine Seite der Volatilität:
1. Die Index-Zahlen beruhen auf dem nationalen Gesamtergebnis. Aber es ist durchaus möglich, daß in manchen Wahlkreisen der Swing stärker oder schwächer ist, manchmal aber auch in unterschiedliche Richtungen geht. So entspricht der Swing in vielen Wahlkreisen nicht mehr dem nationalen (Denver 1994: 153 mit Fig. 6.1). In Langzeituntersuchungen hat sich ergeben, daß der Swing nach Regionen variiert. So schwenkte der englische Südosten seit Mitte der fünfziger Jahre immer mehr zu den Konservativen, während Schottland und Nord-England immer mehr zu Labour konvertierten (Curtice/Steed 1982: 256-267, bes. Tab. 1; dies. 1986: 212; dies: 1988: 330). Ebenso unterscheiden sich die Langzeit-Swings zwischen Städten (hin zu Labour) und ländlichen Gebieten (hin zu den Konservativen). Die läßt auf das erneute Aufbrechen eines regionalen, wohl auch eines Stadt-Land-Konfliktes schließen.

   Bei den Landtagswahlen in der alten Bundesrepublik liegen allerdings die Werte höher als im Durchschnitt der Bundestagswahlen (vgl. Tabelle 8.5 vgl auch: Padgett 1993a: Tab. 1.2). Allerdings läßt sich kein einheitliches Muster ausmachen: Bremen wandte sich von den regierenden Sozialdemokraten ab, Baden-Württemberg 1992 von der CDU.
2. Ivor Crewe hat eine nützliche Unterscheidung zwischen *net* und *gross volatility* gezogen (z.B Crewe 1985). Obere Meßinstrumente bestimmen das Ausmaß der Netto-Volatilität: Denn ein CDU-Wähler, der zur SPD wechselt, gleicht einen SPD-Wähler, der zur CDU wechselt, aus, d.h. die Volatilität wäre dann null, obwohl immerhin zwei Wähler die politischen Lager gewech-

selt haben. Daher müssen Wählerbefragungen („surveys") als tiefergehende Meßsonden benutzt werden. Es wird danach gefragt, wie ein Wähler, der in zwei aufeinanderfolgenden Wahlen wahlberechtigt war, in ihnen abgestimmt hat.

Tabelle 8.5: Netto-Wechselwahl (Pedersen-Index) in Bundestags- und Landtagswahlen in Westdeutschland 1972-1994

	1972	1976	1980	1983	1987	1990	1994
Pedersen-Index in Bundestagswahlen	5,7	3,9	4,5	8,4	5,7	4,8	5,6
Durchschnittlicher Pedersen-Index in Landtagswahlen in der Bundestagsperiode	8,9	6,2	5,6	6,4	7,6	8,5	9,0

Quelle: Zelle 1998: Tab. 1; die Zahlen des Pedersen-Index für Bundestagswahlen differieren zu denen der Tabelle 8.4.

Brutto-Volatilität und Wechselwähler in Großbritannien: Die British Election Studies der Jahre von 1964 bis 1992 ergeben ein zwiespältiges Bild: 1974 stürzt der Anteil der Wähler mit stabilem Wahlverhalten auf Werte unter sechzig Prozent ab (Crewe 1985: 110, Tab. 5.4), stabilisiert sich aber in den Jahren bis 1992 in einer Marge von 62 (1992) bis 69 Prozent (1987; Norris 1997: 113, Tab. 5.3).[20] William Field hingegen verwies darauf, daß nicht bei jeder Wahl auch die gleich Auswahlmöglichkeiten herrschen: Mal stellen z.B. die Liberalen einen Kandidaten auf, mal nicht (wie oft in den fünfziger und sechziger Jahren). Rechnet man den liberalen Faktor hinein, dann steigt die Netto-Volatilität nicht an (Field 1994: 160f).
Die Wechselwähler („Switchers") bestimmen auch nicht den britischen Wählermarkt: Etwas über ein Drittel der Wähler dort (1992: 38%, 1964: 36%) wechselten die Partei von einer Wahl zur anderen (Norris 1997: 112f, mit Tab. 5.3). Vor allem blieben die Wähler der großen Parteien zu über achtzig Prozent bei ihrer Partei, die Wähler der Liberalen zu fast sechzig Prozent (Werte für 1992; Heath/Jowell/Curtice 1994: Tab. 15.7; vgl. Tabelle 8.7).
Himmelweit et al. (1985: 37) wiesen zudem nach, daß die meisten Wechselwähler (etwa zwei Drittel) aus dem Nichtwählerreservoir kamen. Vor allem gibt es

---

[20] Aus derselben Tabelle kann aber Crewe nicht schlüssig belegen, daß die Zahl der Wähler mit konstantem Wahlverhalten *linear* zurückgeht. Von 1959 bis 1964 zeigten 64 Prozent der Wähler gleiches Wahlverhalten, 1970 bis Feb. 1974 58 Prozent und von Oktober 1974 bis 1979 wieder 62 Prozent.

keinen eindeutigen Trend bei denjenigen Wählern, die sich für unterschiedliche Parteien oder die Nicht-Wahl entscheiden (Heath et al. 1991: 20). Außerdem ist es ziemlich selten der Fall, daß Wähler die politischen Lager wechseln. Es ist nicht nur selten, sondern der Trend zeigt auch nicht nach oben (Crewe 1985: 112). Ein Wähler des jeweiligen Lagers wird entweder Wahlenthaltung üben oder vielleicht die Liberalen wählen. Für Labour wirkte sich dabei besonders negativ aus, daß viele Ex-Wähler nicht mehr wählen gingen. Wohlgemerkt, sie wechselten nicht die Fronten, sie blieben am Wahl-Donnerstag den Urnen fern! Somit scheint die These, die Himmelweit, Humphreys und Jaeger (1985) eigentlich erhärten wollen, nicht mehr sehr plausibel: Die meisten Wähler - auch in Großbritannien - sind keine rationalen Konsumenten der Parteiprogrammatik, die die Partei wählen, die sie am besten „bedient". Ist z.B. ein ehemaliger Labour-Wähler von seiner Partei enttäuscht, geht er eher nicht zur Wahl oder wählt die LibDems, die eine Art Sackgasse oder Verschiebebahnhof für Frustrierte jeglicher politischer Coleur darstellen. 1997 war daran gemessen eine Ausnahme, relativ viele Konservativen-Wähler des Jahres 1992 wechselten die Lager und wählten Labour (vgl. Tabelle 8.6).

Tabelle 8.6: Wählerwanderungen (Bruttovolatilität) in Großbritannien 1992-1997 (in %)

Wahl-entscheidung	Con 1997	Lab 1997	LibDem 1997	Sonstige 1997
Con 1992	71,0	14,2	10,2	4,1
Lab 1992	1,1	89,3	7,1	2,0
LibDem 1992	5,8	22,2	65,5	5,5
Sonstige 1992	2,0	12,2	2,0	83,6
Erstwähler 1997	19,8	56,9	18,1	5,2
Nichtwähler 1992	20,0	54,6	19,3	5,3

Quelle: Butler/Kavanagh 1997: Tab. 13.2

Brutto-Volatilität und Wechselwähler in der Bundesrepublik: Je nach Meßmethode ließe sich ein ähnlicher Trend auch für die Bundesrepublik belegen: Auf die Frage „Haben Sie sich im Laufe der Zeit schon einmal für eine andere Partei entschieden?" antworteten vor der Bundestagswahl 1983 31 Prozent mit ja, Mitte der neunziger Jahre dürfte der Wert bei vierzig Prozent liegen (Zelle 1994: 52). Das methodologische Problem dieser Frage war, daß nicht danach gefragt wurde, bei welcher Wahl gewechselt wurde. Denn es hätte sich auch um einen Wechsel der Wahlentscheidung in einer Wahl zweiten Ranges handeln können, die z.B. im Fall von Europa-Wahlen häufig als „Denkzettel"-Wahlen benutzt werden.[21] Nach Zelle (1994: 55f) und Schultze (1995: 346f) lag die Wiederwahlquote der großen Parteien über achtzig Prozent, bei der FDP bei 41 Prozent, bei den Grünen bei 63 Prozent. Der Anteil der Wechselwähler wurde für 1987 auf 14%, 1990 auf 16% geschätzt, 1994 dürfte ein ähnlicher Wert erreicht worden sein. Andere Forscher, andere Zahlen: Padgett legte Infas- und FGW-Daten für die Jahre 1980, 1987 und 1990 vor und kam zum Ergebnis, daß der Anteil der Wähler mit stabiler Wahlentscheidung an der Gesamtwählerschaft sinkt: 1980 waren es 68%, 1987 64%, 1990 nur noch 56%. Dieser Wandel läßt sich am besten dadurch erklären, daß viele Wähler mit vorher stabilem Wahlverhalten nicht mehr zur Wahl gingen. Der Anteil der Wähler mit wechselndem Wahlverhalten bleibt konstant (etwa 20%; Padgett 1993a: Tab. 1.4).

Carsten Zelle (1998) untersuchte die möglichen Wirkungen von drei Faktoren, die die Wechselwahlbereitschaft erhöhen können (und gemeinhin als Katalysatoren oder Gründe der Volatilität gelten): die gesellschaftliche Modernisierung, die Ausweitung der Bildung, die Personalisierung der Politik und die Politikverdrossenheit. Seine Analyse des Parteiwechsels zeigte die Ergebnisse, daß Angehörige der neuen Mittelschichten kaum überdeutlich und formal Höhergebildete deutlich weniger zum Parteiwechsel neigen (Zelle 1998: 242f). Dieser Typus des „modernen Wechselwählers" (neue Mittelschicht und höhere Bildung) neigt auch nicht besonders dazu, Personen statt Parteien zu wählen (ebd: Tab. 4). Zugleich konnte Zelle zeigen, daß Wähler mit einer Personenorientierung (i.e. Präferenz für einen Kandidaten) wesentlich stärker zum Parteiwechsel neigen als Wähler, die eine Orientierung an eine Partei haben oder an Wähler, die beides haben (ebd: 248). Dies eröffnet den Parteien die Möglichkeit, Wähler dadurch zu gewinnen, indem sie attraktive Kandidaten vorstellt und den Wahlkampf an ihnen ausrichtet. Der letzte Befund betrifft die politische Unzufriedenheit. Wähler, die politikverdrossen sind, neigten 1994 nicht zur Wechselwahl (ebd: 250).[22]

Für die neuen Bundesländer gingen etliche Forscher von einem hohen Maß an Wechselbereitschaft aus, denn in der Volkskammerwahl von 1990 schien die Wahlentscheidung ein „issue-voting in fast reiner Form" (Roth 1990a: 371) zu sein, Gibowski meinte, daß „die Gruppe der Wechselwähler im Gebiet der heutigen DDR wohl signifikant größer sein wird als im heutigen Westdeutschland" (1990: 12). Der Grund lag in den nicht vorhandenen Parteibindungen der DDR-Bürger, „weil es keine politischen Klassen im Sinne von Lipset/Rokkan gibt, die eine Orientierung erleichtern würden" (Roth 1990a: 371). Die Ansicht, daß so-

---

[21]Das Phänomen der Europawahlen als „Nebenwahlen" (*second order elections*) zeigten zuerst Reif und Schmitt (1980) auf.
[22]In diesem Punkt widerspricht Zelle seiner eigenen früheren Analyse (Zelle 1995; basierend auf Daten von 1984 und 1991). Hier sieh Zelle einen deutlichen Zusammenhang zwischen Partei- und Politikverdrossenheit (anders operationalisiert als in Zelle 1998) und der Wechselwahl. Möglicherweise läßt die zeitliche Nähe zu einer Wahl (wie 1994) auch die Politikverdrossenheit nicht in Wechselbereitschaft umschlagen.

zialstrukturelle Variablen im deutschen Osten keine Erklärungskraft besäßen, wurde allerdings bald wieder revidiert, sowohl was die Parteipräferenzen von gläubigen Katholiken und Protestanten und Arbeitern (Emmert 1994) als auch was das Niveau der generellen Parteineigung angeht (Rattinger 1994: 272-282).[23] 1998 zeigte sich, daß sich auch in Ostdeutschland der alte Urstand der Natur wiederherstellte. In den Wahlen 1990 und 1994 hatte sich die Mehrheit der ostdeutschen Arbeiter für die CDU entschieden. 1998 erhielt die CDU nur noch 27%, während die SPD auf 39% kam (PDS: 17%; Forschungsgruppe Wahlen 1998: 22). Es ist also ein Realignmentprozeß der ostdeutschen Arbeiter an die SPD im Gange, auch wenn das Niveau der SPD-Wahl westdeutscher Arbeiter noch nicht erreicht ist (SPD: 53%, CDU: 31%; vgl. Kapitel 16.1).

Tabelle 8.7: Bruttovolatilität in Westdeutschland 1972-1994 (in %)

	1972	1976	1980	1983	1987	1990	1994
Individuelle Parteiwechsel in Bundestagswahlen:							
insgesamt	14	15	13	18	13	16	15
zwischen Regierung und Opposition	9	8	7	k.A.	7	6	6

Quelle. Zelle 1998: Tab. 1

In der Bundesrepublik wechselten wesentlich weniger Wähler von einer Wahl zur anderen - etwa sechzehn Prozent Ende der achtziger Jahre (Zelle 1994: 54; vgl. Tabelle 8.7). Die Wählerwanderung fand zudem immer stärker *innerhalb* eines politischen Lagers statt.[24] Dies zeigt der schrumpfende Anteil der Wechselwähler, die zwischen der SPD einerseits und der CDU/CSU und FDP andererseits wechseln: 1980 bis 1983 machten sie noch zehn Prozent der gesamten Wähler aus, 1987 bis 1990 nur noch 5,4 Prozent (Zelle 1994: 54, Grafik 1; vgl. Tabelle 8.7). 1987 bis 1990 wechselten bereits fast fünf Prozent zwischen der SPD und den Grünen. Einen Wähler-Verschiebebahnhof in Form der LibDems gibt es in Deutschland nicht, lediglich die FDP tauscht nach erfolgtem Koalitionswechsel ihre Wählerschaft zum Großteil aus (1983 lag die Wiederwahlquote der FDP im Vergleich zu 1980 bei dreißig Prozent). Stattdessen sind die Wiederwahlquoten

---

[23] Nach dem Politbarometer (6/1997: 23) hatten in Ostdeutschland 42,6 Prozent der Bevölkerung keine Parteiidentifikation, im Westen 34 Prozent.
[24] 1972 betrug der Wechsel über die Lagergrenzen hinweg noch 8,9 Prozent, 1990 noch 6,3 Prozent der Wähler. Der Wechsel innerhalb eines Lagers betrug 1990 6,8 Prozent (Zelle 1994: 58-60 mit Grafik 2).

für sämtliche Parteien hoch, für die Großparteien liegt sie bei fast neunzig Prozent, auch die Grünen verfügen über eine feste Stammwählerschaft (Wiederwahlquote 1987 bis 1990: 64 Prozent; vgl. Zelle 1994: 55f mit Tab. 1). Obwohl die meisten Daten in der Bundesrepublik für keine abrupten Veränderungen sprechen (und im geringeren Maß gilt dies auch für Großbritannien), wurde hierzulande voreilig das Theorem des Dealignments übernommen und zum angeblichen deutschen Mainstream erhoben (Schultze 1991: 490; Gibowski/ Kaase 1991: 6). Allerdings blieben Verfechter dieses Theorems den überzeugenden Beweis in Form einer Untersuchung schuldig. In der bisher umfassendsten Studie über die Entwicklung der Parteipräferenzen schrieb Klingemann von einer „fragilen Stabilität" (Klingemann 1985). In einer Nachfolgestudie bis zum Jahr 1990 konnte Zelle nachweisen, daß im Falle der alten Bundesrepublik viel für die Stabilitätsthese spricht. Der Wechsel der Wahlentscheidung bei zwei aufeinanderfolgenden Wahlen stieg zwar zwischen 1980 und 1983, pendelte sich danach bei Werten ein, wie sie für die siebziger Jahre normal waren.[25] Der Anstieg des Anteils der Wechselwähler Anfang der achtziger Jahre fällt mit dem Aufkommen der Grünen zusammen, während die Wählerwanderung zwischen SPD und FDP nach dem Koalitionswechsel der FDP zum Erliegen kommt.

---

[25] Wechsel der Wahlentscheidung insgesamt: 1969-72: 14,1%; 1980-83: 18,2%, 1987-90: 16% (Zelle 1994: 55, Grafik 1).

8.4 Zusammenfassung

In der Tat waren die siebziger Jahre „the decade of dealignment" (Särlvik/Crewe 1983), der Wählermarkt wurde beweglicher, aber längst nicht in den Ausmaßen und als genereller Trend, wie in dieser Zeit angenommen. Von den revisionistischen Theoretikern wurden häufig die Faktoren vernachlässigt, die das Ausmaß an Parteiidentifikation bestimmen. Dazu zählen z.b. die Zahl der Parteien und die Art des Wahlsystems (Zweiparteiensysteme und Systeme mit gemäßigtem Pluralismus begünstigen die Parteiidentifikation), das Vertrauen in das politische System, die Rolle und Stärke von sekundären Gruppen (z.b. von Kirchen oder Gewerkschaften), vielleicht auch manches besondere politische Ereignis.

Es scheint, daß sich alte Loyalitäten gelockert haben, aber daß ihre Erosion nicht weiter fortschreitet. Das Paradoxon der „fragilen Stabilität" trifft nach Einbrüchen in den frühen Siebzigern in Großbritannien die Situation am ehesten. Die Bundesrepublik zeichnet sich durch weitgehende Stabilität aus, lediglich wird die Gruppe der fest Gebundenen kleiner. In den neuen Bundesländern, die eigentlich die Zukunft aller Volatilitätsthesen hätten sein sollen, zeichnet sich ein Realignment ab - und zwar ganz im Sinne Lipset/Rokkans (vgl. Kapitel 14 und 15.1). Die Sozialstruktur erklärt immer stärker das Wahlverhalten. Es gibt also gute Gründe, bei der Beurteilung der revisionistischen Theorien des Wahlverhaltens vorsichtig zu sein. Dies gilt auch für die Frage, wie sich die Mitgliederzahlen von Parteien entwickeln. Auch hier zeigt sich, daß der Trend eher nach unten als nach oben weist, wenn auch in keiner Weise dramatisch: Während in der Bundesrepublik in den 60er Jahren drei Prozent der Wahlbevölkerung in Parteien organisiert waren, sind es Ende der achtziger vier Prozent (Siebziger: fünf Prozent). Lediglich in Großbritannien nahm die Zahl der Parteimitglieder ab: Von neun Prozent in den sechziger auf drei Prozent in den späten achtziger Jahren (Klingemann 1995: 139, Tab. 5.1). Die Daten sollen nicht täuschen: In Großbritannien sind oder waren viele Mitglieder der Labour-Party über die Gewerkschaftsmitgliedschaft auch automatisch (indirekt) Parteimitglieder. Zudem basieren diese Daten Klingemanns auf offiziellen Parteistatistiken, die im Falle Großbritanniens stark verzerrt sind - und zwar zugunsten eines höheren Grades an Parteimitgliedschaft (Seyd/Whiteley 1992: 14f). Werden Survey-Daten verwandt (hier sind indirekte Mitgliedschaften herausgerechnet), ändert sich das Bild dramatisch: In den späten sechziger Jahren waren in Westdeutschland vier und in Großbritannien etwa zehn Prozent der Wahlbevölkerung in Parteien organisiert, in den frühen Achtzigern acht bzw. sieben, und Anfang der neunziger sind es in beiden Ländern etwa sechs Prozent (Klingemann 1995: 140, Tab. 5.2). Werden zehn Industrieländer über dreißig Jahre hinweg verglichen, so stellt sich heraus, daß es in manchen eine abnehmende Zahl an Parteimitgliedern gibt, aber keinen einheitlichen Trend nach unten (ebd: 142).[26] Es kann also nicht von einem säkularen Trend gesprochen werden, der dazu führt, daß immer weniger Wähler eine generelle Parteineigung haben, die Wechselwahlbereitschaft steigt und sich signifikant weniger Bürger in Parteien organisieren (Schmitt/Holmberg 1995: 123; Zelle 1998: 251). So liegt es also nahe zu fragen, warum dann die beiden sozialdemokratischen Parteien so wenig Fortune in den achtziger und neunziger Jahren hatten. Die Antworten werden im vierten Teil dieser Arbeit gegeben: Es sind politische Gründe, es liegt an der Strategiewahl der Parteien, die Wechselwähler an sich zu binden - und beiden Parteien gelang dies lange Zeit nicht. Auch nicht im Fall der SPD, die in den siebziger und frühen achtziger Jahren als Nutznießerin eines Realignment-Prozesses erschien. Realignment-Konzepte wurden zunächst in Amerika entwickelt und bezeichnen den Umstand, daß in einer „kritischen Wahl" (Key 1955; Burnahm 1970) ehemals nicht-parteigebundene Wählergruppen sich fest an eine Partei binden - und nicht etwa Wähler mit einer festen Parteiloyalität konvertieren (vgl. Campbell et al. 1960: 153-156; Carmines/Stimson 1984). Viele Forscher in den siebziger und achtziger Jahren sahen eine entstehende längerfristige Anbindung von Teilen der jungen Mittelklasse an die SPD gegeben. Für sie war die kritische Wahl die Bundestagswahl von 1969. Auslöser für das Realignment war das Aufkommen der „New Politics", neuer, nicht-materialistischer Issues (Kaase 1973: 170; Baker/Dalton/Hildebrandt 1981: 175-180; Dalton 1984: 128).[27] Stellenweise mag es ein Realignment gegeben haben, davon profitierte aber nicht unbedingt die SPD, wie in Kapitel 4.2 im Falle der grünen Konkurrenz gezeigt wurde (vgl. auch Kapitel 23.1).

---

[26] Auffällig aber ist, daß sich der Anteil der Parteimitglieder an der Wahlbevölkerung durchaus unterscheidet: In Großbritannien und der Bundesrepublik sind die Zahlen niedrig, in den skandinavischen Ländern deutlich höher (etwa zwölf Prozent).
[27] Pappi wies allerdings nach, daß der herausstechende Trend in den ersten zwanzig Jahren der Bundesrepublik der ansteigende SPD-Anteil war. Den gleichmäßigsten und stärksten Anstieg wies der neue Mittelstand (Beamte und Angestellte) auf, unter denen die SPD seit 1969 Mehrheitspartei geworden war (Pappi 1973: 199f, mit Tab. 4). Allerdings machte Pappi weniger die „New Politics" dafür verantwortlich, sondern ein „Arbeitnehmerbewußtsein", das den neuen Mittelstand erfaßt habe (1973: 210f). Der deutsche Fall markiert allerdings einen Unterschied zu den amerikanischen Realignment-Theorien: Sind es in den USA eher Regierungswechsel infolge von Wahlen, die zu einem Realignment führen, sind es in der Bundesrepublik eher der Koalitionswechsel, „bargaining among the parties", die zu einem Regierungswechsel und dann zu einem Realignment führen (Dalton 1988b: 129f).

9 Issues und Spitzenkandidaten

Der Wählermarkt ist also in Großbritannien und in der Bundesrepublik etwas beweglicher geworden. Zugleich wurde immer wieder auf die Bedeutung von politisch wichtigen Themen, den Issues, hingewiesen. Dies ist nichts Neues in der Wahlforschung, hatten die Michiganer den Issues doch eine kurzfristige Bedeutung für die Wahlentscheidung zugesprochen. Wird nun der Wählermarkt beweglicher, dann dürfte auch die Bedeutung der Issues für den einzelnen Wähler wachsen. Diese sind entgegen mancher Forschermeinung keine theoretischen Konstrukte, die nur auf verschiedene Weise die Parteinähe messen, sondern eigenständige Einflußgrößen auf das Wahlverhalten (Klingemann/Taylor 1977: 340).[1]

9.1 Die Bedeutung von Issues und Spitzenkandidaten

Hatten Butler und Stokes noch das britische Elektorat der sechziger Jahre als völlig unbeeindruckt von irgendwelchen Themen gezeichnet, deuteten Veröffentlichungen am Ende der siebziger Jahre in eine andere Richtung, indem sie von prinzipiell rationalen Wählern (vgl. Downs 1957) ausgehen.
Crewe und Särlvik (1983) deuteten in den Kapiteln 9 und 11 ihrer Studie über die Unterhauswahl von 1979 die Wahlentscheidung anders: Die Wähler wählen die Parteien nach Issues. Sie haben durchaus eine Einstellung bei bestimmten Issues, die sowohl in der Wählerschaft als auch unter den Parteien umstritten sind („divisive issues"). Danach gleichen die Wähler die (wahrgenommenen) Positionen der Parteien bei diesen Issues mit den eigenen ab und treffen dann die Wahlentscheidung danach, welche Partei näher an der eigenen Issueposition ist (Crewe 1985: 134f).
Eine notwendige Bedingung dafür ist, daß sich die Wähler aus alten Bindungen lösen (Dealignment) und für solch kurzfristige Einflüsse, wie das ständige Evaluieren von Issue-Positionen, empfänglich werden. Forscher, die die Wirkung sowohl von soziostrukturellen als auch von Einstellungsvariablen auf das Wahlverhalten untersuchten, kamen zu dem Ergebnis, daß soziostrukturelle Variablen immer weniger Einfluß haben (Himmelweit et al. 1985: 69, 87-92; Whiteley 1983: 100-106). Himmelweit et al. führten eine Diskriminanzanalyse durch, die die Wähler aufgrund von unabhängigen Variablen klassifiziert. Nimmt man die Variable „Klassenzugehörigkeit" (und unterstellt, daß die *working class* Labour und die *middle class* die Konservativen wählt), konnten 1983 nur 51 Prozent der

---

[1] So wird argumentiert, daß die Parteiidentifikation eine Art Brille ist, durch die bestimmte Issues und die Spitzenkandidaten gesehen werden. Wenn aber die Stärke der Parteiidentifikation nachläßt, werden die Wähler dafür anfälliger, nicht nach ihrer prinzipiellen Parteineigung zu entscheiden, sondern nach Themen und Spitzenkandidaten.

Wähler richtig klassifiziert werden. Wird die Variable „Einstellungen zu Issues" verwandt, konnten 69 Prozent der Wähler richtig klassifiziert werden (beide Variablen zusammen: 71 Prozent; Himmelweit et al. 1985: 91f., Tab. 6.1).
Die Basisannahmen dieser Theorie sind,
- daß das Elektorat einigermaßen gut über die Issue-Profile der einzelnen Parteien informiert ist (z.b. stehen die Konservativen für Steuerkürzungen, Labour für den Ausbau des öffentlichen Sektors; Särlvik/Crewe 1983: 204, Tab. 9.1),
- und daß der Wähler auch eine Position bei den Issues hat, der sich mit dem Issue-Profil einer Partei deckt.[2]

Dabei ist vor allen Dingen wichtig, daß der Partei Problemlösungskompetenzen zugemessen werden. Gabriel (1997: Tab. 1) zeigte, daß die Kompetenzzumessung für eine Partei die Chancen, sie dann auch zu wählen, positiv beeinflußt. Hermann Schmitt (1998: 166) wies für die Bundestagswahl 1994 nach, daß die Kompetenzzumessung für eine Partei die entscheidende erklärende (unabhängige) Variable für das Wahlverhalten ist.

Allerdings ist dies nur eine Seite der Medaille: Neben Issues und der Kompetenzzumessung scheint auch das Bild, das sich der Wähler von der jeweiligen Führungspersönlichkeit einer Partei macht, die Wahl mitzubeeinflussen (Nadeau/ Mendelsohn 1994). dies wird hauptsächlich von denjenigen Autoren behauptet, die eine „Personalisierung" der Politik (meist bedauernd) konstatieren.

Wiederum konnte Gabriel den Nachweis erbringen, daß es einen „Kandidateneinfluß" auf die Wahlentscheidung gibt: Selbst wenn einer Partei keine Kompetenzen beigemessen werden, erhöht sich die Wahrscheinlichkeit, die Partei doch zu wählen, wenn der Kandidat präferiert wird (und zwar um etwa 15-20%, Gabriel 1997: Tab. 1; ähnlich auch Schmitt 1998: 166-168).[3]

Der November 1990 ist ein gutes Beispiel hierfür: Margaret Thatcher wurde von den eigenen Leuten gestürzt, nachdem ihre Popularitätswerte und die Werte für die konservative Wahlabsicht zeitweise auf unter 25% gefallen waren. Labour erlebte zu dieser Zeit einen rasanten Aufstieg in der Wählergunst - innerhalb eines Jahres von 43% auf zeitweise 53% im April 1990 (Kinnocks Popularitätswerte lagen bei knapp über 40%). Als der populäre John Major übernahm, ver-

---

[2]Dabei gibt es allerdings entscheidende Ausnahmen: Selbst Labour-Wähler wollen mehrheitlich schärfere Gesetze gegen die Gewerkschaften (47% zu 32%) und konservative Wähler wollen eher bessere öffentliche Dienstleistungen als Steuerkürzungen um jeden Preis (51% zu 36%; Sarlvik/Crewe 1983: 207, Tab. 9.2). Wesentlich vorsichtiger urteilen Vertreter der *consumer theory*: Ihnen geht es lediglich darum, wie eine Person zu ihrer Wahlentscheidung kommt, unabhängig davon, wie rational oder inhaltlich konsistent sie getroffen wird (Himmelweit et al. 1985: 8f, 114).
[3]Zweimal ist Vorsicht geboten: Erstens differenziert Gabriel nicht nach Wählern mit starker und geringer Parteiidentifikation (er schreibt nur von „Parteiidentifikation"). Zweitens macht Gabriel keine Angaben dazu, welchen Effekt die einer Partei zugeschriebene Kompetenz hat, wenn der Kandidat abgelehnt wird („Kompetenzeffekt").

besserten sich die Werte für die Konservativen (im Durchschnitt November 1990-Februar 1992 etwa 40%), während Labour auf unter vierzig Prozent rutschte (Crewe/King 1994: Fig. 8.2, 8.3).

Allerdings dürfte auch nach dem vorangegangenen Kapitel klar sein, daß bei Wählern mit geringer oder keiner Parteiiddentifikation die Issue- und Kandidaten-Effekte stärker ausfallen als bei Wählern, die stark zu einer Partei neigen - sie wählen die Partei ohnehin (Gabriel 1997: 248).

In den Zeiten des Alignments war der (un)geeignete Kandidat nicht Garantie oder Sargnagel des Wahlerfolgs. Möglicherweise hängt dies auch mit den modernen Massenmedien zusammen. Im Vor-Fernsehzeitalter waren die Parteiführer längst nicht so sichtbar und dem Wahlvolk vertraut (Denver 1994: 109). Im Zeitalter der visuellen Massenmedien sind die Kandidaten nicht nur präsenter, sondern dominieren das Bild, das sich das Elektorat von einem Kandidaten macht. Gerade die Publizistik hat davor gewarnt, daß die Betonung apolitischer Eigenschaften in den Massenmedien die rational-politische Evaluation der Wähler verkommen lassen (vgl. Lass 1995; Brettschneider 1998). So scheint besonders das Fernsehen ein „image-agenda-setter" zu sein, der die Wichtigkeit der zur Beurteilung eines Spitzenpolitikers wichtigen Eigenschaften festlege (vgl. Kapitel 12.1.2).

Noch Anfang der siebziger Jahre konnten Butler und Stokes davon ausgehen, daß die Mehrheit der Bevölkerung Partei und Parteiführer gleich beurteilten, der Einzelfaktor „Spitzenkandidat" war ziemlich unbedeutend (Butler/Stokes 1974: Kap. 17). Es lag also nahe anzunehmen, daß die Wähler den Spitzenkandidaten oder Parteiführer durch die Brille ihrer Parteiidentifikation sahen. Allerdings tendierten unentschiedene oder ungebundene Wähler dazu, die Partei eines Parteiführers zu wählen, wenn sie ihn favorisierten. Lediglich im Michigan-Modell war die „candidate orientation" vorgesehen, die u.a. erklären half, warum die amerikanischen Republikaner die Wahlen der fünfziger Jahre gewannen, obwohl es mehr Anhänger der Demokraten unter den Wählern gab. Neuere deutsche Forschungen über die Bundestagswahlen 1994 und 1998 bestätigen diese Annahme des Michigan-Modells: „Reine" Kandidateneffekte gab es bei Wählern ohne Parteiidentifikation (Gabriel/Vetter 1998: 527 mit Tab. 4). Bei Wählern mit (starker) Parteiidentifikation prägt die Identifikation den Gesamteindruck, den der Identifizierer von einem Kandidaten hat (Brettschneider 1998: 394 mit Abb. 1). Die Parteiidentifikation ist eine Art Brille, mit der der Wähler auf den Kandidaten einer Partei schaut.

Viel steht und fällt mit den Spitzenkandidaten zugemessenen Kompetenz, lediglich hier korreliert die Kompetenzzumessung mit der Parteipräferenz (Kepplinger et al. 1994: 172-174). Einfacher ausgedrückt: Wird einem Kandidaten X eine bestimmte Kompetenz zugesprochen, beeinflußt dies zunächst die Präferenz für den Kandidaten X und dann die Entscheidung für die Partei des Kandidaten X (und weniger, ob der Partei des Kandidaten X bestimmte Kompetenzen zugesprochen werden). Ähnliche Ergebnisse liefern auch Untersuchungen aus Großbritannien (Himmelweit et al. 1985: 81).[4] Die Wähler machen sich nicht nur ein Bild von den Kompetenzen eines Kandidaten, sondern auch von seinen Eigenschaften. Britische Forscher fanden einen überragenden Einfluß der Eigenschaft „Führungsstärke" (Bean/Mughan 1989), deutsche den der Eigenschaften „Führungsstärke" und „Glaubwürdigkeit" (Gabriel/Vetter 1998: 524). Brettschneider (1998: 393f) hingegen machte die Gesamtbeurteilung von einem Mix verschiedener Eigenschaftstypen (Problemlösungskompetenz, Managerfähigkeiten, Persönliches, Integrität) abhängig, wenn auch „Führungsstärke" (bei Brettschneider heißt es „Managerfähigkeiten") den Ausschlag gibt.

Von besonderer Bedeutung ist daher, wie die Massenmedien über einen Kandidaten berichten und welche Eigenschaften sie ihm zuschreiben. Dies ist der zentrale Ansatzpunkt für die Medienmacht bei der Imageentwicklung eines Kandidaten (Lass 1995). Ein treffendes Beispiel ist die Bundestagswahl 1990, als ich ein „Minus-Kanzler" - massenmedial transportiert- in einen strahlenden Staatsmann verwandelte, während sein Herausforderer von einem ideenreichen Hoffnungsträger zu einem Verlierer absank. Dazu paßt die sich auseinanderentwickelnde Kanzlerpräferenz zu Lafontaines Ungunsten. Entscheidend war hierbei einer relativ konsonanter Medientenor bei der Beurteilung der Kandidaten (Schmitt-Beck 1994b; vgl. Kapitel 12.1.2 über das „Priming"). 1998 wirkte sich ein relativ einheitlicher Medientenor zugunsten Schröders aus (Brettschneider 1998: 395; 399).

Ob allerdings der „richtige" Kandidat oder die hohe Kompetenzzumessung bei der Wahlabsicht ausschlaggebender sind, darüber besteht Unklarheit. In der Forschung überwiegt die Annahme, daß ein populärer Kandidat die Wahl noch nicht entschieden hat (aber die Chancen eher verbessert; Klingemann/Taylor 1977: 323) - oder generell eher Parteien als Kandidaten gewählt werden (Berger et al. 1983: 568; dies. 1986: 266).[5] Dieses Modell der „Verstärkereffekte" von Kandidaten wurde allerdings von Lass Mitte der neunziger Jahre zurechtgerückt (Lass 1995). Norpoth (1977) und Eltermann (1980) schlugen ein dynamisches Modell von Kandidaten- und Parteieinfluß vor. Zwar mag es einen ansteigenden Trend

---

[4]Die Frage, ob Komptenzzumessungen für Parteien *oder* für Kandidaten den Ausschlag bei der Wahlentscheidung geben (zumindest bei Wählern ohne Parteiidentifikation) kann nicht abschließend beantwortet werden. Bei Wählern, die angeben, eine bestimmte Partei als kompetenter zu erachten, ist der „Kandidateneinfluß" auf die Wahlentscheidung nicht besonders hoch. Er wird dann wichtig, wenn die Wähler *keine* Partei als kompetenter erachten (Gabriel/Vetter 1998: Tab. 4).

[5]Emmert et al (1998: 76) stellten die Anwendbarkeit des amrikanischen Modells der „candidate orientation" auf die Bundesrepublik Deutschland in Frage. Denn in den USA könne der Präsident direkt von den Wählern bei gleichzeitigem Zweiparteiensystem gewählt werden, was die Fokussierung auf den Kandidaten begünstige. Andererseits macht sich auch in Deutschland (wie in Großbritannien) die Personalisierung der Politik bemerkbar: „Spitzenkandidaten haben heute mehr Möglichkeiten als jemals zuvor, als Mittler und Vereinfacher konzeptioneller Vorstellungen und Problemlösungsmöglichkeiten der Parteien aufzutreten" (ebd).

für einen unabhängigen Einfluß des Kandidaten geben, allerdings ist dieser Trend nicht säkular (Norpoth 1977: 566; Eltermann 1980: 17f). Viel spricht dafür, den alleinigen Einfluß von Kandidaten nicht überzubewerten, denn Kandidaten und Parteien *zusammen* erklären immer noch am meisten die Variation in der Wahlentscheidung. Einen Schlüssel zum Verständnis des Tandems Parteieinschätzung und Kandidateneinschätzung lieferte Lass (Lass 1995): Kandidaten sind nicht gelegentliche Verstärker der Parteiwahrnehmung, sondern „integraler und damit dauerhafter Bestandteil der Parteiwahrnehmung und -bewertung" (Lass 1995: 191). Offensichtlich werden die Kandidaten eher als Repräsentanten ihrer Partei gesehen als die Partei als Ansammlung von Kandidaten und anderen Politikern (ebd: 185f).

Die Fixierung auf die Spitzenkandidaten hat die traditionelle Politikwissenschaft vor Rätsel gestellt, da sie bei der Evaluation der Parteierfolge entweder von den Programmen oder von den Politikergebnissen ausging. Ein Blick über den Tellerrand zur Sozialpsychologie und der Medienforschung hätte ihr sicherlich gutgetan (s. Kapitel 12 und 13). Spitzenkandidaten sind „sichtbarer" als Parteiprogramme, die keiner liest, sie haben eine hohe Medienpräsenz und dienen als „identifikatorischer Kristallisationspunkt" (Sarcinelli 1987: 242) für ein Parteiimage.[6] So stehen Blair und Schröder für Modernisierung, Ideologiefreiheit und Charisma. Obwohl z.B. Kinnock und mit geringerem Erfolg Scharping die Partei programmatisch erneuern wollten, wurde ihnen in der Mediengesellschaft kein Charisma zugeschrieben. Als SPD und Labour später einen populären Spitzenkandidaten (bei Labour ist er auch Parteivorsitzender) kürten, konnten beide Parteien einen Zuwachs in der Wahlabsicht erzielen. Im Falle John Smiths (Juni 1992) lag der Sprung bei sechs Prozent, im Fall Tony Blairs (Juli 1994) bei fünf Prozent, im Fall Gerhard Schröders (März 1998) bei drei Prozent (Denver 1998: 39; Butler/ Kavanagh 1997: 12, Fig. 1.1; Forschungsgruppe Wahlen: Politbarometer 3/1998). Gabriel und Vetter (1998: 532) machten darauf aufmerksam, daß die Kandidatenpräferenz und die zugemessenen Eigenschaften hochgradig labil sind, daß also von einem gleichmäßig starken oder noch wachsenden „Kandidateneinfluß" auf die Wahlentscheidung nicht gesprochen werden kann. Die Stärke des Kandidateneinflusses variiert von Wahl zu Wahl, besonders dann, wenn ein Issue den Wahlkampf dominiert oder wenn Schlüsselereignisse das Bild eines Kandidaten prägen (z.B. Scharpings Niederlagen in der Bundespräsidenten- und Europawahl 1994). Die Schlußfolgerung darf also lauten: Issues, Kompetenz und Kandidat sind zunächst einmal wichtig. Und es gilt von Wahl zu Wahl zu unterscheiden, wie die drei Größen interagieren.

---

[6]Besonders für amtsinhabende Kandidaten wurde die „Präsidentialisierung" der Politik festgestellt (dazu Lass 1995: 11-13 mit weiteren Literaturhinweisen). Bereits anhand der Bundestagswahl 1976 zeigte Norpoth (1977: 556) den hohen Bekanntheitsgrad der Kanzlerkandidaten.

9.2 Die Ergebnisse für SPD und Labour in der Opposition

Als sinnvolle Operationalisierung dieser Theorien auf Issue-Basis empfiehlt sich die Frage nach
- dem wichtigsten Thema der Wahl,
- der Kompetenzzumessung der Parteien und
- der Attraktivität der Spitzenkandidaten.

Bundesrepublik: In der Entwicklung der Wahlissues, der Kompetenzzumessung und der Attraktivität der Spitzenkandidaten, eben der Fragen, die für Wechselwähler zählen, die sich nicht aufgrund einer Klassen- oder Konfessionsbindung auf eine Partei festlegen, hatte die SPD bis Anfang der 80er Jahre Glück bzw. das richtige Gespür (Labour ebenfalls). Selbst als infolge der Wirtschaftskrise ökonomische Issues wieder wahlrelevant wurden, maß trotz steigender Arbeitslosenzahlen ab 1974 die Mehrheit der Wähler der SPD eine höhere Kompetenz zur Lösung der Probleme zu als der CDU, insbesondere auf den Gebieten der sozialen Sicherung und der Bekämpfung der Arbeitslosigkeit (Webber 1986: 40-44).[7]

Zur guten elektoralen Performanz der SPD in den 70er Jahren trug zum Gutteil eben auch die Popularität ihrer Spitzenkandidaten bei: Noch mehr als Brandt vermochte es Schmidt 1980, den Unionskandidaten, Franz Josef Strauß, in der „Bundeskanzlerfrage" zu deplazieren (61% zu 29%; Gibowski/Kaase 1991: 14). Aber diese Periode war eine Ausnahme, denn die SPD vermochte es ab Anfang der 80er Jahre nicht mehr, den volatilen Teil der Wählerschaft davon zu überzeugen, daß sie die besseren Themen, die höhere Problemlösungskompetenz und den besseren Kandidaten habe. Einerseits verlor sie in der Popularität ihrer Spitzenkandidaten deutlich: 1983 lag Vogel um 9 Punkte hinter Kohl, Rau konnte 1987 einen Gleichstand erreichen, Lafontaine fiel 1990 18 Punkte hinter Kohl zurück (56% zu 38%; Gibowski/Kaase 1991: 14). Lafontaine zählt wohl zu den tragisch gescheiterten Spitzenkandidaten: Er wäre mit seinem Auftreten und seinen Themen wohl 1987 der richtige Mann gewesen, 1990 war er definitiv der falsche (Kitschelt 1991: 143). 1994 lag Scharping laut Allensbach mit elf Prozentpunkten zurück, die FGW ermittelte nur fünf (42% zu 31% bzw. 49% zu 44%; Schulz 1996: 46; Forschungsgruppe Wahlen 1994: 45), selbst die Konstruktion der Troika Scharping-Lafontaine-Schröder konnte wenig abhelfen - Schröder gewann

---

[7]Die SPD plakatierte im Wahlkampf von 1976 „Von sozialer Sicherheit verstehen wir mehr". Trotz der damals schon spürbaren Einschnitte ins sozialen Netz unter einer SPD-dominierten Regierung (s. Kapitel 2.2) nahmen die Wähler dies der SPD ab und erteilten ihr in diesem Issue eine höhere Problemlösungskompetenz als der CDU. Vielleicht auch deshalb, weil die SPD in den Jahren von 1969-1974 die Ausgaben der sozialen Sicherung stark erhöht hatte (Alber 1986a, 1986b, Flora 1986) und sich die Lage auf dem Arbeitsmarkt etwas besserte (Scharpf 1987: 178-182; Webber 1986: 43, besonders gilt dies für die Bundestagswahl 1980).

als einziger der drei in der Gunst der Wähler (ebd: 47). Besonders frustrierend für die SPD war wohl, daß ihre Spitzenkandidaten 1987, 1990 und 1994 bis etwa ein halbes Jahr vor der Wahl deutlich vor dem Amtsinhaber lagen, der Vorsprung aber dann schmolz. Nur Vogel kämpfte von vornherein - in einem sehr kurzen Wahlkampf - auf verlorenem Posten (Feist 1996: 67f).[8] Besonders Feist machte Fehler Scharpings in der Wahlkampfführung mitverantwortlich: Angefangen mit der Niederlage um die Weizsäcker-Nachfolge über die verweigerte Koalitionsaussage, die Behandlung der PDS und schließlich die legendär gewordene Verwechslung von Brutto- und Nettoeinkommen, als es um die Ergänzungsabgabe ging, die den Solidarzuschlag ersetzen sollte.

Noch schlechter sah die Kompetenzzumessung für die SPD in den 80er Jahren aus. Besonders in Schlüsselissues, wie Bekämpfung der Arbeitslosigkeit, Inflation, selbst im ureigensten Feld der Sozialdemokratie, der sozialen Sicherung, verlor die SPD an Problemlösungskompetenz und lag deutlich hinter der Union. Lediglich in den Issues „Umweltschutz" und „Abrüstung" lag die SPD vor der CDU (Conradt/Dalton 1988, 14). Die Forschungsgruppe Wahlen sah als Kompetenz-Bastion der SPD 1983 nur den unwichtigen Issue der „Raketenstationierung", während in den wichtigen Issues „Arbeitslosigkeit", „Preisstabilität" und „Abbau der Staatsschulden" die Union deutlich vor der SPD lag (Forschungsgruppe Wahlen 1983: 32-35).

1987 war die Arbeitslosigkeit immer noch wichtigstes Problem, gefolgt vom „Umweltschutz", der an Wichtigkeit sich (im Vergleich zu 1983) vom fünften auf den zweiten Rang hocharbeitete. Danach folgten materielle Issues wie Renten, Preise, Ankurbeln der Wirtschaft.

1990 war der Issue der Wahl „Ablauf und Folgen der deutschen Vereinigung", bei der der Union die mit Abstand höchste Kompetenz beigemessen wurde.[9] Die SPD realisierte den (einzigen) Issue „Einheit" erst gar nicht und versuchte dann an der Grundstimmung des Wahlvolks vorbei, das Vereinigungstempo und dessen soziale Folgen zu thematisieren - mit dem Ergebnis, daß sie auf das Niveau der 60er Jahre absank (Gibowski/Kaase 1991: 12; Kitschelt 1991: 134). Dies bestätigen auch die Analysen Kepplingers et al. (1994: 170 mit Tab. 4): Der SPD wurde im Bundestagswahlkampf 1990 eine höhere Kompetenz in der Sozialpolitik zugesprochen als der CDU/CSU. In der Problemlösungskompetenz bei wirtschafts-

---

[8] 1990 lag Lafontaine in Westdeutschland bis zum Juni vor Kohl (52% zu 48%; Wahltag: 2.12.1990), der danach dramatisch aufholte. 1994 hielt Scharping bis Mai einen eindrucksvollen Vorsprung zu Kohl (59% zu 41%), der allerdings nach der verlorenen Europawahl und der Nichtwahl von Johannes Rau zum Bundespräsidenten (Mai und Juni 1994) schnell abschmolz (Juni 1994: 51% zu 49%; September 1994: 49% zu 51%; Daten nach Gabriel/Vetter 1998: Tab. 1).

[9] Im Westen maßen der Union 59 Prozent die größere Kompetenz bei, die SPD kam auf 25 Prozent; im Osten lagen die Werte bei 42 Prozent für die Koalition und bei 20 Prozent für die SPD (Emmert 1994: 73).

politischen Fragen lag die Union besonders bei der Preisstabilität und der Begrenzung der Staatsschulden vorn. 1990 sprachen außerdem auch die Wähler der Union eher die Kompetenz zu, die Arbeitslosigkeit zu bekämpfen. Völlig deplazieren konnte die Union auch die SPD in außenpolitischen Fragen. In jedem Fall war die Wahl 1990 ein einziges Kompetenzdesaster für die SPD: Weder in den Frage, welche Partei die Einheit besser meistern könne, noch im ureigensten Feld der Arbeitsmarktpolitik hatte die SPD die Nase vorn - und zwar in Ost- wie in Westdeutschland (Veen 1993: 73-77).

1994 war der wichtigste Issue die Arbeitslosigkeit (66% der Befragten meinten dies), gefolgt von den Issues „Ausländer", „Kriminalität", „Umweltschutz" und „Wohnungsmarkt" (jeweils zwischen 17% und 10%). Die Union hatte einen leichten Vorsprung beim Ausländer-Issue, einen stärkeren bei den Issues „Kriminalität" und „Wirtschaft" (letzterer tauchte aber auf der Item-Liste gar nicht auf). Der SPD wurden deutlich mehr Kompetenzen als der Union zugemessen, wenn es um die Bekämpfung der Arbeitslosigkeit ging (33% zu 24%), am deutlichsten waren die Vorsprünge beim Umweltschutz und dem Wohnungsmarkt (Forschungsgruppe Wahlen 1994: 50, 55). Dennoch verlor die SPD die Wahl. Offenbar wählten die Bürger nach einem Issue, den sie gar nicht nannten: dem Zustand der Wirtschaft. 1994 war er der „Super-Issue". Denn hier meinten 37 Prozent der Befragten, daß eine unionsgeführte Regierung die wirtschaftlichen Probleme Deutschlands besser lösen könne, nur 22 Prozent nannten die SPD. Außerdem lag die SPD in den zweitrangigen Issues wie Asyl und Kriminalität weit hinter der Union (Emmert et al. 1998: 79).

Zwei alternative Erklärungen wären auch denkbar: Zunächst kann argumentiert werden, daß die Bürger in unterschiedlichem Ausmaß nach Themen wählen. 1994 wählten die Bürger, so die These der Forschungsgruppe Wahlen, nicht so sehr nach dem Thema, das sie als das wichtigste angeben - im Gegensatz zur klassischen Issue-Wahl von 1990, die durch den Issue „Einheit" geprägt war (Emmert et al. 1998: 79).[10]

Unten wird näher ausgeführt, daß die Wähler eine Partei trotz hoher Kompetenzzumessung dann nicht wählen, wenn die Parteiführung als uneinig und zerstritten erscheint, und dem Parteiführer keine Managerqualitäten zugestanden werden. Besonders der Allensbach-Forscher Rüdiger Schulz macht die Massenmedien für die Niederlage der SPD verantwortlich: So wurde in den Medien das Bild transportiert, daß die SPD zerstritten sei (Schulz 1996: 55f; vgl. Feist 1996: 72).

---

[10]Dabei lassen Emmert et al. offen, wonach die Wähler gewählt haben. Ihre Analyse der sozialstrukturellen Einflüsse auf das Wahlverhalten legt den Schluß nahe, daß die Wähler wieder verstärkt ihr Wahlverhalten an ihrer sozialstrukturellen Disposition (z.B. als Arbeiter, Gewerkschaftsmitglieder, Katholiken u.ä.) ausgerichtet haben. Andererseits konzedieren sie, daß das Kompetenzpatt zwischen Union und SPD maßgeblich dazu beigetragen hat, daß der Vorsprung der CDU/CSU vor der SPD 1994 (gegenüber 1990) wieder zusammenschmolz.

Jung und Roth meinten, daß letztlich alle Wahlkämpfe seit 1983 (außer 1990) von der Koalition mit dem Super-Issue „Wirtschaft" gewonnen worden wären (Jung/Roth 1994: 7). Schultze machte außerdem die „primär output-orientierte deutsche politische Kultur" für die konsekutiven Wahlniederlagen verantwortlich, die einerseits den Einfluß der Regierung auf die Wirtschaft überschätzt, andererseits den „konservativen und/oder liberalen Parteien [...] eher die Überwindung von Wirtschaftskrisen [zutraut] als der sozialdemokratisch-keynesianischen Alternative" (Schultze 1995: 329).

Diese Ergebnisse korrelieren mit der abnehmenden Stärke der SPD bei den Wahlen. Die SPD kann sich mitnichten auf eine stabile Koalition mit dem Mittelstand verlassen, da dieser issueorientierter wählt. Und in diesem Punkt hatte die SPD in den 80er Jahren die wesentlich schlechteren Karten. Solange wirtschaftspolitische Issues die Wahlentscheidung der volatilen (und entscheidenden) Wähler *mit*formen (wie 1983, 1987 und 1994), sollte die SPD eine Strategie wählen, die diesen Wählern das Bild vermittelt, daß die SPD durchaus wirtschaftspolitische Kompetenzen hat, insbesondere in der Frage der Arbeitslosigkeit und in der Frage des „Standorts Deutschland": Letzterer Issue kam Mitte der 80er Jahre in die Diskussion (Dyson 1989: 152-155; Flockton 1996: 229-231) und wurde erst recht spät von der SPD thematisch aufgearbeitet. Immerhin wurden diesem Issue; das zeigt das Bemühen der SPD, hier die ihr beigemessene Problemlösungskompetenz zu steigern - besonders unter Rudolf Scharping etliche Ausgaben des „Vorwärts" gewidmet. Der SPD-Spitzenkandidat des Jahres 1994, Rudolf Scharping, wies darauf hin, daß zur Erhaltung des Wirtschaftsstandorts Deutschland Innovationen insbesondere auf dem Gebiet der Forschungs- und Investitionspolitik notwendig seien (Vorwärts 4/1994: 5). Seine Strategie zielte darauf ab, die Problemlösungskompetenz der SPD auf dem Gebiet der Wirtschaftspolitik zu steigern und die CDU als „eigentlichen Lordsiegelbewahrer der sozialen Marktwirtschaft" (Hennemann, in: Süddeutsche Zeitung, 23.4.1994) abzulösen. Auch unter Oskar Lafontaine wurde zumindest in der SPD-Mitgliederzeitung diesem Thema verstärkt Aufmerksamkeit gewidmet. Möglicherweise könnte damit die SPD an die Erfolge der 70er Jahre in puncto Problemlösungskompetenz anknüpfen (Webber 1986: 40-44, Conradt/Dalton 1988: 13ff), besonders auf dem Gebiet der Arbeitsmarktpolitik. Insofern dienen mehrere Initiativen des Kanzlerkandidaten Gerhard Schröder dazu, die SPD als undogmatische, wirtschaftspolitisch moderne Partei darzustellen, wie z.B. die Aufnahme des erfolgreichen Computer-Unternehmers Jost Stollmann in das Schattenkabinett im Juni 1998.

Der Issue „Arbeitslosigkeit" war im Wahljahr 1998 dominierend: 85% der Befragten nannten diesen Issue als den wichtigsten (Forschungsgruppe Wahlen 1998: 64). Die SPD wurde bei der Bekämpfung der Arbeitslosigkeit eine höhere Kompetenz beigemessen als der Union (42% zu 24%, ebd: 67; vgl. auch Kapitel 10). Besonders in Ostdeutschland ist ihre Problemlösungskompetenz in der Frage

„Angleichung der Lebensverhältnisse" und „Bekämpfung der Arbeitslosigkeit" völlig erodiert.

Großbritannien: Hier liegen die Verhältnisse bei den wahlentscheidenden Issues wie oben beschrieben nicht sehr eindeutig: Denn in den - laut Gallup-Umfragen - wichtigsten Issues der Wahljahre 1979, 1983, 1987 und 1992 hatte Labour einen eindeutigen Kompetenzvorsprung (vgl. Synopse der Gallup-Daten bei Denver 1994: 92, Tab. 4.1). Diese Issues waren klassische Labour-Issues: Arbeitslosigkeit und Gesundheitspolitik. Aber dennoch verlor Labour die Wahl. Crewe konnte dies nicht sehr schlüssig erklären, so machte er für den konservativen Wahlsieg 1987 nicht einen wichtigen Gallup-Issue verantwortlich, sondern schlicht das materielle Wohlergehen, das die Wähler bei den Konservativen besser aufgehoben sahen (Crewe 1987a). Wahlen ex post aus wichtigen Issues allein zu erklären, trifft also manchmal auf das Paradox, daß die wahlverlierende Partei die Issue-Siegerin ist (vgl. Kapitel 9.4). Vielleicht gaben daher relativ wenige Wähler den Ausschlag, für die Issues wichtig waren, die für die Mehrheit des Wahlvolks weniger wichtig waren (z.B. „law and order" oder Steuern). Diese Wählerminderheit maß Labour bei diesen Themen eine niedrigere Kompetenz zu und entschied so die Wahl 1979, bei der Labour in den Hauptthemen „Arbeitslosigkeit" und „Inflation" mehrheitlich die größte Kompetenz zugemessen worden war (Särlvik/Crewe 1983: 7-20, 150-166). Oder konnten die Konservativen doch aus weniger bedeutenden Issues bedeutende machen? Miller et al. (1989) machten für die Wahlniederlage Labours 1987 den Issue „Verteidigung" verantwortlich. Eigentlich stand er an unterer Stelle der wichtigen Issues, aber die Konservativen hielten einen gewaltigen Kompetenzvorsprung. Und den nutzten sie, besonders als Kinnock in einer Fernsehsendung ein unglückliches Interview gab, das den Anschein erweckte, er würde bei einem Angriff auf Großbritannien lieber kapitulieren als Nuklearwaffen einsetzen.[11] Nachdem die Presse und der konservative Wahlkampf den Kinnockschen Fauxpas aufgegriffen hatten, maßen manche Wähler dem Issue eine größere Bedeutung bei und den Konservativen eine größere Kompetenz zu (Crewe 1987b; Miller et al. 1989: 118-120).[12]
Aber so dramatisch waren die Veränderungen nicht, als daß sie Labour den Wahlsieg hätten kosten müssen. Möglicherweise räsonierten die Wähler über die

---

[11]Das Interview selbst wurde am 24. Mai 1987 im Frühstücksprogramm („Frost on Sunday") gegeben und dürfte von nicht allzuvielen Wählern auch gesehen worden sein. Am Montag darauf griff die den Konservativen nahestehende Presse sofort die „weiche" Haltung Kinnocks auf und präsentierten Kinnock als „the man with a white flag" (Daily Mail, 27.5.1987). Die Konservativen schalteten Anzeigen, auf denen ein Soldat mit erhobenen Händen zu sehen war mit dem Spruch „Labour's Policy on Arms". Am 27. Mai 1987 nannte US-Präsident Reagan Labours Verteidigungspolitik einen „grievous error".

[12]Immerhin war dieser Issue auch der in den Fernsehnachrichten am häufigsten behandelt (Axford/Madgwick 1989: 153).

Situation im eigenen Wahlkreis und wählten weniger aus der Evaluation der nationalen Issue-Situation heraus, sondern nach den Kräfteverhältnissen im eigenen Wahlkreis (Miller et al. 1989: 124f).[13] Erst zwischen 1992 und 1997 konnte Labour wieder seine Themen auf die Agenda bringen: Gesundheits- und Bildungspolitik waren die Sorge der Wähler (King 1998: 193). Dies muß vor dem Hintergrund einer schlechteren Qualität öffentlicher Leistungen gesehen werden: lange Wartelisten für Operationstermine, Wartezeiten in den Notaufnahmen und der katastrophale Zustand vieler Schulen. Davon waren die Zeitungen voll und betrafen die Wähler direkt. Demzufolge entzogen die Wähler den Konservativen das Vertrauen, die öffentlichen Dienste besser managen zu können. Wähler, die 1992 noch konservativ gewählt hatten und dies 1997 nicht mehr tun wollten, gaben zumindest dies als Grund an (King 1998: 194-196). Mehr als siebzig Prozent plädierten sogar für Steuererhöhungen im Gegenzug für bessere öffentliche Dienstleistungen, nur sieben Prozent wollten Steuersenkungen um jeden Preis (1979: 34% zu 34%, 1992: 66% zu 10%; ebd: 200). Nach achtzehn Jahren konservativer Herrschaft wählte ein sozialdemokratisch denkendes Elektorat auch wieder sozialdemokratisch.

Erklärungskräftiger für die Wahlniederlagen Labours (auf nationaler Ebene) waren die ungünstigen Werte für ihre Spitzenkandidaten. Es scheint eine starke Beziehung zwischen der Unpopularität der Labour-Spitzenkandidaten und den Wahlniederlagen 1979, 1983, 1987 und 1992 zu geben. Aber auch hier ist Vorsicht angebracht, denn Margaret Thatcher war ungeachtet ihrer Wahlsiege nicht Darling der Wähler. 1983 war David Steel, 1987 David Owen (sein damaliger Mit-Spitzenkandidat Steel hatte an Popularität eingebüßt) ähnlich populär, obwohl ihre Partei(en) keinen Durchbruch erzielen konnten. Nach Bean und Mughan ist vielleicht gar nicht einmal die Popularität so entscheidend, sondern die einem Kandidaten zugeschriebenen (Führungs-) Eigenschaften. Nicht der Darling der Wähler kann eine Wahl entscheiden, sondern der „Macher" und „Manager", der eine effektive Führung verspricht (Bean/Mughan 1989: Tab. 6). Bean und Mughan hatten Thatcher und Foot verglichen, aber auch der Vergleich Thatcher-Kinnock und Major-Kinnock zeigt, daß Kinnock im Vergleich zu seinen Kontrahenten keine Führungsqualitäten zugesprochen wurden (Crewe/King 1994: Tab. 8.2).

1983 erreichte Michael Foot einen bisher nie gekannten Negativrekord, die Kandidaten aller Parteien waren wesentlich populärer als er.[14] Dazu kam außerdem,

---

[13]D.h. daß Wähler, die sich zwischen Labour und Alliance nicht entscheiden konnten, taktisch wählten, um den konservativen Wahlkreiskandidaten zu verhindern.

[14]Die Differenz zwischen den Befragten, die angaben, er wäre der Beste der zur Wahl stehenden Kandidaten minus derer, die sagten, er sei der Schlechteste, lag bei minus 50 (Thatcher: plus 21; Steel: plus 33, Jenkins: minus vier), d.h. nur 13 Prozent meinten, er gäbe den besten Premier ab, während 63 Prozent meinten, er gäbe den schlechtesten ab (Denver 1994: 111, Tab. 5.1).

daß er sich im Vorfeld der Wahl einen Zweikampf mit Denis Healey lieferte, als es um die Abrüstung ging: Healey bestand darauf, Labours Profil eher in Richtung multilateraler Abrüstung zu stärken (Miller 1984: 379f). Möglicherweise waren es daher die Führungsstreitigkeiten innerhalb der Partei, die trotz eines günstigen Issue-Hintergrundes das schlechte Abschneiden der Partei beeinflußten. So entstand bei Labour ein Glaubwürdigkeitsproblem, zumal Labour sich außerstande sah, sich im Issue „Verteidigung" geschickt zu plazieren - hier hatten die Konservativen eine eindrucksvolle 47-Prozentpunkt-Führung.
Der Asket Foot, der selbst am Volkstrauertag am *Cenotaph* einen Knautschmantel trug, wurde vom Waliser Neil Kinnock abgelöst. Ohne in die britische Nationalpsychologie abzugleiten, mag Kinnocks Landsmannschaft, seine proletarische Herkunft und seine Vergangenheit als Linker ein Grund für seine anhaltende Unpopularität in *middle England* gewesen sein. Jedenfalls konnte er die Popularitätslücke zu Thatcher 1987 nicht schließen, 1992 hatte sie sich zugunsten Majors (und Paddy Ashdowns) wieder geweitet. 1992 zeigte eine Gallup-Umfrage, daß 22 Prozent der Wähler eher Labour gewählt hätten, wäre nicht Kinnock, sondern John Smith Spitzenkandidat gewesen (Denver 1994: 112). In jedem Fall deplazierte ihn Thatcher bei der Frage nach dem besten Premierminister 1987 (42% zu 31%), Major 1992 (52% zu 23%), damals war sogar Paddy Ashdown populärer als Kinnock (24%; Crewe/King 1994: Tab. 8.1).
Alles änderte sich mit dem kurzen Interregnum John Smiths (1992-1994) und der Ära Blair. Smith war wesentlich populärer als Kinnock, aber Blair erhielt von den Befragten Traumwerte.[15] Außerdem sahen sie unter seiner Ägide die Partei als geeint an (51%; unter Kinnock waren es 43% und unter Smith 44%).[16]

9.3 Der „Schnauze voll"-Effekt

Ein anderer (allerdings sehr einfacher) Erklärungsansatz für das Wahlverhalten in einem verflüssigten Wählermarkt ist die „time-lapse"-Theorie, wie sie z.B. vom ehemaligen konservativen Tory-Granden Cecil Parkinson (jetzt Lord Parkinson) in der Wahlnacht 1997 vertreten wurde: „It's twenty-three years since the Labour Party last won an election, and I think the mood that I found going round the country: people were saying: 'Look, it's just time for a change.'" (zit. n. King

---

[15] Durchschnittlich fanden zwischen 1994 und 1997 41%, daß Blair den besten Premierminister abgeben würde (Kinnock [1990-1992]: 28%, Smith [1992-1994]: 32%) und daß er ein guter Parteiführer sei (Kinnock: 37%; Smith: 46%). Zugleich erklärten auch deutlich mehr Wähler, Labour wählen zu wollen (56%; unter Kinnock: 41%, unter Smith: 46%; King 1998: 202, Tab. 7.8).
[16] Bereits unter Kinnock nahm die Zahl der Befragten zu, die Labour als geeinte Partei sahen, Tiefpunkt war 1983, als nur 8,5% der Befragten Labour als einig sahen (1992: 30%; Heath/Jowell 1994: Tab. 11.10).

1998: 178). Je länger eine Partei an der Regierung ist, umso größer ist die Wahrscheinlichkeit, daß die Wähler ihr überdrüssig sind. Zumindest liegt der Gedanke nicht fern, wie Umfragen bestätigen. Die „time for a change"-Stimmung läßt sich gut nachweisen: So meinten z.b. über die Hälfte der Deutschen, nach sechzehn Jahren Regierung Kohl sei ein Wechsel an der Zeit (Forschungsgruppe Wahlen 3/1998). Selbst Kanzler Kohl gab halb-ironisch zu, daß ihn die Wähler nicht mehr sehen können (Rhein-Neckar-Zeitung, 10.7.1998). Dafür spricht auch die ziemlich lange Zeit, die die Regierungen in beiden Ländern im Amt waren, bis sie abgelöst wurden.

Tabelle 9.1: Regierungsdauer in Großbritannien 1945-1997

Regierung	Regierungsdauer
Labour (Attlee)	6 Jahre (1945-51)
Konservative (Churchill/Eden/Macmillan/Douglas-Home)	13 Jahre (1951-64)
Labour (Wilson)	6 Jahre (1964-70)
Konservative (Heath)	4 Jahre (1970-74)
Labour (Wilson, Callaghan)	5 Jahre (1974-79)
Konservative (Thatcher, Major)	18 Jahre (1979-97)
Durchschnitt Labour	5,7 Jahre (gesamt: 17 Jahre)
Durchschnitt Konservative	11,7 Jahre (gesamt: 35 Jahre)
Durchschnittliche Regierungszeit gesamt	8,7 Jahre (gesamt: 52 Jahre)

Tabelle 9.2: Regierungsdauer in der Bundesrepublik Deutschland 1949-1998

Regierung	Regierungszeit
CDU/CSU - FDP (Adenauer/Erhard - Dehler/Mende)	17 Jahre (1949-66)
CDU/CSU - SPD (Kiesinger - Brandt)	3 Jahre (1966-69)
SPD - FDP (Brandt/Schmidt - Scheel/Genscher)	13 Jahre (1969-82)
CDU/CSU - FDP (Kohl - Genscher/Bangemann/Lambsdorff/ Kinkel/Gerhardt)	16 Jahre (1982-98)
Durchschnitt CDU/CSU – FDP	18 Jahre (gesamt: 36 Jahre)
Durchschnitt SPD – FDP	13 Jahre
Durchschnittliche Regierungszeit gesamt	12,25 Jahre (gesamt: 49 Jahre)

Gerade im britischen Fall sind aber durchaus Zweifel angebracht. Denn die Regierungen zwischen 1964 und 1979 hielten unterdurchschnittlich lange und Labour hatte bereits 1987 plakatiert „It's time for a change". Und schließlich hatten die Bundesbürger bereits 1990 und 1994 in Umfragen angedeutet, sie wollten den Wechsel, den sie allerdings nicht vollzogen. Es ist wohl weniger die absolute Regierungsdauer, sondern nach der Issue-Lehre oder der „Economic Voting"-Lehre[17] eher die Enttäuschung über die Regierung oder vielleicht auch attraktive Politik- und Kandidatenangebote der Opposition, die die Wähler zum Wechseln reizen. Allerdings sind bei einer bereits amtierenden Regierung die Lorbeeren schneller aufgebraucht als bei einer neuen Regierung.

9.4 Das Issue-Paradox wird gelöst: Der Wähler mit Prinzipien

In Großbritannien und der Bundesrepublik stehen wir vor einem Paradox: Warum haben Labour und die SPD die Wahlen nicht gewonnen, obwohl sie manchmal die größte Kompetenz bei den Themen hatten, die den Wählern wichtig waren? Wahlforscher in beiden Ländern fanden darauf unterschiedliche Antworten. Die Forschungsgruppe Wahlen, Allensbach und Infas sagen, zumindest für 1994: „It's the Economy, Stupid" (Roth 1996: 31f; Schulz 1996: 42; Feist 1996: 72). Die große Kompetenzzumessung für das wichtigste Thema Arbeitslosigkeit nützte der SPD nichts, da die Wähler meinten, es gehe mit der Wirtschaft aufwärts (und überschrieben die generelle Wirtschaftskompetenz auf die Union). Die der SPD zugeschriebene Kompetenz, die Arbeitslosigkeit zu bekämpfen, blieb unangetastet. Manche Wahlforscher bemühten für diesen Widerspruch die Residualkategorie „Stimmungen": „Letztendlich entschieden jedoch Gefühle, Stimmungen diese Wahl" (Schulz 1996: 56). Dies ist im Sinne der Issue-Theorie nicht besonders hilfreich und wenig systematisch.

Andere Forscher beschäftigten sich weniger mit Super-Issues oder Gefühlen, sondern stellten mehr auf die Einstellungen, Werte und politischen Prinzipien ab, die die Paradoxa des *issue votings* erklären sollen. Im folgenden werden die britischen Ansätze mit „GB" bezeichnet, die deutschen mit „D".

Positionsissues (GB): Die britische Wahlforschung verwendete einigen Aufwand darauf, den Einfluß der Einstellungen der Wähler auf die Wahlentscheidung nachzuweisen. Dabei ging es weniger darum herauszufinden, welche *aktuellen* Issues die jeweilige Wahl bestimmen, sondern welche *allgemeinen* Issues die Wahlentscheidung determinieren. Unabhängig davon, ob in einer Wahlkampagne mit diesen Issues gerungen wurde, fragten sie gleichbleibend nach der Wählereinstellung zu Themen wie Verstaatlichung, sozialer Sicherheit, Einwanderung oder Erziehungspolitik, ohne die Issues nach ihrer Relevanz für eine bestimmte Wahl zu gewichten (Särlvik/Crewe 1983, Himmelweit et al. 1985). Dieses sind „Positionsissues", also Themen, über die es hinreichend Dissens zwischen den Wählern und den Parteien gibt. Das entscheidende Kriterium ist dabei, ob ein bestimmtes Politikziel (z.B. mehr Verstaatlichungen, mehr öffentliche Bildung) an-

---

[17]Dazu näher Kapitel 10.

zustreben ist oder nicht. Das Gegenteil sind „Valenz-Issues": Hier sind sich die Wähler und Parteien im Politikziel einig, es besteht lediglich Dissens über den Weg zum Ziel. Typische Valenz-Issues sind Inflation oder Arbeitslosigkeit. Hier gibt es bei Wählern und Parteien keinen Dissens darüber, daß weniger Arbeitslosigkeit oder Inflation anzustreben sind. Hier entscheidet dann die Kompetenzzumessung über die Wahlentscheidung.[18]
Nimmt man die durchschnittliche (Selbst-) Verortung der Wähler in acht Issues, ergibt sich, daß 43 Prozent der Wähler eher die konservative Position teilen und 27% die Position Labours, ein ziemlich genaues Abbild des tatsächlichen Wahlergebnisses 1979 (Särlvik/Crewe 1983: 215). Für die Labour Party kam außerdem noch die schlechte Nachricht dazu, daß ein erheblicher Anteil ihrer Wähler (24%) sich näher an konservativen Issue-Positionen wähnt (ebd.).[19] Nicht besonders gut fährt Labour auch in der Einschätzung der Gesamtwählerschaft bei bestimmten, zwar nicht aktuellen, aber entscheidenden Issues: 1979 wollten nur 16% eine Ausweitung der *nationalisations*, 41% den Status Quo und 37% die Privatisierung, 49% wollten weniger Ausgaben für die Sozialpolitik, während 20% das Gegenteil wollten (ebd: 190f). Selbst nach allen innerparteilichen Modernisierungen wollten 1992 82% der Labour-Mitglieder mehr *nationalisations*, 75% der Parlamentskandidaten, aber nur 48% der Labour-Wähler und nur 24% aller Wähler. Die meisten Wähler wollten auch 1992 den schon reichlich reduzierten Status Quo (52%), 24% wollten mehr Privatisierungen (Norris 1994: Tab. 10.1). Labour hinkte in diesen Fragen sowohl dem eigenen Wähler als auch dem Durchschnittswähler hinterher.[20] Nach dreizehn Jahren Thatcherismus hatte sich das Blatt in der Sozialpolitik gewendet: 57% der Wähler wollten mehr Sozialausgaben (auch wenn dies Steuererhöhungen bedeuten sollte), nur 4% wollen Steuersenkungen um jeden Preis. Hierin liegen die Wähler eher auf der Linie Labours (während wenige Konservative, egal ob Mitglied oder Parlamentskandida-

---

[18] Diese Unterscheidung stammt ursprünglich von Donald Stokes (1963). Stokes meinte, daß es eine Sache der Empirie ist, einen Positions- von einem Valenzissue zu unterscheiden. Aber Fiorina (1981) machte darauf aufmerksam, daß in etlichen Valenzissues ein Stück Positionsissue steckt, nämlich wenn es darum geht, ein Ziel mit verschiedenen Mitteln zu erreichen (z.B. in der Frage um Steuererhöhungen, um den Sozialstaat zu finanzieren).

[19] Crewe verglich an anderer Stelle die langfristige Unterstützung für Issues, für die Labour steht: Der Anteil derjenigen, die sich mit Labour identifizieren und mehr Nationalisierungen wollen, sank 1964 bis 1979 von 57% auf 32%. Einen ähnlichen Trend gab es bei der Frage nach mehr Sozialausgaben und der Frage, ob die Gewerkschaften zuviel Macht hätten (Crewe 1985: 139, Tab. 5.14). Hingegen ergab sich bei Personen, die sich mit den Konservativen identifizierten, eine deutliche Zunahme an Unterstützung für konservative Positionen im Zeitraum 1964 bis 1979 (ebd: 140, Tab. 5.15).

[20] Norris (1994: 178) weist mit Recht darauf hin, daß sowohl konservative Parlamentskandidaten als auch Parteimitglieder in diesem Positionsissue genauso extrem sind wie die Labours (sie verfechten die Privatisierung, die ähnlich unpopulär ist wie die Verstaatlichung) und daß die Unterstützung für mehr Privatisierungen unter den Wählern seit 1979 gesunken ist.

ten, eine Ausweitung der Sozialausgaben wollten; Norris 1994: Tab. 10.4). Nun kann mit Recht eingewandt werden, daß Labour mit seiner programmatischen Umorientierung ab 1987 diesen Issue neutralisiert habe. Dies setzt voraus, daß die Wähler auch mitbekommen haben, daß Labours Haltung den *nationalisations* gegenüber verändert hat. Die von Heath und Jowell vorgelegten Daten bestätigen diese Einschätzung teilweise: Der Durchschnittswähler selbst sah 1992 die *nationalisations* positiver und Labour selbst in dieser Frage nicht mehr so radikal wie noch 1987 (Heath/Jowell 1994: Tab. 11.1., 11.4, 11.6).

Aus diesen Ergebnissen läßt sich leicht ablesen, daß die Einschätzung der Labour Party in wichtigen Issues der Partei bei Wahlen geschadet hat, d.h. sie erscheint als eine Partei, deren Position in den meisten Fällen nicht von den Wählern geteilt wird: „Labour wins votes despite their policies, the Conservatives because of theirs" (Crewe 1985: 135). Allerdings hat die Untersuchung von Särlvik und Crewe zwei erhebliche Mängel: Einerseits läßt sie das Issue-Profil der Liberalen völlig außer acht (ihre Wähler scheinen den konservativen Issue-Positionen näher zu stehen als denen der Labour Party), andererseits differenziert sie zunächst nicht danach, ob Valenzissues oder Positionsissues entscheidender sind,[21] so daß ihre Ergebnisse widersprüchliche Interpretationen zulassen. Ein relativ unbedeutendes Thema, der Positionsissue „Verstaatlichung", soll sich zu Ungunsten Labours auswirken, während das wichtigste Thema, „Steuersenkungen oder Verbesserung der öffentlichen Dienstleistungen", sich kaum auswirken soll, zumal bei diesem Issue die Wähler Labour näherstehen als den Konservativen. Aber diese sind offensichtlich keine Valenzissues, sondern Positionsissues. Gibt es wichtige Positionsissues, die sich nicht auf die Wahlentscheidung auswirken oder unwichtige, die sich umso stärker auswirken? Und was ist mit Valenz-Issues? Und warum hat trotz eines Einstellungswandels unter den Wählern und trotz einer moderateren Einschätzung Labours die Wahlen 1992 verloren?

Die Autoren begeben sich in ein Dilemma, das sie nicht auflösen können: Was entscheidet die Wahl: ein Issue, der besonders wichtig ist, oder ein Issue, der nicht sonderlich wichtig ist, bei dem aber die Issue-Position des Wählers die Wahlentscheidung stark beeinflußt?[22] So gerät dieses Modell der Wahlent-

---

[21]Dies zeigt beispielsweise der Issue „nationalisations", der die Pro-Konservativen/Anti-Labour-Werte nach oben treibt, da Verstaatlichungen außerordentlich unbeliebt sind, zumal in der Labour Party lediglich 34% für mehr Verstaatlichungen eintreten (30% dagegen; Sarlvik/Crewe 1983: 214, Tab. 9.5). Aber dieser Traditions-Issue war sicher nicht wahlentscheidend im Jahr 1979, denn ihn nannten 51 Prozent der Befragten wichtig oder sehr wichtig. Andere Themen rangierten wesentlich höher: Steuersenkungen vs. Qualität der öffentlichen Dienstleistungen (78%) und die Bekämpfung der Arbeitslosigkeit (71%; Sarlvik/Crewe 1983: 223, Tab. 9.8A). Diese Meßmethode unterscheidet sich von der Methode der FGW, die freie Antworten auf die Frage „Was ist für Sie das wichtigste Thema zur Zeit" zuläßt.

[22]Dies zeigt sich beim Vergleich des eher unwichtigen Issue „nationalisations" mit dem Issue „Steuersenkungen oder Qualität öffentlicher Dienstleistungen":

scheidung in seine eigenen Fallstricke. Daher führen die Autoren eine andere Interpretation ein, die sich vom *issue voting* im eigentlichen Sinne fortbewegt: Eigentlich nicht aktuelle Issues können ein guter Indikator für die Wahlentscheidung werden, wenn der Bevölkerung dieser Issue vertraut ist, sich die Meinung der Wähler deutlich spaltet, die Position der Parteien sich deutlich unterscheidet und diese unterschiedlichen Positionen den Wählern bekannt ist. Dann wird der Wähler der Partei die Stimme geben, deren Position er am nächsten ist („closest party voting"). Im Jahr 1979 war etwas ähnliches nach Särlvik und Crewe geschehen: Obwohl es bestimmt dringendere Probleme als die Nationalisierungen gab, hielten manche Wähler diesen Issue für sehr wichtig - und diese richteten ihr Wahlverhalten nach ihrer Position beim Issue „Nationalisierungen" aus.

Wählerideologie (GB): Über Positionsissues ist in nachfolgenden Studien gestritten worden. Heath et al. (1985: Kap. 7, 8) sahen hier eher einen anderen Mechanismus am Werk. Der Ausgangspunkt ihrer Überlegungen ist das offenkundige Paradox, daß die Labour Party alle Wahlen seit 1979 hätte gewinnen müssen, wenn die Wähler danach entschieden hätten, welche Partei bei wichtigen Issues am kompetentesten ist. Sie lehnen damit die Issue-Theorie ab und entwerfen eine Gegentheorie: Der Wähler vertritt eine gewisse Position und wählt eine bestimmte Partei, weil er selbst „general values and [...] overall perceptions of what the parties stand for" hat (Heath et al. 1985: 107) - und nicht weil er verschiedene Issues in ihrer Wichtigkeit abwägt und sorgfältig die Problemlösungskompetenz der Parteien abwägt. Die Wählerideologie wird also von Parteien vertreten, was wiederum dafür sorgt, daß der Wähler die bunte Issue-Welt durch die Brille seiner Partei sieht. So wird die Labour Party als eine Partei gesehen, die prinzipiell für Sozialisierungen, die Stärkung der Gewerkschaften und soziale Gleichheit eintritt. Wer diese Ideologie vertritt, die auf ziemlich wenigen Glaubenssätzen beruht, der wird auch Labour wählen (Heath et al. 1985: 109-111). Wer vertritt diese „Ideologie"? Nach Heath und seinen Kollegen sind es letztlich die Klassen, die bestimmte Werte vermitteln („'taken-for-granted' class values", ebd: 111). So kann auch der Niedergang Labours erklärt werden: Werden die Klassen kleiner, verringert sich auch der Anteil derjenigen, die solche Werte vertreten oder per Klassenzugehörigkeit mitbekommen.

	Korrelation zwischen „issue opinion" und Wahlentscheidung	Anteil derjenigen, die Issue für wichtig oder sehr wichtig halten
„nationalisations"	0.48	51%
„tax cuts vs government services"	0.33	78%

Daten aus: Sarlvik/Crewe 1983: 223, Tab. 9.8A.

Politische Prinzipien (GB): Einen ähnlichen Weg beschritten Rose und McAllister, die die Entscheidung des Wählers durch „political principles" geleitet sahen. Diese politischen Prinzipien sind „underlying judgements and preferences about the activities of government [which] are general enough to be durable ... [and] ... concern persisting problems of public policy" (Rose/McAllister 1986: 117). Anhand eines Fragenkatalogs, der Antworten auf elf altbekannte Issues ermöglichte, identifizierten sie (durch Faktorenanalyse) vier generelle politische Prinzipien, in die sich Wähler einteilen lassen: „socialism" (Befragte favorisieren mehr Nationalisierungen und Umverteilung des Wohlstandes und nehmen eine positive Haltung zu den Gewerkschaften, Gesamtschulen und zur einseitigen Abrüstung ein), „welfare" (positive Haltung zur Sozialpolitik, mehr Geld für Gesundheitssystem), „traditional morality" (gegen Abtreibungen, gegen sexuelle Freizügigkeit) und „racialism" (zuviel Einwanderer und Integration).[23] Von der Zugehörigkeit zu einem politschen Prinzip kann nur bedingt auf die Wahl einer Partei geschlossen werden. Am offensichtlichsten ist dieser Automatismus noch bei Anhängern und Gegnern der sozialistischen Prinzipien. Da aber die meisten Wähler in Großbritannien Gegner dieser Prinzipien sind, wirkt sich die (Nicht-)Verbreitung diese politischen Prinzips unter britischen Wählern zuungunsten der Labour Party aus. Die anderen drei Prinzipien korrelieren nur schwach mit der Wahlentscheidung: In ihnen herrscht „intra-party consensus" (ebd: 124f). So muß sich z.B. ein Rassist nicht gezwungenermaßen zu einer bestimmten Partei hingezogen fühlen.

Diese Debatte soll hier nicht entschieden werden, allerdings fällt auf, daß in einer Nachfolgestudie von 1991 Heath und seine Kollegen von ihrem Modell des „ideological voting" abrückten, wenn auch nicht von der Kernaussage, daß es nicht die Issues sind, die die Wählerentscheidung ausmachen. Immerhin darf als gesichert gelten, daß das „judgemental voting" (Denver 1994: 101f) zugenommen hat. Die Wähler beginnen zu wählen, aus welchen Evaluationen auch immer.

Werte und längerfristige Prinzipien (D): In der Bundesrepublik wurde etwas offener über den Einfluß der Werte auf das Wahlverhalten diskutiert; dies hing hauptsächlich mit der Etablierung der Grünen zusammen. Allerdings beschränkte man sich - in Kapitel 4.2 gezeigt - auf die Feststellung, daß die Anhänger beider Parteilager sich durch unterschiedliche Wertorientierungen (materialistisch-postmaterialistisch) voneinander scheiden. Selten wurde aber über den direkten Zusammenhang zwischen Wertorientierung und Wahlverhalten geforscht, und dabei

---

[23] Diese vier politischen Prinzipien unterscheiden sich insofern voneinander, als daß z.B. die Antworten auf Fragen nach „socialism" untereinander stark korrelieren, nicht aber mit Antworten auf Fragen aus anderen Bereichen. Ein „Sozialist" (im Sinne dieser Kategorisierung) kann also genauso gut für als auch gegen mehr sexuelle Freizügigkeit in den Medien sein. Er wird dadurch zum „Sozialisten", daß er für mehr Nationalisierungen, Umverteilungen, Gesamtschulen, Gewerkschaftsmacht und einseitige Abrüstung ist.

nach unterschiedlichen Wertkategorien („Sozialismus", „Religion und Moral" und „Selbstentfaltung") gefragt. Jagodzinski und Kühnel (1997: 225-231) fanden einen relativ deutlichen Zusammenhang von Wertehaushalt und der Wahl einer Partei, bzw. eines Parteilagers: Wer einen ausgebauten Wohlfahrtsstaat befürwortet, wird SPD wählen, wer gegen eine laxe (Sexual-)Moral ist, der wählt eher die Union, wer postmaterialistisch eingestellt ist, wählt eher die Grünen. Vor allem aber wurde gezeigt, daß die unterschiedlichen Parteilager auch relativ homogene Wertorientierungen haben: Wähler der SPD und der Grünen vertreten in Fragen des Wohlfahrtsstaates, der Moral und der Unabhängigkeit ähnliche Werte (und reziprok gilt dies für Unions- und FDP-Wähler). So kann - ähnlich wie bei Rose und McAllister - die Zugehörigkeit zu einem politischen Prinzip (oder einer Wertefamilie) die Wahl einer Partei, genauer einer Partei innerhalb eines Parteilagers, wahrscheinlicher machen. Allerdings schränken die Forscher ein, daß die Erklärungskraft dieses Modells eher gering ist (15%, ebd: 230, Anm. 28). Dessen ungeachtet schlug Pappi einen ähnlichen Weg vor, um zumindest das ostdeutsche Wahlverhalten erklären zu können. Wähler wählen nicht nach Issues oder Kandidaten, sondern nach ihren „politischen Präferenzen" (Pappi 1991: 19), was Schultze treffender als „ideologische Grundüberzeugungen" bezeichnet (Schultze 1994: 486). Diese werden an der Einstellung des Wählers zu vier Positionsissues („Staatseingriffe", „Asylrecht", „Schwangerschaftsabbruch", „Kernenergie") festgemacht. Mit diesen Grundüberzeugungen tritt der Wähler den Parteien gegenüber und „mißt" den Abstand zwischen seiner Position und der der Parteien. So sollte es im Regelfall auch zu einem „closest party vote" kommen. Genau dies haben die Ostdeutschen nicht getan. Wie ist dies zu erklären? Pappi erklärt dies wieder ganz konventionell mit der Basisannahme des *issue voting*, der Lösungskompetenz (Pappi 1991: 24f). Diese treten als kurzfristige Faktoren auf, die das von der Grundorientierung her zu erwartende Wahlverhalten beeinflussen.

Was ist von alledem zu halten? Ein wenig, aber nicht zuviel! Zunächst ist es der Vorteil dieser Theorien, das partielle Versagen der Issue-Theorie theoretisch konsistent durch einen Gegenentwurf zu erklären. Aber die Kritik wiegt schwerer: Erstens werden die Einstellungen/Werte/Grundüberzeugungen der Wähler anhand weniger Items gemessen (bis auf die Arbeit von Jagodzinski/Kühnel 1997). Zweitens lassen sie die Wandlungen dieser politischen Prinzipien unbeachtet. So ist es doch durchaus plausibel anzunehmen, daß die Prinzipien einer Klasse sich entweder differenzieren oder generell verändern (wie z.B. dann, wenn sich die Arbeiterklasse heterogenisiert). Der unbestreitbare Vorteil der britischen Forschung liegt allerdings darin, daß sie nachweisen kann, daß das Schrumpfen der Arbeiterklasse auch das Schrumpfen der Arbeiterklasse-Ideologie/Prinzipien mit sich brachte. Drittens: Was spricht gegen die Annahme, daß es in manchen Prinzipien einen über die Klassen hinausgehenden Konsens gibt? Wie Crewe (1988) und auch Jagodzinski/Kühnel (1997, Tab. 1), letztere ungewollt, zeigen, gibt es in

den wohlfahrtsstaatlichen Wertorientierungen und Einstellungen doch einen bemerkenswerten Konsens über die Klassen und Parteineigungen hinweg. Hier erscheint eine Klassen- oder Parteiideologie ziemlich abwegig!
Viertens: Warum sollen Wertorientierungen das alte und bewährte Cleavage-Modell ablösen? Es hat den Anschein, als würden genau diese Wertorientierungen doch durch die Zugehörigkeit zu einer gesellschaftlichen Großgruppe oder einem Milieu (mehr oder weniger organisiert) vermittelt.
Fünftens: Vielleicht läßt sich das Versagen der Kausalkette
„*Wichtiges Thema* ⇒ *Kompetenzzumessung* ⇒ *Wahlentscheidung*"
durch andere Ansätze erklären als durch politische Prinzipien, z.B. durch die intervenierende Variablen „Spitzenkandidaten" oder „generelle Regierungsfähigkeit", oder durch einen heimlichen „Super-Issue", nämlich die Wirtschaftslage und die wirtschaftspolitische Kompetenz der Parteien.

9.5   Zusammenfassung

Es spricht viel dafür, daß in beiden Ländern die Parteienkompetenz bei Issues wichtig für die Wahlentscheidung ist. Zugleich haben beide Parteien bei der Auswahl ihrer Spitzenkandidaten bis Anfang der neunziger Jahre kein besonders glückliches Händchen gehabt. Noch weniger hatten sie das Glück, ihre Parteien als besonders geeint und wenig extremistisch zu präsentieren (zumindest gilt dies für die achtziger Jahre). Schließlich haben aber beide Parteien verstanden und präsentierten sich in jüngerer Zeit als einige, fast monolithische Parteien, Labour bemerkenswert früher als die SPD. Zunächst unter Kinnock, später unter Smith, am deutlichsten unter Blair wurde die potentielle innerparteiliche Opposition eingebunden (bis 1987) und später innerparteiliche Harmonie bei gleichzeitiger Submission der Rest-Opposition exerziert. Ähnliche Tendenzen lassen sich auch bei der SPD feststellen. Was Rudolf Scharping nur bis zur Bundestagswahl 1994 gelang, desintegrierte zusehends bis Mitte 1995, als er seinen Rivalen Gerhard Schröder vom Amt des wirtschaftspolitischen Sprechers absetzte. Die seit 1997 zur Schau gestellte Einigkeit zwischen Scharpings Nachfolger, Oskar Lafontaine, und Gerhard Schröder mag ihre Wurzeln in der Tradition der Disharmonie der SPD-Spitze haben. Zum ersten Mal seit 1982 erschien bei der Wahl 1998 der SPD-Wahlslogan wieder berechtigt: „*Wir* sind bereit".
Noch verblüffender als die plötzliche Harmonie bei Labour und SPD (zumindest was die Führung angeht) ist die ebenso plötzliche Desintegration ihrer politischen Hauptgegner. Die Konservativen zerstritten sich nach ihrem Wahlsieg 1992 in der Europapolitik, die bürgerliche Koalition in Deutschland in fast allen denkbaren

Politikfeldern.[24] So schätzten Mitte 1992 65% der Befragten die Konservativen als geeint ein (Labour nur 20%), im Sommer 1992 sanken die Werte deutlich (32%) und kollabierten während der Währungskrise im September 1992 (15%), ohne sich je wieder zu erholen (März 1997: 16%). Vielleicht liegen hierin die Widersprüche eines „one-party system", in dem eine starke Regierung die eigentlichen Opponenten nicht auf der anderen Seite des Unterhauses sieht, sondern einige Reihen hinter der eigenen Parlamentsbank: Bekämpft wurden die innerparteilichen Gegner, nicht Labour oder die LibDems (Sanders 1998: 217-219). Labour hingegen hatte eine lange Tradition, als zerstritten zu gelten, jedoch wurde diese Partei seit Herbst 1992 mehrheitlich als geeint gesehen, besonders seit Tony Blair liegt sie deutlich über der Fünfzig-Prozent-Marke (März 1997: 59%; Denver 1998: 27).

Vielleicht ist es argumentative Eleganz, wenn Miller (1984) den Wahlfaktor „generelles Image" einer Partei einführt. So zeigte z.B. Klingemann, daß im Urteil der Bürger zwischen 1969 und 1994 die Union als die bessere Regierungspartei gesehen wird, während die SPD eher als „not fit to govern" und eher als zerstritten eingeschätzt wird (Klingemann 1998: 416f mit Tab. 7.1; 449). Aber dies mag den Umstand erklären, den Issue-Vertreter nicht erklären können. Wenn eine Partei in einem wichtigen Issue zwar als kompetenter angesehen wird, heißt das noch lange nicht, daß sie auch die Wahlen gewinnt, zumindest dann nicht, wenn ihr nicht vertraut wird, da sie als extremistisch oder uneinig gesehen wird. Oder es wird ihr vertraut, weil sie das Image des Modernen hat. Dies geschieht durch einen „symbolischen Moment" (King 1998: 200), z.B. durch einen spektakulären Parteitag, der eine deutliche Kurskorrektur vornimmt. Die SPD vollzog einen symbolischen Schwenk 1959 (vgl. Kapitel 22.2). Labour mußte auf einen solchen Moment bis 1995 warten, als ein neuer Parteiführer, der völlig frei von traditionellen Bindungen (z.B. zu Gewerkschaften) war, Labours Verpflichtung auf den Sozialismus kippte (vgl. Kapitel 23.2). Solche symbolischen Momente sind oft völlig unabhängig von der politischen Praxis oder bereits abgelaufenen Reformvorgängen. Sie „warten" lediglich auf einen geeigneten Kommunikator (z.B. Brandt oder Blair) und/oder auf eine entsprechende Inszenierung. So erschien Labour unter Blair als fähiger, moderner, kompetenter, jünger und geeinter als unter Kinnock - und das, obwohl Kinnock die Hauptlast an der ideologischen Konversion Labours getragen hatte (cf. King 1998: 203, Tab. 7.9). Dies mag zögernde Wähler durchaus bewogen haben, Labour zu wählen, wenn auch keine Welle der Euphorie durch Großbritannien schwappte: 29 Prozent sagten, sie wä-

---

[24] Die Hauptstreitpunkte lagen dabei in der Steuerpolitik (Abschaffung des Solidaritätsbeitrages und Öko-Steuern). Die Auseinandersetzung belastete im April 1998 das Verhältnis zwischen CDU und CSU. Nach dem Vorstoß der CDU, sich für eine EU-weite höhere Benzinsteuer einzusetzen, drohte die CSU, ein eigenes Wahlprogramm zu entwerfen und sich von der CDU organisatorisch zu entkoppeln.

ren über eine Labour-Regierung erfreut, 49 Prozent sagten, es wäre ihnen egal (ebd: 204).
Eine erste Zwischenbilanz ergibt für beide sozialdemokratische Parteien:
1. Beide Parteien hatten eine relativ hohe Problemlösungskompetenz in „ihren" Politikfeldern (soziale Sicherung, Arbeitsmarkt), die von der Bevölkerung auch willig als ihre wichtigsten Themen perzipiert wurden. Allerdings garantiert dies nicht den Wahlerfolg. Hinzu treten „Images": Wofür steht die Partei im allgemeinen? Ist sie „modern"? Ist die Partei geeint? Ist der Spitzenkandidat kompetent? Ist die Partei überhaupt in der Lage, die Regierung zu übernehmen? Gerade hier sprechen die britischen Daten eine deutliche Sprache.
2. Beide sozialdemokratischen Parteien hatten durchgehend seit 1979/1983 die weniger attraktiveren Spitzenkandidaten.
3. Die von ihnen vertretenen Politikmodi und -ziele verlieren *eher* an öffentlicher Unterstützung: Allein der Umstand, daß beide Parteien mit angeblich ausuferndem Wohlfahrtsstaat und übergroßer Gewerkschaftsmacht identifiziert werden (im Falle Labours kommen noch die „nationalisations" hinzu), machen beide Parteien eher unpopulär (Crewe 1982: 38; Braunthal 1983: 263). Andererseits gibt im Falle Großbritanniens derselbe Autor, Ivor Crewe, eindeutige Hinweise darauf, daß die Thatcher-Revolution nicht den Wertehaushalt der Briten angetastet hat: Wohlfahrtsstaat, kostenloses Gesundheitswesen und Bekämpfung der Arbeitslosigkeit um jeden Preis (Crewe 1988). Hier ist allerdings Vorsicht geboten. Ein sozialdemokratisch fühlendes Wählervolk muß noch lange nicht sozialdemokratisch wählen. Zumindest dann nicht, wenn eine bürgerliche Regierung kompetenter erscheint, die Wirtschaft zu managen. Wie bereits gezeigt wurde, richteten bürgerliche Parteien längst nicht einen derartigen Flurschaden im Wohlfahrtsstaat an, wie sie Glauben machen wollen. Die Sozialdemokratie verlor also nicht, so die vorläufige Analyse, weil sich das Wahlvolk vom Wohlfahrtsstaat verabschiedet hatte, sondern weil sie auf Politikpositionen verharrte, die beim Wähler nicht ankamen bzw. eine unattraktive Mannschaft boten. Dies bedeutet, daß sich ein sozialdemokratisch gesonnenes Elektorat durchaus dann an den bürgerlichen Regierungen rächen kann, sollten sie zu hart in soziale Errungenschaften eingreifen. In beiden Staaten hat es unzweifelhaft eine Verschlechterung der öffentlichen Leistungen gegeben. Gerade in Großbritannien manifestierte sich 1997 ein Gefühl, daß der deutliche Wirtschaftsaufschwung am „kleinen Mann" vorüber geht: Die Steuern blieben hoch und die Ausgaben besonders im Gesundheitssystem wurden eher gekürzt. All dies kann sich aber nur dann an der Wahlurne auswirken, wenn die wohlfahrtsstaatliche Politik zu einem wahlentscheidenden Issue wird. Die Wähler mögen vielleicht sozialdemokratisch *fühlen*, aber nicht danach wählen (weil sie z.B. auch Steuerzahler oder „Wirtschaftswähler" sind).

10. „Retrospective" / „Economic voting"

10.1. Die Theorie

Nach Anthony Downs' Theorie entscheidet sich der rationale Wähler für die Partei, deren zukünftiges („prospektives") Regierungshandeln er für (sich) nützlich und günstig erachtet - wenn er überhaupt zur Wahl geht (Downs 1957: 38). Die Gründe für das zurückschauende Wählen (*retrospective voting*) liegen in der Unsicherheit, zukünftige Entwicklungen richtig einschätzen zu können, zumal der Informationsgewinn aus Erfahrungen der Vergangenheit kostengünstig zu gewinnen ist (Downs 1957: 40).[1] So wird „past action the best guide to assessing a party's future utility" (Kitschelt 1994: 76). Der beste Indikator, die jeweiligen Parteien einzuschätzen, ist dann der jeweilige *record in office*, also die Performanz der (letzten) Regierung - gemäß Kramers Entscheidungsregel.[2] Wahlen werden somit zu „referenda on performance" (Alt 1984: 308). Das Wahlverhalten ist also ein Verdikt über die Leistungen der amtsinhabenden Partei(en) - *nicht* die der Opposition (zur „incumbency school" vgl Fiorina 1981: Kap. 1).[3] In Fiorinas (1981) Analyse der amerikanischen retrospektiven Wähler kann es die Performanz auf vielen Gebieten (Rassenpolitik, Wirtschaftspolitik, Vietnamkrieg etc.) sein, die die „partisanship", die Parteiidentifikation, determiniert.[4]
Andere Forscher rückten die Evaluation der Wähler über die Leistungsbilanz einer Regierung in den Vordergrund. Besonders Michael Lewis-Beck (1988) in seiner Sechs-Länder-Studie und die Studie von Helmuth Norpoth (1992), die bri-

---

[1]Fiorina weist darauf hin, daß der Unterschied zu anderen Modellen des *economic voting* (z.B. Key 1961) darin liegt, daß Downs das Element der Kostenbegrenzung einführt, während andere Theorien auf das Element Bestrafen und Belohnung (wie bei Key) abzielen. Key ging davon aus, daß die Wähler aufgrund ihres Informationsdefizits nicht in der Lage sind, die Effizienz bzw. den Nutzen unterschiedlicher Politikangebote zu beurteilen. So werden nach Key Wahlen von den Wählern dazu benutzt, der Regierung das Mißtrauen oder Vertrauen auszusprechen. Außerdem geht Downs (1957: 109-111) davon aus, daß politische Parteien ihre Politiken konsistent formulieren und implementieren. Damit gerät jede Wahl auch zu einer Abstimmung über eine bestimmte *Politik*, nicht nur über eine Regierung (Fiorina 1981: 12-15).
[2]„... if the performance of the incumbent party is 'satisfactory' according to some simple standard, the voter votes to retain the incumbent governing party in office to enable it to continue its present policies, while if the incumbent's performance is not 'satisfactory', the voter votes against the incumbent, to give the opposition party a chance to govern" (Kramer 1971: 134).
[3]Dies liegt nach Fiorina (1981: 73) daran, daß Beurteilungsasymetrien („incumbency bias") auftreten, da der Wähler die amtierende Regierung besser einschätzen kann als die hypothetische der Opposition.
[4]Fiorina geht es allerdings nicht nur um kurzzeitig auftretende Faktoren, sondern um deren Akkumulation in eine längerfristig stabile Parteineigung. Andererseits bietet sein Modell auch allerhand Dynamisches: Einerseits kann sich Parteineigung aufgrund neuer Wahrnehmung ändern, andererseits kann diese auch wieder die Einschätzung beeinflussen, wie kompetent Parteien oder Kandidaten sind.

tische Individual- und Aggregatdaten zwischen 1979 und 1987 benutzt, erbrachten den Beweis, daß der jeweilige Zustand der Wirtschaft ein wichtiger, wahrscheinlich der wichtigste Issue ist: „Beyond no doubt, no issue (or set of issues) facing Europeans today approaches in importance that of the economy" (Lewis-Beck 1988: 94). Dies ist freilich keine besonders verblüffende Einsicht; bereits der britische Premier Harold Wilson bemerkte: „[...] all political history shows that the standing of a Government and its ability to hold the confidence of the electorate at a General Election depend on the success of its economic policy" (zit. n. Norpoth 1992: 3). Allerdings bleibt die Frage, ob *economic voting* in allen europäischen Landern gleich stark ausgeprägt ist.

Prinzipiell lassen sich vier verschiedene Arten des *economic voting* unterscheiden:
- retrospektiv, d.h. der Wähler urteilt nach der Leistungsbilanz vorhergehender Regierungen,
- prospektiv, d.h. der Wähler macht Annahmen über die mögliche Leistung in der Zukunft,
- soziotropisch, d.h. den Wähler bildet sich sein Urteil über die nationale wirtschaftliche Lage und
- egozentrisch, d.h. der Wähler urteilt nach seinem eigenen Wohlergehen.

Der einfachen Logik dieser einfachen Theorie des rational-ökonomischen Wahlverhaltens folgend bestraft der Wähler die Regierungspartei dann, wenn sich die wirtschaftliche Lage unter der jeweiligen Regierungspartei verschlechtert hat: Bei schlechter Wirtschaftslage müßten dann amtsinhabende sozialdemokratische Parteien an ihre bürgerlichen Konkurrenten verlieren und umgekehrt bürgerliche Parteien an der Regierung an ihre Gegner der politischen Linken. So kann der Machtwechsel in Großbritannien 1979 und in der Bundesrepublik Deutschland 1982 (und die nachfolgende „Legitimierung des Regierungswechsels" [Berger et al. 1986] in der Wahl 1983) mit der vom Wähler wahrgenommenen Kompetenz der Parteien, die Wirtschaftsprobleme lösen zu können, erklärt werden (vgl. Küchler 1985: 180).

Zugleich wurde aber auch eine Asymmetrie des *economic voting* beobachtet: Nach Bloom und Price werden Regierungsparteien bei schlechter Wirtschaftslage abgestraft, bei guter Wirtschaftslage aber nicht immer belohnt (Bloom/Price 1975: 1251).[5] Die Asymmetrie des Regierungsbestrafens (oder gar der Nicht-Zusammenhang zwischen Amtsinhabe und Wahlerfolg) kann auch in eine völlig andere Richtung deuten: Wähler entscheiden sich nicht nur nach der Wirtschaftslage, sondern auch nach ganz anderen, nicht-ökonomischen Issues, wie Küchler im Fall

---

[5]Diese Anomalie war bereits Campbell et al. (1960: 554f) aufgefallen (sie sprachen von „negative voting") und wurde durch spätere Forschungen bestätigt (vgl. Fiorina/Shepsle 1989: 438). Lewis-Beck bestritt allerdings diese Asymmetrie des Regierungsbestrafens auf der Basis eines Sechs-Länder-Vergleichs (1988: 78f).

der Bundesrepublik in den achtziger Jahren bewiesen hat.[6] Dabei kann es sich um „große" postmaterialistische Issues (z.B. Umweltschutz oder Abrüstung) handeln oder um „kleine" (z.B. Skandale). Die Auswirkungen von Skandalen auf die Wiederwahlchance einer Regierung sind wenig erforscht, jedoch spricht einiges dafür, einen Mitgrund für die Abwahl der konservativen Regierung in Großbritannien auch in einer fast unglaublichen Skandalserie seit 1992 zu sehen.[7] Außerdem scheint es eine weitere Asymetrie bei bürgerlichen und sozialdemokratischen Parteien zu geben. Kirchgässner (1989: 193f) machte eine merkwürdige Entdeckung: Zu Zeiten der sozialliberalen Koalition gab es einen deutlichen Zusammenhang zwischen der Entwicklung makroökonomischer Daten (Arbeitslosigkeit, Inflation) und der Popularität der Regierung. Dieser Zusammenhang gilt nach der Wende von 1983 nicht mehr. Offenbar bestraften die Wähler eher sozialdemokratische Regierungen bei schlechter Wirtschaftslage als bürgerliche Regierungen, vielleicht weil die Wähler den bürgerlichen Parteien generell mehr wirtschaftliche Kompetenz beimessen. Das mag erklären, warum die Labour-Regierung 1979 abgewählt wurde (obwohl sich die wirtschaftliche Lage besserte), ebenso die Schmidt-Regierung 1982, zugleich aber ihre bürgerlichen Nachfolger trotz Wirtschaftskrisen im Amt bestätigt worden sind.

Shaw macht noch einen weiteren Grund für dieses Phänomen verantwortlich: Der Diskurs über die Wirtschaft und die Wirtschaftspolitik wurde von den Konserva-

---

[6]Es geht nicht darum, Ökonomie durch Ökologie zu substituieren, Küchler sieht die Ökologie als gleichberechtigtes Wahlthema (1990: 441-443). Dies zeigt sich, wenn anhand einer Liste nach besonders wichtigen Themen/Problemen gefragt wird (im Gegensatz zur offenen Abfrage des FGW-Politbarometers): Im Januar 1987 war für 82 Prozent der Befragten die Arbeitslosigkeit „sehr wichtig" und für über 69 Prozent der Umweltschutz (Preise: 52 Prozent, Rentensicherung: 63,5 Prozent; Küchler 1990: 434, Tab. 4). Lewis-Beck kam zu anderen Ergebnissen, als er für jedes seiner fünf Länder eine signifikantere Beziehung zwischen der Position des Wählers bei politischen Issues (z.B. Einschätzung des Regierungshandelns) und dem Wahlverhalten findet als bei nicht-ökonomischen (1988: 72-75, mit Tab. 5.1).

[7]Neben allerhand bizarren Sex-Skandalen, die hochrangigen Kabinettsmitgliedern (z.B. dem *National Heritage Secretary* David Mellor) das Amt kosteten, spielte der „Sleaze" eine herausragende Rolle. Mit „Sleaze" ist die zunehmende Laxheit konservativer Politiker im Umgang mit Spendengeldern gemeint. Entweder flossen anrüchige Spenden in die Parteikasse oder diverse Abgeordnete nahmen erhebliche Summen von anrüchigen Geschäftsmännern an (sog. „cash for questions"). Zentrale Figuren waren hier der ägyptische Geschäftsmann Mohamed al-Fayed (der Vater von Dodi), der unbedingt die britische Staatsangehörigkeit haben wollte, und die Kabinettsangehörigen Jonathan Aitken und Neil Hamilton, die beide 1994 zurücktreten mußten, als der „Guardian" ihnen nachgewiesen hatte, daß sie al-Fayeds Zuwendungen nicht dargelegt hatten (Leigh/Vulliamy 1997; Sonderbeilage „Sleaze" Independent on Sunday, 23.7.1995). Daneben gab es erhebliche Aufregung um exorbitante Gehälter von Führungspersönlichkeiten der gerade privatisierten Betriebe (oft genug konservative Parteigänger). All dies erweckte den Eindruck, daß die Regierung weitgehend korrupt und arrogant war. Seit 1994 dachten über zwei Drittel der Briten, die Konservativen seien „very sleazy and disreputable" (vgl. Denver 1998: 26-38).

tiven in den 80er Jahren völlig neu geformt, ein Phänomen, das Stuart Hall einmal „The Great Moving Right Show" nannte (Hall 1990 [1981]: 39-57). Ökonomische Schwierigkeiten liegen nicht mehr am wirtschaftspolitischen Versagen der konservativen Regierung, sondern an Labours Inkompetenz in der Wirtschaftspolitik der siebziger Jahre, dem *overspending*, der übergroßen Gewerkschaftsmacht, der Verschwendung der Bürokratie, einer Kultur der Abhängigkeit vom Wohlfahrtsstaat und globalen Faktoren (Shaw 1994a: 185).[8] Der neue Diskurs blieb nicht ohne Wirkung auf das Wahlvolk. Ende der achtziger Jahre stimmten 40% der Befragten mit der konservativen Sichtweise überein, wirtschaftliche Probleme hätten mit der konservativen Regierung nichts zu tun. Lediglich 13% machten die konservative Regierung für die Schwierigkeiten verantwortlich (Marshall et al. 1989: 159). Ende 1992, in der schwersten Rezession der Nachkriegszeit und der Währungskrise, machten 45% der von Gallup Befragten die weltweite Rezession dafür verantwortlich, lediglich 28% die Major-Regierung, fast ebensoviel wie die Bundesbank (22%; Wickham-Jones 1998: 115).

So wurde auch der in den siebziger Jahren noch möglicherweise wahlentscheidende Issue Arbeitslosigkeit in seinen Implikationen umgedreht: Schuld seien auch hier nicht die Konservativen an der Regierung, sondern die unflexiblen Arbeitslosen. Hugo Young schrieb Mitte der 80er Jahre über die Wirkung des neuen konservativen Diskurses, der den Issue Arbeitslosigkeit neutralisierte: „[...] by a brilliant feat of propaganda, unemployment ceased to be the proof of economic failure and became the key to economic success" (Young in: The Guardian, 9.9.1986).

Regierungen ist also die Möglichkeit gegeben, einem Tadel des Wählers zu entgehen. In einer Studie Weavers (1986) wurden verschiedene Strategien des *blame avoidance* untersucht, denn Politiker (und Institutionen) versuchen häufig, die Verantwortung für ungünstige Entwicklungen von sich zu schieben. Zu solchen Strategien gehören: die Agenda zu limitieren (der strittige Issue taucht nicht auf), eine neuen Option zu entwerfen, Trostpflaster an Betroffene zu verteilen, Verantwortlichkeit auf andere zu schieben, einen Sündenbock zu finden, sich einer populären Alternative anzuschließen und die Verantwortung auf viele Akteure aufzuteilen (Weaver 1986: 385, Table 3). McGraw (1990: 121, Tab. 1) unterscheidet zwischen Ausreden („excuses"), also dem Zurückweisen der Verant-

---

[8] „Neither Keynesianism nor monetarism, however, win votes as such in the electoral marketplace. But, in the discourse of 'social market values' Thatcherism discovered a powerful means of translating economic doctrine into the language of experience, moral imperative and common sense, thus providing a new 'philosophy' in the broader sense - an alternative *ethic* to that of the 'caring society'. This transformation of a theoretical *ideology* into a populist *idiom* was a major political achievement: and the conversion of hard-faced economics into the language of compulsive *moralism* was, in many ways, the centrepiece of this transformation" (Hall 1990 [1981]: 47).

wortung, und Rechtfertigungen („justifications"), in denen zwar die Verantwortung übernommen wird, zugleich aber auch die Bewertungsgrundlage des Handelns verändert wird.[9] Gerade Strategien der Verantwortungsdiffusion und einer normativen Neubewertung können sich als effizient erweisen: Erstens, schuld sind nicht wir, zweitens, die Entscheidung war notwendig, da sie zum Besseren führt.

Visser/Wijnhoven (1990) wiesen darauf hin, daß es durchaus durch eine „Placebo-Politik" gelingen kann, die Bedeutung des Issues „Arbeitslosigkeit" zu instrumentalisieren: Regierungsparteien können die Strategie verfolgen, die Arbeitslosigkeit als kein großes Problem darzustellen, oder sich die Problemlösungskompetenz zuzuschreiben, oder sie einfach als normal und gottgegeben nicht weiter zu thematisieren. So hat in der Tat ein Wandel in den „Regierungsphilosophien" (Schmidt 1993: 42) stattgefunden: Arbeitslosigkeit ist keine politische Gefahr mehr. Massenarbeitslosigkeit gibt es bereits seit 25 Jahren, und man hat gelernt, mit ihr zu leben. Dies erklärt, warum die unten aufgeführten neueren Studien zu dem Ergebnis kommen, daß eine hohe Arbeitslosigkeit die Wiederwahlchancen einer Regierung nicht beeinträchtigen muß. Schließlich hatte die konservative Regierung durchaus Erfolg damit, den Wählern zu suggerieren, daß die Verdoppelung der Arbeitslosigkeit zwischen 1981 und 1983 auf die weltweite Rezession, zu hohe Löhne, die neue Technologie und Labours Erblast zurückzu-

---

[9]Zu den Ausreden gehören:
- mildernde Umstände wegen der Vergangenheit (die Erblast der vorhergehenden Regierung),
- mildernde Umstände der Gegenwart (z.B. Wirtschaftskrise),
- „plea of ignorance" (man konnte die Konsequenzen einer Entscheidung nicht voraussahen),
- vertikale/horizontale Diffusion der Verantwortlichkeit.
- Soll die getroffene Entscheidung gerechtfertigt werden, gehören dazu die Strategien
- eine günstige Entwicklung in der Gegenwart oder der Zukunft zu behaupten, die durch die getroffene Entscheidung erst ermöglicht wird,
- den Vergleich mit einer noch schlechteren Vergangenheit zu ziehen,
- den Vergleich mit Gruppen zu ziehen, denen es noch schlechter geht als den von der Entscheidung betroffenen,
- und ein „worst-case"-Szenario zu entwerfen, das nicht eingetreten sei („Hätte alles noch schlimmer kommen können").

Während diese Rechtfertigungen dazu angelegt sind, die Wahrnehmungen des Bürgers an die unpopuläre Entscheidung anzupassen, stellen andere die moralische Seite in den Vordergrund: „Here, the official can argue that rather than narrowly focusing on the negative consequences, citizens ought to apply different standards in evaluating the decision" (McGraw 1990: 122). Diese Strategie beinhaltet die Rechtfertigung der Entscheidung im Rahmen größerer gesellschaftlicher Fairness.

In einem Laborversuch testete McGraw, ob Ausreden oder Rechtfertigungen von den Befragten positiver bewertet werden. Obwohl die Testpersonen nicht übermäßig positiv auf beide Darstellungsformen reagierten, sind *Rechtfertigungen* effektiver, die Haltung der Rezipienten zu ändern (Rechtfertigungen 6, 8, 11, 12; 1990: 127, Tab. 3; 129).

führen sei. Lediglich 24% machten die konservative Politik dafür verantwortlich (Dunleavy/Husbands 1985: 156-158).
Wie in Kapitel 12.1.2 gezeigt wird, gibt es in der Medienforschung das sogenannte „Agenda Setting" und „Priming". Zuschauer oder Zuhörer werden von der Nachrichtenquelle angeleitet, unter welchem Blickwinkel politische Themen, Positionen oder Parteien zu betrachten sind. Wird von einem Sender nur ein Sprecher der Börse oder der Banken interviewed, kann ein ganz anderes Bild entstehen als wenn ein Sprecher einer Arbeitsloseninitiative interviewed wird. Dies sind keine hypothetischen Konstrukte oder theoretischen Artefakte, schon gar nicht bei Zuschauern/Zuhörern/Lesern, die ein gewisses Maß an Anleitung brauchen. So geschieht dies beispielsweise bei manchen Wählern mit geringer Bildung, geringem Einkommen, geringem Interesse an Politik und geringer Bindung an eine Partei (Miller 1991: 118f, 125, 191f), also dem gemeinen Leser von Boulevard-Zeitungen.

10.2   Die Ergebnisse für Großbritannien und die Bundesrepublik

Bleiben wir bei den beiden Ländern Großbritannien und der Bundesrepublik. Aus der Vogelflugperspektive kommt Lewis-Beck zu dem Schluß, daß der Zustand der Wirtschaft die Wiederwahlchancen der Regierungspartei beeinflußt. In Großbritannien gilt dies für den (Wirtschafts-) Issue „Inflation" und in Deutschland für den Issue „Wirtschaftswachstum" (Lewis-Beck 1988: 10f). [10]
Dies spricht für die soziotropische Sichtweise des *economic voting*. Soll aber der eigene Geldbeutel keine Rolle mehr bei der Wahlentscheidung spielen, wie Lewis-Beck (1988) behauptete? Auch wenn dieser egozentrische Issue nicht oft in Wahlanalysen aufgegriffen wurde, spricht einiges für das „pocket voting". 1992 gewannen die Konservativen unter anderem die Wahl dadurch, daß sie die Wähler vor Steuererhöhungen im Falle eines Sieges der Labour Party warnten. Dies hielt sie allerdings nicht davon ab, sowohl direkte als auch indirekte Steuern seit 1993 deutlich zu erhöhen. Labour konnte den Steuerissue dadurch neutralisieren, indem sich die Partei darauf festlegte, in keinem Fall die Steuern zu erhöhen. Und Labour gewann die Wahl.
Die Forschung konzentrierte sich aber nicht nur auf die Wiederwahlchancen der Regierungsparteien, sondern meist auf die Popularität der Regierung, im Falle Großbritanniens auch auf die Parteiidentifikation. Lewis-Beck stellte die alles entscheidende Frage, wie stark das *economic voting* in beiden Ländern ist. In Großbritannien ist *economic voting* wesentlich stärker verbreitet als in der Bun-

---

[10] D.h. je höher die Inflationsrate in Großbritannien und je niedriger das Wirtschaftswachstum in der Bundesrepublik, desto niedriger fällt der Stimmanteil für die jeweilige(n) Regierungspartei(en) aus.

desrepublik.[11] Lewis-Beck bot dafür eine einleuchtende Erklärung: Es ist im deutschen Fall der Typ der Koaltionsregierung, der es dem Wähler schwermacht, die Verantwortung für eine bestimmte Wirtschaftslage klar einer Partei zuzuschieben („diffusion of government responsibility"; Lewis-Beck 1988: 105-109 mit Tab. 7.4; dazu kritisch Kitschelt 1994: 71-74).

Großbritannien: Für Großbritannien stellte Alt (1979, 1984) fest, daß ein Gutteil der abnehmenden Stärke der Parteiidentifikation darauf zurückzuführen ist, daß viele Menschen unzufrieden bzw. enttäuscht waren. Hier gab es eine fast „instrumentelle" Parteiidentifikation: „Ich bin für die Partei, die es mir besser gehen läßt". Somit weitet er Fiorinas Theorie der Parteiidentifikation infolge retrospektiver Evaluation um: Das Versagen der beiden großen britischen Parteien, die Wirtschaftsprobleme der siebziger Jahre in den Griff zu bekommen, führte zum Dealignment - dies sind die „politics of economic decline" (Alt 1979) - und zwar im Gegensatz zu anderen Staaten, die wenigstens über wachsende Volkswirtschaften verfügten.

Andere Analysen bestätigen eine gegenläufige These: Der Wähler sieht die wirtschaftliche Entwicklung durch die Brille seiner Parteiidentifikation. Miller et al. machten für die Unterhauswahl 1987 die Entdeckung, daß es viermal wahrscheinlicher ist, als Anhänger der Konservativen die wirtschaftliche Lage optimistisch einzuschätzen als aus einer optimistischen Einschätzung der Lage heraus zu einem Konservativen zu werden (Miller et al. 1990: 119, Fig. 4.8). Allerdings ist bekannt, daß die Parteineigung unterschiedlich stark ausfallen kann. Und so laufen viele schwach Parteigebundene („leaners") aufgrund günstiger Einschätzung der wirtschaftlichen Lage in das Lager der Konservativen über. Hier beeinflußt dann der wirtschaftliche Optimismus die Parteipräferenz (Miller et al. 1990: 122-125).

Welche makroökonomischen Daten erklären die Regierungspopularität? Nach über zwanzig Jahren Massenarbeitslosigkeit in beiden Ländern ist man geneigt, die Arbeitslosigkeit als Prüfstein der Regierungspopularität zu nehmen. Spielen dann aber andere Größen, wie Inflation oder Außenhandelsbilanz, keine Rolle mehr? Was „spüren" die Wähler? Und wie lange brauchen die Wähler, um irgendwelche Veränderungen in makroökonomischen Größen zu bemerken (der sogenannte „lag" zwischen einer Veränderung und dem Niederschlag in der Regierungspopularität)? Machen Prosperitäts- und Krisenzeiten einen Unterschied? Denn es ist doch plausibel anzunehmen, daß ein Prozent Wirtschaftswachstum

---

[11]Lewis-Beck maß dies in der Änderung der Wahlwahrscheinlichkeit („vote probability shift"), die aus einem Wandel in der Einstellung wirtschaftlichen Problemen gegenüber resultiert (vgl. Lewis-Beck 1988: 84, Tab. 6.2). Diese liegt in Großbritannien am höchsten (51%), Westdeutschland liegt im Mittelfeld (36%).

oder ein Prozent weniger Arbeitslose in den fünfziger Jahren anders beurteilt wurde als in den siebziger oder achtziger Jahren. Was den Zusammenhang zwischen Einschätzung der Wirtschaftslage und die Popularität der amtierenden Regierung angeht, kam die Forschung in Großbritannien zu unterschiedlichen Ergebnissen. Wie so oft legten Butler und Stokes auch hier eine Grundlage der weiteren Forschung, als sie vermittels simpler Techniken einen Zusammenhang zwischen der Entwicklung makroökonomischer Daten (hier: Außenhandelsbilanz und Arbeitslosigkeit)[12] einerseits, der generellen Wirtschaftskompetenz andererseits und der Wahlabsicht feststellten (Butler/Stokes 1974: Kap. 18). In der ersten elaborierten Studie von Goodhart und Bhansali (1970: 43-45; 85f) war die Höhe der Inflation und der Arbeitslosigkeit ein wichtiger Faktor, wenn auch eine zeitliche Verzögerung von etwa einem halben Jahr festgestellt wurde: Veränderungen in der Wahlabsicht folgen erst zeitverzögert Veränderungen in der Höhe der Arbeitslosigkeit.[13] Alt hingegen machte einen Unterschied zwischen Prosperitäts- und Krisenzeiten: In Krisenzeiten hängt die Popularität einer Regierung durchaus mit der Veränderung der Inflation zusammen (die Arbeitslosigkeit ist insignifikant), während in Prosperitätszeiten die Wirtschaft keine Rolle spielt. Regierungen werden nun mal mit der Zeit unpopulär (Alt 1979: Kap. 6). Der Faktor „Krisenzeit" ist durchaus einleuchtend: Erstens darf davon ausgegangen werden, daß dann der Issue „Wirtschaft" wichtiger wird. Zweitens dürften dann auch die unterschiedlichen Positionen der Parteien deutlich werden (Alt 1979: 12): Bürgerliche und liberale Parteien vertreten eher marktwirtschaftlich-angebotsseitige Rezepte, um die Wirtschaft zu beleben, sozialdemokratische Parteien setz(t)en eher auf staatlich-nachfrageseitige Strategien. Die Issue-Skepsis von Butler und Stokes ist nicht zuletzt aus dem Nachkriegskonsens heraus zu erklären: Labour und die Konservativen waren sich in den fünfziger, sechziger und siebziger Jahren durchaus in den breiten Linien der Wirtschaftspolitik einig.[14] Als der Konsens Mitte der siebziger Jahre verloren ging, konnten sich auch die Parteien unterschiedlich profilieren (Norpoth 1992: 52). Und schließlich ist es durchaus möglich, daß die Wähler in Krisenzeiten nicht wie

---

[12] In der Zeit von 1959 bis 1964 sahen die Autoren die Arbeitslosigkeit als wichtigste Determinante der Regierungspopularität, von 1964 bis 1970 wurde sie von der Außenhandelsbilanz abgelöst.

[13] Daneben nahmen die Autoren noch die Regelmäßigkeit eines „inter-election cycle" an, in dem die Regierungspopularität irgendwann in der Mitte der Wahlperiode sinkt, sich aber bei aufziehender Wahl wieder erholt. Über die Gründe dieses Effektes ist viel geforscht worden: Liegt das Regierungstief an sich verschlechternden Wirtschaftsdaten oder ist es ein davon losgelöstes Phänomen, eine Art Naturgesetz der Politik. Jedoch dauern diese in den Sechzigern länger als in den Fünfzigern (Miller/Mackie: 1973)

[14] Ob es einen durchgängigen wirtschaftspolitischen Nachkriegskonsens gegeben hat, ist fraglich. Beide Parteien an der Regierung gingen mal keynesianisch, mal austeritär vor. Der Konsens bestand darin, daß beide Wege prinzipiell gangbar waren.

verzogene Kinder reagieren, die jedes Abweichen vom makroökonomischen Optimum mit Vertrauensentzug bestrafen. Mit anderen Worten: Die Wähler gewöhnen sich an die schlechteren Zeiten, ihre Erwartungen werden heruntergeschraubt, Abweichungen vom Optimum toleriert (Alt 1979: 270; Norpoth 1992: 55, 58). Nachfolgende Studien von Whiteley (1986) und Norpoth (1987a: 957f; 1987b: 15) bestätigten diesen Zusammenhang (für die Unterhauswahl 1983) zumindest teilweise. Für Norpoth waren der Falkland-Krieg und die Arbeitslosigkeit bei der Wahlentscheidung entscheidend (nicht jedoch die Inflation), für Lewis-Beck (1988: 82) gaben mehr die prospektiven Erwartungen der Wähler („Der Wirtschaft wird es bald besser gehen") den Ausschlag. Aufgrund eines anderen Forschungsdesigns kamen Sanders et al. (1987: 313) zu anderen Ergebnissen. Besonders Sanders und seine Kollegen brachten das prospektive und egozentrische Argument in die Debatte ein. Die Popularität einer Regierung hängt, so ihr vereinfachtes Modell, vom generellen Zustand der Wirtschaft ab, die wiederum die persönlichen Erwartungen (des eigenen Wohlergehens) beeinflußt. Dieser Mix aus Evaluation der gesamtwirtschaftlichen und der persönlichen Lage macht eine Regierung populärer (oder auch nicht) - und nicht ein außerordentliches außenpolitisches Ereignis.[15] Insofern wird auch ein anderes Bild von den ersten Thatcher-Jahren gezeichnet, als heute vielen in der Erinnerung ist: Inflation, Zinsen, Steuern, der Pfund-Wechselkurs und das Haushaltsdefizit sanken, der private Konsum stieg. Allerdings stieg die Arbeitslosigkeit dramatisch an, 1981 innerhalb Jahresfrist um eine volle Million (Norpoth 1992: 33-48). Bei drei Millionen Arbeitslosen in Großbritannien beeinflußte die Arbeitslosigkeit kaum die Wiederwahlchancen der Regierung Thatcher! Sanders (1991: 260f) setzte diese Ergebnisse in Beziehung zur Wahlabsicht und kam zu bemerkenswerten Ergebnissen: Die Regierungspopularität steht und fällt mit der Entwicklung der Inflation und der Zinsen, die die Evaluation der eigenen Lage direkt beeinflussen. Die Arbeitslosigkeit spielt keine Rolle. Mehr noch: In seinem Artikel, der anderthalb Jahre *vor* der Unterhauswahl 1992 geschrieben wurde, konnte er das Wahlergebnis erstaunlich präzise vorhersagen (er sagte 42 Prozent voraus)! Mit diesem Erklärungsansatz hätte er allerdings 1997 scheitern müssen, denn sowohl Zinsen als auch Inflation sanken ab 1993 (vgl. Butler/Kavanagh 1997: 2-4).

Ohne die Debatte entscheiden zu können, sind Norpoths neuere Forschungen durchaus plausibel: Evaluationen über vergangenes oder zukünftiges Regierungshandeln haben die Wahlen in Großbritannien *mit*bestimmt. Weitere Anzeichen für die Existenz des *economic voting* lassen sich auf Wahlkreisebene feststellen. Je

---

[15] Für dieses Modell spricht, daß die Regierungspopularität bereits vor dem Beginn des Falkland-Krieges (April 1982) anstieg. Dagegen spricht allerdings, daß der Popularitätsaufschwung erst im April 1982 an Fahrt gewinnt und exorbitante Höhen erreicht, die sich ein Jahr lang halten. Dies spricht für ein Modell der kombinierten Effekte: Krieg gewonnen, Wirtschaft und Wählern geht es besser („feel good factor").

nachdem, wie stark ein Wahlkreis von der Rezession betroffen war, ging der Stimmenanteil der Konservativen bei der Wahl 1992 nach unten. Und für alle, die nicht glauben wollen, daß Arbeitslosigkeit auf nationaler Ebene überhaupt keine Rolle spielt, mag tröstlich erscheinen, daß genau diese auf Wahlkreisebene den Ausschlag gab (Pattie et al. 1995).

All das mag allerdings nicht besonders schlüssig erklären, warum bei guten Wirtschaftsdaten (unabhängig, welche genommen werden), die konservative Regierung die Wahl 1997 verlor. Der Leitartikel im „Spectator" schrieb: „Whatever else it was, the election result was a defeat for economic determinism" (The Spectator, 10.5.1997). Die wichtigsten Wirtschaftsdaten in den Wahljahren seit 1983 sind in Tabelle 10.1 aufgeführt.[16]

Tabelle 10.1: *Wirtschaftsdaten in Großbritannien in Wahljahren*

	1983	1987	1992	1997
Wirtschaftswachstum (% BIP)	2,0	3,6	-1,7	3,0
Arbeitslosigkeit (%)	12,7	10,9	9,4	6,1
Inflation (%)	3,7	4,2	4,3	2,7
Lohnsteigerung (%)	7,5	7,5	7,3	5,0
Zinsen (%)	10,0	9,5	10,5	6,0

Quelle: *Wickham-Jones 1998: 101, Tab. 7.1.*

Die bloßen Wirtschaftsdaten lassen also nicht den Schluß zu, daß die (sich verschlechternde) Wirtschaftslage die Konservativen um ihre vierte Wiederwahl brachte. Offensichtlich waren auch auf dem Gebiet der Wirtschaft andere Dinge als soziotropische Rohdaten am Werk. Denn die günstige Lage des Jahres 1997 konnte die Wähler nicht über die größte wirtschaftspolitische Niederlage der Regierung hinwegtäuschen: Am 16. September 1992, dem „Black Wednesday", zog sich die Regierung aus dem Europäischen Wechselkurssystem (ERM) zurück, nachdem es eine massive Spekulation um das Pfund gegeben hatte. Vorher hatte sie an der Mitgliedschaft im ERM festgehalten und sich jeder Abwertung wider-

---

[16] Diese Wirtschaftsdaten haben zwei Nachteile: Erstens haben sie nicht den bei der *economic-voting*-Forschung üblichen „time-lag". Diese Zeitverschiebung bedeutet die Zeit, innerhalb der die Wähler die Veränderung eines Indikators bemerken. Solche „time lags" sind manchmal etwas willkürlich, aber darauf kommt es hier nicht an, schließlich soll lediglich die Tendenz der Indikatorenveränderung gemessen werden. Zweitens sind dies keine standardisierten Indikatoren, wie sie von der OECD gebraucht werden. Würden die Daten international standardisiert, ergäben sich besonders für die Arbeitslosenquote wesentlich höhere Zahlen. Hier geht es ausschließlich um die Daten, die der Bevölkerung seitens der Regierung präsentiert werden. Standardisierte Daten sind für die vergleichende Forschung wesentlich nützlicher, finden aber keinen Eingang in die Berichterstattung (der Presse oder der Regierung) über die wirtschaftliche Entwicklung.

setzt. Im September 1992 befand sich die Regierung in der schlechtesten aller (von ihr propagierten) Welten wieder: Das Pfund wurde abgewertet und die Zinsen (mitten in einer Rezession!) drastisch angehoben. Die Regierung hatte den prestigeträchtigen Kampf um den Pfund-Wechselkurs und die ERM-Mitgliedschaft verloren; die Times titelte am 17. September: „Beaten Lamont Devalues Pound" und schickte die Meldung hinterher, daß in der zweiwöchigen Rettungsaktion für den Pfundwechselkurs zwischen sieben und zwölf Milliarden Pfund verschwendet worden waren (The Times, 17.9.1992). Die politischen Folgen: Im Mai 1993 mußte Schatzkanzler Norman Larmont zurücktreten, die Euroskeptiker innerhalb der Konservativen gewannen die Oberhand, John Major verlor das Vertrauen der konservativ orientierten Presse und bereits im Oktober 1992 setzte die Talfahrt der Regierungspopularität ein (47 Prozent für Labour, 34 Prozent für die Konservativen im Oktober, Anfang September 1992 waren es noch 41 Prozent für Labour und 40 für die Konservativen; Denver 1998: 20).

Die Wähler spürten die Krise am eigenen Geldbeutel, da der Hauskauf durch steigende Zinsen teurer wurde und nicht zuletzt die Steuern erhöht wurden (wobei der Steuernachlaß für Hypotheken gesenkt wurde).[17] Mit letzterem fielen die Konservativen in die Grube, die sie kurz vorher für Labour gegraben hatten. Attackierten die Konservativen im Wahlkampf 1992 Labour hauptsächlich wegen deren Steuerplänen und präsentierten sich als Partei der niedrigen Steuern, machte der Larmont-Haushalt vom März 1993 dieses Image zunichte. Seit März 1993 hielt die Labour Party ihren Vorsprung selbst in der Steuerfrage.[18] Der „ERM-Schock" und die Steuererhöhungen führten dazu, daß die Wirtschaftskompetenz der Konservativen Ende 1992 zusammenbrach und sich trotz Wirtschaftsbelebung nicht mehr erholte.[19] Darin wurde der Hauptgrund für den konservativen Wahlkollaps des Jahres 1997 gesehen (King 1998: 187). Zur gleichen Zeit stieg die Labour zugemessene Wirtschaftskompetenz stark an. Blairs radikaler Modernisierungskurs sorgte mit dafür, daß sich die Konservativen nicht

---

[17] Trotz sich verbessernder Gesamtwirtschaftslage erwarteten nicht sonderlich viele Briten, daß sich ihre finanzielle Lage verbessern werde. Vor der ERM-Krise meinten 22 Prozent, daß es ihnen besser gehen werde (schlechter: 28 Prozent), nach der Krise waren es 15 Prozent (schlechter: 39 Prozent), im Jahr der Steuererhöhungen 1994 16 Prozent (schlechter: 42 Prozent) und im Boom-Jahr 1997 24 Prozent (schlechter: 23 Prozent; Wickham-Jones 1998: 114).

[18] Wahrscheinlich ist dieses Budget das unpopulärste aller Nachkriegsregierungen gewesen: 76 Prozent fühlten sich in der Steuerfrage von den Konservativen betrogen, 75 Prozent meinten, das Budget vom März 1993 sei unfair und 70 Prozent meinten, Larmont mache keinen guten Job. Labour wurde von 42 Prozent als die kompetenteste Partei in der Steuerpolitik gesehen, die Konservativen nur noch von 42 Prozent (Denver 1998: 24).

[19] Unmittelbar vor der ERM-Krise hielten 45 Prozent der Befragten die Konservativen für kompetenter, die wirtschaftlichen Probleme Großbritanniens zu lösen, 34 Prozent Labour. Im Dezember 1992 waren es nur noch 31 Prozent (Labour: 43 Prozent). 1997 lagen die Werte bei 36 Prozent für die Konservativen und 47 Prozent für Labour (Wickham-Jones 1998: 112, Tab. 7.3; King 1998: 188).

mehr erholten (Sanders 1997: 68, 72). Wenn dann noch Skandale und eine zerstrittene Führung der Konservativen hinzukommen, kann der eindrucksvollste Wirtschaftsaufschwung nichts mehr ausrichten.[20] Ganz davon abgesehen, daß andere Themen der Wirtschaft den Rang abliefen.[21]

Bundesrepublik Deutschland: Der Fall der Bundesrepublik bietet hinreichend Stoff für explorative Forschungen, denn hier wurde kaum dem Phänomen des *„economic voting"* nachgegangen (zumindest nicht in den neunziger Jahren).

In den siebziger und frühen achtziger Jahren herrschte verbreitete Skepsis über das *economic voting*. Norpoth und Yantek (1983) entdeckten keinerlei Zusammenhänge zwischen der wirtschaftlichen Lage und der Popularität der Kanzler. Dieter Roth sah z.B. Mitte der siebziger Jahre kein „Eigengewicht" des Issues Arbeitslosigkeit auf das Wahlverhalten (Roth 1977: 547). Vielmehr wird die Schwere des Problems (wie auch die Lösungskompetenz) von der Parteineigung des einzelnen Wählers bestimmt (ebd; vgl. Roth 1973).

Wie die von Arbeitslosigkeit Betroffenen selbst abstimmen, wußte man in den siebziger Jahren „wegen kleiner Fallzahlen" (Roth 1977: 547) nicht. Es wäre doch denkbar und zynisch, wenn ein hoher Grad an Arbeitslosigkeit die Wahlchancen der SPD positiv beeinflußt. Voraussetzung dafür ist, daß die Arbeitslosen die SPD als ihre Partei ansehen („Klientelhypothese"). Genau diese Frage wurde in der Wahlforschung heiß diskutiert.

Rattinger (1980, 1983) bestätigte weder die Klientel- noch die Anti-Regierungshypothese über das Wahlverhalten Arbeitsloser, während Roth von einem Anti-Regierungswahlverhalten ausgeht.[22] Dies wurde von Krieger bestritten, der eher die Klientel-Hypothese auf Aggregatsebene bestätigt sieht, auf Individualebene aber muß erheblich differenziert werden (Krieger 1985: 377-379). Falter, Rattinger und Zintel (1986: 345) hatten schwerwiegende Zweifel an der Methode Kriegers und meinten, Anti-Regierungs- und Klienteleffekt würde wahrscheinlich im Tandem auftreten (vgl. Pegelow 1985: 56). In einer späteren Untersuchung ka-

---

[20]Ganz davon abgesehen, daß die Wähler die frohe Botschaft nicht glauben mochten: Nicht einmal ein Drittel der Wähler glaubte der Feststellung, daß in Großbritannien die Arbeitslosenrate schneller fiel als in irgendeinem anderen europäischen Land (King 1998: 191).
[21]Gerade die typischen Labour-Issues Gesundheits- und Bildungspolitik liefen als „drängendste Probleme" der Inflation und Arbeitslosigkeit den Rang ab (60 zu 40 Prozent; King 1998: 193f mit Tab. 4).
[22]Die Klientelhypothese besagt, daß die Arbeitslosen von einer sozialdemokratischen Partei als Klientel angesehen werden. Nach der Anti-Regierungshypothese wählen sie gegen die jeweilige Regierung (vgl. Webber 1986: 39). Rattinger (1983: 312f) erkannte zwar einen relativ großen SPD-Anteil bei Arbeitslosen (der stand auch zu erwarten, waren die meisten Arbeitslosen vorher Arbeiter), zugleich aber auch einen hohen Anteil von sonstigen Parteien (Rattinger 1983: 281, Tab. 6).

men Büchel und Falter zu dem Ergebnis, daß zumindest die Langzeitarbeitslosigkeit das Wahlverhalten beeinflußt. Und zwar so, daß Langzeitarbeitslose den jeweiligen Oppositionsparteien zuneigen, Kurzzeitarbeitslose nicht (Büchel/Falter 1994: 202).
Diese Hypothesen sind nur dann zu prüfen, wenn die SPD wieder einmal regieren sollte. Dann zeigt sich, ob die Arbeitslosen eine sichere Klientel der SPD sind oder gegen die jeweilige Regierung wählen. Auf jeden Fall wählten 1994 42,4% der Arbeitslosen in Gesamtdeutschland SPD, nur 31% Prozent CDU, 7% Grüne, 12% PDS und 4,4% andere Parteien (hauptsächlich Republikaner). Für Westdeutschland zeigt sich, daß fast die Hälfte der Arbeitslosen SPD wählte, in Ostdeutschland nur 37% (PDS: 24%; Forschungsgruppe Wahlen 1994: 21, 25). Die Infas-Daten variieren leicht, auf jeden Fall ist in Westdeutschland die SPD die Partei, die mit Abstand am meisten von den Arbeitslosen gewählt wird (die Grünen werden überdurchschnittlich gewählt), in Ostdeutschland ist die PDS außergewöhnlich stark (Schultze 1995: Tab. 5). Allerdings darf nicht vergessen werden, daß die Arbeitslosen nur sieben Prozent der Wähler ausmachen, die Langzeitarbeitslosen nur etwa drei bis vier.
Merkwürdigerweise hat die britische Wahlforschung dem Wahlverhalten Arbeitsloser kaum Beachtung geschenkt, obwohl die Arbeitslosenzahlen für lange Zeit höher als in Westdeutschland waren. Aus den fragmentarischen Daten läßt sich ablesen, daß es Ende der siebziger Jahre ein Anti-Regierungswahlverhalten der Arbeitslosen gab - 38% wählten die Konservativen (Crewe 1991: Anm. 14) -, aber danach kehrten die arbeitslosen Wähler wieder in den Schoß Labours zurück: 52 Prozent wählten 1992 Labour, nur 25 Prozent die Konservativen (Denver 1994: Tab. 7.3).[23]
Zurück zum *economic voting* in der Bundesrepublik. Norpoth und Goergen (1990: 371-373) untersuchten den Zusammenhang zwischen Wirtschaftslage und (etwas weicher als oben formuliert) Regierungspopularität der bundesdeutschen Kohl-Ära von 1982 bis 1987. Und sie fanden Erstaunliches: Zunächst wirkt sich in der Bundesrepublik die Höhe der Arbeitslosigkeit stärker auf die Popularität der Regierung aus als die Höhe der Inflation (wohl auch daher, weil die Inflation nicht besonders hoch war). Die öffentliche Meinung gebärdet sich nicht wie ein verwöhntes Kind, dem die Erfüllung von Versprechungen vorenthalten wird. Die Bürger sind durchaus gewillt, auch Abweichungen von einem wirtschaftlichen Ideal hinzunehmen und die Regierung nicht sofort mit dem Entzug des Vertrauens

---

[23]Dies geschah nicht ohne Grund, denn die Arbeitslosigkeit massierte sich in Labours Hochburgen, so daß ein mehr oder weniger an arbeitslosen Labour-Wählern kaum ins Gewicht gefallen wäre, den Sitz zu verteidigen. Außerdem ließen sich die Arbeitslosen in deutlich geringerem Umfang in die Wahllisten eintragen (Crewe 1991: Anm. 15) - ein Problem, daß sich nach der Einführung der Poll Tax (1987) noch verschärft haben dürfte (Smith/McLean 1994).

abzustrafen. Ändert sich aber längerfristig nichts an der Höhe der Arbeitslosigkeit, muß die Regierung mit einem Verfall der Popularität rechnen.[24]
In einem Vergleich von Wirtschaftslage und Popularität der beiden großen Parteien kam Kirchgässner (1989) zum Schluß, daß es *keinen* nachweisbaren dauerhaften Einfluß zwischen der Popularität einer Regierung und der Entwicklung der Arbeitslosigkeit und der Inflation gegeben habe. Neun Jahre später konstatieren Feld und Kirchgässner (1998), daß die Arbeitslosigkeit und die Inflation der Popularität der Regierung Kohl (im Zeitraum 1984 bis 1996, ab 1992 mit den neuen Ländern) geschadet haben: „Ein Anstieg der Arbeitslosen um einen Prozentpunkt kostet die Regierung bzw. die sie tragenden Parteien zwei bis drei Prozentpunkte an Stimmen" (Feld/Kirchgässner 1998: 567). Die verlorenen Prozentpunkte der Regierungsparteien (vor allem der Union) kommen aber nicht direkt der Opposition zugute, am wenigsten den Grünen. Stattdessen profitieren in Westdeutschland die rechtsextremen Parteien, in Ostdeutschland die PDS (ebd: 568f).
Auch das egozentrische Argument fand in Deutschland Anhänger: Franz (1986) konstruierte ein Modell, das die makroökonomischen Daten in Zusammenhang zur persönlichen Situation des Wählers stellt. Damit wird die Bedeutung der Makrodaten dynamisch und subjektiv: Je nachdem, was ihn persönlich mehr betrifft, wird der Wähler Unterstützung gewähren oder entziehen. Dieses Modell mag auch erklären, warum das *economic voting* in seinem Gewicht für das Wahlverhalten schwankt, da in Prosperitätszeiten die Menschen weniger persönlich von der Entwicklung makroökonomischer Daten betroffen sind.
Thurner und Pappi (1998: 141f) wandten sich der Frage zu, ob die retrospektive oder prospektive Einschätzung der Wirtschaftslage das Wahlverhalten erkläre. Ihr Ergebnis für die Bundestagswahl 1994 lautet: In Westdeutschland wählten die Wähler retrospektiv, in Ostdeutschland prospektiv.[25]
Bei weitgehender Absenz deutscher Forschungen müssen hier einige Skizzen von Wirtschaftslage und Wahlerfolg genügen. Es erscheint plausibel, daß die Stärke des *„economic voting"* differiert. Und es soll weiter davon ausgegangen werden, daß nicht nur die retrospektive, sondern auch die prospektive Evaluation der Wirtschaftslage das Wahlverhalten beeinflussen kann. Ein letzter Punkt ist wichtig, da er die Wiederwahl von Regierungen bei schlechter Wirtschaftslage erklärt:

---

[24]Dies mag auch zu einem gewissen Teil die Wiederwahl der Regierung Kohl 1987 erklären: Die Arbeitslosigkeit blieb hoch, wenn auch mit sinkender Tendenz. Inflation existierte 1986 nicht, die Löhne und die Überschüsse in der Außenhandelsbilanz stiegen (vgl. Küchler 1990: 424f). Vor allem wegen der hohen Arbeitslosigkeit wurde die Regierung knapper bestätigt als noch 1983.

[25]Pappi und Thurner untersuchten die Policy-Präferenzen der Ost- und Westdeutschen anhand der Issues Tempolimit, Lauschangriff, Arbeitsbeschaffungsmaßnahmen und der Beurteilung bzw Erwartung der Regierungsperformanz und der künftigen Wirtschaftslage. Dabei erwies sich die Beurteilung der Regierungsperformanz in Westdeutschland und die erwartete Wirtschaftslage in Ostdeutschland als besonders erklärungskräftig für das Wahlverhalten.

die wirtschaftspolitische Kompetenz der Parteien. Denn es könnte gut sein, daß Labour und der SPD Kompetenzen bei der Bekämpfung der Arbeitslosigkeit zugemessen werden, nicht aber beim „Managen" der Wirtschaft. So konnte Hans-Dieter Klingemann zeigen, daß die Union im Urteil der Bürger (in einem Längsschnittvergleich von 1969 bis 1994) stark in Verbindung mit dem Issue „Wirtschaftspolitik" gebracht wurde - die SPD wurde mit der Sozialpolitik „identifiziert" und die Grünen mit der Umweltpolitik (Klingemann 1998: 415f und Tab. 7.1).

Die Wahl 1983 wurde von der Koalition mit dem „Erblast"-Argument, der Erosion der wirtschaftspolitischen Kompetenz der SPD seit 1980 und dem Gefühl des Wirtschaftsaufschwungs gewonnen (Forschungsgruppe Wahlen 1983: 32-35). 1987 mußte sie Stimmenverluste hinnehmen, möglicherweise wegen der anhaltend hohen Arbeitslosigkeit. 1990 war wohl kein Jahr, in dem *economic voting* den Ausschlag gab. 1989 hatte die Regierung trotz relativ günstiger Daten (bei hoher Arbeitslosigkeit) einen Tiefpunkt in der Popularität erreicht. 1989 standen auf der Wähleragenda im schwächeren Maß ökonomische Issues (z.B. Arbeitslosigkeit), in stärkerem Maß nicht-ökonomische (Umweltschutz, Aussiedler/ Asylanten). Erst der Issue „DDR-Lage"/„Einheit", der im August 1989 kometenhaft aufstieg, rettete die Regierung (Forschungsgruppe Wahlen 1990: 19, 60; Padgett 1993a: 42f). 1994 konnte trotz gegensätzlicher Daten die Regierung den Wähler davon überzeugen, daß der Aufschwung gekommen sei. Sowohl Mannheim als auch Allensbach sind sich einig, daß ein ziemlich plötzlicher Stimmungsumschwung der Bevölkerung (zumindest was die wirtschaftliche Entwicklung angeht) die Regierung rettete (Forschungsgruppe Wahlen 1994: 51-55; Roth 1996: 31f; Schultz 1996: 40-45). Diese Wahl war eine, in der *economic voting* wohl in Reinform zu finden war, wenn auch in einer Form, die eher die allgemein-prospektive („Mit der Wirtschaft geht es aufwärts") als die objektiv-egozentrisch/soziotropisch-retrospektive („Mir geht es besser", „Die wichtigsten Indikatoren haben sich seit 1990 verbessert") Sichtweise bedeutend erscheinen läßt. Denn die drei wichtigen wirtschaftlichen Indikatoren (Wirtschaftswachstum, Arbeitslosigkeit, Inflation und Lohnentwicklung) haben sich auf gesamtdeutscher Ebene 1994 im Vergleich zu 1990 deutlich ungünstiger entwickelt. Wie bereits Kapitel 9 zeigte, konnte die SPD aufgrund ihrer mangelnden Problemlösungskompetenz und der fehlenden Attraktivität ihres Spitzenkandidaten Scharping von der sich für die Bundesregierung ungünstigen Entwicklung nicht genügend profitieren. Die schlechten Nachrichten für die Regierung Kohl blieben indes bestehen: Die sich dramatisch erhöhende Arbeitslosigkeit war 1994 das wichtigste Thema (66% der Befragten meinten dies; Forschungsgruppe Wahlen 1994: 50, 55). 1998 sollte sich der Anteil derer, die die Arbeitslosigkeit für das wichtigste Thema halten, um weitere zwanzig Prozent erhöhen (Forschungsgruppe Wahlen 1998: 64).

Sollte retrospektiv lediglich aufgrund von vier wirtschaftlichen Eckdaten die Chancen der alten Bundesregierung geschätzt werden, die Bundestagswahlen 1998 zu überleben, so fällt das Urteil zwiespältig aus: Zwar wird das Bruttoinlandsprodukt um drei Prozent steigen (Prognose des Sachverständigenrates vom November 1997); allerdings ist der ostdeutsche Aufholprozeß unterbrochen: Nach 9,6% BIP-Wachstum 1994 (Westen: 2,1%) kam Ostdeutschland auf nur noch geschätzte 2,25% Wachstum. Die Preise steigen weiterhin moderat (zwei Prozent). Damit enden auch die guten Nachrichten für die Regierung. Die Arbeitslosigkeit in Gesamtdeutschland liegt 1998 um zwei Prozentpunkte höher als im letzten Wahljahr 1994 (Westen: 1,5 Prozentpunkte höher, Osten: 4,2 Prozentpunkte höher; Jahresgutachten 1997/ 98: 1). Selbst die gute Nachricht, daß die Arbeitslosigkeit zurückgehe, scheint sich nicht positiv auszuwirken, obwohl der neue Regierungssprecher Otto Hauser die positiven Zahlen im Juli 1998 vor dem Präsidenten der Bundesanstalt für Arbeit Bernhard Jagoda verkündete. Allerdings ist ein gutes Drittel des Rückgangs wohl auf den verstärkten Einsatz arbeitsmarktpolitischer Instrumente in Ostdeutschland zurückzuführen (Rhein-Neckar-Zeitung, 17.7.1998). Dies räumt den Vorwurf des „electioneering" nicht völlig aus.

Die Regierung hoffte auf denselben Effekt des Jahres 1994, als sie erfolgreich die Botschaft vermittelte, mit der Wirtschaft ginge es aufwärts. Dies ist ihr aber nur zum Teil gelungen. Nach dem erstmaligen Überschreiten der magischen Grenze von vier Millionen Arbeitslosen (März 1997) meinten 46%, die wirtschaftliche Lage sei schlecht (7% gut; 47% teils/teils). Zum Zeitpunkt der Wahl meinten nur noch 20%, die Lage sei schlecht (24% gut; teils/teils 56%; Forschungsgruppe Wahlen 1998: 65). Trotz dieser Aufwärtsentwicklung der Stimmung wurde die Regierung abgewählt. Der *feel good factor* war längst nicht so stark wie 1994 und konnte die Regierung nicht retten, zumal der Spitzenkandiadt der SPD deutlich populärer war. In diesem Zusammenhang ist noch wichtiger, daß die SPD beim wichtigsten Thema der Wahl, der Arbeitslosigkeit, einen deutlichen Kompetenzvorsprung hatte: 42% maßen ihr eine größere Kompetenz bei, lediglich 24% der CDU/CSU (ebd: 67). In der generellen Wirtschaftskompetenz lag die SPD seit der Nominierung von Gerhard Schröder als Spitzenkandidaten (April 1998) bis zu zehn Prozentpunkte vor der Union, auch wenn diese bis zum Wahltag die SPD wieder überholen konnte (CDU/CSU: 37%, SPD: 33%; ebd: 66f).

Somit hat die Wahl von 1998 die Spielart des *economic voting* wieder rehabilitiert, die auf die Veränderung makroökonomischer Indices in Verbindung mit der Problemlösungskompetenz abhebt.

Tabelle 10.2: Wirtschaftsdaten der Bundesrepublik Deutschland in Wahljahren

	1983	1987	1990	1994	1998
Wirtschaftswachstum* (% BIP)	1,8	1,5	5,7	2,7 *West: 2,1 Ost: 9,6*	2,75 *West: 2,75 Ost: 2*
Arbeitslosigkeit (%)*	8,8	8,5	- *West: 6,9 Ost: k.A.*	9,6 *West: 9,2 Ost: 15,7*	11,2 *West: 9,5 Ost: 17,7*
Inflation (Preisindex für die Lebenshaltung aller Haushalte)*	2,8	0,3	- *West: 2,5 Ost: k.A.*	k.A. *West: 2,9 Ost: 4,6*	1,0 *West: 1,0 Ost: 1,3*
Lohnsteigerung (Bruttolohn- und Bruttogehaltssumme je beschäftigtem Arbeitnehmer)*	1,8	1,8	- *West: 6,9 Ost: k.A.*	k.A. *West: -0,1 Ost: 5,7*	0,25 *West: 0,25 Ost: 0,75*
Zinsen (Diskontsatz, %)	4,21	2,99	6,0	4,82	2,5

* Veränderungen der Indexwerte des Wahljahres zum Vorjahr, 1991=100.

Quelle: „Jahresgutachten 1996/1997 des Sachverständigenrates zur Begutachtung der gesamtwirtschaftlichen Entwicklung, in: Deutscher Bundestag, 13. Wahlperiode, Drucksachen Band 569, S. 347, 362, 394, 428; Jahresgutachten 1998/99: Tab. 1, 11, 23, 47, Schaubild 25

10.3 Zusammenfassung

In beiden Staaten gibt es Hinweise dafür, daß die Evaluation der wirtschaftlichen Performanz einer Regierung wichtig für die Wahlentscheidung ist. Aber nicht immer und im selben Ausmaß. Vor allen Dingen konvergiert die Evaluation des Wählers nicht immer mit den makroökonomischen Daten, wie die Unterhauswahl 1997 zeigt. Für die Bundesrepublik war im Vorfeld der Wahl 1998 damit gerechnet worden, daß „Arbeitslosigkeit" der Super-Issue ist (Forschungsgruppe Wahlen 6/1998). Diese Vorhersage bewies sich deutlich: 85% der Befragten nannten „Arbeitslosigkeit" als eines der beiden wichtigsten Themen in Deutschland (Forschungsgruppe Wahlen 1998: 64).

Es ist immer noch eine offene Frage, ob prospektive, retrospektive, soziotropische oder egozentrische Überlegungen die Wahlentscheidung beeinflussen. Allerdings beherrscht die Mainstream-Forschung eher eine retrospektive und soziotropische Sichtweise (dafür sprechen die „time lags" und die Analyse makroökonomisch-soziotropischer Daten). Sanders (1991) fand eine Lösung, die vier Elemente des „Wirtschaftswählens" zusammenzubringen, allerdings folgte ihm die Forschung nur bedingt.

Modelle, die das Wirtschaftswählen in Beziehung zur gesamtwirtschaftlichen Situation, der zugemessenen Problemlösungskompetenz und der Attraktivität der Spitzenkandidaten setzen, haben einiges an Plausibilität für sich: So kann auf die Änderung makroökonomischer Daten in Prosperitätszeiten anders wirken als in Krisenzeiten; eine gute Wirtschaftslage kann eine unpopulär gewordene Regierung nicht mehr retten; ein populärer Spitzenkandidat oder eine als inkompetent wahrgenommene Opposition können die für eine Regierung negativen Folgen sich verschlechternder Wirtschaftsdaten auffangen.

So ist der Zustand der Wirtschaft - mit welchen Indikatoren auch immer gemessen - ein wichtiger, vielleicht der wichtigste Issue, der den Regeln der Themenkonjunktur wohl weniger folgt als andere Issues.

11 Taktisches / strategisches Wählen

Taktisches Wählen bezeichnet den Umstand, daß der Wähler eine Partei wählt, die eigentlich nicht seine Erstpräferenz ist. Die Wahl der zweitpräferierten Partei soll die Wahrscheinlichkeit vergrößern, daß die am wenigsten präferierte Partei nicht an die Regierung kommt (oder den Wahlkreis erringt). Das bedeutet beispielsweise, daß ein SPD- oder Labour-Anhänger dann seine Partei nicht wählt, wenn sie im Wahlkreis keine Chance hätte, und sich dann für eine andere Partei (LibDems oder die Grünen) entscheidet.

Das Ausmaß von *tactical voting* wird zum Gutteil durch das Wahlsystem erklärt: Hat es der jeweilige Wähler mit einem reinen Verhältniswahlrecht zu tun, wird das Ausmaß des strategischen Wählens gering sein: Seine Partei ist proportional im Parlament vertreten, er wird sich kaum für eine chancenreichere Konkurrentin entscheiden müssen. Die stärksten Anreize bietet ein reines Mehrheitswahlrecht nach angelsächsischem Muster: Nach dem *first past the post*-Prinzip gewinnt diejenige Partei den Wahlkreis, deren Kandidat die relative Mehrheit der Stimmen im Wahlkreis auf sich vereinigt. Entscheidet sich der Wähler für den Kandidaten seiner Partei, obwohl er eigentlich chancenlos ist, wäre seine Stimmabgabe umsonst. Ursprünglich dachte die Forschung dabei an die kleineren Parteien, die in Wahlsystemen nach Mehrheitswahlrecht und in Einmannwahlkreisen diskriminiert werden (Rae 1967: 87-92). Dahinter steht die Vorstellung des „wasted vote": Eine Stimme geht verloren, wenn sie einer kleinen chancenlosen Partei gegeben wird (Cain 1978: 640). Duverger (1967) und Rae (1967) diskutierten bereits in den fünfziger und sechziger Jahren die Auswirkungen der *ballot structure*, also des Stimmgebungsverfahrens, auf das Wahlverhalten und die Ausprägung des Parteiensystems: Rae unterscheidet *ordinal* und *categorical ballots*. In der ordinalen Stimmabgabe kann der Wähler mehr als eine Partei wählen, bei der kategorischen nur eine. *Ordinal ballots* geben - nach Raes ursprünglicher Hypothese - den kleineren Parteien eine größere Chance und begünstigen somit Fraktionalisierung. Genau gegenteilig wirken kategorische Stimmverfahren, sie begünstigen die großen Parteien. Die Prüfung dieser Hypothese ergab allerdings, daß ordinale Stimmgebungsverfahren keineswegs die Fraktionalisierung des Parteienwesens begünstigten (Rae 1967: 126f). Lijphart prüfte über zwanzig Jahre später dieses Ergebnis nochmals nach und kam zu einem Ergebnis, das Rae bestätigt, wenn es auch einen Unterschied feststellt: In Einmann-Wahlkreisen wirken *ordinal* und *categorical ballots* wie Rae es ursprünglich erwartete hatte: Kann der Wähler nur eine Partei und eine Person im Wahlkreis wählen, dann steigt seine Neigung zum taktischen Wählen: *Catecorical ballots* in *single member districts* hemmen ein Mehrparteiensystem, *ordinal ballots* begünstigen *sincere voting*, also die Wahl der erstpräferierten kleinen Partei. (Lijphart 1990: 491f). Die Auswirkung des Wahlsystems auf die Entstehung von Parteiensystemen wurde bestritten (von Beyme 1984, Nohlen 1990), so daß diese Debatte als

erledigt gelten muß. Allerdings verdient festgehalten zu werden, daß taktisches Wählen vom Wahlsystem beeinflußt ist, wenn die erstpräferierte Partei im Wahlkreis keine Chance hat. Dies kann durch „First-past-the-post" genauso erreicht werden wie durch die Möglichkeit des Stimmensplittings im personalisierten Verhältniswahlrecht der Bundesrepublik (vgl. Nohlen 1992: 587).
Grundlage jedes *tactical voting* ist in jedem Fall ein grundsätzlich rationales Verhalten in der Wahlentscheidung - der Wähler evaluiert den maximalen Nutzen seiner Wahlentscheidung und richtet sich danach (cf. Cain 1978: 654). Mehr noch, es setzt einen relativ hohen Kenntnisstand des Wählers voraus: Der Wähler muß wissen, daß seine eigentliche Partei im Wahlkreis chancenlos ist, um dann seine Zweitpräferenz zu wählen. Mag dies in Großbritannien noch ansatzweise gegeben sein, so wird es in Deutschland schon schwierig. Der Wähler sollte genaue Kentnisse über Sinn und Nutzen seiner zwei Stimmen haben, um taktisch wählen zu können. Dabei weiß er oft nicht, welche Bedeutung die beiden Stimmen haben, oder er läßt sich semantisch in die Irre leiten und hält die Erststimme für die wichtigere von beiden. Die Forschungsergebnisse von Rüdiger Schmitt-Beck deuten in diese Richtung: In den alten Bundesländern verfügen nur ein Drittel der Wähler über ein stabiles Wissen um die Bedeutung der Erst- und Zweitstimme (in den neuen Bundesländern sind es wohl nur ein Viertel; Schmitt-Beck 1993b: 414).
Im Fall der **Bundesrepublik** darf man kaum Anreize für *tactical voting* nach britischem Muster erwarten, da hier das personifizierte Verhältniswahlrecht gilt, denn die entscheidende zweite Stimme wird nach dem Verhältniswahlrecht gezählt (cf. Nohlen 1992: 585-587).
Mit der *Erststimme*, der Stimme für den Wahlkreiskandidaten, kann ein Wähler im Wahlkreis taktisch wählen, da hier die relative Mehrheit dem jeweiligen Kandidaten das Bundestagsmandat einbringt. Der Wähler splittet seine Wahlentscheidung: mit der ersten Stimme das kleinere (aber aussichtsreichere) Übel und mit der zweiten Stimme die eigentliche „erste Wahl". Dies zeigt, daß die von den Verfassungsvätern und -müttern gehegte Hoffnung sich nicht erfüllte, die erste Stimme werde aufgrund der Kandidatenpersönlichkeit gegeben (Nohlen 1990: 205). Stattdessen überwiegt die Wahl einer Partei (nicht einer Person) bei der Abgabe der ersten Stimme.
Das deutsche Phänomen des „Stimmensplittings" betrifft erwartungsgemäß die Parteien unterschiedlich: Zweitstimmenwähler der großen Parteien geben fast ausschließlich dem Kandidaten ihrer Partei auch ihre Erststimme, während sechzig Prozent der FDP-Zweitstimmenwähler und die Hälfte der Grünen-Zweitstimmenwähler ihre Erststimme einer großen Partei gaben (Forschungsgruppe Wahlen 1994: 16f). Während ein Drittel der Grünen-Zweitstimmenwähler 1987 mit der Erststimme eine Kandidaten der SPD wählte (58 Prozent wählten einen Grünen-Kandidaten), entfielen bei FDP-Zweitstimmenwählern 39 Prozent ihrer Erststimmen auf einen Kandidaten der FDP und 43 Prozent auf einen der

CDU/CSU (SPD-Kandidat: 13 Prozent). Dabei schlagen sich bei FDP-Wählern die Koalitionspräferenzen nieder. Zu Zeiten der sozialliberalen Koalition (1980) wählten 36 Prozent der FDP-Zweitstimmenwähler noch mit der Erststimme SPD, aber nur 13 Prozent die Union (Berger et al. 1990: 698f, mit Tab.5). Reziprok verhält es sich mit dem Phänomen der Leihstimmen: Hier geben Wähler, die eigentlich eine große Partei präferieren, ihre *Zweitstimme* einer kleinen Partei. Stimmabgänge einer großen Partei zugunsten eines kleinen Koalitionspartners ermöglichen eine parlamentarische Mehrheit für eine Koalition. Besonders die FDP hat von diesem Phänomen als eine „Partei der zweiten Wahl" profitiert (Dittberner 1987: 143-154; vgl. Nohlen 1992: 587). Dies sind Phänomene eines „koalitionspolitisch motivierten Wahlverhaltens" (Nohlen 1990: 206).

Das Ausmaß des taktischen Wählens per Stimmensplitting ist nicht besonders impressiv, aber nicht unentscheidend: So wählten nur zehn Prozent der Bevölkerung mit Erst- und Zweitstimme unterschiedliche Parteien. Allerdings verdeutlichen die Aussagen oben, daß taktisches Wahlverhalten so manches Mal Koalitionen stabilisiert oder gerettet hat. Schmitt-Beck (1993b: 415) erbrachte den merkwürdigen Befund, daß darunter auch etliche Wähler sind, die aus Unkenntnis die Stimme verkehrt splitten.

Die typisch britische Motivation „Der Wahlkreisbewerber der Partei meiner Wahl hat keine Chancen" hat bei deutschen Stimmensplittern keine große Rolle gespielt (vgl. Nohlen 1990: 205, Abb. 2), hat aber einige Auswirkungen auf die Zahl der Überhangmandate (d.h. eine Partei gewinnt mehr Direktmandate pro Bundesland als ihr an Sitzen nach dem Verhältniswahlrecht zusteht)[1]. Überhangmandate haben in der bundesdeutschen Geschichte bis 1994 keine große Rolle gespielt (ebd: 210), allerdings konnte 1994 die Koalition ihre extrem knappe Mehrheit durch die Überhangmandate erweitern (die CDU gewann zwölf Überhangmandate, die SPD vier): Die Mandatsmehrheit der Koalition erhöhte sich von denkbar knappen zwei Mandaten auf zehn[2]. Dies schafft ganz neue Anreize, auf die Karte „Chancen des Wahlkreiskandidaten" zu setzen. Hier ergeben sich für die SPD zwei Strategien: Erstens sollen maßgeschneiderte Wahlkämpfe in den Wahlkreisen geführt werden, in denen der Abstand zwischen dem Zweitstimmenergebnissen von Union und SPD besonders gering war. Darauf hat die SPD reagiert (z.B. im Wahlkreis Heidelberg-Schwetzingen; vgl. Kapitel 13.3). Zweitens bieten sich Wahlkreisabsprachen mit Parteien den Grünen an, damit Grünen-Wähler nicht mit der Erststimme den meist aussichtslosen Grünen-Kandidaten wählen - immerhin wählten

---

[1] Zur Geschichte und Forschungslage (neben einer ausführlichen Kritik an der Grundmandatsklausel und der Überhangmandate) vgl. Jesse 1998.
[2] Die meisten Überhangmandate fielen in Ostdeutschland an (insgesamt 13, davon zehn für die CDU und drei für die SPD). Mit den sechzehn Überhangmandaten 1994 wurde der bisherige Höchststand erreicht (1990 gab es sechs, 1987 eines, zwischen 1961 und 1980 gar keines für eine Partei; Jesse 1998: Tab. 2).

1994 56,4% Wähler, die mit der Zweitstimme grün wählten, auch mit der Erststimme grün; nur ein knappes Drittel stützte mit der Erststimme einen SPD-Kandidaten (Forschungsgruppe Wahlen 1994: 16). Allerdings hat in der Vergangenheit die SPD allen Anreizen taktischen Wählens eine Absage erteilt: Der folgenschwerste Fall war der der Stuttgarter Oberbürgermeisterwahl 20. Oktober 1996. Die SPD beharrte auf ihrem eigenen Kandidaten Rainer Brechtken, der bereits im ersten Wahlgang schon abgeschlagen war. Alles Drängen der Grünen, ihren chancenreichen Rezzo Schlauch zu unterstützen und auf ihren Kandidaten zu verzichten, nutzte nichts. Am Ende erreichte der SPD-Kandidat mit schwachen 13,5 Prozent ein schmachvolles Ergebnis, Schlauch scheiterte knapp, der CDU-Kandidat Wolfgang Schuster wurde Oberbürgermeister (Süddeutsche Zeitung, 21.10.1996). Beinahe wäre ähnliches in Köln passiert, als der zunächst chancenreiche SPD-Kandidat für das Amt des Oberbürgermeisters, Klaus Heugel, vor dem ersten Wahlgang am 12. September 1999 aufgeben mußte, da er wegen Insider-Aktiengeschäften belastet war. Dennoch konnte er auf den Stimmzetteln angekreuzt werden und erreichte zwölf Prozent, während die Grüne Anne Lütkes 32% und Harry Blum von der CDU 48% erhielten. Zunächst weigerte sich die Kölner SPD, eine eindeutige Wahlempfehlung zugunsten Lütkes für die Stichwahl zu geben. Auf Intervention des SPD-Landesvorsitzenden Franz Müntefering rang sich die SPD eine Woche später nach längeren Verhandlungen über einen gemeinsamen rot-grünen Kurs zu einer Wahlempfehlung durch (Süddeutsche Zeitung, 21.9.1999). Dennoch unterlag Lütkes bei der Stichwahl deutlich.

Im Vorfeld der Bundestagswahl 1998 ging die SPD-Parteiführung abermals nicht auf Angebote der Grünen ein, Wahlkreisabsprachen zu treffen. Die Grünen hatten sich bereit erklärt, auf die Aufstellung von Kandidaten dort zu verzichten, in denen die kombinierten rot-grünen Wähleranteile der Erststimme einen bürgerlichen (in der Regel CDU/CSU-) Kandidaten verhindern könnten (Süddeutsche Zeitung, 17.4. 1997). Dafür hätte die SPD auf ihre Leute dort verzichten sollen, wo ein grüner Wahlkreis direkt zu gewinnen wäre, insbesondere in den Universitätsstädten. Für die SPD wäre dieses Angebot allein schon deswegen verlockend gewesen, um zu verhindern, daß in Ost-Berlin die PDS Direktmandate gewinnen würde. Würden sich SPD und Grüne in den drei Berliner Wahlkreisen auf einen gemeinsamen Kandidaten einigen, in denen die PDS die Erststimmenmehrheit hatte, könnten beide auch den Einzug der PDS in den nächsten Bundestag verhindern, worauf eine SPD-Analyse zur Bundestagswahl 1994 hinwies (o.A., „Analyse zur Bundestagswahl 1994" [1994]: 15). Der PDS war allein durch drei Direktmandate der Einzug in den Bundestag geglückt. Mit Absprachen in Berlin wäre auch die Gefahr geringer, daß die PDS eine rot-grüne Mehrheit allein durch ihre Präsenz im Bundestag verhindern könnte oder eine nicht-bürgerliche Regierung auf die Tolerierung durch die PDS angewiesen wäre. Unter diesen Auspizien hat die SPD mit ihrer starren Verweigerung bei Wahlkreisabsprachen einen schweren taktischen Fehler gemacht, da ihr der Parteiegoismus wichtiger war als eine strategische Wahlkreiskoalition, die eine Mehrheit für Rot-Grün hätte sichern können. Ungeachtet der SPD-Weigerung gab die Bundesgeschäftsstelle der Grünen im Vorfeld der Bundestagswahl 1998 eine Wahlempfehlung einer Bürgerinitiative einen Zuschuß, die in den Berliner Stimmbezirken zur Wahl eines SPD-Kandidaten aufrief (Süddeutsche Zeitung, 25.9.1998). Ein direkter Wahlaufruf erfolgte allerdings nicht.

In *Großbritannien* herrscht Einigkeit über das relativ geringe Ausmaß an taktischem Wählen. Auf jeden Fall dürfte es weniger als zehn Prozent der Wähler die Wahlentscheidung motivieren, wenn auch mit steigender Tendenz[3]. Im Vorfeld der Unterhauswahl 1987 gab es sogar eine Kampagne („TV87"), die auf diejenigen Sitze abzielte, die von den Konservativen 1983 nur knapp gewonnen worden waren. Die Wähler in diesen Wahlkreisen sollten zum taktischen Wählen angehalten werden, um die Sitze den Konservativen wieder abzujagen. Das Anliegen von „TV87" war, den Wählern die chancenreichere nicht-konservative Partei zu empfehlen. Eine der Initiatoren dieser Kampagne verwies in ihrem *post mortem* auf eine durchwachsene Bilanz von „TV87": Eine Mehrheit in den *commons* wurde nicht verhindert, aber immerhin stiegen die Stimmanteile für nicht-konservative Parteien in den „knappen" Wahlkreisen (Fishman/Shaw 1989: 299)[4]. So ist es für die Parteien rational, den Wahlkampf vor allem in den knappen Wahlkreisen zu führen (Fieldhouse et al. 1996: 406f). Es gibt eine Verbindung zwischen Wahlkampfausgaben pro Wahlkreis und dem Ausmaß an taktischem Wählen (ebd: 418). Auch wenn es den Konservativen ihren Wahlsieg nicht nehmen konnte, kostete taktisches Wählen den Konservativen 1987 ganz sicher einen Sitz (und trug zum Verlust von weiteren sieben bei) und 1992 etwa zehn Sitze, da bei *marginal constituencies* Labour- bzw. LibDem-Anhänger der anderen Partei die Stimme gaben, um einen konservativen Sitz zu verhindern (Curice/Steed 1988: 340; dies: 1992: 336f). Und schließlich spricht für die Existenz taktischen Wählens, daß die Liberalen ihre Sitzanzahl erhöhen konnten, obwohl ihr Stimmenanteil zurückging: Denn 1997 fiel Labours Stimmenzuwachs dort eher mager aus, wo sich die Konseravtiven und die LibDems ein Kopf-an-Kopf-Rennen lieferten und dort eher hoch, wo sich Labour und die Konservativen duellierten (Denver 1997: 12).

Beim *tactical voting* kommt es allerdings auf zwei Punkte besonders an: die Situation im Wahlkreis und die Stärke der Parteiidentifikation. Liegt in einem Wahlkreis die präferierte Partei besonders weit hinten (an dritter Stelle hinter anderen Parteien), werden ihre Anhänger eher die zweitpräferierte Partei wählen.

---

[3]Evans 1994: 79; Heath et al. (1991: 54f, 60) gingen von 6-7% aus, Johnston und Pattie (1991: 108) von 7,7% (5,8% des Elektorats).

[4]Die Alliance erhielt ein Prozent mehr und Labour vier - ein Indiz dafür, daß Anhänger der Alliance/LibDems eher taktisch wählen als Anhänger Labours.

1992 wählten 39 Prozent der Wähler dann eine andere Partei, wenn sie 15 Prozent und mehr hinter dem Ergebnis der zweitplazierten Partei lag (Evans 1994: 74). Allerdings wählten nicht die Anhänger der Tories, der Labour Party und der LibDems im selben Maße taktisch. Am anfälligsten für taktisches Wählen waren die Anhänger der LibDems, vielleicht weil ihre Anhänger die schwächere Parteiidentifikation hatten, besser über die Situation im Wahlkreis informiert waren und die LibDems eher an dritter Stelle lagen[5]. Lassen sich neben Wahlkreischarakteristika auch individuelle Merkmale des *tactical voters* festmachen? Niemi et al. (1992: 235f, 239) stellten den typischen taktischen Wähler als Person mit höherem Bildungsabschluß, Interesse an der Politik, mit politischem Wissen und einer schwachen Parteiidentifikation dar. Evans kommt allerdings zu dem Ergebnis, daß keine der individuellen Charakteristiken mit „tactical voting" signifikant korreliert, am stärksten noch die Stärke (oder Schwäche) der Parteiidentifikation. Außerdem ist es noch lange nicht ausgemacht, daß Labour vom tactical voting der LibDem-Anhänger profitiert: Von ihnen geben 41% als Zweitpräferenz die Konservativen aber nur 35% Labour an (Evans 1994: 76-78).

Zusammenfassung

In beiden Staaten gibt es Hinweise dafür, daß taktisches Wählen das Stimmverhalten beeinflußt. Dies gilt nur für eine Minderheit der Wähler, in beiden Staaten unter zehn Prozent. In erster Linie sind es eher die Wähler der kleinen Parteien, die taktisch wählen (Ausnahme: Wähler mit Identifikation bzw. Erstpräferenz für eine große Partei, die aus koalitionstaktischen Gründen mit der Zweitstimme eine kleine Partei [in der Regel FDP] wählen). Erhebliche Schwierigkeiten gibt es beim taktischen Wählen in der Bundesrepublik dadurch, daß nur eine Minderheit der deutschen Wähler ein stabiles Wissen über die Bedeutung der beiden Stimmen hat. In Großbritannien gilt die Regel, daß die erstpräferierte Partei in einem Wahlkreis dann nicht gewählt wird, wenn sie chancenlos ist.
Die Bedeutung des taktischen Wählens für das Ergebnis einer Wahl und die nachfolgende Regierungsbildung variiert. Bis in die neunziger Jahre konnte taktisches Wählen kaum die Mehrheitsverhältnisse im Parlament grundlegend ändern. Bei der Unterhauswahl 1992 und der Bundestagswahl 1994 hätten allerdings schon die Verschiebung von relativ wenigen Stimmen zu einer anderen Regierung führen können. 1998 wäre bei einem marginal schlechteren Abschneiden der SPD in den Einzelwahlkreisen und der Grünen generell eine große Koalition wahrscheinlich gewesen.

---

[5]Evans (1994: 79f) sah allerdings keinen Zusammenhang zwischen Bildungsgrad und politischem Interesse einerseits und taktischem Wählen andererseits. Immerhin bestätigte er die niedrige oder fehlende Parteiidentifikation als einen Grund dafür.

12 Der Einfluß der Medien

12.1 Allmächtige Medien?

Bereits in den Analysen der Columbia School spielten die Medien eine beträchtliche, wenn auch nicht entscheidende Rolle, da sie angeblich nur von den *opinion leaders* genutzt werden. Modifiziert man die Theorie zu einer potentiell möglichen Beeinflussung besonders der Inaktiven (also nicht-interpersonal Kommunizierenden), dann stellt sich die Frage der Medienmacht erneut.

Mit der Entwicklung der „Penny Press" um 1830 setzte eine „Kommunikationsrevolution" (Schenk 1987: 22) ein, die in den letzten hundert Jahren mit neuen Massenmedien erheblich an Fahrt gewann. Seit Ende des 19. Jahrhunderts gibt es den Film, seit etwa 1920 des Radio und seit etwa 1940 das Fernsehen. Diese neuen Medien stellten den traditionellen (interpersonalen) Kommunikationsprozeß in Frage; dabei entstanden völlig neue Kommunikationsformen, die nicht-interpersonal die Menschen beeinflussen sollten (Werbung, Public Relations, Propaganda). Politikwissenschaft und Soziologie haben sich bisher kaum mit dem Gegenstand der Massenkommunikation beschäftigt, wie die Analyse vier deutscher Zeitschriften (*Politische Vierteljahresschrift, Zeitschrift für Politik, Kölner Zeitschrift für Soziologie und Sozialpsychologie, Zeitschrift für Soziologie*) und zwei amerikanischer (*American Political Science Review, American Journal of Political Science*) zeigte (Kaase 1986: 359f). Auch in den neunziger Jahren gilt die Feststellung, daß sich die Politikwissenschaft kaum mit der politischen Kommunikation beschäftigt hat (Kaase 1998: 98f). So wurden auch die meisten der dreizehn Meilensteine in der Massenkommunikationsforschung, die Lowery und DeFleur (1994) untersuchten, von Verhaltensforschern und Sozialpsychologen gesetzt. Erst mit dem Handbuch „Politische Kommunikation in der demokratischen Gesellschaft" (Jarren et al. [Hg] 1998) auch eine interdisziplinäre Auseinandersetzung stattgefunden, an der Journalismus- und Medienforscher, Soziologen und Politikwissenschaftler mitgearbeitet haben. Für letztere ergeben sich in der Medienwirkungsforschung neue Perspektiven in der Wahlforschung. Denn „nach wie vor sind Wahlen und die Analyse des Wahlverhaltens der Bereich, in dem sich Politik- und Kommunikationswissenschaft begegnen" (Kaase 1998: 106).

Generell lassen sich drei Phasen der Wirkung der Massenmedien unterscheiden (McQuail 1983: 252-255):

1. Omnipotenz der Medien: Die Wirkung der neuen Medien schien alle Vorstellungen zu sprengen, wie Orson Welles' berühmte Radiosendung „War of the Worlds" (1938) zu beweisen schien (vgl. Lowery/DeFleur 1994: 55-78). Zu erklären schien dies ein einfaches Stimulus-Response-Modell: Die Inhalte der Massenkommunikation wirken auf alle Rezipienten identisch. (Schenk 1987: 22f).

2. Modell der beschränkten Wirkung Die Wirkung der Massenmedien auf die Einstellungen der Rezipienten stellten die Studien von Paul F. Lazarsfeld und Joseph T. Klapper in den 40er und 50er Jahren in Frage. Lazarsfeld et al. stellten fest, daß interpersonale Kommunikation die Einstellungen zu Issues und das Wahlverhalten wesentlich stärker beeinflußt als die Massenmedien (Lazarsfeld et al. 1948: 150, bes. 158). Klapper schloß sich der Argumentation von Lazarsfeld et al. an und maß der „interpersonal dissemination" einen höheren Wirkungsgrad zu als der Massenkommunikation, wenn auch die Massenkommunikation indirekt auf die interpersonale Kommunikation wirkt. Massenmedien wirken nur sehr schwach auf den Einstellungswandel der Rezipienten ein, sie verstärken lediglich vorhandene Einstellungen (Klapper 1957: 457f; ders: 1960: 30-43, 49f). Die Ursache für den relativ geringen Grad an Nichtbeeinflussung durch die Massenmedien ist die selektive Auswahl der Kommunikationsinhalte und der Informationen: Was nicht zu den vorhandenen Einstellungen paßt, wird nicht wahrgenommen (Lazarsfeld et al. 1948: 89-91, Klapper 1960: 18-26). Die Verstärkerthese Klappers bestimmte die Forschung für zwei Jahrzehnte (Schenk 1987: 7f; Hackforth 1976: 17-21). Zu ähnlichen Ergebnissen kamen amerikanische Forscher um Carl I. Hovland, als sie in den vierziger Jahren im Auftrag des amerikanischen Kriegsministeriums die Auswirkung von Darstellungsformen in Filmen und in Radiosendungen untersuchten (vgl. Kapitel 13.1).

3. Wiederentdeckung der Medienmacht: Ausgangspunkt der „Wiederentdeckung" der Medienmacht, insbesondere der des Fernsehens, ist u.a. der Umstand, daß das Fernsehen die Hauptquelle politischer Information ist (Kiefer 1992; Schulz 1998). Seine Stärken als Kommunikationskanal liegen in seiner hohen Glaubwürdigkeit und den Möglichkeiten der visuellen Darstellung: „Visuelle Informationen unterstützen den wahrgenommenen Realitätsgrad der präsentierten Inhalte und erhöhen somit die Glaubwürdigkeit des Gesehenen (der Rezipient als Augenzeuge). Ferner belegen Studien, daß Bilder besser und sichtbarer erinnert werden und gleichzeitig mit einem höheren emotionalem Involvement der Rezipienten verbunden sind" (Gleich 1998: 412).

Seit den siebziger Jahren bahnte sich eine Wende an, ausgelöst durch Noelle-Neumanns Schweigespirale-Theorie und durch Shaws Agenda-Setting-Ansatz. Beide Ansätze behaupten nicht die Allmacht der Medien, sondern gehen von begrenzten aber wichtigen Effekten der Massenmedien auf das Publikum aus. Kapitel 12.1.1 stellt die Theorie der Schweigespirale vor, Kapitel 12.1.2 das Agenda-Setting.

12.1.1 Die Schweigespirale

Elisabeth Noelle-Neumann gab Anfang der siebziger Jahre einem Artikel den Titel „Return to the Concept of Powerful Mass Media" (dt.: Noelle-Neumann 1979b). Ihre Kritik richtete sich gegen die von der Verstärker-Hypothese behauptete Selektion der Informationen durch die Rezipienten. Unter bestimmten Bedingungen könnten diese außer Kraft gesetzt werden. Denn durch den Siegeszug des Fernsehens waren nach Noelle-Neumann wesentliche Voraussetzungen der Lazarsfeld-Studie aufgehoben (Noelle-Neumann 1979a: 119ff). Das Fernsehen war für Noelle-Neumann ein „getarnte[r] Elefant", der erheblich auf das Meinungsklima einwirkt.

Wie die Massenmedien, vor allem das Fernsehen, auf die Bürger und Wähler wirken, zeigt sie in ihrer Studie zur „Schweigespirale" (Noelle-Neumann 1980, 1989). Nach Noelle-Neumann haben Reden und Schweigen in der öffentlichen Meinung eine Schlüsselbedeutung. Die Individuen beobachten, welche Meinungen (und Verhaltensweisen) an Bedeutung gewinnen und welche verlieren: Woher erfährt nun der einzelne, was die scheinbare Meinung der Mehrheit ist? Einerseits nimmt der einzelne subjektiv seine Umwelt wahr und evaluiert die Verteilung der Mehrheiten (Noelle-Neumann 1979b: 149). Dies kann beispielsweise durch die Verbreitung von Meinungsumfragen oder besonderer „Events" geschehen. Andererseits leisten die Massenmedien für ihn Umweltbeobachtung. Besonders dem Fernsehen kommt dabei eine Bedeutung in der Konstruktion eines Meinungsklimas zu: Es läßt nur bedingt die Selektion von Kommunikationsinhalten zu, außerdem ist der Eindruck intensiver (Noelle-Neumann 1979a: 119ff). Durch ihre Berichterstattung erzeugen die Medien beim Rezipienten eine Vorstellung, wie das Meinungsbild der Mehrheit beschaffen sein muß, woraus sich seine Redebereitschaft und Einstellung ergibt.

> „Wer feststellt, daß sich seine Meinung ausbreitet, fühlt sich dadurch gestärkt und äußert seine Meinung sorglos, redet, ohne Isolation fürchten zu müssen. Wer feststellt, daß seine Meinung Boden verliert, wird verunsichert und verfällt in Schweigen. Durch diese Reaktionsweisen wirken die Meinungen der ersteren, die laut und selbstbewußt in der Öffentlichkeit geäußert werden, stärker, als sie wirklich sind, und ziehen weitere Befürworter an; die Meinungen des anderen Lagers wirken durch das Schweigen ihrer Anhänger noch schwächer als sie tatsächlich sind. Dadurch werden andere wiederum zum Schweigen und zum Meinungswechsel bewogen, bis in einem Prozeß der 'Schweigespirale' die eine Meinung die ganze Öffentlichkeit beherrscht und die Gegenmeinung so gut wie verschwunden ist" (Noelle-Neumann 1989: 419f).

Die Schweigespirale war außerordentlich folgenreich. Noelle-Neumanns Theorie wurde in der Bundesrepublik sehr kritisch rezipiert (in den USA weniger), außerdem schien der politische Kontext der Bundesrepublik der siebziger Jahre für sie zu sprechen (Kaase/Schulz 1989: 19f.; zur Rezeption: Scherer 1990: 25-31). Bei der Bundestagswahl 1976 verfehlte die CDU/CSU nach Noelle-Neumanns Meinung nur deshalb die absolute Mehrheit der Stimmen, weil die Medien mittels der Schweigespirale den Eindruck hervorriefen, die Meinung der sozialliberalen Koalition sei die Mehrheitsmeinung, d.h. sie werde die Wahl gewinnen. Zunächst hatte es so ausgesehen, daß die Union die Wahl gewinnen würde, dann aber verschlechterte sich das Meinungsklima für CDU/CSU (Noelle-Neumann 1980: 227-239).[1] Am Wandel des Meinungsklimas hatten die Journalisten maßgeblichen Anteil gehabt, da sie keine Chancen für einen Wahlsieg der Union sahen, wie die Allensbacher Journalistenumfragen ergeben hatten (ebd: 233, Tab. 24).[2] Die Berichterstattung der Medien war also an der Wahlniederlage der Union schuld, so die Meinung der CDU und Noelle-Neumanns, da sie einen *last minute swing* der Mitläufer verursacht hätten (Noelle-Neumann 1980: 19f). Diese „Mitläufer in letzter Minute" hatte bereits Lazarsfeld et al. (1948: 107-109) beobachtet, ein Phänomen, das er „bandwagon effect" nannte: Etliche Wähler, besonders diejenigen, die keine Wahlabsicht geäußert haben, wählen den voraussichtlichen Gewinner der Wahl - sie wollten einfach auf der „richtigen" Seite, auf der des Siegers sein. Noelle-Neumann formulierte dies anders: Nicht auf der Siegerseite wollten die Mitläufer der letzten Minute (die sie im übrigen als sozial isolierte, nicht besonders informierte Personen beschreibt) und einmal ordentlich auf dem Musikwagen (bandwagon) stehen, sondern eher bescheiden „mit den Wölfen heulen" (Noelle-Neumann 1980: 20).

Zusammenfassend läßt sich die Schweigespirale schematisch zusammenfassen:

Massenmedien ⇒ Meinungsklima ⇒ Einstellung / Wahlentscheidung

Aber es gibt auch eine alternative Hypothese zum Kausalitätsverhältnis Meinungsklima - Einstellung, das „looking-glass"-Modell (Scherer 1990: 83-87). Dies beschäftigt sich mit der Frage, inwieweit Individuen überhaupt das Meinungsklima einschätzen können. Oft nehmen Individuen nämlich aufgrund ihrer eigenen Einstellungen das Meinungsklima verzerrt wahr („pluralistic ignorance"). Die „looking-glass"-Hypothese erklärt diese Verzerrungen wie folgt: Ausgehend von dem Modell der kognitiven Balance (Festinger 1957) suchen die Individuen, ihre Einstellungen, Meinungen und Verhaltensweisen zu bestätigen. Einflüsse von außen sollen konsistent zu den eigenen Einstellungen, Werten und Verhaltensweisen sein (Eckhart/Hendershot 1967: 227). So dient die eigene Einstellung dazu, das Meinungsklima durch den Filter ihrer Einstellungen verzerrt zu sehen.

---

[1] Allerdings war die Wahl von 1976 nicht die erste, in der sich die Wirkungen der Schweigespirale zeigten. Bereits 1965 löste das Wahlergebnis Verwunderung aus. Die Union gewann klar, obwohl es in den Umfragen immer ein Kopf-an-Kopf-Rennen von SPD und Union gegeben hatte. Dieses Rätsel von 1965 motivierte Noelle-Neumann erst, ihre Hypothese von der Schweigespirale aufzustellen. Mit der Schweigespirale erklärte sie auch die 1972er Wahl. Auch hier gab es einen *last minute swing*, diesmal zur SPD (Noelle-Neumann 1980: 13-20).
[2] Damit ist die Frage aufgeworfen, welche Rolle Journalisten im Kommunikationsprozeß einnehmen, auf die hier nicht eingegangen werden kann. Die Einschätzungen ihrer Rolle reichen von konstatierter Verantwortungslosigkeit (durch unverhohlene Parteinahme) bis hin zur Hilflosigkeit gegenüber oder einem Mißbrauch von politischen Quellen (vgl. Forschungsüberblick bei Schönbach 1998: 120ff).

Scherer stellte in seiner Studie wesentliche Merkmale der Theorie Noelle-Neumanns in Frage: Zunächst scheint es nicht so zu sein, daß eine Klimaeinschätzung auch eine Einstellung nach sich zieht. Die Kausalität verläuft entgegengesetzt: Die Einstellung beeinflußt ungleich stärker die Klimaeinschätzung, somit wird die „looking-glass"-Hypothese bestätigt (Scherer 1990: 158).
Schwieriger erscheint das Kausalitätsverhältnis Massenmedien - Klimaeinschätzung. Es gibt Hinweise, daß es durchaus eine Wirkung der Massenmedien auf die Einschätzung des Meinungsbildes gibt, allerdings ist das wichtigste Kriterium dabei eine konsonante Berichterstattung über ein Thema.[3] Von einer Berichterstattung, die immer dieselbe Tendenz habe, war Noelle-Neumann ausgegangen.[4] Gerade diese ist bei vielen Themen nicht gegeben. Die Feststellung des Einflusses der Massenmedien ist wie ein „Puzzle" (Scherer 1990: 219). Zu bestimmten Zeitpunkten zeigten sich im Beispiel der Volkszählung Einflüsse, zu anderen nicht. Anhand von Inhaltsanalysen von überregionalen Tageszeitungen ließ sich aber nachweisen, daß die Mediennutzung durchaus eine bestimmte Klimaeinschätzung zeitigte: Die Leser konservativer Tageszeitungen glaubten zu einem viel stärkeren Maße als die Leser (links-) liberaler Blätter, daß die Mehrheit der Deutschen für die Volkszählung sei.
Eine Kritik an der Schweigespirale war, daß sie den Einfluß sozialer Gruppen, also der unmittelbaren Umwelt vernachlässige. Im Falle der Volkszählung kommt Scherer zu dem Schluß, daß die unabhängigen Variablen (Klimaeinschätzung als abhängige Variable) Einstellungen und soziale Umwelt sind. Medieneinflüsse sind eher gering und erklären nicht die häufig zu beobachtenden Meinungswechsel der Befragten (Scherer 1990: 265-269). Für Scherer galt damit die Theorie der Schweigespirale als widerlegt (vgl. Merten 1983; Bonfadelli 1998: 223). Ähnliche Befunde legten auch Feist und Liepelt (1986: 164-168) anläßlich der Bundestagswahl 1983 vor: Weniger die Medien vermittelten das Meinungsklima, sondern „die traditionellen politischen Kommunikationsnetze, das wahlentscheidende primäre Umfeld des Lagers" (1986: 164). Die modifizierte Kommunikationstheorie der Columbia School ist augenscheinlich ein ernstzunehmender Konkurrent für die Medienmachthypothesen Noelle-Neumanns.
Ein letzter Kritikpunkt betrifft den „bandwagon effect", den Wunsch vieler unentschlossener Wähler, auf Seiten der siegreichen Partei stehen zu wollen. In der Umfrageforschung wurde dieses Phänomen nicht bestätigt. Es ist also nicht so, daß Wähler verstärkt die in den Umfragen führende Partei favorisieren. Denn auch ein anderes Phänomen ist denkbar, der „boomerang"- oder „underdog"-Effekt: Anhänger der in Umfragen führenden Partei gehen vom sicheren Wahlsieg

---

[3] Scherer tut dies am Beispiel der Volkszählung 1987 (Scherer 1990: 162-220).
[4] Konsonanz in der Berichterstattung entsteht nach Noelle-Neumann durch die einheitlichen Auswahlregeln der Journalisten („news values") und durch relativ homogene politische Ansichten der Journalisten (Noelle-Neumann 1980: 211, 234; 1979b: 140f).

aus und bleiben am Wahltag zuhause. Oder es gibt eine Sympathie für den „underdog", den erwarteten Wahlverlierer (Crewe 1992: 493; Denver 1994: 132). Angesichts der vielfältigen Ergebnisse kehrte in die Medienwirkungsforschung schon bald wieder Bescheidenheit ein: Schönbach rief zu einer „Neu- und Re-Orientierung" (1983b: 110) der Forschung auf, er sah die Forschung durch die behauptete Allmacht des Fernsehens in eine Sackgasse geraten, zumal Tageszeitungen, „das unterschätzte Medium" (Schönbach 1983a), politische Kenntnisse besser vermitteln als das Fernsehen und ihre Leser stärker politisch aktivieren. Wird allerdings nach dem Stellenwert des Fernsehens als Quelle politischer Information (besonders im Vergleich zur Tageszeitung) gefragt, so zeigt sich die Überlegenheit des Fernsehens in allen Schichten der Bevölkerung und unabhängig vom Grad an parteilicher Gebundenheit (Schulz 1994: 321; ders: 1998: Tab. 4) - wobei allerdings zu seinem Einfluß zunächst nichts gesagt ist.

12.1.2 Agenda-Setting, Priming und Framing

McCombs und Shaw wechselten die Sichtweise der Medienwirkungsforschung völlig, als sie nicht mehr von den medieninduzierten Einstellungs- oder Verhaltensänderungen der Individuen ausgingen, sondern die kognitive Dimension hervorhoben.[5] Die Hypothese der Agenda-Setting-Funktion der Massenmedien lautet: „While the mass media may have little influence on the direction or intensity of attitudes, it is hypothesized that the mass media set the agenda for each political campaign, influencing the salience of attitudes toward the political issues" (McCombs/Shaw 1972: 177) oder etwas eingängiger: „The press may not be successful in telling its readers what to think, but it is stunningly successful in telling its readers what to think about" (Cohen 1963: 13, zit. n. McCombs 1994: 4). Dies war eine zweite, subtilere Attacke auf das Modell der begrenzten Effekte / Verstärker-Modell von Lazarsfeld et al. und Klapper und zugleich eine Absage an „Big Brother"-Modelle der Medieneffekte (vgl. McCombs 1981: 121 und ders. 1994: 6).
McCombs und Shaw untersuchten den Präsidentenwahlkampf 1968 in Chapel Hill (North Carolina), indem sie die Themenprioritäten von einhundert unentschiedenen Wählern mit den Hauptthemen in vier Regionalzeitungen, drei überregionalen Zeitungen bzw. Zeitschriften und den Abendnachrichten von CBS und

---

[5]Sie weisen darauf hin, daß die frühe Medienwirkungsforschung sich hauptsächlich um die Entstehung (oder den Wandel) von Einstellungen und Verhalten infolge von Einstellungen kümmerte, nicht aber um vorgeschaltete Prozesse, wie z.B. die der Informationsgewinnung, die wiederum die Einstellungsentstehung beeinflußt. Durch diese Verengung der Forschung wurde aber das Kind mit dem Bad ausgeschüttet, denn auch wenn eine Einstellungsänderung durch die Massenmedien nicht eintritt, ist nicht gesagt, daß die Massenmedien keinen Einfluß haben (Shaw/McCombs 1977). Somit wenden sich beide vom „Einstellungsparadigma" der Sozialpsychologie ab.

NBC verglichen. Sie fanden heraus, daß die Themenhitliste der Unentschiedenen ziemlich genau der der untersuchten Medien entsprach. Die Autoren schlossen daraus, daß es einen engen Zusammenhang zwischen Medien- und Publikumsagenda geben müsse (McCombs/Shaw 1972: 181f). Medien strukturieren also das Denken und Wissen des Publikums und können auch Wandlungen in der Wahrnehmung bewirken. Später wiederholten sie ihr Experiment in Charlotte während des Wahlkampfes 1972 (Shaw/McCombs 1977).[6]
Wegen vieler methodologischer Probleme (cf. Schenk 1987: 200-204) prüften Iyengar et al. (1982) den Agenda-Setting-Effekt in einem Laborexperiment: Einer Gruppe wurden manipulierte Fernsehnachrichten mit dem Schwerpunktthema Energieversorgung gezeigt, der Kontrollgruppe die üblichen Nachrichten. Im Vergleich zur Kontrollgruppe zeigte sich in der Experimentalgruppe klar der Effekt des Agenda-Setting, denn sie bewerteten die Wichtigkeit des Energieproblems höher als die Kontrollgruppe. In einem Feldversuch, angestellt von Kepplinger et al. (1989a: 76-89), wurden Inhaltsanalysen des Fernsehens (ARD und ZDF) und Themenpräferenzen der Befragten des Jahres 1986 verglichen Im Gegensatz zu Iyngar et al. in ihrem Laborexperiment finden sich im Feldexperiment „keine substantiellen Agenda-Setting-Effekte" (Kepplinger et al. 1989a: 88).[7]
Eine drittes Forschungsdesign (nach Labor- und statischem Feldexperiment) verwandte Funkhouser Anfang der siebziger Jahre. In seiner Zeitreihenuntersuchung für die Jahre 1960 bis 1970 verglich er die Themensetzung der Magazine „Time", „Newsweek" und „U.S. News and World Report" mit der Entwicklung der Themenpriorität in der Bevölkerung[8]. Er fand heraus, daß diejenigen der fünfzehn angegebenen Themenbereiche, über die die drei Magazine am häufigsten berichten, auch von der Bevölkerung als die wichtigsten angesehen werden. Außerdem ging die Berichterstattung in den Medien der Bevölkerungsmeinung voraus (Funkhouser 1973).[9] In seiner Zusammenstellung des Forschungsstandes kommt

---

[6]Hier gingen McCombs und Shaw mit einem Drei-Wellen-Panel vor, an dem 227 Personen teilnahmen. Über die Ergebnisse der Chapel-Hill-Studie hinaus wollten sie wissen, ob die Medienagenda die Wähleragenda beeinflußt oder umgekehrt (denn in Chapel Hill hatten sie nur einen Zusammenhang zwischen beiden Agenden gefunden). Das Ergebnis: Die Medienagenda bestimmt die Wähleragenda (Shaw/McCombs 1977: 91, Fig. 6.1).
[7]Sie fanden lediglich in der Energie-, Umwelt-, Ost-, Verteidigungs- und Europapolitik Agenda-Setting-Effekte.
[8]I.e. die Antwort auf die Gallup-Frage „What is the most important problem facing America?"
[9]Zusätzlich machte er die Entdeckung, daß die Berichterstattung in den Medien und die öffentliche Meinung kaum mit der „Realität" korrespondieren. Berichterstattung und die Themenpriorität der öffentlichen Meinung gehen der Realität voraus. So waren Themen wie Vietnam, Studentenrevolte und Rassenunruhen eher in den Medien und in der öffentlichen Meinung präsent, als „reale" Indikatoren (z.B. Zahl der US-Soldaten in Vietnam, Anzahl der Studentenproteste oder der Rassenunruhen) vermuten lassen. Diese Indikatoren erreichten ihren Höhepunkt erst später.

Brettschneider (1994: 225) zu der Auffassung, daß „alles in allem von einer starken empirischen Evidenz für das Vorliegen eines solchen Effektes gesprochen werden kann".

Agenda-Setting ist ein „politischer Prozeß" (Schenk 1987: 197), denn es ist für Parteien wichtig, daß „ihr" Thema von den Medien aufgegriffen wird. So konnte Asp für Schweden zeigen, daß die Medienagenda der Wähleragenda weitgehend entspricht (während es Divergenzen zwischen der Wähler- und den jeweiligen Parteiagenden gab; Asp 1983: 314f).[10] Ansatz ist nicht mehr die Änderung von Einstellungen, sondern das „Aktualisieren" (Kepplinger et al. 1989a: 75) oder Aktivieren von Einstellungen. Dies wird dadurch erreicht, daß bestimmte Themen hoch-, andere heruntergespielt werden. Was sich so einfach liest, ist ein ziemlich kompliziertes Wechselspiel von Parteien, die ihre Themen in den Vordergrund rücken wollen (und ihre Schwächen nicht erkennen lassen wollen), und der jeweiligen Disposition der Journalisten, die unter Umständen ihre Einstellung durch eine besondere Berichterstattung kundgeben wollen (Kepplinger et al. 1989b).[11]
Für den Bundestagswahlkampf 1987 konnte beobachtet werden, daß sich die Regierungsparteien mit ihrer Strategie durchsetzen konnten, die Konjunkturentwicklung auch in den Massenmedien in ein freundliches Licht zu rücken, während die SPD mit der Problematisierung der Arbeitslosigkeit keinen großen massenmedialen Rückhalt fand (Mathes/Freisens 1990: 542-547). Und im Fall der Unterhauswahl 1997 zeigte sich, daß die Konservativen keinerlei Erfolg damit hatten, die günstigen Wirtschaftsdaten zum Thema zu machen. Labour konnte seine Politikvorschläge, besonders seine fünf Versprechen, gut in den Massenmedien plazieren (Norris 1998: 131).[12] Immerhin 17 Prozent der Berichterstattung hatten Außenpolitik zum Thema - diesmal zu Ungunsten der Konservativen, da sie in der Europapolitik gespalten waren. Im Wortsinn: No good news for the Tories. Außerdem boten 18 Prozent „sex and sleaze"-Skandalberichte. Drei Wochen vor der Wahl ging es um den konservativen Ex-Minister Neil Hamilton, dessen Unterhaus-Sitz für Tatton ein unabhängiger „anti-sleaze"-Kandidat, der ehemalige BBC-Kriegskorrespondent Martin Bell, Hamilton streitig machte.
Betreffen aber die Agenda-Setting-Effekte alle Menschen gleich? Nach Iyengar (1992: 140) erweisen sich „vor allem Personen mit geringer Bildung, politischem Interesse und politischer Beteiligung als besonders anfällig für Thematisierungseffekte". D.h. besonders die Frage, ob ein Mediennutzer ein bestimmtes Orientierungsbedürfnis hat, bestimmt seine „Anfälligkeit" für das massenmediale Agenda-Setting (zum Forschungssstand: Bonfadelli 1998: 221).

---

[10]Interessanterweise entsprechen die Zeitungsagenden der Wähleragenda eher als die Agenden der Fernsehnachrichten. Ein Indiz dafür, daß die Fokussierung auf das Fernsehen von Seiten der Forschung in die falsche Richtung wies.
[11]dazu näher: Kapitel 13.
[12]Labours Themen nahmen 58 Prozent der Berichterstattung ein, konservative nur 22 Prozent.

Oft wurde der Verdacht geäußert, die Medien transportierten ein bestimmtes Image eines Politikers, es finde also ein „image-agenda-setting" statt. Beispiele dafür sind die schlechte Presse, die Kandidaten wie Rudolf Scharping in Deutschland und Michael Foot oder Neil Kinnock in Großbritannien hatten. Einen weiteren Effekt stellt das sogenannte „Priming" dar (cf. Brettschneider 1994: 223f, Iyengar 1992: 128-133): „Es bezeichnet das Phänomen, daß bestimmte Medieninhalte, die gerade genutzt werden, im Gedächtnis gespeicherte Gedanken und damit assoziierte kognitive Konzepte zu aktivieren vermögen, die dann wiederum die Wahrnehmung beeinflussen können" (Bonfadelli 1998: 227). Die Mediennutzer erhalten Informationen, unter welchem Gesichtswinkel ein Issue oder Politiker zu betrachten ist: Die Medien geben also die Issues und Image-Dimensionen vor, nach denen ein Thema oder ein Kandidat bewertet werden soll, und liefern gleichzeitige Bewertungskriterien. Beschäftigen sich z.B. die Medien hauptsächlich mit Fragen der Massenarbeitslosigkeit, macht es einen Unterschied, ob das individuelle Schicksal eines Arbeitslosen oder die abstrakt-gesamtgesellschaftliche Ebene behandelt wird. Dadurch wird der Rezipient dazu veranlaßt, bei der Einschätzung des Issues auf gewisse Aspekte zu fokussieren oder andere zu vernachlässigen.

Das „Priming" umfaßt die Wirkungen, die Behandlungen eines Issues auf die Bewertung von Kandidaten hat. Behandeln die Themen einen bestimmten Issue besonders stark, z.B. die deutsche Einheit, wird ein Spitzenpolitiker aufgrund der wahrgenommenen Position zur Einheit beurteilt. Das mag den rapiden Popularitätsverfall Lafontaines 1990 erklären, nachdem er ein Jahr zuvor noch Darling der Medien war. Ähnlich war es US-Präsident Carter ergangen, den die plötzliche Botschaftsbesetzung in Teheran die Wiederwahl kostete (McLeod et al. 1994: 138). Besonders wichtig dabei ist, daß die Massenmedien relativ konsonant über einen Kandidaten berichten, d.h. daß z.B. im Falle Lafontaines und Carters die eigentlich gewogenen Massenmedien sich dem Tenor anschlossen und den eigentlich präferierten Kandidaten schlechter bewerten bzw. den eigentlich nicht präferierten Kandidaten besser (so z.B. der „Spiegel", der 1990 Kohl als „Staatsmann" portraitierte; Brettschneider 1998: 396).

Stärker können Effekte des Priming ausfallen, wenn über innerparteiliche Kontroversen berichtet wird. Mit einer generalisierenden Dichotomisierung (von der auch diese Arbeit nicht ganz frei ist) in „Modernisierer" und „Traditionalisten", wobei meist die „Modernisierer" positiv konnotiert werden, werden wiederum führende Politiker einer Partei bewertet. Die Bewertungskriterien der Medien können durch Paradigmenwechsel beeinflußt werden. So erhalten beispielsweise Sozialdemokraten schnell das Ettikett „Traditionalisten", die nach dem Paradigmenwechsel hin zur neoliberalen Angebotspolitik dennoch nachfrageseitig-etatistische Politikkonzepte vertreten (in diesem Sinne: Meyer 1997: 137-140 und ders: 1998: 160-170). Dies wird zusätzlich verschärft durch die Nachrichtenselektionskriterien der Massenmedien. So werden Konflikte innerhalb von Parteien dramatisiert und iert (ebd: 390), um im Konkurrenzkampf um die Aufmerksamkeit der Medienkonsumenten zu erringen.[13] Gerade innerhalb der SPD haben sich Tendenzen gezeigt, daß massenmedial präsente Landespolitiker mit einer dezidierten Gegenposition zur Partei(zentrale) Aufmerksamkeit erringen konnten, dies ist eine durchaus intendiertes Kommunikationsmanagement dieser Politiker, die aktiv aus Gründen der Selbstprofilierung die Medienagenda beeinflussen (vgl. Kapitel 24).

Wie neuere deutsche Studien zeigen, ist beim „Framing" und „Priming" das Fernsehen das mit Abstand wirkungsmächtigste Medium. Hier wirken zur Imagebildung von Spitzenkandidaten die nonverbalen Codes der Personendarstellung, die nicht immer vom Kandidaten zu kontrollieren sind (Schulz 1998: 384f).

Auch wenn von einem generellen Agenda-Setting-Effekt ausgegangen werden kann, soll zugleich eingeschränkt werden, daß dieser nicht für alle Personen gleich gilt. Personen, die starke Anhänger einer Partei sind oder in irgendeinen Issue besonders involviert sind, dürften eigene Agenden (oder die ihrer Parteien) haben (McLeod et al. 1994: 147). Das „Priming" und „Framing" versagt eher bei Personen, die einen hohen Grad an politischem Wissen haben (Gleich 1998: 417). So erscheinen gerade die Wechselwähler mit schwachen Parteibindungen als recht anfällig für Medieneinflüsse, insbesondere des Fernsehens, das als wichtigste Informationsquelle für Politik angenommen wird. Winfried Schulz (1994) spricht kombiniert mit den Ergebnissen der Agenda-Setting- und Priming-Forschung" von der „diskretionären Macht" des Fernsehens.

12.1.3 Aktivierung

Ein weiterer Beitrag zu den Thesen über den „bescheidenen" Einfluß der Medien ist die Aktivierungsthese (Schulz 1998: 388). Demnach wirken die Massenmedien, insbesondere das Fernsehen weniger persuasiv, sondern aktivierend. Ausgangspunkt für diese Überlegung ist die Beobachtung, daß die Wähler immer mehr auf Distanz zu den Parteien gehen und zunehmend Wahlenthaltung üben. Um diese Wähler zur Stimmabgabe bewegen zu können, hat das Fernsehen als einziges Medium eine mobilisierende Funktion, zumindest bei einer Studie der Bundestagswahl 1994. Aber Schulz schränkt dieses Ergebnis durch vier weitere

---

[13] Dieser Prozeß wird von den Exponenten einer innerparteilichen Gruppierung oder einer Politikausrichtung oft selbst gesteuert. So präsentierte sich Gerhard Schröder ab 1995 als „Modernisierer". Als er selbst Kanzler und Parteivorsitzender geworden war, profilierte sich der zurückgetretene Parteivorsitzende und Finanzminister Oskar Lafontaine ex post als ein Gegenpol, indem er die Wahlniederlagen der SPD in Landtags- und Kommunalwahlen der einseitig neoliberalen Ausrichtung der SPD-Wirtschaftspolitik seit seinem Ausscheiden im März 1999 anlastete. Grundlage für diese grob parteischädigende Abrechnung ist sein Buch „Das Herz schlägt links", dessen zentrale Thesen er in Exklusiv-Interviews mit der „Welt am Sonntag" (26.9., 3.10.1999) vorstellte.

intervenierende Variablen ein: Nicht nur die Fernsehnutzung an sich, sondern auch das Alter, der Bildungsgrad, das Interesse an Politik und das Interesse an Wahlkampfthemen läßt die Wähler Wählen gehen (ebd). Beide Ergebnisse überraschen nicht. Denn allein aus Gründen der Plausibilität lassen die vier Bedingungen ein höheres Maß an Informationsbedürfnis des kritisch-interessierten und kognitiv-kompetenten Wählers vermuten. Dieses Bedürfnis wird durch eine verstärkte Nutzung der Massenmedien, vor allem des Fernsehens gestillt. Denn die Bürger wenden einen immer größeren Anteil ihres Zeitbudgets für die Nutzung der Massenmedien auf (drei Stunden 1964, fünf Stunden 1995). Dabei erhöhte sich der Fernsehkonsum binnen acht Jahren (1988-1996) um 25% (ebd: 389). Umso dringlicher stellt sich für die Parteien die Frage, wie sie Einfluß auf die Berichterstattung nehmen können, und wie sie ihre Themen in den Massenmedien unterbringen können (vgl. Kapitel 13).

12.2 Der Medieneinfluß in Großbritannien und Deutschland

Wie lassen sich die vielfältigen Ergebnisse der Medienforschung auf die Fälle der beiden Parteien übertragen? Wie wirkt sich die Berichterstattung in den Medien *direkt* auf das Wahlverhalten oder auf politische Einstellungen aus?

Ein instruktives Beispiel bietet die Unterhauswahl vom April 1992: Die Wahl des Jahres 1992 war in Großbritannien eine gewaltige Überraschung, da die Labour Party in den Umfragen geführt hatte. Zweieinhalb Jahre später machte die SPD eine ähnliche Erfahrung Nach einem soliden Vorsprung der SPD vor der CDU (inklusive einer Mehrheit eines möglichen rot-grünen Bündnisses) verlor sie die Wahl. Allerdings erodierte der Vorsprung der SPD schon einige Monate vor der Wahl, so daß das Wahlergebnis nur noch die allgemeine Erwartung widerspiegelte, daß es der SPD abermals nicht reichen werde. Eine Parallele zwischen Labour und der SPD aber hat Bestand: Beide gewannen die Umfragen, verloren aber die Wahl.

Im Fall der Labour Party wurden für den überraschenden Wahlausgang hauptsächlich drei Gründe angeführt, von denen zwei eine *late swing*, eine Änderung der Parteipräferenzen im letzten Moment, behaupteten.[14]

---

[14] Allerdings scheinen diese drei Begründungen für einen *late swing* nicht schlagend. Clifford und Heath stellten fest, daß es einen *late swing* fast gar nicht gab, zumindest keinen, der über das Maß früherer Jahre hinausgegangen wäre (Clifford/Heath 1994: 9-12). Entgegen der öffentlichen Wahrnehmung war die Führung der Konservativen schon so klar, daß Entwicklungen der letzten drei Wochen vor der Wahl nicht mehr stark ins Gewicht fielen. Allerdings hätten selbst kleinere Wählerwanderungen (*swings*) die konservative Unterhaus-Mehrheit ernsthaft gefährden können (Butler/Kavanagh 1992: 247). Ein Swing von nur einem Prozent hätte zu einem Parlament ohne absolute Mehrheit (*hung parliament*) für die Konservativen geführt.

1. Die Umfragen spiegelten nicht das wahre Meinungsbild wider. Offensichtlich hatten sich viele Tory-Wähler nicht als solche in den Umfragen zu erkennen gegeben. Drei Tage nach der Wahl offerierte der *Times*-Leitartikler Robert Harris diese Erklärung mit seinem populär gewordenen Ausspruch von der „nation of liars".[15]
2. Besonders die den Tories nahestehende Boulevard-Presse, die *tabloids*, hätten den Labour-Spitzenkandidaten demontiert und eine Angstkampagne gegen einen Labour-Wahlsieg inszeniert. Rupert Murdochs Massenblatt *The Sun* schrieb sich selbst den Wahlsieg zu und titelte am Tag nach der Wahl: „It Was the Sun Wot Won It". Die relative Dominanz der Tory-nahen Presse machte Neil Kinnock bei seiner Rücktrittsrede am 13. April 1992 für die neuerliche Wahlniederlage verantwortlich, als er sagte: „... the Conservative supporting press has enabled the Conservative Party to win yet again when the Conservative Party could not have secured victory for itself on the basis of its record, its programme or its character " (zit. nach Curtice/Semetko 1994: 43).
3. Fehler in der Wahlkampfführung hätten Labour den Erfolg gekostet. Zu Labours bizarren Fehlleistungen gehörte der legendär gewordene Wahlwerbespot über „Jennifer's ear", der am Ende zum „war of Jennifer's ear" mutierte. Am 24. März 1992 ließ Labour einen Spot über zwei Mädchen senden, die beide an einem verstopften Gehörgang litten. Während das eine Mädchen sofort operiert wurde, da sich dessen Eltern eine private Behandlung erlauben konnten, war das andere leidende Mädchen mit dem fiktiven Namen Jennifer auf die Gunst des NHS angewiesen und wurde auf eine lange Warteliste gesetzt. Die Labour Party hatte im Spot die Geschichte mit dem Hinweis angekündigt, es handele sich um eine wahre Begebenheit. Wollte die Partei damit ihre Kompetenz in der Gesundheitspolitik, wie den *caring issues* im allgemeinen, betonen und der konservativen Regierung Versagen vorwerfen, ging der Schuß nach hinten los. Nachdem der Spot gesendet worden war, wurde mit Hilfe der Konservativen die wahre Identität Jennifers enthüllt (sie hatte niemals ein Ohrleiden) und insbesondere bei den Tory-*tabloids* brach ein Sturm der Entrüstung los (Butler/Kavanagh 1992: 123). Ein zweiter Fehler im Wahlkampf-Management war wohl auch die *Sheffield rally* der Partei am 1. April

---

[15] „I have reached the reluctant conclusion that ours is a nation of liars. People lied about the intentions up to the moment of voting, and went on lying even as they left the polling stations ... The cynics were right after all. People may say they would prefer better public services, but in the end they will vote for tax cuts. At least some of them had the decency to feel too ashamed to admit it" (Robert Harris: We Are a Nation of Liars, in: Sunday Times, 12. April 1992). Die Umfragegesellschaft ICM bat nach der Wahl Personen, ihre Wahlabsicht auf einem geheimen Stimmzettel kundzutun (ohne sie direkt danach zu fragen). Das Ergebnis waren höhere Anteile für die Konservativen und niedrigere für Labour als bei der herkömmlichen Methode der direkten Frage (Denver 1994: 164).

1992. In dieser zentralen Wahlkampfveranstaltung hatte sich Labour allzu selbstverständlich als die Siegerin der Wahl präsentiert.
Diffiziler gestaltet sich die Frage nach dem Einfluß der Medien. Wurde die Berichterstattung in ihnen so gelenkt, daß die Konservativen einen Bonus in Form des deutschen „Regierungs-" oder „Kanzlerbonus hatten"? Und welchen Einfluß hatte die offene Parteinahme der *tabloids*?

12.2.1 Fernsehen und Presse in Deutschland

Fernsehen: Prinzipiell gilt, daß das Fernsehen in Großbritannien und in Deutschland - und zwar unabhängig davon, ob privat oder öffentlich-rechtlich - keine (große) Partei systematisch bevorzugt. In Deutschland spricht dagegen die öffentlich-rechtliche Struktur der drei Programme, in denen weitgehend nach Proporz-Prinzip eine Machtbalance der Parteien hergestellt wird.[16] Allerdings können durch eine „medieninterne 'Fünf-Prozent-Klausel'" (Schmitt-Beck 1994b: 278) nicht-etablierte Parteien von jeglicher Publizität abgeschnitten werden, wie die westdeutschen Grünen kurz nach ihrer Gründung. Auch im Fall der privaten Fernsehkanäle droht keiner Partei eine systematische Benachteiligung. Obwohl die Einführung des Privatfernsehens mit dem Argument der „Meinungsvielfalt" gegenüber angeblichen Rotfunktendenzen der Öffentlich-Rechtlichen geführt wurde, blieb sein Programm apolitisch: „Lastly, the introduction of a commercial sector has patently failed to bias broadcasting towards the right ... The commercial broadcasters have proved to be essentially 'apolitical' far more interested in attracting large audiences to sell to the advertisers" (Humphreys 1994: 321).[17] Das soll aber nicht heißen, daß die Einführung des privaten Fernsehens ab Mitte der achtziger Jahre ohne Folgen geblieben wäre. Wie Barbara Pfetsch erkannte, führte die Dualisierung des Rundfunksystems „zu einer Verringerung des Stel-

---

[16] Mag es auch „schwarze" (Bayerischer Rundfunk) oder „rote" (NDR, WDR) ARD-Anstalten geben, gleichen diese sich untereinander aus (cf. Humphreys 1994: 176-187, 320f). Außerdem werden in allen öffentlich-rechtlichen Rundfunkanstalten parteipolitisch ausgewogene Personalpakete ausgehandelt, die eine eindeutige parteipolitische Disposition einer Anstalt verhindern (Kunczik 1992: 24f). Kaase (1998: 101) erkennt durchaus die Bedeutung des Mediensystems für die Gestaltung der politischen Kommunikation an, verweist aber auf die bisher noch mangelnde theoretische, empirische und komparative Aufarbeitung der Mediensysteme.

[17] Seit Mitte der siebziger Jahre wurde eine publizistische und politische Diskussion um zu gründende private Fernsehanstalten geführt, die zunächst auf die Sicherung der Meinungsvielfalt abzielte, die Autoren wie Hermann Schelsky und Elisabeth Noelle-Neumann durch den „Würgegriff" der Parteien im öffentlich-rechtlichen Rundfunk gefährdet sahen (Kaase 1989; ders.: 1998: 108; Kunczik 1992: 25). Wie Humphreys darlegt, wurde die Debatte um das Privatfernsehen ab 1982 eher mit dem Argument der Standortpolitik geführt. Diesem Argument wollten sich auf Dauer auch die SPD-regierten Länder nicht entziehen. So öffnete sich die SPD ab 1984 den neuen Anbietern gegenüber und arbeitete auf eine Bestandssicherung des öffentlich-rechtlichen Fernsehens hin (Humphreys 1994: 247-249; vgl. Hiegemann 1992: 80f).

lenwertes politischer Informationen geführt" (Pfetsch 1991: 133). Denn politische Themen werden von den Privaten marginalisiert bzw. in ein unterhaltendes, politikfernes Programm eingebunden (cf. Kaase 1989: 109-112): „In einem Programmumfeld, das mit Unterhaltungsangeboten gesättigt ist, kommt das Gesetz der inversen Beziehungen voll zum Tragen. Es besagt, daß mit zunehmendem Abstraktions- und Komplexitätsgrad politischer Informationsangebote das Publikum, das sich ihnen aufmerksam zuzuwenden bereit ist, immer kleiner wird" (Schmitt-Beck 1994b: 271).[18] Außerdem tritt der Regierungsbonus in den Privaten wesentlich stärker hervor: Die Bundesregierung kommt wesentlich häufiger zu Wort als andere politische Akteure (z.B. Parlament, Parteien), zumal es dort kaum ein Angebot von politischen Magazinen gibt (Pfetsch 1991: 117; Brettschneider 1998: 1998: 396). Der Regierungsbonus ist ein Phänomen, der sich durch die gesamte Medienlandschaft zieht: So wiesen Schönbach und Semetko (1996: 157 und Tab. 2) nach, daß in *allen* Medien die Oppositions"politiker wesentlich weniger sichtbar waren als die der Regierung. Vor allen Dingen fiel die Berichterstattung über die Grünen unter den Tisch. Dies kann dazu führen, daß allein schon durch die Präsenz eines Kandidaten in den Medien - unabhängig ob dies mit einer positiven Bewertung gekoppelt ist - den Wähler beeinflußt (das sog. „mere exposure"; Schönbach/Semetko 1996: 162; Mathes/Freisens 1990). Inverses gilt für die Oppositionsparteien: Während in Großbritannien zumindest Labour als Hauptherausforderer der Regierung eine ähnlich große Aufmerksamkeit wie den Konservativen gewidmet wird, hat in Deutschland die SPD ein „Sichtbarkeitsproblem", so daß sie nicht in einem ähnlichen Umfang wie die Koalition mit den Wählern massenmedial kommunizieren kann (Semetko/ Schönbach 1993: 206). So war z.B. im Wahljahr 1990 der Amtsinhaber Kohl fünfmal häufiger in den Topmeldungen vertreten als sein Herausforderer Lafontaine (Schulz 1998: 385f).

Presse: Die Presse bietet ein anderes Bild: In Deutschland gibt es nur ein überregionales *tabloid*, die Bild-Zeitung. Wie fast alle Zeitungen des Springer-Verlages ist sie konservativ orientiert, wenn sie auch in den späten sechziger Jahren eine wesentlich stärkere autoritäre Note hatte als heute (Humphreys 1994: 92-98). Ihr liebstes Themenfeld in der Politik sind *human interest stories* über das

---

[18]Dies bestritt Schulz (1998: 387f) aufgrund seiner Einschätzung einer graduellen Politisierung der privaten Kanäle. Dies hat sicherlich auch mit den politischen Dispositionen der Haupteigner der Kanäle zu tun. Besonders dem SAT 1-Haupteigner, Leo Kirch wird eine große Nähe zu den Unionsparteien nachgesagt, während RTL-Eigner Bertelsmann als eher SPD-geneigt gilt. Die bayerische Staatsregierung hatte sogar zu einen staatlichen Kredit für das in Nöten befindliche Kirch-Imperium angekündigt (Süddeutsche Zeitung, 11.3.1998). Und selbst wenn die These gelten sollte, daß die Privaten sich stärker als die öffentlich-rechtlichen Sender mit den charakterlichen Qualitäten und dem Privatleben von Politikern beschäftigen, hat dies nicht dazu geführt, daß die Nutzer von Nachrichten privaten Fernsehsendern ein anderes Image von einem Kandidaten erhalten als die Nutzer öffentlich-rechtlicher.

Privatleben der Politiker, so beispielsweise in Scheidungsaffäre Gerhard Schröders. In diesem Sommerlochknüller des Jahres 1996 spielte dessen Büro der Bild-Zeitung negative Informationen über seine Noch-Ehefrau Hiltrud zu und erweckte so das sympathische Image eines Politikers, dessen eigene Frau ihm kräftige Kost verweigert. Bezeichnenderweise rächte sich seine Frau mit einem Interview im SZ-Magazin vom Frühsommer 1997.

Prinzipiell hält sich die Bild-Zeitung seit dem Einheitswahlkampf des Jahres 1990 mit offener Wahlkampfhilfe zurück.

Von den *quality papers* in Deutschland gilt die Welt des Springer-Verlages (Auflage: 200.000) als konservativ, die FAZ (400.000) als liberal-konservativ, die Süddeutsche Zeitung (400.000) und die Frankfurter Rundschau (185.000) als links-liberal. Als SPD-nah gelten die diversen Zeitungen der WAZ-Presse, während der Großteil der regionalen Presse sich als „überparteilich" bezeichnet, was eher eine konservative Disposition bedeutet (Humphreys 1994: 89f). Die Wochenzeitung „Die Zeit" gilt als anti-konservativ mit links-liberaler Tendenz, über den „Spiegel" (Auflage: eine Million) sagte sein Verleger Rudolf Augstein, er sei „im Zweifel links".

Klaus Merten analysierte während des Wahlkampfes 1976 21.000 Artikel der deutschen Presse und zeichnete das Bild einer Presse mit CDU-Präferenz. Entgegen den politischen Implikationen der Schweigespiralen-Theorie Noelle-Neumanns über das Fernsehen folgert er: „Würde man die anhand der Eigenwertungen ermittelten Präferenzen in Stimmprozente umrechnen, so würde die CDU/CSU-Opposition 55,2% der Stimmen, die SPD/FDP-Koalition jedoch nur 44,8% der Stimmen erhalten [...] Exakt im Sinne der Schweigespirale muß daraus gefolgert werden: Die tendenzielle Berichterstattung hätte fast einen SPD/FDP-Wahlsieg verhindert" (Merten 1983: 428).

Wie aber sehen die Wähler eine mögliche Bevorzugung einer Partei durch die Massenmedien? Schmitt-Beck (1994a: 217-223) präsentierte für die Tageszeitungen folgendes Bild: Die Mehrheit der westdeutschen Leser (57,5 Prozent) sah keine Partei bevorzugt, 28,5 Prozent die Union, 13,4 Prozent die SPD. Dies stützt partiell Mertens Ergebnis. Parteipolitische Neutralität attestierten die meisten Befragten den Fernsehprogrammen (zwischen 63 und 70 Prozent für einzelne Sender). Dabei schien das ZDF noch am ehesten eine Partei, die Union, zu begünstigen (21,2 Prozent meinten dies), bei der ARD lagen die Werte bei 12,8 Prozent für die CDU/CSU und 11,2 Prozent für die SPD. Von den Privatsendern zeigte sich RTL eher SPD geneigt (4,6 Prozent sahen die Union, 7,1 Prozent die SPD bevorzugt), SAT 1 eher unionsgeneigt (7,8 Prozent zu 4,1 Prozent).[19] Auf-

---

[19]SAT 1 hatte stets eine Reputation als „Kanzlersender". So moderierte im Vorfeld der Bundestagswahl 1994 der Journalist Heinz-Klaus Mertes (früher: Bayerischer Rundfunk) eine Serie von Sendungen in SAT 1 („Zur Sache, Kanzler"), in denen sich Kohl den wenig kritischen Fra-

fällig dabei ist, daß kaum einer der Befragten eine der kleinen Parteien durch die Sender oder die Tageszeitungen bevorzugt sieht. Vallone et al. erklärten den wahrgenommenen parteipolitischen *bias* der Medien durch das „hostile media phenomenon" (1985): Durch einen Mechanismus „negativer Projektion" neigen Anhänger von Parteien dazu, auch eine neutrale Berichterstattung als ihren Präferenzen entgegengerichtet wahrzunehmen. Schmitt-Beck konnte zeigen, daß insbesondere die Wähler von kleinen Parteien und der Oppositionsparteien den Massenmedien parteipolitische Bevorzugung vorwerfen (Schmitt-Beck 1994a: 223, Tab. 19). Die übergroße Mehrheit aber sieht die Massenmedien neutral.

12.2.2 Fernsehen und Presse in Großbritannien

Fernsehen: In Großbritannien liegen die Dinge ähnlich, das sollte auch nicht verwundern, diente doch die BBC als Rollenmodell für das öffentlich-rechtliche System der Bundesrepublik. Die BBC gehorcht ganz anderen Spielregeln, es geht um die Ausgewogenheit und nicht um Parteinahme: „'Balance' in broadcasting is a strange concept, with no equivalent for the press" (Seaton/Pimlott 1987: 133). Allerdings heißt „Balance" nicht unbedingt „Objektivität", sondern eher soviel wie „gleiche Sendezeit für die Parteien".[20] Und so werden die BBC-Nachrichten von zwei Dritteln der Befragten für unparteiisch gehalten, die privaten ITV-Nachrichten sogar von drei Vierteln (Miller et al. 1990: 200, 277 mit Tab. 8.4; vgl. McGregor et al. 1989: 178f).[21] Und wie in Deutschland gibt es einen Regierungsbonus in der Sendezeit und einen Bonus für die beiden großen Parteien, insbesondere ihre Spitzenkandidaten (Axford/Nadgwick 1989: 148-153). Wie Miller und seine Kollegen nachwiesen, gibt es durchaus so etwas wie einen „Sichtbarkeitsbonus" der amtsinhabenden Partei. 1987 berichteten 21 Prozent der Fernsehnachrichten *allein* über die Regierung und 23 Prozent über die Konservative Partei, mehr als die alleinige Berichterstattung über Labour (16 Prozent) und die Alliance (18 Prozent) zusammengenommen. Und wenn es um strittige Themen ging, traten meist nur Labour-Leute gegen Konservative an - die Liberalen hatten das Nachsehen, sie konnten sich nicht in Kontroversen profilieren (Miller et al. 1990: 218f; Semetko et al. 1994: 37).

Presse: Für diejenigen, die die deutsche Presselandschaft gewohnt sind, ist es frappierend, mit welcher Offenheit sich britische Zeitungen für eine politische

---

gen Mertes stellte. Abseits von Impressionen erhärtet sich im Wahlkampf 1994 das Bild, daß die SAT 1-Nachrichten über Kohl positiver in ihren Beiträgen berichteten als andere Sender (ohne Bevorzugungen eines Kandidaten: ARD, ZDF, mit leichter Pro-Scharping-Tendenz: RTL; Schulz 1998: Abb. 4; Gleich 1998: 413).

[20]Bis 1987 hing die zugewiesene Sendezeit von den Wahlergebnissen dieser Parteien ab (vgl. Seaton/Pimlott 1987). Seitdem gelten gleiche Sendezeiten für die Konservativen, Labour und Alliance/LibDems.

[21]Diejenigen, die Parteilichkeit entdeckten, sahen diese zugunsten der Konservativen.

Partei aussprechen. Am deutlichsten tun dies die Boulevardzeitungen in einer Art, die bei der „Bild-Zeitung" nicht denkbar wäre.[22] Der Springer Großbritanniens heißt Rupert Murdoch (der eigentlich Australier ist). Ihm gehören das *tabloid* „The Sun" (Auflage: 3,5 Millionen) und das *quality paper* „The Times" (400.000).[23] Seine Zeitungen galten als ausgesprochen Labour-feindlich und profilierten sich während der konservativen Regierungszeit in England als aktive Wahlhelfer der Konservativen, wenn auch 1992 nicht mehr so prononciert (zumindest im Fall der Times) wie 1983 und 1987 (Semetko et al. 1994). Zusammen mit dem halb-*tabloid* „Daily Mail" (Auflage: 1,7 Millionen) und dem „Daily Express" (1,5 Millionen) und dem *quality paper* „The Telegraph" (eine Million) hatten die Tory-nahen Blätter eine hegemoniale Position auf dem britischen Presse-Markt. 1992 trat die normalerweise konservativ eingestellte „Financial Times" für ein Parlament ohne Mehrheit („hung parliament") mit Labour als größter Fraktion ein.

Lediglich der links-liberale „The Guardian" (Auflage: 400.000) und der liberale „The Independent" (Auflage: 400.000) bildeten eine Art Gegengewicht auf dem Gebiet der seriösen Tagespresse. Einziges Labour-nahes *tabloid* ist der „Daily Mirror" (Auflage: 2,9 Millionen). Die (zumindest bis 1992) Tory-nahe Presse[24] kontrollierte mit 8,9 Millionen Auflage zwischen 66 und 70 Prozent der Gesamtauflage der überregionalen Zeitungen (McNair 1995: 55, Tab. 4.1).

Unter den Wochenzeitungen und Nachrichtenmagazinen gilt der „Economist" als politisch liberal und wirtschaftlich neoliberal. Er oszilliert zwischen einer profunden Abneigung Labour gegenüber und harter Kritik an den Konservativen, sprach sich allerdings 1997 für die Wahl der Konservativen aus. Der „Observer" ähnelt in seinen Themenschwerpunkten und im Duktus der deutschen „Zeit". Er ist in einer Vertriebs- und Verkaufsgemeinschaft mit dem „Guardian" verbunden und teilt dessen generelle politische Disposition.

Doch fast alles änderte sich mit der ERM-Krise des Jahres 1992 und der sich überschlagenden Welle an den Regierungsskandalen. Selbst Blätter, die sonst den Konservativen nahestanden, ritten auf der Welle nationalen Schmachs, nachdem Großbritannien aus dem Europäischen Wechselkursmechanismus ausgeschieden war, und weideten die Sex-Skandale und die Bereicherung etlicher konservativer

---

[22] Am polemischsten ging dabei die „Sun" vor, die 1983 einen gebrechlichen Michael Foot abbildete und ein gehässiges „Fit to Govern?" hinterherjagte. 1992 brachte sie einen Tag vor der Wahl ein Bild Neil Kinnocks und eine Glühbirne auf das Titelblatt und schrieb „Will the Last One Leaving Britain Turn Off the Light".
[23] Die Höhe der Auflagen (1991/92) aus Harrop/Scammell 1992: 181f. (Tab. 9.1), Butler/ Kavanagh 1992: 181f. und McNair 1995: 54 (Tab. 4.1).
[24] Tageszeitungen „Sun", „Star", „Today", „Express", „Telegraph", „Times", „Mail" und Sonntagszeitungen „News of the World", „Sunday Express", „Sunday Telegraph", „Mail on Sunday", „Sunday Times".

Granden aus.[25] Hinzu kam die offene Verachtung, die dem Regierungsstil John Majors entgegenschlug. Selbst als sich John Major in einer offenen Kampfabstimmung über den Parteivorsitz stellte (Juni 1995), war die Unterstützung ehemals konservativer Blätter bestenfalls lauwarm (Seymour-Ure 1997). Im Wahljahr 1997 hatten dann schließlich die Blätter, die Labour unterstützten, 62% der Gesamtauflage der überregionalen Zeitungen, die pro-konservativen nur 33% (Seymour-Ure 1997: 590).

Ob nun die ehemals konservativen Zeitungen einen Auflagenverlust befürchteten, sollten sie weiter zu den abgewirtschafteten Tories halten, oder ob sie der Charme-Offensive Blairs erlagen, jedenfalls befürworteten sechs der zehn Tageszeitungen und fünf der neun Sonntagszeitungen den Wahlsieg Labours (Norris 1998: 121). Nur noch die „Daily Mail" und der „Daily Telegraph" sprachen sich offen für die Konservativen aus. Der „Daily Express" brachte auf einer Doppelseite salomonisch Argumente für Labour und für die Konservativen.[26]

Überhaupt dürfte sich die britische Presselandschaft seit Anfang der neunziger Jahre gewandelt haben: Da es keine Abonnements und auch kaum lokale Zeitungsmärkte gibt, und immer weniger Briten eine Zeitung kaufen,[27] sind die Zeitungen auf reißerische Überschriften angewiesen, um das Interesse der Leser am Kiosk oder beim *news agent* zu erlangen. Während der letzten Jahre der konservativen Regierung trafen die Skandalgeschichten eben die Skandalregierung. Insofern lag der Wechsel der Ausrichtung der Zeitungen eher in dem Interesse, keine Leser zu verlieren: Erst wanderten die Wähler von den Konservativen angewidert zu Labour, dann folgten die Zeitungen (Norris 1998: 123f).

In einer spektakulären Kehrtwendung sprachen sich die Murdoch-Zeitungen (bis auf „The Times") 1997 für einen Labour-Wahlsieg aus, die *Sun* titelte „The Sun Backs Blair". Dieser Wende war intensives Lobbying des neuen Labour-Führers Tony Blair vorausgegangen, der seit 1995 mehrfach nach Australien zu Murdoch reiste, um für das reformierte Programm New Labours zu werben. Blair machte im Anschluß an seine erste Australienreise (Juli 1995) klar: „No policy was traded" (Guardian, 24.7.1995). Daran hatten Anderson und Mann ihre berechtigten Zweifel: Erstens wurde Labour nach der Blair-Reise sehr vorsichtig mit Forderungen, eine Medienkontrollkommission zu etablieren, zweitens gibt es eindeutige Hinweise darauf, daß Blair im März 1998 bei Romano Prodi intervenierte, damit Murdoch die Mehrheit an Berlusconis Medienimperium kaufen konnte (Anderson/ Mann 1997: 43; Die Zeit, 22.1.1998; Guardian, 24.3.1998).

---

[25] 23 der 1997 zur Wahl stehenden konservativen Parlamentsabgeordneten war in irgendeinen Skandal verwickelt (Norris 1998: 119, vgl. Kapitel 10, Anmerkung 7).
[26] Jedoch hatte auch die „Mail" trotz ihrer konservativen Orientierung 1997 vorher spektakulär über die Skandale der Regierung berichtet.
[27] Nur noch 62 Prozent der Männer und 54 Prozent der Frauen lasen 1995 täglich eine Zeitung (1981: 76 bzw. 68 Prozent; Norris 1998: 123).

Wie wählen nun die Leser der parteinahen Zeitungen? In einem Modell direkter Beeinflussung müßten die Leser entsprechend der Parteifärbung des Blattes wählen. Schließlich lag der konservative Vorsprung vor Labour bei Arbeitern, die eine konservativ-gefärbte Tageszeitung lasen, bei 13 Prozentpunkten. Die Zahl der Labour-Wähler unter Nichtarbeitern war achtmal so hoch bei denjenigen, die ein *non-Tory paper* lasen, als bei denen, die eine Tory-nahe Zeitung lasen (Dunleavy/Husbands 1985: 117).

Eine direkte Beeinflussung ist aber nicht immer der Fall, denn die Mehrheit der „Sun"-Leser wählte 1992 nicht konservativ, und die der „Financial Times" machten die Kehrtwendung ihres Blattes nicht mit und wählten zu 65 Prozent die Tories (Butler/Kavanagh 1992: 190; vgl. MacArthur 1989: 104). Jedoch scheint die Aussage gesichert, daß die Mehrzahl der Leser die Partei wählt, der sich die Zeitung verpflichtet fühlt.

Können also doch Tageszeitungen Wähler beeinflussen und Wahlen entscheiden? Oder ist es nicht plausibler, daß sich die Wähler für die Tageszeitung entscheiden, die politisch auf ihrer Linie liegt? Sie lesen dann die Meinung, die sie schon vorher hatten - d.h. sie wissen ganz genau, daß ihre jeweilige Zeitung parteiisch ist (Miller et al. 1990: 202; Curtice/Semetko 1994: 56). Dies paßt wiederum zur Theorie der kognitiven Dissonanz („selective exposure"). Nach der Analyse William Millers ist bei der Evaluation von Kandidaten- und Parteiimages am wichtigsten die Parteiidentifikation - und weniger die Darstellung einer Partei oder eines Kandidaten in der Presse (Miller 1991: 197). Hier spricht viel für den „Verstärker"-Effekt der Medien (vgl. Butler/Stokes 1974: 118f).

Aber dies ist nur eine Seite der Medaille: Denn ein Jahr vor der Wahl des Jahres 1987 lagen die Konservativen noch hinter Labour zurück, machten dann aber innerhalb eines Jahres Boden wieder gut. Und der Swing hin zu den Konservativen (im Winter 1986/87) war am stärksten unter „Sun" und „Star"-Lesern, vor allem bei denen, die keine starke, sondern nur eine generelle Parteineigung hatten (Miller 1991: 198f; Miller et al. 1990: 88f).[28] Es spricht einiges dafür, daß diese uninteressierten und apathischen Leser auch ein wenig an die Hand genommen werden wollten, wenn es um die Einschätzung von Parteien ging (Miller 1991: 118f, 125, 191f). Hier wirkten wohl sowohl Prozesse des Agenda-Setting *und* der direkten Beeinflussung.

Aber auch das Gegenteil läßt sich plausibel behaupten: Die Wende etlicher konservativer Blätter folgte einer Art „Medienlogik" (Swanson/Mancini 1996: 15): Für diese Zeitungen wäre es auflageschädigend gewesen, an einer Regierung festzuhalten, die soviele Skandale (über die die Zeitung selbst berichtet hatte) produziert hatte. So galten 1987 und 1992 wohl Bedingungen, die für Labour sich

---

[28]Bei diesen *tabloids* betrug der Swing 36 bzw. 30 Prozent. Hingegen war der Swing bei Personen, die seriöse Zeitungen (egal welcher Coleur) oder die gar keine Zeitungen lasen, verhältnismäßig gering (5-15 Prozent).

nachteilig auswirken mußten. Die *tabloids* unterstützten eine konservative Regierung, die sie für kompetenter als Labours Alternative erachteten, zumal sie kaum über Labours Wandlungsprozesse berichteten. Labours Chance kam erst, als sich die Konservativen an der Regierung verbraucht hatten - dann konnte auch die „Sun" nicht umhin, das Lager zu wechseln.

12.3 Zusammenfassung

Werden die Ansätze der Medienwirkungen auf die Wirklichkeit der beiden Länder hin untersucht, läßt sich folgendes feststellen: Ein direkter Einfluß der Medien auf die Bevölkerung nach dem Stimulus-Response-Modell ist nicht ausgeschlossen, aber in seiner Totalität unwahrscheinlich. Ein knappes Drittel der Bevölkerung, die politisch Uninteressierten und interpersonal Inaktiven, sind für Medieneinflüsse eher zugänglich (Gleich 1998: 415). So kann nicht ausgeschlossen werden, daß gerade die hochparteiischen *tabloids* in Großbritannien manche ihrer Leser dazu bewogen haben, die dem *tabloid* nahestehende Partei zu wählen.
Bedeutender ist aber die Agenda-Setting-Funktion der Massenmedien. Hier ergibt sich ein deutlicher Zusammenhang zwischen den Agenda der Wähler und der Agenda der Medien. Wenige Anhaltspunkte indes ergeben sich für die Übermacht des Fernsehens beim Agenda-Setting. Wie Weiß (1983: 352f) anhand des Bundestagswahlkampfes 1980 nachwies, wirken die Zeitungen bei der Vermittlung der Wahlkampfthemen stärker.[29] Allerdings ist die Empfänglichkeit für Nachrichten bei verschiedenen Menschen unterschiedlich ausgeprägt.[30] Daneben gibt es aber auch Themen, die als „obtrusive issues" bezeichnet werden und unabhängig von der Berichterstattung in die öffentliche Aufmerksamkeit dringen (z.B. Arbeitslosigkeit oder Inflation; Iyengar 1992: 125).
In der Zeit des öffentlich-rechtlichen Fernsehmonopols wurde die These geprägt, daß das relativ neue Medium wegen seiner audiovisuellen *Cues* möglicherweise wahlentscheidend gewesen sei. Doch die Zeiten dieses Monopols sind vorbei, der Zuschauer hat größere Selektionsmöglichkeiten, so daß diese These von der wahlentscheidenden Wirkung des Fernsehens „nicht mehr zeitgemäß" ist (Schulz 1998: 386f).

---

[29]Ähnliches wurde auch beim britischen Wahlkampf 1987 festgestellt: Hier gab es einen deutlichen *mismatch* zwischen der Fernseh-Agenda und der der Wähler: Die Wähler interessierten sich für Gesundheits- und Sozialpolitik und die Bekämpfung der Arbeitslosigkeit, das Fernsehen brachte überproportional viel über die Sicherheits- und Verteidigungspolitik, die die Wähler nicht sehr interessierte (Miller et al. 1990: 231f).
[30]Erbring et al. (1980: 38) zeigen, daß z.B. ältere Menschen eher auf die Berichterstattung über Kriminalität reagieren und Gewerkschaftsmitglieder eher auf Nachrichten, die sich mit der Arbeitslosigkeit befassen.

13 Politische Kommunikation und die Wirkung von Kampagnen

Wie bereits in Kapitel 12 dargelegt, kommt den Medien ein außerordentliches Gewicht bei der Darstellung von Politik, Parteien und Kandidaten zu. Dabei ist es sinnvoll, zwischen absichtsvoller und nicht-absichtsvoller politischer Kommunikation zu unterscheiden (vgl. McNair 1995). Mit der absichtsvollen Kommunikation befaßt sich dieses Kapitel, die die Parteien selbst inszenieren und in den Medien verbreiten. In Kapitel 13 wird die absichtsvolle Kommunikation allgemein als „politische Kommunikation" oder „campaigning" bezeichnet, was Schmitt-Becks und Pfetschs (1996: 112) Ausdruck „paid media" oder Rieggers (1983: 150) „gekaufter Kommunikation" entspricht.[1]

Prinzipiell „offenere" Wahlen werden also unter anderem auch dadurch entschieden, wie der Wahlkampf im speziellen und wie die politische Kommunikation im generellen verläuft. Wahlkämpfe haben, so Pippa Norris (1987: 459), drei Aufgaben: Die Wähler, die sowieso für die jeweilige Partei stimmen wollen, bei der Stange zu halten („reinforcement"), unentschiedene Wähler an sich zu binden („recruitment") und Wähler, die einer anderen Partei zuneigen, für sich zu gewinnen („conversion").

Margaret Scammel leistete die Pionierarbeit mit ihrer „Designer-Politics"-Studie, die *political marketing* mit für den Erfolg einer Kampagne und einer gewonnenen Wahl verantwortlich macht (Scammel 1995).[2] Denn immerhin entscheiden sich etwa ein Viertel der britischen Wähler erst in der Zeit des Wahlkampfes, während es bis Anfang der siebziger Jahre etwa ein Zehntel waren (Heath et al. 1991: 15; Denver 1994: 77; 114). Miller et al. korrigierten in ihrer Analyse des Wahlkampfes 1987 die Zahl erheblich nach oben: Volle 38 Prozent der Wähler entschieden sich während März und Juni 1987 für eine andere Partei (1990: 234) - damit kommt dem „recruitment" eine besondere Bedeutung zu.

Welche Bedeutung dem Wahlkampf beigemessen wird, zeigen so flüchtige Eindrücke wie die Wahlkampfausgaben der Parteien in Großbritannien 1992: Die Konservativen gaben zehn Millionen Pfund aus, Labour sieben, die LibDems zwei (Butler/Kavanagh 1992: 260). Die SPD hatte Mitte 1997 ein eigenes Wahlkampfhauptquartier „Kampa 98" außerhalb der Parteizentrale eingerichtet, in der Kommunikationsexperten und Werbefachleute in Zusammenarbeit mit dem Bundesgeschäftsführer Franz Müntefering an der Wahlkampfstrategie arbeiteten.

---

[1] Schmitt-Beck und Pfetsch (1996) bezeichnen die nicht-absichtsvolle Politikdarstellung mit „free media".
[2] Schumpeter schrieb bereits Anfang der vierziger Jahre: „Die Psychotechnik der Parteileitung und der Parteireklame, der Schlagworte und der Marschmusik ist kein bloßes Beiwerk. Sie gehören zum Wesen der Politik" (Schumpeter 1980 [1950]: 450).

Jedoch warnte eine Kennerin der Materie, Margaret Scammell, vor einer schrankenlosen Kampagnengläubigkeit. Labour verlor die Wahl 1992 trotz einer hochprofessionellen Kampagne. Kampagnen können nicht alleine die Wahl entscheiden, da zuviele Langzeiteinfüsse auf die Wähler wirken und eine unpopuläre Regierungspolitik nicht immer gut verkauft werden könne (Scammell 1995: xiv).[3] Dies erinnert an die Worte des ehemaligen Regierungssprechers Friedhelm Ost, der bei seiner Entlassung sagte, die Regierungspolitik werde auch dann nicht besser, wenn man sie in Quadrophonie verkünde.

13.1 Kampagnenforschung

Bereits Ende der vierziger Jahre formulierte Harold D. Lasswell die klassische Forschungsfrage der Kommunikationsforschung: *„Who says what to whom with what effect"* (Lasswell 1948). Dabei stehen 1. der Kommunikator, 2. der Inhalt der Kommunikation, 3. das Publikum („audience") und 4. die Reaktionen des Publikums im Vordergrund.

Darauf baute das „Überzeugungsmodell" der Kommunikation auf, die wohl umfassendste Studie in diesem Zusammenhang. Zwischen 1946 und 1961 führte das „Yale Program of Research on Communication and Attitude Change" unter Leitung von Carl Hovland mehr als fünfzig Experimente durch, die zunächst 1953 in „Communication and Persuasion" zusammengefaßt wurden (Hovland et al. 1953). Den Forschern ging es darum, Bedingungen herauszufiltern, die dazu führen, daß eine Person ihre Einstellungen ändert.[4] Um Verhaltensweisen zu ändern, müssen zunächst drei Bedingungen erfüllt sein: Eine Botschaft („message") muß genügend Anreize bieten, wahrgenommen („attention"), verstanden („comprehension") und angenommen zu werden („acceptance").

Ausgehend von Lasswells Satz wurden die drei Untersuchungskategorien Kommunikator, Inhalt und Struktur der Message und Publikum durch Experimente auf ihren „Überzeugungseffekt" hin analysiert.

Kommunikator: *Common sense* legt die Annahme nahe, daß ein glaubwürdiger Kommunikator auch ein überzeugenderer Kommunikator ist. Glaubwürdigkeit besteht aus

---

[3] 1992 meinten 39% der vom Meinungsforschungsinstitut NOP Befragten, Labour hätte die „most impressive campaign" veranstaltet, 34% die LibDems und nur 23% die Konservativen (Norris 1994: Anm.2).
[4] Dieses Forschungsprogramm war ein Ausläufer einer breit angelegten Studie, die Hovland und andere Anfang der vierziger Jahre im Auftrag des amerikanischen Kriegsministeriums gemacht hatte. Diese wurde später in dem Buch „Experiments on Mass Communications" (Hovland et al. 1949) veröffentlicht. Ausgangspunkt war die Evaluation diverser Filme, die der berühmte Regisseur Frank Capra für die Streitkräfte gemacht hatte.

- „expertness" („the extent to which the communicator is perceived to be a source of valid assertions"; Hovland et al. 1953: 21) und
- „trustworthiness" („the degree of confidence in the communicator's intent to communicate the assertions he considers most valid", ebd).

Hovland et al. fanden heraus, daß eine glaubwürdige Quelle stärkere Anreize bietet, die Meinung oder Haltung zu wechseln, als eine nicht glaubwürdige (1953: 30). Allerdings trat nach einiger Zeit ein merkwürdiger Effekt („sleeper effect") auf, den Hovland und andere bereits bei der Analyse von Propagandafilmen festgestellt hatten: Die Befragten stimmten nach vier Wochen mit dem Message-Inhalt unglaubwürdiger Quellen stärker überein als mit dem glaubwürdiger Quellen. Glaubwürdige Quellen oder Kommunikatoren wirken nur am Anfang stark, unglaubwürdige mit der Zeit. Offenbar hat sich der Message-Inhalt von der Glaubwürdigkeit der Quelle gelöst. Dies eröffnet Einflußkanäle auch für parteiische Nachrichtenquellen, wie z.B. die Boulevard-Presse. Andererseits gibt dies Anlaß zum Nachdenken, ob Labour und SPD in der Oppositionszeit die richtigen Kommunikatoren hatten - schließlich wirft die Präsidentialisierung von Wahlkämpfen diese Frage auf: Ein Kommunikator kann nur derjenige sein, der sich auch als solcher zur Wahl stellt - hier haben es die britischen Parteiführer mit ihrer Ämterhäufung (Parteiführer *und* Führer der Unterhausfraktion) leichter, während die SPD eher die Ämterdispersion verfolgt. Die SPD präsentierte mit Hans-Jochen Vogel und Johannes Rau nur Interims-Kandidaten, die sich vorher nicht als geeignete Kommunikatoren profilieren konnten. Lafontaine war ein durchaus geeigneter Kommunikator, nur brachte er seine Themen zur falschen Zeit. Scharping war ein Sonderfall, da er zunächst Expertise und Vertrauenswürdigkeit vereinigte; aber er galt im Vorfeld des Wahlkampfes 1994 als Leichtgewicht, zumal er in der Steuerfrage brutto mit netto verwechselt hatte (dies ging zu Lasten der „expertise"). Seine Konstruktion der „Troika" hatte zudem seine Stellung als zentraler Kommunikator untergraben. Kinnock darf als die tragische Gestalt gelten, da er der exponierte Kommunikator Labours war, ihm die Umgestaltung Labours gelang, er aber dennoch als Kommunikator nicht geeignet war. Dazu trugen sicherlich auch seine oft kryptische Wortwahl in Schachtelsätzen bei (vielleicht auch seine linke Vergangenheit oder daß er als Waliser von Engländern nicht für voll genommen wurde; Shaw 1994a: 150f). Blair hingegen ist als Kommunikator geeignet: Blair, ein erfolgreicher Anwalt, war von Anfang an als Rechter bekannt, der sich niemals wendete, außerdem spricht er einen (nordenglischen) Mittelklasseakzent, während bei Kinnock der walisische Akzent durchschimmert.

Message: Eine Message kann unterschiedliche Anreize geben, eine Haltung zu ändern: Sie kann als reine Information aufgebaut sein, im positiven Sinne appellieren, indem sie den Nutzen einer Handlung hervorhebt, oder sie kann Angst erzeugen. Angsterzeugung an sich ist schon sehr wirkungsvoll, sollte aber dann kanalisiert werden (z.B. indem Lösungen für dieses Problem angeboten werden; Hovland et al. 1953: 80).

Spätere Forschungen stellten fest, daß ein Einstellungswandel dann eher stattfindet, wenn
- die Gefahr groß ist,
- der Gefahrenfall wahrscheinlich ist,
- die zur Gefahrenabwehr empfohlene Reaktion die Gefahr auch tatsächlich abwehrt und
- die Zielperson („target") die Reaktion tatsächlich ausführen kann (vgl. O'Shaugnessy 1990: 67; Sabini 1992; 565f; zum Forschungsstand: Bonfadelli 1998: 215).

Beispielsweise könnte die SPD die mögliche Wahl der Grünen oder auch der Union als Gefahr darstellen, da z.b. sonst der Bevölkerung drastische Energiesteuern drohten (die beide Parteien angekündigt haben, wenn sie die Wahl gewinnen). Die „Gefahr" ist also durchaus real, kann aber dadurch abgewendet werden, wenn der Wähler SPD wählt. Ähnliche Mechanismen erkannte auch Shaw in der Wahlkampftaktik der Konservativen, die bewußt Ängste in der Bevölkerung vor einem möglichen Wahlsieg Labours schürten. Denn dann kämen auf die Bevölkerung gewaltige Steuererhöhungen zu (Shaw 1994a: 144).

Publikum: Die Annahme wurde bestätigt, daß Gruppenmitgliedschaft eine Barriere gegen Messages bildet, die den Standards einer Gruppe widersprechen. Dies mag zum Gutteil erklären, warum z.B. Gewerkschaftsmitglieder sich selten von „kapitalistischen" Quellen beeinflussen lassen. Aber auch persönliche Merkmale einer Target-Person können deren Beeinflußbarkeit bestimmen, z.B. deren intellektuelle Fähigkeiten oder deren Grad an Selbstunsicherheit (in beiden Fällen gilt: je höher, desto besser zu überzeugen).

Reaktionen des Publikums: Je aktiver eine Person in eine Kommunikation eingebunden ist, desto dauerhafter ist ihr Einstellungswandel. Wer nur etwas liest oder hört, wechselt eher wieder zu seiner vorherigen Meinung. Möglicherweise steht dies auch in Zusammenhang mit der „personal influence"-Annahme der Columbia School, daß aktive Unterhaltung das Wahlverhalten eher beeinflußt und ändert als das bloße Lesen oder Hören von Messages.

Ein Kritikpunkt an dem Modell der Yale Group ist, daß es kaum darauf einging, wie das Publikum mit einer Message umgeht und sie verarbeitet. Unter welchen Umständen beschäftigt sich das Publikum mit Sachargumenten oder wann geben eigentlich sekundäre Dinge den Ausschlag (z.B. die „Attraktivität des Spitzenkandidaten")? Auf solchen Fragen versuchen kognitive Theorien Antworten. Richard Petty und John Cacioppo (1986) schlugen in ihrem „Elaboration Likelihood Model of Persuasion" (ELM) zwei Wege zur Überzeugung vor, die zentrale und die periphere Route (vgl. die Zusammenfassung bei Petty/Priester 1994, Sabini 1992: 568-572, Bonfadelli 1998: 216 und die Anwendung auf die Politikwissenschaft bei Schenk 1990: 427-429).

Bei der zentralen Route geht das Individuum so vor, wie man sich einen mündigen Bürger vorstellt: Die Message wird sorgfältig abgewogen, auf ihre Konsistenz geprüft und an Gegenargumenten gemessen, bis am Ende eine Schlußfolgerung gezogen wird, manchmal mit dem Effekt, daß man überzeugt wird. Aber nicht über jede Message wird systematisch nachgedacht, da dies viel Zeit oder Energie kostet oder weil bestimmte Dinge einer Person nicht besonders wichtig sind. Daher wird meist bei Messages die weniger aufwendige und weniger systematische periphere Route genommen, z.B. um Werbespots zu verarbeiten. Shelly Chaiken beschrieb diesen Prozeß etwas genauer. Er funktioniert durch die Anwendung von Faustregeln, den sogenannten „heuristics" (Eagly/Chaiken 1984). Diese können durchaus ebenfalls eine Person überzeugen. Ein unentschiedener Wähler kann z.B. dann sich für eine Partei entscheiden, wenn er den Spitzenkandidaten sympathisch findet. Ob eine Person den *high road* oder den *low road* der Verarbeitung wählt, liegt an der Bedeutung, die sie dem Thema beimißt oder inweit sie involviert ist. Je involvierter, desto wichtiger werden Argumente, die systematisch verarbeitet werden können. Je uninvolvierter, desto weniger zählt die Qualität der Argumente (interessanterweise aber ihre schiere Anzahl) und umso mehr kommt es auf die Qualität des Kommunikators an, insbesondere seine Expertise oder seine persönlichen Qualitäten (z.B. ob er sympathisch ist), aber auch auf gewisse Stimmungen, die erzeugt werden.[5]

So weit, so schlüssig. Dies erklärt, warum oft die Wahlabsicht für Parteien steigt, die einen unpopulären Spitzenkandidaten gegen einen populären auswechseln (vgl. Nadeau/Mendelson 1994).[6] So stieg die Labour- und SPD-Wahlabsicht zu dem Zeitpunkt rapide an, als erst Smith, dann Blair, und in Deutschland Schröder Spitzenkandidat wurde.

Eine weitere Lektion lernten beide Parteien aus diesen Erkenntnissen: Uninvolvierte - und die dürften die Masse der Wähler immer noch ausmachen - achten auch darauf, wie die Messages eines Kommunikators aufgenommen werden. Applaudiert das Publikum beim Hören der Message (z.B. auf einem Parteitag), dann lassen sich Uninvolvierte eher überzeugen. Daher auch die neuerlichen Heerschauen der Labour Party auf ihren letzten Parteitagen und die Inszenierung der „Krönungsmesse" oder eines „Hollywood an der Pleiße" (Spiegel, 20. 4. 1998) für Gerhard Schröder auf dem SPD-Sonderparteitag in Leipzig am 17. April 1998. Fast alles wurde dabei richtig gemacht (zumindest wenn man den Erkenntnissen von ELM folgt): Eine positive Stimmung läßt eine Message auch überzeugender erscheinen (daher zeigen auch Werbespots meist glückliche Menschen

---

[5]Es ist allerdings auch durchaus möglich, daß durch die Art der Präsentation einer Nachricht einen *low-involvement issue* zu einem *high-involvement issue* gemacht wird. Dann wird der Kommunikator auf die besondere Relevanz eines Issues (z.B. Arbeitslosigkeit) verweisen und eventuell auch gewisse Präsentationsformen verwenden (z.B. rhetorische Fragen; Petty/Priester 1994: 113).

[6]Zugleich gilt aber auch: „Changing the leader is not the magic solution to low standing" (ebd: 226). Führerwechsel wirken sich erst dann besonders aus, wenn eine Partei in der Vorzeit eher unterdurchschnittliche Zustimmung erzielt hat.

und viel Sonnenschein). So tagte der Sonderparteitag in einer ultramodernen Halle mit freundlichen Farben, die zugleich auch Seriösität ausstrahlten. Auch der Auftritt des in Schröders Zielgruppe beliebten Alt-Bundeskanzlers Helmut Schmidt war ein geschickter Schachzug: Eine neue Message vermag (zumindest bei Uninvolvierten) dann zu überzeugen, wenn sie mit etwas Altbekanntem und positiv Bewertetem verglichen wird. Wenn z.b. Schmidt die Wahl Schröders empfiehlt, kann dies durchaus wirken (Süddeutsche Zeitung, 9.4.; 18.4.1998).

Auch wenn Schröder riskieren mußte, mit seinem Appell an die „neue Mitte" eine gewisse Reservation seitens der Delegierten zu riskierten, beherzigte er ein weiteres Kriterium für Überzeugungsstrategien der peripheren Route: Er blieb in seinen Aussagen weitgehend konsistent. Ähnlich wie Blair ging es ihm konsequent um eine Strategie, die bürgerliche Mitte zu gewinnen.

Allerdings gibt es für noch so geschickte Strategien, die periphere Route der Überzeugung zu gehen, eine schlechte Nachricht: Der Einstellungswandel bei dieser Art von Überzeugung hält nicht lange an - im Gegensatz zur Überzeugung qua systematischen Verarbeitung (zentrale Route zur Überzeugung; Petty/Priester 1994: 101). Denn dann kann selbst die gelungenste Inszenierung und der beste Kommunikator immer noch von einem anderen noch besseren übertroffen werden, der ebenfalls die periphere Route wählt.

13.2 Wie wirken Kampagnen?

McQuail schlug ein generelles Kampagnen-Modell vor (1983: 268-271): Einer kollektive Quelle (z.B. eine Partei) stehen zur Verbreitung ihrer Messages mehrere Kanäle zur Verfügung. Die Reichweite und der Effekt der Message wird zunächst von der Position der Quelle innerhalb der Gesellschaft, dem Grad, zu dem die Kanäle etabliert sind, und dem Inhalt der Message bestimmt. Dazu treten vier „Filterbedingungen", die zusätzlich noch den Erfolg der Message bestimmen: a) Aufmerksamkeit, b) (richtige, d.h. intendierte) Wahrnehmung vom Message-Inhalt, c) die Haltung einer bestimmten Gruppe, der man angehört, zum Message-Inhalt, Kanälen und der Quelle und schließlich d) die Motivation des Publikums, sich mit den Messages überhaupt zu befassen. Am Ende der Effektkette steht dann der „‚fit' between the composition of the planned 'target' public and the actual public reached" (McQuail 1983: 269). So kompliziert das Modell mit den vielen Variablen ist, so verdeutlicht es auch das schwierige Geschäft, eine effektive Kampagne zu führen. Jedenfalls scheint es wahrscheinlicher, daß eine Kampagne schiefgeht, als daß sie die optimale Wirkung erzielt. Von entscheidender Bedeutung scheinen dabei die Attraktivität, Autorität und die Glaubwürdigkeit der Quelle und der Medien zu sein. Das erklärt beispielsweise, warum Kampagnenstrategen viel Sorgfalt darauf verwenden, in „objektiven" Medien (z.B. in den Fernsehnachrichten) ihre Messages zu plazieren (vgl. Kapitel 12.1.2).

Das Feld der Kampagnenforschung wurde erst spät beackert, von ein paar wenigen Ausnahmen in den sechziger Jahren abgesehen (vgl. Blumler/McQuail 1968). So gilt für Großbritannien Pippa Norris Feststellung weiterhin: „[...] it is striking how far most recent mainstream research on British voting behaviour has excluded the influence of political communication" (Norris 1996: 125). Diese Reservation lag durchaus auch an der Anrüchigkeit, die politischer Kommunikation und ihrem „marketing approach" anhaftete. Kritiker sahen die politische Debatte auf Styling, günstiges Erscheinungsbild und Publizieren von „soundbites" reduziert. In der Studie von Scammell wird aber überzeugend der Standpunkt vertreten, daß die politische Kommunikation keine Einbahnstraße (wie z.B. Propaganda) ist. Ganz im Gegenteil, die Parteien kommunizieren auf diese Art und Weise mit den Wählern, die den Parteien mitteilen, wo sie der Schuh drückt (O'Shaughnessy 1990: 2, 23; Scammell 1995: 5-13). So analysierte Labour (bzw. Labour nahestehende Forscher) eine Serie von Wahlniederlagen auch unter Marketing-Gesichtspunkten. Zum ersten mal geschah dies 1960 (Abrams/Rose 1960).

Das Publikum Ist schon ein direkter Einfluß der Medien auf das Verhalten der Rezipienten nach einem einfachen Stimulus-Response-Modell unwahrscheinlich, so dürfte ähnliches von den Wirkungen der Kampagnen gelten. Denn der Wähler trifft auf die Message eines Wahlkampfes (wie auch immer vermittelt) nicht als völlig beeinflußbares Wesen, denn er hat bereits eine Meinung oder eigene Werte, vielleicht auch eine Art eigene Ideologie. Er filtert die für ihn relevanten Informationen heraus und läßt andere weg. Diesem Prozeß des Filterns liegt ein sozialpsychologisches Modell zugrunde. In diesem Modell der „kognitiven Dissonanz" (Festinger 1957; zum Forschungsstand: Bonfadelli 1998: 216), vermeidet das Individuum jegliche Information, die seinen eigenen Haltungen widerspricht (da es ansonsten in einen unerträglichen Spannungszustand gerät). Diese Vermeidung kann als „selective exposure" (Vermeidung aller widersprüchlichen Quellen), „selective perception" (Umdeutung widersprüchlicher Informationen, um sie so in Einklang mit eigenen Haltungen zu bringen) und „selective retention" (selektive Erinnerung) auftreten. Individuen tendieren also dazu, nur das zu sehen oder zu hören, was sie sehen oder hören wollen. Damit errichten sie eine kommunikative Barriere, den „perceptual screen", durch die sie nur das lassen, „was ihnen in den Kram paßt". Aufgrund dieser Theorie können Wahlkämpfe eigentlich nur das bekräftigen, was der Wähler sowieso denkt. In den vorhergegangenen Kapiteln wurde aber die Wählerschaft als weniger gebunden, eher beeinflußbar geschildert, d.h. die kommunikative Barriere ist weniger starr geworden. Mehr noch, massenmediale Effekte geben dem Wähler vor, worüber er nachdenken muß (und weniger, was er zu denken hat).
Prinzipiell dienen Kampagnen dazu,
- die Aufmerksamkeit des Publikums zu erringen,
- positive Images der Parteien und ihrer Kandidaten zu erzeugen und

- die Themenstruktur des Wahlkampfes entweder zu kontrollieren oder sie zumindest in eine für sie günstige Richtung zu beeinflussen.

Letzteres ist das Feld der „symbolischen Politik" (Sarcinelli 1987). Durch den Einsatz politischer Symbole soll dem Publikum einerseits die Divergenz zum Gegner deutlich gemacht werden, andererseits soll die Loyalität[7] des Publikums gemanagt werden (Sarcinelli 1987: 65f). Dazu ist ein gewisser Reduktionismus in der Politikvermittlung nötig: Vielschichtige Informationen werden auf den Begriff gebracht, was die Wahrnehmung des Publikums ordnet - mit dem Ergebnis, daß komplexe Sachverhalte vereinfacht und/oder dramatisiert werden und eine Sachdiskussion nicht mehr zustande kommt. Diese Vorstellung von symbolischer Politik erinnert stark an die *belief systems*-Vorstellungen der Michigan School (e.g. Converse 1964), die auf die heuristische Reduktion (z.B. in der Frage der Parteiidentifikationen, die für sie „information shortcuts" waren) abhoben. Anstelle rational-analytischer Verarbeitungsprozesse wird eine symbolisch-reduktionistische Route gewählt, um ins Bewußtsein der Rezipienten zu kommen.

Doch der Reduktionismus qua Symbolik reicht noch weiter in Kampagnen: Dazu gehören Strategien der Wertladung, in der Konflikte zu Prinzipienkonflikten hochstilisiert werden („Freiheit oder Sozialismus") oder Personalisierungsstrategien, in der der Spitzenkandidat zum „identifikatorischen Kristallisationspunkt" (Sarcinelli 1987: 242) wird.

Zugleich begünstigt der über die Massenmedien abgewickelte Wahlkampf zwei Entwicklungen:

1. Die Fortsetzung symbolischer Politik mit all ihrem Drama, das auch für die Massenmedien ein politisches Ereignis erst zu einem berichtenswertem macht.
2. Die weitgehende Passivität des Publikums, das lediglich Zeuge einer Selbstinszenierung politischer Parteien ist. Denn im Gegensatz zu interpersonalem Wahlkampf macht es die Mediatisierung der Wahlkämpfe es dem Publikum unmöglich, in direkten Kontakt mit den Kandidaten oder Exponenten einer Partei zu treten.

Die Medien   Zugleich eröffnen sich durch die „Mediatisierung von Wahlkämpfen" (Schmitt-Beck 1994b: 273) ganz neue Chancen für die Parteien: Einerseits ermöglicht es „gekaufte Kommunikation" (Riegger 1983: 150) in Form von Anzeigen oder Wahlspots, andererseits können die Parteien versuchen, die Berichterstattung über sie und den Wahlkampf zu beeinflussen.

Gerade letzteres wirkt sich besonders vorteilhaft für die jeweiligen Wahlkampfmanager aus: Wie Peter Radunski, langjähriger Bundesgeschäftsführer und Wahlkampfkoordinator der CDU unterstellte, bemerkt die Masse des Publikums nicht die Implikationen der Kampagne in den Massenmedien, da es sie für „die

---

[7]Im Sinne eines „generalized support", nicht im Sinne persuasiver Strategien bei konkreten Politikentscheidungen.

Politik schlechthin" (Radunski 1983: 136) hält. Die Beeinflussung der Agenda der Massenmedien geschieht durch das „Management von Medienereignissen" (Radunski 1983: 137). Voraussetzung für die Konstruktion von „pseudo events" (Boorstin 1961), also Ereignissen, die eigens für die massenmediale Berichterstattung inszeniert werden, ist die Arbeitsweise der Massenmedien, die ständig Informationen selektieren und Komplexität reduzieren müssen. Dabei sind die Medien auf Informationsvorprodukte angewiesen, die kostenintensive Eigenrecherchen minimieren (vgl. Baerns 1982: 68; Schmitt-Beck 1994b: 275). Zum gängigsten Typ von Pseudoereignissen zählen Pressekonferenzen als Routinekanäle zur Verbreitung politischer Botschaften. Besondere Publizität versprechen allerdings spektakuläre Ereignisse, wie z.b. Versammlungen, Kundgebungen oder „Selbstversuche" wie die Rheindurchquerung des Umweltministers Klaus Töpfer. Die „Pseudoereignisse" nehmen einen großen Anteil an der politischen Berichterstattung ein. In einer Inhaltsanalyse von 20.000 politischen Berichten in den Tageszeitungen und im Fernsehen wurde nachgewiesen, daß fast die die Hälfte davon über „Pseudoereignisse" berichtete (Schmitt-Beck/Pfetsch 1996: 123).

Das Verhältnis von politischen Akteuren und Journalisten ist eine Symbiose, Boorstin schreibt sogar von einer „happy symbiosis" (Boorstin 1961: 51), da sowohl Journalisten als auch Politiker ein Interesse an gegenseitiger Zusammenarbeit haben: Die Politiker wollen sich in der Berichterstattung berücksichtigt sehen, die Journalisten brauchen die Informationen der Politiker: „Somit besteht ein für beide Seiten existentielles Tauschverhältnis: Publizität wird gegen Information getauscht" (Sarcinelli 1987: 218; vgl. Blumler/Gurevitch 1981: 469; Kaase 1986: 370).[8] Manchmal dienen gute Beziehungen zu Journalisten auch der Taktik innerparteilicher Akteure. So erklärt sich, warum die Parteiführung innerparteiliche Kritiker massenmedial bloßstellte, was wiederum für Zeitungen Schlagzeilen lieferten. Neil Kinnock baute Kanäle zum „Guardian" und dem „Observer" auf, die dafür sorgten, daß Kritiker wie Michael Meacher und Bryan Gould als Abweichler und Extremisten dargestellt wurden (Shaw 1994a: 113). Ähnliches geschah in der SPD, da Gerhard Schröder mit der Wochenzeitung „Die Woche" und seinem Herausgeber Manfred Bissinger enge Kontakte unterhält. „Die Woche" fungierte zeitweilig als Pressure-Organ, um Schröders Ambitionen auf die Kanzlerkandidatur zu stützen und Scharpings Autorität als Parteivorsitzender zu unterminieren (Meyer 1997: 137). Jedoch ist die Desavouierung innerparteilicher Gegner in der SPD wohl längst nicht so weit gediehen wie bei Labour.

---

[8]Diese Analyse beruht auf dem Exchange-Modell Grossman und Rourkes (1976). Anhand des Verhältnisses der amerikanischen Presse zum Präsidenten zeigen beide, daß es eindeutige Dominanzverhältnisse („imperial press" oder „imperial presidency", 1976: 467) nicht gibt. Damit gilt die antagonistische Sichtweise („adversary relationship", 1976: 455) als nicht zutreffend. Für Deutschland gilt aber die Interdependenz von politischen Quellen und Journalisten als noch nicht hinreichend erforscht (zum Forschungsstand Schönbach 1998: 121).

Die Beziehungen der politischen Akteure (im allgemeinen der Parteien) zu den Massenmedien haben sich in den letzten siebzig Jahren erheblich gewandelt. Waren im Zeitalter der Massenparteien (bis Ende der 50er Jahre) noch die Medien (in der Regel Zeitungen) parteieigene Instrumente der politischen Kommunikation, versuchten die Volksparteien (60er und 70er Jahre) den öffentlich-rechtlichen Rundfunk zu durchdringen. Die Berufspolitikerparteien (ab Anfang der 80er Jahre) nutzen die Kommerzialisierung der politischen Kommunikation, indem sie Kommunikation kaufen, und sichern sich den privilegierten Zugang zum verbliebenen öffentlich-rechtlichen Rundfunk, wobei das Fernsehen das wichtigste „gesellschaftliche Leitmedium" wird (von Beyme/Weßler 1998: 313 mit Tab. 1).[9]

Die bereits oben erwähnten Studien von Kepplinger und seinen Kollegen (1989b) und Mathes und Freisens (1990) lenken den Blick darauf, welche Faktoren für die Nachrichtengebung während eines Wahlkampfes entscheidend sind:
- die Instrumentalisierungsversuche der Parteien (dazu zählen auch „pseudo events"),
- die Selektionskriterien der Journalisten und
- einem aktuellen Ereignishintergrund, der unabhängig von der Instrumentalisierung und dem Selektionsverhalten besteht.

Wie Semetko und Schönbach befanden, gibt es gerade in den Selektionskriterien deutliche Unterschiede zwischen deutschen und britischen Journalisten: Während deutsche (Fernseh-) Journalisten meist über Wahlkampfversammlungen nicht berichten, da sie keinen Neuigkeitswert haben, fahren britische Kameraleute den Politikern im Wahlkampf hinterher (Semetko/Schönbach 1993: 204f). Dabei zeigen deutsche Journalisten gewisse Züge von Reaktanz, eine Ablehnung von Beeinflussungsversuchen. Denn Ereignisse der symbolischen Politik und „pseudo events" werden als durchschaubare Beeinflussung wahrgenommen und als solche von Presse und Publikum nicht goutiert (Schulz 1998: 385).

Bereits im Kapitel über Medieneinflüsse wurde das Agenda-Setting und das Priming angesprochen, daher muß bei jedem Wahlkampf aufs Neue gefragt werden, inwieweit es den Parteien gelingt, ihre Themen in den Massenmedien unterzubringen und dabei auch als Partei gut wegzukommen. Daß das nicht unbedingt Hand in Hand gehen muß (Themen untergebracht und günstige Darstellung erreicht), zeigt die Analyse des Bundestagswahlkampfs von 1987: Die CDU konnte ihre Themen zwar plazieren, ihre Politik wurde allerdings nicht besonders günstig in den Massenmedien dargestellt. Der SPD gelang weder das eine noch das andere: Ihre Themen (Arbeitslosigkeit, soziale Sicherung) wurden nicht aufgegriffen, zudem sah sie sich einer ungünstigen Darstellung ausgesetzt (z.B. beim Neue-Heimat-Skandal und in der Berichterstattung über die erste rot-grüne Koalition in Hessen; Mathes/Freisens 1990: 563f).

---

[9]zur Typologisierung der Parteien ausführlicher Kapitel 19.

Prinzipiell verdient es festgehalten zu werden, daß Wahlkämpfe nur „ein Ereignis am Rande des Alltags" sind (Darkow/Buß 1983). Darkow und Buß wiesen anhand einer Inhaltsanalyse von Tagebucheintragungen nach, daß drei Viertel der Tagesereignisse in den Tagebüchern dem privaten Bereich gelten, lediglich in den zwei Wochen vor der Wahl sinkt der Anteil des Privaten kurzfristig auf unter 60% (1983: 457). Dies korrespondiert mit den Ergebnissen von Kiefer (1987: 124; Tab. 64): Lediglich für 31% der Gesamtbevölkerung ist Politik ein wichtiger Lebensbereich, Familie, Beruf, Freizeit und Freunde erreichen zwischen 51% (Freunde) und 83% (Familie). Der Wahlkampf erst in der Woche vor der Wahl wahrgenommen, dies gilt insbesondere für interpersonalen Kontakt (vgl. Darkow/ Buß 1983: 459, Tab. 12). Vorher und nachher ist die Wahl kein sonderliches Gesprächsereignis.

Ähnliches fanden Miller et al. bei den britischen Wählern heraus: Einen Monat vor Beginn des Wahlkampfes sprachen nur 20% der Befragten häufig über Politik, in den ersten zwei Wochen 22% und in den letzten zwei Wochen 37%. Zugleich fanden 27 % im Vorwahlkampf „das, was im Moment in der Politik los ist, sehr interessant", am Ende des Wahlkampfes waren es nur noch 17 % (Miller et al. 1989: 116). Das spiegelt sich im übrigen auch in der Berichterstattung. MacArthur zeigte anhand des britischen Wahlkampfes 1987, daß es für die Zeitungen immer noch eine Welt außerhalb der Politik gibt: 5,3% ihres Nachrichtenumfangs widmeten sie Umfragen, 31,1% der Politik und 63,6% restlichen Themen - wobei es bemerkenswert geringe Unterschiede zwischen Qualitäts- und Boulevardzeitungen gibt (MacArthur 1989: 96-98; für Deutschland: Schönbach/Semetko 1996: 153-155). Aber selbst das war den Lesern immer noch zuviel. 52% meinten, die Zeitungen beschäftigten sich zuviel oder ein bißchen zuviel mit dem Wahlkampf, 71% dachten so über die Fernsehberichterstattung (ebd: 103).

13.3 Wie werden heute Kampagnen durchgeführt?

Kapitel 13.2 untersuchte die Beziehungen zwischen politischen Akteuren (insbesondere „politischen Kommunikatoren") und den Massenmedien. Bedeutet das, daß Wahlkämpfe nur noch über die Medien geführt werden?

„Outreach"-Aktivitäten In Anlehnung an die erwähnte *personal influence*-Konzept von Lazarsfeld et al. und Klapper im Bereich der Medienwirkung (s. Kapitel 6 und 12.1) läßt sich auch ein ähnliches in der Kampagnenforschung konstruieren. Die Gründe dafür liegen auf der Hand: Persönliche Kontakte haben größere Effekte in der Beeinflussung und Überzeugung als unpersönliche. Daher versuchte gerade die SPD, den Vorteil ihrer Massenmitgliedschaft zu nutzen, indem sie sie für „outreach"-Aktivitäten einspannte. Denn Mitglieder sind nicht nur dazu da, Plakate zu kleben, sondern sie dienen

auch als Multiplikatoren: Fritz Erler bezeichnete das „von fast 700.000 Sozialdemokraten im Umgang mit ihren Freunden, Kollegen und Angehörigen ins Treffen geführte Argument" als „die wichtigste Waffe der SPD" (Erler 1958: 4). Auch in den Folgejahren machte die Parteiführung ähnliche *personal contact*-Vorschläge (Wehner/ Friedrich/Nau 1969: 44f, 105; Friedrich 1969: 107, Wischnewski 1969: 158).

Bei aller Kritik an Noelle-Neumanns „Schweigespirale"-Konzept kann es keiner Partei schaden, wenn möglichst viele Aktivitäten für den Wähler sichtbar sind und ein positives Klima für eine Partei erzeugen. Solche Aktivitäten können eher traditioneller Art sein (Info-Stände; öffentliche Diskussionen) oder auch durch sogenannte „Merchandise"-Angebote, wie z.b. durch T-Shirts, Kugelschreiber oder Aufkleber. 1976 verteilte die CDU sogar Bikinis mit dem Parteiemblem (derartige Veranstaltungen, auf denen Getränke, Essen oder kleine Geschenke verteilt werden, sind in Großbritannien verboten). Hinzu kommen Zielgruppenarbeit (z.b. Veranstaltungen über soziale und kommunale Themen) und auch eher nicht-politische Veranstaltungen, wie z.b. Feste oder Kabarettabende (vgl. Andersen 1976: 564; Koschnik 1976: 972f).[10] Eine besonders erfolgreiche Symbiose aus Kultur- und Parteiarbeit ist die Institution eines Stadtschreibers im Frankfurter Stadtteil Bergen-Enkheim mit seinem Stadtschreiberfest (Vorwärts 8/1992: 8). In Ostdeutschland wurde mit „Bürgerberatungsvereinen" erfolgreich experimentiert, nicht zuletzt um eine Konkurrenz zu den bürgerorientierten PDS-Beratungsstellen anzubieten (ebd: 9). Hier werden den Neubürgern Service-Leistungen in einem speziellen Info-Mobil (z.B. Wohngeldberatungen) angeboten. In einer Befragung der Ortsvereinsvorstände von 1981 nannten 40 Prozent der Befragten gesellige Veranstaltungen und sechzig Prozent die „öffentliche politische Darstellung der Partei", also „outreach" und Sichtbarkeit der Partei, als Hauptpunkte der nach außen gerichteten Aktivitäten (Becker et al. 1983: 102).

Zentralisierung und Mediatisierung von Kampagnen Persönliche Kontakte zwischen den Parteien (in Form von Hausbesuchen etc.) nehmen wohl eher ab (vgl. Scarrow 1996: 187, Tab. 7.2). Der Trend geht in eine andere Richtung: Der direkte Kontakt weicht dem medialen. Statt der Ortsvereine kontrollieren die Parteizentralen (d.h. in der Regel die Parteiführung) den Ablauf des Wahlkampfes, die freiwilligen Wahlhelfer, die Arbeit und Zeit opfern, werden durch bezahlte Berater ersetzt, die meist aus der Werbebranche kommen. So gab 1987 die Konservative Partei lediglich 137.000 Pfund für *local campaigning* aus, Labour die dreifache Summe, während die Konservativen für Werbung in den Massenmedien (Anzeigen, Spots) und für Poster 6,72 Millionen Pfund ausgaben, Labour lediglich 2,32 Millionen Pfund (Pinto-Duschinsky 1989: 17-19). Finanziell

---

[10] In ihren Erinnerungen („Danke für die Blumen", 1975: 198-202) berichtet die Kabarettistin Ursula Herking über ihre Mitarbeit in der Wählerinitiative für Willy Brandt. 1972. Sie tourte durch Altersheime und über Feste und trug Erich Kästners „Kinderspielzeuglied" vor.

ist die Zentralisierung des Wahlkampfes längst abgeschlossen. Dieses Phänomen ist nicht besonders neu, bereits seit 1953 bzw. 1955 bezogen CDU und die konservative Partei professionelle Vermarktungsstrategen und Meinungsforscher in die Wahlkampfplanung ein, Labour und SPD zogen in den sechziger Jahren nach (Scarrow 1996: 92; Klotzbach 1982: 31, 396).
Auch die „Mediatisierung" wurde bereits in den sechziger Jahren festgestellt und zwar in beiden Ländern (vgl. Pulzer 1967: 87; Fisher/Groennings 1970). Bereits 1961 wurde das Fernsehen im damaligen Bundestagswahlkampf als das wichtigste Kommunikationsmittel angesehen (Duebber/Braunthal 1963: 780). So gab die CDU für den Wahlkampf selbst zu, einen fast ausschließlichen „Medienwahlkampf" geführt zu haben: „Das Fernsehen hat sich nun einmal für die große Mehrheit der Menschen in Deutschland zur wichtigsten Informationsquelle entwickelt (vgl. Kapitel 12). Ein Wahlkampf, der an dieser Erkenntnis vorbeigeht, muß fehlschlagen (Müller 1996: 176-178, Zitat: S. 178).
Wahlkämpfe allein über das Fernsehen haben auch ihre Schwächen, da sie für schnelle Reaktionen nicht geeignet sind (Raulfs 1976: 560f). In diesem Fall wird häufig auf Anzeigenwerbung zurückgegriffen oder auf Wahlkampfzeitungen, die ein Mittelding zwischen Medien- und traditionellem Wahlkampf darstellen, da sie durch lokale Mitglieder an die Haushalte verteilt werden. Seit Anfang der achtziger Jahre verteilte die SPD die „Zeitung am Sonntag", die in Aufmachung und Stil der „Bild-Zeitung" ähnlich war (o.A., Analyse 1983: II/37f), allerdings mehrte sich die Kritik innerhalb der Parteizentrale am Konzept der Zeitung, da sie zu offensichtlich „reine Politwerbung" biete („Auswertung des Bundestagswahlkampfs für den Bereich der Abteilung III", in: Fuchs [o.J.]: 4).
Mit solchen Aktionen ging aber auch die Wahlkampfautonomie lokaler Parteiverbände verloren. Der Wahlkampf auf lokaler Ebene wurde immer mehr aus einem Guß mit einheitlichen Plakaten und Flugblättern, der schließlich auch von gestalterischen Merkmalen her die „corporate identity" einer Partei betonen sollte.[11]
Was sich nach einem Abgesang auf das alte „local campaigning" anhört, hat für die Parteien durchaus rationale Gründe. Denn Versammlungen, Hausbesuche und Info-Stände haben einzig den Zweck, die Anhänger einer Partei zu halten, unentschiedene oder zu überzeugende Wähler werden erst gar nicht erreicht, zumal das Klinkenputzen (in Großbritannien ist das durchaus wörtlich zu nehmen)[12] meist in

---

[11]Dazu zählt beispielsweise eine einheitliche Verwendung des Parteiemblems (z.B. der roten Rose Labours und des roten SPD-Quadrats) mit dem Parteimotto („It's Time for a Change" oder „Wir sind bereit"). Bereits 1976 forderte der damalige Bundesgeschäftsführer Holger Börner, das „visuelle Erscheinungsbild der Partei zu vereinheitlichen und damit wirksamer zu machen" (Börner 1976: 974, o.A., Analyse1983: 13).
[12]Diese britische Gepflogenheit stammte aus der Zeit, als es noch kein allgemeines Wählerregister gab, und die Parteien die Bürger überzeugen mußten, sich registrieren zu lassen und wählen zu gehen. Schließlich wurden bis 1970 auf den Stimmzetteln nicht die Parteizugehörig-

Gegenden stattfand, in denen die Partei stark war.[13] Einen ähnlichen Effekt haben auch die Wahlkampfveranstaltungen, die meist nur von den Anhängern besucht werden. 1992 besuchten nur vier Prozent der britischen Wähler eine Parteiveranstaltung, immerhin 86 Prozent erhielten Flugblätter der Parteien, dreißig Prozent bekamen Besuch von Parteivertretern (Denver 1994: 116). In Deutschland sieht es ähnlich aus: Sieben Prozent der Wähler besuchen eine Wahlveranstaltung, wobei die „Überzeugungswähler" mit zwanzig Prozent herausstachen (Schulz 1998: Anm. 11). Dies stützt die Vermutung, daß Veranstaltungen eher der Mobilisierung der Stammwählerschaft dienen. Dies sollte nicht unterschätzt werden, da die Stammwähler oft „Meinungsführer" sind, die gerade „Unabhängige" in Gesprächen über Politik beeinflussen können (vgl. Kapitel 6).

Lokale Kampagnen Abgesänge auf lokale Kampagnen sind womöglich verfrüht, denn auch sie wurden immer mehr verfeinert (vgl. Swaddle 1989).[14] Lokale Kampagnen versuchen immer stärker, der jeweiligen Struktur des Wahlkreises gerecht zu werden, indem Zielgruppen direkt angesprochen werden (was in den Massenmedien nicht geschieht). Eine *task force* im Millbank-Tower kontaktierte seit 1994 durch Hausbesuche und Anrufe potentielle Wechselwähler in den *Pennines*, wo es eine Häufung knapper Sitze („marginal seats") gab. Dabei versuchten die Wahlkampfstrategen, die sozialen und persönlichen Charakteristika der Zielgruppe zu identifizieren (Kavanagh 1997: 539; Progress 3/1996: 13). Darauf wurde dann auch der Wahlkampf in diesen Wahlkreisen abgestimmt.

Ein Beispiel ist dafür der Wahlkampf des Labour-Kandidaten Phil Woolas, der im Juli 1995 bei der *by-election* im Wahlkreis Littleborough and Saddleworth (nordöstlich von Manchester) antrat. Walworth Road (die damalige Parteizentrale Labours) hatte diese Nachwahl zu einer Testwahl über die unpopuläre Major-Regie-

---

keit der Parlamentskandidaten vermerkt, so daß die Kandidaten und Aktivisten beim „door-step canvassing" den Bürgern die Parteizugehörigkeit des jeweiligen Kandidaten einschärfen mußten (Scarrow 1996: 105).

[13] So machten z.B. Labour-Kandidaten meist Hausbesuche in *council estates*, selten aber in den lokalen Hochburgen der Konservativen. Wobei nicht gesagt werden soll, daß *local campaigning* keinen Einfluß auf die Wahlbeteiligung oder den -ausgang hat. Bochel und Denver (1971: 268f) machten durchaus Effekte auf kommunaler Ebene aus. In Deutschland ist diese Art des Wahlkampfes eher selten, lediglich 1957 wurden Hausbesuche von der SPD im großen Stil praktiziert, in den siebziger Jahren aber völlig aufgegeben (Scarrow 1996: 96).

[14] Dies geschieht z.B. durch die Benutzung von Meinungsforschung und Analyse der Wahlkreischarakteristika und von elektronischer Datenverarbeitung. Ironischerweise kamen die Ansätze zu einem verstärkten *local campaigning* neuerer Art von den Zentralen der Parteien (Swaddle 1989: 31). Zumindest in Großbritannien war die Unterhauswahl 1987 ein Wendepunkt in der flächendeckenden Verwendung neuer Technologien. Bereits 1985 sandten die Liberalen in der Brecon und Radnor by-election ihr Wahlkampfmaterial per Computer an ihre Zielgruppe (und gewannen die Nachwahl). In den Nachwahlen des Jahres 1986 folgten Labour und die Konservativen.

rung und die „soften" LibDems hochstilisiert. Alle Labour-Party-Mitglieder erhielten eine Einladung zu einem zentralen Wahlkampf-*Briefing* in Oldham, in dem Peter Mandelson die Strategie Labours erläuterte, den ehemals konservativen Stimmbezirk nicht in die Hände der LibDems fallen zu lassen. Die Wahlkampfthemen waren auf die Bedürfnisse des *middle class* Wahlkreises abgestimmt: Im vorgestellten Flugblatt, das an alle Haushalte verteilt werden sollte, versprach Labour, daß die Steuern im Falle eines Wahlsieges nicht erhöht werden sollten und hart gegen jede Art von Gesetzesbruch vorgegangen werden soll. Dem LibDem-Kandidaten Chris Davies wurde seine „weiche" Haltung gegenüber Cannabis vorgeworfen und der Labour-Kandidat, der früher ein linker Studentenaktivist in Manchester gewesen war, als Blair-Adept präsentiert (vgl. Guardian, 14.5.1995).[15] Woolas wagte sich in die ehemals Labour-freien Wohngebiete der *middle class* und erreichte immerhin einen Achtungserfolg gegen den siegreichen LibDem-Kandidaten (Independent, 26.7.1995).
Ein anderes Beispiel bildet die Kampagne („Wahlkreisoffensive '98"), die die SPD im Bundestagswahlkampf 1998 in 32 *marginal seats* (Wahlkreisen, die bei knappem Vorsprung an Erststimmen an die CDU gegangen waren) startete. Nach einer genauen Analyse des Wahlkreises wurden deren jeweilige Strukturmerkmale herausgefiltert und die Kampagne darauf abgestellt. Im Wahlkreis 178 Heidelberg/Schwetzingen, der 1994 knapp an die CDU verloren ging,[16] versuchte der SPD-Kandidat Lothar Binding durch teils traditionelle Kampagnenmethoden (z.B. durch Hausbesuche, die allerdings in Deutschland eher unüblich sind) und moderne Kommunikation (z.B. Telefonaktionen und eine spezielle Internet-Seite), durch massive Präsenz (ein Binding-Bus tourt durch den Wahlkreis und die überregional bekannt gewordene Kohl-Uhr) und durch geeignete Themen (z.B. Bildungspolitik, die in einer Universitätsstadt auf besonders fruchtbaren Boden fällt), seinen Konkurrenten Karl A. Lamers das Mandat abzunehmen. Nicht ohne Erfolg, zumindest was das Medienecho angeht: Die Regionalzeitung (Rhein-Neckar-Zeitung) berichtete über Bindings Wahlkampfmethoden ihres Target-Wahlkreises, während Lamers Kampagne zunächst unerwähnt blieb (RNZ, 10.1., 16.1.1998). Ein letztes Beispiel für erfolgreiches local campaigning qua moderner Technologie ist der Erfolg der rechtsradikalen Deutschen Volksunion (DVU) bei den Landtagswahlen in Sachsen-Anhalt (26. April 1998). Völlig ohne eigene Parteiorganisation in diesem Bundesland schrieb die DVU-Zentrale in München gezielt alle Erst- und Jungwähler an (Süddeutsche Zeitung, 25.4.1998). Die dazu notwendigen Daten lieferten computerlesbare detaillierte Wählerlisten, die der

---

[15] Im Flugblatt „The Rose" heißt es über Woolas: „Married to Tracey, with a two-year-old son, Phil Woolas is a practising Anglican and a regular church-goer. Like so many people, Phil believes in strong family values and responsible disciplined upbringing for the young".
[16] Die CDU lag 2,9 Prozentpunkte vor der SPD (die in Heidelberg-Stadt mit 0,7 Prozentpunkten vor der CDU lag).

Partei zur Verfügung gestellt worden waren (was den Wahlbehörden den Vorwurf eintrug, sie hätten somit den Radikalen unentgeltliche Wahlhilfe geleistet; Süddeutsche Zeitung, 29.4.1998). Doch prinzipiell ist es fast unmöglich, die Auswirkungen des *local campaigning* zu messen. Gerade in der britischen Forschung gab es darüber heftige Kontroversen. Nicht nur, weil es um meßbare Effekte der lokalen Wahlkampfarbeit ging, sondern auch um die prinzipielle Frage, welche Funktion denn noch ein einfaches Mitglied habe (vgl. Scarrow 1996: 10-13). Eigentlich werde es kaum mehr gebraucht, wenn eine Partei sich aus anderen Quellen finanzieren könne und durch nicht-personale Kontakte (Presse, Fernsehen) die Wähler mindestens genauso gut erreichen könnte (s. Kapitel 19.2).

Die Autoren der Nuffield Studien hatten im Laufe der Zeit ihre Zweifel, ob denn basisnaher Wahlkampf überhaupt noch etwas bringe (Butler/Rose 1960: 119f; Butler/Kavanagh 1988: 211; Butler/Kavanagh 1992: 245). Andere Studien hingegen legten andere Befunde vor: Nach Denver und Hands (1992: 542-544) können die Parteien zwischen zwei und vier Prozent in den Wahlkreisen zulegen, in denen sie einen intensiven Wahlkampf betrieben haben. Diese paar Prozent können durchaus die entscheidenden Prozente in einem Wahlsystem mit relativer Mehrheit sein. Besonders in den Analysen von Patrick Seyd und Paul Whiteley (Seyd/Whiteley 1992, Whiteley/Seyd 1992; vgl. Johnston/Pattie 1998) erscheint eine intakte Basisorganisation als der Schlüssel zum Wahlerfolg.

Möglicherweise ist aber auch die Stärke der Wahlkreisorganisation eine Folge einer Parteienhochburg: Wo Labour stark ist, gibt es also auch mehr Mitglieder, die sich für einen Wahlkampf einspannen lassen. Es ist daher plausibel anzunehmen, daß selbst gelungene Wahlkämpfe den nationalen Trend verstärken. Woolacotts Achtungserfolg war ohne Blairs Popularität nicht denkbar, ebensowenig Bindings gute Chancen ohne den Höhenflug der SPD unter ihrem Kandidaten Gerhard Schröder.

Personalisierung Winfried Schulz (1998: 378) bestätigte die häufig geäußerte Annahme von der Personalisierung von Wahlkämpfen und stellte sie in den Zusammenhang mit der Entideologisierung, die programmatische Profile der Parteien verblassen läßt: (Kandidaten-) „Images statt Issues" (ebd: 381). Die Bedeutung der Spitzenkandidaten lenkt den Blick zugleich auf die Wirkung nationaler Kampagnen, die meist über die Massenmedien stattfinden. Das ist durchaus rational für die Parteien, denn das Fernsehen und Zeitungen sind die wichtigsten Quellen politischer Information. Hier werden die Personen immer wichtiger, während Sachfragen und die Zugehörigkeit zu einer sozialen Großgruppe immer weniger wichtig werden. Vor allen Dingen zeigt sich eine Tendenz, den zentral gesteuerten Teil der Wahlkämpfe auf den jeweiligen Spitzenkandidaten maßzuschneidern: Er soll als geeigneter Kommunikator mit hoher Kompetenz dargestellt werden. So war seit 1987 der Wahlkampf der Labour Party auf Kinnock abgestellt, d.h. der Spitzenkandidat fungierte als

oberster Kommunikator der Parteimessage (z.B. im Fernsehspot „Kinnock - The Movie"; vgl. Hewitt/ Mandelson 1989: 52f). So sehr neu ist das alles nicht, denn die CDU hatte schon bei der Wahl 1969 plakatiert: „Auf den Kanzler kommt es an". Wahlkampfstrategen der CDU, wie Peter Radunski und Herbert Müller, gaben an, in ihrer Wahlkampfplanung sich hauptsächlich auf den Spitzenkandidaten fokussiert zu haben, da sie sich von personalisierten Medienkampganen die größte Wirkung versprachen (Radunski 1983; Müller 1996).
Auch die SPD führte mit Rau 1987 und Lafontaine 1990 Präsidialwahlkämpfe (vgl. für Rau: Krebs 1996: 130f).[17] Besonders bei Lafontaine stellte sich dies als ein schlimmer Irrtum heraus. Die Abteilung II (Politik/Forschung/Planung) im Erich-Ollenhauer-Haus kam zu dem Ergebnis: „Die Strategie, Oskar Lafontaine zum alleinigen Träger der Linien und Botschaften dieses Wahlkampfes zu machen, war eine Überforderung seines Ausstrahlungsspektrums - zumindest in dieser deutschlandpolitischen Situation. Mit seinem für die Partei sehr wichtigen Profil konnte er nicht alle strategisch wichtigen Gruppen abdecken („Diskussionspunkte und Vorschläge der Referentinnen und Referenten der Abteilung II, in: Fuchs o.J.[1991]: 12). Daraus ergab sich die Forderung, es besser in einem Team zu versuchen. 1992 versuchte es Labour und 1994 die SPD mit einer Mannschaft, nachdem Zweifel an den Kommunikatorfähigkeiten der Spitzenkandidaten aufgekommen waren. In den Wahlkämpfen 1997 und 1998 stand wieder der Spitzenkandidat Labours bzw. der SPD im Vordergrund.
Ob die Konzentration auf den massenmedial geführten Kandidatenwahlkampf die höheren Überzeugungsleistungen generiert (als z.B. klassische Issue-Wahlkämpfe), hat die neuere Medienwirkungsforschung bestritten (Zelle 1998; Schmitt-Beck 1998). Denn die einfache Stimulus-Response-Kette trifft nicht den Sachverhalt. So treffen kandidatenorientierte Stimuli der Wahlkämpfer auf ein Wahlvolk, das sich durch einen höchst unterschiedlichen Grad an kognitiver Kompetenz und politischem Interesse und bereits vorhandenen politischen Loyalitäten auszeichnet. So zeigte Schmitt-Beck (1998: 620), daß die kognitiv Kompetenten die von den Medien vermittelten Kandidateneigenschaften in ihre präexistenten politischen Loyalitäten integrieren, während die Apolitischen und

---

[17]Selbst in der hoffnungslosen Wahl 1983, als Vogel von Kohl deplaziert wurde, setzte die SPD neben Themen der Nachrüstung, Mieten und Arbeitslosigkeit auf Vogel. Die Themen Arbeitslosigkeit, Mieten und Frauen hatten ihre Schwächen: „Wir wurden gefragt: warum habt ihr das, was ihr jetzt vorschlagt, während eurer Regierungszeit nicht gemacht? Die Antwort, daß uns die FDP daran gehindert habe, schlug häufig nicht durch" (o.A., Analyse 1983: II/ 53, vgl. 48, 52). Die damalige Bundesgeschäftsführerin Anke Fuchs schreibt in ihrer Auswertung des Wahlkampfes 1990: „Die Wahlkampfführung war nicht zuletzt auch auf Wunsch des Kandidaten sehr stark auf seine Person hin zentriert (...). Es bestand Übereinstimmung darin, primär einen Medienwahlkampf zu führen, der durch Parteiaktivitäten sekundiert werden soll" (Fuchs o.J. [1991]: 3).

"Laien" die Kandidaten unterschiedlich bewerten, als es von ihren Loyalitäten her zu erwarten gewesen wäre. Eine weitere Frage ist, ob die Personalisierung der Wahlkämpfe die am unpolitischen oder unabhängigen Wähler politisiert. Neuere Ergebnisse deuten aber eher in die Richtung, daß in erster Linie die „Gewohnheitswähler" und die „Überzeugungswähler" aktiviert werden (Schulz 1998: Tab. 1).

Professionalisierung: Winfried Schulz (1998: 378) sieht in der „Professionalisierung und Entideologisierung" die zentralen Merkmale moderner Wahlkämpfe. Dazu gehört, „daß die Aufgaben engagierter Parteisoldaten von Experten für die Diagnose und Steuerung der öffentlichen Meinung wie Meinungsforscher, Medienberater, Werbe- und Public-Relations-Agenturen übernommen werden. Sie wenden Methoden und Erkenntnisse der Kommunikationswissenschaft und des Marketings an und stützen sich dabei auf Erfahrungen im Kommunikationsmanagement für Wirtschaftsunternehmen und Markenartikel". Die Entideologisierung manifestiert sich darin, daß „positive Produkteigenschaften" statt eines „scharfen weltanschaulichen und programmatischen Profils" akzentuiert werden (ebd.).

Am deutlichsten ist der Wandel der Wahlkampfführung bei der Labour Party. Eric Shaw geht soweit, die „new strategic thinking" Labours, das aus der Auseinandersetzung mit Meinungsforschungsergebnissen stand, die Triebfeder der innerparteilichen Wandlung zu machen (Shaw 1994a: 156). Nachdem Peter Mandelson 1985 zum „Director of Campaigns and Communications" geworden war, professionalisierte sich der Wahlkampf schlagartig. Wurde 1983 noch auf der Basis eines linken Programms ohne neue Wahlkampftechniken gekämpft, startete 1985 eine Kulturrevolution im *Leader's Office*. Ein „Campaign Management Team" nahm seine Arbeit auf, dessen Aufgabe es war, die Änderungen in der Wählermeinung aufzuspüren und strategische Konzepte zu testen (Hewitt/ Mandelson 1989; Shaw 1994a: 51-68; Leys 1997: 18). Dazu gehörte das *pretesting* von Slogans und Images in Fragebögen und kleinen Diskussionsgruppen. Besonders wichtig war es für die Kommunikationsstrategen herauszufinden, bei welchen *Issues* die Stärken der Labour Party lagen. 1987 waren dies „quality of life"-Issues, wie z.B. das Gesundheitswesen und Bildungspolitik. Auf solche Themen stellte dann der Wahlkampf ab (Hewitt/Mandelson 1989: 51-53).

Ähnliches gibt es neuerdings auch im „Kampa" der SPD: Meinungsforscher identifizieren die wichtigen Issues, bei denen die SPD sich profilieren könnte (Arbeitslosigkeit, Sozialstaat, Gesundheitspolitik; Spiegel, 3.8.1998). Labour ging noch einen Schritt weiter: Während die SPD in ihren Nachwahlbetrachtungen äußerst sorgsam mit der Partei, den Themen und den Kandidaten umgeht, erfolgte bei Labour eine rigorose Analyse der Niederlagen. So war für das „Campaign Management Team" klar, daß Labours Verwundbarkeit in Steuerfragen mitverantwortlich für die Wahlniederlage 1992 war. Umso mehr wurden Strategien entworfen, den Steuer-Issue zu neutralisieren: Daher wurden die 22 Steuer-

erhöhungen der Konservativen herausgestellt, zugleich aber die Ausgabenpläne der Regierung bis 1999 anerkannt, Labour legte sich für zwei Jahre auf eine restriktive Haushaltspolitik fest (Kavanagh 1997: 538).
In beiden Parteien wurden die Wahlkampfzentralen aus der organisatorischen Struktur der Partei gelöst, sie existieren ohne parteilichen Auftrag im Dunstkreis der Zentrale. Und meist wurden die Untersuchungen von professionellen Agenturen und Meinungsforschungsinstituten durchgeführt (Kavanagh 1992). Diese Teams arbeiten nach Marketing-Gesichtspunkten, den Kern bildet eine Art „Kriegsrat" („war room"), der die „Gegnerbeobachtung" (so der Kampa-Ausdruck) leistet und Gegenattacken vorbereitet (Mandelson in: Progress 3/1996: 10f). All dies geschieht langfristig. Bereits zweieinhalb Jahre vor der Wahl begannen geregelte Vorbereitungen im Wahlkampfteam Labours mit Befragungen, *direct mail* und der Ausarbeitung eines Wahlkampfmanifests, das fünf Versprechen enthielt - gemäß der Vorgabe Tony Blairs, daß das Manifest auf eine Scheckkarte passen sollte: Die Klassengröße für fünf- bis siebenjährige Schüler soll auf unter dreißig sinken, jugendliche Straftäter sollen schneller bestraft werden, die NHS-Wartelisten um 100.000 gesenkt, 250.000 arbeitslose Jugendliche sollen eine Stelle bekommen und die Mehrwertsteuer auf Heizöl auf fünf Prozent gesenkt werden.
Gerhard Schröder übernahm Blairs Idee mit seiner Verprechens-Scheckkarte, die allerdings in ihren neun Punkten allgemeiner gehalten war (*konkrete* Versprechen waren nur eine konzertierte Aktion, 100.000 Arbeitsplätze für Jugendliche, Verdopplung der Investitionen in Bildung, Forschung und Wissenschaft, Steuerentlastungen für Familien von 2500 Mark pro Jahr und Zahnersatzleistungen für Jugendliche).
Wenn von einer „Amerikanisierung" der Wahlkämpfe gesprochen wird, betrifft dies vor allem die Wahlkampforganisation: Mandelson holte sich sowohl Ideen („war room") als auch Personal von Bill Clinton, wie Stan Greenberg (Kavanagh 1997: 538; Gould 1998: Kap. 5).[18] Die SPD lud zwar einige Clinton-Wahlkämpfer ein, ohne sie zu verpflichten (Der Spiegel, 7.7.1997).
Die Kampa litt unter zwei Problemen: Zunächst wußte sie die ersten zehn Monate ihres Bestehens nicht, auf welchen Kandidaten sie den Wahlkampf zuschneiden sollte. Als er dann gefunden war, war der Kontakt der Parteispitze und des Spitzenkandidaten mit der „Kampa" längst nicht so eng wie bei Labour; der „Spiegel" berichtete sogar über ein gewisses Desinteresse Schröders an der Kampa (Spiegel, 3.8.1998).
Von besonderer Wichtigkeit ist, die jeweilige *Zielgruppe* herauszufinden, um die jeweiligen Wähler dieser Gruppe gezielt durch Kampagnen und Initiativen anzu-

---

[18]Dies führte zu einiger Kritik innerhalb der Partei. Der Parlamentsabgeordnete Richard Burden schrieb: „Labour is drifting towards becoming a US style of party - a ruthlessly effective electoral machine ..." (New Statesman & Society, 11.8.1995.

sprechen. Die Identifizierung dieser Zielgruppen geschieht ebenfalls durch qualitative und quantitative Forschung. So kann es durchaus geschehen, daß die Zielgruppen wechseln: Labour wählte nach den Wahlerfolgen der *Greens* eine Strategie, die die umweltpolitische Kompetenz Labours herausstellte. Ein Jahr später (1990) gerieten die Frauen in den Mittelpunkt des Interesses, als die Erhöhung des Kindergeldes und gleicher Lohn gefordert und innerparteilich eine Frauenquote bei den Parlamentskandidaten durchgesetzt wurde. Kurz vor der Unterhauswahl 1992 geriet der „Essex Man" in den Vordergrund, als Labour die Privatisierungspolitik der Konservativen, besonders bei den Sozialwohnungen, und die Anti-Gewerkschaftsgesetze anerkannte (Shaw 1994a: 133f). 1983 versuchte die SPD keine besondere Zielgruppe offiziell anzusprechen, in der Analyse des Bundesgeschäftsführers taucht nichts derartiges auf (o.A.: Analyse 1983). 1987 war die Einschätzung der Zielgruppe vorsichtig definiert worden: Die Heterogenisierung der Wählerschaft wurde anerkannt, vom Gebrauch des Schlagwortes „Die Mitte gewinnen" abgeraten, aber deutlich gemacht, welche Wählerschichten zu gewinnen sind: „Zweifel an der Fähigkeit der SPD zu einer modernen, zukunftsweisenden Industriepolitik haben zu erheblichen Problemen bei der jüngeren technischen Intelligenz und Beschäftigten von hochwertigen, produktionsorientierten Dienstleistungen geführt" (Kommission 1987: 6). Damit reagierte die SPD auf die Infratest/Sinus-Studie von 1984 (vgl. Kapitel 23.1), die genau dies empfohlen hatte, allerdings erst nach der verlorenen Wahl 1987. 1990 wurde genau dies nicht mehr aufgenommen, so daß die Abteilung II des Parteivorstandes 1991 über die Wahl 1990 resümierte: „Der Verzicht auf eine Zielgruppenansprache führte dazu, daß sich wichtige Gruppen in den Wahlaussagen nicht wiederfinden konnten" („Diskussionspunkte und Vorschläge der Referentinnen und Referenten der Abteilung II", in: Fuchs o.J. [1991]: 12). Allerdings machen die Referentinnen und Referenten keine spezifischen Vorschläge, wie diese Zielgruppen aussehen können. 1994 wurde diese Linie fortgesetzt: „Wir machen keinen ausdifferenzierten Zielgruppenwahlkampf" (o.A. „Erläuterungen zur Wahlkampagne (gekaufte Kommunikation)" [1994]: 1).

Während Labour ab 1985 einen Professionalisierungsschub erlebte, hinkte die SPD deutlich hinterher: Bereits in einer Analyse der Wahlkampfführung 1983 vertrat der Bundesgeschäftsführer die Meinung, daß die technische Ausstattung in der Zentrale und den Bezirken ungenügend sei (o.A., Analyse 1983: II/32). Größere Defizite sah man im Medienmanagement, besonders was die „Sichtbarkeit des Spitzenkandidaten angeht" - allerdings wurde dafür die konservative Färbung der beiden Fernsehanstalten verantwortlich gemacht (ebd: II/36f). 1987 war das Jahr des Kampagnenversagens: Dadurch, daß Johannes Rau als nordrhein-westfälischer Ministerpräsident seine Berater in die Parteizentrale brachte, gab es schon bald Kompetenzstreitigkeiten mit den Wahlkämpfern der Parteizentrale. Die Auseinandersetzungen waren Folgen der unterschiedlichen Strategie der Nordrhein-Westfalen Wolfgang Clement und Bodo Hombach einerseits und

Bundesgeschäftsführer Peter Glotz andererseits: Hombach und Clement forderten einen Kurs der Abgrenzung den Grünen gegenüber, während Glotz die Wähler der Grünen integrieren wollte (Krebs 1996: 123-126). Zwei Monate vor der Wahl verließ Raus Berater Wolfgang Clement Bonn. Während sich Bundesgeschäftsführer Peter Glotz und Johannes Rau noch darüber stritten, ob Rau einen präsidentiellen oder einen Mannschaftswahlkampf führen sollte (Rau setzte sich durch), kündigte Schatzmeister Hans Matthöfer an, keinen verschwenderischen Wahlkampf führen zu können. Ende 1986 hatte sich die SPD-Wahlkampfführung selbst paralysiert, zwei Monate vor der Wahl waren noch nicht einmal die Fernsehspots in Angriff genommen (Krebs 1996: 112-118). Eine vom SPD-Präsidium eingesetzte Kommission unter Peter Glotz kam zu dem Resultat, daß gerade das Kompetenzgerangel zwischen Bonn und Düsseldorf und der ungenügende und unkoordinierte Einsatz von qualitativer und quantitativer Forschung zentrale Fehler des Wahlkampfes waren, ohne allerdings zu gewichten, in welchem Umfang dies zur Niederlage am 27. Januar 1987 beigetragen hat (Kommission 1987: 22-25). Daher forderte die Kommission, die zentrale Wahlkampfführung solle beim Bundesgeschäftsführer liegen (ebd: 5). 1990 widerholte sich ein ähnliches Drama, als Lafontaine seinen Wahlkampf mit zwei Stäben (Bonn und Saarbrücken) führte. Vor allen Dingen ging es um die Frage, ob Lafontaine besser allein oder im Team die Partei repräsentieren sollte (Fuchs o.J. [1991]: 3; „Protokoll der Referentenrunde vom 10.Januar 1991", in: ebd: 1). Zwar hatte sich der Wahlkampf professionalisiert, jedoch gab es immer noch innerhalb der Parteizentrale Kompetenzschwierigkeiten und eine zu große Themenvarianz (ebd: 6f). Vor allen Dingen schienen die Massenmedien nicht optimal genutzt (ebd: 3).

Der Allmacht der Kampagneros sind Schranken gesetzt. So bietet eine professionelle Kampagne keine Gewähr dafür, daß die Wahl auch gewonnen wird, wie das Beispiel Labours 1987 zeigt. Und schließlich haben auch die Gegner professionelle Kampagne-Techniken zur Hand, sie können umso unbarmherziger die Schwächen des Gegners ausnutzen. So konnten die Konservativen damit reüssieren, Labour als extremistisch, zerstritten und ökonomisch inkompetent darzustellen (Hewitt/Mandelson 1989: 49; Butler/Kavanagh 1988: 72).

Mit dem „benefit of hindsight" läßt sich durchaus feststellen, daß mit einem geeigneten Kommunikator, mit geeigneten Kampagneinstrumenten, einer geschickten Kontrolle der Agenda und einem geeigneten Programm eine Wahl besser gewinnen läßt, als es Shaw 1994 nach der verlorenen Wahl von 1992 vermutete - vor allem, wenn der Gegner in einer unsagbar schwachen Position ist, wie die britischen Konservativen 1997 und die bürgerliche Regierung in Deutschland 1998.

13.4 Zusammenfassung: Was hat sich in den Wahlkämpfen beider Parteien verändert?

Erstens wird die Kampagne-Zeit länger. Eigentlich herrscht die ganze Zeit Wahlkampf, da sowohl die Regierung als auch die Opposition versuchen, durch permanente Pressearbeit und Inszenierungen die Wählermeinung zu beeinflussen. Zumindest geht der Trend dahin, daß Kampagnen mindestens ein Jahr vor der Wahl beginnen, wie die Einrichtung der Kampa 98 über ein Jahr vor der Bundestagswahl 1998 zeigt.

Zweitens professionalisiert sich der Wahlkampf. Die Parteien beschäftigen professionelle Werbeagenturen. Seit 1979 machte die bekannte Werbefirma Saatchi and Saatchi für die britischen Konservativen den Wahlkampf und betreute nebenher das normale Werbegeschäft (Unilever war ihr Hauptkunde; Sharkey 1989). Ende 1996 trennte sich die SPD von ihrer langjährigen Werbeagentur Butter und engagierte die Agentur KNSK, BBDO, die keinerlei Erfahrungen mit Parteiwerbung hatte (Vorwärts 12/1996: 3). Außerdem sind die Parteien Kunden von Meinungsforschungsinstituten: Labours „Hausinstitut" ist MORI, das der SPD ist „Infas". Gerade in qualitativen Forschungen werden die Images der Parteien, ihre Stärken und Schwachpunkte aufgespürt. Daraus ergibt sich dann, welche Stärken von der Partei betont und welche Schwächen heruntergespielt werden sollen (Shaw 1994a: 70). Die zentrale Schwäche dieser Professionalisierung ist wohl, daß durch die Fokussierung auf Meinungsforschung eine gewisse Kurzatmigkeit Einzug hält und auf ephemere Phänomene eingegangen wird. So fanden Umweltschutz-Issues seit 1989 (nach den kurzzeitigen Erfolgen der *Greens*) kaum mehr Eingang in Labours Programm (ebd: 134).

Drittens gab es eine Zentralisierung der Wahlkämpfe. Die Hauptverantwortung nebst der Mittelvergabe liegt bei den Parteizentralen und steht meist unter direkter Aufsicht des Parteivorsitzenden. Bei Labour agierte die „Shadow Communications Agency" völlig außerhalb des Parteiapparats und war lediglich durch die Zustimmung des Parteivorsitzenden legitimiert (Shaw 1994a: 51, Anm. 14), bei der SPD agiert die „Kampa" außerhalb der Parteizentrale unter Aufsicht des Bundesgeschäftsführers.

Viertens werden traditionelle Kampagnenformen eher unbedeutender. Klinkenputzen weicht der „direct mail" oder inszenierten „events". Und schließlich wird ein Fernsehauftritt wichtiger als eine Wahlkampfveranstaltung. In jedem Fall verliert der hingebungsvolle Parteiaktivist an Bedeutung. Allerdings haben die Parteien basisnahe Wahlkämpfe nicht abgeschrieben. Die Einführung neuer Technologien (z.B. Computer, Fax) und neue Aufgaben für lokale Parteimitglieder zeigen an, daß die Parteien immer noch auf die Basis setzen. Allerdings darf man sich über die Zahl der involvierten Mitglieder keine Illusionen machen. Es ist oft eine Aktivistenelite, die professionell und unter Anleitung der Elite an den Wählern

arbeitet. Das einfache Mitglied wird eher als ein Katalysator für das generelle Meinungsklima gesehen (Scarrow 1996: 111).
Fünftens setzen die Parteien verstärkt auf non-verbale *message codes*. Audio-visuelles Styling hat sowohl bei Labour als auch bei der SPD Einzug gehalten. So ließ Labour bei der Kampagne das Pop-Lied „Things Can Only Get Better" laufen, die SPD spielte für ihren Leipziger Parteitag eine pathetische Hymne und ein Anne-Haigis-Lied. Non-verbale Codes werden auch durch die Wahlwerbespots transportiert. Den aufschlußreichsten Auftakt machte Kinnock 1988, als er sich im Spot als Staatsmann gab (der sogeannte „Kinnock - The Movie"; Butler/ Kavanagh 1988: 153f.). Ähnliche Images transportierte 1997 Labours „Bulldoggen-Film". 1994 experimentierte die SPD mit dem Troika-Film. Schließlich bekamen beide Parteien auch eine „corporate identity": So benutzt Labour seit 1988 die von Mandelson kreierte rote Rose, die SPD das rote Quadrat mit einem Slogan (1994: „Gut für unser Land", 1998: „Wir sind bereit").

Die entscheidende Frage ist allerdings, ob Kampagnen dazu in der Lage sind, (noch) nicht vorhandene Bewertungen und Urteile oder eine Veränderung bestehender Überzeugungen zu bewirken. Forschungsergebnisse aus den amerikanischen Präsidentenwahlkämpfen und aus dem Bundestagswahlkampf 1990 deuten in die Richtung der bereits in Kapitel 12 vorgestellten „Verstärkerthese": Bereits bestehende Bewertungsmuster und Orientierungen der Rezipienten werden angesprochen und ins Bewußtsein gerufen, also „aktualisiert" (Finkel 1993; Finkel/ Schrott 1995). Wie auch bei der Behandlung der Medienmacht (Kapitel 12) ist erneut Vorsicht angebracht anzunehmen, daß die Wahlentscheidung eine Resultante der Mediennutzung und der Kampagnen ist. Viel spricht für die Mobilisierungs-, Agenda-Setting- und Framing-Effekte der politischen Kommunikation. Wenig spricht für den oft angenommenen Stimulus-Response-Effekt. Diese neue Bescheidenheit sollte besonders dann zu denken geben, wenn vorschnell behauptet wird, daß eine gut inszenierte Kampagne Labour 1997 und der SPD 1998 zum Sieg verhalf. Denn bestenfalls haben Peter Mandelson und Franz Müntefering zum Sieg beigetragen. Im Falle Labours aber gibt es deutliche Anzeichen dafür, daß nicht nur - wie bei der SPD - die politische Kommunikation und die Kampagnefähigkeit der Partei verbessert hat, sondern auch die Programmatik den Erkenntnissen und den Imperativen der „Kommunizierer" in der Kampagnenzentrale folgt. In diesem Zusammenhang stellt sich eher die Frage, wie die politische Kommunikation auf die Programmatik einer Partei wirkt als die Frage, wie die politische Kommunikation auf die Wahlentscheidung der Rezipienten wirkt (vgl. Gould 1998).

TEIL III: Eine Bilanz:
Parteiensysteme, Wähler und Parteien
Kapitel 14-18

14 SPD und Labour im deutschen und britischen Parteiensystem

Westliche Demokratien zeichnen sich durch Pluralismus aus, d.h. es gibt mehr als eine Partei (vgl. von Beyme 1991c: 458). Dieser Pluralismus ist aber unterschiedlich organisiert, nicht in jeder westlichen Demokratie gibt es die gleichen Parteien, und vergleichbare Parteien (z.B. sozialdemokratische) sind unterschiedlich stark. In Teil II wurden die Wähler betrachtet, aber nicht, in welchem Kontext sie ihre Stimme abgegeben. Wenn, so ließe sich fragen, sich die Bindungen der Wähler an eine bestimmte Partei abschwächen, warum laufen sie dann nicht zu irgendwelchen Kleinstparteien über, die vielleicht ihre Wünsche besser vertreten? Warum gewinnen die Biertrinker-Partei oder Anti-Euro-Parteien keine Wahl, obwohl viele Menschen ihre Anliegen unterstützen? Es muß also danach gefragt werden, unter welchen Umständen sich Parteien in einem Parteiensystem etablieren. Ein Hauptgrund ist wohl, daß ihre Anliegen „konfliktfähig" werden. Ein Vertreter der Biertrinker-Partei könnte dies wohl auch von seinem Anliegen behaupten, übersieht aber, unter welchen Umständen sein Anliegen konfliktfähig wird. Wie unten gezeigt wird, entscheidet sich die Zukunft einer Partei dann, wenn sie mit gesellschaftlichen Großgruppen dieselben Anliegen teilt und mit ihnen eine dauerhafte Verbindung eingeht. Das klassische Beispiel ist die Arbeiterbewegung. Bis Mitte des 19. Jahrhunderts gab es immer wieder wohlmeinende Sozialreformer, die sich deswegen nicht als Partei durchsetzen konnten, weil ihnen der gesellschaftliche Unterbau (z.B. in Form von Gewerkschaften) fehlte. Sie standen mit ihren Anliegen allein, wenn diese nicht von einer liberalen Partei, die ihre Basis im Bürgertum hatte, aufgenommen wurden.

14.1 Wie entstehen Parteiensysteme?

1. Cleavages: Im soziologischen Cleavage-Ansatz wurde die Meinung vertreten, daß Spannungslinien innerhalb einer Gesellschaft das Parteiensystem prägen (vgl. Kapitel 6). Besonders der Klassengegensatz wurde von der frühen Forschung immer wieder betont (z.B. Lipset 1960: 223f). Mitte der 60er Jahre stellten Lipset und Rokkan (1967) ihr Konzept vom „eingefrorenen" Parteiensystem vor. Parteien, so argumentieren sie, seien an bestimmten Cleavages (gesellschaftlichen Spannungslinien) in einer Gesellschaft orientiert und gehen langfristige und stabile Koalitionen mit gesellschaftlichen Kräften ein, die bestimmte

Pole dieser Cleavages repräsentieren.[1] In ihrer enorm einflußreichen Studie stellten sie also einen Zusammenhang zwischen sozialstrukturellen Konfliktlinien, der Parteipräferenz und dem Parteiensystem fest.
Die Cleavages werden aber nur dann politisch von Bedeutung,
- wenn sie ein Land aufgrund sozialer Charakteristika teilen,
- wenn die Gruppen, die sich an dieser Spannungslinie ausrichten, eine soziale Identität haben,
- wenn der Cleavage sich organisatorisch manifestiert.

Die Cleavages, die von Lipset und Rokkan identifiziert werden, sind:
1. Stadt-Land,
2. Zentrum-Peripherie,
3. Kirche-Staat,
4. Arbeit-Kapital.

An diesen Spannungslinien richten sich die Parteien (zumindest diejenigen, die langfristig überleben) aus, sie entwickeln sich zu Massenparteien mit fester Mitgliedschaft und organisatorischer Struktur, die wiederum eine Grenze zu anderen Parteien zieht.[2] So entstanden die sozialdemokratischen Parteien im Dunstkreis der (älteren) Gewerkschaften und konnten auch zeitweilige Verbote (wie Bismarcks Sozialistengesetz) überleben. Das katholische Zentrum der Weimarer Republik hatte starke Verbindungen mit der katholischen Amtskirche und entstand nach einem Konflikt zwischen Staat und Kirche, dem „Kulturkampf".

Einen ähnlichen Ansatz vertrat Rainer M. Lepsius Mitte der sechziger Jahre, als er von „sozial-moralischen Milieus sprach", um das Entstehen des deutschen Parteienwesens zu erklären (Lepsius 1966). Milieus sind Gesinnungsgemeinschaften, die in vier politische Subkulturen zerfielen: das katholische, konservativ-protestantische, protestantisch-bürgerliche und das sozialistische Milieu. Allerdings habe der Nationalsozialismus die alten Milieubildungen zerstört (Lepsius 1966: 380). Dabei gilt es als erwiesen, daß sich in manchen Regionen Westdeutschlands die alten Milieus überraschend intakt geblieben sind (von Alemann 1992: 100f). Spätere Ansätze gehen von einem „Dreilagersystem" aus, das aus

---

[1] Eine generelle Definition von „Cleavage" bieten Lane und Ersson (1994: 53): „A cleavage is a division on the basis of some criteria of individuals, groups or organizations among whom conflict may arise ... Cleavages operate in the social structure dividing it into various collectivities".

[2] Das bedeutet allerdings nicht, daß es völlig unmöglich wäre, daß sich Parteien bilden, die sich nicht an den Hauptspannungslinien der Gesellschaft ausrichten (z.B. durch den Appeal eines charismatischen Parteiführers oder als Protestparteien gegen amtsinhabende Regierungen). Diese Parteien und ihre Unterstützung durch die Wähler sind allerdings nicht sehr langlebig, wie z.B. die skandinavischen Steuerprotestparteien (wie die von Mogens Glistrup) oder die Poujardisten in Frankreich zeigten. Auch in der jungen Bundesrepublik zeigte sich bald, daß es neue Parteien nicht einfach haben, sich zu etablieren. Es gab (entgegen der Annahme der frühen fünfziger Jahre) keinen stabilen Cleavage zwischen Einheimischen und zugewanderten Flüchtlingen, so daß die Flüchtlingspartei BHE bald politisch bedeutungslos wurde.

einem katholischen, nationalen und sozialistischen Lager bestand (vgl. Rohe 1997: 49-52). Dieser Ansatz geht davon aus, daß die Wählerwanderung zwischen den Parteien eines Lagers hoch war, aber daß sie zwischen den einzelnen Lagern gering war (vgl. Falter/Hänisch 1986: 215 mit Tab. 11; Falter 1987: 484-491). Allein der Umstand, daß die Cleavages die gesamte Gesellschaft durchdringen, macht auch das Wahlverhalten eher statisch. Wie Richard Rose und Derek Urwin in einer Neunzehn-Länder-Studie zwischen 1945 und 1969 herausfanden, differierte die Stärke von Parteien über Wahlen, Jahrzehnte und Generationen hinweg kaum, einzig Länder mit einem Regimewechsel bildeten die Ausnahme (Rose/Urwin 1970: 305-308 mit Tab. 9). So ist es erstaunlich, daß sich SPD und Labour trotz aller internen Krisen und Aufschwünge in einer erstaunlich geringen Marge bewegen. Beide Parteien pendeln seit 1945 meist zwischen dreißig und fünfundvierzig Prozent, auch wenn direkte politische Konkurrenten wie die deutschen Grünen oder die britische *Alliance* dazugekommen sind.

Für **Deutschland** sah von Beyme (1991a: 125) in Anlehnung an Lipset und Rokkan die Konfliktlinien
- Protestantismus versus Katholizismus,
- Unitarismus versus Regionalismus,
- Agrar versus Industrie,
- Flüchtlinge versus Einheimische,
- Verfassungsfeinde versus Verfassungstreue (nach 1949),
- Arbeit versus Kapital;

ab Ende der sechziger Jahre kommt noch ein weiterer Cleavage hinzu:
- „alte" versus „neue" Politik (Materialismus - Postmaterialismus).

Davon verschwanden innerhalb der ersten zehn Jahre des Bestehens des westdeutschen Teilstaates die meisten Konfliktlinien: Die konfessionelle Konflikt-linie wurde durch die Gründung einer christlichen Partei zu einer säkular-religiösen, die Regionalparteien verschwanden durch die Homogenität des Teilstaates (schließlich wurde die ehemalige Peripherie zum Zentrum des neuen Staates), Agrarparteien wurden von der Union integriert (die Hochburgen der in der Weimarer Zeit existierenden Agrarparteien lagen eher in den abgetrennten Ostgebieten), die Vertriebenenpartei (BHE) hatte durch Lastenausgleich und Wirtschaftswunder nur ein kurzes Leben, und extremistische Parteien, die kaum Unterstützung hatten, wurden 1952 (SRP) und 1956 (KPD) verboten. In den siebziger Jahren hat sich eine weitere Konfliktlinie (materialistisch-postmaterialistisch) herausgebildet, die sich erst in den achtziger Jahren im Parteiensystem niederschlug. Wirtschaftswunder und ideologische Polarisierung (zwischen Union und SPD gab es „klare Fronten" durch unterschiedliche Politikangebote) waren wohl der Grund für die Parteienkonzentration seit 1949 (Niclauß 1995: 35).

Auffällig an der deutschen Cleavage-Struktur ist ihre Unwucht. Nicht zwei große Parteien besetzen die unterschiedlichen Pole, sondern mehrere Parteien von unterschiedlicher Größe: „Arbeit" wird von der SPD repräsentiert, „Kapital" von der FDP. Die Union steht in der Mitte: Ihre Position wird von der Stärke des Arbeitnehmer- und Unternehmerflügels innerhalb der Partei bestimmt. Hingegen repräsentieren SPD und FDP den säkularen Pol des anderen Cleavages, die Union den religiösen Pol. Beim Cleavage der „neuen Politik" besetzen die Grünen den postmaterialistischen Pol, die Union und etwas schwächer die FDP den materialistischen. Die SPD bewegt sich zwischen den Polen. Auch hier gibt die innerparteiliche Machtverteilung und die Strategie der Partei im Parteienwettbewerb vor, wo sich die SPD positioniert.

In *Großbritannien* galt lange Peter Pultzers Diktum: „Class is the basis of British party politics; all else is embellishment and detail" (Pultzer 1967: 98). Dies stimmte wohl für die fünfziger und sechziger Jahre. Später erstarkten die Regionalparteien in Schottland und Wales (vgl. Sturm 1994: 74-80). Somit trat zum Klassencleavage auch der Zentrum-Peripherie-Konflikt (Döring 1993: 38). Der Konfessionskonflikt in Nordirland soll nicht weiter berücksichtigt werden, da er territorial eingegrenzt ist und nur ein Sechzigstel der britischen Bevölkerung betrifft. Außerdem gilt das britische Parteiengefüge in Nordirland nicht, da weder Labour noch Liberale antreten.

Im Klassenkonflikt vertritt Labour die „Arbeit", die Konservativen das Kapital, die Liberalen (soweit existent) stehen dazwischen. Im Regionalkonflikt vertreten die Regionalparteien die Peripherie, die Konservativen das Zentrum. Labour und die Liberalen repräsentierten bis Mitte der siebziger Jahre ebenfalls den Zentrums-Pol, wurden dann aber gegenüber Forderungen der Peripherie konzilianter.[3]

2. Wahlsysteme: Das Cleavage-Konzept macht für die Entstehung der Parteiensysteme also die Existenz gesellschaftlicher Konfliktlinien verantwortlich, nicht irgendwelche Institutionen oder Wahlsysteme. Genau dies hatte Duverger Anfang der fünfziger Jahre behauptet (Duverger 1967), als er für das Entstehen des Zweiparteiensystems (z.B. in Großbritannien) das „simple majority single ballot system" (es gibt nur einen Wahlgang und der Kandidat gewinnt, der die meisten Stimmen auf sich vereinigt) verantwortlich macht (ebd: 217). Zunächst haben dritte und vierte Parteien meistens einen geringeren Sitzanteil im Parlament als sie Wählerstimmen auf sich vereinigen (da nur der erstplazierte Kandidat den Sitz gewinnt). Neben diesem „mechanischen Effekt" der „under-representation" kommt auch noch ein „psychologischer Effekt": Viele Anhänger der aussichtslosen Parteien wissen, daß ihre Parteien keine Chance haben, den Sitz zu gewinnen und wählen daher das kleinere Übel (ebd: 226; vgl. Kapitel 11).

---

[3]Die Prägekraft dieser unterschiedlichen Cleavages auf das Wahlverhalten und die Bedeutung für SPD und Labour wird in Kapitel 15.1 näher behandelt.

Entgegengesetzt wirkt das Verhältniswahlrecht und das absolute Mehrheitswahlrecht:[4] Sie begünstigen ein Vielparteiensystem (ebd: 239). Allerdings treten durch das Sitzzuteilungsverfahren (die „electoral formulae" nach Rae [1967]) wieder Verzerrungseffekte auf. So führt das d'Hondtsche Verfahren, das oft in Verhältniswahlsystemen angewandt wurde, um die Wählerstimmen in Parlamentsitze umzurechnen, eher zu einer Überrepräsentation großer Parteien (ebd: 253; vgl. Nohlen 1991: 780). Ein Disproportionalitätseffekt tritt auch durch Sperrklauseln (z.B. die Fünf-Prozent-Hürde) ein.

Diese Regeln (relatives Mehrheitswahlsystem = Zweiparteiensystem; absolutes Mehrheitswahlsystem und Verhältniswahlsystem = Mehrparteiensystem) wurden später als „Duverger's Law" bekannt. Vertreter der Cleavage-Theorie könnten aber der institutionellen Theorie vorhalten, daß das Wahlsystem nicht die erklärende Variable ist, sondern die politische und soziale Situation, in der das Wahlsystem eines Landes entstanden ist (vgl. Nohlen 1991: 782; Ware 1996: 192).

In Kapitel 11 über taktisches Wählen wurde argumentiert, daß das Wahlsystem die Entscheidung der Wähler beeinflussen *kann*. Gibt es aber einen direkten Einfluß des Wahlsystems auf das Parteiensystem? Die Tabellen 14.1 und 14.2 über die Zahl der relevanten Parteien legen nahe, nicht davon auszugehen. Denn das personifizierte Verhältniswahlrecht der Bundesrepublik hat in den sechziger und siebziger Jahren ebenso ein Zweieinhalb- (oder Zweivierteil-) Parteiensystem (bzw. ein gemäßigt pluralistisches Parteiensystem, s. Kapitel 14.2) hervorgebracht wie das britische System der relativen Mehrheitswahl. Damit sind die Befürchtungen der Hermens-Schule zumindest im Fall der Bundesrepublik unbegründet, daß Proporzwahlsysteme die Zersplitterung des Parteiensystems zur Folge haben müssen (Hermens 1968) - besonders wenn durch eine Sperrklausel ein Disproportionseffekt eintritt. Auch im britischen Majorzsystem kam es zu einem Anstieg der relevanten Parteien. Wie Abbildung 14.1 zeigt, begünstigt dieses Wahlrecht die Parteien, die sich Hochburgen aufbauen können (wie z.B. die Klassen-, Regional- oder Konfessionsparteien) und benachteiligt Parteien, deren Stärke sich über das ganze Land gleichmäßig verteilt (wie die Grünen, z.T. auch die Liberalen, die immerhin einige Hochburgen im englischen Südwesten und in Schottland haben). So sind im Unterhaus (1997) insgesamt zehn Parteien vertreten, davon die beiden Regionalparteien (SNP, PC) und fünf Konfessionalparteien Nordirlands („Ulster Unionist Party", „Democratic Unionist Party", „United Kingdom Unionist" für die Protestanten; „Social Democratic and Labour Party" und „Sinn Fein" für die Katholiken). Insgesamt halten die Regionalparteien zehn Sitze und die Konfessionalparteien zwanzig.

---

[4]Duverger nennt es „second ballot system": Wenn ein Kandidat mit den meisten Stimmen die absolute Mehrheit verfehlt, muß er gegen den zweitplazierten Kandidaten in einer zweiten Wahlrunde antreten.

Abbildung 14.1: Sitze der Parteien im Unterhaus (1945-1997)

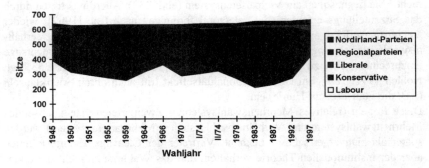

Die Verzerrungseffekte des relativen Mehrheitswahlrechts liegen am offensichtlichsten im Phänomen der „manufactured majorities" (künstlicher Mehrheiten), während Proporzsysteme verdiente Mehrheiten hervorbringen (Rae 1967: 4ff; Nohlen 1978: 370ff). In der Tat erhielten die Konservativen in ihrer Regierungszeit bei etwa vierzig Prozent Wähleranteil sechzig Prozent der Parlamentssitze. 1951 konnte Labour als stärkste Partei mit 48,8 Prozent der Stimmen nicht die Regierung bilden, da die Konservativen mit 48 Prozent 26 Sitze mehr hatten. Und für fast alle Nachkriegskabinette gilt, daß die jeweilige Regierungspartei einen wesentlich größeren Sitzanteil hatte als Anteile an den Wählerstimmen (s. Abbildung 14.2).

Verteidiger des relativen Mehrheitswahlrechtes haben immer wieder eingewandt, daß dessen zwar Mehrheiten künstlich seien, aber wenigstens klar (d.h. ohne Koalitionen) und daß die Möglichkeit für alternierende Regierungen geschaffen würde. Dies mag für die meiste Zeit nach 1945 in Großbritannien durchaus zutreffen. Allerdings hatte das zweite Kabinett Wilson (Februar 1974) keine klare Mehrheit, Callaghan war ab 1978 auf die Unterstützung durch die Liberalen angewiesen und John Major verlor durch Übertritte etlicher Konservativer zu den LibDems seine Unterhausmehrheit und war auf die Stimmen der nord-irischen Unionisten angewiesen.

Wie in Kapitel 9.3 gezeigt wurde, unterscheidet sich die durchschnittliche Regierungsdauer in beiden Staaten nicht wesentlich. Der einzige Unterschied besteht darin, daß in Großbritannien Regierungswechsel infolge von Wahlen stattfanden. In der Bundesrepublik geschah dies bis 1998 dadurch, daß eine kleine Partei, die FDP, den Koalitionspartner wechselte (was der Wähler allerdings in der darauffolgenden Wahl legitimierte). Deutliche Unterschiede zeigen sich aber in den Effekten beider Wahlsysteme auf die Mobilisierung von Wählern: Hier haben Verhältniswahlsysteme die Nase vorn (von Beyme 1984: 328-331). Möglicherweise halten viele Wähler die Wahl in ihrem (Einmann-) Wahlkreis schon für entschieden, so daß sie nicht zur Wahl gehen. Auch wenn Duverger den Einfluß von Wahlsystemen auf das Parteiensystem wohl überschätzte (s.u.), ist es sinnvoll, bei der Betrachtung von Parteiensystemen sowohl soziologische als auch institutionelle Variablen miteinzubeziehen.[5] Und manchmal hängt es auch von der Strategie der Parteien ab, Konfliktlinien für sich zu nutzen (vgl. Schattschneider 1960: 73).

Abbildung 14.2: Stimmenanteile und Parlamentssitzanteil der jeweils regierenden Partei in Großbritannien 1945-1997

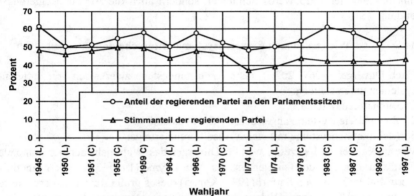

Wahljahr
(regierende Partei; L: Labour, C: Conservative Party)

3. Parteienwettbewerb: Sartori (1976) ging es zunächst einmal darum, die Parteiensysteme zu klassifizieren und *dann* erst zu erklären, unter welchen Umständen sich ein bestimmter Typus von Parteiensystem herausgebildet hat, d.h. wie stark die Zersplitterung in der Parteienlandschaft ist („Fragmentierung"). Er konzentrierte sich auf diejenigen Parteiensysteme, die er als „gemäßigt pluralistisch" und „extrem pluralistisch" bezeichnete (Sartori 1976: Kap. 6). Wieso gibt es nicht in jeder Demokratie dieselbe Anzahl von Parteien? Die wichtigsten erklärenden Variablen sind die „Polarisierung" (die ideologischen Abstände einer Partei von einer gedachten Mitte) und die „Dynamik" (Bewegen sich die Parteien von der Mitte weg oder zu ihr hin?). Letztlich ist es also die Art des Parteienwettbewerbs, die ein Parteiensystem formt, in diesem Ansatz folgte er deutlich

---

[5]Dies heißt nicht, daß Wahlsysteme unbedeutend sind. So würde ein Verhältniswahlrecht in Großbritannien durchaus die Beziehungen unter den Parteien verändern, da Koalitionsregierungen wahrscheinlich wären. Nicht zuletzt deswegen versuchten die LibDems, Labour auf eine Veränderung des Wahlsystems zu drängen. Dann hätten die LibDems als Zünglein an der Waage auch das nötige „Erpressungspotential" wie die FDP.

Anthony Downs (vgl. Sartori 1976: 191, 324-327). Die Verteilung der Wähler (auf einem Links-Rechts-Spektrum) entscheidet also mit über die Art des Parteiensystems. So darf in Zweiparteiensystemen und gemäßigt pluralistischen Systemen damit gerechnet werden, daß die ideologische Distanz zwischen den Parteien nicht besonders groß ist und daß der Parteienwettbewerb auf die Mitte hin („zentripetal") läuft (ebd: 179). In extrem pluralistischen Staaten ist die ideologische Distanz hingegen groß und der Parteienwettbewerb ist zentrifugal.

Sartoris Analyse war einflußreich, allerdings wurde sie weniger herangezogen, um zu erklären, wie Parteiensysteme *entstehen*, sondern wie sie sich *unterscheiden* lassen (s.u.). Hier werden dann nicht der Grad an Polarisierung oder Dynamik des Parteienwettbewerbs betrachtet, sondern auch die Art der Regierungsbildung.

14.2 Wie lassen sich Parteiensysteme unterscheiden?

Nach Duverger (1967: 207ff.) lassen sich mindestens zwei Arten von Parteiensystemen unterscheiden:
1. Einparteiensysteme,
2. Zweiparteiensysteme angelsächsischen Typs und
3. Mehrparteiensysteme mit vielen Ausdifferenzierungen.

Wie in Kapitel 14.1 gezeigt, war für Duverger das Wahlrecht der bestimmende Faktor für den Typ des Parteiensystems. Von Beyme (1984: 318; 1991c) modifizierte auf der Basis von Sartori (1976: Kap. 5) dieses grobe Raster und erweiterte es um feinere Kategorien. Welche Art von Parteiensystem herrscht in der Bundesrepublik vor? Rein formal kann es nach Duverger mit dem angelsächsischen Prototyp eines Zweiparteiensystem genauso wenig übereinstimmen wie mit dem italienischen, das wie das deutsche auch ein Mehrparteiensystem ist. Doch: Es kann nicht bloß um die numerische Anzahl der Parteien gehen, die an Wahlen teilnehmen, dann müßten auch alle von Rowold/Immerfall (1992: 362-420) aufgelisteten Kleinstparteien Eingang in die Analyse finden. Von Beyme (1984: 318; nach Sartori 1976: 121-125) schlug daher vor, nur „relevante" Parteien in das Analyseraster aufzunehmen. Relevante Parteien sind prinzipiell die Parteien, die sich erstens schon einige Zeit im System etabliert haben (Regel 1) und die zweitens auf die Regierungsbildung Einfluß nehmen können, sei es durch ihr Koalitionspotential oder durch ihr Erpressungspotential (Regel 2; Sartori 1976: 123). So werden als entscheidende Kriterien die Art der Regierungsbildung, der Grad an ideologischer Polarisierung und die Art des Parteienwettbewerbs genommen. Sartori schlug daher „intelligentes" Zählen vor, das die „relevanten" Parteien miteinbezieht, aber auch die Größenverhältnisse unter ihnen.[6]

---

[6] Von Beyme versteht unter relevanten Parteien die Parteien mit mehr als 2% Stimmenanteil auf *zentralstaatlicher* Ebene. Ware (1996: 162) legt die Meßlatte bei 3% der Parlamentssitze an.

So schlug er vor, Parteiensysteme wie folgt aufzuteilen (Sartori 1976: 125, Kap. 6, 7):
1. Einparteiensysteme,
2. Parteiensysteme mit einer Hegemonialpartei,
3. Parteiensysteme mit einer dominanten Partei,
4. Zweiparteiensysteme (keine Koalitionsregierung, zentripetaler Parteienwettbewerb),
5. gemäßigt pluralistische Parteiensystem (ständige Koalitionsregierung, zentripetaler Parteienwettbewerb),
6. extrem pluralistische Parteiensysteme (Koalitionsregierung mit Fundamentalopposition; zentrifugaler Parteienwettbewerb),
7. atomisierte Parteiensysteme.

Solche Typologien können dann problematisch werden, wenn sich herausstellt, daß es in Wirklichkeit keine Zweiparteiensysteme mehr gibt und/oder wenn die Anzahl der relevanten Parteien steigt, sich also der gemäßigte und extreme Pluralismus überlappen (vgl. von Beyme 1984: 320-323).[7] Oder es könnte passieren, daß sich der Parteienwettbewerb verändert: So gilt z.B. für Großbritannien und die Bundesrepublik, daß sich die sozialdemokratischen Parteien Anfang der achtziger Jahre stärker ideologisierten. Hinzu kamen in Großbritannien Regionalparteien, die sich mit den herkömmlichen Meßmethoden des Parteienwettbewerbs nicht messen lassen.

Daher schlug von Beyme (1991c: 460) vor, Zweiparteien- und pluralistische Parteiensysteme in westlichen Demokratien (also ohne Sartoris Kategorien 1 und 2) auszudifferenzieren und die Art der Regierungsbeteiligung etwas klarer zu fassen:
1. Zweiparteiensysteme mit alternierender Regierung;
2. Systeme mit gemäßigtem Pluralismus:
- mit alternierenden Flügelparteien (meist ohne Koalition),
- alternierende Flügelpartei mit dauerhaften Koalitionspartnern,
- mit Koalitionen der Mitte oder großen Koalitionen;

Für bundesrepublikanische Verhältnisse wären wohl in erster Linie die Parteien relevant, die auch vermittels der 5%-Hürde den Einzug in den Bundestag geschafft haben. Allerdings wären dann nicht die Parteien berücksichtigt, die zwar nicht im Bundestag vertreten sind, den Einzug auf Länderebene aber geschafft haben. Dies betrifft vor allem die Republikaner, in geringerem Maße auch die DVU. Daher ist es auch im deutschen Maßstab sinnvoll, bei der Kategorisierung von Beymes zu bleiben.

Einfluß auf die Regierungsbildung können Parteien nur dann nehmen, wen sie erstens prinzipiell koalitionsfähig sind und zweitens überhaupt zur Regierungsbildung benötigt werden. So stellen die britischen LibDems mit knapp 17% der Stimmen eine durchaus relevante Partei dar, werden aber nicht zur Regierungsbildung benötigt.

[7]Sartori meinte, die Grenze zwischen gemäßigten und polarisiertem Pluralismus liege bei fünf bis sechs relevanten Parteien (Sartori 1976: 131). Nun hat die Bundesrepublik diese Grenze erreicht, aber es dürfte schwer sein, dieses Land unter die Kategorie „polarisierter Pluralismus" fallen zu lassen.

3. Systeme mit polarisiertem Pluralismus:
- mit Fundamentalopposition, die die Mitte zerreibt,
- mit Fundamentaloppositionen, deren zentrifugale Wirkung sich abschwächt,
- mit einer Hegemonialpartei.

Großbritannien fällt unter die Kategorie 2a), die Bundesrepublik unter die Kategorie 2b). Wie hat sich nun das Parteiensystem in beiden Ländern entwickelt, ist es fragmentierter geworden? Oder stehen die Zeichen auf Stabilität? Gibt es überhaupt einen Widerspruch zwischen zunehmender Fragmentierung und der Stabilität eines alten Parteiensystems? Wahrscheinlich nicht, denn das Aufkommen der Regionalparteien und das Erstarken der Liberalen hat nicht dazu geführt, daß Koalitionsregierungen in Großbritannien zur Debatte stehen. Im Fall der Bundesrepublik stehen die Zeichen nicht auf Sturm, aber es zeichnen sich Wandlungen ab, welche Parteien wann Koalitionspotential haben. So gelten die relevanten Parteien PDS und Republikaner als nicht koalitionsfähig. Die SPD ist in der günstigen Situation, sich ihre Koalitionspartner aussuchen zu können: Union, Grüne und/oder FDP (eine schwarz-grüne Koalition ist bisher noch ausgeschlossen).

Der Trend in der *Bundesrepublik* scheint prima facie in die Richtung eines fraktionalisierteren Parteiengefüges zu zeigen (s. Tabelle 14.1). Gab es 1949 noch acht relevante Parteien,[8] so sank deren Zahl bis 1961 auf vier, 1972 bis 1983 waren es drei, und bis in die neunziger Jahre wurden es sechs. Im Bundestag sind seit 1990 fünf Parteien (CDU/CSU, FDP, SPD, Grüne und PDS) vertreten.

In den 80er und 90er Jahren kamen in Form der Grünen und Republikaner politische Kräfte zum Zug, die das herkömmliche Gefüge des „Zweieinhalb-Parteiensystems" (Narr 1977: 16) zu erodieren scheinen. Die „stählernen Zähne" des althergebrachten Parteienstaats wurden weicher, könnte man formulieren, wollte man in Narrs Bild[9] bleiben. Dennoch ist die Bundesrepublik immer noch qualitativ von belgischen und italienischen Verhältnissen entfernt: Ist auch das Parteiensystem bei weitem nicht mehr so konzentriert wie in den 70er Jahren, so überwiegt doch der Eindruck der Stabilität. Trotz des gestiegenen Fraktionalismus kann die Bundesrepublik als Parteiensystem mit gemäßigtem Pluralismus und permanenten Koalitionsregierungen charakterisiert werden (von Beyme 1984: 320f, 1991c). Damit korrespondieren die seit den achtziger Jahren tendenziell sinkenden Stimmanteile der beiden großen Parteien. Sie erreichten Ende der sechziger bis Anfang der achtziger Jahre etwa neunzig Prozent der Stimmen („two-party-vote"), seitdem pendeln sie zusammengenommen bei Werten um achtzig Prozent. Allerdings konnte dabei die Sozialdemokratie ihren Anteil am

---

[8] D.h. Parteien mit mehr als zwei Prozent der Zweitstimmen in Bundestagswahlen.
[9] „Parteienstaat in der BRD - ein Koloß auf tönernen Füßen, aber mit stählernen Zähnen" (Narr 1977: 7-26); vgl. Kapitel 18.

„Two-party-vote" seit Mitte der achtziger Jahre ungefähr halten (s. Abbildung 14.3).
Über den Grad der Stabilität gab es in der Wissenschaft kontrovers geführte Diskussionen: Pappi/Terwey insistierten auf einer weitgehenden Stabilität (1982: 193; Jesse 1992: 83), während andere Forscher, insbesondere durch das Aufkommen der Grünen in den 80er Jahren, fundamentale Veränderungen auf das Parteiensystem zukommen sahen (Poguntke 1987: 381). Diese Diskussion ist in Kapitel 4 gesondert behandelt worden, besonders im Hinblick darauf, ob und wie das Aufkommen postmaterialistischer Werte sich auf den elektoralen Erfolg der SPD auswirkt. In diesem Zusammenhang mag der Hinweis genügen, daß es Anzeichen für eine „nuancierte Akzentverlagerung" (Klingemann/Steinwede 1993: 49) im Parteiensystem gibt. Der von Inglehart seit 1971 immer wieder behauptete Wertewandel[10] hinterließ auch seine Spuren im Parteiensystem der Bundesrepublik. Strittig ist aber das Ausmaß: Hat man es mit einer „silent revolution" (Inglehart 1977) zu tun oder eher mit einer „fragilen Stabilität" (Klingemann 1985: 251)? Alber verwies 1985 darauf, daß es bei der Etablierung neuer Konfliktlinien und in deren Gefolge auch neuer Parteien auf Strukturmerkmale des Cleavage- und Parteiensystems ankommt, d.h. daß es eben einen Unterschied macht, in welchem strukturellen Kontext diese neuen Werte auftauchen und zu politischen Formationen führen. Hierunter fällt beispielsweise die Frage, wie stark ältere Konfliktlinien (die sozioökonomische oder der religiös-konfessionelle) das Parteiensystem der Bundesrepublik immer noch prägen (s. Kapitel 15.1). Trotz gewisser Dealignmenttendenzen, also der Abschwächung traditioneller Konfliktlinien (besonders im Mittelstand), ist die Prägekraft der alten Cleavages immer noch hoch (Armingeon 1989: 324; Klingemann/Steinwede 1993: 59ff.). Ingleharts Prognose „From Class-Based to Value-Based Political Polarization" hat sich zumindest für die Bundesrepublik nicht in ihrer Radikalität bestätigt. Dies liegt auch an der „Institutionenblindheit" seines Konzepts: Institutionelle Arrangements (z.B. Wahlsysteme, Stimmzuteilungsverfahren, Parteienfinanzierung, Föderalismus), aber auch die Strategie von Parteien, können dafür sorgen, daß sich ein Cleavage auch in der Parteienlandschaft widerspiegelt (vgl. für die Grünen: von Beyme 1991a: 161f; Müller-Rommel 1993).
Im gesamtdeutschen Parteiensystem ist eine weitere Konfliktlinie hinzugekommen, die in Richtung Fragmentierung wirkt. Eine Regionalpartei deutschen Typs stellt die PDS dar, die im Osten Deutschlands regelmäßig um die zwanzig Prozent erhält. Auch wenn spezielle Probleme des Einheitsprozesses zum Erfolg dieser Linkspartei beigetragen haben, scheint sie auf absehbare Zeit im deutschen Parteiensystems verankert. Doch im Gegensatz zu den britischen Regionalparteien im Falle Labours schadet die ostdeutsche Regionalpartei PDS der SPD

---

[10]Inglehart schrieb diese These bis in die 90er Jahre fort (Inglehart 1971, 1977, 1985, 1990 und Inglehart/Rabier 1986).

direkt, da sie vom linken Lager Stimmen abzieht, die unter Umständen der SPD zukommen würden. Bei anhaltender Schwäche des potentiellen Koalitionspartners „Bündnis 90-Die Grünen" in Ostdeutschland gehen die PDS-Stimmen (als nicht-koalitionsfähiger Linkspartei) einem nicht-bürgerlichen Bündnis verloren.[11]
Für gewisse Restriktionen sorgt in der Bundesrepublik das seit 1953/56 geltende Wahlrecht mit der bundesweiten 5%-Hürde, die im Parteiensystem der Bundesrepublik (verbunden mit dem personalisierten Verhältniswahlsystem) für neue politische Gruppierungen eine hohe Schwelle setzt und zu einer Konzentrationstendenz geführt hat (Nohlen 1991: 781, Schmidt 1992: 27). Andererseits ist, so argumentiert Müller-Rommel (1993: 115ff.), ein rigides Parteiensystem auch anfällig für das Entstehen neuer, sich trotz aller Schranken etablierender Parteien (wie die der Grünen), da sich die Wähler von den „Staatsparteien" nicht mehr repräsentiert sehen. Das von Narr (1977: 16ff) entworfene Modell eines Systems von Staatsparteien, die keine Alternative zulassen, hat sich als brüchig erwiesen. Zumindest das Aufkommen der Grünen beweist das Gegenteil. Das deutsche Parteiensystem war anpassungsunfähig in dem Sinne, daß es nicht in der Lage war, innerhalb des *bestehenden* Parteiengefüges neue Werthaltungen oder ostdeutsche Regionalinteressen zu integrieren.
Freilich beziehen sich diese Aussagen über den Postmaterialismus-Cleavage zunächst nur auf Westdeutschland. In den neuen Ländern sind die Grünen seit 1994 eine unbedeutende Randpartei. Während im Westen ein Vierparteiensystem (genauer: Zwei-Zweieinhalb-System: zwei große, zwei kleine Parteien) besteht, gibt es in Ostdeutschland ein ziemlich stabiles Dreiparteiensystem (zwei nicht ganz so große Parteien und die Mittelpartei PDS; vgl. Veen 1996: 185f). Gesamtdeutsch herrscht dann ein Fünfparteiensystem (Zwei-Dreieinhalb-System: zwei große, drei kleine Parteien).
Das deutsche Parteiensystem hat sich in den achtziger Jahren etwas fragmentiert, unabhängig davon, ob die Anzahl der relevanten Parteien, die Anzahl der „effektiven Parteien" (wie bei Niedermayer 1997a) oder das „Two-party-vote" gemessen wird. Die Fragmentierung ist sicherlich nicht dramatisch (vor allen Dingen

---

[11] Nur gegen heftiges Widerstreben des ehemaligen SPD-Parteivorsitzenden Rudolf Scharping war es 1994 dem Ministerpräsidenten von Sachsen-Anhalt, Reinhard Höppner, möglich, eine rot-grüne Regierung unter Duldung der PDS zu bilden. Versuche des SPD-Vorsitzenden von Mecklenburg-Vorpommern, Harald Ringstorff, eine SPD-PDS-Option während einer großen Koalition in diesem Bundesland aufrechtzuerhalten, schlugen bis zur Landtagswahl im September 1998 fehl, erst danach erhielt er vom SPD-Vorsitzenden Lafontaine und von Kanzler Schröder die Erlaubnis, mit der PDS die erste formale Koalition bilden zu können (Süddeutsche Zeitung, 2. Oktober 1998). Selbst die „Erfurter-Erklärung" diverser Partei-Granden und Intellektueller, die für die Ablösung der regierenden bürgerlichen Koalition auch unter Einschluß der PDS forderten, blieben zum Zeitpunkt ihrer Unterzeichnung ohne positive Resonanz der SPD-Parteispitze, auch wenn der Thüringer SPD-Vorsitzende Dewes diese Erklärung unterzeichnete.

nicht im Vergleich zu Weimar). Das gilt auch für das gesamtdeutsche Parteiensystem ab 1990. Im Osten ist das Parteiensystem durch die Persistenz der PDS fragmentierter als im Westen (gemessen an der Zahl effektiven Parteien), allerdings nähern sich beide Teil-Parteiensysteme an (Smith 1996: 221f; Niedermayer 1997a: 112-114, 129). Aber die konstante Fragmentierung heißt nicht, daß es keine Gewichtsverlagerungen gegeben hätte: Die fünfziger und frühen sechziger Jahre waren die Jahre der CDU-Dominanz, in den siebziger Jahren herrschte ein Patt, in den achtziger und frühen neunziger Jahren sah es so aus, als seien die Zustände der fünfziger Jahre zurückgekehrt. Das Parteiensystem wurde zugunsten der Union asymetrischer. Allerdings nur bis 1994, als sich die Schere zwischen Unions- und SPD-Anteil wieder schloß (vgl. Tabelle 5.2). Die gesamtdeutsche Asymetrie war 1990 nur deswegen so ausgeprägt, weil die SPD in Ostdeutschland so schlecht abschnitt, 1994 und 1998 nahm die Asymetrie deutlich ab.[12]

Abbildung 14.3: Two-party-vote in der Bundesrepublik Deutschland 1949-1998 (1990, 1994, 1998: West = Two-party-vote für Wahlgebiet West, D = gesamtdeutsches Two-party-vote)

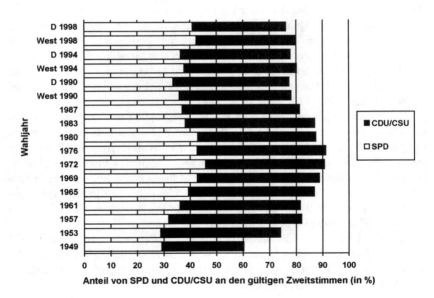

---

[12]Die Asymetrie des deutschen Parteiensystems wird in der Prozentpunktdifferenz von Unions- und SPD-Anteil errechnet. 1990 lag die Union in Ostdeutschland 17,5 Prozentpunkte vor der SPD (Westen: 8,3; Gesamtdeutschland: 10,3), 1994 nur noch 7,0 Prozentpunkte (Westen: 4,6; Gesamtdeutschland: 5,1). 1998 lag die SPD in Ostdeutschland 7,8 Prozentpunkte vor der Union (Westen: 5,2; Gesamtdeutschland: 5,8).

Tabelle 14.1: Anzahl der relevanten Parteien (RP) in der Bundesrepublik Deutschland 1949-1998 (1990, 1994 1998 Wahlgebiet West, Gesamtdeutschland in Klammern)

	1949	1953	1957	1961	1965	1969	1972
RP	8	6	5	4	4	4	3

	1976	1980	1983	1987	1990	1994	1998
RP	3	3	4	4	5 (6)	5 (6)	5 (6)

ab 1957 mit Saarland
Quellen für Abbildung 14.3 und Tabelle 14.1: s. Tabelle 5.3

Nach Jahrzehnten der relativen Ruhe belebte sich die Parteienlandschaft seit Mitte der sechziger Jahre. Zunächst folgte dem „Strange Death of British Liberalism" dessen Wiederauferstehung, besonders nach der Verschmelzung der Labour-abtrünnigen SDP mit den Liberalen. Tot war der Liberalismus auf der Insel eigentlich nur während einer kurzen Periode zwischen 1951 und 1959, als die Liberalen unter drei Prozent erreichten. Ihr Aufstieg zur halbgroßen dritten Partei erfolgte bereits 1974, als sie bei der Februar-Wahl 19,3 Prozent der Stimmen erreichte. Nach der Amalgamierung mit der SDP kam sie 1983 und 1987 auf über zwanzig Prozent, bis sie sich in den Neunzigern auf Werte um 17 Prozent stabilisieren konnte. Sie ist wohl eine Art Protestpartei der Mitte: Unzufriedenheit mit Labour oder den Konservativen drückt sich entweder in der Wahlenthaltung oder in der Wahl der LibDems aus, weniger durch die Wahl der anderen Klassenpartei (Clarke/Stewart 1984: 714; Rohe 1994: 221)

In Großbritannien gibt es neben dem Konfessionskonflikt in Nordirland auch einen Zentrum-Peripherie-Konflikt. Die Regionalparteien indessen haben damit zu kämpfen, daß ihre Wählerbasis in Schottland und Wales gering ist. Zusammen stellen beide Regionen des *celtic fringe* nur sechs Millionen Einwohner (Schottland: fünf Millionen Einwohner, Wales: eine Million) und damit etwa zehn Prozent des Elektorats. Selbst wenn die SNP und PC von hundert Prozent der Wähler in Schottland und Wales gewählt werden würden, erreichten sie auf gesamtstaatlicher Ebene lediglich zehn Prozent der Stimmen.

Zusammengerechnet sind die *nationalists* relevante Parteien - und das seit 1974 (bis auf 1983): SNP und PC erreichen zusammen etwas über zwei Prozent der britischen Wähler. Die Regionalparteien und die Konfessionsparteien Nordirlands erreichten 1997 2,6 bzw. 6,8 Prozent.

Abbildung 14.4: Two-party-vote in Großbritannien 1945-1997

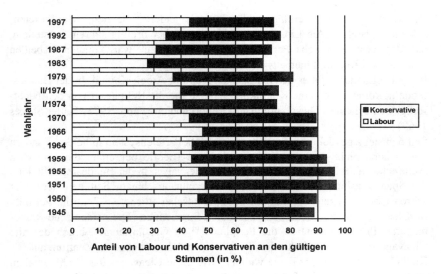

Tabelle 14.2: Anzahl der relevanten Parteien (RP) in Großbritannien 1945-1997

	1945	1950	1951	1955	1959	1964	1966
RP	3 (4)	3	3	3	3	3	3

1970	2/1974	10/1974	1979	1983	1987	1992	1997
3	4 (4)	4 (5)	3 (4)	3 (4)	3 (4)	4 (5)	4* (5)

Klammern: Anzahl der relevanten Parteien, wenn auch die Gesamtheit der nordirische Konfessionalparteien (soweit sie *zusammen* mehr als zwei Prozent erreichen) eingerechnet wird.
*Die „Referendum Party" von James Goldsmith erhielt 2,6 Prozent der Stimmen, wird aber nicht als relevante Partei geführt, da sie sich nicht etabliert hat.
Quelle: Butler 1997: Appendix 1 (Election Results, 1945-1997)

14.3 Zusammenfassung

Die Cleavage-Theorie erklärt schlüssiger als andere Theorien, wie Parteiensysteme entstehen. Als Lipset und Rokkan vor über dreißig Jahren feststellten, daß das westeuropäische Parteiensystem „eingefroren" war, konnten in beiden Staaten zwei Konfliktlinien ausgemacht werden:
In beiden Ländern gibt es den klassischen Konflikt Arbeit-Kapital. In der Bundesrepublik kommt noch eine Konfliktlinie hinzu, die die Religiösen von den Nicht-Religiösen scheidet. Diese entfällt in Großbritannien (Pappi 1973; Butler/Stokes 1969).
Seit den siebziger Jahren fragmentierte sich das Parteiensystem in beiden Ländern (wenn auch nicht dramatisch). Die Cleavage-Theorie begründet dies mit dem Aufbrechen alter und dem Entstehen neuer Cleavages. In der Bundesrepublik kam die Spannungslinie Materialismus-Postmaterialismus hinzu. Seit den neunziger Jahren gibt es Anzeichen, daß auf gesamtdeutscher Ebene ein Zentrum-Peripherie-Cleavage das Parteiensystem zusätzlich fragmentiert. Die ostdeutsche Regionalpartei PDS repräsentiert die Peripherie.[13] In Großbritannien brach der alte Cleavage zwischen der keltischen Peripherie und dem englischen Zentrum auf.
Kapitel 15 wird sich der Frage widmen, wie diese Cleavages das Wahlverhalten bestimmen, und welche Folgen die Stärke der unterschiedlichen Cleavages auf die Stimmstärke von SPD und Labour haben.
Dieses Kapitel hat ein statisches Bild von der Prägekraft der Cleavages entworfen. Kapitel 8 hat allerdings ein etwas anderes Bild von den Wählern gezeichnet. Sie wählen nicht mehr nur nach der Zugehörigkeit zu einer gesellschaftlichen Großgruppe, sondern sie sind bindungsloser geworden. Wie sich die Prägekraft der Cleavages verändert hat, zeigt Kapitel 15.2.

---

[13]Das Parteiensystem in Westdeutschland wurde durch diese Entwicklung kaum beeinflußt. Hier gibt es die drei Cleavages Arbeit-Kapital, religiös-säkular und materialistisch-postmaterialistisch. In Ostdeutschland liegen die Verhältnisse komplizierter, da das westdeutsche Parteiensystem „geliehen" ist (Pappi 1991). Der Cleavage Arbeit-Kapital hat sich noch nicht wie im Westen entwickelt, der Cleavage Materialismus-Postmaterialismus wird sich in absehbarer Zeit nicht entwickeln. Die Existenz der PDS läßt sich hinreichend damit erklären, daß diese Partei das „Zentrum" der ehemaligen DDR (d.h. Ost-Berlin) repräsentiert, während die Union eher die „Peripherie" der ehemaligen DDR (Thüringen, Sachsen) vertritt.

15 Die Wähler der SPD und der Labour Party

15.1 Die Bedeutung gesellschaftlicher Konfliktlinien

Der Klassencleavage wurde bereits erwähnt; aber gibt es noch andere Cleavages, die die Herausbildung des Klassencleavages als dominantem und bestimmendem, unterminieren? Denn sollte der Klassencleavage der entscheidende sein, so wäre dies eine günstige Bedingung für die elektorale Stärke der Sozialdemokratie, denn dann würde die Klassenbindung der Arbeiterschaft nicht durch andere Konflikte überlagert (Schultze 1983: 499, Bartolini 1983: 162; Katzenstein 1985: 179). Solche „cross cutting pressures" müssen im Spiel sein, will man das Phänomen der konservativ/bürgerlich wählenden Arbeiter erklären (Dogan 1960, Döring 1990). In seiner frühen Studie machte Dogan dafür den Faktor katholische Konfession und häufigen Kirchgang aus (Dogan 1960: 37f). Aus der vergleichenden Parteienforschung ist bekannt, daß in Ländern mit einer Tradition von Konflikten zwischen Staat und (meist katholischer) Kirche die Konfession beim Wahlverhalten eine Rolle spielt. In diesen Ländern wählen Arbeiter, die häufig in die Kirche gehen, stärker christlich-soziale Parteien (von Beyme 1984: 342).[1]
Es wäre aber auch denkbar, daß alte oder neu aufbrechende Cleavages der Sozialdemokratie Stimmen kosten (wie z.B. der Zentrum-Peripherie- oder der Materialismus-Postmaterialismus-Konflikt).

Bundesrepublik In der Bundesrepublik Deutschland gehörten 1994 formal 86 Prozent der katholischen oder protestantischen Konfession an, 1953 waren es 96 Prozent - wobei sich Katholiken und Protestanten in etwa die Waage hielten (woran sich nichts geändert hat). Allerdings hat die starke Bindung der Deutschen an beide Kirchen in den letzten vierzig Jahren nachgelassen. Hatten 1953 noch 38 Prozent der Befragten eine starke Bindung an die Kirche (Kirchgang regelmäßig mindestens einmal die Woche), waren es 1994 nur noch 16 Prozent. Dabei weisen die Protestanten eine generell geringere Kirchenbindung auf als die Katholiken. Denn 1994 gingen von ihnen noch 29 Prozent jeden Sonntag in die Kirche (1953: 60%), während es bei den Protestanten nur neun Prozent waren (1953: 19%; Emmert et al. 1998: Tab. 11). Dennoch zeigt sich im Zeitverlauf, daß die Union von den Katholiken mit starker und auch mäßiger Kirchenbindung überproportional stark gewählt wird (im übrigen auch von den wenigen Protestanten

---

[1] Im Deutschen Reich war das industrielle Rheinland die Hochburg des christlich-sozialen Zentrums. Hier konnte die Sozialdemokratie bis in die sechziger Jahre hinein kaum reüssieren.

mit starker Kirchenbindung[2]). Hier spricht viel für den von Gerd Mielke konstatierten „des Kirchturms langer Schatten" (Mielke 1990), der sich besonders bei den Katholiken bemerkbar macht. Erstaunlich dabei ist, daß die SPD zumindest hier von der Säkularisierung nicht entscheidend profitieren konnte, denn die SPD erreichte kaum mehr als dreißig Prozent aller Katholiken (wenn auch die Union etwas abnahm). Emmert et al. (1998: 72) sehen darin auch den Schlüssel für die Stellung der Union als der stimmenstärksten Partei (bis 1998): „Die klare bundesweite Mehrheit für die Union resultiert also lediglich aus der weit überproportionalen Unterstützung der Katholiken mit starker oder zumindest mäßiger Bindung an ihre Kirche".

Ähnliche Muster des Wahlverhaltens zeigen sich auch in Ostdeutschland. Auch hier wählten die Katholiken deutlich überproportional die CDU (wie auch etwas schwächer Protestanten die CDU präferierten[3]). Allerdings sind nur etwa sechs Prozent der Ostdeutschen Katholiken und ein knappes Drittel Protestanten, so daß kaum vierzig Prozent der Ostdeutschen ihr Wahlverhalten nach dieser Spannungslinie ausrichten können. Unter der mehrheitlich Konfessionslosen wurde 1994 die SPD knapp stärkste Partei (34%), während die PDS mit 29% zweitstärkste und die CDU mit 27% drittstärkste Partei wird (Emmert et al. 1998: 73-76 mit Tab. 14). Auch hier zeigen sich erstaunliche Parallelen zur westdeutschen Situation.

Die Beobachter des Parteiensystems der Bundesrepublik kommen zu dem Ergebnis, daß der religiös-konfessionelle Cleavage der mit Abstand stärkste ist. D.h., daß die Zugehörigkeit zu einer Konfession (verbunden mit starker Religiosität, meist gemessen in Kirchgangshäufigkeit) das Wahlverhalten stärker determiniert als die Zugehörigkeit zu einer sozialen Schicht [Dalton 1988: 163]). Will man die Prägekraft des „religious voting" quantifizieren, so kann man analog zum „Index of Class Voting"[4] einen Index des religiösen Wählens konstruieren. Dieser liegt - je nach Meßmethode - bis zu viermal höher als der Alford-Index (Falter et al. 1994: 205f). Die vom Verfasser gewählten Indices (s. Abbildung 15.1) stützen diese Befunde insofern, als sie zeigen, daß die Kirchenbindung die Betreffenden

---

[2]Nach den Zahlen der Forschungsgruppe Wahlen wählten 1990 bei der kleinen Stichprobe der Nichtkatholiken mit starker Kirchenbindung (d.h. in der Regel Protestanten; N = 36) 63 Prozent die CDU/CSU und nur elf Prozent die SPD (Gibowski/Kaase 1991: Tab. 8).
[3]Dies zeigt schon sehr früh Dieter Roth (1990: 381). Allerdings darf die Zugehörigkeit zu einer Konfession in der ehemaligen DDR als Ausdruck einer systemoppositionellen Haltungen gewertet werden - d.h die wenigen Protestanten der ehemaligen DDR erscheinen als hauptsächlich stark kirchengebundene, die auch aus Abneigung gegenüber dem Sozialismus gleich welcher Coleur mehrheitlich die CDU präferieren (Emmert et al. 1998: 75).
[4]Nach Alford 1963: 79-83: Er mißt die Differenz zwischen dem Anteil der Linkswähler in der Arbeiterschaft und dem der restlichen Wahlbevölkerung.

stärker in ihrem Wahlverhalten determiniert als die Gewerkschaftsmitgliedschaft und Klassenzugehörigkeit.

Tabelle 15.1: Wahlentscheidung und Kirchenbindung 1976 und 1994 in der Bundesrepublik Deutschland (1994: alte Bundesländer; in %)

	Wahlentscheidung für	Katholiken				Protestanten	ohne Konfession
		Kirchenbindung:					
		stark	mäßig	keine	gesamt	gesamt	gesamt
1976	CDU/CSU	84	65	31	63	35	17
	SPD	13	26	63	31	55	61
	Anteil an der Wahlbevölkerung	18	11	15	43	49	8
1994	CDU/CSU	74	54	37	52	37	28
	SPD	14	29	41	31	44	40
	Anteil an der Wahlbevölkerung	12	14	15	42	44	14

Quelle: Emmert et al. 1998: Tab. 12, 13.

Also scheint der Befund, daß religiöse und mehrheitlich katholische Wähler in ihrem Wahlverhalten sich an diesem Cleavage orientieren, ein schweres Hindernis für die SPD zu sein, diese Wähler an sich zu binden. Denn diese Wähler wählen trotz der Säkularisierungstendenzen weiterhin CDU, selbst katholische Arbeiter beispielsweise orientieren sich eher an ihrer Konfessions- denn Schichtzugehörigkeit (Gibowski/Kaase 1991: 17, Tab. 10).[5] Oder noch deutlicher: Ein stark ausgeprägter religiös-konfessioneller Cleavage ist eine ungünstige Bedingung dafür, daß sozialdemokratische Parteien Wähler gewinnen. Und dieser Fall ist fast mustergültig in der Bundesrepublik gegeben. Erhard Blankenburg kam bei seiner Untersuchung über kirchliche Bindung und Wahlverhalten in der ehemaligen Zentrum-Hochburg des (heutigen) Nordrhein-Westfalen zu überraschenden Schlüssen: Auch katholische Arbeiter, die von sich behaupteten, sie gingen selten oder nie in die Kirche, bevorzugten immer noch stärker als evangelische Arbeiter die CDU - aber nur dann, wenn sie in einer kleinen Wohngemeinde lebten (bei großen Gemeinden nivelliert sich der Faktor Konfession). Offensichtlich

---

[5] Demnach wählten 1990 52 Prozent der katholischen Arbeiter CDU/CSU und nur 34 Prozent die SPD.

herrscht(e) hier ein besonderes Milieu, das durch „industrielle Arbeitsweise und traditionelle Gebundenheit" geprägt war (Blankenburg 1967: 78-81; Zitat: 78).[6] Aber nicht nur in Nordrhein-Westfalen gibt es dieses ländlich-industrielle Arbeitermilieu, das gut erklärt, warum die industriellen Gebiete Süddeutschlands auch CDU-Hochburgen sind (Döring 1990: 58, mit Tab. 5).[7] Wenn schon der Klassencleavage ungleich schwächer ist als der religiös-konfessionelle, ergibt sich die Frage, inwieweit die SPD darauf reagiert: Denn nähme sie es ernst mit ihrem selbstgesteckten Ziel der Volkspartei, so müßte sie versuchen, in diese CDU-Bastion einzubrechen. Auch hier zeigt sich, wenn auch nur im bescheidenen Umfang, daß es der SPD gelungen ist, einige Wähler auch aus diesem Milieu abzuschöpfen: Klotzbach kommt zu dem Ergebnis, daß die SPD nach dem Godesberger Programm durchaus eine Entspannung im Verhältnis zur katholischen Kirche trotz ihrer säkularen Verortung in diesem Cleavage erreichen konnte (Klotzbach 1989: XLI; vgl. Gotto 1985: 229f). Immerhin hatte das Werben um katholische Stimmen den Erfolg, daß die SPD 1966 zum ersten Mal im bevölkerungsreichsten (und überaus katholisch geprägten) Nordrhein-Westfalen in der Landtagswahl den Sieg errungen hat.

Nach einem gespannten Verhältnis in den fünfziger Jahren kam es in den Sechzigern zu einer Annäherung, Georg Leber wurde 1966 in das Zentralkomitee der deutschen Katholiken gewählt. In den siebziger Jahren trennte SPD und katholische Kirche §218, in den achtziger neunziger Jahren fanden sich wieder gemeinsame Themen: Abrüstung, Asyl, Arbeitslosigkeit und Armut (vgl. Lösche/Walter 1992: 298-332; zum Sozialwort der beiden Kirchen vgl. Süddeutsche Zeitung, 1.3.1997). Aber das heißt nicht, daß gläubige Katholiken nun ins Lager der SPD wechseln würden, zumal die SPD durch „linke" protestantische Gesinnungsethiker (Gustav Heinemann, Erhard Eppler und Jürgen Schmude) geprägt wurde. Zugleich zeigten sich aber die strukturellen Grenzen dieser Einbrüche: Es gab im katholischen Milieu keine kontinuierliche Entwicklung zugunsten der SPD, ihre Einbrüche blieben weitgehend auf die katholischen *Arbeiter* beschränkt (ebd.: XLVI). In der Erfolgsbilanz der SPD sollte allerdings vermerkt werden, daß sie es durch die Strategie des Ausgleichs immerhin schaffte, den „Bekenntniswahlindex" von über 30 Punkten auf 15-20 Punkte zu drücken (Dalton 1988: 162).

---

[6]Dazu gehört für Blankenburg u.a. auch die Arbeit in Kleinbetrieben, das Bewohnen eines eigenen Hauses und Landwirtschaft im Nebenerwerb.
[7]Döring zitiert ein Thesenpapier von Manfred Sinz (1988), das einen Zusammenhang zwischen bestimmten Reginalcharakteristika und Betriebsgrößen einerseits und der Hochburgenbildung sieht: Die CDU profitiert eher, wenn eine Region eher ländlich-industriell ist, in der Kleinbetriebe dominieren (Döring 1990: Anm. 56).

Abbildung 15.1: Indices des religiös-konfessionellen Wählens und des Klassenwählens in der Bundesrepublik Deutschland 1976-1990 (1990 Werte für Westdeutschland)

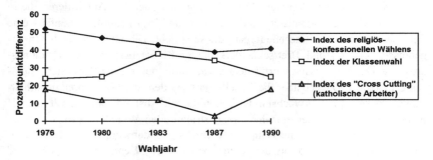

Index des religiös-konfessionellen Wählens: CDU/CSU-Anteil der stark kirchengebundenen Katholiken minus CDU/CSU-Anteil der Nicht-Katholiken ohne Kirchenbindung
Index der Klassenwahl: SPD-Anteil der gewerkschaftlich organisierten Arbeiter minus SPD-Anteil der gewerkschaftlich nicht organisierten Angestellten und Beamten
Index des „Cross Cutting": CDU/CSU-Anteil unter katholischen Arbeitern minus SPD-Anteil unter katholischen Arbeitern
Quelle: eigene Berechnungen nach: Gibowski/Kaase 1991: Tab. 8-10.

In der Forschung gilt es als Gemeinplatz, daß die Kerngruppen der großen deutschen Parteien kleiner werden. Schuld daran sind sozialstrukturelle und säkulare Wandlungsprozesse: Zunächst gibt immer weniger Arbeiter: 1950 machten sie noch 50 Prozent der Beschäftigten aus, 1993 nur noch 36 Prozent. Aber auch die Selbständigen waren Opfer eines Schrumpfungsprozesses: Ihr Anteil fällt von 29 auf 11 Prozent (Gluchowski/von Wilamowitz-Moellendorf 1997: 185-187). Diese Entwicklung wurde von einem Wertewandel begleitet, der christlich-konservative Normen und Glaubensvorstellungen durch weltliche Orientierungssysteme ersetzte (Meulemann 1985: 44-47), was zu Lasten der Union gehen dürfte[8].
Wie Gabriel und Brettschneider (1994) für die alten Bundesländer nachweisen, wirkt sich der sozialstrukturelle Wandel für die SPD gar nicht nachteilig aus.

---

[8]Pappi (1979: 472; 1985: 287f) und Schmitt (1985: 326f) machten allerdings darauf aufmerksam, daß trotz der Säkularisierung der Anteil der Union-wählenden Katholiken sich kaum verändert hat. Schmitt bestreitet die Befunde der Säkularisierung nicht, sondern stellt lediglich fest, daß es einen Übergang von einer „sozial abgeleiteten" zu einer „originären" (d.h. nicht sozial bestimmten) Parteibindung gegeben hat. Gerade die Entscheidung der Union, sich nicht als Milieupartei zu präsentieren, hat ihre Wahlerfolge trotz Säkularisierung möglich gemacht. Ist die „originäre" Parteibindung nur ein „Erbstück" einer Neigung, die das katholische Milieu vorgibt (das als „Geburtshelfer" der originären Parteibindung fungiert), dann spricht wieder einiges für die These, daß sich die Wirkung des Erbstückes langsam abschwächt.

Verglichen mit dem Jahr 1953 gab es 1990 zwar weniger Arbeiter (als Anteil aller Erwerbstätigen),[9] zugleich dezimierten sich aber auch die Reihen der CDU-Stammklientel der Selbständigen und Landwirte[10] - und zwar prozentual stärker als die der SPD-Stammklientel. Zugleich stieg aber auch der Anteil derer, die in einer Gewerkschaft organisiert sind, von 11,6 auf 16,6 Prozent - ebenfalls eine Tatsache, die nicht für die Niedergangsthese spricht. Die CDU ist nach den Ergebnissen Gabriel und Brettschneiders die große Verliererin der Wandlungsprozesse. Der Hauptgrund hierfür liegt genau darin, daß sie die Partei der religiösen Christen ist. Da sich aber die Gesellschaft seit den fünfziger Jahren unaufhaltsam säkularisiert hat, erwuchsen der Union die mit Abstand stärksten Verluste.[11] In einer Gewichtung der einzelnen sozialstrukturellen Wandlungsprozesse zeigt sich, daß nicht die SPD die Hauptverliererin ist, sondern die CDU, da der religiöse Wandel stärker war als der soziöökonomische: „Wenn zwischen 1953 und 1990 in der Bundesrepublik ein Dealignment-Prozeß eintrat, dann liegen seine Ursachen eher im religiösen als im sozio-ökonomischen Wandel" (Gabriel/ Brettschneider 1994: 17).

Zusammenfassend heißt dies: Die SPD kann trotz aller Bemühungen hauptsächlich auf die säkularisierten Wähler rekurrieren, die Kluft zwischen den SPD-Wählern mit keinem und häufigem Kirchgang klafft immer noch bei 40-50 Indexpunkten - aber letztere Gruppe wird immer mehr zu einer *quantitée negliable.* Auch hier scheint die Chance der SPD im sich säkularisierendem Mittelstand zu liegen. Dann könnte die SPD von einer Entwicklung profitieren, wie sie in hochgradig säkularisierten Staaten mit gering ausgeprägtem religiös-konfessionellem Cleavage besteht, wie in Schweden zum Beispiel: Die Wählerstruktur der SAP im konfessionellen Bereich ähnelt dem der Gesamtwählerschaft stark (Pelinka 1980: 68).

Kapitel 4 hatte einen weiteren Cleavage, Materialismus-Postmaterialismus, beschrieben, der seit Anfang der achtziger Jahre hinzukam. Unzweifelhaft ist, daß dieser Cleavage der SPD Stimmen gekostet hat. Aber er hat das Parteiensystem nicht transformiert, sondern, so zeigen Kapitel 15.2 und 17, die Wählerschaft der SPD heterogenisiert. Wählten in den siebziger Jahren etwa sechzig Prozent der Postmaterialisten SPD, sind es in den Neunzigern nur noch etwas über vierzig. Die Grünen werden von 25% der Postmaterialisten gewählt. Wird ein Index des

---

[9] 1953: 46,8 Prozent, 1990: 35,1 Prozent (Gabriel/Brettschneider 1994: 43, Anhang 1)
[10] 1953: 28,8 Prozent, 1990: 10,1 Prozent (ebd.)
[11] Von den Katholiken besuchten 1953 noch sechzig Prozent mindestens einmal die Woche die Kirche, 1990 waren es nur noch dreißig Prozent. Noch stärker fiel die Kirchgängerquote bei den Protestanten, bei denen sie schon immer niedriger gelegen hatte (1953: 19%, 1990: 9%; Gabriel/Brettschneider 1994: 16).

postmaterialistischen Wählens konstruiert, zeigt sich, wie schwach eine postmaterialistische Werthaltung die Wahlentscheidung zugunsten der Grünen prägt: Er liegt bei etwa fünfzehn Indexpunkten.[12] Eine postmaterialistische Werthaltung beeinflußt die Wahl der Grünen in einem ähnlich starken Maß, wie die Gewerkschaftsmitgliedschaft die Wahl der SPD beeinflußt. Dies hört sich impressiv an, relativiert sich aber schnell, wenn zwei Punkte bedacht werden: Erstens gibt es relativ wenige Postmaterialisten in der westdeutschen Bevölkerung, 1992 waren es nur 12% (während 28% in einer Gewerkschaft organisiert waren; Falter et al. 1994: Tab. A 119, A 121). Zweitens wählen die Postmaterialisten nur zu einem Viertel die Grünen, die Mehrheit (44%) die SPD, während die Gewerkschaftsmitglieder zur Hälfte die SPD wählen.

Großbritannien Peter Pulzer hatte vor dreißig Jahren den Standardsatz über die britische Cleavage-Struktur geschrieben: „Class is the basis of British party politics; all else is embellishment and detail" (Pulzer 1967: 98). Mit anderen Worten: Der religiös-säkulare Cleavage muß die Labour Party kaum kümmern, denn ein religiöser Cleavage, an dem sich bestimmte Parteien herausgebildet haben, existiert nicht (mehr). Dafür spricht auch der recht grobe Indikator der Kirchgangshäufigkeit: In Großbritannien gehen nur 14 Prozent der Bevölkerung mindestens einmal die Woche in die Kirche, in der Bundesrepublik 29 Prozent (Inglehart 1977: 224). Damit dürfte Großbritannien - gemessen an diesem Indikator - der am meisten säkularisierte Staat des Westens (mit den skandinavischen Staaten) sein.[13] Generell erscheint die bereits vorgestellte Beobachtung von Butler und Stokes immer noch zuzutreffen, daß Kirchgang und Konfessionszugehörigkeit die Wahlentscheidung weniger stark beeinflussen als in Deutschland (Heath et al. 1991: Tab. 6.1, 6.2, 13.2).
Im Punkt der Konfessionszugehörigkeit profitiert Labour: Die Partei kann sich auf die katholischen Wähler Schottlands und die ex-irischen Wähler des englischen Nordwestens verlassen - dies betrifft alle Schichten. Selbst Arbeiter, die als Anglikaner häufig zum Gottesdienst gehen, wählen zu zwei Dritteln Labour (Butler/Stokes 1974: 156, Tab. 7.1; 160, Tab. 7.5).
Schwieriger wird es für die Partei an der Peripherie des Königreiches (den Sonderfall Nordirland außer Acht gelassen). Hier konkurriert sie mit regionalistischen

---

[12] Anteil der Postmaterialisten, die Grüne wählen, minus Anteil der Materialisten, die Grüne wählen (eigene Berechnungen aus Falter et al. 1994: Tab. A 119).
[13] Übersicht in die z.T. stark divergierende Datenflut über die „religeous awareness" gemessen in Kirchgangshäufigkeit bringt Tabelle 2.9 bei Lane/Erson (1994: 72). Unabhängig von unterschiedlichen Fragestellungen (z.B. Kirchgang mindestens einmal die Woche oder einmal im Monat) bestätigt sich, daß der Grad an *religeous awareness* in Großbritannien deutlich niedriger ist als in der Bundesrepublik.

Parteien in Gestalt von *Plaid Cymru* in Wales und der *Scottish National Party*.[14] Ob im Fall der „Kulturnation" Wales oder der „Staatsnation" Schottland (Döring 1993: 52) - im *celtic fringe* hat sich ein regionales Bewußtsein erhalten, das anders als in der Bundesrepublik keine föderalen Puffer hat[15]. Die Regionalparteien erreichten seit Anfang der siebziger Jahre bis zu 30,4% in Schottland (Oktober 1974) und 11,5% in Wales (1970), wenn auch ihre Margen extrem weit waren. Es spricht wenig dafür, einen „flüchtigen Aufstieg der Regionalparteien" (Döring 1993: 120) zu behaupten, da sie sich mittlerweile etabliert haben dürften, mit Stimmanteilen um zwanzig Prozent in Schottland und zehn Prozent in Wales im Jahr 1992 (Butler/Kavanagh 1992: 286).

Allerdings ist es unwahrscheinlich, daß der neue (oder alte) Cleavage Zentrum-Peripherie Labour geschadet hat. Denn ginge es nach reinen Klassenmerkmalen (Klassenzugehörigkeit und Eigentumsverhältnissen bei Wohnraum) hätte die Labour Party schlechter abschneiden müssen, als sie tatsächlich tat (Heath et al. 1985: 75f. mit Tab. 6.1 und 6.2).[16] Möglicherweise hatte Labour nicht ganz unrecht, wenn sie den Zentrum-Peripherie-Konflikt auch als eine Art Klassenkonflikt sah: Denn Arbeitslosigkeit ist durchaus ein gewichtiger Faktor, der die regionale Unterschiedlichkeit („regional distinctiveness") des Wahlverhaltens erklärt (Hearl et al. 1996: 178): Im Falle Großbritanniens und Deutschlands hieße dies, daß von Arbeitslosigkeit besonders betroffene Regionen (Schottland, Wales; Ostdeutschland, Saarland, Nordrhein-Westfalen, Niedersachsen, Hamburg, Bremen) eher linke Parteien wählen. Anhand von Messungen mit einem „mean index of regional destinctiveness"[17] kommen Hearl et al. (1996: 174) zu dem Schluß, „[...] that the central class cleavage in British politics has a strong territorial di-

---

[14]Brand et al. (1994: 629) fanden deutliche Überschneidungen zwischen den Wählern der SNP und Labours in Schottland (z.B. bei ihrer Regionalidentität und Klassenlage). Dabei erkannten sie als relative Schwäche der SNP, daß diese keine Koalition mit einer gesellschaftlichen Großgruppe eingegangen ist, was die Höhe der SNP-Stimmenanteile erratisch mache.

[15]Trotz Zentralismus hat sich in Schottland ein von England unterschiedliches Gerichts-, Schul- und Kirchenwesen erhalten. Diese originären schottischen Institutionen „bilden den Identifikationskern eines potentiellen 'staatsnationalen' Nationalismus" (Döring 1993: 54)

[16]Entgegen Dörings Ansicht, die eher den Aufstieg der Regionalparteien zu Lasten Labours sieht (1993: 121).

[17]Der Index ergibt sich aus der Summe (Σ) der absoluten Differenz (d) zwischen dem regionalen (r) und nationalem (n) Anteil einer Partei(familie), geteilt durch zwei:

$$I = \frac{\Sigma |d_{r-n}|}{2}$$

Die Mittelwerte des Index liegen für Großbritannien bei 23,7 (der höchste Wert des Elf-Länder-Samples) und für Deutschland bei 14,6. Erfaßt wurden die Ergebnisse der nationalen und Europa-Wahlen zwischen 1979 und 1993. Das Problem dabei ist, daß diese Messung nicht zwischen Hochburgen nicht-regionalistischer Parteien und Regionen mit richtigen Regionalparteien unterscheidet.

mension as well, if that does not in fact now predominate". Aber was heißt dies nun: Differenziert sich der alte Klassencleavage territorial aus oder entsteht ein weiterer eigenständiger Cleavage? Ersteres hat mehr mit der Suche nach Parteihochburgen zu tun. Hier ergibt sich das Bild, daß etliche Hochburgen der Parteien neu, andere alt sind, manche alte eben auch verschwinden.[18] Obwohl es in Großbritannien Mode geworden ist, auch dann von einem Zentrum-Peripherie-Cleavage zu sprechen, wenn keine Regionalparteien existieren (wie im Falle von Nordwest-England, Devon und Cornwall, Süd-England; Bogdanor/Field 1993) sollte ein klarer Trennstrich zwischen Hochburgen und dem territorialen Cleavage gezogen werden[19]. Von einem Territorialcleavage sollte nur dann die Rede sein, wenn es Regionalparteien gibt, die „relevant" sind, also mehr als zwei Prozent der Stimmen auf nationaler Ebene erzielen.

Nicht besonders überraschend ist der Befund, daß der wichtigste Faktor, die Höhe des Anteils regionalistischer Parteien zu erklären, die Existenz einer Regionalsprache ist. Hinzu kommen die weniger bedeutenden Faktoren „Anteil der in der Industrie Beschäftigten" und „Arbeitslosigkeit" (Hearl et al. 1996: 179). Zumindest beide letzteren Faktoren lassen auch auf einen sozial gefärbten Regionalprotest (und nicht nur auf einen kulturell gefärbten) schließen. Insofern scheint McAllisters und Studlars (1992: 191) These plausibel, daß die regionale Polarisierung in Großbritannien eher Ausdruck (sie sagen: hauptsächlich) einer unterschiedlichen Sozialstruktur ist. Allerdings wurden verstärkt auch kulturelle Erklärungen angeboten, die auf regionale Unterschiede bei bestimmten Werten und Einstellungen abstellen (Curtice/Steed 1988: 333 und Anm. 19; Curtice 1988: 142; Curtice 1996: 14).[20]

Aber, wie sich im Falle Großbritanniens zeigt, manche Gebiete mit Regionalparteien können auch Hochburgen Labours sein, wie das Beispiel Wales (und mit Abschwächung) Schottland zeigt, wie die Analysen von Curtice und Steed (1982,

---

[18]Sehr instruktiv ist beispielsweise ein Vergleich der konservativen Hochburgen 1910, 1951 und 1992: Die ursprünglichen Hochburgen sind Südost- und Südwest-England (ohne Devon und Cornwall), zeitweilige Hochburgen waren 1951 Ost-Schottland, Lancashire und große Teile Yorkshires (Bogdanor/Field 1993: 206-208, Fig. 1-3).

[19]Bogdanor und Field begründen ihre These vom Wiederaufbrechen des Zentrum-Peripherie-Cleavages mit den unterschiedlichen Wähleranteilen, die die Konservativen 1910, 1951 und 1992 in den (englischen) Regionen errangen. Wäre der Klassencleavage der einzige bestimmende Cleavage, hätte es keine derartig dramatischen Veränderungen geben dürfen. Sie wollen beispielsweise nachweisen, daß der Zentrum-Peripherie-Konflikt in den fünfziger Jahren nur vom Klassenkonflikt überlagert war.

[20]Zumindest scheint dies im Falle Wales zuzutreffen. Labours Führung hier ist althergebracht, während in Schottland Labour Führung vor den Konservativen schwankte. Offenbar ist Schottlands Devianz - zumindest nach Millers Analyse, verglichen mit dem Wahlverhalten Englands - neueren Datums.

1986) zeigen.[21] Ob mit oder ohne Regionalparteien - die Peripherie Großbritanniens wandte sich seit den fünfziger Jahren von den Konservativen ab, zumindest die Städte.[22] Und schließlich blieb der Anteil der Regionalparteien in Schottland und Wales trotz des Labour-Erdrutschs weitgehend gleich (Denver 1997: 11f).

15.2 Wie wählen gesellschaftliche Großgruppen (wenn es sie überhaupt gibt)?

Wenn es schon schwer ist, das Wahlverhalten zu erklären (vgl. Teil II), setzen sich die Schwierigkeiten fort, wenn die Wähler klassifiziert werden sollen. Bisher wurde immer von Arbeitern oder der Mittelschicht geschrieben. Aber sind dies nicht zu grobe Kategorien? Sind überhaupt Klassenkategorien so entscheidend? Und nach welchen Kriterien wird unterschieden? Vor allem aber interessiert die Frage, wie die einzelnen Klassen (wenn es sie gibt) wählen. Was spricht für die These, daß sich Klassenbindungen auflösen und/oder sich die Klassenzugehörigkeit vom Wahlverhalten abkoppelt? Wie unten gezeigt wird, hängt viel davon ab, wie die Großgruppen eingeteilt werden und wie das Wahlverhalten dieser Gruppen gemessen wird.

Die wichtigste Frage ist: Wie wird das Wahlvolk sozialstrukturell klassifiziert? In der **britischen** Wahlforschung konkurrieren mehrere Ansätze:[23] Der kleinste gemeinsame Nenner ist die Aufteilung des Elektorats in *manual* und *nonmanual voters*. Es wird davon ausgegangen, daß die *manuals*, die Arbeiterklasse, das klassische Wählerreservoir der Labour Party darstellen und die *nonmanuals* das der Conservative Party. Diese Einteilung basiert auf den objektiven *social grades*, also der Einordnung des Haushaltsvorstandes nach Einkommen und Beruf[24]. Normalerweise wird dieses Klassifikationsschema nach den Graden A

---

[21] 1997 erhielt Labour in Schottland 45,6 Prozent der Stimmen, in Wales 54,7 Prozent (Butler/ Kavanagh 1997: 256f).
[22] Wie oben bereits ausgeführt, deutet vieles auch auf einen Stadt-Land-Unterschied im Wahlverhalten hin - je ländlicher, desto weniger stark der Swing zu Labour (bzw. der Swing zu den Konservativen). Der Grund dafür können Migrationsbewegungen sein: Die *middle class* zieht von den Städten, in denen Labours Klientel bleibt, aufs Land. Und möglicherweise werden Arbeiter, die auf dem Land wohnen, in ihrem Wahlverhalten von der middle class geprägt („neighbourhood effect").
[23] Eine hervorragende Zusammenfassung der Kontroversen in der britischen Wahlforschung bietet das dritte Kapitel im Sammelband von David Denver und Gordon Hands (1992). Er vereinigt in gelungenem Eklektizismus die verschiedenen in Zeitschriften und Büchern ausgetragenen Fehden der britischen Wahlforscher.
[24] Alternative Ansätze bieten:

("upper middle class"), B ("middle class"), C1 ("lower middle class"), C2 ("skilled working class"), D ("unskilled working class"), E ("the poor") von der Umfrage- und Marktforschung verwandt. ABC1 umfaßt die *nonmanuals/middle class*, C2DE die *manuals/working class* (s. Rose/McAllister 1986: 39).

Auf ein merkwürdiges Phänomen wies Gavin (1996) hin: In einer qualitativen Analyse der British Election Study von 1987 wurde die Frage (mit offener Antwort) gestellt, warum der Befragte eine bestimmte Partei gewählt hatte. Sowohl Angehörige der *working class* als auch der *middle class* gaben „class-related expressions" an.[25] Offensichtlich reichen objektive sozio-demographische Daten nicht aus, um das Wahlverhalten zu bestimmen.[26] Die herkömmliche britische Kodierung des Elektorats in Einkommensgruppen läßt den subjektiven Aspekt des Klassenbewußtseins außer acht. Wie die Studie von Goldthorpe et al. (1970) über Arbeiter der prosperierenden südenglischen Stadt Luton herausfand, empfinden sich selbst aufgestiegene, „verbürgerlichte" Arbeiter weiterhin als Arbeiter.[27] Dies ist eine Frage des Lebensstils, d.h. von Lebensformen, die schichtspezifisch sind. Dazu gehören Kontaktmuster wie auch schichtspezifische „Kulturen". Nach Goldthorpe et al. legten selbst die verbürgerlichten Arbeiter (wie auch die klassischen Arbeiter) besonderen Wert auf den Umgang mit Verwandten; Freunde und Bekannte spielten kaum eine Rolle. Auch was Freizeit und Kultur angeht, mag es keine Anzeichen für eine weitgreifende Verbürgerlichung geben. Wer sich als Arbeiter fühlt, wird am Strand von Blackpool flanieren und dort in die *Comedy*

- die Klassifizierung aller Befragten (und nicht nur des Haushaltsvorstandes) nach Klassen, wie ihn Heath et al. (1985) vorschlugen. Bisher hat sich dieser aber nicht durchgesetzt, zumal es eher unwahrscheinlich ist, daß Familien mit unterschiedlicher Klassenzugehörigkeit ihrer Mitglieder sich auch als klassenmäßig geteilt empfinden (Rose/McAllister 1986: 46).
- die Klassifizierung nach einem Arbeitsverhältnis im öffentlichen und privaten Sektor (Dunleavy 1980: 382; Dunleavy/Husbands 1985: 18ff).
- die Selbsteinschätzung der Befragten nach Klassenzugehörigkeit, wie sie bereits 1969 Butler und Stokes vornahmen (1969: 66ff). Dabei zeigte sich, daß sich fast die Hälfte der Befragten keiner Klasse zuordneten.

[25]*working class*: 44 Prozent (N= 471), *middle class*: 44 Prozent (N= 137); Galvin 1996: 314 mit Tab. 1.

[26]Allerdings wird eine Annahme des Butler/Stokes-Modells bestätigt. Bei Labour-Wählern der *middle class* ist einzig der Umstand signifikant, daß die Eltern des Befragten auch schon Labour gewählt haben - Gewerkschaftsmitgliedschaft, Arbeit im privaten oder öffentlichen Sektor oder das Einkommen korrelieren nicht signifikant mit der „Klassenantwort", warum Labour gewählt worden sei (Galvin 1996: 318 mit Tab. 5).

[27]Die wichtigsten Forschungsergebnisse sind abgedruckt und mit einem Kommentar versehen in Conrad/Streeck (Hg) 1982: 149-157.

Halls am Pier gehen und vielleicht eine ausgesprochene Affinität für den Rock' n Roll haben.[28]
In der Forschung ist umstritten, ob das subjektive Klassenempfinden in Großbritannien auf dem Rückzug ist. Mitte der siebziger Jahre verneinten 61% der Briten die Frage, ob sie zu einer bestimmten Klasse gehören (Döring 1993: 41), und nur ein knappes Drittel der Arbeiter rechneten sich (ohne daß eine mögliche Antwort vorgegeben wurde) der Arbeiterklasse zu (Crewe 1982: 23, Tab. 1.7). Ähnliches berichtete Kaase für die Bundesrepublik der frühen achtziger Jahre: Die Arbeiterschicht schätzte sich (mögliche Antwort wurde vorgegeben) von 1955 bis 1980 immer weniger als „Arbeiter" ein (Klingemann 1984: 608f). Immerhin sollte zu denken geben, daß in der Bundesrepublik nach der „Political Action" Studie von Barnes und Kaase (1979) sich wesentlich mehr Befragte der Mittelschicht zuordnen als in jedem anderen Land (Selbstzurechnung zur Arbeiterklasse: Bundesrepublik: 34%, Großbritannien: 65%; Selbstzurechnung zur Mittelklasse: Bundesrepublik: 57%, Großbritannien: 32%; Marsh/Kaase 1979: 127).
Auf der anderen Seite erscheint die britische Gesellschaft immer noch so tief gespalten, daß an den beiden Polen der Gesellschaft „obere Dienstklasse" und „an- oder ungelernte Arbeiter" die Neigung. am größten ist, sich Ehepartner und Freunde aus derselben Schicht zu suchen (Goldthorpe 1980, Tab. 7.1, 7.2, 7.7, 7,8). In einer späteren Studie Heaths et al. (1991: Tab. 5.6, 5.7) werden die Fragen „There is bound to be some social conflict between the classes" und „On the whole, do you think there is a class struggle in Britain" im Zeitraum von 1964 bis 1987 immer stärker mit „Yes" beantwortet.[29]
Aber selbst ein gestiegenes Klassenbewußtsein - präziser: das Bewußtsein, daß es Klassenauseinandersetzungen gibt - ist keine Hoffnung für eine Klassenpartei, zumal subjektiv empfundene Klassenzugehörigkeit kein guter Indikator für das

---

[28]Besonders in den ehemaligen Industriezentren des englischen Nordwestens hat sich eine Populärkultur gehalten, die der Guardian einmal als das Phänomen des „Elvis from Birkenhead" bezeichnete (Guardian Section Two, 12.4.1995). Zum Prototyp des *working class singers* gehörte der in den späten fünfziger Jahren enorm erfolgreiche Tommy Steele, eine Art Londoner Peter Kraus mit Attributen und Gestus der Arbeiterklasse.

[29] Antwort auf die Frage: „Is there a conflict between the classes in Great Britain today?"

	1964	1966	1970	10/1974	1987
Yes	42%	41%	32%	51%	51%
No	52%	54%	64%	44%	45%

Antwort auf die Frage: „Is there is a class struggle in Britain?"

	1964	1972	1973	1973	1975	1981	1984
Yes	48%	58%	53%	62%	60%	66%	74%
No	39%	29%	33%	27%	29%	25%	20%

Wahlverhalten ist (gegensätzlich: Klingemann 1984: 610).[30] Selbst bei Personen, die sich selbst zur Arbeiterklasse bekennen (etwa ein Drittel der britischen Wähler) ist Labour nicht in der Mehrheit. Stattdessen müssen sich die sozialdemokratischen Parteien auf die weiter unten und in Kapitel 16.2 beschriebene Fragmentierung der Arbeitnehmerschaft und ihrer Interessen einstellen, auch wenn es auf der Ebene der Wahlkreise keine Abnahme der Klassenpolarisation geben mag (Miller 1984: 368-371).[31]

Ivor Crewe (1983: 194, Tab. 5) benutzte die einfache Dichotomie zwischen *nonmanual* und *manual* voters, um zu beweisen, daß es das Phänomen des *class dealignments* gäbe. *Class dealignment* bezeichnet den Umstand, daß die Zugehörigkeit zu einer bestimmten Klasse nicht mehr automatisch das Wahlverhalten determiniert. Die Wähler wählen also nach anderen Kriterien als nach Klassenzugehörigkeit. In einer Zeitserie der Wahlen von 1959 bis 1983 stellt Crewe (1983) zwei Meßinstrumente vor, um das Ausmaß des *class votings* (des Wählens nach Klassenzugehörigkeit) zu bestimmen:
- den Alford-Index[32] und
- den Anteil der *nonmanuals (social grades ABC1)*, die die Tories wählen, und der *manuals (social grades C2DE)*, die Labour wählen, an der Gesamtwählerschaft - später nannten dies Rose/McAllister (1986: 38) „Index of Determination".[33]

---

[30]*Vote by subjective class identification 1983 (in %)*

	alle Wähler	Conservative	Alliance	Labour
Middle class	21	**12***	5	4
None/Don't know	47	25	**12***	10
Working class	32	9	8	**15***

jeweils Anteil an der Gesamtwählerschaft
fettgedruckt und mit Sternchen: Anteil der subjektiven Klassenangehörigen, die ihre Klassenpartei wählen (=„Index of Determination", 39%)
Quelle: Rose/McAllister 1986: 49, Table 3.8

[31]Miller argumentiert, daß die Klassenpolarisation weniger eine Sache von Individuen ist als von Gemeinschaften. Dies hängt mit dem sog. „neighbourhood effect" zusammen: Eine Gemeinschaft (z.B. die walisische Arbeiterkultur) läßt Labour den Wahlkreis haushoch gewinnen, während die Konservativen oft abgeschlagen auf dem dritten Platz landen. Einen gegenläufigen Effekt gibt es freilich in konservativen Hochburgen. Dieser Hochburgen-Effekt wird bei hoch aggregierten Daten (z.B. nationalem Stimmergebnis) nivelliert.

[32]Auf die geringe Aussagekraft dieses Index, will man die Embourgeoisement-These belegen, verwies Armingeon (1989: 325). Denn es kann sein, daß die Arbeiter immer noch in ihrer übergroßen Mehrheit eine sozialdemokratische Partei wählen, die aber auch unter dem Rest der Bevölkerung elektoral stark abschneidet. Für diesen Fall ist der Alford-Index niedrig. Brauchbarer erscheint der Index dafür, um zu ermitteln, wie stark der Klassencleavage, oder besser die Ghettoisierung der sozialdemokratischen Partei, ist.

[33]Nach der von Rose und McAllister benutzten Gallup Campaign Study von 1983 gehörten 39% aller Wähler der *middle class* und 61% der *working class* an.

Tabelle 15.2: Alford-Index und „Class Voting" in Großbritannien 1959-1997

	1959	1964	1966	1970	1974a	1974b	1979	1983	1987	1992	1997
AI	40	42	43	33	35	32	27	21	20	21	19
CV	65%	63%	66%	60%	55%	54%	55%	47%	44%	47%	k.A.

AI: Alford-Index :Anteil der *manuals*, die Labour wählen, minus der Anteil der *nonmanuals*, die Labour wählen.
CV: Ausmaß des *class voting* als Anteil
- der *nonmanuals*, die die Konservativen wählen, und
- der *manuals*, die Labour wählen,

an der Gesamtwählerschaft (in Prozent)
Quelle: Crewe 1983: 194; Peele 1995: 306; Denver 1998b: 17.

Die Zahlen sind eindeutig: *Class voting*, gemessen mit diesen beiden Instrumenten, ist auf dem Rückzug. Davon sind beide Parteien betroffen, aber Labour trifft es wesentlich härter: Denn zwar wählen auch die *nonmanuals* weniger konservativ, aber zugleich stürzte 1983 der Anteil der Labour wählenden *manuals* auf 38% ab (1959: 62%). Was beide Meßinstrumente verschweigen: 1979 und 1983 gab es weitaus stärkere Abwanderungen der *working class* zu den Konservativen, als umgekehrt Labour von den Konservativen Stimmen erhielt (Crewe 1983: 194, Tab. 5). „The Labour vote remains largely working class; but the working class ceased to be largely Labour" (Crewe 1983: 195).

Wie bereits in Kapitel 8.1 dargelegt, schien der Wähler auszuwählen, wie Rose und McAllister 1986 im Titel schrieben („Voters begin to choose"). Rose und McAllister spielten in ihrer Studie mehrere Modelle des Klassenwahlverhaltens durch, um zu beweisen, daß es eine „consistently weak relationship" (1986: 51) zwischen Klassenzugehörigkeit und Wahlverhalten gäbe. Mit Hilfe eines einfachen Meßinstruments, des „Index of Determination", wollen sie nachweisen, wieviel Prozent des Elektorats die Partei der eigenen Klasse wählt. Bei einem Indexwert von 100 Prozent wählt jede Klasse geschlossen ihre Klassenpartei, also die *social grades* ABC1 die Konservativen und C2DE Labour. Lediglich 44 Prozent der Wähler wählen auch die jeweilige Partei ihrer Klasse, wobei die *working class* Labour untreuer wird als die *middle class* den Konservativen.[34]

---

[34] *Anteil der Wähler nach Klasse und Partei in Prozent von der Gesamtwählerschaft:*

	in % der Gesamtwähler	Conservative Party	Alliance	Labour
middle class (ABC1)	39%	**22%***	10,4%	6,1%
working class (C2DE)	61%	23%	16%	**22%***

fettgedruckt und mit Sternchen: „Index of Determination" (44%), also Anteil der Wähler an der Gesamtwählerschaft, die die Partei ihrer Klasse wählen.
Quelle: Rose/McAllister 1986: 40, Tab. 3.2

Denn 23 Prozent aller Wähler stammen aus der *working class* und wählen konservativ, während 22 Prozent der Gesamtwähler aus der *working class* stammen und Labour wählen. Die Wähler, die die „natürliche" Partei ihrer Klasse wählen, werden immer weniger: Machten die *non-manual Conservative voters* und die *manual Labour voters* 1960 noch 63 Prozent aller Wähler aus, waren es 1983 nur noch 47 Prozent (Crewe 1985: 129f).
Heath et al. (1985) war diese Unterscheidung der „conventional classes" (Dunleavy 1987: 409) zu grob, und sie griffen auf eine Studie über soziale Mobilität von 1972 zurück, die von John Goldthorpe geleitet wurde, und an der Anthony Heath mitgearbeitet hatte.[35] Heath et al. (1985: 16) schlugen vor, die Wählerschaft in fünf Klassen aufzuteilen, die sich durch gemeinsame wirtschaftliche Interessen (und nicht durch Einkommen oder Status) auszeichnen:
- *salariat* (die hochbezahlten Angestellten in sicherer leitender Stellung),
- *routine nonmanual* (die Angestellten in der unteren und mittleren Hierchie, die standardisierte Tätigkeiten ausüben),
- *petty bourgeosie* (die Selbständigen im klassischen Sinn),
- *foremen and technicians* (die Vorarbeiter und höheren Chargen der Arbeiterklasse),
- *working class*, von Dunleavy (1987: 406) auch „small working class" genannt (die eigentliche Arbeiterklasse der meist un- oder angelernten *blue collar workers*).

Doch dies war nur der Anfang vom „attacking the new orthodoxy" (Denver/ Hands 1992, Introduction: 11). Zunächst zeigten Heath et al., daß nach ihrer neuen Einteilung des Elektorats es durchaus klar definierte Grenzen innerhalb der Wählerschaft gibt, was bestimmte Werte und Ziele angeht.[36] Die eigentliche *working class* habe andere Werte und Ziele als z.B. die Vorarbeiter (die zu den *blue collar workers* gehörten) und die *routine nonmanuals* (die sich auffallend gleichen, obwohl sie auf entgegengesetzten Seiten der *manual-nonmanual*-Dichotomie stehen).

---

[35]Goldthorpe/Hope (1974) und Goldthorpe (1980) schlugen ein wesentlich ausdifferenzierteres Modell der sozialen Schichtung vor, das das Forscherteam um Heath auf fünf „Grundklassen" reduzierte. Kriterien für diese neue Einteilung sind: der Grad an Autonomie und Autorität am jeweiligen Arbeitsplatz, Sicherheit des Arbeitsplatzes, Aufstiegschancen, Höhe und Herkunft des Einkommens.

[36]Heath et al. erkannten die deutliche Abgrenzung der *working class* von anderen Wählergruppen besonders in den Fragen nach mehr Nationalisierungen und nach Einkommensumverteilung. Allerdings sind die Unterschiede zwischen der *working class* und den anderen vier Gruppen weniger stark in Fragen der staatlichen Arbeitsplatzbeschaffung, der Akzeptanz der Anti-Gewerkschaftsgesetze und der Anerkennung der privaten Bildungseinrichtungen (1985: 18,Tab. 2.2)

Heath et al. zeigten - und hier sind sie ihrem Hauptkontrahenten Crewe nicht allzu fern - daß Labour immer noch eine Klassenpartei ist, die über die Hälfte ihrer Wähler aus der (nun enger definierten) *working class* erhält. Im nächsten Schritt ihrer Untersuchung legten sie den Grundstein für eine immergrüne Kontroverse innerhalb der britischen Wahlforschung, indem sie ein neues Instrument zur Messung des *class voting* vorschlagen. Zunächst unterscheiden Heath und seine Kollegen zwischen dem *absolute class voting* und dem *relative class voting*. Mit *absolute class voting* bezeichnen sie den Umfang, mit dem die natürliche Partei irgendeiner Klasse gewählt wird. Dies entspricht dem zweiten Meßinstrument, das Crewe vorgeschlagen hat (Anteil an der Gesamtwählerschaft derer, die als *nonmanuals* die Konservativen und als *manuals* Labour wählen). Stattdessen schlagen sie ein Instrument vor, das das Ausmaß des *relative class voting* erfaßt. In einem analytisch-kalkulatorischen Kraftakt wollen sie die Fehlerhaftigkeit des Alford-Index ausmerzen, der ihrer Meinung nach die Tatsache verschleiert, daß sich die Größe der Klassen verändert hat. Ihrer Meinung nach liegt die Krux der bisherigen Wahlforschung darin, daß sie das *class delignment* stets mit der Veränderung der generellen Unterstützung der Labour Party und der absoluten Größe der einzelnen Klassen verwechselt hat. Denn es macht sicherlich einen Unterschied, ob sich die Arbeiterklasse verändert hat: 1964 machte sie nach dem Goldthorpe/Heath et al.-Schema noch 47 Prozent aus (*salariat* 18 Prozent), 1992 nur noch 36 Prozent (*salariat* 28 Prozent; Norris 1997: 125). Deswegen schlagen die drei Oxforder ein anderes Verfahren vor, um das Ausmaß der relativen Klassenwahl zu ermitteln, die sogenannte „odds ratio". Sie setzt sich zusammen aus

- dem Anteil der *nonmanuals*, die konservativ, also ihre natürliche Klasse wählen, geteilt durch den Anteil der *nonmanuals*, die Labour wählen, *im Zähler* und
- den *manuals*, die konservativ wählen (also *nicht* ihre natürliche Klasse) und denen, die Labour wählen, *im Nenner*.

Der jeweilige Bruch ergibt dann das Ausmaß der relativen Klassenwahl (Heath et al. 1985: 31).

Selbst Heath et al. mußten zugeben, daß es trotz des neuen Instruments der *odds ratio* einen Rückgang des Klassenwahlverhaltens seit 1979 gibt - wenn mit der alten *manual-non-manual*-Dichotomie gemessen wird. Dies erklären sie mit den Unzulänglichkeiten dieser Dichotomie (vgl. Evans et al. 1996: 170). Gegen ihr eigenes Konzept aber spricht, warum sie die gepriesenen Vorzüge ihrer eigenen Klasseneinteilungen nicht selbst verwerten. Denn sie arbeiten immer noch mit einer angeblich so unzulänglichen Dichotomie, indem sie immer die *odds ratio* zwischen *salariat* und *working class* berechnen. Beide machen zusammengenommen aber nur drei Fünftel der Wähler aus. In ihrem am heftigsten kritisierten dritten Kapitel (Heath et al. 1985: 28-43) führen sie die These Przeworski und Spragues fort, daß nämlich Labour immer noch einen *class appeal* habe, ihn allerdings nicht aufgeben könne, obwohl die traditionelle Arbeiterklasse immer kleiner werde.

Tabelle 15.3: Die „Odds-Ratios" (OR) nach verschiedenen Klassenmodellen 1964-1997

	1964	1966	1970	1974 (Feb.)	1974 (Okt.)	1979	1983	1987	1992	1997
OR (1)	6,4	6,4	4,5	5,7	4,8	3,7	3,9	3,5	3,3	1,9
OR (2)	9,3	7,3	3,9	6,1	5,5	4,9	6,3	5,8	4,9	k.A.

OR: odds ratio: Anteil der *nonmanuals (1)* bzw. *salariat (2)*, die die Konservativen wählen, geteilt durch den Anteil der *nonmanuals (1)* bzw. *salariat (2)*, die Labour wählen, Dieser Wert wiederum wird geteilt durch den Anteil der *manuals (1)* bzw.*small working class (2)*, die die Konservativen wählen, geteilt durch den Anteil der *manuals (1)* bzw. *small working class (2)*, die Labour wählen.
Quelle: Heath et al. 1985: 30; Denver 1994: 72f.; Sanders 1998: 220.

Auch die von ihnen angebotenen Daten lassen ihre These, es gäbe kein *class dealignment*, nicht glaubwürdiger erscheinen. Entgegen ihrer Aussage gibt es doch einen generellen Trend ab den siebziger Jahren, der auf ein *class dealignment* hindeutet (die erste Wahl von 1974 ist dabei die Ausnahme). Schließlich wählten bei der Wahl 1979 die Facharbeiter und die jungen Arbeiter deutlich weniger Labour als zuvor; schlimmer noch, sie konvertierten zu den Konservativen (Crewe 1982: 11). Rose und McAllister (1986: 45f mit Tab. 3.5) wiesen außerdem darauf hin, daß selbst die *small working class* in ihrer Mehrheit nicht mehr Labour wählt: Von den 36 Prozent der gesamten Wählerschaft, die zur geschrumpften *working class* im Heathschen Sinne gehören, wählen lediglich 47 Prozent Labour. Überhaupt scheinen nach Rose und McAllister keine Klassenwahltheorien Bestand zu haben: Weder die Klassenzugehörigkeit des Haushaltsvorstandes, noch die individuelle Klassenzugehörigkeit, auch nicht die subjektive, erklärt in ausreichendem Maß das Wahlverhalten einer Person (1986: 50 mit Tab. 3.9). Dies dürfte gerade vor dem Hintergrund nicht überraschen, daß Theorien der Klassenwahl implizit von einem Zweiparteiensystem ausgehen, und sich die Klassen jeweils für ihre Klassenpartei unterscheiden. Durch die Wiederauferstehung der Liberalen in Form der Föderation und späteren Fusion mit der SDP (als Al-

liance und Liberal Democrats) kam eine Partei hinzu, deren Wähler sich ziemlich gleichmäßig über die Klassen hinweg verteilen.[37]
In den nachfolgenden Jahren wurde die These von Heath et al., wonach es kein *class dealignment* gegeben hat, heftig kritisiert. Im Vordergrund stand dabei ihr innovatives Meßinstrument der *odds ratio*. Sowohl Crewe (1986) als auch Dunleavy (1987) verwarfen diese Meßmethode. Ihr zwingendstes Argument war, daß Heaths elaboriertes Instrument lediglich die Wirklichkeit eines Zweiparteiensystems treffe. Wie sollte aber die Heathsche Bruchrechnung greifen, wenn es eine ernstzunehmende dritte Partei, nämlich die Alliance/LibDems gäbe? Zudem ist die *odds ratio* anfällig für relativ kleine Veränderungen im Wahlverhalten der einzelnen Klassen.[38] In ihrem Nachfolgeband „Understanding Political Change" (1991) ersetzten sie daher die „odds ratio" durch eine andere Meßmethode, die „log-linear analysis". Diese hatten sie bereits 1985 angewandt, allerdings kaum erklärt. Damit wollten sie den Zusammenhang zwischen veränderten Klassengrößen und der Veränderung der Stimmanteile der Parteien erklären. Das Ergebnis änderte sich aber nicht: Die Klassen wählen immer noch „ihre" Parteien.
Neben allerhand technischer Auseinandersetzungen um die „odds ratio" wurde auch kritisiert, daß Heath et al. die Größe der Arbeiterklasse zu niedrig ansetzen. Dies liegt an ihrer sehr engen Definition der Arbeiterklasse, die schließlich zu einer „residual minority, a virtual lumpenproletariat" werde (Rose/McAllister 1986: 45). Ihre Größe schrumpfte von 47 Prozent 1964 auf 34 Prozent 1983, während das *salariat* von 18 auf 27 Prozent stieg. Nach Heaths et al. eigenen Zahlen kontrastiert dies mit den sechzig Prozent der Wähler, die sich selbst als zur Arbeiterklasse zugehörig fühlen (Heath et al. 1987: 274). Und damit waren Heath et al. bei ihrem Hauptargument: Labours Schwierigkeiten bei den Wahlen

---

[37] Unabhängig davon, welches Stratifikationsschema benutzt wird, ergibt sich in keinem Fall das Bild, daß Alliance/LibDems die Partei einer besonderen Klasse wären. Selbst in den von Heath et al. (1985) als „intermediate classes" bezeichneten Schichten zwischen der *middle class* mit einem hohen Grad an Autonomie und Autorität und der kleinen *working class* kam die Alliance 1983 (ihrem Höhepunkt) auf nicht mehr als ein Viertel der Stimmen. In der obersten Schicht der Wähler (mit hohem Grad an Autonomie und Autorität) kamen sie auf 27 Prozent, in der kleinen *working class* auf immerhin noch 19 Prozent (Rose/McAllister 1986: 47, Table 3.6). Wie wenig die Alliance eine Klassenpartei war, zeigt ein einfaches Rechenbeispiel: Die *middle class* stellte 1983 39 Prozent der Wahlbevölkerung, die *working class* 61 Prozent. 40 Prozent der Wähler der Alliance kamen aus der *middle class* und 60 Prozent aus der *working class* (Conservative Party: 50% ihrer Wähler aus *middle class*, 50% aus *working class*, Labour: 21% ihrer Wähler aus *middle class*, 79% aus *working class*; Rose/McAllister 1986: 140, Table 8.1).
[38] In seiner rigorosen Kritik machte Dunleavy (1987: 409) darauf aufmerksam, daß die Heathsche Kategorisierung nicht ohne Tücken ist, da in den BES seit 1964 der berufliche Status nicht nach Heathschem Muster kodiert wurde. Die nachträgliche Kodierung in die fünf Berufsgruppen erscheint daher fehlerhaft.

lagen ausschließlich daran, daß die Klassenstruktur sich verschoben hat. Die treu zu Labour stehende kleine Arbeiterklasse wird immer kleiner, die konservative Wählerbastion des *salariat* immer größer (Heath et al. 1985: 36). Crewe (1986) verglich die Aussagekraft von zwei denkbaren Modellen des Wandels, dem Wandel der Klassenstruktur (wie von Heath vertreten) und dem des Wahlverhaltens innerhalb von Klassen (wie es die Dealignment-Theoretiker sehen). Dabei stellte sich heraus, daß das „Struktur-Modell" schlechter abschneidet als das „behaviourale Modell".[39]

Die Botschaft von der Insel lautet also: Alle Klassen, egal nach welcher Stratifikationsmethode erfaßt, gingen Labour seit der zweiten Nachkriegsregierung unter Wilson von der Stange, allerdings hat sich dieser Trend in den achtziger und neunziger Jahren wieder stabilisiert. Der Trend des (relativen) *class voting* mag eher nach unten als nach oben weisen, es ist kein linearer Prozeß. Und in einem Punkt haben Heath, Jowell und Curtice recht: Die kleiner gewordene „wahre" Arbeiterklasse wählt immer noch eher Labour als andere Klassen.

In der **Bundesrepublik** blieb die Wahlforschung im Mainstream solchen Kontroversen fern und konzentrierte sich darauf, mit dem Alford-Index die Veränderung in der Klassenwahl zu erfassen. Hier wurde behauptet, daß der Indexwert sinkt (wie in Großbritannien; vgl. Dalton 1989: 109f). Mit dieser Entwicklung liegt die Bundesrepublik im internationalen Trend. In allen Industrieländern sinkt der Indexwert, Inglehart/Rabier stellen einen „decline in class voting" fest (1986: 463), Dalton konstatiert für 1983 erstmals einen negativen „class voting index" für die jüngste Alterskohorte in der Arbeiterschaft, also präferierten damals erstmals mehr jüngere Angestellte, Beamte und Selbständige die SPD als jüngere Arbeiter (1988: 129, Tab. 4.7). Dalton konnte bis Ende der achtziger Jahre gut beweisen, daß die Werte des Alford-Index absinken, allerdings paßt die Wahl von 1990 nicht ins Bild. Nach Daltons Zahlen (zweite Zeile der Tabelle 15.4) steigt der Indexwert wieder an.

Eigentlich soll der Alford-Index den Grad der Ghettoisierung einer Klassenpartei angeben. So muß konsequenterweise der Index anders berechnet werden, als es Dalton tut (s. Tabelle 15.4, erste Zeile). Wird dieser Index verwandt, zeigt sich, daß der SPD der Ausbruch aus dem Arbeiter-Ghetto teilweise gelang, dieser Trend ist aber seit den achtziger Jahren gestoppt.

Ein wenig Vorsicht ist bei diesen Daten angebracht: Sie erfassen die Differenz zwischen dem Anteil der Linksparteien unter Arbeiterwählern und dem bei An-

---

[39] In der Zeit von 1964 bis 1983 hatte Labour in den BES 18,3 Prozentpunkte eingebüßt. Durch eine veränderte Klassenstruktur lassen sich 7,1 Prozentpunkte der Labour-Verluste erklären, eine alternative Simulation (verändetes Wahlverhalten innerhalb von Klassen) erklärt immerhin 13,6 Prozentpunkte.

gestellten und Beamten, also nur einem Teil der Mittelschichten. Werden Angestellte und Beamte (neue Mittelschicht) mit den Selbständigen (alte Mittelschicht) zusammengefaßt, dann ergeben sich etwas höhere Werte: Der Index-Wert liegt dann bei 15 für 1990 und 14,5 für 1994 (Dalton 1993: Tab. 3.2; Dalton 1996: Tab. 3.1). Was Dalton mit seinen Daten (nicht denen des Verfassers) nachweist, ist lediglich die tendenziell sich schließende Lücke der Linksparteienanteile unter Arbeitern und Angestellten.

Tabelle 15.4: Alford-Index (AI) in Westdeutschland 1953-1994

	1953	1957	1961	1965	1969	1972	1976	1980	1983	1987	1990	1994
AI 1	30	37	28	26	12	17	16	16	k.A.	k.A.	14,7	16,5
							(11)	(12)	(21)	(21)	(11)	
AI 2	30	37	28	26	12	17	16	16	10	9	12	7,5
							(11)	(13)	(14)	(19)	(11)	

AI 1: Anteil der Arbeiter, die SPD wählen, minus Anteil der Angestellten und Beamten, die SPD wählen
AI 2: Anteil der Arbeiter, die linke Parteien (SPD, Grüne) wählen, minus Anteil der Angestellten und Beamten, die linke Parteien wählen.
Quelle: Dalton 1989: 110; Dalton 1993: 58; Dalton 1996: 38; **in Klammern:** *eigene Berechnungen aus: Gibowski/Kaase 1991: Tab. 9.*

Wird aber die Differenz zwischen dem Anteil der Linksparteien unter Arbeitern und dem Anteil der Linksparteien unter Selbständigen errechnet, so ergibt sich, daß diese Index-Werte ziemlich konstant sind: Die Lücke liegt stets bei etwa vierzig Prozentpunkten. Auch mit anderen Meßmethoden wurde die These gestützt, daß der Klassengegensatz in Westdeutschland erstaunlich stabil das Wahlverhalten bestimmt (im übrigen auch der Konfessions- und Religiositätsgegensatz; Pappi 1984: 18f). Unabhängig von der Meßmethode: Die Werte des Alford-Index sind in Deutschland tendenziell geringer als in Großbritannien. Mehr noch: In den achtziger Jahren öffnete sich die Schere zwischen den Linksanteilen wieder, d.h. die SPD wurde wieder ein bißchen mehr eine Arbeiterpartei.
Oft behauptete die Forschung, in der Bundesrepublik sei es zu einem Dealignment gekommen (Veen/Gluchowski 1988: 246; Gluchowski/von Wilamowitz-Moellendorf 1997: 189-197[40]). So stellten Gibowski/Kaase 1991 fest, daß die

---

[40]Ihre Untersuchung beruht auf den Mittelwerten (pro Kalenderjahr) von Umfragen der Konrad-Adenauer-Stiftung, die zwischen 1971 und 1995 erhoben wurden. Das von Arbeitern be-

Arbeiterschaft „keinesfalls als sicheres Stimmpotential der SPD" betrachtet werden kann (1991: 16). Diese Feststellung bezogen sie auf die Bundestagswahl 1990, als die SPD massive Verluste bei den organisierten Arbeitern hinnehmen mußte, die doch den elektoralen Kern dieser Partei darstellen.
Die Daten ergeben im Durchschnitt der Jahre seit Gründung der Bundesrepublik ein anderes Bild: Die Arbeiter bilden weiterhin die Stammwählerschaft der SPD (von Alemann 1992: 155f). Nach Döring (1989: 242, 268), Klingemann (1984: 604) und einer neueren Untersuchung von Klingemann/Steinwede (1993: 55f.) ist das Wahlverhalten der Arbeiter stabil, wenn auch die CDU manchmal in die elektorale Kerngruppe der SPD einbrechen konnte - besonders bei den katholischen Arbeitern. Die Rückgänge in der SPD-Präferenz lassen sich eher mit einer *absoluten* Stabilität der Gruppe unter den Arbeitern mit CDU-Präferenz erklären, während frühere SPD-Wähler unter den Arbeitern Wahlenthaltung übten (Klingemann/Steinwede 1993: 57). Ein *class dealignment* von britischen Ausmaßen hat es bisher nicht gegeben, die SPD verfügt über ein solides Potential an Stammwählern unter den Facharbeitern und un- oder angelernten Arbeitern (Feist/Krieger 1987: 46, Koelble 1991: 20).
Beide großen Parteien haben immer noch ihre klar umrissene Stammklientel: Zwischen 65 und 70 Prozent der *gewerkschaftlich* organisierten Arbeiter wählen SPD, über siebzig Prozent der Selbständigen und Landwirte CDU. Zugleich wird die Union auch mit abnehmender Tendenz von zwei Dritteln der Katholiken, die mindestens einmal in die Kirche gehen, gewählt. Ein stark verändertes Verhalten zeigten hingegen die Protestanten, die oft in die Kirche gehen: Wählten sie bis in die achtziger noch zu über fünfzig Prozent CDU oder CSU, stabilisierten sich die Zahlen um die vierzig Prozent. Zwar ist die SPD immer noch die Partei der Konfessionslosen und der Christen, die nie in die Kirche gehen, aber auch hier kam es zu Einbrüchen, die sich zu Ende der achtziger Jahre wieder stabilisierten.[41]
Das einzige Problem und zwar eher für die Union als die SPD ist, daß die Kerngruppen in der Gesamtwählerschaft an Gewicht verlieren. So stehen die Beobachter des Wählerverhaltens in der Bundesrepublik vor einer paradoxen Situation: „Das eigentlich zu erklärende Phänomen ist daher, warum die beiden großen Parteien noch so lange eine so hohe Stabilität ihrer Wahlergebnisse aufrecht erhalten konnten, obwohl die sie unterstützenden Milieus bereits so stark dezimiert waren" (Bürklin/Roth 1994: 20).

---

hauptete Dealignment läßt sich aber genauso gut als „politisch-konjunkturelle Erscheinung" (ebd: 191) deuten.
[41] Die von Gabriel und Brettschneider (1994: 21, Tab. 2a; 23, Tab. 3a) verwandten Panels haben ziemlich niedrige Fallzahlen (1994: 44, Anhang 2), so daß sie für Schwankungen anfällig werden.

Solche Ergebnisse beruhen auf bestimmten Klassifikationskriterien. In der deutschen Wahlforschung wird meist die Arbeiterklasse in die Gewerkschaftsmitglieder und Nicht-Organisierte aufgeteilt, häufig wird auch nach der Konfessionszugehörigkeit gefragt. Daneben gibt es die klassische Unterteilung des Wahlvolkes in Selbständige und Angestellte/Beamte - hier ist die deutsche Wahlforschung ganz den amerikanischen Vorbildern der Columbia- und Michigan School verpflichtet (vgl. Gluchowski/Wilamowitz-Möllendorff 1996: 179).

Nur selten wurde der Versuch gemacht, das von John H. Goldthorpe entwickelte und von den Forschern um Anthony Heath verwandte Klassenschema anzuwenden. Eine der Ausnahmen ist die Studie von Walter Müller (1998), die ein leicht modifiziertes Goldthorpe-Schema (im Rahmen des CASMIN-Projektes) benutzte. Demnach werden die Wähler nach „spezifischen Charakteristika des Beschäftigungsverhältnisses" (Müller 1998: 7) klassifiziert - und nicht nach dem sozialen Status oder der Höhe des Erwerbseinkommens.[42] In erster Linie geht es Müller darum, den diffusen Begriff der neuen Mittelschicht durch ein Klassifikationskonzept zu ersetzen, das der Heterogenität der Mittelschichten gerecht wird. So zerfällt die Wählerschaft in acht Gruppen:

- die administrative Dienstklasse (z.B. Manager und Angestellte mit Aufsichtsfunktionen im öffentlichen und privaten Sektor; 15% der Wähler 1994),
- die Experten-Dienstklasse (professionelle und semi-professionelle Berufe im Ingenieurwesen und in der Technologie und in den Natur- und Wirtschaftswissenschaften; 9% der Wähler 1994),
- die sozialen und kulturellen Dienste (Angehörige des Bildungs- und Gesundheitswesens; 11% der Wähler 1994),
- nicht-manuelle Angestellte mit Routinetätigkeit (15% der Wähler 1994),
- das Kleinbürgertum (8% der Wähler 1994),
- Vorarbeiter, Meister, Techniker (9% der Wähler 1994),
- Facharbeiter (17% der Wähler 1994) und
- ungelernte Arbeiter (16% der Wähler 1994; Müller 1998: Tab. 1).

Die ersten drei Gruppen gehören zum „neuen Mittelstand", dessen Anteil an der Wählerschaft von 29% 1976 auf 35% 1994 erhöht, wobei die Experten-Dienstklasse am stärksten wuchs.

Wie wählen die einzelnen Klassen? Und welche Änderungen im Wahlverhalten innerhalb der Klassen gibt es? Nach Müllers Daten (1998: Tab. 2) unterscheiden sich die Alterskohorten „Geboren vor 1939" und „Geboren nach 1939" in den einzelnen Klassen deutlich. Während die Arbeiter, die Meister und Techniker in

---

[42]Zentrale Charakteristika sind (wie bei Goldthorpe) der Grad an Autonomie, der Grad an Involviertheit und an Loyalität einer Organisation oder einem Betrieb gegenüber und der Grad an Aufstiegsmöglichkeiten (Müller 1998: 6-10).

beiden Kohorten eindeutig (und in stabiler Höhe) die SPD präferieren, ist unter den Kleinbürgern die Präferenz für die CDU am stärksten. In der *Vorkriegs*kohorte ist in allen drei Klassen des neuen Mittelstandes die CDU die stärkste Partei. In der *Nachkriegs*kohorte wechseln Angehörige der sozialen und kulturellen Dienste und etwas schwächer auch die Experten die politischen Lager: Hier wird die SPD die stärkste Partei, und die Grünen erhalten mit etwa 20 Prozent ähnlich hohe Anteile wie die Union. Nur in der administrativen Dienstklasse kann die Union sich knapp vor der SPD behaupten (40% zu 35%). So haben sich die jüngeren Angehörigen der Experten- und sozialen Dienstklasse in ihrem Wahlverhalten den Arbeiten angenähert, wenn auch die Grünen stärker als bei den Arbeitern präferiert werden (Müller 1998: 31).[43] In Müllers Analyse mit einem eigenen Klassenschema erscheint die Wahl einer Partei als klassengeleitet: Die Kleinbürger und die administrative Dienstklasse bilden den Wählerkern der Union, die Arbeiter den der SPD und die sozialen und kulturellen Dienste den der Grünen.[44]

Ende der achtziger Jahre nahmen etliche Forscher Abschied von der Klassen- und Religiösitätsdichotomie und kehrten zu Konzepten des Milieus (wie bei Lepsius) zurück oder klassifizierten die Wählerschaft nach Lebensstilen. So zerfällt die deutsche Wählerschaft nach der Sinus-Studie in neun Milieus (nach von Alemann 1992: 102-104, Wolf-Csanády 1996: 101-104 und Abb. IVa, IVb, IVc):

- das konservativ gehobene Milieu (*1982*: 10%; *1992*: 8% der Wähler; neigt zur Union),
- das kleinbürgerliche Milieu (*1982*: 28%, *1992*: 21% der Wähler; neigt zur Union),
- das traditionelle Arbeitermilieu (*1982*: 10%, *1992*: 5% der Wähler; neigt zur „alten" SPD)
- das traditionslose Arbeitermilieu (*1982*: 9%, *1992*: 12% der Wähler; neigt zur „alten" und wachstumsorientierten SPD)
- das neue Arbeitermilieu (1982 nicht erhoben, 1992: 6% der Wähler; neigt zur wachstumsorientierten und postmaterialistischen SPD)
- das aufstiegsorientierte Milieu (*1982*: 20%, *1992*: 25% der Wähler; neigt zu gleichen Teilen zur Union und zu allen SPD-Segmenten)
- das technokratisch-liberale Milieu (*1982*: 9%, *1992*: 9% der Wähler; neigt etwa zu gleichen Teilen zur Union und zur postmaterialistischen SPD),

---

[43] Müller (1998: 33) identifiziert die sozialen Dienste als den „zentralen Wählerkern" der Grünen.
[44] Müller (1998: 34-36) grenzt sich auch von der These ab, daß die Wahl der Grünen wertgeleitet sei - auch wenn nach Postmaterialismus kontrolliert wird, verändert sich die Grünen-Wahl innerhalb der einzelnen Klassen nicht.

- das hedonistische Milieu (*1982*: 10%, *1992*: 12% der Wähler; neigt schwächer zur postmaterialistischen SPD, starke Minderheit neigt zu Grünen),
- das alternativ-linke Milieu (*1982*: 4%, *1992*: 2% der Wähler; neigt etwa gleich stark zur postmaterialistischen SPD und zu den Grünen).

Auffallend an diesen Milieus ist, daß die SPD verschiedene Lebensstil-Milieus abdeckt. Daher unterteilen die Sinus-Forscher auch die SPD in die „alte" SPD, die (wachstumsorientierte) „Moderne Mitte" der SPD und die postmaterialistische „neue" SPD. Wie unten ausgeführt wird, steht die SPD vor der schwierigen Aufgabe, diese unterschiedlichen, sich widersprechenden Milieus zu integrieren. Hier haben es die anderen Parteien leichter, sie haben eindeutige Lebensstil-Milieu-Schwerpunkte. Wo Krise, da auch Chance. Denn die restlichen Parteien repräsentieren größtenteils schrumpfende Milieus. Die besten Chancen hat die SPD, wenn sie auf die Milieus setzt, die expandieren. Und das heißt, daß sich die SPD auf das aufstiegsorientierte Milieu, das neue Arbeitermilieu und das traditionslose Arbeitermilieu konzentrieren sollte - mit der Konsequenz, daß die „Moderne Mitte-SPD" die zukunftsweisende Strategie der Partei ist.

Sehr kompliziert werden die Studien der neunziger Jahre, die wiederum auf „lebensweltliche Sozialmilieus" (Vester 1995) abheben: Hierunter sind komplexe analytische Konstrukte von Mentalitäten zu verstehen. Vor allem ging es Vester darum, die diversen Habitus nach „modern", „moderne Mitte" und „traditional" nach verschiedenen Merkmalen („Arbeiter", „Mittelklasse" und „Oberklasse") aufzuteilen und deren Veränderungen zu messen. Die Quintessenz dieser Analyse, die keinen Eingang in die Mainstream-Wahlforschung fand, lautet: Traditionelle Sozialmilieus sind in Westdeutschland auf dem Rückzug, vor allem das traditionelle Arbeitermilieu, während „modere Milieus" auf dem Vormarsch sind, wie das technokratische Milieu mit „Oberklassenhabitus", das aufstiegsorientierte Milieu mit „Mittelklassenhabitus" und das traditionslose „Arbeitermilieu" (Vester 1995: 18).

Mit Abstand am fruchtbarsten war der Ansatz, den Feist und Krieger (1987: 37) vertraten. Anstatt mit kaum operationalisierbaren Mentalitätskategorien zu arbeiten, teilten sie die Wähler in fünf große Blöcke ein:

- der Arbeiterbereich (Arbeiter, egal, ob in Gewerkschaften organisiert oder nicht),
- gewerkschaftlich gebundene Angestellte und Beamte,
- die „neue Mittelschicht" (soziale Aufsteiger, also Angestellte oder Beamte, deren Väter aus der Arbeiterschicht kamen)
- die alte Mittelschicht (Angestellte, Beamte oder Selbständige, deren Väter bereits aus dieser Schicht kamen),
- der katholische Traditionsbereich (Wähler mit enger kirchlicher Bindung).

Die Gemeinsamkeit der neuen Milieu- und Lebensstile-Analysen ist, daß sie erstens eine größere Ausdifferenzierung der deutschen Wähler prognostizieren und damit auch zweitens eine größere Heterogenität der SPD-Wählerschaft: Sie rekrutiert sich aus den diversen Arbeitermilieus, Teilen des alternativen Milieus und der technokratischen Intelligenz. Insofern ist es für die SPD unwahrscheinlich, daß sie sich in irgendein Milieu zurückziehen kann.

15.3 Zusammenfassung

Kapitel 15 hat den Cleavage-Ansatz vorgestellt, dieses Kapitel untersuchte, wie stark die Cleavages das Wahlverhalten prägen. Dabei hat sich gezeigt, daß die Dominanz des Klassencleavages eine günstige Bedingung für die elektorale Stärke sozialdemokratischer Parteien ist.
In Großbritannien wurde die Prägekraft des Klassencleavages immer geringer. Dies liegt einerseits daran, daß in der keltischen Peripherie ein Territorialcleavage erneut aufbrach und andererseits daran, daß viele Wähler nicht mehr die „natürliche" Partei ihrer Klassen wählen. In den achtziger Jahren waren Labour das Opfer und die LibDems, in geringerem Maß auch die Konservativen, Profiteure dieser Entwicklung. Immer weniger Arbeiter wählten Labour, immer mehr die Konservativen oder LibDems. 1997 war die große Wende gekommen, als die *middle class* sich von den Konservativen abwandte, während Labour (wie bereits seit 1987) die Arbeiter an sich binden konnte. Solche Prozesse, eine zu den Konservativen oder LibDems abwandernde Arbeiterschaft in den achtziger Jahren und eine zu Labour abwandernde *middle class* 1997, lassen indes zwei unterschiedliche Interpretationen zu: Entweder hat ein Dealignment oder ein Realignment stattgefunden. In den achtziger Jahren sah es zunächst nach einem Dealignment der Arbeiter aus (während die *middle class* der Partei ihrer „natürlichen" Klasse weniger untreu wurde). In jedem Fall weisen alle Meßinstrumente der Klassenwahl sinkende Werte auf.
Möglicherweise ist 1997 Labour etwas ähnliches geglückt wie den Konservativen 1983, nämlich einen Gutteil der „nicht-natürlichen" Klasse (im Falle Labours die *middle class*) für eine Zeit an sich zu binden. Der Beweis eines dauerhaften Realignments der *middle class* an Labour steht noch aus.
In der Bundesrepublik Deutschland - zumindest in den alten Bundesländern - ist die Prägekraft der Cleavages hoch geblieben. Dies gilt aber nur für die Milieus, die von den beiden Cleavages erfaßt werden (gewerkschaftlich organisierte Arbeiter und religiös Orientierte). Diese Milieus schmelzen aber ab, so daß die

milieubezogene Stammwählerschaft der beiden großen Parteien geringer wird. Daher suchte die Forschung nach neuen Milieus oder Lebensstilen, die das Wahlverhalten strukturieren. Demnach zeigt sich insbesondere für die SPD durch die Vielzahl der neuen Milieus eine Ausdifferenzierung ihrer Wählerschaft. Kapitel 16 und 17 gehen daher der Frage nach, ob und wie sich die Arbeiter von beiden sozialdemokratischen Parteien abgewendet haben und wie sich das Wahlverhalten der Nicht-Arbeiter (in der Regel die Mittelschichten) verändert hat.

16 SPD, Labour und die Arbeiter

16.1 Warum wenden sich die Arbeiter von der Sozialdemokratie ab (wenn überhaupt)?

In Kapitel 15.1 wurde gezeigt, daß die Sozialdemokratie besonders gute Chancen hat, wenn der Klassencleavage der stärkste, am besten die einzige gesellschaftliche Konfliktlinie ist. Nun haben die Befunde für Deutschland ergeben, daß hier der säkular-religiöse Cleavage für die SPD nachteilig ist, zumal er katholische Arbeiter von der SPD abzieht.

Aber auch ein weiterer Faktor könnte dazukommen: Die Identifikation mit einer sozialdemokratischen Partei nimmt dann ab, wenn ehemalige Arbeiter sozial aufsteigen und eine neue Parteiidentifikation innerhalb einer neuen sozialen Umwelt erwerben (Dunleavy/Husbands 1985: 11). Dies wird weiter unten als „Embourgeoisement" (Verbürgerlichungs)-These näher beleuchtet. Allerdings sollte solchen schlüssigen Thesen mit besonderer Vorsicht begegnet werden, zumal sie sich manchmal trotz erwiesener Unrichtigkeit lange halten. Denn bereits in den fünfziger Jahren hatte Lipset herausgefunden, daß in Europa ein merkwürdiges Paradox besteht: Aufsteigende Arbeiter wenden sich nicht von den Arbeiterparteien ab, obwohl sie nun (vom Einkommen her) zu einer anderen Klasse, der *middle class*, gehören.

Aber offenbar fühlen sich die Aufsteiger nicht als Mittelstand, da sie von ihm ausgeschlossen werden (denn ihm haftet immer noch etwas Aristokratisches an; Lipset 1969 [1959]: 253f). Genau diese Statusbarrieren lassen z.B. Arbeiter mit Aufsichtsfunktionen eher sozialdemokratisch wählen als andere Arbeiter (vgl. Döring 1990: Anm. 98). Zugleich soll aber nicht vergessen werden, daß ein beachtlicher Anteil der Arbeiter bereits zu Zeiten, als die sozialdemokratische Welt in Ordnung schien, nicht eine sozialdemokratische Partei wählten, sondern bürgerliche/konservative Parteien (Dogan 1960, Döring 1989, 1990; Denver 1994: 44-48).[1] Im Fall der Bundesrepublik Deutschland liegt es nahe, andere Gründe für die Wahlentscheidung als die bloße Schichtzugehörigkeit zu suchen, nämlich die der Konfession und der Intensität des religiösen Gefühls (s. Kapitel 15.1).

Der „Ehrfurchtswähler": Die britischen Arbeiter gaben der Forschung immer wieder ein Rätsel auf, denn hier entfällt der Konfessionscleavage. Neben der unten breiter diskutierten „Verbürgerlichungsthese" wurden Thesen der Untertänigkeit und der Hegemonialkultur vertreten, um das Phänomen der *working*

---

[1] Nach Dogan wählten in den fünfziger Jahren 65 Prozent der britischen Arbeiter Labour und nur 48 Prozent der deutschen Arbeiter SPD (1960: tableau II, rubrique B). Bürgerliche Parteien wurden von etwa einem Drittel der Arbeiter gewählt (Döring 1990: 48, Schaubild 1b).

class tories erklären zu können (Nordlinger 1967, Schultze 1983: 500): Nach dieser These bringen britische Arbeiter eine besondere Ehrerbietigkeit („deference") der Oberklasse entgegen und wählen daher nachahmend deren Partei, die Konservativen. Diese These gilt mittlerweile als widerlegt (Kavanagh 1971: 359f; Butler/Stokes 1974: 192).[2] Außerdem wählen diese „Ehrfurchtswähler" eher Labour als die Konservativen (von Beyme 1984: 344). Frank Parkin hingegen führte einen ähnlichen Ansatz ein, der elegant die Problematik der massenpsychologischen Annahme der Deference-Theoretiker umgeht: Arbeiter wählten dann überproportional konservativ, wenn die politische Kultur eines Landes konservativ geprägt sei (Parkin: 1967). Eine sozialistische Partei könne nur dann die Arbeiter für sich gewinnen, wenn sie die Arbeiter gegen die konservative Hegemonialkultur immunisieren könne. Eine ähnliche Position hatte schon ein Jahrzehnt früher Seymour Martin Lipset im vierten Kapitel („Working-class Authoritarianism") seines „Political Man" vertreten (Lipset 1969 [1959]: 97-130).[3] Auch hier war die Einbindung dieser Schichten in demokratiebejahende Organisationen (Gewerkschaften, sozialdemokratische Parteien) - neben wirtschaftlichem Wohlstand und breiter Bildung - ein Weg, um die autoritären Dispositionen in Schach zu halten bzw. zu verändern (ebd: 128). Dekker und Ester widerlegten diese weit verbreitete Annahme (Dekker/Ester 1987): Weder sind Arbeiter autoritärer als die Mittelschichten, noch zeigen Gewerkschaftsmitglieder eine geringere autoritäre Disposition (zumindest in den Niederlanden). Döring wertete die bekannte Almond/Verba-Studie neu aus und kam zu einem ähnlichen Ergebnis für die Bundesrepublik: Auf die Frage, ob „einige starke führende Persönlichkeiten ... unserem Lande mehr nützen [würden] als alle Gesetze und alles Diskutieren", antworteten 48 Prozent in allen Schichten mit Ja. Lediglich in Großbritannien antworteten gelernte und besonders ungelernte Arbeiter stärker als die Mittelschichten mit Ja (58 Prozent der gelernten Arbeiter, 66 der ungelernten, 55 der *white collar workers*). Hier machte es keinen Unterschied aus, ob der Befragte einer Gewerkschaft angehörte (Deutschland wurde wegen geringer Fallzahl nicht berechnet). Es konnte darüber hinaus auch kein Beleg dafür gefunden werden, daß Arbeiter patriotischer sind als andere Berufsgruppen und damit Opfer einer anti-

---

[2]Bestenfalls ein Fünftel der britischen Unterschicht dürfte (nach den von den Deference-Theoretikern angeführten quantitativen Indikatoren) als ehrerbietig/untertänig gelten (Kavanagh 1971: 341, Tab. 1).

[3]Lipset suchte nach der sozialen Verortung der „autoritären Persönlichkeit", die die Berkley Group um Theodor W. Adorno in den vierziger Jahren konstruiert hatte. Die Berkley Group hatte allerdings keine besonders starke Beziehung zwischen Unterschicht und autoritärer Disposition herausgefunden (zumal es ihnen eher um die Art der Erziehung ging). Der Unterschied zur These Parkins liegt darin, daß sich die *underdogs* der (liberal-demokratischen) politischen Kultur der *middle class* entziehen. Sie sind nicht von dieser Hegemonialkultur durchdrungen, sondern von ihr isoliert (Lipset 1969: 112).

sozialdemokratischen, nationalistischen Hegemonialkultur sind (Döring 1990: 68-70).

Der verbürgerlichte Arbeiter: Butler und Rose kamen bei der Analyse der Unterhauswahl 1959 in Großbritannien zu der Erkenntnis, daß die Arbeiter, die zunehmend am Wirtschaftsaufschwung und Massenwohlstand der 50er Jahre partizipieren, keine Veranlassung sehen, die Labour-Party zu wählen (1960: 15).[4] Anlaß zu dieser These war der Umstand, daß die Labour Party zum dritten Mal hintereinander die Wahl verlor, was sich auf den *working class conservatism* zurückführen ließ. Ende der 60er Jahre kamen Butler und Stokes aber zu einem anderen Ergebnis: trotz zunehmenden Massenwohlstands in den 60ern mußten die Konservativen massive Stimmenverluste hinnehmen. Der „decline of working class conservatim" (Butler/Stokes 1969: 104) führte zu einem Realignment der *working class* an die Labour Party. Goldthorpe et al. kamen zu einem ähnlichen Ergebnis: Trotz verbürgerlichten Lebensstils wählten wohlhabende Arbeiter Anfang der sechziger Jahre eben nicht konservativer (Goldthorpe et al. 1970: 81). Allerdings war die Labour-Unterstützung der untersuchten wohlhabenden Arbeiter in Luton nicht bedingungslos, sondern „instrumentell": Statt solidarischer Unterstützung der Arbeiterpartei erhofften sich die wohlhabenden Arbeiter greifbare Verbesserungen von einer Labour-Regierung. Sollten diese ausbleiben, so können sie ihre Unterstützung jederzeit entziehen. Dies scheint auch in den nachfolgenden Jahren (die Goldthorpe-Untersuchung wurde 1962 ausgeführt) der Fall gewesen zu sein.

Zu einem ähnlichen Ergebnis war Crewe gelangt, als er die Stimmanteile der Labour Party in den fünfziger und sechziger Jahren in „Arbeiterwahlkreisen" verglich. Er fand keine Unterschiede zwischen Wahlkreisen, in denen die Industrie prosperierte und denen, in denen die Wirtschaft stagnierte (Crewe 1973: 52).

Auch für die Bundesrepublik wurde der Versuch gemacht, die „Embourgeoisement"-These zu belegen. Klingemann (1984: 620f) stellte einen inversen Zusammenhang zwischen dem jeweiligen Wohlstandsniveau eines Landes (gemessen nach dem BSP pro Kopf der Bevölkerung) und der Bereitschaft von Arbeitern, die sich auch als Arbeiter sehen, eine Arbeiterpartei zu wählen. Je reicher das Land (und wohl auch je reicher der Arbeiter) desto geringer die Neigung, sich erstens mit der Arbeiterschicht zu identifizieren und zweitens linke (vor allem sozialdemokratische) Parteien zu wählen.

Döring stellte dem aber eine Individualdaten-Analyse entgegen: Arbeiter mit höherem Einkommen neigten nicht dazu, sich von der Arbeiterpartei abzuwenden. Ebensowenig läßt sich auch das Argument erhärten, daß mit steigendem Wohlstand sich die Arbeiter auch immer weniger selbst als Arbeiter sehen und daher

---

[4]Nicht zufällig hatte zu genau derselben Zeit Mattei Dogan auf diesen Trend in ganz Westeuropa aufmerksam gemacht (Dogan 1960).

auch immer weniger Arbeiterparteien wählen. Die entscheidende Variable für die Wahl einer Arbeiterpartei unter Arbeitern ist weniger der plötzliche Wohlstand, sondern der gewerkschaftliche Organisationsgrad.[5]

Die heterogene Arbeiterklasse Für Großbritannien wurde ein anderes Modell von Patrick Dunleavy und Christopher Husbands (1985) entwickelt, für (West-) Deutschland von Ursula Feist und Hubert Krieger (1987). Dieses Modell beschäftigt sich weniger mit den Implikationen der schrumpfenden Arbeiterklasse, sondern mit ihrer *Heterogenisierung*. Je nach Sektor können sich die Mitglieder der Arbeiterklasse für eine andere Partei entscheiden. Entscheidend dabei ist nicht mehr das Gefühl, zur Arbeiterklasse zu gehören, sondern zu einem bestimmten Sektor der Wirtschaft, der wiederum seine eigenen Interessen hat. So hat der Arbeiter im öffentlichen Sektor andere Interessen als derjenige, der in der Privatwirtschaft arbeitet. Letzterer wird eher eine Ausweitung der sozialen Dienstleistungen und eine höhere Besteuerung favorisieren, während der Arbeiter in der prosperierenden Industrie eher eine niedrigere Besteuerung will und in den Bediensteten des öffentlichen Sektors überbezahlte und unproduktive Arbeiter sieht, mit deren Interessen er nichts gemein hat (Dunleavy/Husbands 1985: 22-25, 143-146; Feist/Krieger 1987: 39). Entscheidend für den Parteienwettbewerb ist, daß die unterschiedlichen Parteien auch die unterschiedlichen Interessen vertreten: Labour steht seit den siebziger Jahren für die Ausweitung des staatlichen Sektors, für die alten Industrien (beide Sektoren haben einen hohen gewerkschaftlichen Organisationsgrad), für Personen, die ihren Unterhalt hauptsächlich aus staatlichen Mitteln beziehen (z.B. Arbeitslose und Sozialhilfeempfänger), für den sozialen Wohnungsbau, und für die Förderung des öffentlichen Personenverkehrs. Die Konservativen stehen für die Zurückdrängung des Staates, Steuererleichterungen, privaten Besitz an Wohneigentum und den Individualverkehr (Dunleavy/Husbands 1985: 24). Daher werden die Wähler, die im öffentlichen Sektor arbeiten und die „kollektiv" (d.h auf Kosten des Staates) konsumieren, Labour wählen, während die Wähler im prosperierenden Sektor der Privatindustrie mit „individuellem" Konsummuster konservativ wählen.
So einleuchtend, so falsch, zumindest, was den staatlichen Sektor als Wählerhochburg der Sozialdemokratie angeht: Denn nach den BES der Jahre 1974 bis 1992 (vorher wurde nicht nach dem Beschäftigungssektor gefragt) wählen Angestellte und Arbeiter des öffentlichen Dienstes nicht (konstant) mehrheitlich Labour, in den achtziger Jahren wurde Labour von den Konservativen überflügelt,

---

[5]Döring stellt Klingemanns Rangfolge von sieben Ländern der Political-Action-Studie, die aus der Stärke des Arbeiterschichtbewußtseins und der Linkswahlneigung ableitet (Klingemann 1984: 621, Schaubild 9), den Organisationsgrad der Gewerkschaften entgegen. Der Organisationsgrad ist offensichtlich erklärungskräftiger für die Linkswahl als der Wohlstand (Döring 1990: 78, Tab. 9).

die Liberalen hatten Werte wie in der General Election (Norris 1997: 128, mit Fig. 6.4). Auch für die Bundesrepublik der späten achtziger Jahre lag die Union vor der SPD (46 zu 43 Prozent; Feist/Liepelt 1990: 99, Abb. 1 [Arbeitsmarktsegment S1]).

Arbeiter in prosperierenden Sektoren werden wiederum kein Verständnis für die Forderungen von Arbeitern in nicht-wettbewerbsfähigen und/oder alten Industrien haben, denen es um den Erhalt ihrer Arbeitsplätze geht (manchmal auf Kosten des steuerzahlenden Kollegen im prosperierenden Sektor). Außerdem unterscheiden sich die Interessenlagen der heterogenen Arbeiterklasse auch in *consumption patterns* (Konsummustern), mit denen Dunleavy Wohnungs-, Erziehungs-, Gesundheits- und Verkehrspolitik meint (Dunleavy 1979: 410). Feist und Liepelt konnten für die Bundesrepublik der späten achtziger Jahre ähnliches feststellen: Der Arbeitsmarkt hat sich dualisiert: Auf der einen Seite gibt es Arbeitnehmer mit sicheren Jobs, während sich andere mit unsicheren, permanent gefährdeten Stellen begnügen müssen (Feist/Liepelt 1990). Ein Blick auf die Stimmergebnisse der SPD bei der Bundestagswahl 1987 ergibt, daß die SPD dort ihre Hochburgen hat, wo die Arbeitslosigkeit am stärksten ist (nördlich der Main-Linie), während sie im prosperierenden Süden unter dreißig Prozent bleibt und noch weiter verliert (Feist/Liepelt 1990: 90, Tab. 1).

So scheint die SPD auf dem Weg der Labour Party der achtziger Jahre zu sein: Sie wird zunehmend die Partei der alten stagnierenden Industrieregionen (in beiden Ländern ist es die nördliche Landeshälfte). Sowohl CDU/CSU als auch die Konservativen haben im Wohlstandsgürtel des Südens der jeweiligen Länder ihre Hochburgen.

In Großbritannien begrüßten viele Arbeiter mit höherem Einkommen den Verkauf von staatlichen Wohnungen und Häusern, in denen sie vorher nur als Mieter lebten. Sie hatten das Geld, sich vom Mieter zum Eigentümer zu verbessern. Oder sie konnten durch besonders günstige Konditionen sich die Aktien der privatisierten Industrien leisten. Kein Wunder, daß sie häufig den *popular capitalism* unter Thatcher guthießen und die Conservative Party wählten. Dies lenkt den Blick in eine etwas andere Richtung: Es ist weniger eine säkulare Abkehr der britischen Arbeiter von der Labour Party, sondern die Wirkung von bestimmten „Policies", die Anklang fanden. In Großbritannien war es hauptsächlich die Wohnungspolitik, die zu Verlusten für die Labour Party führte.[6] Allerdings können gewisse Policies auch dazu führen, daß manche Arbeiter aufsteigen - und zwar in einer Art, wie es Lipset (1969) für die amerikanischen Arbeiter sah: Sie

---

[6] Gösta Esping-Andersen hatte Ähnliches im Falle Dänemarks gefunden. Auch hier erlitten die dänischen Sozialdemokraten Verluste, da sie ihre Wohnungspolitik in der Mitte der siebziger Jahre zuungunsten der Arbeiter mit Eigenheimen korrigierte (Esping-Andersen 1985).

besitzen Haus und Auto und entwickeln so andere sozioökonomische Interessen als andere Arbeiter ohne diese Wohlstandsattribute.[7] In einem Land, das vom Erwerb von Wohnungseigentum besessen ist und in dem Hypothekenzinsen die Bedeutung von makroökonomischen Daten wie Inflations- und Arbeitslosenquote erhalten haben, scheint gerade *housing*[8] eine wichtige Determinante der Wahlentscheidung geworden zu sein - und zwar zuungunsten Labours (Butler/Kavanagh 1984: 296f; McAllister 1984). Denn *council tenants* präferieren Labour, Hausbesitzer hingegen die Konservativen (Rose/McAllister 1986: 60-62, 94-99). Steigt nun die Zahl der Hausbesitzer, und nimmt die Zahl der *council tenants* ab, profitiert die Conservative Party. Genau trat seit Ende der siebziger Jahre ein: 1951 wurden 29% der Wohnungen und Häuser auch von ihren Eigentümern bewohnt, 1991 waren es bereits 67% (Butler 1995: 65, Tab. 5.1). Dieser steile Anstieg der *home ownership* ging vor allem auf das Konto der konservativen Politik des *council house*-Verkaufs, „one of the most sucessful and symbolic of all the Government's policies (Gamble 1988: 138; vgl. Heath et al. 1985: 44). Zwischen 1980 und 1987 wurden über eine Million Wohnungen und Häuser zum Teil weit unter Marktwert verkauft (etwa sechs Prozent des Wohnungsgesamtbestandes), und auch die Zahl der Aktienbesitzern verdreifachte sich infolge der Privatisierung großer Staatsbetriebe zwischen 1984 und 1987 (Norris 1990: 67f; Garrett 1994: 110-113).

Mehr noch, *home ownership* hat einen größeren Einfluß auf das Wahlverhalten als die Zugehörigkeit zu einer sozialen Klasse (Dunleavy 1979; McAllister 1984; Rose/McAllister 1986: 92), d.h. auch Arbeiter, die ein Haus oder eine Wohnung besitzen, wählen eher konservativ als Labour (39% zu 37%; Heath et al. 1985: 46, Tab. 4.2). Dies scheint ein Beweis für die These zu sein, daß die Privatisierungspolitik der Konservativen auch parteipolitisch begründet war, „a strategy to create conservative voters and to undermine the unions and deprive the left of one of its bastions of support" (Vickers/Wright 1988: 7; vgl. Gamble 1988: 214).[9] Garrett (1994: 120) rechnete diese Effekte hoch und kam zu dem Ergebnis, daß Wohnungs- und Betriebsprivatisierungen Labour 1992 im Vergleich zu 1979 2,7

---

[7]Möglicherweise liegen dann die „Verbürgerlichungs-Theoretiker" nicht mehr ganz so falsch. Denn in diesem Fall geht es weniger um einen Aufstieg innerhalb der Arbeiterschicht und eine Statusdiskriminierung gegenüber der *middle class*. Durch bestimmte Policies gerieten diese aufgestiegenen Arbeiter in einen ernsten Interessengegensatz mit den (wahrgenommenen) *Policies* einer sozialdemokratischen Partei. Warum sollten Arbeiter mit einem Eigenheim noch eine Partei wählen, die ihnen das Eigenheim neidet und den sozialen Wohnungsbau fördern will?
[8]Mit *housing* ist gemeint, daß der Wähler in seinem Wohnungsbesitz wohnt oder in einer staatlichen Mietwohnung. Staatliche Mietverhältnisse, das Wohnen in den sogenannten *council estates*, sind weitgehend eine Einrichtung, die das erste Labour-Kabinett unter Clement Attlee schuf, um der Arbeiterklasse bezahlbare Wohnquartiere zu verschaffen.
[9]Vickers und Wright beziehen diese Aussage auf alle Aspekte der Privatisierung, z.B. auch auf die Denationalisierung.

Prozentpunkte kosteten. Im Gegensatz zu früheren Aussagen sah Crewe (1991: 36) auf die Dauer einen neuen Cleavage zwischen *council tenants* und *home owners* innerhalb der Arbeiterklasse angelegt - zum Nachteil Labours.
Heath et al. stellten in diesem Zusammenhang eine Reihe von berechtigten Fragen: Sind Konsummuster nicht lediglich eine weitere Einflußgröße des Klassenwahlverhaltens und nicht der Quell des Wahlverhaltens? Prädisponiert nicht eine bestimmte Werthaltung die Entscheidung, Wohneigentum zu kaufen? Heath und seine Kollegen drehen die Kausalitätskette um: Neben den nötigen finanziellen Mitteln gehört auch eine gewisse Werteausstattung (z.B. pro Privatisierung, contra Umverteilung) dazu, um sich für den Kauf von Wohneigentum zu entscheiden. Mit anderen Worten: Es waren sowieso schon konservative Wähler, die ihre Wohnungen oder Volksaktien kauften (Heath et al. 1991: Kap. 8; Crewe 1988: 31; Norris 1990: 75).[10] Auch wenn immer weniger *council tenants*, die später ihre Wohnungen kauften, Labour wählen (1979: 52%; 1983: 42%; 1987: 35%; Heath et al. 1985: 50; 1991: Kap. 8), liegen sie im allgemeinen Trend der frühen achtziger Jahre, nicht mehr Labour zu wählen.[11] Diese belohnten die Konservativen keineswegs für die Wohltat des Wohnungskaufs, sondern (zumindest in der Wahl 1987) die Alliance. Für Labour ist entscheidend, daß die Neukäufer 1979 noch in ihrer Mehrheit (52 Prozent) Labour wählten, 1987 aber nur noch zu einem Drittel.

Allerdings schließen Heath et al. (1985: 51) nicht aus, daß es längerfristige Folgen der konservativen Politik geben könnte. Denn die traditionelle Solidarität und der gemeinschaftsbildende Charakter der *council estates* könnten durch unterschiedliche Eigentumsverhältnisse verloren gehen, besonders, wenn die Eigentümer häufiger wechseln sollten. Es könnte aber auch sein, daß sich durch den „popular capitalism" schleichend eine marktliberale, antikollektivistische Haltung in der Bevölkerung einstellt, wie Norris auf lange Sicht nicht ausschloß (Norris 1990: 75-77).

Zudem ist es nicht ausgemacht, daß *home ownership* an sich ein Stimmenfänger für die Konservativen ist. Denn angesichts der geringen Eigenfinanzierungsquote beim Haus- oder Wohnungskauf in Großbritannien kommt der Höhe der Hypothekenzinsen eine besondere Bedeutung zu. Steigen die Zinsen derart, daß die Besitzer ihr Wohnungseigentum nicht mehr halten können, kommt es häufig zu Zwangsversteigerungen (*repossessions*). Genau dies geschah in den letzten Jahren

---

[10]Ein weiterer, noch einleuchtender Grund ist, daß diese Personen das nötige Geld besaßen, ihre Wohnungen oder Aktien zu kaufen. Die wirklich Armen hatten dazu kein Geld. Von ihrer Geld- und Werteausstattung (und der Wahlabsicht für Labour) liegen die Neukäufer irgendwo in der Mitte zwischen den *council tenants* und den Hauseigentümern. Möglicherweise waren dies die „instrumentellen" Labour-Wähler früherer Jahre. Doch als sich ihr Los unter den Konservativen besserte, desertierten sie von Labour.

[11]In ähnlicher Größenordnung verlor Labour auch bei *council tenants*, die *kein* Wohneigentum kauften (1979: 68%; 1983: 55%).

der konservativen Herrschaft. Hohe Hypothekenzinsen und eine steigende Zahl von *repossessions* werden dann der jeweiligen (in diesem Fall der konservativen) Regierung angelastet. So war in den Umfragen 1995 auch der Swing unter Hypothekenzahlern am größten (Guardian, 14.6.1995).
So deutet vieles darauf hin, daß das Ausbreiten der *home ownership* als weiteres Phänomen einer Fragmentierung der Arbeiterschaft gesehen werden muß, auch wenn Heath et al. (1985: 51) dieses Phänomen lediglich dem Schrumpfen der Arbeiterklasse zuschreiben wollen - im übrigen ihre Erklärung für den Niedergang der Labour Party.[12] *Home ownership* gehört genauso wie *car ownership*, Gewerkschaftsmitgliedschaft, Religionszugehörigkeit, Nationalität, Alter und Geschlecht zu weiteren prädisponierenden Faktoren des Wahlverhaltens, wenn auch *home* und *car ownership* am stärksten wirken (Rose/McAllister 1986: 80f, Table 4.11 und 4.12). Wie Rose und McAllister schrieben: „The socio-economic interests that count" (1986: 93). Materielle Interessen geben für Wähler den Ausschlag, eine Partei zu wählen, je nachdem, ob man Hauseigentümer oder Gewerkschaftsmitglied ist, wird man sich für eine Partei entscheiden: Hauseigentümer ohne Gewerkschaftsbuch wählen zu über 60 Prozent konservativ, *council tenants* mit Gewerkschaftsbuch in ähnlicher Größenordnung Labour (Rose/McAllister 1986: 97, Table 5.4). Hier greifen Theorien, die Nachteile für Labour aufgrund soziostrukturellen Wandels befürchten, wieder gut: Die Gruppe der Hausbesitzer ohne Gewerkschaftsmitgliedschaft (als Tory-Stammwählerschaft) wuchs von 1964 bis 1983 von 34 auf 40 Prozent, während die der *council tenants* mit Gewerkschaftsmitgliedschaft im gleichen Zeitraum von 22 auf 17 Prozent sank (ebd.). Kommen zwei Interessen zusammen (Hauseigentum und Gewerkschaftsmitgliedschaft), wird das Dilemma zweier konfligierender Interessenlagen häufig dadurch gelöst, daß weder die Tories noch Labour gewählt werden, sondern Alliance/LibDems.
Für SPD und Labour zeigen sich in dieser Frage ähnliche Probleme einer fragmentierten Arbeiterschaft: Je höher das Risiko für einen Arbeiter ist, arbeitslos zu werden, desto größer die Chancen, daß er Labour oder SPD wählt (Feist/Liepelt 1990: 98-105).[13] Je höher ein Arbeitnehmer bezahlt wird und je wettbewerbsfähiger der Sektor ist, in dem er arbeitet, desto höher auch die Wahrscheinlichkeit, daß er sich für die bürgerlichen Parteien entscheidet (Feist/Krieger 1987: 43; Labour Party 1988: 6). Dies gilt auch für die Arbeiter: Während sich 72 Prozent

---

[12]Dagegen sprechen einerseits die Wertedisposition der Wohnungsbesitzer (auch Arbeiter mit Wohnungseigentum unterscheiden sich deutlich von denen ohne Wohnungseigentum in Fragen der Umverteilung), andererseits der relativ hohe Anteil der Arbeiter, die Wohnungseigentum besitzen (wie aus den N-Zahlen der Tabelle 4.2 und aus der Tabelle 4.5 bei Heath et al. 1985: 46, 52 hervorgeht). Denn mittlerweile besitzt die relative Mehrheit der Angehörigen der Arbeiterklasse (auch im engeren Sinn, s. o.) Eigentum an Wohnraum.
[13]Demnach wählen 64 Prozent der Arbeitnehmer mit gefährdeten Arbeitsplätzen SPD, aber nur 41 Prozent der Arbeitnehmer mit sicheren Arbeitsplätzen (CDU/CSU 30 bzw. 50 Prozent).

der Arbeiter mit unsicherer Stelle für die SPD entscheiden (Union: 23 Prozent), sind es bei jenen mit sicheren Arbeitsplätzen nur noch 51 Prozent (Union: 47 Prozent; Feist/Liepelt 1990: 103, Tab. 4). Im Fall der SPD gibt es aber zwingendere Gründe, warum manche Arbeiter nicht die eigentliche Arbeiterpartei wählen. Dies ist weniger eine Frage der neuerlichen Fragmentierung der Arbeiterklasse nach Sektor oder Region, sondern eine Frage intervenierender Cleavages (s. Kapitel 15.1). Denn gerade die prosperierenden Sektoren befinden sich im ländlich und religiös geprägten Süddeutschland.

Der entfremdete Arbeiter I Bereits seit den fünfziger Jahren wurde die „Entfremdungshypothese" vorgetragen, die gewisse Ähnlichkeiten mit „Embourgeoisement"-Thesen hatten. Labour bot den Arbeitern Politiken an, die sie nicht haben möchten (Abrams/Rose 1960, Crosland 1956). Crewe machte für Labours Niedergang unter den Arbeitern verantwortlich, daß Labour eher für unpopuläre Politiken stand: Die meisten Wähler, auch die *working class*, fanden sich in sechs von acht Issues näher an den Konservativen als an der Labour Party (Crewe 1982: Fig. 1.1-1.8): Besonders unpopulär waren für Arbeiter eine staatliche Einkommenspolitik und eine unregulierte Einwanderung. Dabei spielte das Image von Labour als Verstaatlichungs- und Gewerkschaftspartei eine wichtige Rolle: Selbst die Anhänger Labours wollten deutlich weniger Gewerkschaftsmacht und keine Ausweitung der Verstaatlichungen (Crewe 1982: Tab. 1.11). Es scheint, daß eine sozialistische Strategie der Labour-Linken weder Chancen bei den britischen Wählern noch bei den Arbeiterwählern hat. So scheint die Folgerung der Labour-Linken völlig abwegig, die Gründe für die Niederlage 1983 in einer mangelnden Radikalität der Partei oder den *record* der Labour-Regierungen zu suchen. Ihre Antwort war daher ein noch radikaleres Programm und die Ausschaltung der Gegner dieses Programms und eine Rückbesinnung auf „class politics". Die Arbeiterklasse, so die Linke, habe sich von Labour entfremdet und könne nur dann wiedergewonnen werden, wenn Labour radikal deren Interessen vertrete (Shaw 1994a: 24f).

Im Gegenteil, Labour kann nur dann eine Wahl gewinnen, wenn sie ihr unpopuläres Image verändert. Schließlich deuten Crewes Daten noch in eine andere Richtung: So sehr unterscheiden sich die britischen Arbeiter nicht vom Rest der Wähler: Verstaatlichungen sind unpopulär, aber die Beibehaltung oder Ausweitung von öffentlichen Dienstleistungen (im Gesundheits- und Erziehungswesen) ist weiterhin von den Wählern aller Schichten gewünscht. Zumindest für die frühen achtziger Jahre gilt, daß weder die Labour-Linke noch die Labour-Rechte die populären Antworten gefunden hatte: Beide Labour-Gruppierungen waren sich darin einig, den Verkauf der Sozialwohnungen an die Mieter abzulehnen, obwohl 85 Prozent der Wähler und 86 Prozent der Arbeiter dafür waren (Crewe 1982: 42f).

Der entfremdete Arbeiter II: In der Literatur finden sich auch Hinweise darauf, daß die sozialdemokratischen Parteien nicht mehr als Agenten des Klasseninteresses wahrgenommen werden. Es wird argumentiert, daß sie sich durch die einseitige Hinwendung zu den Angestellten von den Arbeitern entfremden (Przeworski/Sprague 1986: 42, 54). Labours Fehler, so Ralph Miliband, war, nicht ausschließlich auf ein sozialistisches Programm gesetzt zu haben (Miliband 1961: 331). Andere Autoren, die sich insbesondere mit Labours Strategie beschäftigen, sind vorsichtiger. Sie behaupten, daß Labour durch seine Strategie, alle Klassen erreichen zu wollen, es verabsäumt hat, sich auf eine Koalition der „kleinen Leute" zu konzentrieren (Marshall et al. 1989: 254f; Heath et al. 1991: 95f; Shaw 1994a: 194-196). Shaw schlägt daher vor, einen gemeinsamen materiellen Grundkonsens der Arbeitnehmer zu finden, der aus den Säulen Gemeinschaft, Wohlfahrtsstaat und Keynesianismus besteht (Shaw 1994a: 197f).
Für die Bundesrepublik wurde nach der verlorenen Bundestagswahl 1983 von Infas-Forschern angenommen, daß die SPD dramatische Verluste unter den gewerkschaftlich organisierten Arbeitern gehabt hätte. Grund dafür war „die Kooperationskrise zwischen der SPD und Gewerkschaften" am Ende der sozialliberalen Koalition (Feist et al. 1984: 136). Nicht so sehr die Mittelschichten, sondern die Stammwähler hätten zur Wahlniederlage beigetragen. Solche Ergebnisse wurden schnell widerlegt, 1984 in der bekannten „Das Eis schmilzt zuerst an den Rändern"-Theorie (Berger et al. 1984), und ab 1987 auch in den Wählerbefragungen (s.u.).
In der Bundesrepublik haben sich ganz andere Situationen, zumindest auf Landesebene ergeben, die darauf hindeuten, daß sich die SPD von den Arbeitern entfernt hat. Nachdem die SPD mit diversen postmaterialistischen Strategien experimentiert hat, wenden sich die Arbeiter inzwischen anderen Parteien zu. Diverse Landtagswahlen seit 1989 haben zu Wahlerfolgen einiger rechtsradikaler Parteien geführt. So haben sich die Republikaner seit 1992 im baden-württembergischen Landtag etabliert.
Die Wähler solcher Parteien waren vorher Wähler der beiden großen Parteien, denen sie allerdings keine Lösung von Issues „Asyl", „Innere Sicherheit" oder „Wohnungsbau" (in den Stadtstaaten) zutrauten. Möglicherweise sind die rechtsradikalen Parteien auch Nutznießer eines Dealignment-Prozesses: Denn es sind die konfessionell Ungebundenen, die rechtsradikal wählen (Kaase/Gibowski 1990: 763 mit Tab. 5; Emmert/Stögbauer 1994: 100). Ein relatives Rätsel ist allerdings weniger der hohe Anteil von Arbeitern, die DVU oder Republikaner wählen, sondern der Umstand, daß Gewerkschaftsmitgliedschaft keine Barriere dagegen bildet (ebd: 101).[14] Es ist wohl die Statusangst, die in erster Linie Fach-

---

[14] Andere Schlüsse läßt eine Infas-Befragung vom Januar 1989 zu: 14 Prozent der gewerkschaftlich organisierten Arbeiter haben die Wahl einer Partei rechts von der CDU/CSU erwo-

arbeiter (und nicht so sehr ungelernte) dazu treibt, rechtsradikale Parteien zu wählen (Roth/Schäfer 1994: 125; Kaase/Gibowski 1990: 763 mit Tab. 5). Trotz der Aufregung um die DVU und die Republikaner scheint es wahrscheinlich, daß solche Parteien auf Dauer sich nicht behaupten können, da sie zu den „flash parties" gehören, kurzlebigen Parteien, über die Converse und Dupeux schrieben: „they represent spasms of political excitement in unusually hard times on the part of the citizens whose year-in, year-out involvement in political affairs is abnormally low" (1962: 2). Coneverse und Dupeux' Konzept umschrieb eigentlich (französische) populistische Rechtsparteien, die von charismatischen Führern gegründet waren und die von Wählern mit geringem Bildungsgrad, geringem politischen Interesse und geringer Bindung an eine Partei gewählt werden.
Ihre Wähler hatten zu Zeiten der Wahlerfolge 1992/1993 eine geringe Parteineigung (etwa ein Sechstel der Rep-Wähler identifizierten sich mit dieser Partei, über sechzig Prozent identifizierte sich eigentlich mit etablierten Parteien; Roth/Schäfer 1994: 126). Wie Roth zeigte, ging die Unterstützung für die Republikaner Anfang 1990 im Zuge der deutschen Einheit zurück, und übrig blieben nur die hartgesottenen Republikaner-Wähler, die sich zu über siebzig Prozent mit dieser Partei identifizieren, während die Protestwähler wieder zu ihren angestammten Parteien zurückgekehrt waren. Die Stammrepublikaner machen nur zwei bis drei Prozent der Wählerschaft aus (Roth 1990b). Es sieht also nicht danach aus, als könnten sich die Rechtsparteien dauerhaft im deutschen Parteiensystem etablieren. Dazu fehlt ihnen auch eine dauerhafte Koalition mit einer gesellschaftlichen Großgruppe, die sich an einem Cleavage gebildet haben. Im Gegensatz dazu hat Schultze (1992, 1994) den sozialstrukturellen Wandel und Strukturdefizite der Volksparteien verantwortlich gemacht: Besonders die „Modernisierungsopfer" (Schultze 1992: 892) wählten rechts. Dagegen spricht, daß das Milieu der Modernisierungsopfer heterogen ist, daß es gewisse Klientelbeziehungen (immer noch) zur SPD und im Osten zur PDS gibt und daß sich das angebliche rechte Realignment nur bei Nebenwahlen offenbar wird.[15]

Der ostdeutsche Arbeiter: Bei der Bundestagswahl 1990 war die eigentliche Arbeiterpartei im Osten die CDU: Sie erreichte bei den Arbeitern 49,8 Prozent, während die SPD nur die Hälfte (24,8%) erzielte (Forschungsgruppe Wahlen 1990: 35). Dies wurde mit dem Issue Einheit und der Nicht-Attraktivität der SPD begründet. Nun sind also auch die Arbeiter im Osten schon Issue-Wähler? Oder hat die Union ein dauerhaftes Realignment der Arbeiter geschafft? Ein wenig

---

gen oder praktiziert, aber immerhin 20 Prozent der nicht-organisierten (Feist/Liepelt 1990: 106, Abb. 7).
[15]Wenn überhaupt. So paßt die Etablierung der rechtsextremen Parteien im prosperierenden Baden-Württemberg und Bayern nicht gut zur „Modernisierungsopfer"-These. Stichhaltiger wird die These in den Stadtstaaten oder in Sachsen-Anhalt.

fraglich ist, ob die CDU im Osten eine Arbeiterpartei bleibt. Solche Theorien scheitern meist daran, daß sie für einen kurzen Moment plausibel sind, später aber an Erklärungskraft verlieren.
So schrumpfte der CDU-Zweitstimmen unter ostdeutschen Arbeitern 1994 auf 40,6%, während die SPD auf 35,1% kam. Immer noch wenig, kann man meinen. Aber die Tendenz geht dahin, daß die SPD im Osten immer stärker zu einer Arbeiterpartei wird, die CDU trotz ihrer Mehrheit unter Arbeitern immer weniger.[16] Wie bereits in Kapitel 8.3 gezeigt, zeitigte die Bundestagswahl 1998 ein Realignment der ostdeutschen Arbeiter an die SPD: 39% der ostdeutschen und 53% der westdeutschen Arbeiter wählten die SPD (CDU: 27% bzw. 31%; Forschungsgruppe Wahlen 1998: 21f).

16.2 Die Effekte einer schrumpfenden Arbeiterklasse, des „Class Dealignment" und des sinkenden Organisationsgrads der Gewerkschaften

Schrumpfung und Class Dealignment: In der Einleitung wurde die sozialstrukturelle Niedergangsthese vorgestellt. Der direkte Zusammenhang zwischen dem Anteil der Arbeiter an den Gesamtbeschäftigten und dem Wahlerfolg der Sozialdemokratie bestätigt sich augenscheinlicher in England. Einem Prozeß rapider Deindustrialisierung folgte auch ein dramatisch sinkender Anteil der Labour Party (s. Tabelle 16.2). Hingegen sank in der Bundesrepublik der Anteil der Arbeiter an der Gesamtbevölkerung langsam aber kontinuierlich, die Stimmenanteile der SPD sanken noch weniger stark. (s. Tabelle 16.2).
1991 waren in Großbritannien 31 Prozent aller Erwerbstätigen in der Industrie beschäftigt, in der alten Bundesrepublik 40 Prozent (Kastendiek/Rohe/Volle 1994: 538; s. Tabelle 16.1). Während es in Großbritannien ab Ende der siebziger Jahre einen regelrechten Kollaps in der Industriebeschäftigung gab, verlief der Prozeß hierzulande sanfter: Mit beachtlicher Konstanz nahm der Arbeiteranteil an der Gesamtbeschäftigung um etwa drei bis vier Prozentpunkte pro Jahrzehnt ab (von Alemann 1992: Abb. 2, s. Tabelle 16.1). Dies bestätigen auch Merkels Daten: Im Durchschnitt der Jahre 1960-73 waren in Großbritannien und der Bundesrepublik 45,5 bzw. 48 Prozent aller Beschäftigten in der Industrie tätig. Vergleicht man den Durchschnitt der achtziger Jahre, so liegen die Werte bei 32,6 Prozent für Großbritannien und 41,3 Prozent für die Bundesrepublik (Merkel 1993: 84).

---

[16]1990 lag der Stimmanteil ostdeutscher Arbeiter um nur einen halben Prozentpunkt über dem gesamten ostdeutschen Wahlergebnis, 1994 lag er schon um knapp fünf Prozent darüber, 1998 abermals um vier Prozent (Forschungsgruppe Wahlen 1990: 33; 1994: 22, 1998: 22).

In der Bundesrepublik schrumpfte die Arbeiterklasse, aber längst nicht im britischen Tempo. Gab es 1951 noch dreimal so viele Arbeiter wie Angestellte, so ist seit 1987 Gleichstand erreicht (44,4 zu 44,9 Prozent). Werden die Beamten noch zu den Angestellten gerechnet, waren schon vor zehn Jahren der neue Mittelstand die deutliche Mehrheit an den Gesamtbeschäftigten (55,5 Prozent; Niedenhoff/ Pege 1989: 266-269, die offensichtlich andere Klassifikationsmethoden verwenden als Merkel). Dies war das Bild Anfang der neunziger Jahre. Seitdem erlebte die Beschäftigung im produzierenden Gewerbe dramatische Rückgänge: Waren 1990 im alten Bundesgebiet etwa vierzig Prozent aller Beschäftigten im produzierenden Gewerbe tätig, waren es 1996 noch nicht einmal 35 Prozent (Berechnungen nach: Statistisches Jahrbuch 1997: 107f).

Tabelle 16.1: Beschäftigungsanteile des Industriesektors (in Prozent aller abhängig Beschäftigten)

	1975	1985	1990	1995
Großbritannien	41,8	34,7	32,0	26,8
Deutschland: früheres Bundesgebiet	48,6	44,15	42,3	40,5
Gesamtdeutschland	-	-	41,7 (1991)	37,9

Quelle: Eigene Berechnungen nach: Statistisches Jahrbuch für die Bundesrepublik Deutschland 1997: 104-106, Statistisches Jahrbuch für das Ausland 1997: 47; Kastendiek/Rohe/Volle 1994: 535.

Tabelle 16.2: Veränderung des Anteils der Industriebeschäftigten an der Gesamtbeschäftigung und Veränderung des Anteils sozialdemokratischer Parteien im Zeitraum 1960-73 und 1980-89

	Veränderung des Anteil der im Industriesektor Beschäftigten*	Veränderung des sozialdemokratischen Stimmenanteils*
Großbritannien	-12,9	-15,9
Bundesrepublik Deutschland	-6,7	-1,6

* Differenz der durchschnittlichen Werte der Zeiträume 1960-73 und 1980-89
Quelle: Merkel 1993: 84, Tab. 9

Was heißt das für die Wahlchancen Labours und der SPD? Kitschelt verglich in einem Neun-Länder-Survey die aufgrund von Wandlungen der Klassenstruktur zu erwartende und die tatsächliche Linkswahl.[17] Er kommt zu dem Ergebnis, daß das Schrumpfen der *working class* in Großbritannien zu 24% zum Niedergang Labours beiträgt. Um es sehr einfach zu sagen: Der Umstand, daß die Arbeiterklasse schrumpft, trug in Großbritannien zu einem Viertel zum Niedergang der Labour Party bei, für die Bundesrepublik findet sich kein Effekt. Eine etwas andere Rechnung machen Forscher um Anthony Heath auf (Heath et al. 1985; Heath/McDonald 1986: 374): Nach ihnen geht ungefähr die Hälfte des Niedergangs der Labour Party auf das Konto sozialstrukturellen Wandels, ähnliche Ergebnisse liefert auch ein Bericht der Labour Party (1988).

Die stärksten Parteianhänger haben gewöhnlich ein „ideales" Klassenprofil. Das ideale Klassenprofil eines Labour-Wählers dürfte folgendermaßen beschaffen sein: Er/sie ist Arbeiter, Mitglied in einer Gewerkschaft, kein Hausbesitzer, hat eine niedrige Schulbildung und sieht sich zur Arbeiterklasse gehörig. Allerdings geht der Anteil dieser „Idealanhänger" an der gesamten Wahlbevölkerung stark zurück, von 14 Prozent 1964 auf vier Prozent 1979 (Alt 1984: 305).[18] Das ideale Klassenprofil des SPD-Wählers ist das des Arbeiters mit Gewerkschaftsbuch, auch er macht nur noch knapp acht Prozent der Gesamtwähler aus (und 13 Prozent der SPD-Wähler, Jung/Roth 1994: 12). Dazu hat in beiden Ländern sicherlich beigetragen, daß sich sowohl die Zahl der in der Industrie Beschäftigten und als auch die Zahl der Gewerkschaftsmitglieder verringerte. Die „Stammilieus" werden immer kleiner - für beide sozialdemokratische Parteien.

Die Bedeutung der Gewerkschaftsmitgliedschaft: Wie Rose und McAllister belegen, determiniert Mitgliedschaft in einer Gewerkschaft das Wahlverhalten nicht, sie *erhöht* lediglich die Chance Labour zu wählen[19] - und immerhin wählten 1983 fast zwei Drittel der Gewerkschaftsmitglieder *nicht* Labour (1986: 58 mit Tab. 4.1). In der Bundesrepublik zeichnete sich für die frühen achtziger Jahre ein ähnliches Bild ab, was den gewerkschaftlich organisierten Mittelstand angeht, hier sackte die SPD auf 43 Prozent ab, erholte sich aber bald wieder (Klingemann 1984: 604, Fig. 7; Gabriel/Brettschneider 1994). Die gewerkschaftlich organisierten Arbeiter haben der SPD, wenn auch mit gewissen Schwankun-

---

[17]Basierend auf einem Eurobarometer-Survey wird die Prozentpunkt-Differenz zwischen der tatsächlichen und der erwarteten Linkswahl der Jahre 1984-1987 gemessen, die sich aus dem Wandel der Sozialstruktur seit 1976-1979 ergibt (zur Methode und den Ergebnissen s. Kitschelt 1994: 42f).
[18]Analog geht der Anteil des hartgesottenen Tory-Wähler mit den typischen Mittelklasseattributen (z.B. nicht in einer Gewerkschaft organisiert, Hausbesitzer, höhere Schulbildung) ebenfalls zurück, wenn auch weniger stark: von 12 Prozent am Elektorat 1964 auf 10 1979.
[19]74% der Nichtgewerkschaftsmitglieder wählten 1983 eine andere Partei als Labour und 63% der Gewerkschaftsmitglieder, d.h. der „Gewerkschaftsmitgliedschaftseffekt", Labour zu wählen, liegt in einer Größenordnung von zehn Prozent. Dieser Gewerkschaftsmitgliedschaftseffekt ist in jeder Klasse ähnlich groß.

gen, die Stange gehalten (vgl. Klingemann/Steinwede 1993: 65, Jung/Roth 1994: 12). Unter den Nachkriegsjahrgängen entscheiden sich zwar (tendenziell) immer weniger Arbeiter mit Gewerkschaftsbuch für die SPD (im Vergleich zu den Vorkriegsgenerationen), dies wird aber durch eine verstärkte SPD-Präferenz der jüngeren Angestellten/Beamten mit Gewerkschaftsbuch ausgeglichen (Pappi 1990: 25 mit Tab. 4). Die Wahlpräferenzen von Angestellten und Arbeitern mit Gewerkschaftsbuch unterscheiden sich immer noch (46 % zu 55%), allerdings erhöht die Gewerkschaftsmitgliedschaft die Wahlneigung zugunsten der SPD (in einem Rahmen von etwa fünfzehn Prozent; Gabriel/Brettschneider 1994: 21, Tab. 2a; Forschungsgruppe Wahlen 1994: 21, 1998: 32).
Die Tabellen 16.3 und 16.4 zeigen, daß die Gewerkschaftsmitgliedschaft die Wahl einer sozialdemokratischen Partei begünstigt: in Großbritannien schwächer, in der alten Bundesrepublik stärker.

Tabelle 16.3: Wahlentscheidung von Gewerkschaftsmitgliedern in Großbritannien 1964-1997(in Prozent)

	1964	1966	1970	1974a	1974b	1979	1983	1987	1992	1997
Labour	73	71	66	55	55	51	39	42	46	57
Con.	22	25	28	30	23	33	31	30	31	18
Lib./SDP	5	4	6	15	16	13	30	26	19	20

Quellen: McIlroy 1995: Tab. 7.7; Butler/Kavanagh 1997: Tab. 13.1.

Tabelle 16.4: Wahlentscheidung von Gewerkschaftsmitgliedern in Westdeutschland 1976-1990, 1994, 1998 Gesamtdeutschland (in Prozent)

	1976	1980	1983	1987	1990	1994*	1998*‡
SPD	56	58	56	55	49	49,5	56
CDU/CSU	35	29	36	32	33	30	22
FDP	9	10	3	3	9	3,4	3
Grüne	-	3	5	9	7	7	6

* Gesamtdeutschland
‡ PDS: 7%, andere: 6%
Quellen: Gibowski/Kaase 1991: Tab.9; für Gesamtdeutschland: Forschungsgruppe Wahlen 1994: 21, Forschungsgruppe Wahlen 1998: 22.

Prinzipiell gilt in beiden Ländern, daß die Mitgliedschaft ein durchaus gewichtiger Faktor ist, sozialdemokratisch zu wählen. In Großbritannien dürfte der „Mitgliedschaftseffekt" (=die Differenz zwischen SPD/Labour-Anteil unter Gewerkschaftsmitgliedern und SPD/Labour-Anteil unter Nichtmitgliedern) im Mittel der Wahlen bei etwa zehn Prozent liegen, in der Bundesrepublik bei etwa fünfzehn Prozent.

Nun steht zu erwarten, daß ein steigender Organisationsgrad der Gewerkschaften auch positive Einflüsse auf die Stimmstärke der sozialdemokratischen Parteien hat. Natürlich darf hier kein perfekter Kausalzusammenhang erwartet werden. Denn der bis auch in die jetzige Zeit relativ hohe Organisationsgrad (=Anteil der Gewerkschaftsmitglieder an den Gesamtbeschäftigten) in Großbritannien hat den Abstieg Labours nicht verhindern können. Der seit Mitte der siebziger Jahre steigende Organisationsgrad in der Bundesrepublik kann auch wenig erklären, warum die SPD seit den sechziger Jahren beständig an Stimmen gewann.

In *Großbritannien* waren die Jahre von 1945 bis 1979 das goldene Zeitalter der Gewerkschaften, allein von 1960 bis 1979 stiegen die Mitgliederzahlen der TUC-Gewerkschaften von acht auf zwölf Millionen, 1992 lagen sie bei knapp über sieben Millionen (ebd: Tab. 1.5). In Großbritannien sank der Organisationsgrad des TUC von 52,45 Prozent 1979 auf 34,2 Prozent 1992 (McIlroy 1995: Tab. 1.7). Offensichtlich hat der Thatcherismus auf diesem Feld besondere Auswirkungen gehabt.[20]
Besonders hohe Organisationsgrade zeigten die schrumpfenden Altindustrien, vor allem diejenigen, die noch in staatlicher Hand waren (Bergbau), und Teile des öffentlichen Dienstleistungssektors (Gas- und Wasserversorgung, Eisenbahnen, Polizei, Krankenhäuser, Post, Erziehung). Unter den Dienstleistungssektoren sind die Gewerkschaften nur stark, wenn diese vorher in öffentlicher Hand waren (Telekommunikation). Und selbst in der verarbeitenden Industrie gibt es nur in der Stahl- und Automobilindustrie einen hohen Organisationsgrad (ebd: Tab. 1.8a).
Der oft erweckte Eindruck, daß die Gewerkschaften in den Industriesektoren stark sind, in den Dienstleistungssektoren aber nicht, erhärtet sich nicht: Alle beiden Sektoren weisen einen ähnlich hohen Organisationsgrad (35%) auf. Rose hatte Anfang der achtziger Jahre die Hoffnung, daß ein Zustrom der Angestellten in die Gewerkschaften die sich lichtenden Reihen der Arbeiter auffüllen würden (Rose 1980: 29).
Schwerer wiegt, daß sich ein hoher Organisationsgrad nur in schrumpfenden Branchen finden. Kaum Gewerkschaftsmitglieder finden sich in den expandierenden Branchen, wie der Informationstechnologie, dem Einzelhandel und der Elektroindustrie (ebd). Ebenso entscheidend ist die Betriebsgröße: Je kleiner ein Betrieb ist, umso geringer auch die Organisationsdichte. Verlagert sich das wirt-

---

[20]Entgegen der weitverbreiteten Meinung wurden von Thatcher keine besonders drakonischen Anti-Gewerkschaftsgesetze verabschiedet, zumindest gemessen an kontinentaleuropäischen Maßstäben. So wurden fliegende Streikposten verboten, der *closed shop* nicht völlig aufgehoben, außerdem mußte vor jedem Streik eine Urabstimmung abgehalten werden (Döring 1993: 205f; vgl. Zusammenstellung der Gewerkschaftsgesetze 1980-1990 bei Taylor 1993: 321-325).

schaftliche Gewicht von den Großindustrien auf Klein- und Mittelbetriebe, hat dies schädliche Auswirkungen auf den gesamten Organisationsgrad. Großbritannien wurde seit Mitte der siebziger Jahre von Massenarbeitslosigkeit geplagt. Auch dies ist eine ungünstige Bedingung für den Organisationsgrad: Für Arbeitslose sind Gewerkschaften als Interessenvertreter kaum von Belang. So sank der Organisationsgrad der TUC-Gewerkschaften unter den Arbeitslosen von fünfzig (1979) auf dreißig Prozent (1992; McIlroy 1995: Tab. 1.7).
Auf international relativ niedrigem Niveau erhöht sich in der *Bundesrepublik* der gewerkschaftliche Organisationsgrad 1960-1980 von 29,9% auf 35,8% (der gesamten abhängig Beschäftigten). In den achtziger Jahren sinkt die Zahl leicht auf etwa 33 Prozent ab (Armingeon 1988: 78 und Tab. 4.3). Wenn vom Niedergang der Gewerkschaften gesprochen wird, sollte nicht vergessen werden, daß die fünfziger Jahre das Jahrzehnt des Niedergangs waren: Von 1951 bis 1960 nahm der Organisationsgrad um zehn Prozentpunkte ab (ebd).
Die Arbeiter organisieren sich zwischen 1960 und 1980 um 9%, die Angestellten um 7% mehr (Klingemann 1984: 602f.). Allerdings liegen die Mitgliederzuwächse des DGB nicht an einer stärkeren Bereitschaft der Angestellten, sich gewerkschaftlich zu organisieren, sondern an der schieren Zahl der Eintritte von Angestellten, deren Anteil an der Gesamtbeschäftigung sich stark erhöht hatte (Armingeon 1988: 93). Dies läßt vermuten, daß ein höherer Organisationsgrad des neuen Mittelstandes sich positiv auf den Stimmenanteil der SPD auswirkt, denn Gewerkschaftsmitglieder präferieren zu 60% die SPD (Armingeon 1988: 127f.).
Doch das Bild, nach dem die Gewerkschaften Nutznießer des sozialstrukturellen Wandels sind, soll nicht überzeichnet werden: Hätten 1983 dieselben beschäftigungsstrukturellen Bedingungen bestanden (keine Abnahme der Arbeiter, keine Zunahme der Angestellten), hätte der Organisationsgrad nicht bei 35 Prozent, sondern bei 41 Prozent gelegen (Armingeon 1988: 92). Das Problem des DGB ist also ein Rekrutierungsdefizit bei Angestellten. Die Bilanz des DGB ist in einem Punkt grundverschieden vom TUC: Die Mitgliederzahlen des DGB waren in den achtziger Jahren konstant (vgl. Niedenhoff/Pege 1989: 265). Allerdings hatte der DGB damit zu kämpfen, daß sich erstens die Angestellten generell in einem schwächeren Maße organisieren als die Arbeiter (25 zu 53 Prozent), sondern daß um die Angestellten auch noch andere Gewerkschaften (wie die Nicht-DGB-Gewerkschaft) DAG konkurrierten. Ende der 80er waren nur 17 Prozent der Angestellten im DGB Mitglied (ebd: 268f).
Aber bereits Ende der achtziger Jahre sank der Organisationsgrad (da die Beschäftigung stärker anstieg als die Mitgliederzahlen). 1991 stiegen mit der Übernahme vieler ostdeutscher Arbeiter und Angestellter die Gesamtmitgliedschaft um fast vier Millionen und der Organisationsgrad um 4,5 Prozentpunkte an. Wie gewonnen, so zerronnen: 1995 lag die Mitgliederzahl nur noch um 1,2 Millionen

höher als 1989, der Organisationsgrad ist um knapp zwei Prozentpunkte gesunken (1989: 31,8; 1995: 29,03; Niedenhoff/Pege 1997: 214f).

16.3 Zusammenfassung

Der Anteil der Arbeiter, der *blue collar workers*, an der Gesamtbevölkerung oder am Elektorat oder der Anteil der Idealanhänger determiniert nicht die Wahlergebnisse der Sozialdemokraten. Dieser „naive theory" (Kitschelt 1994: 41) zufolge hätte der Stimmenanteil der SPD in den 50er und 60er Jahren am höchsten sein müssen, da zu dieser Zeit die Arbeiter den (Anfang der 50er Jahre sogar absolut) größten Teil der Wahlberechtigten stellten (vgl. Klingemann 1984: 598, Tab. 1). Es darf davon ausgegangen werden, daß der Schrumpfungsprozeß sich langfristig nicht auf die Wahlergebnisse der SPD ausgewirkt hat (Kitschelt 1994: 42f). So stehen die Wahlniederlagen der SPD seit 1983 wohl auch in keinem Zusammenhang mit einer plötzlich schrumpfenden Arbeiterschicht. Die SPD konnte trotz fortschreitender Verkleinerung der Arbeiterklasse 1994 (und wohl auch 1998) zulegen.

Entscheidender für das Schicksal von Labour war allerdings weniger die Größe der *working class*, sondern die Wahlpräferenzen der *working class*. Denn sie stand nicht geschlossen hinter ihrer Partei. Franklins wegweisende Studie weist schon in ihrem Titel auf die sinkende Unterstützung der Labour Party aus ihrer eigenen Klasse hin: „The Decline of Class Voting in Britain" (Franklin 1985). Bis in die sechziger Jahre hinein konnte sich Labour auf die uneingeschränkte Unterstützung der *working class* verlassen. Doch ab Mitte der siebziger Jahre änderte sich das Bild dramatisch: Die Zugehörigkeit zur Arbeiterklasse bedeutete nicht mehr automatisch, daß man auch Labour zu wählen hatte. Vielmehr werden sekundäre Klassenattribute wichtiger in der Entscheidung, Labour zu wählen: Gewerkschaftsmitgliedschaft und *housing*. Wer also zur Arbeiterklasse gehört, Gewerkschaftsmitglied ist und in einem *council estate* wohnt, wird ziemlich sicher Labour wählen (Franklin 1985: 118-120). Aber auch diese beiden Gruppen sind zahlenmäßig im Niedergang begriffen - keine guten Aussichten für Labour. Es spricht mit Abstand am meisten für die These, daß Labours Problem nicht die Abwendung der Arbeiterschaft als solcher ist, sondern ihre Heterogenisierung. So muß die Partei hinreichend Politikangebote für die Arbeiter in prosperierenden Sektoren und auch für die Arbeiter in schrumpfenden Sektoren machen (Laybourn 1988: 143). Das völlige Dilemma Labours wird offensichtlich, wenn sich Labour allzusehr von den Gewerkschaften (ohne ihre Duldung) entfernt. „In Place of Strife" und der „Winter of Discontent" bieten hervorragende Beispiele. In solchen Fällen verliert Labour im Zweifelsfall nach allen Seiten: Die Arbeiter gehen von der Stange und auch die Mittelschichten.

Im Vogelflug erscheint die bereits diskutierte These des *class dealignment* in Großbritannien um Längen plausibler, zumal wenn sich selbst die *small working class* regional und sektoral ausdifferenzieren sollte. Ein Angehöriger der *small working class* in Cambridgeshire könnte immer noch andere Präferenzen haben als ein Angehöriger derselben Klasse in einer sterbenden altindustriellen Region wie Nordwest-England, Nord-Wales oder am Strathclyde.

Im prosperierenden Süden Englands verlor Labour überproportional bei den *blue collar workers* und den *routine nonmanuals* (Angestellten bis zum mittleren Management; Dunleavy/Husbands 1985: 184; Crewe 1983: 195f, 1987a). Stattdessen erscheint die Labour Party der achtziger und frühen neunziger Jahre als eine Art Regionalpartei der sich deindustrialisierenden Peripherie Großbritanniens, während der prosperierende Süden (zumindest bis 1997) *true blue* war. In der Bundesrepublik haben sich wohl auch Fragmentierungsprozesse gezeigt, über deren Ausmaß und Gründe Uneinigkeit herrscht: Wählen manche Arbeiter in Baden-Württemberg oder Bayern nur deswegen nicht SPD, weil sie in prosperierenden Sektoren arbeiten, oder weil sie ländlich-religiös geprägt sind (wofür mehr spricht)?

17 Was geschah bei den Nicht-Arbeitern?

Folgt man der zweiten Auflage des „Political Man" von Seymour M. Lipset (1981: 230ff., vgl. Lösche/Walter 1992: 91), dann sind immer noch die *gewerkschaftlich* organisierten Arbeiter das Herzstück des sozialdemokratischen Elektorats. Diese Annahme bestätigt sich für die SPD auch in den 80ern, Verluste gibt es für die SPD unter katholischen Arbeitern (hier überlappt der konfessionelle Cleavage den der Klasse) und bei den nicht organisierten. Die besonders Anfang der 80er Jahre zur Endzeit der sozialdemokratischen Regierung unter Schmidt - aufgrund ihrer Eingriffe ins soziale Netz (insbesondere in der Arbeitsmarktpolitik, s. Kapitel 2.2 und 3.1.1) - behauptete Entfremdung von SPD und Gewerkschaften[1] scheint eher temporärer Natur gewesen zu sein. Wenn es also als gesichert gelten kann, daß die gewerkschaftlich organisierten Arbeiter weitgehend der SPD die Treue halten, der Labour Party aber nicht unbedingt, so schließt sich die Frage an, wie sich beide Parteien elektoral in anderen sozialen Schichten entwickeln.

Am einfachsten ist die Antwort bei den Selbständigen, denn dort erzielt die SPD kaum mehr als zwanzig Prozent, abgesehen von der Erfolgswahl 1976 (Kaste/ Raschke 1977: 47; Schmidt 1985: 381), Labour erreicht in dieser Schicht etwas über zehn Prozent. Die Selbständigen wählen überproportional stark in Deutschland CDU oder FDP und in Großbritannien die Konservativen. Deren Parteipräferenz ist allerdings nicht wahlentscheidend, denn wahlpolitisch scheinen sie zu einer *quantitée negliable* zu werden.[2] Geht man davon aus, daß die SPD und die Labour Party nicht deutlich in die Schicht der Selbständigen einbrechen konnten, so ist dies aber auch nicht entscheidend für den elektoralen Erfolg.

Wichtiger wird nun der neue Mittelstand. Er ist nicht nur der größte Anteil der Wählerschaft[3] (wenn auch die Arbeiter in der Bundesrepublik immer noch konsi-

---

[1] Kastendiek 1984: 435 und Webber 1986: 50f. Armingeon (1988: 127) verneint entschieden eine „tiefgreifende Kooperationskrise" zwischen SPD und Gewerkschaften und verweist darauf, daß es eben keine *langfristige* Entkopplung von Gewerkschaftsmitgliedschaft und SPD-Wahlabsicht gibt (in ähnlichem Sinne auch von Beyme 1978: 415).

[2] Eindrucksvoll ist der Abstieg der Selbständigen seit 1950 (insbesondere, wenn man ihn mit dem vielzitierten Abstieg der Arbeiterschaft vergleicht): 1950 machten sie 28% der Wählerschaft aus, 1985 nur noch 12%, 1994 waren es nur noch 11% (Gesamtdeutschland: 10,5%). Der Arbeiteranteil an der Wählerschaft sank von 51% 1950 auf 40% 1985 und 35% 1994 in den alten Bundesländern (Gesamtdeutschland: 36%), der der neuen Mittelschicht stieg von 21% 1950 auf 48% 1985 und 54% 1994 in den alten Ländern (Gesamtdeutschland: 53,5%; Zahlen nach Conradt/Dalton 1988: 4f.; Emmert et al. 1998: 65f mit Tab. 9).

[3] Daß der Trend in der Beschäftigungsstruktur (und somit in der Wählerschaft) in Richtung „neuer Mittelstand" geht (also diejenigen, die im Dienstleistungssektor beschäftigt sind; in den Statistiken werden sie als Angestellte und Beamte geführt), ist ein Gemeinplatz in der Literatur. Zur theoretischen Diskussion über die Bedeutung des Beschäftigungswandels Poulantzas (1975) und zusammenfassend Esping-Andersen (1985: 11ff). Zu einem interessanten Ergebnis

derable Wählerlegionen stellen; Klingemann 1984: 598), sondern auch einer, dem eine klare Orientierung auf eine Partei hin zu fehlen scheint (Emmert et al. 1998: 65f mit Tab. 10). Der neue Mittelstand steht zwischen den Arbeitern und dem „alten Mittelstand", wobei es durchaus zu einem „class overlap" (Dalton 1988: 158) zwischen der Arbeiterschaft, insbesondere den Facharbeitern und unteren Teilen des nach marxistischer Diktion „neuen Kleinbürgertums" (Poulantzas 1975: 176) kommen kann (vgl. Baker et al. 1981: 172). Das könnte bedeuten, daß eine mögliche Strategie der Sozialdemokratie darin bestehen könnte, eine schichtübergreifende Koalition der Lohnempfänger zu erreichen. Nach Przeworski (1985: 23ff. und 104ff.) stehen dafür die Chancen aber nicht gut: Denn es besteht ein „electoral dilemma" der Sozialdemokratie. Verfolgt eine sozialdemokratische Partei beispielsweise eine Mittelklassenstrategie, so muß sie damit rechnen, daß sie im Arbeitermilieu verliert, das sich von ihr nicht mehr repräsentiert sieht. Im Falle Großbritanniens erscheint diese These eher abwegig, Labour verlor in jeder Schicht. Für die Bundesrepublik finden sich durchaus Belege für eine Trade-off-Beziehung. Bei der Wahl des Jahres 1980 machte sich die bereits erwähnte (temporäre) Entfremdung zwischen Helmut Schmidt und den Gewerkschaften bemerkbar. Arbeiter mit Gewerkschaftsbuch wählten in geringerem Maße SPD, während die SPD-Wahl in *allen* anderen Berufsschichten anstieg (Pappi 1990: 24 mit Tab. 3). War die Entfremdung behoben (die SPD war in der Opposition), wählten die Arbeiter in der Gewerkschaft wieder SPD, alle anderen aber weniger.

Diese „Trade-off"-Beziehung läßt aber außer acht, daß Mittelschicht nicht gleich Mittelschicht ist. Nach Pappi/Terwey (1982: 181) ist es der SPD durchaus gelungen, in die untere Mittelschicht einzudringen, wenn es auch keine ähnlich stabile Koalition wie mit der Arbeiterschaft zu geben scheint. Folgt man Dalton (1989: 110f) dann erfolgte die Zeitenwende in den sechziger Jahren, als der neue Mittelstand seine stabile Präferenz für die Union aufgab und sich der sich modernisierenden SPD zuwandte (s. Tabelle 15.3).

In den siebziger Jahren sah es für eine kurze Zeit so aus, als sei die SPD auf dem Weg einer Arbeitnehmerpartei. Damals meinte die Forschung, die SPD sei die Gewinnerin in einer sich säkularisiernden Arbeitnehmergesellschaft, die Union die Verliererin (Kaase 1973: 169f). Immerhin gilt wohl auch für das Ende der achtziger Jahre, daß untere und mittlere Angestellte und Beamte eher SPD wählen als obere (die SPD aber niemals stärker ist als die Union; Brinkmann 1988: 26). Und möglicherweise gibt es besonders bei den Mittelschichtsangehörigen, die nach dem Krieg geboren sind, verstärkte Affinitäten zu den Grünen (ebd: 27).

---

kommt Merkel, der nachweist, daß eine Abnahme der Beschäftigten im Industriesektor eben nicht automatisch mit abnehmenden Anteilen für die SPD korreliert. Während der Anteil der Beschäftigten dort im Mittel der Jahre von 1960-1973 im Vergleich zu 1980-1989 um 6,7% sinkt, verliert die SPD nur 1,6%.

Entscheidend ist für das *stabile* Wahlverhalten dieser Schicht, ob der jeweilige Beamte oder Angestellte Mitglied in einer Gewerkschaft oder konfessionell gebunden ist (Padgett 1993a: 39), d.h. wenn das Wahlverhalten eines Angestellten oder Beamten durch seine Zugehörigkeit zu einer Cleavage-relevanten gesellschaftlichen Großgruppe strukturiert wird. So wählten 1994 52 Prozent der gewerkschaftlich organisierten Angestellten und Beamten SPD (CDU/CSU: 28%) aber nur 35 Prozent der Nicht-Gewerkschaftsmitglieder (CDU/CSU: 42%; Emmert et al. 1998: Tab. 10). 1990 wählten 55 Prozent der katholischen Angestellten und Beamten die Union (SPD: 29%) aber nur noch 34 Prozent der Nichtkatholiken dieser Berufsgruppe (SPD: 36%; Gibowski/Kaase 1991: Tab. 10).

Der neue Mittelstand als Ganzes erweist sich in Deutschland als die volatilste Gruppe, d. h. die Neigung, zwischen den Parteien zu wechseln, ist hier hoch (Klingemann 1984: 599; Klingemann/Steinwede 1993: 56, Pappi/Terwey 1982: 181). Auch hier spricht vieles für die „Freezing"-These Lipset und Rokkans: Das Parteiensystem der zwanziger Jahre ist weitgehend noch intakt, eine Partei der neuen Mittelschichten hat sich nicht etablieren können, so daß es keine stabile Koalition wie zwischen gewerkschaftlich organisierten Arbeitern und der SPD gibt. Lediglich der gewerkschaftlich organisierte neue Mittelstand entscheidet sich in seiner Mehrheit für die SPD, wenn auch hier die Schwankungen groß sein können - allerdings ist der Anteil der gewerkschaftlich Organisierten recht klein.[4]

Ähnlich sieht es in Großbritannien aus, zumindest, was die Klasse der *routine nonmanuals* angeht. Deren Bindung an die Konservativen ist allerdings um einiges stabiler als in Deutschland. Nach Heath et al. (1985: 32f, Tab. 3.2) schwankt der Anteil dieser Schicht, die die Konservativen wählen, zwischen 1964 und 1983 zwischen 38% (Oktober 1974) und 54% (1964) und stabilisert sich in den oberen 40% seit 1979 (Labour: zwischen 25% [1983] und 42% [1966, 1970]).

Werden die *non-manuals* als geschlossene Gruppe betrachtet, fällt auf, daß Labour seit 1979 ins Hintertreffen geraten ist. Auch hier leistet der Teil II dieser Arbeit einige Erklärungshilfen: Erstens dürfen die Angestellten und Arbeiter, die nicht in der Industrie arbeiten, als recht beweglich in ihrem Wählerverhalten angesehen werden. Zweitens hat es Labour nicht vermocht, diese Schichten durch überzeugende Leistungen in der Regierung dauerhaft an sich zu binden (vgl. Laybourn 1988: 6f). Zwar hatte Labour einen wirtschaftspolitischen Kompetenzvorsprung 1979, verlor aber die Wahl, weil sie mit den Gewerkschaften nicht zurecht kam. In der Folgezeit kamen unpopuläre oder ungeschickt agierende Spitzenkandidaten und ein unentschiedenes Programm dazu.

---

[4] 1980 bekundeten 64,5 Prozent der gewerkschaftlich organisierten Angestellten und Beamten, SPD zu wählen, 1990 waren es 46,9. Damit liegt der Wert ungefähr so hoch wie der der Arbeiter ohne Gewerkschaftsmitgliedschaft (1990: 50,8 Prozent; Gabriel/Brettschneider 1994: 21, Tab. 2a).

Es müßte nun das Ziel einer stimmenmaximierenden Sozialdemokratie sein, die Gruppe der Angestellten an sich zu binden. Das hieße natürlich, daß sie sich von ihrer Stammklientel fortbewegt, indem sie sich aus dem Ghetto der Arbeiterpartei zu einer Partei der *Arbeitnehmer* entwickelt (Pelinka 1980: 62). Labour wollte in den sechziger Jahren dem mit einer Politik der ökonomischen Modernisierung und sehr begrenzten gesellschaftlichen Liberalisierung begegnen. Von beiden Ansätzen blieb aber wenig übrig, vor allem als die Partei sich bei „In Place of Strife" und im „Winter of Discontent" überhob.

Die SPD reagierte darauf damit, daß sie mit dem Godesberger Programm von 1959 versuchte, auch für den Mittelstand attraktiv zu werden. Nachdem Carlo Schmid in den 50er Jahren die „Verbürgerlichung breiter Arbeitnehmerschichten" (zit. nach Müller 1984: 394) beklagt hatte, und der elektorale Erfolg in den 50er Jahren ausgeblieben war, begann man mit der Orientierung auf die Angestellten. 1961 fand bereits eine Konferenz mit dem programmatischen Titel „Angestellte im Aufstieg" statt - sichtbares Zeichen der Neuorientierung. Der elektorale Erfolg nach 1959 hielt sich aber in bescheidenen Grenzen. Zwar hatte die SPD die Wirtschafts- und Sozialordnung neben der außenpolitischen Orientierung der Adenauer-Zeit anerkannt, aber die SPD blieb in erster Linie Arbeiterpartei, wenn auch auf verbreiteter Wählerbasis. Erst 1969 kam der erhoffte Durchbruch, der 1972 darin gipfelte, daß die SPD zum ersten Mal die CDU überflügelte. Dieser Durchbruch ist die späte Frucht Godesbergs. 1972 hatte es die SPD geschafft, zur Partei der Arbeiter und lohnabhängigen Schichten zu werden, indem sie auch zu dieser Zeit die richtigen Themen auf die Agenda brachte und mit einem populären Spitzenkandidaten, Willy Brandt, in die Wahl gehen konnte. Die Themen der Wahlen ab 1969 boten ein hohes Maß an Politisierung: außenpolitische Neuorientierung (Ostverträge) und innenpolitische Reformvorhaben. Damit hatte die SPD die Jugend gewonnen, besonders diejenigen, die sich in den Jahren um 1968 politisierten und sich nun von der neuen Bundesregierung die Durchsetzung umfangreicher innenpolitischer Reformvorhaben erhofften. Diese rekrutierten sich zum Gutteil aus der Mittelschicht, die in den jüngeren Kohorten nun zur SPD strebte. 1982 sahen Pappi und Terwey (Pappi 1982: 194) die SPD schon auf dem Weg zur Partei des öffentlichen Dienstes und konstatierte einen seit Mitte der 60er Jahre anhaltenden Trend zum „increase in Left voting among white collar workers". Letzteres war eher temporärer Natur, während ersteres stärker von der Literatur beachtet wurde. Lösche und Walter (1992) sahen die SPD völlig in den Händen einer im öffentlichen Sektor beschäftigten Semi-Intelligenz gefangen, Dunleavy konstruierte sogar einen neuen Cleavage zwischen den Beschäftigten des öffentlichen und privaten Sektors. Allerdings treffen solche Diagnosen lediglich einen Ausschnitt der fragmentierten Interessen der Arbeitnehmerschaft.

In der Zeit anhaltenden und wachsenden Massenwohlstands, weitgehender Vollbeschäftigung (abgesehen von der Rezession von 1966/67) und niedriger Inflation konnten „postmaterialistische" Issues die bundesdeutschen Wahlen bis Mitte der

70er dominieren, so daß sich eine weitgehende Interessenkonvergenz der verschiedenen Lebenstile der Arbeitnehmer ergab. Sowohl Labour als auch die SPD konnten zunächst mit Issues wie Demokratisierung und Liberalisierung weite Teile einer später sich postmaterialistisch gerierenden Schicht der „Wertewähler" gewinnen. Allerdings haben sich die Erfolge der SPD erschöpft, diese Schichten für sich zu gewinnen. Zudem mußte die SPD die Erfahrung machen, daß der Mittelstand in seiner Gesamtheit weder rein materialistisch oder postmaterialistisch ist noch sich so ohne weiteres von den materialistisch-postmaterialistischen Kompromissen der SPD beeindrucken läßt. Was die Mittelschicht angeht, zeigt sich, daß sie einerseits für materialistische Themen, andererseits für postmaterialistische Themen empfänglich ist. So sprach 1972 „Willy wählen" und 1983 „Den Aufschwung wählen" die Mittelschichten an. Kaase konnte schon 1970 nachweisen, daß die SPD nicht nur wegen postmaterialistischer Issues (Liberalisierung und Ostverträge) gewann, sondern auch wegen der ihr zugesprochenen ökonomischen Kompetenz, die wohl auch durch die Person des Wirtschaftsministers Karl Schiller geprägt wurde (Kaase 1970: 68, 70). Hier ergaben sich seit den siebziger Jahren wieder Defizite, die SPD wurde immer weniger mit Modernität assoziiert und hatte damit die Chance verpaßt, „sich dauerhaft mehrheitsfähig als die modern-effiziente Partei der expandierenden und dadurch immer mehr wahlentscheidenden tertiären Arbeitnehmerschichten im gesellschaftlichen Bewußtsein festzusetzen" (Lösche/Walter 1992: 94).

Teil II hat bereits darauf hingewiesen werden, daß die ungebundene (neue) Mittelschicht nicht nur nach Themen, sondern auch nach Spitzenkandidaten, der Evaluation der wirtschaftlichen Lage und (wohl schwächer) taktisch wählt. Auch hier hatte die SPD - selbstverschuldet - keine guten Karten.

Zusammenfassung

Für beide Länder läßt sich belegen, daß beide Parteien immer noch ihre Milieuschwerpunkte in der klassisch-gewerkschaftlichen Arbeiterschaft haben. Die wohlhabenden Arbeiter in England fühlten sich von Labour kaum repräsentiert, zumal sie bei Labour ihre Statusverbesserung nicht gut aufgehoben sahen. Ein dauerhafter Einbruch in die Mittelschichten, insbesondere in den expandierenden Dienstleistungssektor, ist beiden (noch) nicht gelungen.

In Kapitel 4 wurde von der „neuen" (postmaterialistischen) Politik gesprochen, die in mehr oder weniger großem Ausmaß gerade die Mittelschichten durchdringt. Beide Parteien haben unterschiedliche Experimente gewagt, um den Herausforderungen der „neuen Politik" zu begegnen: Bei Labour war es freilich eher die alte linke Politik, der sich der Partei bemächtigte und den Stimmenanteil der Mittelschicht schmelzen ließ. Erst mit der Radikalerneuerung der Partei und der offensichtlichen Erosion der konservativen Regierung, konnte sie die materialistischen Mittelschichten für sich gewinnen und die Arbeiterschaft halten. In der SPD ist bis dato wenig Innovatives geleistet worden, die letzten programmatischen Innovationen liegen vierzig Jahre zurück. Die Akzentverschiebungen seit den siebziger Jahren haben sich nicht ausgezahlt: Die Arbeiter bleiben der SPD treu, während Teile der libertären Mittelschicht zu den Grünen wechselte, Teile der materiell orientierten zur Union (Walter 1995a: 711). Offensichtlich hat der Postmaterialismus die Linke nicht vergrößert, sondern fragmentiert (Leif/ Raschke 1994: 92). Ein weiteres Problem stellen die neuen Unterschichten dar, die in Großbritannien Wahlenthaltung üben, während sie in Deutschland mitunter rechtsextrem wählen. Für dieses Segment der Wählerschaft existiert in der SPD keinerlei Repräsentanz.[5] Die Schwierigkeiten der Interessenharmonisierung wurde bereits am Beispiel der Großstädte dargestellt. Der Dortmunder SPD-Chef Bernhard Rapkay (ein promovierter Mathematiker) sagte treffend über das Problem der fragmentierten Großstadtparteien: „Uns fehlt die Klammer" (zit. n.: Der Spiegel, 28.8.1995).

So haben Thomas Leif und Joachim Raschke zutreffend von einer Heterogenisierung der SPD-Wählerpotentiale gesprochen (Leif/Raschke 1994: 94f; Raschke/ Timm 1997: 1323). Die SPD-Wählerschaft zerfällt demnach in vier Segmente:
- „sozialdemokratischer Mainstream", die „kleinen Leute" mit materialistischen Zielen,
- „sozialdemokratische Intelligenz", die gutgebildeten und gutverdienenden Aufsteiger, die ökonomische Modernisierung erwarten,
- „sozialdemokratischer Postmaterialismus" mit Präferenz für Umwelt- und Bürgerrechtsfragen,

---

[5] Lediglich der ehemalige Münchner Oberbürgermeister Georg Kronawitter versuchte eine Synthese zwischen Sozial- und Asylpolitik (Kronawitter, in: Der Spiegel, 13.4.1992).

- „sozialdemokratischer Rechtspopulismus", die Modernisierungsverlierer, denen es um Fragen der sozialen Sicherheit und der Einwanderung geht.

Das Dilemma der Sozialdemokratie besteht darin, daß jede Entscheidung für eine bestimmte Strategie oder ein Wählersegment mit Kosten auf dem Wählermarkt verbunden ist: Entscheidet sie sich für eine postmaterialistische Stratgie, gehen die Wähler der Mitte und der neuen Unterschicht (und vielleicht auch etliche Stammwähler) verloren, entscheidet sie sich für eine „ökologische Modernisierungsstrategie" riskiert sie Verluste bei den Stammwählern (und auch der neuen Unterschichten; Leif/Raschke 1994: 89-94). Seit 1983 hatte die SPD auf unterschiedliche Segmente gesetzt, mit dem Ergebnis, daß die Wahl einer Strategie die SPD mehrheitsunfähig bleiben ließ (1987, 1994: Schutzmacht der kleinen Leute, 1990: ökologische Modernisierung). Welche Strategie ist im ganzen erfolgversprechender? Leif und Raschke (1994: 97) argumentieren durchaus überzeugend, daß ein fairer Test beider Strategien nicht gemacht werden kann: Schmidts materialistisch-kompetenzorientierter Kurs war u. a. wegen der Unpopularität seines Gegners Strauß unziemlich begünstigt, während Lafontaines zunächst erfolgversprechender Postmaterialismus-Kurs von der Einheit durchkreuzt wurde. Allerdings scheint der Schmidtsche Kurs in Zeiten der Massenarbeitslosigkeit und Verunsicherung der mit Abstand günstigere. Im Gegensatz zu Leifs und Raschkes Auffassung ist das Bündnis mit den wachstumsorientierten Mittelschichten erfolgversprechender, da sich gerade 1998 zeigt, wie fragil der Postmaterialismus ist (was nicht heißt, daß die Grünen verschwinden werden). Immerhin ist Scharping 1994 mit seiner Fortsetzung des Schmidt-Kurses nicht völlig gescheitert. Wie in Kapitel 4.2 gezeigt, ist der sozialdemokratische Postmaterialismus ziemlich fest an die SPD gebunden, was im übrigen auch für die Arbeiter gilt (wenn keine „grünen" Strategien oder die Einheit dazwischen kommen). Der Rechtspopulismus manifestiert sich meist in Landtagswahlen, kann also gerade für Großstadtparteien gefährlich werden, im ganzen gesehen aber kaum für die Bundespartei.[6] Es mag zwar Integrationsschwierigkeiten geben, aber bundesweit noch keine „Integrationskrise" (Raschke/Timm 1997: 1331).

---

[6]Die Hamburger SPD scheiterte 1997 bei dem Versuch, eine ausreichend große Koalition der Wählersegmente zustande zu bekommen. Dies lag vor allem an der SPD-Strategie, den Issue „innere Sicherheit" herauszustellen und sich so auf die Modernisierungsverlierer und „kleinen Leute" zu kaprizieren (Raschke/Timm 1994: 1327; Süddeutsche Zeitung, 20.9, 23.9.1997). Das mag stimmen, allerdings bieten sich auch zwei alternative Erklärungen an: die der „second order election", bei der rechtspopulistische Parteien gewinnen, und die der nachholenden Entwicklung: Die Hamburger SPD erlebte zeitverzögert das, was die Münchner und Frankfurter SPD schon lange kennen: die Probleme der SPD in Dienstleistungszentren.

18 Sind SPD und Labour Volksparteien?

Das Konzept einer modernen Volkspartei als „Allerweltspartei" („catch all party") wurde von Otto Kirchheimer Mitte der 60er Jahre formuliert (Kirchheimer 1965). Seit Mitte des 20. Jahrhunderts, so Kirchheimer, wandelten sich die Parteien von „Massenintegrationsparteien auf Klassen- oder Konfessionsbasis" (ebd: 26) „zu einer Allerweltspartei (catch all party), zu einer echten Volkspartei" um (ebd: 27). Grund dafür ist das Ziel der Stimmenmaximierung, der die Milieuorientierung und eine spezifische Programmatik geopfert wird.[1] Dieser neue Typus von Partei hat dann die Charakteristika eines Massenartikels, ihr Programm zeichnet eine Beliebigkeit und Unbestimmtheit aus, Wahlkämpfe laufen wie Werbekampagnen ab. Ist denn nun der Typus einer Volkspartei in der Bundesrepublik anzutreffen, sind denn die SPD und Labour welche?
Diese Frage ist völlig kontrovers beantwortet worden.

1. Besonders von marxistischer Seite wurde gerne auf das Volkspartei-Konzept rekurriert. Agnoli (1968: 40) sprach von den „pluralen Formen einer Einheitspartei", Narr (1977: 21) sah die Bundesrepublik „auf dem Weg zum Einparteienstaat" mit der „Einheitspartei fdGO". Im selben Band zeichnen Kaste/Raschke den Weg der SPD hin zur Volkspartei nach. Ganz im Kirchheimerschen Sinne des „Stimmenmaximierungsimperativs" (Kaste/Raschke 1977: 47) vollzog die SPD eine Kehrtwende, nachdem sie nach 1949 drei Wahlniederlagen hinnehmen mußte, die 1957 in der absoluten Mehrheit für die Union gipfelten: Die SPD hatte die Grenzen ihrer Expansion erkannt, sollte sie sich weiterhin auf die Arbeiter alleine konzentrieren. Diese bewußte Strategieentscheidung hing auch mit unterschiedlichen Sozialisationserfahrungen der neuen Parteielite zusammen: Dieser „Bürgermeisterblock" hatte eben schon auf kommunaler und Landesebene Regierungserfahrung gemacht und war nicht gewillt, bundespolitisch in ewiger Opposition zu verharren. Andere entscheidende Integrationsmomente waren positive Erfahrungen mit dem schwedischen Modell, das vormachte, wie eine Arbeiterpartei sich erfolgreich zu einer Volkspartei wandelte und die Politik entscheidend bestimmte. Dazu kam auch noch der spezifisch westdeutsche Antikommunismus, der schon unter Schumacher in der scharfen Abgrenzung zur SED Mitte der 40er Jahre die SPD nachhaltig prägte (ebd: 49).
An dieser Stelle setzt auch die „Konvergenzthese" an: Durch den Wirtschaftsaufschwung entradikalisieren sich die Parteien, sie konvergieren programmatisch

---

[1]Dahinter steht die ökonomische Theorie der Politik (Downs 1957), die die Parteien in erster Linie als stimmenmaximierende „office seeking parties" sieht. Während Downs aber davon ausgeht, daß sich die Parteiprogrammatik nach der Verteilung der Wähler im ideologischen Spektrum richtet, sah Kirchheimer die Wähler sich bereits in der Mitte massieren. Deswegen streben die Parteien durch Entideologisierung dorthin.

und politikinhaltlich (Thomas 1979). Die ideologischen und programmatischen Differenzen zwischen den Parteiblöcken nehmen also ab. Insbesondere die Linksparteien reagieren auf den gesellschaftlichen und wirtschaftlichen Wandel (Abramson 1971: 146), zumal sich, wie die „Embourgeoisement"-These postuliert, der sozioökonomische Cleavage abschwächt. Diese Tendenz ist für die Bundesrepublik durchaus belegbar: Die SPD akzeptierte mit ihrem Godesberger Programm 1959 die grundlegenden Entscheidungen der Adenauer-Ära: Westintegration und soziale Marktwirtschaft. Zudem hatte die CDU bis zu dieser Zeit eine Politik gemacht, die man mit dem Etikett „Ansteckung von links" bezeichnen könnte: Die Sozialleistungsquote der Bundesrepublik hatte in den 50er Jahren im internationalen Vergleich eine Spitzenposition eingenommen (Flora 1986: XXIf., Alber 1986a und 1986b, Schmidt 1992: 111). Der Ausbau des Sozialstaats wurde unter bürgerlich-sozialreformerischen Auspizien durchgeführt, beispielsweise durch die Rentenreform von 1957 (dazu näher: Schmidt 1992: 111-113). Es schien also durchaus zuzutreffen, was Thomas für die wohlfahrtsstaatliche Politik in zehn westlichen Industrieländern herausfand: „Western parties tend to bid for votes against each other by escalating their promises of welfare benefits" (Thomas 1979: 408). In anderen Worten: Die SPD hatte das Pech, sich mit einem Gegner messen zu müssen, der ihr die Themen wegnahm, indem er sich in Fragen der sozialen Sicherung an sie anpaßte.

Ähnliches gilt auch für Labour: In der Labour Party gewannen reformorientierte („revisionistische") Strömungen ab Mitte der fünfziger Jahre die Oberhand (Jones 1997). Auch wenn Labour niemals eine explizit sozialistische, schon gar nicht marxistische (Programm-) Partei wie die SPD war, erlebte sie ihr schleichendes Godesberg. Als eine empirische Untersuchung, die von der Parteirechten gesponsort wurde, Anfang der sechziger Jahre den Nachweis erbrachte, daß zentrale Programmpunkte Labours (Verstaatlichung/einseitige Nuklearabrüstung) unpopulär waren (Abrams/Rose 1960), versuchte Hugh Gaitskell von 1959 an, diese Forderungen fallenzulassen. Und ähnlich wie die CDU/CSU standen die Konservativen für die Expansion und Fortführung des Wohlfahrtsstaates: So wurden die meisten Verstaatlichungen und sozialstaatlichen Arrangements von den konservativen Regierungen der fünfziger und sechziger Jahre nicht zurückgenommen.

In einer Studie von Gluchowski/Veen wird nachgewiesen, daß sich seit den 60er Jahren die Unterschiede in den Wählerschaften der Volksparteien immer mehr nivellieren: Die Wählerschaften sind trotz gewisser „Residuen" (z.B. Arbeiter in Wählerschaft der SPD überrepräsentiert, Kirchgänger in der der CDU) kaum mehr zu unterscheiden (Gluchowski/Veen 1988: 245).

Kirchheimers Modell, das für die Bundesrepublik „triumphantly correct" (Smith 1982: 70) sein soll, ist zugleich ein europäisches Phänomen: Nach Smith (1982: 73) ist es keine nationale Anomalie der bundesdeutschen Parteienlandschaft, sondern die prädominante Form der europäischen überhaupt.

2. Die „Volksparteienthese" war aber auch heftiger Kritik ausgesetzt: Mintzel bezeichnete die *catch all party* als „ein[en] realitätsferne[n] Konstruktionsmythos, als Phantom, als ein Lieblingsmonster der Parteienlehre" (Mintzel 1993: 77). Er verneint, daß es überhaupt Volksparteien im Kirchheimerschen Sinne gäbe und ersetzt den Ausdruck „Volksparteien" durch „Großparteien", die komplexe Mischtypen aus Massenintegrations-, Wähler-, Apparat- und Milieuparteien sind (ebd: 78). Wiesendahl (1992) argumentiert in seinem „Nachruf auf eine zwiespältige Erfolgsgeschichte" ähnlich: Denn es gibt, so Wiesendahl, deutliche Indizien dafür, daß es keine Allerweltsparteien gibt:

- Die „Großparteien" haben weiterhin Milieuschwerpunkte;
- sie haben immer noch ein bestimmtes ideologisches Profil, was sich in ihrer klaren Verortung auf der Rechts-Links-Achse zeigt;
- sie verfolgen andere Politikinhalte;
- andere, neue Parteien haben sich gegründet, die den ihnen unzufriedene Wähler abspenstig machen.

So sind sie an der Oberfläche Volksparteien, „während im Herz- und Seelenbereich die Integrations- und Traditionspartei fortlebt" (Wiesendahl 1992: 10). Es scheint so, daß in den 80er Jahren sich politische Alternativen abseits der Volksparteien etablierten, was zu einer zunehmenden Fraktionalisierung des Parteiensystems geführt hat (s. Kapitel 14.2; von Beyme 1984: 318ff.).

3. Einen Mittelweg zwischen beiden Auffassungen zeigt Schmidt auf (1985: 381ff.): Er kommt zu dem Schluß, daß es keine echten Volksparteien gibt. Zwar bewegten sich die großen Parteien in die Richtung, blieben aber in der Mitte stehen oder stecken. Dies gilt besonders für die SPD, die sich etliche neue Wählerschichten erschließen kann, aber eben längst nicht in alle einbricht (wie im Beispiel der Selbständigen). Auch hier hemmt die starke religiös-konfessionelle Konfliktlinie die Entwicklung der SPD in Richtung Volkspartei, dazu kommt die neue postmaterialistische Konfliktlinie, die der SPD einen Spagat zwischen Postmaterialisten und Materialisten aufnötigt (s. Kapitel 4.2). Es scheint eher so zu sein, daß die CDU der „Prototyp einer Volkspartei" ist (Haungs, zit. n. Schmitt 1992: 156). Sie hat ihre Milieuschwerpunkte immer noch bei den Katholiken und gläubigen Protestanten, Landwirten und Selbständigen, zugleich gelang ihr auch die Anbindung eines großen Teils der Arbeiter (Gibowski/Kaase 1991: 16f, Tab. 8-10; Jung/Roth 1994: 10, Tab. 2.) Ähnlichen Erfolg hatten die britischen Konservativen: Sie wurden schwerpunktmäßig von der *middle class* gewählt, aber immerhin ein knappes Drittel der Arbeiter gab ihnen die Stimme (vgl. Kaiser 1991: 17).

Um die Frage zu beantworten, ob SPD und Labour Volksparteien sind, sind zwei Untersuchungsschritte nötig: ein Rekurs auf die soziostruktureller Zusammensetzung ihrer Wählerschaft und ihrer Mitglieder. Sind beide Parteien von den Wählern her Volksparteien, oder haben sie weiterhin Milieuschwerpunkte? Und wie sieht es bei den Mitgliedern aus? Sind beide Parteien von den Mitgliedern her immer noch Arbeiterparteien? Denn es ist denkbar, daß beide Parteien unter ihren Wählern immer noch Milieuschwerpunkte haben (z.B. die Arbeiterschaft), während ihre Mitgliederschaft schon den Wandel zur Volkpartei vollzogen hat.

Wähler der SPD Das Kernelektorat der SPD bleibt auch weiterhin der gewerkschaftlich gebundene Arbeiter (und im schwächerem Umfang auch der Angestellte; Jung/Roth 1994: 12, Tab. 4), die SPD vermochte es aber nicht, nicht in einem solchen Umfang in Union-Bastionen vorzudringen, wie es die Union bei den Arbeitern tat.
Die SPD ist nicht davor gefeit, sich nicht doch wieder auf die Arbeiterschaft zu konzentrieren. Ein Indiz dafür waren die gespannten Beziehungen zwischen der SPD und den Gewerkschaften im Gefolge der Wirtschaftskrise der frühen 80er. Im November 1981 organisierte der DGB Massenproteste gegen die SPD-geführte Bundesregierung, die sich gegen die Sparpolitik des Kabinetts Schmidt richteten. Eugen Loderer meinte, nun sei „die Grenze des Ertragbaren erreicht" (zit. nach Kastendiek 1984: 436). Das Verhältnis entspannte sich nach dem Regierungswechsel im Oktober 1982. Die SPD schien fast schon erleichtert, nicht mehr an der Regierung zu sein. In der Kieler Erklärung vom November 1982 schien sich eine Hinwendung an die Arbeiter abzuzeichnen: „Die Arbeiterschaft war immer das Fundament der Sozialdemokratie. Obwohl verschiedene soziale Gruppen bei uns ihren Platz gefunden haben, liegt in der Verbindung zu den Arbeitnehmern und den Gewerkschaften auch zukünftig die stärkste Quelle unserer Kraft." (zit. n. Kastendiek 1984: 438).
Bestimmt bedeutet diese Erklärung kein Zurück hinter Godesberg, macht aber deutlich, daß das Bemühen um den Mittelstand wie die Volksparteistrategie keine lineare, sondern dialektische Entwicklung ist. Unüberbotener Höhepunkt war die 1972er Wahl, als die SPD als Partei der Arbeiter und lohnabhängigen Mittelschichten reüssierte (Müller: 1984: 400).
Das Bemühen um ein verbessertes Verhältnis zur katholischen Kirche (Klotzbach 1989) hat durchaus Früchte getragen, aber zu keiner Zeit einen Durchbruch gebracht. Besser könnten für die SPD die Aussichten dann werden, wenn der Säkularisierungstrend weiter fortschreitet und konfessionell gebundene Wählerschichten erreichbar sein sollten (Kaase 1973). Geht man von der kaum nachlassenden Stärke dieses Cleavages aus, so stehen die Chancen für die SPD eher schlecht.
Wie Tabelle 18.1 zeigt, wandelte sich die SPD von einer Partei der Arbeiter zu einer Partei der Arbeitnehmer (mit einem leichten Übergewicht der Arbeiter), der reine Arbeiteranteil an den SPD-Stimmen sinkt, während der der niederen Angestellten steigt.

Tabelle 18.1: Soziale Schichtung der SPD-Wählerschaft und der Gesamtwählerschaft 1975 und 1990 (in Prozent)

	Arbeiter	niedere Angestellte	höhere Angestellte	Rest	Arbeiterrepräsentationsindex
1975: Anteil an der Wählerschaft der SPD	52,7	35,9	4,4	13,5	1,26
Anteil an der Gesamtwählerschaft	*41,8*	*36,6*	*6,3*	*15,3*	
1990: Anteil an der Wählerschaft der SPD	34,4	34,0	24,1	24,7	1,16
Anteil an der Gesamtwählerschaft	*29,7*	*32,4*	*26,0*	*11,8*	

Arbeiterrepräsentationsindex: Anteil der Arbeiter die SPD wählen, geteilt durch den Anteil der Arbeiter an der Gesamtwählerschaft.
Quelle: Merkel 1993: 77, Tab. 5; 80, Tab. 6; 81 Tab. 7.

Tabelle 18.2: Soziale Schichtung der Wählerschaft Labours und der Gesamtwählerschaft 1975 und 1990 (in Prozent)

	Arbeiter	niedere Angestellte	höhere Angestellte	Rest	Arbeiterrepräsentationsindex
1975: Anteil an der Wählerschaft Labours	70,8	21,0	2,5	8,8	1,31
Anteil an der Gesamtwählerschaft	*54,2*	*30,3*	*6,5*	*15,3*	
1990: Anteil an der Wählerschaft Labours	44,0	30,4	14,6	15,5	1,15
Anteil an der Gesamtwählerschaft	*38,1*	*32,1*	*15,0*	*14,8*	

Arbeiterrepräsentationsindex: Anteil der Arbeiter die SPD wählen, geteilt durch den Anteil der Arbeiter an der Gesamtwählerschaft.
Quelle: Merkel 1993: 77, Tab. 5; 80, Tab. 6; 81 Tab. 7.

Wähler Labours Labour hatte selbst Probleme, seinen Milieuschwerpunkt zu halten. Noch in den sechziger Jahren war die Welt intakt, und über sechzig Prozent der Arbeiter wählten auch Labour. Doch ab 1970 sanken die Anteile auf 57 Prozent, bis sie 1983 den Tiefstand von 42 Prozent erreichten. Erst 1992 wurde wieder die Fünfzig-Prozentmarke überschritten, 1997 kehrte der alte Urstand der

Natur mit 58 Prozent wieder (Denver 1994: 61, Tab. 3.3; Sanders 1998: 220, Tab. 8.1).

Tabelle 18.2 verschleiert einen Teil der Wahrheit. Zwar war Labour auf dem Weg von einer Arbeiter- zu einer Arbeitnehmerpartei wie die SPD: Der Wert des Arbeiterrepräsentationsindex ist 1990 in beiden Ländern fast gleich. Allerdings aus unterschiedlichen Gründen: Während die SPD relativ erfolgreich die Arbeiter und Angestellten hielt, verlor Labour in beiden Gruppen.

Für den für Labour mißlichen Trend seit Mitte der sechziger Jahre wurden sozialstrukturelle und politische Gründe verantwortlich gemacht: Die Arbeiterschaft, so z.B. Ivor Crewe (1987), fragmentiere sich, so daß wohlhabende Arbeiter im Süden Englands konservativ wählen, während die Arbeiter in den schrumpfenden Altindustrien treu zu Labour stünden. Mark Franklin hingegen sah den prägenden Einfluß der bloßen Schichtzugehörigkeit generell schwinden. Aussagekräftiger sind andere Faktoren, wie z.B. der Besitz an Wohneigentum.

Andere Forscher hingegen sahen die sinkende Unterstützung der Arbeiter für ihre Partei entweder in bestimmten Issues (wie die Unzufriedenheit über die Inflation und die Streikwelle 1979) oder in einer generellen Frustration über den wirtschaftlichen Niedergang Großbritanniens, dem die Labour-Regierungen 1964-70 und 1974-79 nichts entgegenzusetzen hatten (vgl. Alt 1979, 1984).[2] Linke Kritiker der Labour-Regierungen sahen einen weiteren Grund in der Enttäuschung über die ausgebliebene Expansion des Wohlfahrtsstaates, über die sich ab 1978 verschärfende Politik der Labour-Regierung den Gewerkschaften gegenüber oder generell die Aufgabe „alternativer ökonomischer Strategien" (Seyd 1987). In jedem Fall gab es eine Entfremdung zwischen der „rechten" Parteiführung und der Parlamentsfraktion einerseits und den Gewerkschaften andererseits, was dazu führte, daß mit Hilfe mächtiger Gewerkschaften die Linke zeitweilig die Partei und ihre Strategie dominierte. 1983 war sowohl die Geduld der Arbeiter als auch der Gewerkschaften überzogen. Mit der neuen Parteiführung unter Neil Kinnock kam auch wieder das Vertrauen der Arbeiter (und etwas schwächer auch der *middle class*) zurück. Allerdings scheint es nicht sehr plausibel anzunehmen, daß die Arbeiter 1997 euphorisch in den Schoß Labours zurückgekehrt sind. In den Arbeiterhochburgen fiel die Wahlbeteiligung geringer aus (Curtice/Steed 1997: 300), außerdem erklärt sich der niedrige konservative Anteil der Konservativen an den Arbeiterstimmen (29%) wohl auch durch das extrem schlechte Image der Konservativen.

Während die Konservativen bei den Arbeitern gewannen, stagnierte Labours Stimmenanteil in der *middle class* bei knapp einem Viertel, 1983 waren es sogar nur 17%. Hier gelang Labour ein deutlicher Einbruch erst bei der Wahl 1997: La-

---

[2]Vor allem die Labour-Parteiidentifikation unter Arbeitern sank während der ersten Regierung Wilson stark - ein Beweis dafür, daß die Parteiidentifikation durchaus auch einen instrumentellen Effekt hat (Alt 1979: 261f).

bour wurde sogar stärkste Partei in der *middle class* (Labour: 40%, Konservative: 38%). Möglicherweise kann Labour einen solchen Vorsprung nicht halten, aber der Auszug aus dem Klassenghetto ist vorerst gelungen. Dies läßt sich wohl am besten politisch erklären: Eine schwache konservative Regierung ohne Problemlösungskompetenz und mit vielen Skandalen, die der *middle class* auch noch erhebliche Steuerlasten aufgebürdet hatte, verlor gegen eine runderneuerte Partei mit einem (politisch) attraktiven Spitzenkandidaten. Da die Konservativen unter den Mittelschichten besonders stark verloren (minus 18 Prozent) und unter den Arbeitern weniger (minus neun Prozent) und Labour in ähnlicher Größenordnung hinzugewann, scheinen die beiden großen Parteien keine besonderen Milieuschwerpunkte mehr zu haben.

Mitglieder der SPD: Wie sieht es bei der sozialen und beruflichen Struktur der Mitglieder aus? Die SPD informierte sich selbst durch zwei Studien, die „Kommunikationsstudie" von 1977 und die nordrhein-westfälische Ortsvereinsstudie von 1983. Danach lag der Arbeiteranteil an den Parteimitgliedern bundesweit bei etwa zwanzig Prozent - mit sinkender Tendenz. Angestellte stellten etwa 26% , Beamte 14%, Selbständige 5%, Personen in Ausbildung 4%, Rentner 18% und Hausfrauen 8% (Becker et al. 1983: 59).[3] Ähnliches bestätigen auch die von Niclauß vorgelegten Zahlen für 1993: Die Beamten machen 11% der Parteimitglieder aus (stellen aber nur 3,7% der parteifähigen Bevölkerung), die Angestellten 28% (25%), die Arbeiter 24,4% (20,5%), die Selbständigen 4,3% (4,5%). Hinzu kommen Schüler und Studenten mit knapp 7% und Hausfrauen mit knapp 12%. Deutlich unterrepräsentiert sind die Pensionäre, die zwar 25 Prozent der parteifähigen Bevölkerung stellen, aber nur zehn Prozent der Mitglieder (Zahlen nach Niclauß 1995: 167). Ähnliches bestätigen die Daten, die Gabriel und Niedermayer vorlegen (1997: Tab. 3-8): Die SPD-Mitglieder haben ein eher höheres Bildungsniveau und Einkommen als die Wähler der SPD und sind eher älter als die Wähler. Fairerweise muß aber darauf hingewiesen werden, daß *alle* Parteien Angestellten- bzw. Beamtenparteien sind (bis auf die PDS, die eine Rentnerpartei ist; Gabriel/Niedermayer 1997: Tab. 3, 4).
Bei SPD-Parteiämtern sinkt der Arbeiteranteil immer mehr: So waren nur noch 13% der Delegierten auf nordrhein-westfälischen Parteitagen Arbeiter (Angestellte: 26%; Beamte: 23%) und nur 11% der Ortsvereins-Vorstände (Becker et al. 1983: 60). Auch bei anderen Parteiämtern gilt: je höher die Parteiebene, umso

---

[3]Etwas andere Zahlen präsentiert von Beyme, der sich auf die Angaben der Parteizentralen stützt. Auch bei diesen Daten sinkt der Anteil der Arbeiter an der Gesamtmitgliedschaft zwischen 1977 und 1990, der Anteil der Angestellten und Hausfrauen steigt leicht, andere soziale Gruppen stagnieren (von Beyme 1991a: 136, Tab. 4.2).

weniger Arbeiter und umso mehr Beamte.[4] Die Autoren der 1983er Studie führen dies darauf zurück, daß den Angehörigen des öffentlichen Dienstes mehr Zeit und mehr Hilfsmittel für die Ausübung von Parteifunktionen zur Verfügung stehen (Becker et al. 1983: 61).

Im Bundestag schließlich hat der Prozeß, die Arbeiter zu marginalisieren, seinen Höhepunkt erreicht: Arbeiter werden mittlerweile in die Kategorie „politische Randgruppe" (wie bei Müller 1992) geordnet, sie machen nur 2,5% aller SPD-Bundestagsabgeordneten aus, fünfmal weniger als die Selbständigen (12,1%). Die Beamten hingegen bestimmen das Bild: 48,5% der Bundestagsabgeordneten übten diesen Beruf aus (darunter überdurchschnittlich viele Lehrberufe [24,7%]), Angestellte waren 31,4 Prozent der SPD-Abgeordneten (Zahlen für 1990; Müller 1992: Tab. 1).

Nach Lösche und Walter hat der Influx der neuen Mitglieder seit Ende der sechziger Jahre die Partei reideologisiert (Lösche/Walter 1992: 157f). Denn die (damals) neuen Mitglieder waren die Jugend und der Teil des Mittelstandes, die sich in der Zeit der APO politisiert hatten. Der Umstand, daß die SPD immer mehr Akademiker, Angehörige des öffentlichen Dienstes und generell Postmaterialisten anzog, nimmt damit problematische Dimensionen an: Gerade die Arbeiter fühlten sich zunehmend fremd in ihrer eigenen Partei und der aufsteigende Mittelstand fühlt sich von der SPD nicht mehr angesprochen (ebd: 161f).

Parteimitglieder Labours: Auch bei Labour läßt sich die Tendenz ausmachen, daß die Parteielite akademischer und mehr *middle class* wurde (Kavanagh 1982a: 96-102). Die Parteielite hat sich damit von ihrer Wählerschaft entfernt (ebd: 109). In den neunziger Jahren setzte sich dieser Trends bei den Labour-MPs fort: 84% haben einen Universitätsabschluß oder wenigstens Sekundarbildung, 28% arbeiteten im Erziehungswesen, 9% waren Berufspolitiker und nur 22% Arbeiter (Zahlen für 1992; Fisher 1996: 77f).

Hindess hatte bereits Anfang der siebziger Jahre einen „Decline in Working Class Politics" festgestellt (Hindess 1971). Tatsächlich ist gab es einen „decline in working-class activism in the Labour Party" (Whiteley 1982: 122). Whiteley führt dies auf eine profunde Enttäuschung der Arbeiter über Labours Regierungspolitik zurück: Da sich die Arbeiter oft aus „instrumentellen" Gründen Labour an-

---

[4]*Berufliche Zusammensetzung von Mitgliedern und Inhabern von Parteiämtern in der SPD 1977 (in Prozent)*

	SPD-Mitglieder	Ortsvereins-vorsitzende	Unterbezirks-vorsitzende	Bezirks-vorsitzende
Arbeiter	29,0	27,4	7,5	6,8
Angestellte	25,0	32,6	47,1	40,6
Beamte	10,0	18,9	34,8	34,6
Sonstige	26,0	21,1	10,6	18

Quelle: Braunthal 1983: 64, Tab. 11.

schließen (sie wollen bestimmte Politiken durchgesetzt sehen), traten sie aus der Partei verstärkt aus, als Labour ihre Politikvorstellungen nicht durchsetzen konnte. Wie in Kapitel 19.1 gezeigt wird, gibt es aber auch die „Idealisten", die „Gesinnungsethiker" in einer Partei. Nach Hindess (1971: 136) und Whiteley (1983: 59f) kamen sie aus der *middle class*, und entfremdeten die Arbeiter durch eine ganz eigene Sprache des Idealismus, die die Arbeiter nicht verstanden. Erst Seyd und Whiteley (1992) unternahmen eine große Mitgliederbefragung, die die früheren Befunde empirisch absicherten: Die meisten Parteimitglieder kommen aus den Mittelschichten, besitzen ein eigenes Haus, verdienen relativ gut, arbeiten im Staatsdienst (vor allem im staatlichen Dienstleistungssektor) und haben eine hohe Schulbildung (ebd: 28-40).

Zusammenfassung

Es läßt sich nicht belegen, daß die SPD eine Volkspartei ist. Die Mittelposition von Schmidt ist wohl diejenige, die der Situation der SPD am besten gerecht wird: Solange es Cleavages in der bundesdeutschen Gesellschaft gibt, die sich im Parteiensystem niederschlagen, *kann* sie es auch nicht werden.
Die weiteren Chancen stehen schlecht: Zwar nimmt der religiöse Cleavage ab, ist aber immer noch stärker als der ebenfalls abnehmende Klassencleavage. Offe und Gramsow behaupteten, daß die SPD mit der Anerkennung der parlamentarisch-demokratischen Regierungsordnung alternativlos und etatistisch werde und zunehmend „Schwierigkeiten mit diesem neuen Typ in der Politischen Kultur" bekomme: den neuen sozialen Bewegungen und dem Postmaterialismus (Offe/Gramsow 1981: 558). Die SPD hat es dann ganz im Sinne der Krisentheorie Offes mit „Widersprüchen und Folgeproblemen des rigorosen und einseitigen sozialdemokratischen Etatismus" (ebd: 559) zu tun. Verläßt aber die Sozialdemokratie den etatistischen Weg und geht den libertär-postmaterialistischen, dann kann diese Strategiewahl auch ihre Kosten haben: Autoritär-materialistische Anhänger der Sozialdemokratie könnten dann rechtspopulistische Parteien wählen. Dann hätten Kaste und Raschke recht, als sie schrieben: „Dieses System von Volksparteien kann sich nicht von der Mitte, sondern von den Rändern her ändern" (1977: 70).
Dies gilt nicht für Labour Party, die bis 1997 eine ausgesprochene Klassenpartei war. Und hier änderte sich das System von Volksparteien von der Mitte her.

TEIL IV: Organisationsstruktur von SPD und Labour
Kapitel 19-21

19 Parteien als Forschungsgegenstand

Dieses Kapitel ist nicht der Funktion von Parteien gewidmet (dazu umfassend: von Beyme 1997), sondern der Frage, wie in den hier zur Diskussion stehenden Parteien entschieden wird, wer Macht ausübt, wie innerparteiliche Macht errungen wird und was sich in der Opposition verändert hat.

Parteien haben prinzipiell die Funktion:
- Ziele zu definieren (durch Ideologie und Programmatik),
- gesellschaftliche Interessen zu artikulieren und zu aggregieren,
- die Bürger zu mobilisieren und in das politische System zu integrieren,
- Eliten und eine mögliche Regierung zu rekrutieren (von Beyme 1984: 25; ders: 1997: 361).

Ob und in welchem Ausmaß welche Funktionen erfüllt werden, hängt vom jeweiligen Parteientyp ab. Diese Parteitypen differieren nach Zeiträumen: So gab es - idealtypisch - bis Anfang dieses Jahrhunderts Eliteparteien, nach dem ersten Weltkrieg Massenparteien, seit Ende der fünfziger Jahre Volksparteien und seit Ende der siebziger Jahre Berufspolitiker-Parteien (von Beyme 1997: Tab. 1). Andere Typologien stellen die Dominanz einer dieser Funktionen in den Vordergrund: So kann auch zwischen Programm- und/oder Mitgliederparteien und Wettbewerbsparteien unterschieden werden (vgl. Epstein 1967: 262-264; Klingemann/Volkens 1997: 518f). Solche Typologien haben dann auch einen unterschiedlichen Grad an ideologischer Polarisierung zur Folge: Programmparteien (wie die Massenmitgliederparteien Anfang dieses Jahrhunderts) polarisieren das Parteiensystem ideologisch (sie sind in ihrer Programmatik nicht kompromißbereit), Wettbewerbsparteien (z.B. Volksparteien) schielen auf die nicht-ideologische Mehrheit der Wähler, was programmatische Mäßigung zur Folge hat. Jun (1996) wählte in Anlehnung an Wiesendahl (1980) wählte anderes Typologie-Kriterium, das danach fragt, wie Partizipation und Effizienz innerhalb einer Partei austariert werden: So lassen sich *Partizipationsparteien* („Transmissionsparadigma": Entscheidungsprozesse verlaufen von unten nach oben), *Medienparteien* („Konkurrenzparadigma": umfassende Partizipation ist disfunktional, hohe Autonomie der Parteiführung, die über die Medien mit den Mitgliedern und den Wählern kommuniziert) und die *Gremienparteien* (Parteiführung als offene, pluralistische und responsive Elite, Subeinheiten sind autonom).

Jun/Wiesendahls Typologie reflektiert eine normative Frage, die die Parteienforschung seit der Arbeit von Robert Michels (1989) bestimmt hat:[1] Wieviel innerparteiliche Demokratie verträgt eine Partei? Folgt man von Beymes Typologie der Parteien (von Beyme 1997: Tab. 1), dann ist dies eine typische Frage von Massenparteien, die sich auf der Basis von Klassenkonflikten gebildet hatten. Der Volksparteien- und Profiparteientyp hat diese Fragen in seiner Art gelöst.

Ausgehend von der Studie Robert Michels' über die SPD Anfang des 20. Jahrhunderts liegt es nahe zu behaupten, daß innerparteiliche Demokratie und politische Organisation nicht kompatibel sind (Michels 1989). Michels nahm an, daß in Parteien in „das eherne Gesetz der Oligarchie" gilt: Die Parteiführung verselbständigt sich durch die Kontrolle des Parteiapparats und durch die Apathie der Mitglieder.

McKenzie ging sogar einen Schritt weiter, indem er nahelegte, daß die Nicht-Existenz von innerparteilicher Demokratie die politische Demokratie fördere, womit er den Typ einer „Medienpartei" verfocht.[2] Denn wenn radikale Aktivisten und Strömungen den Parteivorsitzenden und nach gewonnener Wahl auch den Regierungschefs ihre Politikvorstellungen auferlegen, führe dies dazu, daß „organs of party would transcedent in importance the organs of government, as is usually the case in totalitarian political systems" (McKenzie 1982: 196). Nur durch das eherne Gesetz der Oligarchie ist gewährleistet, daß die Parteiführer (und die Parlamentspartei) dem Wähler und nicht der Partei verantwortlich sind (McKenzie 1982: 200; vgl. Duverger 1967: 182). Folgenreich war die Debatte deswegen, weil sie einen Dauerkonflikt zwischen Parteiaktivisten und der Parteiführung annahm. Ein übergroßer Einfluß der Aktivisten schade nach McKenzie der Verantwortlichkeit der Partei- und Regierungsführer vor den Wählern. Denn die Aktivisten seien ideologisierte Schwärmer ohne Rückkopplung an den Wähler (Kavanagh 1982b: 218). Dennis Healey konstatierte bereits 1960 „a big and growing gap between the active party workers and the average voter (zit. n. Butler/Rose 1960: 198).

Andere Theorien (z.B. die ökonomische Theorie der Politik) stellten auf den Wettbewerb von Eliten im Kampf um Wählerstimmen ab und vergaßen darüber hinaus, daß die Eliten und ihr Handeln eben auch von den organisatorischen Eigenarten einer Partei bestimmt werden. Eliten (wie bei Schumpeter: 1980 [1950]) oder Parteien (wie bei Downs: 1957) sind eben nicht nur „eigennutzmaximierende Unternehmer", die durch siegreichen Kampf um Wählerstimmen an die

---

[1] Von Beyme schreibt: „Parteiforschung war weitgehend Auseinandersetzung mit Michels' Oligarchiethesen" (von Beyme 1991: 465).

[2] „... the tendency of party leaders to escape the direct control of their followers is essential for the operation of democratic government in a pluralistic society..." (McKenzie 1982: 197).

Macht wollen (Schmidt 1995: 140; vgl. von Beyme 1991d: 463). Dies setzt aber voraus, daß die Parteielite monolithisch verfaßt ist und weiß, was sie will. Und vor allem sollte es innerhalb einer Partei dann kaum Autonomie anderer Parteigliederungen und Vetopotentiale geben. Spätere Studien von Angelo Panebianco und Alessandro Pizzorno wiesen in eine andere Richtung. Zunächst wollen Parteien als freiwillige Organisationen sowohl Mitglieder als auch Wähler anziehen, und schließlich auch politische Programme umsetzen - womit die Mobilisierungs- und Zielfindungsfunktion angesprochen ist.[3]

Parteien bestehen aus vielen Individuen mit durchaus unterschiedlichen Zielen und unterschiedlichem Hintergrund auf unterschiedlichen Ebenen. Pizzorno machte drei Ebenen der Parteien aus: ihre soziale Basis, ihre Aktivisten und ihre politischen Unternehmer (Pizzorno 1981: 251f). Diesen drei Ebenen bieten die Parteien unterschiedliche Anreize, sich ihr anzuschließen: Idealtypisch wollen die politischen Unternehmer Karriere machen, die Aktivisten erhoffen sich gewisse materielle und immaterielle Güter (bestimmte Politiken oder eine Ideologie), Wähler und einfache Mitglieder wollen ihren Idealismus vertreten sehen und sehnen sich nach Nestwärme und einer politischen Heimat (Greven 1987: 55-60; Ware 1996: 76-78). Diese simple Dreiteilung verkennt aber, daß die Parteimitglieder sich auch ein wenig nach Einfluß sehnen (vgl. Niedermayer 1997b), was aber nicht unbedingt heißen muß, daß sie *alle* Personal- und Politikentscheidungen bestimmen wollen.

Besonders rätselhaft war immer, warum sich Parteimitglieder einer Partei anschließen. Denn nach der „Theorie der kollektiven Aktion" Mancur Olsons (1965), haben Organisationen, die „kollektive Güter" (z.B. bestimmte Politiken) herstellen, immer Mobilisierungsprobleme, da sie ihren Mitgliedern keinen direkten, materiellen Nutzen anbieten können. Schließlich profitieren von kollektiven Gütern alle und nicht nur die Mitglieder einer Organisation. Folglich sind die Anreize gering, sich einer Organisation (z.B. einer Partei) anzuschließen, die kollektive Güter produziert (das „free rider"-Problem).

Paul Whiteley (1982, 1983: 57-69) untersuchte im Licht dieser Theorie die Motivationen von Parteimitgliedern und kam zu folgendem Ergebnis: Hat eine Person das „instrumentelle Ziel", eine bestimmte Politik durchsetzen zu wollen, dann ergeben sich wenige Anreize, sich einer Partei anzuschließen. Aber diese Person kann auch „private" Interessen verfolgen, wenn er sich einer Partei anzuschließt:

---

[3]Dies hatten sowohl Schumpeter als auch Downs nicht ausreichend gewürdigt. Besonders für Downs waren Programme nur Mittel zum Zweck, um Wählerstimmen zu gewinnen. Bereits Max Weber sah das Ziel der Parteien nicht in der Ämterpatronage, sondern auch in der Durchsetzung einer Politik (Schmidt 1995: 138).

die Freude an der politischen Debatte oder der Intrige, die Möglichkeit der politischen Bildung oder der eigenen Karriere. Nach Hardin (1982: 108-112) und Whiteley (1982: 117) schließen sich Personen einer Partei an, da sie ganz generell ihrer Meinung, ihrem Idealismus, Ausdruck geben wollen. Manche hingegen sind in ihrem Engagement durch „camaraderie, affection, a sense of service" geprägt (Parry et al. 1992: 267). Somit könnte nach „Instrumentalisten", „Idealisten" und „Geselligen" unterschieden werden. Offenbar sind die „Instrumentalisten" in der Minderheit, zumindest in einer Gesamtschau. In einzelnen unteren Parteigliederungen kann dieses Bild schon wieder anders aussehen: In manchen deutschen Großstädten hatten etliche Mitglieder klare „instrumentelle", d.h. Karrieremotive, in die Partei einzutreten.

Dies korrespondiert mit den Befunden, daß relativ wenige Mitglieder aktiv sind. Je nach Meßmethode sind etwa vierzig Prozent der Mitglieder inaktiv, etwa gleichviele mittel-aktiv (Greven 1987: 39, Tab. 13). Die nordrhein-westfälische Ortsvereinsstudie zitierte die Kommunikationsstudie von Infratest (1977) und kam auf etwa fünfzig Prozent Inaktive, die eigenen Ergebnisse legen nahe, drei Viertel der Mitglieder als inaktiv zu sehen (Becker et al. 1983: 78-84). Allerdings machten die Forscher die Entdeckung, daß die Aktivität der Mitglieder zunimmt, je kleiner der Ortsverein ist. Die Ergebnisse von Greven (1987), Niedermayer (1993: 234ff) und von Becker et al. (1983) kommen zum Schluß, daß nur etwa ein Viertel bis ein Fünftel der Mitglieder als aktiv angesehen werden kann. Seyd und Whiteley (1992: Tab. 5.6) kommen immerhin auf 58% Aktive.

Die spricht eher gegen die These, daß Mitglieder in eine Partei eintreten, um möglichst viel mitentscheiden zu können. Als Michael Greven Parteimitglieder fragte, wieviel Einfluß sie auf die Partei hätten, antworteten 74 Prozent der SPD-Mitglieder, sie hätten geringen oder sehr geringen Einfluß. Dennoch zeigten sich zwei Drittel der befragten Mitglieder mit ihrem (geringen) Einfluß zufrieden (Greven 1987: 57, Tab. 30). Und schließlich wollen achtzig Prozent der Mitglieder auch der Parteiführung weitgehende oder volle Handlungsfreiheit gewähren (ebd: 71, Tab. 36). Auch in der Labour Party finden die Mitglieder nicht, daß die Parteiführung zuviel Macht habe (Seyd/Whiteley 1992: Tab. 3.10).

Whiteley (1982: 118, Tab. 5.2) kam selbst bei Parteitagsdelegierten Labours zu dem Ergebnis, daß idealistische und weniger instrumentelle Motive den Ausschlag gaben, Labour beizutreten. Wenn dem so ist, dann hat das durchaus gewichtige Implikationen: Erstens sind viele Parteimitglieder nicht so sehr an speziellen Politiken, die die Partei verfolgt, interessiert und wollen wahrscheinlich auch auf diese Politiken keinen besonderen Einfluß haben. Damit haben die politischen Unternehmer durchaus eine von den Parteimitgliedern selbst gewollte Autonomie. Zweitens liegen das gravierendste Konfliktpotential innerhalb einer

Partei darin, wenn Symbole des Idealismus abgeschafft werden sollen (wie z.B. die *Clause IV* der *Labour Party Constitution*, die die Partei auf eine Art Sozialismus festlegte).

19.1 Wege zur innerparteilichen Macht

Zugleich muß aber auch ein innerer Zusammenhalt geschaffen werden, indem sich die Partei Organisation und Struktur (verstanden als interne Machtverteilung) gibt (Panebianco 1988: 33-36). Dies geschieht weder zufällig noch willkürlich, sondern reflektiert die Kräfteverhältnisse der einzelnen Gruppen innerhalb der Partei. Die fundamentalen Spielregeln einer Partei liegen in der Gründungssituation (vgl. Duverger 1967: xxii; Panebianco 1988: Kap. 4). So wundern sich Kontinentaleuropäer über das hohe Maß an der Mitsprache britischer Gewerkschaften in den Angelegenheiten der Labour Party. Die Wurzeln lagen in der Gründung Labours als parlamentarischer Interessenvertretung der Gewerkschaften und der geringen Rolle der individuellen Mitglieder. In diesen Zeiten entstehen „dominant coalitions" (Panebianco 1988: 37), die Ton und Takt innerparteilicher Prozeduren angeben.

Aber die Machtverteilung garantiert eben keinen ewigen Frieden, denn die einzelnen Ziele der drei Parteiebenen stehen oft im Konflikt. Dabei stellen sich nicht nur Aktivisten, die ein Programm durchsetzen wollen, gegen die Parteiführer, die Wahlen gewinnen wollen, sondern oft sind auch noch andere parteiinterne Akteure verwickelt (Hine 1982: 39f., 51). Es gibt auf *allen* Ebenen in der Partei unterschiedliche Ideologien und Politikpräferenzen. So gibt es unter den politischen Unternehmern (der Parteiführung), den Aktivisten und der sozialen Basis Sozialdemokraten, Sozialisten, die neue Linke und Gewerkschaftler, die häufig erst einmal keine festgelegte Position haben. Parteien sind keine monolithischen Gebilde, sondern vertikal (die Organisationsebene) und horizontal (unterschiedliche Politikpositionen, innerparteiliche Gruppierungen und Arbeitsgemeinschaften) fragmentiert. Daraus ergeben sich vielfältige Spannungen, wie sie z.B. Lösche und Walter für die SPD beschrieben haben: Parteien sind weder automatisch oligarchisch noch zweckrationale Organisationen zum Machterwerb.

Und alle Gruppen haben drei strategische Optionen in der Hand: „Exit, voice and loyalty", also Austritt, Opposition und Loyalität (Hirschman 1970). So können z.B. Parteiführer, die bei den Wählern populär sind, versuchen, ihre innerparteilichen Gegner auf Linie zu bringen, die wiederum die Parteiführung entweder mit Opposition oder Austritt erpressen. Dies geschah 1997, als Arthur Scargill aus Protest gegen den Parteiführer aus der Labour Party austrat und seine eigene

Partei, „Socialist Labour", gründete. In der Regierung können sich auch Parteiführer über Beschlüsse der eigenen Partei hinwegsetzen und so die Aktivisten auf den Plan rufen. Allerdings scheint für die Führung das innerparteiliche Geschäft etwas leichter, wenn sie in der Regierung ist. Denn sowohl die Rücksichtnahme auf einen etwaigen Koalitionspartner als auch der gesamtparteiliche Wille, an der Macht zu bleiben, reduzieren den Druck auf die Parteiführung (Koelble 1991: 35). Dies erklärt auch die relative Ruhe innerhalb der Parteien unter den Regierungen James Callaghans und Helmut Schmidts. Die große Krise kam erst, als beide Parteien in der Opposition landeten. Nicht nur, daß beide Gallionsfiguren abtraten, die Parteiführung hatte jegliche Dominanz über die konfligierenden Gruppen verloren, zumal auch deren Analysen des Desasters sich gegenseitig ausschlossen: Für Sozialdemokraten war der Wandel noch nicht weit genug gegangen, für Sozialisten zu weit, die Gewerkschaften waren ohnehin verärgert über die Sparpolitik.

Alternativ kann auch der bedingungslose Wille, endlich wieder an die Macht zu kommen, disziplinierend wirken - besonders nach den harten Jahren „out in the wilderness". Eric Shaw argumentierte überzeugend, daß gerade Labours lange Oppositionszeit - 18 Jahre unter völligem Ausschluß von der Macht - die Mitglieder dazu brachte, sich ganz auf den Wahlsieg zu fokussieren (Shaw 1996: 204). Dafür sprechen die innerparteiliche Geschlossenheit Labours und der SPD vor den Wahlen 1997 bzw. 1998.[4]

Im Gegensatz zum Modell der Elitenkontrolle, wie von Michels vorgeschlagen, ist die Frage entscheidender, unter welchen Umständen die Parteiführung wirklich führt und ob sie auch führen kann. So zeigt sich häufig in den Parteien, daß manche Gliederungen, besonders die lokalen, ein hohes Maß an Autonomie haben, so daß sich Parteiführer oft mit einer „lose verkoppelten Anarchie" (Lösche/Walter 1992: 197) konfrontiert sehen.

Mit welchen Gruppen innerhalb der Partei soll die Parteiführung paktieren, welche Politikziele verfolgen? Die Beantwortung dieser Frage hängt mit der organisatorischen Struktur jeder einzelnen Partei zusammen, die Michels ausgeklammert hatte (Panebianco 1988: xii). In manchen Parteien geben Parteifunktionäre in den oberen Gremien, Landespolitiker und die Parlamentsfraktion den Ton an (wie in der SPD), in manchen sind Interessengruppen der Schlüssel zur Macht (wie bei Labour).

Die Standardregel für Machttechniker lautet: Koaliere mit der dominanten innerparteilichen Gruppe (z.B. den Gewerkschaften bei Labour), sei populär bei den

---

[4]Sehr treffend wird dies mit einer Äußerung eines Unterhausabgeordneten belegt, der sich selbst zur Linken rechnet: „I just couldn't stand another five years in opposition ... I know there must be more to politics than this" (zit. n. Independent on Sunday, 28.5.1995).

Wählern (um die innerparteiliche Opposition zu erpressen), besinne Dich auf die Unterstützung der Basis, versuche innerparteiliche Kritik durch die Einbindung von Opponenten zu reduzieren; wenn in der Regierung, regiere in Zeiten der Prosperität, und wenn in der Opposition, hoffe, daß die Partei schon lange frustriert in der Opposition ist. Für den Erfolg oder Mißerfolg der Parteiopposition ist entscheidend, wie die Partei organisiert ist, d.h. auf welchen Ebenen sie Einfluß nehmen muß und mit welchen innerparteilichen Gruppen sie koalieren muß. In diesen Strukturvariablen liegt der Schlüssel, um zu verstehen, warum Labour und die SPD seit den siebziger Jahren erhebliche Schwierigkeiten innerhalb der eigenen Partei und beim Wähler hatten.

In beiden Parteien existieren lokale Organisationen (Ortsbezirke bzw. „wards"), in denen das einfache Mitglied organisiert ist. Doch auf allen anderen Ebenen differieren beide Parteiorganisationen. Die *SPD* ist nach dem Territorialprinzip organisiert. Über den Ortsvereinen stehen die Unterbezirke, Bezirke und nebenher Landesverbände. In Bayern und den neuen Bundesländern gibt es keine Bezirke mehr, sondern nur einen Landesverband, während in Niedersachsen, Nordrhein-Westfalen, Rheinland-Pfalz und Hessen der Landesverband nur eine Verlängerung der mächtigen Bezirke ist (Niclauß 1995: 124).

An der Spitze thronen der Parteivorstand, Parteirat und Vorstand. Die Macht wird von den jeweils unteren Ebenen an die nächsthöhere delegiert - Delegierte wählen Delegierte (Müller 1967: 44). Das formal höchste Organ ist der Parteitag, der meistens alle zwei Jahre stattfindet. Er setzt sich seit 1993 aus 480 Delegierten zusammen, die von den Bezirksparteitagen gewählt werden, der Parteivorstand ist ebenfalls stimmberechtigt und etwa 180 „Delegierte mit beratender Stimme" (darunter ein Zehntel der Bundestagsfraktion, der Parteirat), so daß er etwa 700 Delegierte umfaßt. Die Anzahl der Delegierten pro Bezirk bemißt sich zu zwei Dritteln nach den Mitgliederzahlen und zu einem Drittel nach dem Zweitstimmenergebnis der Bundestagswahl (Niclauß 1995: 129f). Die Delegierten auf dem Parteitag sind keine Parteiaktivisten der Basis, sondern Mitglieder des Bundestags oder der Landtage oder Parteifunktionäre (Braunthal 1983: 21). So kommt es, daß Anträge auf Parteitagen, die die Linie des Parteivorstands in Frage stellen, oft nicht angenommen werden (Müller 1967: 85). Ob Parteitage nur folgenlose Heerschauen der Partei sind, darf bezweifelt werden. Zumindest seit Ende der sechziger Jahre wurden die Parteitage lebhaft, auch wenn es keine entscheidenden Niederlagen der Parteiführung gab. Stattdessen tobten sich die Linken auf weniger entscheidenden Politikfeldern aus (Braunthal 1983: 22). Und schließlich bietet der Mannheimer Parteitag vom November 1995 genügend Gewähr, daß hier nicht nur Heerschauen für die Presse aufgefahren werden, sondern Politik (hier: Personalpolitik) gemacht wird.

Der Parteitag wählt dann den Parteivorstand, der wiederum das Präsidium wählt. Parteivorstand (mit z. Zt. 45 Mitgliedern), vor allem aber das Präsidium (mit z. Zt. 13 Mitgliedern, darunter der Vorsitzende, seine fünf Stellvertreter, Bundesgeschäftsführer und Schatzmeister) gelten als die eigentlichen Machtzentren der Partei (derzeitige Mitglieder von Vorstand und Präsidium abrufbar im Internet http//:www.spd.de/english/commitee/index.htm und http//:www.spd.de/english/organization/presidium.htm).[5]

Hinzu kommen auch noch föderale Machtzentren, wie z.B. Bezirksverbände und die Ministerpräsidenten der Länder - und auch die Bundestagsfraktion, die weitgehend eigenständig arbeitet (Lösche/Walter 1992: 206; Niclauß 1995: 142f). Sie sind auf Parteiebene im „Parteirat" vertreten, der eigentlich aus Vertretern der Bezirke besteht, in dem aber die Ministerpräsidenten, die Vorsitzenden der Bundestagsfraktion und der Landtagsfraktionen beratende Stimme haben.

Wer also die Parteipolitik bestimmen will, muß Einfluß auf die Ortsvereine, Bezirke und Unterbezirke gewinnen, um zunächst die „richtigen" Parteitagsdelegierten zu haben, die die höchsten Parteigremien wählen (Müller 1967: 65f). Dafür stehen die Chancen nicht besonders gut, wenn nicht eine gemäßigte Politik vertreten wird. Denn in den meisten Ortsvereinen haben gemäßigte Gewerkschafter die Mehrheit, es sei denn, diese würden durch Masseneintritte überrannt. Dies ist das Gesetz einer Mitgliederpartei: Die Chancen für irgendeine Gruppierung liegen darin, entweder alte oder neue Mitglieder zu mobilisieren oder bei der Stange zu halten. So konnte die neue Linke in München nur deshalb die Macht in der lokalen Partei erringen, da sie in Massen in die SPD eintrat.[6]

Hinzu kommt als weiteres Machtzentrum die Bundestagsfraktion, die unabhängig von der Parteihierarchie mit erheblichen Ressourcen agiert. Bei allem Vorbehalt wird die SPD-Politik von einer kleinen Gruppe Parteiprofessioneller (der „political entrepreneurs") bestimmt, was eine plötzliche Machtübernahme durch extremistische Gruppierungen unwahrscheinlich macht (Koelble 1991: 52).[7] Allerdings liegt die Gefahr in einer Desintegration der Parteioligarchie und im Entstehen von Machtzentren, die außerhalb der formalen Parteiorganisation stehen (wie z.B. der erhebliche Einfluß von Landespolitikern). Genau diese prägten das Bild der SPD in den neunziger Jahren. Diverse Studien von Walter (1995a, 1997a, 1997b) und Mielke (1997) weisen nach, daß es in der SPD eine Föderalisierung gegeben hat.

---

[5] In den siebziger Jahren war der Vorstand ein „passive recipient of information" (Braunthal 1983: 21), besonders seitens des Präsidiums. Daher forderte die Linke, die damals etwa ein Drittel der Vorstandssitze hatte, die Rolle des Vorstandes aufzuwerten und die des Präsidiums abzuwerten (im Präsidium hatte die Linke keinen Sitz).

[6] Die Münchener SPD hatte 1962 etwa 8000 Mitglieder, 1969 10.550 und 1972 bereits 15.300 (Glotz 1975: 34).

[7] Dies zeigt sich allein schon darin, daß sie das Gros der Parteitagsdelegierten stellen und auch die Themen auf dem Parteitag bestimmen.

Auch in der Opposition auf Bundesebene gelang es ihr ab 1991, in den meisten Bundesländern die Regierung zu stellen (vgl. Kapitel 5.3.2). Dies führte zu einem Sichtbarkeits- und Legitmitätsbonus der Ministerpräsidenten, die seit 1991 als Vorsitzende oder Kandidaten die Außendarstellung der SPD bestimmen: „Dieser Nimbus als Sieger einer Landtagswahl ist mittlerweile zu einer unverzichtbaren Requisite bei Ambitionen auf die Parteispitze geworden ... Hier wurde die plebiszitäre Legitimation von parteilichen Spitzenämtern nach außen, in die Wählerschaften der Länder, verlagert" (Mielke 1997: 42). Aber der derartig Legitimierte kann schnell in „pseudoplebiszitäre Fallen" (ebd: 41) tappen; dann nämlich, wenn (wie im Fall Scharpings 1995) die Umfrage- und Popularitätswerte absacken und er populäre und quasi-plebiszitär legitimierte Ministerpräsidenten als Gegner hat. In einer solchen Situation hat der Parteivorsitzende nichts entgegenzusetzen.

Einer der großen Unterschiede zwischen beiden Parteien ist der Einfluß der Gewerkschaften und die Art der Beziehung zur sozialdemokratischen Partei. Die deutschen Gewerkschaften sagen über sich selbst: „Wir sind politisch unabhängig, aber nicht neutral" (zit. n. Markovits 1982: 153), d.h. die Nähe zur SPD ist nicht übergroß. Dies zeigt sich in zweifacher Weise. Zunächst stellen die Gewerkschaften der Partei ein relativ großes Rekrutierungspotential bereit; 62 Prozent der Bundestagsabgeordneten der SPD waren Gewerkschaftsmitglieder, *bevor* sie sich der SPD anschlossen (Braunthal 1994: 156). Die duale Mitgliedschaft hat aber ihre Grenzen: Mitte der achtziger Jahre waren 35 Prozent der SPD-Mitglieder auch DGB-Mitglieder, aber nur sechs Prozent der DGB-Mitglieder auch SPD-Mitglieder (Armingeon 1988: 127f mit Tab. 5.6; Braunthal 1994: 154). Die Tendenz geht wohl dahin, daß SPD-Neumitglieder seit 1982 seltener auch Mitglieder der Gewerkschaften waren (Greven 1987: 124ff). Das kann nur heißen, daß „die gemeinsame Schnittmenge beider Organisationen einem unaufhaltsamen Schrumpfungsprozeß unterliegt" (Müller-Jentsch 1992: 112).[8]

Zugleich darf auch erwartet werden, daß die Gewerkschaften die SPD, besonders vor den Wahlen, unterstützen. So legten sie bis 1994 Wahlprüfsteine vor und gaben 1998 acht Millionen Mark für die „Politikwechsel"-Kampagne aus. Dies hat den Zorn der Christdemokraten auf sich gezogen, die die parteipolitische Unabhängigkeit der Gewerkschaften bedroht sahen (Süddeutsche Zeitung, 20.5.1998). Damit hatten sie nicht völlig unrecht, versucht doch der DGB, den Arbeitnehmer-

---

[8]Hinzu kommt noch im deutschen Fall, daß seit den siebziger Jahren die Arbeitsteilung zwischen Partei und Gewerkschaften aufgeweicht wurde. Waren vorher die Gewerkschaften für die „kleine Politik", d.h. Tarifpolitik und die Partei für die „große Politik" (die Arbeit im Parlament) zuständig, eröffneten sich den Gewerkschaften durch tripartistische Organe in der Wirtschafts- und Beschäftigungspolitik (Konzertierte Aktion, Beschäftigungspakt Ost) neue Einflußmöglichkeiten jenseits des tariflichen Kleinkleins (Markovits 1992: 85-87; ferner: von Beyme 1989).

flügel der Union zu integrieren. Im DGB-Bundesvorstand sitzen zwei CDU-Mitglieder (die restlichen sieben stellt die SPD; Markovits 1986: 25f).
Kurz ein Blick auf die „Gewerkschaftspenetration" der SPD-Bundestagsfraktion: Im 12. Deutschen Bundestag (1990-94) waren 74% der SPD-Abgeordneten auch gewerkschaftlich organisiert, allein 73,6% im DGB (allerdings waren es in den zwei Legislaturperioden vorher 97%; Müller 1992: 14, Schindler 1994: 285).[9] Unter den Unionsabgeordneten hatten nur 3,4 Prozent ein DGB- Gewerkschaftsbuch, unter denen der FDP nur 1,3%, unter denen der PDS immerhin 35,3% (Müller 1992: Tab. 6). Anders ausgedrückt: 90,7% der Abgeordneten, die in einer DGB-Gewerkschaft Mitglied waren, saßen im zwölften Bundestag auf den Bänken der SPD.
Wird die Mitgliedschaft der SPD-Abgeordneten 1990 nach den DGB-Gewerkschaften aufgesplittet, zeigt sich erstens, daß die ÖTV, vor allem aber die kleine GEW bei den SPD-Bundestagsabgeordneten überdurchschnittlich vertreten waren, und zweitens, daß in den Dienstleistungsgewerkschaften des staatlichen Sektors wesentlich mehr Abgeordnete organisiert waren als in Industriegewerkschaften der Privatwirtschaft (65% zu 25%; vgl. Tabelle 19.2).
Nun kann eingewandt werden, daß die bloße Mitgliedschaft in Gewerkschaften gar nichts sagt, sie ist „nur zum bedeutungslosen Abzeichen des sich arbeitnehmerfreundlich gerierenden Abgeordneten geworden" (von Beyme 1991a: 193; vgl. Ismayr 1992: 60). Werden die SPD-Abgeordneten noch einmal daraufhin untersucht, ob sie hauptamtlich Gewerkschaftsfunktionär sind oder waren, zeigt sich seit 1987 der unaufhaltsame Niedergang des Gewerkschaftsfunktionärs in der SPD-Fraktion (Schindler 1994: 283): Waren im zehnten Bundestag noch ein Fünftel der SPD-Abgeordneten Gewerkschaftsfunktionäre, waren es im elften Bundestag nur 5,7%, im zwölften nur noch 4,2% (Müller kommt auf 5,9%; Müller 1992: Tab. 1).[10] Eine generelle Abschwächung der gegenseitigen Verflechtung von Partei und Gewerkschaften ist daher durchaus festzustellen. Mögliche Gründe dafür sind entweder die allgemeine gesellschaftliche Modernisierung (Strukturwandel der Wirtschaft) oder der Umstand, daß nach 1982 die Fraktion für die Gewerkschaften als „politischer Einflußadressat" weniger attraktiv war (Schiller 1997: 469).
Die Organisationsstruktur der Gewerkschaften hat zu diesem überparteilichen Drall beigetragen: Als Einheitsgewerkschaften müssen sie auch nicht-sozialdemokratische Strömungen integrieren, wie z.B. die CDA. Dies war eine Lektion, die die Gewerkschaften vom Kaiserreich und der Weimarer Republik lernten:

---

[9]Dies läßt sich wahrscheinlich durch die vielen ostdeutschen SPD-Abgeordneten erklären, die sich nicht gewerkschaftlich organisiert hatten.
[10]Ismayr (1992: 58) kam für den elften Bundestag auf knapp zehn Prozent.

Statt über einhundert ideologisch zersplitterte Gewerkschaften blieben 16 autonome Industriegewerkschaften übrig (Flanagan/Soskice/Ulmann 1983: 256; Markovits 1986: 62-66).

Tabelle 19.1: Anteil der DGB-Mitgliedsgewerkschaften an allen DGB-Mitgliedern, den DGB-Mitgliedern der SPD-Bundestagsfraktion und der gesamten SPD-Bundestagsfraktion (1990-94; in Prozent)

DGB-Gewerkschaften	Mitgliederanteil der Gewerkschaft (...) an den gesamten DGB-Mitgliedern	Anteil der SPD-Abgeordneten, die der Gewerkschaft (...) angehören, an	
		allen DGB-Mitgliedern der Fraktion	der Gesamtfraktion
IG Metall	30,7	8,0	5,9
IG Chemie	7,7	2,8	2,1
IG Bau, Gew. Gartenbau	7,7	2,8	2,1
IG Bergbau	3,7	5,1	3,8
Gew. Textil u. Bekleidung	2,2	0	0
IG Medien	2,2	5,7	4,2
sonstige (GhK, Leder)	2,0	0	0
ÖTV	19,1	39,8	29,3
Dt. Postgewerkschaft	5,7	1,1	0,8
HBV	5,6	10,2	7,5
GdED	4,3	1,1	0,8
NGG	3,5	0,6	0,4
GEW	3,3	21,6	15,9
GdP	2,2	1,1	0,8

Tabelle 19.2: Aufteilung der Mitglieder nach Sektoren (in Prozent)

DGB-Gewerkschaften nach Sektoren	Mitgliederanteil der Gewerkschaftssektoren (...) an den gesamten DGB-Mitgliedern	Anteil der SPD-Abgeordneten, die dem Gewerkschaftssektor (...) angehören, an	
		allen DGB-Mitgliedern der Fraktion	der Gesamtfraktion
Industrie/Privatwirtschaft	54,2	24,4	18,0
Dienstleistung/Staatssektor	34,6	64,7	47,6
Dienstleistung/Privatwirtschaft	11,2	10,8	8,0

Quelle der Tabellen 19.1 und 19.2: Berechnungsbasis für DGB-Mitgliederdaten: Stand 1.1.1996: Fischer Weltalmanach 1998: 177, SPD-Fraktionsdaten nach: Müller 1992: Tab. 2

Im Gegensatz zur SPD ist in der **Labour Party** der Gewerkschaftseinfluß dominant, schließlich ist die Labour Party eine Gründung etlicher (längst nicht aller) Gewerkschaften gewesen. So gibt es auf der Ebene der *Constituency Labour Parties* (CLPs) erste gravierende Unterschiede zur SPD, denn hier sind nicht nur die *wards* der direkten/individuellen Mitglieder vertreten, sondern auch lokale Einheiten von Gewerkschaften und sozialistischen Gesellschaften (sofern sie sich Labour angeschlossen haben). Die Aufgabe der CLPs liegt vor allem darin, die Wahlkreiskandidaten aus- oder abzuwählen. In der Labour Party gibt es Untergliederungen nur in Form der *Constituency Labour Parties* (CLPs), die dann den Parteitag, die *Labour Party Conference* (LPC), beschicken. Die LPC wählt dann den Parteivorstand, das *National Executive Committee* (NEC). Auf dem Parteitag selbst gibt es drei große Stimm- und Delegiertenblöcke: die Gewerkschaften, die CLPs und die sozialistischen Gesellschaften.

Koelble (1991: 44) vergleicht die Parteitage Labours mit einer Aktiengesellschaft, in der die Gewerkschaften Aktien in Form von Parteitagsstimmen haben. Denn während die SPD nur (zahlende) individuelle Mitglieder kennt, gibt es bei Labour direkte und indirekte Mitglieder. Die direkten Mitglieder schließen sich wie bei der SPD auf lokaler Ebene der Partei an und werden auf dem Parteitag durch die CLP-Sektion vertreten. Die indirekten Mitglieder sind Mitglieder einer Gewerkschaft, die sich Labour angeschlossen hat. Diese angeschlossenen/assoziierten Gewerkschaften („affiliated unions") bringen alle oder einen Teil ihrer Mitglieder in die Labour Party ein. Dies geschah in Labours Parteigeschichte nach unterschiedlichen Regeln. Nach der herben Niederlage der Gewerkschaften im Generalstreik von 1926/27 führte die konservative Regierung die Regelung des „contracting in" ein. Demnach mußte ein Gewerkschaftsmitglied, das durch die Gewerkschaftsmitgliedschaft auch Labour unterstützen wollte, dies auch ausdrücklich erklären. Knapp zwanzig Jahre später, 1946, kehrte die Labour-Regierung unter Attlee diese Regelung um („contracting out"). Wer Gewerkschaftsmitglied war, aber kein indirektes Mitglied Labours sein wollte, mußte selbst die Initiative zum Austritt ergreifen. So stieg der Anteil der Gewerkschafter, die automatisch auch Mitglied der Labour Party waren, von 48,5 auf 90,6 Prozent an (Duverger 1967: 7-10; von Beyme 1980: 205; McIlroy 1995: 272f). Mitte der neunziger Jahre waren 75 Prozent der Mitglieder des Dachverbandes TUC (und 53 Prozent aller Gewerkschaftsmitglieder) auch indirekte („affiliated") Mitglieder der Labour Party (McIlroy 1995: 276; Fisher 1996: 68). Diese zahlen eine bestimmte Summe („political levy") in einen „political fund" ein (die Summe variiert von der einen affilierten Gewerkschaft zur anderen). Aus diesem Fonds überweist die Gewerkschaft für jedes indirekte Mitglied £1,70 (1993) an die Partei.[11] Seit dem *Trade Union Act* (1984) der konservativen Regierung muß jede affiliierte Gewerkschaft eine geheime Abstimmung ihrer Mitglieder abhalten, ob der politische Fonds beibehalten oder abgeschafft werden soll. Dabei müssen mehr als die Hälfte aller Mitglieder für die Beibehaltung des Fonds sein. Eine breite Mehrheit (83 Prozent, bei einer Wahlbeteiligung von 51 Prozent) sprach sich für die Beibehaltung der Fonds aus (McIlroy 1995: 295-298).

Je nachdem, wie viele zahlende Mitglieder die Gewerkschaft einbringt, bemessen sich die finanziellen Leistungen der Gewerkschaft an Labour und daher auch die Stimmenzahl einer Gewerkschaft auf den Parteitagen: „No representation without taxation". Nach dem Bericht der Houghton-Kommission finanzierten die Gewerkschaften achtzig Prozent der Ausgaben Labours (Crouch 1982: 175), jedoch sinkt der Anteil der Gewerkschaften an der Gesamtfinanzierung Labours. 1993 waren es nur noch 54,4 Prozent (Fisher 1996: 79).[12] Prinzipiell können aber die Gewerkschaften selbst bestimmen, wieviele Stimmen sie auf den Parteitagen haben wollen (denn danach bemißt sich auch ihr Beitrag an die Partei). So hatte die Industriearbeitergewerkschaft TGWU mit 1.036.000 Mitgliedern im Jahr 1990 1.250.000 Stimmen auf der LPC, im Jahre 1994 nur noch 750.000.[13] Wenn die Mitgliederzahlen der affiliierten Gewerkschaften sinken, verliert die Labour Party auch indirekte Mitglieder und damit deren Beiträge: 1980 hatte noch 6,45 Millionen affiliierte Mitglieder, 5,8 Millionen 1986 und

---

[11]Allerdings haben auch nicht-affiliierte Gewerkschaften politische Fonds. Die affiliierten Gewerkschaften zahlen nicht den ganzen Fonds an Labour, sondern im Durchschnitt nur zwei Drittel. Der Rest wird meist für das „Sponsoring" von Parlamentskandidaten verbraucht. Gewerkschaften ist die Möglichkeit gegeben, bis zu 80 Prozent der Ausgaben für einen Kandidaten zu zahlen (Fisher 1996: 68, 74). Dabei sind die Kandidaten den Gewerkschaften keine Dienste schuldig; ganz im Gegenteil: Die MPs erhalten mehrere Angebote von Gewerkschaften und suchen sich dann das beste Angebot heraus (Minkin 1991: 261). Lediglich die NUM entzog im Januar 1995 die *sponsorship* für 13 Labour-MPs, da Blair die Clause IV ändern wollte (Independent on Sunday, 22.1.1995).

[12]Labour erreichte dies durch „fund raising". So gibt es mittlerweile teure Abendessen für Unterstützer, ein extensives „merchandising" und vermehrte Bitten um individuelle Spenden (Kavanagh 1997: 535; Anderson/Mann 1997: 41). Die größte Einzelspende (von einer Million Pfund) erhielt Labour 1997 vom Formel-Eins-Manager Bernie Ecclestone. Im Gegenzug sollte Labour die Formel-Eins von ihrer Kampagne gegen Tabakwerbung ausnehmen.

[13]Zahlen nach McIlroy 1995: 15, 278f. Die hohe Stimmenzahl liegt daran, daß die TGWU irgendwann für 1.328.000 Mitglieder Beiträge an die Partei entrichtete. Als in den achtziger Jahren die Mitgliederzahlen sanken, paßte die Gewerkschaft ihre Beiträge der regressiven Mitgliederentwicklung nicht an, erst 1994 paßte sie die Zahlen stark nach unten an. Die TGWU war bis 1980 auch der Vermieter der Parteizentrale in der Walworth Road, südlich der Themse (daher auch der Name „Transport House"). Labour behielt bis 1994 den Namen bei und benannte es danach in „John Smith House" um. 1997 zog Labour in den Millbank Tower nach Pimlico (an der Tate Gallery).

1990 5,3 Millionen. Die meisten der affilierten Gewerkschaften sind „klassische" Gewerkschaften (Industriearbeiter und Staatsangestellte), während viele Gewerkschaften, die den wachsenden Dienstleistungssektor abdecken, nicht der Labour Party angeschlossen sind. So wird Labour auch organisatorisch das Opfer des soziostrukturellen Wandels: Die Zahl der indirekten Mitglieder aus den schrumpfenden Industriesektoren geht zurück, während neue Mitglieder aus dem Dienstleistungssektor nicht nachwachsen.[14]

Da die Gewerkschaften mehr Mitglieder haben, als es direkte Parteimitglieder gibt, besaßen die Gewerkschaften auf den LPCs bis in die neunziger Jahre auch die erdrückende Stimmenmehrheit: etwa neunzig Prozent der Stimmen, die vier größten Gewerkschaften hatten sechzig Prozent.[15] Allein die TGWU konnte mühelos alle Delegierten der Parteibasis (CLP-Delegierte) überstimmen, die fünf größten Gewerkschaften alle anderen 29 Gewerkschaften, 550 CLPs und neun sozialistische Gesellschaften zusammen.[16] Dabei wird das Stimmverhalten einer Gewerkschaft auf einem Parteitag von ihrer Delegation (manchmal mit, manchmal ohne bindendes Mandat) festgelegt und dann die volle Stimmzahl der Gewerkschaft im Block abgegeben („block vote"). Eventuelle Minderheitsmeinungen innerhalb von Gewerkschaften finden keinerlei Eingang in das Blockvotum der Gewerkschaft: Hier entspricht das *winner-take-all*-Prinzip der Gewerkschaften dem *first-past-the-post*-Prinzip des Wahlsystems (Kavanagh 1982b: 211). Auf dem Parteitag 1992 wurde der kombinierte Anteil der Gewerkschaften auf siebzig Prozent gesenkt. Ein Jahr später wurde in Aussicht gestellt, daß er auf fünfzig Prozent sinken soll, wenn sich die Zahl der direkten Mitglieder erhöht.

Das eherne Gesetz der Gewerkschaftssuprematie setzt sich auch im Parteivorstand fort. Der NEC ist aufgeteilt in diverse Sektionen mit insgesamt 29 Sitzen,

---

[14]So stimmten 1985 weniger als fünfzig Prozent der Mitglieder in Dienstleistungsgewerkschaften für die Beibehaltung der „political funds" (Minkin 1991: 570).

[15]Der Verteilungsschlüssel für die Stimmen auf dem Parteitag und die Art der Stimmabgabe begünstigen die Gewerkschaftsmacht. Für je 5000 (individuelle und affilierte) Mitglieder wird ein Delegierter zum Parteitag entsandt. Dabei können alle assoziierten Organisationen, Gemeinschaften und CLPs mitstimmen, sofern sie mehr als tausend Mitglieder haben, d.h. die minimale Stimmenzahl pro innerparteilicher Organisation bei den Parteitagen liegt bei tausend. Dies führte dazu, daß die Gewerkschaften automatisch die Stimmenmehrheit bildeten und die CLPs künstlich erhöhte Mitgliederzahlen angaben, um überhaupt auf den Parteitagen stimmberechtigt zu sein. Wichtig ist dabei nicht die Stärke der Delegation eines Verbandes, sondern seine Stimmstärke. Dies hat dazu geführt, daß die Gewerkschaften nicht die Anzahl von Delegierten entsandten, die ihnen zugestanden hätte (Minkin 1991: 280-283; Degen 1992: 151f).

[16]Dieses Stimmenverhältnis reflektiert das Größenverhältnis zwischen individuellen Mitgliedern und indirekten/kollektiven Mitgliedern. Die bei von Beyme (1984: 247, Tab. 20) abgedruckten (offiziellen) Zahlen der individuellen Mitgliedschaft (1982: 602.000; bei 6.282.000 Mitgliedern insgesamt) sind deutlich zu hoch gegriffen. Realistischerweise dürfte von etwa 300.000 individuellen Mitgliedern Mitte der 80er ausgegangen werden.

von denen die mit Abstand stärkste die Gewerkschaftssektion mit elf (bis 1992 zwölf) Mitgliedern ist.[17] Wer sich innerhalb der Labour Party durchsetzen will, braucht zwingend die Unterstützung der mitgliederstärksten Gewerkschaften (Minkin 1980) - und die Kritiker dieses Systems waren meist diejenigen, deren Position durch das „block vote" nicht berücksichtigt wurde: In den fünfziger Jahren war es die Linke, 1960 der Parteiführer Gaitskell und in den späten siebziger Jahren die Rechte.

Relativ bescheiden ist der Beitrag der CLPs. Um überhaupt auf Parteitagen vertreten zu sein, müssen sie (seit 1963) mehr als 1000 Mitglieder angeben. Allerdings hatten Ende der siebziger Jahre von den 623 CLPs nur 85 mehr als 1000 Mitglieder, der Durchschnitt lag wohl bei etwa fünfhundert pro Wahlkreis (Crouch 1982: 189, Fußnote 14). Wie bei den Gewerkschaften können die CLPs entscheiden, ob sie durch Geldleistungen an die Partei vertreten sind. CLPs, denen die Mitsprache wichtig ist, werden daher versuchen, ihre Mitgliederzahlen nach oben zu manipulieren - was im übrigen verläßliche Mitgliederstatistiken bei Labour unmöglich machte.

In der Ausübung ihrer Macht gingen die Gewerkschaften äußerst pragmatisch vor. Zuerst galt das Eigeninteresse (die Abwehr staatlicher Eingriffe in die Lohnpolitik). Dann kam eine prinzipielle Loyalität zu den jeweiligen Parteivorsitzenden mit dem Ergebnis, daß die innerparteiliche Rechte bzw. das Zentrum gestützt wurden (während die CLP-Sektion die Linke stützte; McKenzie 1963: 505; Williams 1979: 541).[18] Bis in die späten siebziger Jahre nutzten die Gewerkschaften ihre Finanzmacht und Stimmenstärke auf den Parteitagen eher selten gegen die Parteiführung oder die Parlamentskandidaten, die sie oft finanzierten, aus (Minkin 1979). Crouch (1982: 178) machte auch darauf aufmerksam, daß sich die Gewerkschaften um die innerparteiliche Suprematie nicht rissen: So unterstützten sie die Houghton-Kommission, die eine staatliche Parteienfinanzierung (vergeblich) vorschlug und wehrten sich nicht gegen die Rücknahme gewerkschaftlicher Prärogative (wie z.B. der Ausweitung der Mitsprachemöglichkeiten für individuelle Mitglieder). Aber dennoch sollten die Fallstricke der Gewerkschaftsmacht und des „block vote" nicht unterschätzt werden. So sind Führungswechsel in den Gewerkschaften nicht ohne Bedeutung für die Partei: Als der rechte TGWU-Vorsitzende Arthur Deakin 1955 zurücktrat, folgte ihm der linke Frank Cousins nach,

---

[17]Die LPC wählt außerdem noch fünf Frauen und den Schatzmeister, die CLPs entsenden sieben Mitglieder, die sozialistischen Gesellschaften (darunter die *Fabians*) einen. Außerdem ist der Parteiführer, sein Stellvertreter und ein Mitglied der *Young Socialists* im NEC vertreten. Die Gewerkschaften können die Frauensektion und die Wahl des Schatzmeisters mehrheitlich (auf der LPC) bestimmen - so haben sie bei 18 der 29 Sitze das letzte Wort.
[18]Seit 1952 waren in der CLP-Sektion des NEC prominente Linke, wie Anthony Crossman, Barbara Castle, Ian Mikardo und Eric Heffer, vertreten (Williams 1982: 54).

der dem rechten Parteiführer Hugh Gaitskell 1960 eine arge Niederlage bereitete. Führungswechsel in lediglich vier Gewerkschaften haben zu linken Beschlüssen der Parteitage geführt (Minkin 1980: 470). Während der konservativen Regierung schwenkten die Gewerkschaften wieder auf einen gemäßigten Kurs: Sie unterstützten seit 1987 Labours „Policy Review", die schließlich auch die Gewerkschaftsgesetze Thatchers akzeptiert hatte, und auch Labours Organisationsreform. Trotz vereinzelten Widerstandes der Gewerkschaften wurde das *One-Member-One-Vote*-Prinzip (OMOV) und die Neuformulierung der *Clause IV* verabschiedet. All dies spricht dagegen, daß die Gewerkschaften die Labour Party auf ihren Kurs zwingen (Fisher 1996: 70).

Besonders kompliziert ist das policy making, wenn Labour an der Regierung ist. Denn dann tritt als weitgehend eigenständiges Machtzentrum die Parlamentsfraktion, die *Parliamentary Labour Party* (PLP), hinzu (Minkin 1980: 318-320). Die Parlamentsmitglieder werden von den CLPs gewählt und erhalten die Policy-Richtlinien von der LPC vorgegeben. Bis auf den Prozeß der Parlamentskandidatenwahl haben die Parteimitglieder und die Gewerkschaften keinen direkten Einfluß auf die PLP. Der casus belli trat Mitte der siebziger Jahre ein, als die PLP eine Politik verfolgte, die nicht im Einklang mit den Beschlüssen des Parteitags stand (Kogan/Kogan 1982: 23). So konnte auch die Linke die Gewerkschaften für ihr Ziel gewinnen, die Auswahl der Parlamentskandidaten aus den Händen der Parteiführung zu nehmen. Denn was nützte den Gewerkschaften ihre Mehrheit auf den Parteitagen, wenn sich die regierende Parlamentsfraktion nicht an die Beschlüsse hielt? Ähnliches galt für die Wahl des Parteiführers, die bis 1981 ein Vorrecht der PLP war. Seit 1981 gibt es stattdessen das „electoral college", das von den Gewerkschaften, der PLP und den CLPs beschickt wird.[19]

Schwerwiegende Konflikte innerhalb einer Partei können aber auch durch Disziplinarmaßnahmen gelöst werden. Wenn kein anderes Mittel mehr verfangen will, ist das Schwert des Ausschlusses gegeben.[20] Meist traf es in beiden Parteien die extreme Linke, Labour schloß nach 1981 einige Mitglieder der rechten „Social Democratic Alliance" aus. 1983 warf Labour die Herausgeber der trotzkistischen Zeitung „Militant" aus der Partei (nach einem LPC-Votum). Die SPD entfernte bereits in den fünfziger Jahren Marxisten, darunter den Wirtschaftsexperten Victor Agartz - eine „Säuberung", die sich durch die siebziger Jahre zog, so daß die SPD die mit Abstand höchste Zahl an Parteiordnungsverfahren hatte (Hasen-

---

[19] Die Hürden für potentielle Herausforderer sind allerdings hoch gesetzt: Sie müssen mindestens 20 Prozent der PLP hinter sich bringen (bis 1988: fünf Prozent). Wenn Labour in der Regierung ist, muß eine Zweidrittelmehrheit des Parteitages einem *leadership contest* zustimmen (Fisher 1996: 71).

[20] Während die SPD über Schiedskommissionen auf allen Parteiebenen verfügt, entscheidet bei Labour ein Subkomitee des NEC über Disziplinarmaßnahmen.

ritter 1982: 20). Aber solche harten Disziplinarmaßnahmen werden dann seltener angewandt, wenn es organisatorische Alternativen für Renegaten gibt: Seitdem sich die Alliance/LibDems und die Grünen etabliert haben, wechseln Abweichler eher in die Konkurrenzpartei, als daß sie ausgeschlossen werden müssen.[21]
In beiden Parteien gab es in den siebziger Jahren ähnliche Kontoversen, die sich darum drehten, wie eine partiell unabhängige Parlamentsfraktion an den Parteiwillen rückgekoppelt werden sollte. Allerdings waren die Strategien der Parteiaktivisten verschieden, die Parlamentarier auf Parteilinie zu bringen. In der SPD wurde das sogenannte „imperative Mandat" gefordert: Die Richtlinie für die SPD-Parlamentarier sollten die Beschlüsse der Parteitage sein. Wichen die Parlamentarier davon ab, sollten sie abberufen werden. Dagegen steht allerdings die Verfassung: Laut Artikel 38 GG sind die Abgeordneten „Vertreter des ganzen Volkes, an Aufträge und Weisungen nicht gebunden und nur ihrem Gewissen unterworfen". Davon abgesehen, hatte die SPD niemals eine Mehrheit im Bundestag, die es ihr erlaubt hätte, allein zu regieren. Daher war sie auf Koalitionspartner angewiesen, die die Partei zu Kompromissen oder Zugeständnissen zwangen. Ein imperatives Mandat hätte dies unmöglich gemacht. Dies war im übrigen auch die Argumentation Brandts und Schmidts (Braunthal 1983: 234; Padgett/Burkett 1986: 69).
Die Parteiaktivisten Labours hingegen waren erfolgreich, die Parlamentsabgeordneten oder Kandidaten und den Parteiführer an den (vermeintlichen) Parteiwillen rückzukoppeln. Sie setzten bereits bei der Auswahl der Kandidaten an. Denn bis in die siebziger Jahre gab es praktisch keine Möglichkeit, einen unliebsamen Unterhaus-Abgeordneten wieder loszuwerden (McKenzie 1963: 557). Seit dem Parteitag 1980 besteht die Praxis der „mandatory reselection": Die Parlamentskandidaten müssen sich jedes Mal vor einer Wahl aufs neue bei ihrer CLP bewerben (Byrd 1986: 77-79). Die „Campaign for Labour Party Democracy" argumentierte ähnlich wie die SPD-Linke: Ein Parlamentskandidat müsse schließlich wissen, was die Basis denkt und deren Willen im Parlament repräsentieren. Und schließlich wird seit dem außerordentlichen Parteitag 1981 der Parteivorsitzende und sein Stellvertreter nicht mehr von der PLP gewählt, sondern von einem „electoral college", in dem die CLPs und die PLP jeweils dreißig, die Gewerkschaften vierzig Prozent der Stimmen haben Byrd 1986: 80-90). Zwei bedeutende Siege der innerparteilichen Linken innerhalb von drei Monaten![22]

---

[21] Allerdings gibt es in Großbritannien keine signifikante Alternative links von Labour. Der größte Teil auch der Labour-Linken verblieb in der Partei und trat weder in die „Socialist Workers Party" noch in die Neugründung „Socialist Labour" ein.
[22] Eigentlich waren es sogar drei, denn das Recht, das Wahlprogramm zu entwerfen, ging allein auf das NEC über. Vorher wurde es in einer gemeinsamen Sitzung der PLP und des NEC ausgearbeitet (Byrd 1986: 79f).

19.2 Das (selbstgewollte) Ende der Mitgliederparteien?

Oben wurde häufig die Rolle der Aktivisten und der Parteimitglieder diskutiert. Die Frage, ob Parteien überhaupt Mitgliederparteien sein sollen oder müssen, wurde kontrovers beantwortet. Duverger (1967) sah in der Massenmitgliederpartei mit lokalen Untergliederungen die Organisationsform der Zukunft - und zwar aus Gründen des Wählerwettbewerbs: Nur die vielen Mitglieder, die von der Zentrale gut reguliert werden, können der Partei die nötigen Ressourcen zur Verfügung stellen. Dieses Modell, das in den sozialistischen Parteien vorherrscht, war so erfolgreich zur Wählermobilisierung, daß es auch von bürgerlichen Parteien nachgeahmt wurde. Zehn Jahre nach der ersten Auflage Duvergers (1951 bzw. 1954) vertrat Kirchheimer (1965) und noch deutlicher May (1973) eine andere Position - und zwar wiederum durch den Wettbewerb auf dem Wählermarkt begründet: Da die Parteiführung ihre Partei zu einer Volkspartei ausbauen will, werden die ideologisierten Parteimitglieder zum Mühlstein des Wahlerfolges. Nach May hindert die Dominanz von Parteiaktivisten die Parteiführung daran, eine stimmenmaximierende Politik à la Downs durchzusetzen. Anstatt sich auf die politische Mitte (in der sich die Wählerstimmen massieren) zuzubewegen, führten die Aktivisten die Partei ins ideologisch reine Extrem und damit in die sichere Wahlniederlage. Der Extremismus betrifft allerdings eher die Sub-Eliten, nicht die einfachen Parteimitglieder. Diese Feststellung beherrschte die Debatte bis in die neunziger Jahre, zumal sich renommierte Advokaten dieser Position finden ließen (Beer 1958: 53f; Epstein 1967: 117). Susan Scarrow (1996: 40) nennt dies „programmatische Kosten", die Mitglieder verursachen. So beschrieb McKenzie Anfang der sechziger Jahre, wie die Aktivisten in den CLPs auf den Parteitagen die Parteiführung in die Bredouille brachten (McKenzie 1963: 594b-631). Eine kleine Minderheit von Aktivisten, so der Vorwurf, hätte versucht, die Parteiführung und die Parlamentskandidaten unter ihre Kontrolle zu bringen. Dabei sind die Parlamentsangehörigen nicht der Partei, sondern ihren Wählern verpflichtet (ebd.: 644f).

Dieser konstruierte Dualismus von Parteiführung - Basis und Aktivisten war so populär wie eindimensional. Spätere Studien von Kitschelt (1989) und Norris (1995) legen nahe, auf allen Ebenen der Partei Mitglieder zu vermuten, die durch unterschiedliche Motive in die Partei gekommen sind und unterschiedliche Positionen vertreten. Es ist nicht so, daß Aktivisten Ideologen sind, während die Parteiführer pragmatische Karrieristen sind (vgl. zum Motivationspluralismus von Parlamentskandidaten: Norris/Lovendunski 1995: 166-182). Von homogenen Gruppen („Parteiführer", „Subeliten"/"Aktivisten", „Basis") auszugehen, ist daher falsch (Rose 1962: 369, Rose 1974: 217; Kitschelt 1989: 403).[23] So fanden auch Birch (1959: 85, 93f) Janosik (1968: 58) vor über dreißig Jahren in den CLPs auch das ganze ideologische Spektrum der Partei.[24] Von einer linken Dominanz an der Basis kann keine Rede sein.[25] Rose (1962) untersuchte für den Zeitraum von 1955 bis 1960 die Anträge der Aktivisten auf den Parteitagen und konnte keine ausgesprochen radikale Tendenz feststellen. Ähnliches stellte Minkin (1980) für die Parteitagsbeschlüsse Labours zwischen 1956 und 1970 fest.

In der Studie von Seyd und Whiteley (1992: 40-48) zeigt sich, wie uneinheitlich die Einstellungen der Mitglieder sind: 66% sehen den Klassenkampf als die zentrale Frage in der britischen Politik, 60% meinen, daß Labour zu seinen Prinzipien stehen solle, auch wenn dies den Wahlsieg kostet, 71% wollen mehr Verstaatlichungen; aber 57% fordern, daß Labour sich zur politischen Mitte bewegen sollte (ebd: Tab. 3.6, 3.7).

Unten wird demonstriert werden, welche innerparteilichen Schwierigkeiten Labour mit der Aufstellung seiner Parlamentskandidaten hatte. Ab 1980 mußten sich diese automatisch vor der nächsten Wahl ihrer CLP stellen. Dies galt als einer der größten Siege der innerparteilichen Linke, die in den CLPs die Mehrheit hatten. In der *British Candidate Study* (1990-1992) wurde die Frage gestellt, nach welchen Kriterien die CLPs die Kandidaten auswählten. Dabei wogen die Kampagnenqualitäten des Kandidaten („likely to win votes" und „good speaker") wesentlich schwerer als dessen politische Ansichten („supports your political views"; Norris/Lovendunski 1994: 137-140). Dies paßt kaum in das Bild von ideologisierten CLPs, die radikale Kandidaten forcieren.

Ähnlich wenig paßt zur May-Hypothese der Umstand, daß z.B. Labours Führer (die Parlamentsabgeordneten) linker sind als Wähler, Mitglieder und „sub leaders" (Mitglieder mit Funktionen auf lokaler Ebene). Gerade die Führer erscheinen als am wenigsten repräsentativ für die Wähler, die eher rechter sind und traditionellen Werthaltungen anhängen (Norris 1995: 40f).

Am folgenreichsten war der konstruierte Dualismus zwischen gemäßigter Parteiführung und extremistischen Aktivisten oder (nach May) Sub-Eliten. Auch wenn mittlerweile der Beweis erbracht ist, daß weder Parteimitglieder noch Aktivisten besonders radikal sein müssen (zumal es auch in beiden Parteien gemäßigte Akti-

---

[23] So gaben Mitte der sechziger Jahre nur 22 Prozent der Aktivisten in Manchester an, sie seien in der Partei, um für eine Sache („for a cause") zu arbeiten (Rose 1974: 214).

[24] Bealey et al. fanden bei einem Survey unter Parteimitgliedern aus Newcastle sogar eine prinzipielle Loyalität dem Parteiführer gegenüber. Als Gaitskell 1959 die *Clause IV* ändern wollte (s. Kapitel 22.2), sprachen sich nur 26% der Parteimitglieder für die Beibehaltung aus, im *leadership contest* 1960 zogen 58% Gaitskell Wilson vor (Bealey et al. 1965: 284-286).

[25] Entscheidender ist die Situation der CLP: Ist die Partei im Wahlkreis schwach, besteht eine stärkere Tendenz zu linker Radikalität (vgl. Rose 1962: 368 mit Tab. VIB).

visten gibt), blieb dieser Dualismus nicht ohne Folgen. So versuchte zumindest die Labour-Führung, die Macht der Aktivisten einzuschränken. Als Instrument hierfür benutzte sie die Ausweitung der Rechte individueller Mitglieder. Damit folgte sie dem Axiom Mays, daß die einfachen Mitglieder weniger radikal als die Aktivisten sind. Daher waren die individuellen Mitglieder die natürlichen Verbündeten der Parteiführung.[26] Doch nicht nur die Partizipationsmöglichkeiten der Mitglieder sollten vergrößert werden, sondern die Zahl der Mitglieder. Dafür waren die Anreize bis Ende der achtziger Jahre eher gering, denn die Form der indirekten Mitgliedschaft (der Gewerkschaften) sicherte die Parteifinanzen auch ohne breite Mitgliederschaft (Ware 1996: 118).

McKenzie (1963) wies zusätzlich in eine andere Richtung: Angesichts von neuen Methoden des Wahlkampfes brauche eine Partei keine Aktivisten mehr. Das Fernsehen ersetze das Flugblatt oder den Hausbesuch. So wird fast zwangsläufig aus einer „mass bureaucratic party" eine „electoral-professional party" (Panebianco 1988: 264), die nicht mehr den Mitgliedern und den Ideologen ausgeliefert ist, sondern nur noch dem Wähler. Nach Duvergers „contagion from the left" (Ware 1996: 101) gibt es nun eine „contagion from the right" amerikanischen Musters. Allerdings deuten bereits zitierte Studien über *local campaigning* (s. Kapitel 13.3) in die Richtung, daß aktive Mitgliederparteien das Wahlergebnis der Partei erhöhen können (Seyd/Whiteley 1992a, 1992b; vgl. Johnston/Pattie 1998). Und schließlich gab es keinerlei Ansätze, dem amerikanisierten Modell der „Forza Italia" in den beiden bürgerlichen Parteien nachzueifern.

Ob durch staatliche Parteienfinanzierung (wie in Deutschland) oder durch Beiträge der Gewerkschaften (wie bei Labour) - der Anteil individueller Mitgliedsbeiträge an der Finanzierung der Parteien ist relativ gering. Dies gilt auch für sozialdemokratische Parteien, die den Anspruch aufrecht erhalten, sich aus den Leistungen ihrer Mitglieder zu finanzieren (von Beyme 1984: 237, 248-268).[27] Auch in ihnen verschwand die Personifikation der Mitgliedsbeiträge, der Hauskassierer. Seit den achtziger Jahren werden die Mitgliedsbeiträge fast ausschließlich durch Überweisungen eingezogen, da sich nicht mehr genug Kassierer finden ließen

---

[26]Dies erinnert an Schattschneiders (1960) These über die Ausweitung des Wahlrechts. Nach ihr kam es deswegen zur Ausweitung, weil Eliten Verbündete im Kampf gegen andere Eliten suchten. Im Falle Labours suchte die Führung durch erhöhte Mitspracherechte für die einfachen Mitglieder Verbündete im Kampf gegen die Aktivisten.

[27]Die jährlichen Mindestmitgliedsbeiträge für die SPD betragen 48 Mark (für Schüler, Studenten und Arbeitslose) und 96 Mark für Angestellte und Arbeiter bis zu einem Einkommen von 1500 Mark (netto, mit Solidaritätszuschlag für den Aufbau der ostdeutschen Parteiorganisation), für Labour fünf Pfund für Schüler, Studenten und Arbeitslose und 15 Pfund für Arbeiter und Angestellte (Daten für 1997). Anfang der neunziger Jahre machten Mitgliedsbeiträge ein knappes Viertel der Gesamteinnahmen der Bundespartei aus, bei Labour waren es zwischen zehn und fünfzehn Prozent (Scarrow 1996: 177-179).

(Koschnik 1976: 972; Scarrow 1996: 120).[28] Katz und Mair (1995: 17-22) sahen durch die „Kartellisierung" der Parteien auch die Anreize schwinden, ihre Mitgliederschaft beizubehalten: Die etablierten Parteien verschafften sich Zugang zu staatlichen Finanzierungsquellen und qua Gesetz auch zu den elektronischen Massenmedien. So verhinderten die Etablierten den Aufstieg neuer Parteien, machten sich (nach von Arnims Kritik) den Staat Untertan und könnten auch ganz gut ohne breite Mitgliederbasis überleben.[29]

Der beste Test für solche Thesen ist die Mitgliedsentwicklung der Parteien (s. Tabellen 19.3 und 19.4).

Dabei fällt zunächst auf, daß die SPD und Labour nach dem Krieg mitgliederstarke Parteien waren, besonders bei der SPD hat es nach 1945 ein organisatorisches Wunder gegeben. Allerdings waren die bürgerlichen Gegner unterschiedlich mitgliederstark: Während die Konservativen Mitglieder verloren, aber Anfang der neunziger Jahre dreimal so stark wie Labour waren, holten die deutschen Christdemokraten seit den siebziger Jahren auf. Mittlerweile sind CDU und CSU zusammengenommen genauso stark wie die SPD.

Seit Anfang der neunziger Jahre hat die SPD im Westen Deutschlands die zweithöchsten Mitgliederverluste (nach der FDP) hinnehmen müssen (minus 11,5 Prozent von 1991 bis 1995), die West-CDU kam mit minus neun Prozent geringfügig besser weg, die CSU hielt sich mit minus 2,6 Prozent recht stabil (nach Gabriel/ Niedermayer 1997: Tab. 1).

Wird noch weiter in die Tiefe geforscht, stellt sich heraus, daß die SPD ihre Mitgliederhochburgen im alten Bundesgebiet im Saarland, Rheinland-Pfalz und Hessen hat, die Union in Bayern und ebenfalls in Rheinland-Pfalz und im Saarland. Die von Heitmann (1991: 45) für die 80er Jahre beobachteten starken Mitgliederverluste der SPD in den südlichen Flächen- und in den Stadtstaaten haben sich in den 90er Jahren nach Tabelle 19.5 nicht weiter fortgesetzt, zumindest nicht was den Mitglieder-Gesamtwählerquotienten (nicht Parteiwählerquotienten) angeht. Die größeren Verluste liegen eher in den Mitglieder-Hochburgen, und das sind *auch* die Stadtstaaten.

---

[28]Labour startete sogar eine Lotterie für Mitglieder, die ihren Mitgliedsbeitrag per Dauerauftrag einziehen lassen. Der Hauptpreis war eine Reise nach Venedig. Außerdem offerierte sie seit 1989 eine eigene Kreditkarte mit günstigen Konditionen (Scarrow 1996: 120f).

[29]Die Implikationen der Kartellisierungsthese sind nicht sehr stimmig. Denn die staatliche Parteienfinanzierung und auch die Regulierung von Parteien-Werbespots im Fernsehen hat den Aufstieg neuer Parteien (z.B. der Grünen) nicht verhindert, sondern begünstigt. In Großbritannien existieren zwar Regelungen über den Zugang der Parteien zum Fernsehen (nach einem Quotensystem für die drei größten Parteien), aber keine staatliche Parteienfinanzierung (lediglich Zuweisungen an die Parlamentsfraktionen).

Tabelle 19.3: Parteimitgliedschaft von SPD und CDU/CSU und Wahlergebnisse 1946/47 bis 1994

	1946/7*	1949	1953	1957	1961	1965	1969
SPD							
Mitglieder	800.000	736.000	607.000	626.000	645.000	710.000	779.000
Wahlergebnis	35%	29,2%	28,8%	31,8%	36,2%	39,3%	42,7%
M-W-Quotient	k.A.	0,11	0,076	0,066	0,056	0,055	0,055
CDU/CSU							
CDU Mitglieder	400.000	k.A.	200.000[a]	245.000[b]	248.000[c]	288.000	304.000
CSU Mitglieder	k.A.	k.A.	k.A.	k.A.	k.A.	k.A.	77.000
Wahlergebnis (CDU+CSU)	37%	31,0%	45,2%	50,2%	45,3%	47,6%	46,1%
M-W-Quotient	k.A.	k.A.	k.A.	k.A.	k.A.	k.A.	0,025

	1972	1976	1980	1983	1987	1990**	1994**
SPD							
Mitglieder	954.000	1.022.000	986.000	926.000	910.000	936.000 West: 912.000 Ost: 24.000	850.000 West: 822.000 Ost: 27.700
Wahlergebnis	45,8%	42,6%	42,9%	38,2%	37,0%	33,5%	36,4%
M-W-Quotient	0,055	0,063	0,061	0,062	0,065	0,060	0,050
CDU/CSU							
CDU Mitglieder	423.000	652.000	693.000	735.000	706.000	790.000 West: 655.000 Ost: 134.000	671.500 West: 594.800 Ost: 77.800
CSU Mitglieder	107.000	146.000	172.000	185.000	184.000	186.000	176.000
Wahlergebnis (CDU+CSU)	44,9%	48,6%	44,5%	48,8%	44,3%	43,8%	41,5%
M-W-Quotient	0,0315	0,043	0,051	0,048	0,053	0,048	0,043

M-W-Quotient: Parteimitglieder (M) geteilt durch die Parteiwähler (W).
Schwach eingefärbte Zelle(n) für die Partei, die nach der jeweiligen Wahl die Regierung bildete
* durchschnittlicher Anteil in den Landtagswahlen 1946/47; ** gesamtdeutsches Wahlergebnis;
[a] 1952; [b] 1954; [c] 1962

Tabelle 19.4: *Parteimitgliedschaft und Wahlergebnis von Labour und Konservativen 1945-1992*

	1945	1950	1951	1955	1959	1964	1966
Labour Mitglieder	487.000	908.000	876.000	843.000	848.000	830.000	776.000
Wahlergebnis	48,3%	46,1%	48,8%	46,4%	43,8%	44,1%	47,9%
M-W-Quotient	0,042	0,068	0,062	0,068	0,069	0,068	0,059
Conservatives Mitglieder	2000.000[e]	2249.000[f]	k.A.	2806.000[g]	2800.000[h]	k.A.	k.A.
Wahlergebnis	39,8%	43,5%	48,0%	49,7%	49,4%	43,4%	41,9%
M-W-Quotient	0,21	0,18	k.A.	0,21	0,204	k.A.	k.A.

	1970	1974	1979	1983	1987	1992	1997
Labour Mitglieder	690.000	692.000	666.000	295.000	289.000	280.000	400.000
Wahlergebnis	43,0%	Feb.: 37,1% Okt.: 39,2%	37,0%	27,6%	30,8%	34,4%	43,2%
M-W-Quotient	0,057	0,060	0,058	0,035	0,029	0,024	0,030
Conservatives Mitglieder	1500.000	1500.000	k.A.	k.A.	1000000[i]	750.000	k.A.
Wahlergebnis	46,4%	Feb.: 37,8% Okt.: 35,8%	43,9%	42,4%	42,3%	41,9%	30,7%
M-W-Quotient	0,114	0,134	k.A.	k.A.	0,073	0,053	k.A.

M-W-Quotient: Parteimitglieder (M) geteilt durch die Parteiwähler (W).
Schwach eingefärbte Zelle(n) für die Partei, die nach der jeweiligen Wahl die Regierung bildete
[e] 1947, [f] 1948, [g] 1953; [h] 1960; [i] 1988.

Quellen für Tabellen 19.3 und 19.4: Mitgliederzahlen der Parteien: Bundesrepublik 1949-90: *Scarrow 1996*: Tab. 3.1, 3.2, 3.3; 1990-94: *Gabriel/Niedermayer 1997*: Tab. 1; Mitgliederzahlen der CSU 1968-1989: *Mintzel/Oberreuther (Hg) 1992*: 568; Großbritannien: *Scarrow 1996*: Tab. 3.5, 3.6; durchschnittliche Stimmergebnisse der westdeutschen Landtagswahlen 1946/47 *Kauck 1971*: 181-185; Wähler der einzelnen Parteien in absoluten Zahlen: Bundesrepublik 1949-1987: *Mintzel/Oberreuther (Hg) 1992*: 510-513; 1990-94: *Statistisches Jahrbuch 1995*: 91; Großbritannien: *Butler/Kavanagh 1997*: 254f.

Tabelle 19.5: Anteil der Mitglieder von SPD und CDU/CSU an der gesamten wahlberechtigten Bevölkerung in den Bundesländern 1990, 1994

	SPD 1990	SPD 1994	CDU/CSU 1990	CDU/CSU 1994	Differenz SPD-CDU/CSU 1994
Baden-Württemberg	0,93	0,82	1,29	1,18	-0,36
Bayern	1,35	1,19	2,16	2,01	-0,82
Berlin	1,01	0,95	0,61	0,59	+0,36
Bremen	2,33	1,91	0,71	0,72	+1,19
Hamburg	1,79	1,52	1,11	0,94	+0,58
Hessen	2,82	2,53	1,49	1,37	+1,16
Niedersachsen	2,00	1,80	1,71	1,52	+0,18
Nordrhein-Westfalen	2,19	1,90	1,78	1,60	+0,30
Rheinland-Pfalz	2,48	2,32	2,45	2,16	+0,16
Saarland	4,77	4,59	3,08	2,76	+1,83
Schleswig-Holstein	1,88	1,63	1,71	1,56	+0,07
Brandenburg	-	0,35	-	0,49	-0,14
Mecklenburg-Vorpommern	-	0,25	-	0,74	-0,49
Sachsen	-	0,15	-	0,64	-0,49
Sachsen-Anhalt	-	0,29	-	0,72	-0,43
Thüringen	-	0,31	-	1,01	-0,80

Quelle: Gabriel/Niedermayer 1997: Tab. 2; für Bayern eigene Berechnungen aus: dies.: Tab. 1 und Statistisches Jahrbuch 1995: 91.

Die britischen Parteien haben seit den sechziger Jahren stark an Mitgliedern verloren, aber wahrscheinlich hatten sie tatsächlich nie so viele Mitglieder, wie sie bis in die siebziger Jahre angaben. Die Zahlenangaben über britische Parteimitglieder sind nicht akkurat, zumal die Parteizentrale keine genauen Listen führen konnte. Beide Parteien waren auf die Angaben ihrer Wahlkreisverbände angewiesen, die aus unterschiedlichen Gründen überhöhte Angaben machten (Scarrow 1996: 76-84).

Ob es eine Verbindung zwischen Wahlergebnis und Mitgliederstärke gibt, ist aus den aufgeführten Zahlen nicht ersichtlich. Bei den britischen Parteien sinkt der Mitglieder-Wählerquotient,[30] bei den deutschen bleibt er seit den siebziger Jahren

---

[30] Mit hundert multipliziert ergibt er den Anteil der Parteimitgliedern an den Wählern einer Partei. Er soll in diesem Zusammenhang nicht als „Erfolgsmaß" einer Mitglieder- und Wählerpartei verstanden werden. Denn ein recht hoher Quotient kann auch das Ausmaß der Ghettoisierung einer Partei ausdrücken (viele Mitglieder kommen auf wenige Wähler). Hätte die SPD den Quotienten des für sie demütigenden Jahres 1953 auch in ihrem absoluten Erfolgsjahr 1972 beibehalten, dann hätte sie (trotz der nach-68er Eintrittswellen) keine 954.000, sondern über 1,3 Millionen Parteimitglieder haben müssen.

stabil. Dies hatte nicht für alle Parteien denselben Effekt: Die Union war in den fünfziger Jahren extrem erfolgreich bei den Wahlen, obwohl sie kaum Mitglieder hatte, und auch der dramatische Rückgang der konservativen Parteimitgliedschaft in Großbritannien hatte keinen herben Rückschlag bei den Wahlen (zumindest nicht bis 1997) zur Folge. Auch die regionalen Hochburgen lassen den Schluß nicht zu, daß eine hohe Mitgliederdichte auch automatisch Wahlerfolge zeitigt (immerhin gibt es eine gewisse Tendenz dafür, siehe Saarland, Bremen und Bayern, abgemildert in Hessen und Rheinland-Pfalz). Wendet man den Blick aber der absoluten nationalen Mitgliedschaft einer Partei und ihren Wahlergebnissen zu, so ist der Schluß durchaus zulässig, daß bei *steigenden* Mitgliederzahlen einer Partei auch deren Wahlergebnisse sich verbessern; sie sind vielleicht eher ein Indiz für eine allgemein stärker werdende Zustimmung für eine Partei. Als seit Ende der fünfziger Jahre, besonders aber Ende der sechziger Jahre immer mehr Bürger der SPD (und auch der Union) beitraten, zeigten die Wahlergebnisse nach oben. Reziprokes gilt bei Labour: Je mehr Mitglieder die Partei verließen, desto deutlicher wiesen auch die Wahlergebnisse nach unten.

In beiden Staaten organisiert sich nur eine vergleichsweise kleine Minderheit der Bürger in Parteien. In beiden Staaten waren zwischen 90 und 95 Prozent der Bürger *nicht* in Parteien organisiert. Zumindest im Fall der Bundesrepublik schneiden die „organisationskritischen" neunziger Jahre immer noch besser ab als die goldenen fünfziger. Dies ist kann wohl nicht durch die Erosion von traditionellen Milieus erklärt werden, wie es z.B. Gabriel/Niedermayer (1997: 283) versuchen, denn schließlich waren die Milieus in den Fünfzigern noch intakt.

Zugleich zeigt sich aber auch, daß Initiativen der SPD-Zentrale nicht erfolgreich waren, neue Mitglieder zu gewinnen. Ab 1974 wurde ein Mitgliedermagazin („Sozialdemokrat Magazin", seit 1989 „Vorwärts") herausgebracht, um die Mitglieder zu informieren, und eine zentrale Computerkartei wurde angelegt. Ähnliche Erfahrungen machte Labours Parteizentrale, die ebenfalls ab 1986 ein Mitgliedermagazin (Labour Party News") lancierte, nicht zuletzt, um einigermaßen genau die Zahl der Parteimitglieder zu erfahren (da jeder Abonnent sich auf einer zentralen Vertriebsliste eintragen mußte). Jedoch galt der intensivierte Kontakt der Zentrale mit den individuellen Mitgliedern eher dazu, lokale Parteieliten, die als Horte des Radikalismus galten, zu umgehen. All dies verhinderte nicht, daß die Mitgliederzahlen seit 1977 sinken (von knapp über eine Million auf 820.000 in Westdeutschland), dieser Trend läßt sich auch für Labour bis 1994 belegen - seitdem weisen die Zahlen wieder nach oben. 1998 gab es 400.000 Mitglieder (Seyd 1998: 53; ders. 1999: 384). Das bedeutet ein Plus von vierzig Prozent innerhalb von drei Jahren! Die vielen Neumitglieder konnten die Zahl der seit dem Wahlsieg ausgetretenen, von New Labour desillusionierten 21.000 Mitglieder kompensieren (Seyd 1999: 397). Zugleich weisen die Neumitglieder andere Aktivitäts- und Partizipationsmuster auf als die alten. Das neue Mitglied identifiziert sich mit der Partei und gibt gerne Geld. Allerdings erwartet es auch, daß sich *andere* in *campaigning* und *grassroot activities* engagieren (Whiteley/Seyd 1998). Auch neuerliche Werbungskampagnen der SPD (die letzte fand 1996 unter dem Motto „Ja, Rot steht Dir gut" statt) hatten keine positive Auswirkung. In einer Sonderbeilage des „Vorwärts" (3/1996) gab es neben zehn Gründen, SPD-Mitglied zu werden auch die Möglichkeit, Kreuzfahrten und Wochenenden in Berlin und Paris zu verbringen. Die erfolgreichsten werbenden Ortsvereine bekamen ein „rauschendes Sommerfest mit Oskar Lafontaine" und komplette Infostände.[31] Besonders enttäuschend verlief allerdings die Kampagne in den neuen Ländern. Hier stagniert die SPD (trotz populärer Landespolitiker wie Manfred Stolpe oder Reinhard Höppner) bei unter 30.000 Mitgliedern (Der Spiegel, 25.3.1991; Silvia 1993b: 25), während dort die CDU durch die Vereinigung mit der Ost-CDU und dem Demokratischen Bauernbund Deutschlands mehr als doppel soviele Mitglieder rekrutieren konnte. Mitgliederstärkste Partei im Osten bleibt die PDS mit etwa 100.000 Mitgliedern (vgl. Gabriel/Niedermayer 1997: Tab. 1). Hoffnungen auf eine Sozialdemokratisierung des Ostens erfüllten sich nicht auf Wähler-, schon gar nicht auf der Mitgliederebene. Grund für diese optimistische Annahme war die Stärke der SPD in diesem Teil Deutschlands in der Weimarer Republik und in der Nachkriegszeit bis zur Gründung der SED. 1932 hatte die SPD im Gebiet der späteren Sowjetischen Besatzungszone 581.000 Mitglieder und 1946 vor der Vereinigung mit der SED 681.000 (SBZ mit Groß-Berlin; Staritz 1987: 92). Schuld daran ist in erster Linie die geringe Neigung der Ostdeutschen, sich überhaupt in Parteien zu organisieren (ebd: 285). Aber auch der Ruf der ostdeutschen SPD, eine „Pastorenpartei" zu sein, hat sich negativ ausgewirkt. Ehemalige Dissidenten aus der protestantisch-kirchlichen Szene hatten sich dagegen verwahrt, SED-Mitglieder aufzunehmen (Der Spiegel, 13.7.1992). Durch das gesinnungsethische Gepräge, die Unterausstattung (zumindest in der Anfangszeit), die offene Feindseligkeit der deutschen Linken gegenüber dem Wunsch nach schneller Vereinigung und nicht zuletzt die westlich-überhebliche Art des Kanzlerkandidaten Lafontaine hat die Ost-SPD nicht den Sprung zur Massenpartei geschafft (von Beyme 1991: 181f). Sie ist, ähnlich wie die westdeutschen Grünen, eine Milieupartei (der Dissidenten), wohl auch eine Honoratiorenpartei, vielleicht auch eine „Partei neuen Typs" (ohne Mitglieder und ohne Engagement aber mit breiter

---

[31] Im Vorfeld der Kampagne herrschte eine gewisse Ratlosigkeit über die Art der Mitgliederwerbung. Daher rief Bundesgeschäftsführer Franz Müntefering noch einen Monat vor dem Anlaufen der Kampagne die Ortsvereine dazu auf, „gute Ideen, Hinweise und Tips für die anlaufende Mitgliederkampagne zu schicken" (Vorwärts 2/1996: 17).

Wählerbasis) - auf jeden Fall keine Massenmitgliedspartei Duvergerschen Typs (Tiemann 1993: 422; Silvia 1993a: 182; 1993b: 33-40).[32] Besonders enttäuschend für die Partei war, daß das rasche Wachstum der gewerkschaftlichen Mitgliedszahlen in Ostdeutschland keine Auswirkungen auf die Mitgliederzahlen der Ost-SPD hatte. Würden sich in Ostdeutschland die Gewerkschaftsmitglieder genauso stark wie im Westen in der SPD organisieren, dann würde sich die Zahl der Ost-SPD-Mitglieder verachtfachen (Silvia 1993b: 40).

---

[32]Die Tendenz zur Honoratiorenpartei ergibt sich aus dem Umstand, daß zwischen 70 und 90 Prozent der ostdeutschen SPD-Mitglieder ein kommunales Mandat bekleiden (Linnemann 1994: 79f, 86f). Nach Silvia (1993b: 38) ist die SPD im Prinzip eine westdeutsche Partei geblieben. Der ostdeutsche Parteiteil ist in einem Teufelskreis aus geringen Mitgliederzahlen, geringer Präsenz in den Parteiorganen und der Marginalisierung seiner Anliegen gefangen.

19.3 Zusammenfassung

Der Weg zu mehr Einfluß führt in der SPD über die einzelnen Territorialorganisationen, bei Labour über die Gewerkschaften. In der SPD ist der Weg steinig, da die einzelnen Parteiebenen gewonnen werden müssen. Werden im Fall der Labour Party die Gewerkschaften gewonnen, ist das schon die halbe Miete. Werden dann die Parlamentarier und der Parteivorsitzende noch an die Kandarre genommen, ist der Einfluß der siegreichen innerparteilichen Opposition perfekt. Der einzige Stolperstein ist dann nur noch das Verdikt des Wählers. Aber der Erfolg der Labour-Linken in den siebziger und frühen achtziger Jahren war einer Ausnahmesituation geschuldet. Denn vorher (und auch nachher) hatte die Parteiführung und die PLP dann ein großes Maß an Autonomie, wenn sie sich der Unterstützung der Gewerkschaftsführer sicher sein konnten (vgl. McKenzie 1963: 519). Diese Unterstützung erodierte aber, als erstens radikalere Gewerkschaftsführer an die Macht kamen und die Labour-Regierungen nicht mehr die Forderungen der Gewerkschaften erfüllen konnten. Allerdings hielten die Gewerkschaften zwei Jahre dem Krisenmanager Callaghan die Stange, bis sie unter dem Druck wilder Streiks ab Mitte 1978 die Konfrontation suchten. Wie unten gezeigt wird, wechselten die Gewerkschaften Mitte der achtziger Jahre wieder die Fronten und sahen ein, daß mit einer linken Labour Party keine Wahlen zu gewinnen war.

Die zum Teil erfolglosen Werbungsaktivitäten machen aber deutlich, daß es keine Strategie der Parteizentralen gegeben hat, sich von der Organisationsform einer Massenmitgliederpartei abzuwenden (Scarrow 1996: 84f). Schließlich formulierte der SPD-Bericht 1993 als zwei ihrer Hauptziele: Die SPD „will die größte Mitgliederpartei bleiben. Sie will die vorhandenen personellen Ressourcen besser als bisher nutzen und neue Aktivitätspotentiale erschließen" (Blessing [Hg] 1993: 192) und „nicht zu einem bloßen Wahlkampfapparat werden, über den die hauptamtlichen und Mandatsträger im Hinblick auf Medienwirkungen verfügen" (Projektgruppe SPD 2000 des Parteivorstandes 1993: 18). Ganz im Gegenteil: Die Parteien sehen die Mitglieder als Ressource und beklagen Mißerfolge, gesellschaftliche Gruppen nicht stärker rekrutiert zu haben.

20 Parteien als Organisationen

Das Dilemma innerparteilichen Managements hatte Michael Foot einmal treffend formuliert: „How to encourage freedom without which parties become moribund, whilst not destroying their cohesion without which they will cease to be effective instruments of government and opposition" (zit. n. Shaw 1988: 291). Im Spannungsfeld zwischen Kohäsion und Zersplitterung gibt es drei verschiedene Strategien: 1. Unterdrückung der innerparteilichen Opposition, 2. „Einheit in der Vielfalt", also ein Management, das die unterschiedlichen innerparteilichen Gruppierungen anerkennt, die sich wiederum an Spielregeln halten, 3. anomisches Gewährenlassen, d.h. innerparteiliche Konflikte werden nicht geregelt.

20.1. „Faktionen": innerparteiliche Gruppierungen und ihre Folgen

Über die Entstehungsbedingungen von innerparteilichen Gruppierungen herrscht in der Forschung Uneinigkeit. Ist es die organisatorische Struktur der Partei, wie Duverger meinte oder das Wahlsystem, wie Sartori meinte oder das Parteiensystem?
Duverger (1967: 40-60) hatte angenommen, daß dezentral organisierte Honoratiorenparteien die Herausbildung von Faktionen begünstigen, während dies bei zentralisierten Parteien weniger der Fall ist. Sartori (1976: 98) meinte, ein *winner-take-all*-Wahlsystem reduziere die Anzahl der Faktionen, während Verhältniswahlsysteme die Herausbildung von Faktionen begünstigen.
Andere gingen davon aus, daß die Anzahl und Stärke von Parteien in einem Parteiensystem und der Wettbewerb unter diesen die Herausbildung von innerparteilichen Gruppierungen beeinflußt. So wird ähnlich wie bei Duverger argumentiert, daß die Existenz vieler Parteien auch den Faktionalismus fördert (vgl. Forschungsübersicht bei Müller-Rommel 1982: 21). Aber es wäre durchaus denkbar, daß in einem Zweiparteiensystem ebenfalls viele Faktionen in den beiden Parteien vertreten sind, da diese nicht ohne weiteres in andere Konkurrenzparteien wechseln können. Ob nun ein Vielparteien- oder ein Zweiparteiensystem oder die Art des Wahlsystems die Herausbildung von „Faktionen" (in Sartoris Terminologie) begünstigen, oder eher eine ideologische Polarisierung, wie Müller-Rommel (1982: 22) behauptet hat, kann hier nicht entschieden werden. Jedenfalls hat es in beiden Parteien in einem gemäßigt pluralistischen Parteiensystem (mit unterschiedlichem Wahlrecht) mehrere innerparteiliche Gruppierungen gegeben. Ob das Wahlsystem die Strategie von Faktionen beeinflußt, ist nicht sehr plausibel: Sowohl in Wahlsystemen mit Mehrheits- als auch mit Verhältniswahlrecht haben die Faktionen versucht, auf die Kandidatennominierung Einfluß zu nehmen. Schwerwiegender sind dabei organisationsstrukturelle Variablen (wie oben beschrieben).
Dieses Kapitel widmet sich den verschiedenen innerparteilichen Gruppen.

Richard Rose (1964: 37f) unterschied zwischen
- „factions", relativ gut organisierten Gruppen von Parlamentariern, die sich zusammengetan hat, um bestimmte Policies durchzusetzen,
- „tendencies", einer Gruppe, die weniger organisiert ist und die durch eine gemeinsame Ideologie zusammengehalten wird, und
- „ad hoc combinations of politicians in agreement upon one particular issue or at one moment in time", einer *single-issue*-Gruppe.

Aufbauend auf diese Klassifikation führte Hine (1982: 36-41) die Dimensionen des innerparteilichen Konflikts ein.
- „Policy": Was unterscheidet die Gruppen programmatisch?
- „Organisation": Wie sind die Gruppen organisiert?
- „Coverage": Welche innerparteilichen Akteure sind in diesem Konflikt ebenfalls involviert?

Sartori (1976: 75-80) hatte einen ähnlichen Analyserahmen vorgeschlagen. Innerparteiliche Gruppierungen bilden sich an vier Dimensionen heraus:
- organisatorisch (minimale oder maximale Autonomie von der Partei),
- motivatorisch (Machtgewinnung versus „Pfründe")
- ideologisch (Pragmatismus oder Fanatismus)
- rechts und links.[1]

Die meisten Studien gehen den Königsweg und reduzieren die meisten innerparteilichen Gruppierungen auf die Links-Rechts-Dimension, auch wenn diese Klassifikation umstritten ist. Das ist schon deswegen nicht völlig verkehrt, da sich die Gruppierungen meist auch mit dieser Dimension identifizieren. In beiden Parteien konvergiert die Links-Rechts-Dimension meist auch mit unterschiedlichen „Policies" (d.h. Programmatik).

Ohne allzuviel vorwegzunehmen, fällt in beiden Parteien auf, daß die innerparteiliche Rechte eher schwach organisiert war, mit wesentlich weniger elaborierter Programmatik (wenn man von Crosland absieht). Besonders die rechten „Kanalarbeiter" in der SPD betreiben eine reine Personalpolitik. Die Linke in beiden Parteien war eher stärker organisiert, verfolgten weniger personalpolitische Ziele, sondern waren eher an der Durchsetzung ihrer Programmatik interessiert. So waren linke Strategien, in der Labour Party Einfluß auf Personalentscheidungen zu nehmen, weniger dadurch motiviert, den eigenen Leuten Positionen zu verschaffen, sondern die rechte Suprematie zu brechen. Der Grad an linkem Fanatismus in beiden Parteien war unterschiedlich: Die Linken in der SPD ließen sich ab Mitte der siebziger Jahre auf einen institutionalisierten Kompromiß mit der Rechten ein, während die Labour-Linke auf Biegen und Brechen ihre Vorstellungen durchzusetzen suchte.

---

[1] Sartori hatte gegenüber dieser sehr gängigen Dimension seine Vorbehalte, da sie eine „grand oversimplification resulting from a compound of fuzzy criteria" sei (Sartori 1976: 79).

Wie Ferdinand Müller-Rommel (1982: 266) feststellte, bedeutet die Existenz informeller innerparteilicher Gruppierungen nicht automatisch die Desintegration der Partei. Im Gegenteil, sie haben auch stabilisierende Funktionen, da sie viele Parteimitglieder integrieren (über die Interessenartikulation, -selektion, Rekrutierung von Mitgliedern oder auch Geselligkeit) und sogar die Wahlchancen erhöhe, da sich viele Wählersegmente in der Partei wiedererkennen (Kitschelt 1994: 212). Dies gilt allerdings nur, wenn die einzelnen Gruppen nicht mit einem Absolutheitsanspruch auftreten und fundamentale Spielregeln beachten (Müller-Rommel 1982: 267).[2] Möglicherweise wird die Außenwirkung von innerparteilichen Konflikten überschätzt (Heimann 1993), zumindest auf nationaler Ebene. Ob die chronischen Konflikte zwischen Links und Rechts in deutschen Großstädten der SPD die Mehrheit gekostet haben, ist nicht eindeutig belegt. Die Verluste können genauso gut auch auf das Konto des soziostrukturellen Wandels gehen. Dennoch sollen die Aussagen aus Kapitel 9.2 nicht vergessen werden: Der Wähler liebt keine zerstrittenen Parteien. Robert McKenzie schrieb 1963: „there are clearly defined limits beyond which organized minorities cannot be permitted to go if the parent party is to function as a coherent contender for office" (McKenzie 1963: 643). Noch weniger wählt er dann Parteien, die extreme Ansichten vertreten. Genau dies kann geschehen, wenn sich die Linke durchsetzt. Insofern kann den SPD-Verbänden in deutschen Großstädten vorgeworfen werden, daß sie die ungünstigen Bedingungen für eine SPD-Mehrheit (wachsender Dienstleistungssektor, schrumpfende Arbeiterschaft) nicht durch populäre Politikangebote aufgefangen haben. Mit anderen Worten: Innerparteiliche Gruppen an sich sind nur solange nicht disfunktional, solange sie die Partei (egal auf welcher Ebene) nicht paralysieren und Anpassungsprozesse nicht unmöglich machen. Genau dies spricht gegen das Argument der „nützlichen" innerparteilichen Friedhofsruhe. Denn schließlich vermochten es manche regionale und lokale Gliederungen der Partei, durch einen geschickten Mix aus attraktiven Politik- und Personalangeboten, wieder mehrheitsfähig zu werden (wie in München seit 1994).
In den Nachkriegsjahren kristallisierten sich etliche innerparteiliche Gruppierungen heraus, die weitgehend nach der Rechts-Links-Klassifikation organisiert waren. Vielleicht wäre es sinnvoll, die neue Dimension „postmaterialistisch"-"traditionalistisch" einzuführen. Allerdings suchen innerparteiliche Strömungen auch oft die Allianz mit geistesverwandten Strömungen, die sich nur in Nuancen unterscheiden. So kam es bei der SPD zu einer Verbindung zwischen der alten Linken und der neuen Linken (Braunthal 1983: 73). Die relativ geringe Zahl von innerparteilichen Gruppierungen deutet aber eher darauf hin, es bei einer einfachen Dichotomie zu belassen. Freilich sollte diese differenziert werden: So gab es bei

---

[2] Auf regionaler Ebene machte Heß (1984: 371) am eigenen Leib (er war SPD-Parlamentarier in Berlin) die Erfahrung, daß der Faktionalismus der Berliner SPD seit Ende der siebziger Jahre für die Niederlagen verantwortlich war.

Labour Trotzkisten und Marxisten auf der Linken (das SPD-Equivalent wäre der Stamokap-Flügel der Jusos), eine gemäßigte Linke, eine „Mitte" und die Rechte. Diese Gruppierungen bildeten sich einerseits in der Fraktion und andererseits auch in außerparlamentarischen Diskussionszirkeln, zu denen oft Gewerkschafter, kommunale Funktionäre oder Akademiker gehörten. Dabei stellen parteiextern organisierte Oppositionsgruppen eine wichtige Determinante innerparteilicher Gruppenbildung dar (Müller-Rommel 1982: 262), denn sie haben ein starkes Gruppenbewußtsein, das sich in organisierter Form in die Partei einbringen läßt. Im Fall der SPD war es die neue Linke, die sich ab Mitte der sechziger Jahre verstärkt in die Partei einbrachte (s. Kapitel 20.2). Solche neuen Gruppierungen übertragen dann auch den Faktionalismus der Basis, wenn viele ihrer Anhänger ins Parlament einziehen. Dies war bei der SPD 1969 und 1972 der Fall, bei Labour ab 1964. Über Erfolg oder Mißerfolg einer Faktion entscheidet schließlich auch, ob sie ein Karrierevehikel für ihre Mitglieder ist. Bei Labour endete die Karriere für die extreme Linke 1986, in der SPD bereits Mitte der siebziger Jahre. Es spricht viel dafür, daß sich Exponenten eines Flügels dann mäßigen, wenn sie Karriere machen wollen. Auf bundesdeutscher Seite ist Gerhard Schröder das prominenteste Beispiel: 1979 wollte er als Juso-Vorsitzender noch die Linke koordinieren, 1998 führte er einen pronounciert Mitte-orientierten Wahlkampf als Spitzenkandidat. Bei Labour haben Neil Kinnock und David Blunkett (seit 1997 Erziehungsminister im Kabinett Blair) einen spektakulären Richtungswechsel hinter sich: Kinnock kam von der gemäßigten parlamentarischen Linken, während Blunkett bis Mitte der achtziger Jahre die radikal-linke Stadtregierung von Sheffield anführte (Seyd 1987: 146-153). Aber nicht nur Karrieregründe sind dafür ausschlaggebend, daß Exponenten eines Flügels sich auf dem Links-Rechts-Spektrum bewegen: So wanderte der prominente Rechte Hans-Jochen Vogel seit Anfang der achtziger Jahre langsam ins linke Zentrum und zeigte im Wahlkampf 1983 deutliche Sympathien für die Friedensbewegung (und 1993 für die Asylkompromiß-Gegner). Die ideologische Positionierung von „Flügelpolitikern" ist demnach nicht starr, sondern wandelbar: Gründe hierfür sind ein Gespür für innerparteiliche Machtverhältnisse, die Sorge um interne Kohäsion oder Wahlstrategien.

SPD: In der SPD-Linken gab es den „Frankfurter Kreis", der ab 1966 gegen die konziliante SPD-Politik in der Großen Koalition wandte und die Anliegen der erstarkenden Außerparlamentarischen Opposition vertrat. In ihm versammelte sich sowohl die „alte" (Walter Möller, Harry Ristock) als auch die „neue" Linke (Karsten Voigt, Norbert Gansel; vgl. Brauns et al. 1976: 263). Allerdings spielten „Maximalisten" (wie z.B. Vertreter des Stamokap-Flügels) nach Unterwanderungsversuchen 1975/76 keine Rolle im „Frankfurter Kreis" (Müller-Rommel 1982: 73f). Ab 1968 traten sie auf Parteitagen auf und koordinierten ihr Stimmverhalten (durch sog. „Negativ-Listen" gegenüber der Parteirechten), um die

Mehrheiten im Parteivorstand zu ändern - wenn auch mit mäßigem Erfolg. Erfolgreicher waren die Linken, die Parteitage 1971 und 1973 durch programmatische Beschlüsse zu beeinflussen (vor in der Debatte um den „Orientierungsrahmen '85"; vgl. Kapitel 22.2). Im Bundestag gehörte die „Gruppe der 16. Etage" (1969-1972) und der „Leverkusener Kreis" (ab 1972) zur Fraktionslinken, die enge Verbindungen zum „Frankfurter Kreis" hatten (Müller-Rommel 1982: Kap. 2.2.1, Braunthal 1983: 209f). Allerdings war ihr Erfolg bescheiden, da erstens die Rechte die Bundestagsfraktion dominierte, und da zweitens ab 1977 eine große Gruppe der linken Parlamentarier den Kompromiß mit der Rechten suchte. Es spricht einiges für die These, daß Linke und Rechte im Parlament sich zunächst als Parlamentarier sehen und erst in zweiter Linie als Angehörige eines Parteiflügels, dessen Interessen zu vertreten sind. Dafür spricht die relative Einigkeit der Fraktion, als es darum ging, die sozialliberale Regierung zu stützen (vgl. Braunthal 1983: 217, 220; Paterson 1986: 138). Schließlich bot die Opposition seit 1982 die Gelegenheit, die bürgerlich-liberale Koalition als eigentlichen Gegner zu sehen.

Die Alters-, Sozial- und Bildungsstruktur der Linken innerhalb und außerhalb des Parlaments entspricht ziemlich genau den Klischees, die von der neuen Linken gehegt wurden: Es waren (damals) junge Leute, oft mit Studium, die aus dem Dienstleistungssektor kamen, und aus Diaspora-Gebieten (Bayern, Baden-Württemberg, damals Schleswig-Holstein) stammten (Müller-Rommel 1982: 141-153). Überhaupt wurde die neue Politik schnell in den klassischen Links-Rechts-Konflikt integriert: Anhänger der neuen Politik definierten sich als links (Schmitt 1987: 118).

Auf der Parteirechten bildeten sich die „Kanalarbeiter" um Egon Franke, die seit 1957 eine Art intrafraktionelle Seilschaft bildeten. Die Kanalarbeiter entstanden zehn Jahre vor der Akademikerflut in die SPD als eine Gegenbewegung gegen angebliche Privilegien der Studierten (Der Spiegel, 14.11.1977). Organisationsintern wurden die Rechten (der spätere „Seeheimer Kreis") erst relevant, als sich die Linke organisiert hatte (vgl. Müller-Rommel 1982: Kap. 2.2.2). Während die Kanalarbeiter noch am ehesten Arbeiter (im Bildungssinn, d.h. mit Volks- oder Mittelschule) und relativ alt waren, waren die neuen Rechten um Hans-Jochen Vogel (seit 1972) Akademiker und relativ jung.[3] Unabhängig davon waren die Fraktionsrechten stets die Garanten der Fraktionsloyalität, zumal sie sich (bis auf den „Vogel-Kreis") auch eher auf die Personalpolitik als auf die Sachpolitik konzentrierten.

Während es zwischen der Linken und der Rechten auf lokaler Ebene (s. Kapitel 20.2) häufig zu erbitterten Konflikten kam, herrschte seit 1975 auf Bundesebene

---

[3]Dennis Kavanagh riet bei einer Analyse der Labour-Elite zur Vorsicht, einen Zusammenhang zwischen sozialer Schicht und ideologischer Disposition zu konstruieren (Kavanagh 1982a: 109).

eine Art „Faktionskorporatismus", also gegenseitige Absprachen beider Gruppen (was auch zur Spaltung des „Frankfurter Kreises" ab 1977 führte; Müller-Rommel 1982: 86). Am Ende wurde der „Organisationsrahmen '85" auf dem Mannheimer Parteitag 1975 nahezu einstimmig beschlossen und die Parteiführung (Brandt und Schmidt) mit eindrucksvollen Ergebnissen wiedergewählt (Glotz 1976: 14f). Insgesamt gesehen konnten die Linken in der SPD die Machtbalance etwas zu ihren Gunsten verändern, ohne allerdings den Parteizusammenhalt zu gefährden (Müller-Rommel 1982: 188). Vor allen Dingen im programmatischen und strategischen Diskurs der achtziger Jahre konnten sie sich partiell durchsetzen, wenn auch bald klar wurde, daß die informelle Macht der Gewerkschaften die Dominanz des linken (später ökologisch-pazifistischen) Diskurses verhinderte.

Auf außerparlamentarischer Ebene existierten seit Ende der sechziger Jahre noch der linksliberale „Tübinger Kreis" (Peter Conradi, Fritz W. Scharpf) und der rechte „Kurt-Schumacher-Kreis" (Herbert Hupka) und die „Fritz-Erler-Gesellschaft" (ab 1976), die sich allerdings in den siebziger Jahren mangels Mitglieder auflösten.

Den augenfälligsten Ausdruck der organisatorischen Pluralisierung, der „fragmentation of the internal life of the SPD" (Padgett 1994: 20) bieten die drei großen *Arbeitsgemeinschaften*, Afa, AsF und Jusos. Diese dienen erstens dazu, die Mitglieder nicht nach ihrem Wohnort, sondern nach ihren Interessen zusammenzufassen. Zweitens haben die Arbeitsgemeinschaften eine Außenwirkung: Sie signalisieren, daß sich eine Partei einer bestimmten Gruppe öffnet und auch Nichtmitglieder anspricht (Duverger 1967: 118, Niclauß 1995: 145).

Die Arbeitsgemeinschaft für Arbeitnehmerfragen (Afa, seit 1973), mag auf den ersten Blick eine Kuriosität für eine Arbeiterpartei sein, erklärt aber ihre raison d'etre aus einer Defensivstrategie gewerkschaftsnaher Kreise gegenüber den Herausforderungen der neuen Politik (Lösche/Walter 1992: 258). In der Afa sind hauptsächlich die Arbeitnehmer der Traditionsindustrien vertreten, während sie die wachsenden Branchen und Beschäftigte in Klein- und Mittelbetrieben nicht erreicht. Walter machte die Afa als Hauptträgerin des „antireformistischen Verhinderungspotentials in der SPD" aus (Walter 1995a: 710), denn hier massieren sich die Besitzstandswahrer des Sozialstaates unter Führung von Rudolf Dressler. Allerdings ist die Ausstrahlungskraft der Afa nach außen denkbar gering, und Dreßler wurde von Schröder bei der Aufstellung seiner „Kernmannschaft" nicht berücksichtigt (Süddeutsche Zeitung, 25.5.1998). In dieser „Traditionskompanie ohne Biß" (Lösche/Walter 1992: 257) hat der Arbeitnehmerflügel seine Spielwiese gefunden, während in der Arbeitsgemeinschaft sozialdemokratischer Frauen (AsF; seit 1972) die feministisch-pragmatische Variante der neuen Linken den Ton angibt (vgl. Hempel-Soos 1980; Lösche/Walter 1992: 238-256; Walter 1995b: 100). Ihr größter Erfolg war 1988 die Durchsetzung der Frauenquote von

40 Prozent bei der Besetzung von Parteiämtern und Mandaten (Lösche/Walter 1992: 247ff; Heimann 1993: 174; Niclauß 1995: 145).
Besonders dramatisch ist der Bedeutungsverlust der Jugendorganisation, der Jungsozialisten (Jusos). Ende der sechziger Jahre vermochten sie es, einen ordentlichen Anteil der APO in die SPD und damit das deutsche Parteiensystem zu integrieren. Und sie brachten theoretische Diskussionen wieder auf die Parteiagenda (Braunthal 1983: 101). Auf der Sollseite führten die Jusos harte Theoriedebatten, die einerseits mit der Wirklichkeit einer Koalitionsregierung nichts zu tun hatten und verschärften die innerparteilichen Konflikte, zumal sich die Jusos untereinander programmatisch nicht einig waren. Es gab auf der extremen Linken den „Stamokap"-Flügel, einen „antirevisionistischen" Flügel und den dominanten, eher gemäßigten „reformistischen" Flügel - allerdings waren alle Flügel innerparteilich links und marxistisch inspiriert (Häse/Müller 1973; Lösche/Walter 1992: 268-285).
Vor allem aber verpaßten die Jusos in ihren Theoriedebatten die Ökologie-Bewegung, so daß die Jusos ab Mitte der siebziger Jahre ins innerparteiliche Abseits gerieten, zumal sie ihre Funktion als Diskursforum nicht mehr wahrnahmen. Zugleich versuchte die Parteiführung erfolgreich, die Jusos wieder stärker zu kontrollieren. Der Preis dafür war ziemlich hoch: Viele Jusos traten Ende der siebziger Jahre aus und liefen zu den Grünen über - die Konkurrenz im linken Spektrum war zum Teil hausgemacht (Braunthal 1983: 289-297; Silvia 1993a: 173).
Als weitere formale innerparteiliche Gruppe existiert die Sozialdemokratische Wählerinitiative (SWI), die ihren Zenit allerdings nach 1972 überschritten hatte (Lösche/Walter 1992: 285-298). In ihr sammelte sich die kulturelle Intelligenz unter informeller Leitung von Günther Grass, gelegentlich angereichert durch Film- und Schlagerstars.
Seit 1994 existiert auch die Senioren-AG „Sechzig Plus", die etwa 20.000 aktive Mitglieder hat (bei 240.000 SPD-Mitgliedern über sechzig; FAZ, 25.10.1997). Ihre Anliegen konzentrieren sich auf die Gesundheits- und Rentenpolitik.
Duverger (1967: 118) schrieb über die Funktion der Arbeitsgemeinschaften: „The technique of ancillary organisations is rather like that of the band and processions used by the salvation army, which is not proof of its power over souls". Bei der SPD ist Kapelle und Umzug der AGs ziemlich klein: Nur etwa fünf Prozent der Frauen und der Arbeitnehmer in der SPD waren in den jeweiligen AGs aktiv (Niclauß 1995: 145, 147). Insofern haben die AGs in ihrer Funktion als Zielgruppenarbeit versagt, zumal eine genauere Analyse der AGs ergibt, daß sie introvertiert arbeiten (Lösche/Walter 1992: 238-298).
Seit den Organisationsreformen der frühen neunziger Jahre ist auch für Nicht-Mitglieder die Möglichkeit gegeben, in Studien- und Arbeitsgruppen mitzuarbeiten. Der jeweilige Status dieser Seiteneinsteigergruppen ist allerdings noch nicht endgültig, jedenfalls haben sich noch nicht Vorschläge durchgesetzt, die den Studiengruppen ein Antragsrecht für Parteitage einräumen wollen (Silvia 1993a:

174). Interessanterweise kamen die Seiteneinsteiger-Modelle eher vom linken Parteiflügel, wie der Sammelband von Peter von Oertzen und der damaligen Juso-Vorsitzenden Susi Möbbeck zeigt (von Oertzen/Möbbeck 1992). Prekär wird dieser organisatorische Pluralismus, der unterschiedlichen sozialen und kulturellen Milieus entspringt, erst dann, wenn es kein „Management der Vielfalt" gibt (Streeck, zit. n. Leif/Raschke 1994: 190; ebenso Kitschelt 1994: 36f). Und genau dies war in den achtziger Jahren der Fall. Im Gegensatz zur Elitenkohäsion und zum strikten Parteiregiment der Siebziger war die neue Parteielite nicht mehr fähig, die neuen Konflikte zu bündeln und zu aggregieren, ganz im Gegenteil: Die neuen Parteiführer wurden eher zum Spielball der neuen Kräfte, zumal die bloße Zugehörigkeit zu einem Fraktionsflügel immer unbedeutender wurde. In den achtziger Jahren spielte die Musik bei den führenden Landespolitikern.[4]

Labour: Innerhalb Labours gab es aufgrund der ideologischen Vielfalt schon sehr früh „tendencies" (Rose), die allerdings erst spät „factions" wurden. Erst mit Aneurin Bevan hatten sie einen Führer von nationaler Statur, der die linke „tendency" einigte (Rose 1964: 39; Seyd 1987: 173). Folgerichtig wurde die sich um einen Politiker kristallisierende Linke „Bevanites" genannt.[5] Bevan hatte sich einen Namen gemacht, als er eine Ausweitung der Verstaatlichungen und einseitige Nuklearabrüstung forderte. Allerdings warnte Laybourn davor, die Bevanites als besonders stark, organisatorisch gefestigt und ideologisch konsistent zu sehen. Schließlich war Bevan Pragmatiker genug, sich unter Verleugnung seiner vorherigen Position die einseitige Nuklearabrüstung 1957 zu kritisieren (Laybourn 1988: 152f).

Die gängigste Unterscheidung der Labour-Faktionen ist die nach der „hard left", „soft left" und den „social democrats". Philipp Williams unterscheidet lediglich zwischen „Maximalisten" und „Minimalisten" (Williams 1983: 26). Dies genügt aber nicht, um die Vielzahl der linken Faktionen zu erfassen. Denn Labours Faktionen reichten noch wesentlich weiter nach links auf dem ideologischen Spektrum als bei der SPD. Am linkesten waren die Trotzkisten, die „Militant Tendency", die ganze Lokalparteien und Stadtverwaltungen (wie Liverpool) beherrschten (Seyd 1987: 50-53; Shaw 1988: Kap. 11, 12). Ihre Strategie war, durch gezielte Infiltration („entryism"), die Parteiuntergliederungen zu beherr-

---

[4] „Characterised by social and cultural diversity, and by an individualism bordering on the egoistical, the new SPD elite is particulary susceptible to conflicts of both a political and personal nature" (Padgett 1994: 20).

[5] Ob es lediglich die Führungsqualitäten Bevans waren, die die Linke zur Faktion werden ließ, ist zweifelhaft. Es war eher die Politik der Labour-Regierung seit 1948, die Strukturreformen abzusichern statt voranzutreiben. Mit dem Reformstopp waren die Linken der systemtransformierenden Illusion beraubt und sie organisierten den ersten Widerstand mit Bevans Rücktritt als Gesundheitsminister (März 1951).

schen. Den Höhepunkt ihrer Macht erreichte *Militant* in den siebziger Jahren, als sie unter anderem die Jugendorganisation Labours („Labour Party Young Socialists") 1970 unter ihre Kontrolle brachten (Shaw 1988: 218). Mit spektakulären Aktionen versuchten sie in den Achtzigern, Partei und Bevölkerung gegen die konservative Regierung zu mobilisieren, was aber völlig mißlang.

Die parlamentarische Linke hatte seit der Nachkriegszeit nicht nur eine lange Tradition, sondern auch eine ziemlich feste Organisationsstruktur (Rose 1964: 39). In den siebziger Jahren agierte am erfolgreichsten die „Campaign for Labour Party Democracy" (CLPD), die die Implementation von Parteitagsbeschlüssen (und damit ein Ende der Autonomie der PLP) forderte. Ansatzpunkt war dabei die Auswahl der Parlamentskandidaten: Sie sollten den Parteimitgliedern (genauer: dem Generalkomitee) des Wahlkreises verantwortlich gemacht werden (Drucker 1981: 380). Außerdem sollte nicht mehr die PLP das Wahlprogramm beschließen dürfen, sondern ausschließlich das NEC. Strategisches Ziel war, den Einfluß der „Rechten", die in der Parlamentsfraktion vermutet wurden, zu brechen.

Die CLPD hatte durchaus Erfolge, die Kontrolle über das NEC zu erringen, so daß 1976 selbst der prominente Rechte Denis Healey aus dem NEC abgewählt wurde. Währenddessen blieb die Parlamentsfraktion von den innerparteilichen Entwicklungen unbeeindruckt: „It was as if there were two Labour parties, one with the voice of the NEC and Conference and the other with that of the parliamentary leadership" (Butler/Kavanagh 1980: 47).

Auch im Parlament hatte sich die alte Linke organisiert. Auch die Vorgänger der seit 1964 bestehenden „Tribune Group" („Keep Left" [1950], „Victory for Socialism" [1958]) waren nichts anderes als ein „loose and amorphous body operating as a meeting-ground for like-minded members of the Parliamentary Party" (Seyd 1987: 78). Oft scharten sie sich um Parteigrößen wie Aneuran Bevin in den Fünfzigern, Michael Foot in den Sechzigern und Tony Benn in den Siebzigern, bildeten aber keine konsistente Opposition zur Partei oder Fraktion (ebd: 80). Und die Zahl der Mitglieder hing wohl auch vom Grad der Frustration ab, der über die jeweilige Parteiführung herrschte. Mit der Wahl Neil Kinnocks zum Parteiführer vollzogen die meisten Tribune-Mitglieder auch den Kinnockschen Kurs zur innerparteilichen Mitte hin (Shaw 1988: 259f). Die letzte Bastion der radikalen Linken ist die seit 1982 bestehende „Campaign Group", die sich abermals um einen Charismatiker (Benn) schart. Allerdings verlor diese Gruppierung an Einfluß, seitdem Benn nicht mehr im NEC sitzt. Seit 1995 gibt es nach der schleichenden Desintegration der „Tribune Group" eine gemäßigt linke Faktion, die sich „What's Left" nennt. Zu ihr gehören Robin Cook, David Blunkett und Clare Short. Allerdings gibt es keine formelle Mitgliedschaft. „What's Left" ist

verhältnismäßig schwach und begreift sich nicht als innerparteiliche Opposition zu Blair.[6]
Die innerparteiliche Rechte hatte sich weniger organisiert, was wohl auch am hegemonialen Revisionismus lag. Dafür hatte sie im Gegensatz zur Linken eine kohärente Strategie (Laybourn 1988: 154). Erst 1960 hatte sich die „Campaign for Democratic Socialism" (CDS) gebildet, die als „organized Gaitskellism" (Haseler 1969: 216) den Kampf um die Neuformulierung der *Clause IV* (s. Kapitel 22.2) unterstützte. Zu ihr gehörten der spätere Labour-Abtrünnige Bill Rodgers und Anthony Crosland, zusammen mit 45 MPs und vier Mitgliedern des Schattenkabinetts (darunter James Callaghan und George Brown). In den siebziger Jahren fehlte der Rechten eine Führungsfigur (wie vorher noch Gaitskell), die „Campaign for Labour Victory" war schwach und löste sich nach vier Jahren 1981 auf, als etliche Rechte die SDP gründeten.
Schließlich gibt es noch eine Art britische Afa im Parlament, die Trade Union Group. Sie ist eine Gemeinschaft der MPs, die von den Gewerkschaften gesponsort werden (Minkin 1991: 258). Allerdings treten sie nicht als einheitliche *pressure group* der Gewerkschaften auf, bis auf eine kurze Zeit der Aktivität gegen Castles Weißbuch „In Place of Strife" (1969). Auch wenn die MPs gegen die Linie ihrer Gewerkschaftssponsoren arbeiteten, wurde selten die *sponsorship* entzogen (ebd: 262-267). Die gesponsorten Abgeordneten werden wohl weniger als Transmissionsriemen der sie sponsorenden Gewerkschaften gesehen, sondern wohl eher als natürliche Verbündete, die man aus Sympathiegründen materiell unterstützt (Norton 1981: 61).
Eine britische SWI gibt es in dieser Form nicht, sondern eine informelle Gruppierung von Prominenten, die Labour unterstützen, die sogenannten „Luvvies for Labour".[7]

Die Stärke der Faktionen: Für beide Parteien gilt: Die späten fünfziger Jahre waren die goldene Zeit für die Rechte, deren Machtbasis die jeweiligen Parlamente waren. In den sechziger Jahren gab es in beide Parteien einen Influx von neuen Mitgliedern. Ab Mitte der siebziger Jahre stellten die Parteimitglieder, die in den sechziger und frühen siebziger Jahren politisch sozialisiert wurden, immer mehr Parlamentarier und immer mehr Delegierte auf Parteitagen.

---

[6]Die Parlamentsabgeordnete Jean Corston sagte über diese Gruppierung: „ We are not anti-Blair. We are people who occassionally sit and chat about politics - but not on the basis of conspiracy" (Independent on Sunday, 16.7.1995).
[7]Seit Blairs Führung setzte die Partei besonders auf erfolgreiche Popstars (Independent, 13.4.1995). So erklärte der „Oasis"-Musiker Noel Gallagher: „Tony Blair's speech brought tears to my eyes" („New Labour - New Britpop" in: New Labour - New Britain, Herbst 1996; S. 12f). Im März 1998 hatte sich das Verhältnis wieder abgekühlt. Das Popmagazin „NME" titelte „Feel Betrayed?" (Guardian, 18.3.1998).

In der *SPD* stand die Linke bis 1976 im Zenit ihrer Macht, als sich ein Drittel der Parteitagsdelegierten und der Bundestagsfraktion zu ihr bekannten (Braunthal 1983: 20). 1979 erklärte der prominente Linke Karsten Voigt, daß es die Linke nicht mehr gäbe, stattdessen gäbe es nur noch Individuen und einzelne Landesverbände, die Alternativen zur Parteiführung verträten (ebd: 74). Tatsächlich verloren die Faktionen innerhalb der SPD an Bedeutung, da sie nicht mehr als Orte der innerparteilichen Kritik wahrgenommen wurden (Wehr 1998: 147f). Wie Walter (1995a, 1997a) überzeugend argumentiert, haben sich seit Anfang der achtziger Jahre die massenmedial sichtbaren Ministerpräsidenten als Kritiker oder Innovatoren hervorgetan, besonders wenn sie durch überzeugende Wahlsiege in ihrem Bundesland aufgefallen waren. Schließlich war dies die Schwäche der SPD-Linken, niemals einen unumstrittenen Exponenten gehabt zu haben, der außerdem noch Wahlsiege feiern konnte. So verlor Erhard Eppler in der SPD-Diaspora Baden-Württemberg die Landtagswahlen 1979 haushoch. Außerdem bot sich für viele desillusionierte SPD-Linke durch das Aufkommen der Grünen die Exit-Option. Dennoch kamen in den Parteivorstand ab 1981 immer mehr Mitglieder mit zumindest linker Vergangenheit, 1986 betrug ihr Anteil etwa sechzig Prozent, auch wenn sie sich nicht als Handlanger ihrer Faktion verstanden (Leif/Raschke 1994: 129). Dies führte zu keinem Linksruck wie bei Labour, sondern zu einer trendmäßigen Anpassung an die Themen der neuen Politik. Um die Faktionen im engere Sinn, den „Seeheimer Kreis" auf der Rechten und den „Frankfurter Kreis" auf der Linken ist es sehr still geworden, sie wurden zu „unverbindlichen Debattierclubs" (Wehr 1998: 147. Zwar profilierten sich die Seeheimer als die eifrigsten Verfechter einer Kanzlerkandidatur Schröders (Süddeutsche Zeitung, 2.4.1997), aber auch die Linke unterstützte Schröder bei den Vorstandswahlen 1997 (FAZ, 29.11.1997).[8]

Die *Labour*-Linke hatte ihre beste Zeit Anfang der achtziger Jahre, als es ihr gelang, ihre organisatorischen Vorstellungen durchzusetzen. So war schon bei der Wahl von James Callaghan als Fraktionsvorsitzender und Premier (1976) klar, daß die kombinierten Stimmenanteile für die Favoriten der Linken (Benn und Foot) deutlich höher lagen als für die der Rechten (Crosland und Jenkins; Drucker 1981: 379). Die rechte Vormachtstellung bei Labour erodierte zu dem Zeitpunkt, als die CLPs und die Gewerkschaften ins Lager der Linken überliefen - die Rechte hatte Ende der siebziger Jahre keine organisatorische Hochburg mehr. Allerdings fiel der Sieg der Linken in der PLP nicht eindeutig aus: Zwar kamen seit 1964 immer mehr linke Abgeordnete ins Unterhaus (rechte MPs wur-

---

[8]Im Februar 1998 wagten acht linke SPD-Abgeordnete einen kleineren Aufstand, als sie versuchten, einen Keil zwischen Lafontaine und Schröder zu treiben. Sie forderten eine „Mega-Botschaft", die Schröder ihrer Meinung nicht anzubieten hatte. Detlev von Larcher zog das Diskussionspapier schnell wieder zurück (Rhein-Neckar-Zeitung, 13.2.1998).

den durch die CLPs ersetzt), aber immerhin hielt die Rechte eine „precarious majority" (Berrington 1982: 91), wenn auch die Zeit für die Linke arbeitete (dachte zumindest Berrington). Im Zenit ihrer Macht war die Labour-Linke wohl Anfang der achtziger Jahre, aber das Blatt wendete sich bald. Etliche „linke" Gewerkschaften liefen wieder ins loyalistische Lager über, Benn verlor im *deputy leadership contest* 1981, und schließlich näherte sich die gemäßigte Linke der Mitte und der Rechten langsam an. So gab es wohl 1983 bis 1985 ein Patt zwischen links und rechts. Das Jahr der innerparteilichen Entscheidung kam 1985, als die radikale Linke zwei entscheidende Niederlagen - den Bergarbeiterstreik und die Auseinandersetzung mit radikalen Stadtregierungen - erlitt. Denn danach wandte sich die gemäßigte Linke von der radikalen Linken ab und suchte einen modus vivendi mit der Parteiführung und der Rechten (Seyd 1987: 166ff; Shaw 1994a: 38f).

Wie reagierte die Parteiführung auf die unterschiedlichen Faktionen? Zunächst herrschte in beiden Parteien in den fünfziger Jahren ein „social-democratic centralism" (Shaw 1988: 291), der linke Gruppierungen nicht duldete. Möglicherweise waren es weder die Säuberungen der Nachkriegs-SPD noch bestimmte organisatorische Arrangements oder die Macht der Parteimaschine, die damals die Kohäsion ermöglichten, sondern ein bestimmtes Ethos (Drucker 1979: 1-22; Shaw 1988: 142-152). Dieses gebot den Mitgliedern, der Führung solidarisch zu folgen. In den sechziger Jahren erfolgte bei Labour (nicht in der SPD) eine Liberalisierung: Sowohl in der Unterhausfraktion als auch im NEC änderte sich die Haltung gegenüber Faktionen. Letztere Entwicklung wurde durch linke Gewerkschaftsführer begünstigt, die den früheren Pakt mit der Labour-Rechten aufkündigten. Die Folge waren Dezentralisation (z.B. in der Auswahl der Parlamentskandidaten) und Gewährenlassen. So wurden die Trotzkisten in der Partei geduldet, der Versuch, eine Art Zulassungsregister für innerparteiliche Gruppierungen zu schaffen, schlug 1982 fehl (Shaw 1988: 235-243). Alles änderte sich mit der Wahlniederlage und dem neuen Führer Neil Kinnock. Er konnte ab 1985 Teile der „soft left" um sich scharen, die wiederum wesentlich offener gegenüber einem rigiden Parteimanagement war, und 1986 wurde die Liverpooler *District Labour Party* aus der Partei ausgeschlossen.[9] Damit brach auch die disziplinäre Liberalisierungsallianz von harter und weicher Linken zusammen, und das NEC, in dem wieder gemäßigt auftretende Gewerkschaften das Sagen hatten, erhielt die Ermächtigung zu Disziplinarmaßnahmen. Diese waren so weitreichend, daß mißliebige Parlamentskandidaten entfernt werden konnten (ebd: 301).
In der SPD waren disziplinarische Mittel nicht nötig, da sich die Linke im Zweifelsfall selbst disziplinierte, nicht zuletzt da die damalige Opposition der Union

---

[9] Ein Labour-interner Bericht über die Praktiken der Trotzkisten in Liverpool war dabei sehr hilfreich, die gemäßigte Linke umzustimmen (Shaw 1988: 263-266).

mit ihrer Veto-Macht via den Bundesrat das schlimmere Übel darstellte (vgl. bei der Anti-Terrorismus-Gesetzgebung 1978 Braunthal 1983: 215). Wer das nicht mittragen wollte, dem bot sich ab 1979 mit den Grünen eine geeignetere Alternative.

20.2   Die neue Linke und ihr Einfluß

SPD: Nach der Niederlage der traditionellen Sozialisten 1959 und dem Ausschluß des SDS aus der Bundespartei hatte die klassische Linke keine politische Heimat mehr. Allerdings formte sich ab Mitte dieses Jahrzehnts eine amorphe Außerparlamentarische Opposition (APO), die sich scharf von den Politikvorhaben der Großen Koalition abgrenzte: Ihr Hauptissue waren die Notstandsgesetze, die 1968 angenommen wurden. Nach Ansicht der APO stellten diese einen schweren Eingriff in die vom Grundgesetz verbrieften Rechte dar. Im linken Schlüsseljahr 1968 vermochten es weder APO noch SDS, die Agenda der SPD innerhalb der großen Koalition zu beeinflussen. So entschlossen sich die Aktivisten der zweiten Reihe zum „Marsch durch die Organisationen". Für viele waren die Jusos die erste Station, die vorher eher eine wenig aufmüpfige Karrierebasis für Jungpolitiker gewesen war (Koelble 1991: 82). In einer Doppelstrategie wollte die neue Linke Arbeiter und Studenten mobilisieren und die Partei von unten nach oben kapern. Der erste Teil dieser Strategie scheiterte aber schon bald, denn die Arbeiter und Gewerkschaften ließen sich kaum mobilisieren, da die Jungaktivisten eine ganz andere Sprache sprachen und aus der Mittelklasse kamen.[10] Daher ergaben sich auch völlig unterschiedliche Politikvorhaben auf lokaler Ebene (Streeck/Streeck 1972: 56). Den postmaterialistischen Linken ging es um „quality of life", während die Gewerkschaften eher auf klassisch-materialistische Politik bauten.[11] Allerdings gab es auch innerhalb der Jusos erhebliche Unterschiede, ihr Spektrum reichte von Systemüberwindern hin zum Stamokap-Flügel (Häse/Müller 1973: 280).

Über die Jusos fanden auch neue Mitglieder den Weg in die Partei: Der Anteil der Studenten an der Gesamtmitgliedschaft verzehnfachte sich (Heimann 1980: 2183). Im Jahre 1972 waren sechzehn Prozent der Neueintritte Schüler und Studenten (Miller/Potthoff 1991: 224). Wie bereits in Kapitel 18 angeklungen, wurde die Partei erstens jünger und zweitens akademisierter und drittens mehr „middle class": 1968 hatten 23 Prozent der SPD-Mitglieder einen Hochschulabschluß, 1977 bereits 37 Prozent. 1977 stuften sich 48 Prozent als Mittelschicht und nur

---

[10] 1972 waren nur noch 28% der Neumitglieder Arbeiter, aber immerhin schon 34% Angestellte und Beamte (Miller/Potthoff 1991: 224).

[11] Dies ist durchaus wörtlich zu nehmen. Gerade bei Bauvorhaben gerieten beide Flügel oft gegeneinander.

43 Prozent als Arbeiter- oder Unterschicht ein (Braunthal 1983: 46f). Die von Braunthal zitierten Infratest-Daten zeigen zugleich, daß sich mit dem Influx neuer Mitglieder seit den sechziger Jahren auch das politische Profil der Partei geändert hat: Die jungen Akademiker, vor allem die Aktivisten, waren in ihrer Selbsteinschätzung deutlich linker als die SPD-Wähler oder sonstigen SPD-Mitglieder (Braunthal 1983: 49, Fig. 3). In den siebziger Jahren erstarkte innerparteilich der „linke Intellektuelle" als Mitgliedstypus (und weniger als Wählertypus).[12] Typische Vertreter der „linken Intellektuellen" (etwa ein Viertel der gesamten Parteimitglieder) waren Studenten, Lehrer und höhere Angestellte (Braunthal 1983: 47f).

Ihr Einfluß innerhalb der Partei war immerhin so groß, daß ganze Bezirke (wie Hessen-Süd, Schleswig-Holstein und Oberbayern) in ihre Hand gebracht werden konnten. Vorher hatten sie sich lokale Bastionen geschaffen (z.B. Frankfurt und München). Wie dies funktionierte haben Streeck und Streeck (1972), Glotz (1975), Koelble (1991), Lösche und Walter (1992: 339-364) am Fallbeispiel München beschrieben: Durch die massive Umschichtung der Mitgliedschaft wurde die kleine, ruhige, gewerkschaftsorientierte Münchner SPD so richtig durchgerüttelt. Die einfachen Mitglieder, die die Sprache der neuen Linken nicht verstanden, resignierten und die Aktivisten starteten einen großen Angriff gegen die „rechte" Mehrheit der Rathausfraktion und den (populären) Oberbürgermeister. In einem siebenjährigen Krieg zwischen den Jusos, die im Stadtrat in der Minderheit waren, und der Mehrheitsfraktion unter OB Georg Kronawitter brachte sich die Münchner SPD um die Macht.[13] Seit 1983 machte es Kronawitter seinen linken Opponenten nach und startete seinen lokalen Siegeszug, als seine Anhänger im November 1979 den Neu-Perlacher Ortsverein übernahmen. 1983 wurde er wieder OB-Kandidat und gewann die Kommunalwahl 1984. Damit war auch das linke Regime der Münchner SPD am Ende, zumal auf Druck der Bundespartei ein Proporz-System eingeführt wurde, um dem Genossenkrieg ein Ende zu bereiten (Lösche/Walter 1992: 359f).

Auf nationaler Ebene vermochte es die Linke kaum, auch die Parteitage unter ihre Kontrolle zu bringen. Lediglich der Parteitag 1973 in Hannover trug ansatzweise eine linke Handschrift (Müller 1984: 403; Koelble 1991: 84).[14]

---

[12]Der Linksintellektuelle ist eine analytische Kategorie der Infratest-Umfrage und bezeichnet ein Parteimitglied mit einer gewissen Werteausstattung (libertär, sozialistisch, optimistisch).
[13]Zwischen 1976 und 1978 suchte sich Kronawitter die Mehrheiten auch bei anderen Parteien (gegen die Stimmen der Linken in der SPD-Rathaus-Fraktion).
[14]Damals gelang es den Linken, prominente „Rechte" aus dem Parteivorstand abzuwählen, wie z.B. den führenden „Kanalarbeiter" Egon Franke (Müller-Rommel 1982: 161-182; Der Spiegel 21.3.1973). In der Presse wurde damals der sogenannte „Maklerbeschluß" beachtet (die Wohnraumverteilung sollte staatlich organisiert werden), außerdem sollten Eigentumsrechte an Grund und Boden aufgeweicht werden. Darüber hinaus wurde eine Kommission beauftragt, ein

Der Grund für den Sieg der „Rechten" lag in ihrer Dominanz und den daraus folgenden Patronagemöglichkeiten (Müller-Rommel 1982: 211): Die Mehrheit der Bezirke, der Parteivorstand, das Präsidium, die Bundestagsfraktion und die Parteibürokratie war weiterhin in den Händen der rechten Sozialdemokraten. Heftige Kämpfe zwischen ihnen und der neuen Linken gab es nur in einigen Groß- und Universitätsstädten (Braunthal 1983: 92-101). Und schließlich ließen sich die Gewerkschaften auf Ad-hoc-Koalitionen mit den Jusos ein. Denn erstens waren die Politikvorhaben der Linken und der Gewerkschaften oft nicht vereinbar, zweitens rieben sich beide ständig auf lokaler Ebene und drittens sahen sich die Gewerkschaften von den Vorgängen in der SPD als unabhängige Organisation nicht betroffen. Außerdem verloren die Jusos die Sympathien der Gewerkschaften, als diese die wilden Streiks begrüßten, eine Gewerkschaft für Gastarbeiter forderten und die Kanalarbeiter auf dem Parteitag 1973 besiegten. Der Sargnagel war schließlich die Kernkraft-Debatte, in der die Gewerkschaften zusammen mit der Partei-Rechten den unbedingten Ausbau der Atomenergie befürworteten. Selbst die wachsende Entfremdung zwischen Parteiführung und Gewerkschaften angesichts der Austeritätsprogramme seit 1981 konnte die neue Linke nicht nutzen. Denn die Kosten einer Kooperation mit den Anhängern der wachstumskritischen Linken wären für die Gewerkschaften zu hoch gewesen. Da war die Rechte der sicherere Kantonist. Schließlich scheiterte die Linke in München daran, daß die Rechte im Rathaus und im lokalen Parteivorstand die Mehrheit hatte, die wiederum von der Parteiführung und der lokalen Presse unterstützt wurde (Lösche/Walter 1992: 346-348). Demoralisiert wandten sich etliche Linke der sich etablierenden grünen Partei zu.

In den späten siebziger Jahren fand die soziale und kulturelle Heterogenisierung auch in der Führungsebene ihren Ausdruck. Die seit den späten sechziger Jahren zu beobachtenden Phänomene (sinkender Anteil der Arbeiter an der Gesamtmitgliedschaft, steigender Anteil der Mittelklasse, stärkere Ausdifferenzierung nach Generation, Geschlecht Bildungsgrad und Lebensstil) konnten die Untersuchungen Hermann Schmitts (1987, 1990, 1992) gut belegen: Waren bis Mitte der siebziger Jahre die Bundestagsfraktion und die meisten Delegierten zu Bundesparteitagen ideologisch zur Mitte orientiert und gehörten zur Wiederaufbau-Generation, hat sich das Bild bis Ende der achtziger Jahre deutlich gewandelt. Die Parteitagsdelegierten waren nun deutlich linker als ihre Kollegen 1976 (und deutlich linker als die SPD-Wähler) und deutlich stärker von den Grünen angezogen. Wird die Meßlatte der Repräsentativität angelegt, wird deutlich, daß sich der Delegierte immer stärker vom Wähler entfernt hat: 1976 rechneten sich 85% der SPD-Wähler und 80% der SPD-Delegierten der Mitte/linken Mitte zu, waren es

---

mittelfristiges Programm zu entwerfen, das die Werte Godesbergs ins Regierungshandeln zu übersetzen hatte.

1986 78% der Wähler, aber nur noch 66% der Delegierten (von denen sich 1986 31% als „links" bezeichneten; Schmitt 1992: Tab. 2).
In Kapitel 4 wurde der Postmaterialismus behandelt. Nach den Ausführungen oben liegt die Vermutung nahe, daß es sich bei der neuen Linken innerhalb der SPD um Postmaterialisten handelt. Und es liegt auch nahe, daß es eine Kluft zwischen postmaterialistischen Parteimitgliedern und der weniger postmaterialistischen Wählerschaft gibt. Tabelle 20.1 gibt darüber einigen Aufschluß, allerdings ist die Anzahl der befragten Parteimitglieder sehr klein (N für *alle* Parteien=69).

Tabelle 20.1: Verteilung der Werttypen der SPD-Wähler und der SPD-Mitglieder (in %)

	Werttyp der SPD-Wähler (1982)	Werttyp der SPD-Mitglieder (1987)
Materialisten	41	5,6
Mischtyp	48,1	36,1
Postmaterialisten	10,9	58,3

Quelle: Wolf-Csanády 1996: 94.

Entscheidend für den (Miß-)Erfolg der neuen Linken war die Strategie der „Rechten". In der SPD verfuhr man mit Zuckerbrot und Peitsche: So wurden bis 1975 etliche Jusos in den Parteivorstand aufgenommen (Müller-Rommel 1982: 86f) oder besonders Linke ausgeschlossen. Als wichtigstes Disziplinierungsinstrument diente dabei die politische Karriere. Wer sich mäßigte, durfte mit aussichtsreichen Listenplätzen rechnen, wer nicht, dem wurde der Ausschluß angedroht. Am deutlichsten wurde dies in der Bundestagsfraktion zu Zeiten Helmut Schmidts, als der Fraktionsvorsitzende Herbert Wehner die linken Parlamentarier einem strengen Regime unterwarf, das selbst bei den Anti-Terror-Gesetzen (1977) und dem Nato-Doppelbeschluß (1979) die Zustimmung der Linken in der Fraktion sicherte (Braunthal 1983: 202-215).

Labour: Im Gegensatz zur SPD gab es bei der Labour Party keine Säuberung von der Linken. Die traditionelle Linke war, wenn auch immer in der Minderheit, auf allen Parteiebenen vertreten. Sie war traditionell gespalten, und ihre Gruppen fanden sich je nach Issue in einer Koalition mit anderen Faktionen. Der große Unterschied zwischen der neuen Linken in der Bundesrepublik und Großbritannien war zumindest seit den siebziger Jahren die klassenkämpferische Rhetorik der Briten. Das heißt nicht, daß die Jusos nicht genau über dasselbe geredet hätten. Aber im Gegensatz zur Insel verbanden sich schnell weitere postmaterialistische Anliegen mit der alten Klassenkampfagenda. Während die neuen Themen bald auch den innerparteilichen Diskurs der SPD beeinflußten, stimulierten die Mittelklasse-Radikalen keine neuen Themen (Partizipation, Abrüstung, Umwelt).

Wie Kitschelt wohl zu Recht feststellt, gab es in Großbritannien seit jeher den Diskurs, der den Sozialismus vom Liberalismus trennt, aber keinen „kommunitarischen", wie er 1968 in der Bundesrepublik geführt wurde (Kitschelt 1994: 267-278).
Auf jeden Fall kaperten die „Maximalisten" (Williams 1983), die oft aus *single-issue*-Bewegungen kamen, die CLPs, als sich gerade der Mitgliederstand auf niedrigem Niveau befand. Denn Ende der sechziger Jahre waren manche CLPs ausgeblutet (ebd: 35; Whiteley 1983: 55). So konnten die „Maximalisten" schnell den schwachen Widerstand der wenigen Arbeiter-Aktivisten brechen (Seyd 1987: 45-50; Shaw 1988: 218-253).[15]
Ähnlich der SPD-Situation übernahmen viele Neumitglieder erst die lokalen Organisationen und schalteten den reformistischen Einfluß aus, wie Koelble im Süd-Londoner Wahlkreis Bermondsey zeigte (Koelble 1991: 101-115).[16] Wichtiger waren aber die Aktionen der „Campaign for Labour Party Democracy" (CLPD), die eine engere Anbindung der Parlamentsfraktion an die Wünsche der Aktivisten zum Ziel hatte. Dazu suchte sich die CLPD bestimmte Gewerkschaften aus, die von der PLP enttäuscht waren, und arbeitete mit ihnen zusammen, wenn es an die Neuwahl der Unterhauskandidaten ging (Koelble 1991: 87-89). Ähnlich den internen Entwicklungen in der SPD folgte in der Labour Party nach dem Verlust des Regierungsamtes eine Phase des verschärften innerparteilichen Konflikts, fast als gäbe es eine Art sozialdemokratischer Gesetzmäßigkeit aus Verlust der Regierungsverantwortung und Selbstzerfleischung der Partei (Hine 1986: 276).
Eric Shaw sieht in erster Linie den Faktor *legacy of party incumbency*, also den Nachwirkungen der Regierungstätigkeit der Labour Party: „profound and pervasive disenchantment with the performance of the outgoing Labour government" brachte viele Parteimitglieder samt den Gewerkschaften gegen die rechte Parteielite auf (Shaw 1994b: 151; Byrd 1986: 60-66). Hohe Arbeitslosigkeit, Kürzungen in den Sozialausgaben und staatlich oktroyierte Lohnzurückhaltung hatten besonders die engere Wählerklientel der Labour Party getroffen. Außerdem fehlte dem Krisenmanagement der Kabinette Wilson und Callaghan (1974-1976, 1976-1979) vollständig eine Art Leitmotiv, wie etwa das des ersten Wilson Kabinetts von der „white heat of technology" (1964), ganz zu schweigen von dem Reformimpetus des ersten Labour-Nachkriegskabinetts. Die hochtrabenden Pläne

---

[15] Sowohl Whiteley (1983: 61-65) als auch Seyd (1987: 63-71) konnten zeigen, daß es einen deutlichen Zusammenhang zwischen dem Grad an Radikalität und der sozialstrukturellen Zugehörigkeit der Labour-Mitglieder gab. Dabei darf als Faustregel gelten: Je mehr Mittelklassegeprägt eine CLP war, desto radikaler war sie.
[16] Manchmal geschah dies mit dubiosen Methoden: Im „bed-sit war" mieteten linke Aktivisten ein Einzimmer-Appartement („bed-sitter") in einem Wahlkreis an, um dort mitentscheiden zu können. Wenn die linke Übernahme geklappt hatte, zogen die Aktivisten weiter (Kogan/Kogan 1983: 14).

der Labour-Linken, durch Staatsdirigismus (wie das „National Enterprise Board"), den wirtschaftlichen Abstieg Großbritanniens aufzuhalten, wurden von Wilson offen sabotiert (Byrd 1986: 62). Die Labour-Kabinette der siebziger Jahre mochten - je nach Einschätzung - entweder an der strategischen Unfähigkeit des britischen Institutionenarrangements gescheitert sein, oder angesichts eines außergewöhnlich feindlichen Umfeldes das beste versucht haben, jedenfalls gab ihr *record in office* keinesfalls Anlaß zu „common pride" (Shaw 1994b: 151).

Neben den organisatorischen Reformen, die die CLPD durchgesetzt hatte, trat der personelle Zweikampf um das Amt des stellvertretenden Parteivorsitzenden. Im *deputy leadership contest* des Jahres 1981 konnte sich Amtsinhaber Denis Healey nur knapp (mit weniger als einem Prozent) vor Herausforderer Tony Benn behaupten (vgl. Fisher 1996: 72, Tab. 4.2). Monate später brach erneut der innerparteiliche Bürgerkrieg aus: Diesmal ging es um die trotzkistische *Militant Tendency*, eine unverhältnismäßig kleine innerparteiliche Fraktion innerhalb der Labour Party (cf. Shaw 1988: Kap. 11). Obwohl viele Angehörige der (alten) Linken innerhalb der Labour Party keinerlei Verbindungen zu dieser Splittergruppe hatten, begriffen sie die Aufrufe der Labour Party-Rechten, diese Strömung auszuschließen als einen Angriff auf sie selbst: In ihrer Perzeption der Vorgänge diente der Angriff der Rechten auf *Militant* nur als Fanal zu einer breiter angelegten Hexenjagd auf alles Nicht-Rechte innerhalb der Partei. Michael Foot zögerte bis 1983, und verbot schließlich auf Druck der Rechten und der PLP *Militant* 1983, wobei einige Mitglieder der *Militant* aus der Partei ausgeschlossen wurden. An der Oberfläche bot sich ein Bild der kollektiven Hysterie, für das Shaw die Erosion von drei Integrationsbereichen verantwortlich macht (Shaw 1994b: 153f):

1. Der Zusammenbruch der ideologischen Integration: Wenn schon in der Vergangenheit kein Konsens über die Sozialisierungen und eine gemeinsame Linie in der Außen- und Sicherheitspolitik zwischen der Labour-Linken und -Rechten gefunden werden konnte, dann bestand der Grundkonsens doch darin, daß die Lebensverhältnisse *der working class* verbessert werden, wohlfahrtsstaatliche Leistungen erhöht und Vollbeschäftigung gewahrt bleiben müssen. Nach den Erfahrungen des Krisenmanagements der 70er Jahre war dieser Konsens nicht mehr möglich. Ganz im Gegenteil: Während die Rechte die Austeritätspolitik des jeweiligen Premierministers weitgehend stützte (bis auf Crosland, der sich bei der Annahme des IWF-Kredits um sein Lebenswerk betrogen sah), setzte die Linke auf eine Radikalisierung. Labour an sich in der Regierung wäre nicht genug. Labour in der Regierung müßte ein radikaleres Programm durchsetzen, als es die alte Garde durchzusetzen imstande und gewillt war. Folgt man Shaw, verließen die Linke und die Rechte *zugleich* diese Grundlage, die Rechte mit der Akzeptanz des status quo (d.h. Beschlüsse des Parteitags nicht zu beachten), die Linke mit einer unverhältnismäßigen Radikalisierung.

2. Zusammenbruch der normativen Integration: Drucker hatte Ende der siebziger Jahre einen Zusammenbruch des „Ethos" der Labour Party festgestellt: Das ursprüngliche Ethos der Partei habe darin bestanden, der Parteiführung bedingungslos zu folgen, da sie den rechten Weg zum *New Jerusalem* wisse.[17] Dieses traditionelle Verhaltensmuster der Gefolgschaft der Parteibasis erodierte immer mehr angesichts enttäuschender Erfahrungen mit dem Regierungshandeln der Labour Party und dem Einfluß neuer Aktivisten, die das Ethos nicht mehr teilten (Drucker 1979: 8). Diese neuen Aktivisten hatten ein gänzlich anderes Sozial- und Sozialisationsprofil als die klassische Mitgliederschaft: Jung, mit hohem Bildungsgrad und meist angestellt im öffentlichen Dienst fehlte ihnen der *sense of community* der Arbeitermitglieder, für die die Labour Party immer auch eine soziale Veranstaltung war. Nicht nur Rebellion wurde in die Parteibasis getragen, sondern ein tiefes Mißtrauen der Parteiführung gegenüber (cf. Mitchell 1983: 35). So zeigte Williams (1983: Tab. 3, 4, 5), daß die Delegierten auf den Parteitagen Ende der siebziger Jahre zu sechzig Prozent sich links vom innerparteilichen Gravitätszentrum einschätzten (allein 36 Prozent bezeichneten sich als „Militants") und daß sie zu 48 Prozent am liebsten den „Maximalisten" Benn als Parteiführer hätten. Die Delegierten waren zu sechzig Prozent im öffentlichen Sektor beschäftigt, insgesamt siebzig Prozent im Dienstleistungsbereich.

3. Zusammenbruch der prozeduralen Integration: Ein Gutteil des parteiinternen Bürgerkrieges der Labour Party drehte sich um verschiedene Vorstellungen von innerparteilicher Demokratie, insbesondere um die Frage, wie autonom die Parteiführung von der Parteibasis sein dürfe. Bis in die siebziger Jahre herrschte weitgehender Konsens darüber, daß der Parteitag, die Labour Party Conference (LPC) der eigentliche Souverän der Partei sei: Der LPC oblag es, bindende Beschlüsse für Parteiführung und (wenn an der Macht) Regierung zu setzen. Doch auch dieser prozedurale Konsens erodierte zunehmend.

Wie in der SPD bei der Frage des imperativen Mandats ging es nicht allein um die demokratisch-normative Dimension der Repräsentativität, sondern auch um die Frage, welcher Parteiflügel wieviel Macht haben solle. Ausgangspunkt solcher Überlegungen war eine simple Dichotomie aus rechter Parteiführung und linken Aktivisten (Kapitel 19.2). Auch wenn Befunde über die Färbung der Aktivisten in der Labour Party diese Dichotomie nicht ganz belegen können, strukturierte sie doch die *cognitive maps* der Akteure seit den späten Siebzigern.[18] Die *constitutional crisis* der Partei hatte sich schon seit den sechziger Jahren ange-

---

[17]Bereits in einer Studie über Constituency Labour Parties der sechziger Jahre kam Jasonik zu dem Ergebnis, daß das Ethos der Loyalität der CLPs der Parteiführung gegenüber überwiege (Jasonik 1968. 104, 107; zur Frage der Aktivistenradikalität s. Kapitel 19)

[18]Die unterkomplexe Sicht von den Aktivisten als Hort der Radikalität bestimmt auch die organisatorischen Reformen seit Ende der achtziger Jahre. Die rechte Parteiführung versuchte, die linksradikale Aktivitas durch verstärkte Einbindung der individuellen Parteimitglieder und durch Stärkung der Parteiführung zu entmachten (s. Kapitel 21).

deutet, als die Regierungen von Wilson und Callaghan die Beschlüsse der Parteitage ignorierten und sich besonders ab 1974 ausschließlich dem Krisenmanagement zuwandten. Die Linke hingegen wollte die Parteiführung der Parteibasis (und damit den Aktivisten) verantwortlicher machen.[19]
Die Parteirechte sah in den Forderungen der Linken zunächst einen Angriff auf die traditionellen Prärogative der (als rechts perzipierten) Führung der Parlamentsfraktion. Außerdem seien die MPs nicht der Partei, schon gar nicht den Parteiaktivisten verantwortlich, sondern den Wählern. Die Aktivisten repräsentierten keinesfalls die Labour-Wähler, an deren Puls die Parlamentarier viel näher dran seien als die Aktivisten.
Dies führte zu einer „paralysis of leadership" (Shaw 1994a: 17), denn die rechte Dominanz in der PLP, dem NEC und den großen Gewerkschaften war gebrochen, ohne daß die Linke das Machtvakuum vollständig ausfüllen konnte. Die Wahl Foots (durch die Linke *und* die Rechte) markierte den Niedergang der Autorität der Führung. Foot konnte weder die Abspaltung der SDP verhindern, noch Maßnahmen gegen die Trotzkisten ergreifen, noch den organisatorischen Wandel aufhalten.
Die Organisationsreform war auch schon das Ende des linken Erfolges, denn außer der gemeinsamen Frustration über die Labour-Regierungen und die Wahlmodi für die Parlamentskandidaten und die Parteiführung hatten die Linke und die Gewerkschaften wenig gemeinsam. Nach Thatchers erster Amtszeit und der verheerenden Wahlniederlage Labours entzogen die Gewerkschaften der Linken wieder die Unterstützung. Es ging ihnen darum, die Konservativen aus der Regierung zu bekommen; und wenn dies nur durch gemäßigte Sozialdemokraten möglich sein sollte, dann würden sie von den Gewerkschaften auch gegen die Linke unterstützt (Koelble 1991: 96).
Oben wurde festgestellt, daß die neue Linke zwar verstärkt in die SPD eintrat, aber sich nicht durchsetzen konnte, was vor allem der rechten Dominanz in der Parteiführung und den Gewerkschaften zu verdanken war. Ob das ein voller Erfolg war, darf bezweifelt werden. Denn die Gewerkschaften erwiesen sich als (informelles) Bollwerk gegen jede Veränderung: sowohl gegen ein glaubwürdiges Angrünen (zumindest bis Anfang der achtziger Jahre) als auch gegen die Durchsetzung von Programmreformen (vgl. Padgett 1987: 336). Die Folge war „organizational and strategic paralysis and indecisiveness throughout the 1980s" (Kit-

---

[19] Der rechte Labour-MP Austin Mitchell beschrieb die Funktionslogik Labour-linker Konzeptionen von innerparteilicher Demokratie bitter und treffend: „Policy would be formulated through the wishes of the activists coming up in resolutions passed by the Conference, then welded into a Manifesto, not by the parliamentary party which had abused its independence, but by a National Executive dependent on the Party activists. That manifesto would then become a binding mandate ... it would be forced through by the votes of MPs disciplined by reselection making them dependent on the constituency activists rather than on the patronage of leaders" (Mitchell 1983: 37).

schelt 1994: 247-249). Diese einzigartige Kräftekonstellation mußte auch die Autonomie der Parteiführung einschränken, rasch strategische Entscheidungen zu fällen. Im Zweifelsfall fand die Partei Formelkompromisse, um die unterschiedlichen innerparteilichen Gruppierungen und Wählersegmente zu versöhnen. Dies war unter anderem auch deswegen möglich, da die Wahlergebnisse in Westdeutschland niemals katastrophal wurden.

20.3 Zusammenfassung

In beiden Parteien gab es Zeit ihres Bestehens innerparteiliche Gruppierungen („factions"). Dies ist weder diskussionstheoretisch noch elektoral disfunktional, sondern leistet einen Beitrag zur Interessenartikulations- und Interessenaggregationsfunktion von Parteien.
Das Gewicht der einzelnen „factions" variierte. In den fünfziger und sechziger Jahren dominierte bei Labour und der SPD die innerparteiliche Rechte, die entweder die Linke marginalisierte (wie in der SPD) oder sie teilweise einband (wie bei Labour). Seit Mitte der sechziger Jahre konnte die innerparteiliche Linke verstärkt an Einfluß gewinnen, da sie entweder die Enttäuschung über das Regierungshandeln beider Parteien aufgriff oder im Rahmen der 68er-Bewegung neue Politikinhalte formulierte (die sogenannte „neue Linke"). In beiden Parteien verschärften sich seit Ende der sechziger Jahre die Auseinandersetzungen zwischen den Parteiflügeln. Allerdings erreichte die innerparteiliche Linke in beiden Parteien ein unterschiedliches Maß an Einfluß. Maßgeblich dafür waren die Strategien und Einflußrouten, die die Linke wählte bzw. wählen mußte. Da es die SPD-Linke nicht vermochte, ihren Einfluß über einige regionale Organisationen zu steigern, konnte sie wesentlich leichter von der Parteiführung eingebunden werden. Dies gilt nur für die zentralen Policy-Arenen der Partei. Auf lokaler Ebene dauerten die Konflikte bis tief in die achtziger Jahre. Die Labour-Linke konnte die Gewerkschaften gewinnen, zumal sie kaum „postmaterialistische" Themen wie die Jusos der siebziger Jahre vertrat. Ihre größten Erfolge errang die Labour-Linke Anfang der achtziger Jahre, als sie ihr weitreichendes innerparteiliches Reformprogramm und ihre Politikziele in den Wahlprogrammen und *policy statements* durchsetzen konnte.
Spätestens ab Mitte der achtziger Jahre zeigte sich ein deutlicher Einflußverlust der „factions".
Die Linke hatte im Fall der SPD eine „Exit-Option", sie konnte zu den Grünen wechseln. Teile der Labour-Rechten gründeten zu Anfang der achtziger Jahre die SDP, die sich 1983 mit den Liberalen zur „Alliance" zusammenschloß. Dennoch änderte die „Exit-Option" nicht die generelle Richtung der Partei. Die Gründe liegen einerseits in der Natur des Parteienwettbewerbs (vgl. Kapitel 23). Die SPD

versuchte teilweise, die Grünwähler durch eine postmaterialistische Programmatik zurückzugewinnen. Labour strebte danach, die „sozialdemokratisch-rechten" Wähler, die die „Alliance" wählten, wieder an sich zu binden. Andererseits wurde die Programmformulierungsfunktion der Faktionen durch medial präsentere Politiker übernommen. Dies gilt insbesondere für die SPD, in der seit Beginn der neunziger Jahre sozialdemokratische Ministerpräsidenten profilierten, indem sie Programminhalte der Faktionen übernahmen oder die Faktionen ihnen Unterstützung gewährten.

Die eigentliche Bedeutung der neuen Linken in *beiden* Parteien liegt wohl in der kulturellen Transformation. Drucker (1979: 9, 12) prägte den Begriff des „Ethos" der Labour Party, der aus Normen und einem Standardverhalten entspringt. Das Ethos beider Parteien war die prinzipielle Loyalität zum Parteiführer, die aber ab den siebziger Jahren bröckelte, als junge gebildete (und oft im öffentlichen Sektor beschäftigte) Mitglieder in beide Parteien strömten. Diese wollten sich nicht einem Führungsregime der Parteiführung unterwerfen. Das neue Ethos der Jungaktivisten hieß „Partizipation" und „Keine Angst vor dem Parteiestablishment": „Discipline has given way to dispute and dissent, and the tasks of leadership - uniting the party, winning elections, and having done so, implementing a programme - have become more complex" (Hine 1986: 288). Das heißt nicht, daß dieses Ethos für alle Zeiten verloren gegangen ist, so zeigt sich bei Labour und auch bei der SPD ein „re-awakening of feelings of loyalty" (Shaw 1994a: 164), denn schließlich gilt wohl für alle Sinneswandel in Parteien: „the most potent factor explaining the altered mood in the Party - the urge for electoral victory" (ebd: 166).

21 Organisatorische Veränderungen bei Labour und der SPD in der Opposition

Labour: Labours organisatorische Wandlungen folgten in zwei Schüben, die jeweils vom innerparteilichen Gewicht der Linken und Rechten abhängig waren: Die erste Organisationsreform setzte die Linke 1980/81 durch, die zweite die Rechte ab 1988. Dabei wurden die von den Linken geschaffenen Mechanismen und Institutionen teilweise beibehalten, teilweise in ihrer Funktion umgekehrt.

Die Linke errang ihre nachhaltigsten Erfolge in der organisatorischen Umgestaltung der Partei: Die Parlamentskandidaten mußten sich vor jeder Unterhauswahl der CLP aufs neue stellen, um sie fester an den Parteiwillen zu binden. Nach den Enttäuschungen mit der PLP stimmten auch die Gewerkschaften diesem Vorschlag 1979 zu. Die zweite Neuerung betraf die Wahl des Parteiführers. Bis 1981 wurde er ausschließlich von der PLP bestimmt, danach von einem Wahlgremium („Electoral College"), daß der PLP 30 Prozent, den CLPs ebenfalls 30 Prozent und den Gewerkschaften 40 Prozent der Stimmen gab (Kogan/Kogan 1983: 83, 94).

Dreh- und Angelpunkt der Veränderungen ab 1988 waren strategische Überlegungen, zwei negative Images loszuwerden: die Dominanz der Gewerkschaften und der Einfluß der extremen Linken.

Erster Ansatzpunkt war die Selektion der Kandidaten: Wie bereits oben beschrieben, mußten sich die Parlamentskandidaten vor jeder Unterhauswahl in ihrem Wahlkreis zur Wiederwahl stellen. Die Linke hatte gehofft, auf diese Art, rechte MPs und Kandidaten loszuwerden. Allerdings blieb diese Abwahl ein Papiertiger, denn selbst in den wildesten Zeiten der Linken (1981-83) wurden nur acht Parlamentskandidaten von den CLPs abgelehnt (Norris/Lovenduski 1995: 68).

Waren nach der linken Parteirevolution die *General Committees* der CLPs für die Auswahl der Parlamentskandidaten verantwortlich, wurde - analog zum Verfahren der Parteiführerwahl - ein *electoral college* gebildet, in dem die Gewerkschaften nur noch maximal vierzig Prozent der Stimmen hatten. Die restlichen sechzig Prozent der Stimmen hingen vom Ausgang eines *selection meeting* ab, in dem alle Parteimitglieder wählen konnten. Damit sollte die Macht der CLP-Generalkomitees, in denen die Aktivisten das Sagen hatten, geschleift werden. Diese Regelung, die 1988 auf dem Parteitag beschlossen wurde, wurde lediglich 1992 praktiziert. Bereits auf den Parteitagen 1990 und 1991 wurden Beschlüsse gefaßt, die den direkten Mitgliedern das Entscheidungsrecht über die Kandidatenauswahl einräumen sollten. Aber erst mit John Smith als Parteiführer wurden solche Pläne energisch umgesetzt, nachdem der Widerstand etlicher Gewerkschaften überwunden worden war („Smith Pulls off High-Risk Gamble", Guardian, 30.9.1993;

Lovendunski/Norris 1994: 207-211).[1] Auf dem Parteitag 1993 wurde das Wahlkreis-*electoral college* wieder abgeschafft, seitdem dürfen alle Parteimitglieder im Nominierungsverfahren mitstimmen - auch Gewerkschaftsmitglieder, sofern sie die *political levy* und einen zusätzlichen Mitgliedsbeitrag von £3 bezahlen. Seitdem gilt OMOV (One-Member-One-Vote) für die Bestimmung des Wahlkreiskandidaten, wenn das NEC nicht von seinem Recht Gebrauch macht, ihn abzulehnen.

Der zweite Anschlag auf die Prärogative der linken Generalkomitees war ein verändertes Wahlverfahren für den Parteiführer, der bis dahin ausschließlich von der Unterhausfraktion (*Parliamentary Labour Party*) gewählt wurde. Nach dem Verfahren von 1980 bestimmte ein *electoral college* den Parteiführer, in dem die CLPs und die PLP je dreißig Prozent und die Gewerkschaften vierzig Prozent der Stimmen hatten.[2] Über die Stimmabgabe der CLPs-Sektion im Wahlrat bestimmten die Generalkomitees der CLPs (Scarrow 1996: 168). Auf dem Parteitag von 1993 wurde beschlossen, daß alle Mitglieder der CLPs in Briefwahl über die Stimmabgabe der CLP-Sektion entscheiden. Die Parteiführung hatte bereits 1988 die Erfahrung gemacht, daß bei möglichst breiter Partizipation der gemäßigte Kandidat für den Parteivorsitz die meisten Stimmen bekam.[3] Obwohl eigentlich kaum Veranlassung bestand, wollte Smith 1993, ohne sich auf Kompromisse einzulassen, die Gewerkschaften aus dem *electoral college* der Parteiführerwahl ausschließen: Er strebte eine Parität aus PLP- und CLP-Stimmen an. Nach einer erbitterten Auseinandersetzung ließ sich Smith auf den Kompromiß ein, die Drittelparität im Wahlgremium einzuführen (Alderman/Carter 1994: 323-325).

Seit 1980 gab es vier Wahlen zum Parteiführer (1983, 1988, 1992, 1994), nur einmal wurde der amtierende Parteiführer herausgefordert: 1988 forderte Benn Kinnock heraus und unterlag deutlich (88,6% zu 11,4%). Prinzipiell zeigt sich, daß die Favoriten immer das Rennen machen: Kinnock erreichte 1983 71%, 1988 89%, John Smith 1992 91% und Tony Blair 1994 57% . Die Konstruktion des Wahlgremiums hat nicht zur Instabilität geführt.

Zugleich haben sich die Hoffnungen der Linken nicht erfüllt, durch das *electoral college* einen Parteiführer nach ihrem Gusto zu bekommen, alle Parteiführer gehörten entweder zur innerparteilichen Mitte oder zur Rechten. Zwar konnte Neil Kinnock 1983 über den rechten Roy Hattersley siegen, aber Kinnock galt eher als

---

[1] Der Sieg für Smith auf dem Parteitag fiel äußerst knapp aus und kam nur dadurch zustande, daß sich eine Gewerkschaft enthielt und John Prescott in einer flammenden Rede alles tat, um Smiths Niederlage abzuwenden (Alderman/Carter 1994: 327).
[2] Erreicht ein Kandidat im ersten Wahlgang weniger als fünfzig Prozent, wird ein zweiter angesetzt, in dem der Kandidat mit relativer Mehrheit gewinnt.
[3] 1988 wurde den CLPs die Möglichkeit eingeräumt, statt eines Beschlusses des Exekutivkomitees einen Mitgliederentscheid durchzuführen. In CLPs, die einen Mitgliederentscheid durchführten, war die Unterstützung für den Kandidaten der Mitte (Kinnock) am höchsten (Wintour 1988: 4)

Person der undogmatischen Linken (obwohl er Mitglied der *Tribune Group* war) und wandelte sich ab Mitte der achtziger Jahre zu einem Radikalreformer. Dafür wurde Roy Hattersley zum Vize gemacht.
Die Wahlen zum Vize-Parteiführer waren generell konfliktreicher. 1981 konnte der rechte Denis Healey über Tony Benn im zweiten Wahlgang knapp siegen, 1983 wurde der ebenfalls rechte Roy Hattersley mit Zweidrittelmehrheit zum Vize gewählt, 1992 die rechte Margaret Beckett und 1994 der gemäßigt-linke John Prescott (mit jeweils 57 Prozent).[4] Die radikale Linke hatte seit 1981 nur noch Achtungserfolge: Ihre Kandidaten erreichten einzeln nie mehr als dreißig Prozent (vgl. Fisher 1996: 72, Tab. 4.2). Vergleicht man die Färbung des Parteiführers und des Vizes, ist der Versuch einigermaßen geglückt, durch beide Ämter die beiden großen Parteiflügel abzudecken: Dem gemäßigt-linken Kinnock wurde der rechte Hattersley zur Seite gestellt, dem rechten Blair der linksgewerkschaftliche Prescott.
Schließlich dürfen auch die individuellen/direkten Mitglieder seit 1994 über die Zusammensetzung der CLP-Sektion und der Frauensektion des NEC entscheiden (bei einer durchschnittlichen Wahlbeteiligung von 25%-30%; Seyd 1999: 395). Bis dahin wurde die CLP-Sektion auf dem Parteitag ausschließlich von den CLP-Delegierten gewählt, die seit den 50er Jahren der innerparteilichen Linken zuneigten. Zunächst konnte die Rechte bei den NEC-Wahlen triumphieren: Die linken Ken Livingstone, Frank Skinner und Tony Benn wurden abgewählt. Aber es ist nicht ausgemacht, daß die Rechte ständig Siege durch OMOV erringt. So unterlag Peter Mandelson im Oktober 1997 im Kampf um sein erstes offizielles Parteiamt ausgerechnet „Red Ken", Ken Livingstone (Guardian, 30.9.1997).[5] Möglicherweise lagen die Parteiführer nicht immer richtig mit der Annahme, daß das gewöhnliche Mitglied eine Bastion der ideologischen Mäßigung ist. Denn Seyd und Whiteley (1992) wiesen nach, daß erstens bei den Parteimitgliedern das ganze ideologische Spektrum Labours vertreten ist und zweitens daß die Rechte keinesfalls in der Mehrheit ist.
Und schließlich wurde auf dem Parteitag 1989 der Stimmanteil der CLP-Sektion auf den Parteitagen von neun auf dreißig Prozent angehoben. Zugleich wurde der Anteil der Gewerkschaftsstimmen auf siebzig gesenkt - ein „historischer Einschnitt" (Degen 1992: 161) im Verhältnis Labours zu den Gewerkschaften. Bei steigender individueller Mitgliedschaft soll das *block vote* auf fünfzig Prozent sinken.[6] Der Labour-Parteitag 1995 in Brighton vollzog diesen Schritt (Guardian,

---

[4] John Prescott ist kein Mann der Benn-Linken, er entspricht eher dem Typus des „Gewerkschaftslinken".
[5] Ebenfalls sitzt Frank Skinner wieder im NEC, so daß seit 1997 drei der sechs CLP-Sitze im NEC von der „hard left" (Skinner, Livingstone, Diane Abott) und zwei von der „soft left" (Robin Cook, David Blunkett) gehalten werden.
[6] Pro 30.000 direkten Neumitgliedern erhält die CLP-Sektion ein Prozent mehr Stimmen.

4.10.1995). Das Paradoxe an den Beschlüssen ist, daß sie von den Gewerkschaften nicht bekämpft wurden, sogar teilweise initiiert wurden (Minkin 1991: 364). Seit dem Parteitag 1996 gilt das auf 50 Prozent der Delegiertenstimmen reduzierte *block vote*. Auf demselben Parteitag wurden zusätzlich Stimmen laut, die Verbindung von Gewerkschaften und Labour Party dadurch zu schwächen, daß die Finanzierung der Parteien hauptsächlich nach deutschem Modell durch den Staat und nicht mehr durch Gewerkschaftsbeiträge (bei Labour) oder Industriespenden (bei den Konservativen) zu erfolgen hat (Leys 1997: 19; Sturm 1999a: 218).

Unter Blair wurden die Partizipationsmöglichkeiten noch ausgeweitet: So fanden bis April 1995 in fast allen CLPs Abstimmungen nach OMOV-Prinzip über das neue *Party Statement* „Labour's New Aims and Values" (s. Kapitel 23.2) statt, zu dessen Neufassung allerdings die Parteimitglieder nicht ernsthaft konsultiert worden waren.[7] Dieses neue *Party Statement* soll die Clause IV ersetzen, die seit 1918 Labour auf den Sozialismus verpflichtet (s. Kapitel 22.1). Dabei setzte Blair, wie Kinnock und Smith vorher, auf die entradikalisierende Kraft der Basis; dort wurde ein Blair-Video vorgeführt und über die Änderung diskutiert; Blair bereiste in einem Kraftakt viele *local parties* (er selbst schätzte, er habe insgesamt vor 30.000 Menschen gesprochen; Anderson/Mann 1997: 32; Wintour in: Guardian Outlook, 29.4.1995). Fast alle CLPs beteiligten sich an der Abstimmung über „Labour's New Aims and Values"- ein beispielloser Mobilisierungserfolg.[8] Die Mitglieder*befragung* (nach der Labour-Satzung kann nur ein Parteitag die *Party Constitution* ändern) diente vor allem dazu, die Wahlkreis- und Gewerkschaftsdelegierten auf dem Sonderparteitag unter Druck zu setzen (Seyd 1999: 389). Auf dem Sonderparteitag am 29. April 1995 konnte der Sieg für Blair kaum deutlicher ausfallen: 90% der CLPs waren für die neue *Clause* und 54,6% der Gewerkschaften (trotz der Opposition der beiden größten Gewerkschaften Unison und TGWU).[9]

1996 wurde auch das Wahlmanifest den Mitgliedern zur Abstimmung vorgelegt. Auch hier konnten die Parteimitglieder nur mit ja oder nein wählen. Außerdem

---

[7]Die „Labour Party News" brachte im Januar 1995 eine Sondernummer heraus, an deren Ende ein Fragebogen stand, den die Mitglieder ausfüllen konnten. Laut „Labour Party News" (10/1995: 8) teilten 23.500 Mitglieder ihre Meinung über die Beschlüsse der CLP-Generalkomitees mit, aber nur 6700 hatten den Fragebogen ausgefüllt. Da die Fragebögen bis zum 3.3.1995 eingesandt werden mußten, das NEC aber schon am 13.3.1995 die Neufassung der *Clause IV* präsentierte, war die Mitgliederkonsultation kaum ernst gemeint. Ab März 1995 wurden den Mitgliedern der Wahlkreisorganisationen Labours das neue Statement des NEC („Labour's New Aims and Values") zugesandt. Auf dem Stimmzettel konnten die Mitglieder nur zwischen Ja und Nein wählen.

[8]Insgeheim hatte die Parteiführung mit etwa 40% für die Änderung der *Clause IV* gerechnet (Wintour in: Guardian Outlook, 29.4.1995).

[9]Die Beteiligung bei den CLP-OMOV-Wahlen lag bei durchschnittlich 46,5% (Taylor 1997: 184). Seyd (1998: 59) stellte eine Wahlbeteiligung von nur 27% fest.

wurde mit Telefonaktionen der Parteizentrale auf Mitglieder Druck ausgeübt, für das Manifest zu stimmen, so daß Patrick Seyd (1999: 390) schrieb: „... this was more a public relation exercise as part of the election campaign than a serious attempt to involve members in policy making".

Neben erweiterten Partizipationsmöglichkeiten für direkte Mitglieder, versuchte die Parteiführung, die Mitgliedschaft auszuweiten und zugleich ein System nationaler Mitgliedschaft einzuführen (vorher wurden alle Daten über Mitglieder von den CLPs verwaltet). So wurden die Mitgliedsbeiträge gesenkt, indirekte Mitglieder sollten durch eine geringe Beitrittsgebühr auch direkte Mitglieder werden, und seit Mitte der achtziger Jahre wurde eine zentrale Mitgliederpartei aufgebaut (Scarrow 1996: 169f). Ähnlich wie die SPD bemühte sich Labour um die Frauen. Seit 1918 hatten die Frauen vier Sitze im NEC, seit 1937 fünf. Seit 1992 muß ein Sitz der CLP-Sektion und zwei Sitze der Gewerkschaftssektion von Frauen besetzt werden. Außerdem gibt es eine Frauenquote im Nominierungsverfahren für Parlamentskandidaten, seit 1993 wurden in der Hälfte aller Wahlkreise nur Frauen nominiert (Norris/Lovensunski 1995: 72f).

Der dritte Anschlag auf die Prärogative der Linken waren Reformen im *policy making*. Das tendenziell linke NEC hatte etliche Sub-Komitees, die die Parteilinie formulierten, doch ab 1983 gingen weitgehend deren Aufgaben in Policy-Komitees über, die vom NEC und dem Schattenkabinett gebildet worden waren - endlich war die Suprematie der PLP wieder hergestellt (Minkin 1991: 409; Shaw 1994a: 110).[10] 1997 wurde eine Variante präsentiert, um den Parteitag zu entmachten, das *Labour Party in Power Project* (Übersicht bei Seyd 1999: 390-394). Dies besteht aus einem *Joint Policy Committee* und einem konsultativen *National Policy Forum*[11], die für die kontinuierliche Fortentwicklung des Parteiprogramms (*rolling programme*) und das Agenda-Setting des Parteitages verantwortlich sind. Beide Komitees agieren völlig außerhalb der herkömmlichen Parteistruktur und sind dem Parteitag gegenüber nicht verantwortlich (Labour Party News 4/1996: 4f; Progress 5/1997: 7). Es setzt sich zusammen aus etwa 100 Delegierten, die die PLP, die CLPs, die Gewerkschaften und das (Schatten-) Kabinett beschicken. Die Agenda des *National Policy Forum* wird durch ein *Joint Policy Committee* vorgegeben, das paritätisch vom NEC und dem (Schatten-) Kabinett besetzt ist. Damit gerät die Programmentwicklung immer stärker in die Hände der inneren Parteiführung, während das *National Policy Forum* nur unverbindliche Ratschläge geben darf, die eventuell vom *Joint Policy Committee* be-

---

[10] Wie Degen völlig zu Recht hervorhebt, wurde das „TUC-Labour Party Liason Committee", das von 1973 bis 1983 die jeweiligen Regierungsprogramme ausarbeitete, völlig entmachtet, wie vor allem die Geschichte der „Policy Review" zeigt. All dies geschah mit dem stillen Einverständnis der Gewerkschaften (Degen 1992: 163f).

[11] Es setzt sich zusammen aus etwa 100 Delegierten, die die PLP, die CLPs, die Gewerkschaften und das (Schatten-) Kabinett beschicken.

rücksichtigt werden (Guardian [Leader], 29.9.1997; 30.9.1997; Peele 1997: 99).[12] Die hier hieraus destillierten Statements werden dem Parteitag durch das NEC zur weiteren Diskussion vorgelegt. Damit soll verhindert werden, daß nur *all-or-nothing*-Beschlüsse auf dem Parteitag ohne Auswahl an Optionen und daß Beschlüsse gefaßt werden, die das situative Sentiment der Delegierten widerspiegeln.

Die Reichweite der Änderungen ist nicht zu unterschätzen: Die Aktivisten wurden entmachtet, die Rolle der gemäßigten einfachen Mitglieder aufgewertet, die Programmfindung und die innerparteilichen Kommunikationskanäle zentralisiert.[13]

Die Gründe der Ausweitung der Partizipationsmöglichkeiten für einfache Mitglieder liegen gerade in der Strategie der Parteiführung, den Einfluß der als extremistisch perzipierten Aktivisten zu reduzieren: „By moving from a system of delegate democracy to a direct democracy, structures must ensure that the party's mass, grass root membership, rather than unrpresentative groups of activists, has the greatest say in the agreement of policies and the election of the leader", wie die Blair nahestehenden Peter Mandelson und Roger Liddle (1996: 215) schrieben.

Wie bereits in Kapitel 19.2 ausgeführt, gibt es erhebliche Zweifel daran, daß das einfache Parteimitglied eine Bastion der Loyalität der Parteiführung gegenüber ist. Auf jeden Fall befürworteten 84% der Befragten Parteimitglieder 1997 die Ausweitung der Partizipationsmöglichkeiten für einfache Mitglieder. Zugleich haben sie aber auch nicht ein deutlich stärkeres Gefühl als 1990, daß die Parteiführung ihnen Gehör schenkt - im übrigen ohne signifikante Unterschiede zwischen Aktivisten (d.h. Besucher von Parteiversammlungen) und eher passiven Mitgliedern (Seyd 1999: Tab.1, Tab.2).[14] Bei der Betrachtung der neuen Partizipationsmöglichkeiten sollte nicht vergessen werden, daß bisher die Mitglieder kein eigenes Initiativrecht zum Parteireferendum haben. Dies ist weiterhin die Prärogative des NEC.

Ob allerdings Labour dadurch eine Partei mit autokratischer Führung geworden ist, ist noch nicht ausgemacht, denn „die Parteiführung erstrebte in erster Linie das Modell einer partizipativen und breit gefächerten Mitgliederpartei, in der durch eine expandierende individuelle Mitgliedschaft der bisher dominante Einfluß der Gewerkschaften vermindert werden sollte" (Jun 1996: 229). Damit folgt Labour - abgesehen von den Intentionen der Parteiführung - dem Modell konti-

---

[12]Damit folgte die Parteiführung einem vertraulichen Dokument, das forderte, das innerparteiliche decision-making zu zentralisieren und den Parteitag zu umgehen (Guardian, 12.9.1995). Für eine gegenteilige Sicht: Seyd 1999: 392.

[13]Seit 1986 gibt es die von der Parteiführung kontrollierten „Labour Party News", die das unabhängige „Labour Weekly" ablöste.

[14]1990 stimmten dem Satz „The party leadership doesn't pay a lot of attention to ordinary party members" 39% *aller* Befragten zu (43% nicht), 1997 35% (41% nicht).

nental-europäischer sozialdemokratischer Parteien, in denen es keinen institutionalisierten Gewerkschaftseinfluß gibt.

SPD: Während bei Labour die Ausweitung der Mitgliedschaft und deren Partizipationsmöglichkeiten auch deswegen betrieben wurde, um die linken Aktivisten auszuschalten, sah die SPD ihre Mitglieder eher als wichtige Ressource, um in der Gesellschaft sichtbar zu bleiben. So waren organisatorische Reformen deswegen an der Tagesordnung, um die Mitgliedschaft wieder attraktiv zu machen (und nicht die Linke zu neutralisieren). Dies geschah allein schon wegen des allgemein gewachsenen Wunsches nach mehr Partizipationsmöglichkeiten und einer verstärkten Präferenz für unkonventionelle Partizipationsmuster (s. Kaase/ Marsh 1979), so daß der Tenor der organisatorischen Veränderungen der *aller* deutschen Parteien eher „Making Partisan Participation Seem Less Conventional and More Attractive" (Scarrow 1999: 347) war.

In der SPD verliefen die Debatten um eine Organisationsreform weitgehend unter dem Ausschluß der Öffentlichkeit; doch immerhin war diesem Thema eine Nummer des „Vorwärts" (8/1992) gewidmet. Der Bericht des Parteivorstandes von 1991 („SPD 2000") vermittelte allerdings, daß trotz etlicher Innovationen Handlungsbedarf bestehe. Zwar gilt seit dem Parteitag in Münster 1988 die Frauenquote von 40% in allen Parteigliederungen, Vorständen und Kandidatenlisten für die Parlamente, die bis 1994 für die Parteiämter und 1998 für den Bundestag in mehreren Schritten erreicht werden soll (zur Frauenquote: Lösche/Walter 1992: 252-256; Heimann 1991: 46f). Allerdings „verzeichnet die Mitgliederstatistik auch bei den Frauen einen negativen Saldo" (Blessing [Hg] 1993: 196). Konstant weniger als dreißig Prozent der Parteimitglieder sind Frauen; hier hatte die Quote keinen Einfluß. Immerhin stieg der Frauenanteil in der SPD-Bundestagsfraktion von 16% 1987 auf 34% 1998, fast doppelt so hoch wie in der Unionsfraktion (Scarrow 1999: 353).

Die zweite Schwachstelle der Organisation ist die Jugend. Der Parteivorstand machte 1993 den Vorschlag, daß zehn Prozent der Kandidaten für die Kommunalvertretungen nicht älter als dreißig Jahre sein sollten (Projektgruppe SPD 2000 des Parteivorstandes 1993: 45). Im Vorfeld der Kandidatenaufstellung für die Bundestagswahl 1998 versuchte der Parteivorstand, die Kandidatur junger Parteimitglieder zu fördern (angesichts vieler ausscheidender alter Kandidaten): Auf dem Kölner jugendpolitischen Parteitag (November 1996) wurde beschlossen, mindestens dreißig junge (d.h. unter *vierzig* Jahre alte) Kandidaten auf aussichtsreichen Listenplätzen zu plazieren (davon die Hälfte Frauen; Vorwärts 12/1996: 12). Dies führte gelegentlich zu heftigen Konflikten auf den Nominierungsversammlungen (Süddeutsche Zeitung, 21.3.1997, 3.7.1997; FAZ, 3.9.1997). Auf der traditionellen Policy-Ebene brachte der jugendpolitische Parteitag den umstrittenen Beschluß der Ausbildungsumlage. Von Gerhard Schröder abgelehnt, sollen nicht ausbildende Betriebe eine Umlage in einen Ausbildungsfond zahlen, durch die ausbildende Betriebe entlastet werden (Vorwärts 12/1996: 5-12). Ähnlich der Frauenquote konnten die jugendfreundlichen Organisations- und Politikreformen keinen positiven Einfluß auf den Anteil der Jugendlichen an der SPD-Mitgliedschaft nehmen, im Gegenteil: Der Anteil der unter 31jährigen sank von 13,3% 1933 auf 9,1% 1994 (Scarrow 1999: 353). In der Bundestagsfraktion der SPD sind seit 1998 34 Abgeordnete (11,4% aller SPD-MdBs) jünger als vierzig Jahre (Vorwärts 10/1998: 14, Vorwärts 3/1999: 18). 28 von ihnen haben sich zum informellen Arbeitskreis der „Youngsters" zusammengeschlossen und bekundeten im August 1999 ihre Zustimmung zum Sparpaket des neuen Finanzministers Hans Eichel.

Für die älteren Mitglieder begannen seit Anfang der neunziger Jahre die Vorbereitungen einer neuen Arbeitsgemeinschaft „Sechzig plus" und einer seniorenfreundlichen Programmatik (wie z.B. der Forderung nach einer sozialen Grundsicherung und der Rücknahme der Rentenreform von 1997; vgl. Vorwärts 9/1990: 4f, Süddeutsche Zeitung, 25.10.1997; zu den Arbeitsgemeinschaften vgl. Kapitel 20.1).

Eine andere Strategie versuchte, interessierte Nicht-Mitglieder partiell einzubinden. Obwohl die SPD damit nicht ganz dem Rahmenpartei-Konzept von Leif und Raschke (1994: 202, s. u.) folgte, wurde gefordert, die SPD müsse sich „durch neue Formen, auch zeitlich begrenzter politischer Projektarbeit für die Mitwirkung von interessierten und engagementbereiten Bürgerinnen und Bürgern öffnen, die nicht Mitglieder der Partei sind" (Projektgruppe SPD 2000 des Parteivorstandes 1993: 44). Diese Projektgruppen sollten „auf der jeweiligen Ebene der Partei" ein Rede- und Antragsrecht haben (ebd: 45). Solche Vorstöße kamen nicht von ungefähr, denn mit der Wahl Björn Engholms zum Parteivorsitzenden 1991 hielt eine „Dialogkultur" in der Partei Einzug. Bereits in seiner Inauguralrede vor dem Bremer Parteitag Ende Mai 1991 kündigte er einen Dialog mit Sympathisanten, Engagierten und der Wissenschaft an (Parteivorstand o.J. [1991]: 8f).

Auf kommunaler Ebene sollten die Nicht-Mitglieder sogar kandidieren können (ebd: 35). Auch bei der CDU gab es ähnliche Vorschläge, deren weitreichendster der einer kostenlosen „Schnupper-Mitgliedschaft" für 18 bis 25-Jährige war. Jedoch verwarf der CDU-Parteitag 1993 diese Innovationen der Landesverbände Schleswig-Holstein und Nordrhein-Westfalen.[15] Noch völlig unerprobt ist ein dritter Ansatz, die Mitglieder, in die innerparteiliche Sachentscheidung einzubinden. Demnach kann ein Mitgliederbegehren von mindestens einem Zehntel der Mitgliedschaft initiiert werden. Bindend ist ein Mitgliederentschluß, wenn er von mindestens einem Fünftel der Mitglieder (mit relativer Mehrheit) befürwortet

---

[15]Etliche der Vorhaben scheiterten auch mit der Ablösung des CDU-Generalsekretärs Heiner Geißler 1989, dessen Handschrift sie trugen. Ab 1990 hatten die CDU-Parteitage eine andere Agenda, lediglich auf dem Parteitag 1996 kam es zu einer Debatte über die Frauenquote, die allerdings entgegen den Wünschen Kohls abgelehnt wurde.

wird (Leonhard 1995: 54; Jun 1996: 218). Eine vom Parteivorstand vorgelegte konsultative Mitgliederbefragung wurde vom Parteitag abgelehnt. Dahinter stand wohl die Befürchtung der Delegierten, daß sich die Parteiführung direkt an die Mitglieder wenden könnte - um so die Parteigremien und den Mittelbau zu umgehen (Leif/Raschke 1994: 194; Fuhr 1994: 9f).

Seit November 1993 kann ein Mitgliederentscheid über den Parteivorsitzenden (aber auch über Landtags- und Bundestagskandidaten) sowohl von oben (Parteivorstand, Parteitag, 40 Prozent der Bezirksvorstände) oder von unten (zehn Prozent der Mitglieder) eingeleitet werden (Niclauß 1995: 181; Jun 1996: 218f).[16] „Primaries" (Urwahlen) waren in der Debatte um die Organisationsreform eigentlich nichts neues. Bereits auf dem Parteitag 1970 bezeichnete Hans Apel Urabstimmungen der Parteimitglieder bei wichtigen Fragen als „gar nicht so völlig verrückt", und Hermann Schmitt-Vockenhausen empfahl Primaries für die Aufstellung der Bundestagskandidaten (Parteitag 1970: 666, 679f)[17]. Bruno Friedrich, organisatorisches *mastermind* dieser Zeit, lehnte solche Vorschläge rundweg ab (ebd: 712). In der Diskussion um „SPD 2000" lehnte der Vorsitzende des Ortsvereins Köln-Sülz, Peter Leinemann, in einem „Vorwärts"-Statement die Primaries mit ähnlichen Argumenten ab: Sie erforderten ein „regelrechtes Kandidatenmarketing", die die Urwahl zu einer „reinen Persönlichkeitsentscheidung" mache. Am Ende beschäftige sich die Partei nur noch mit sich selbst (Vorwärts 8/1992: 11). Der damalige Bundesgeschäftsführer Karlheinz Blessing setzte dagegen Partizipation als Mittel gegen Parteienverdrossenheit (ebd.).

Die Nagelprobe für die SPD-Innovationen kam völlig unerwartet im Mai 1993, als Björn Engholm vom Parteivorsitz zurücktrat. Schon wenige Wochen später hatte sich der Parteivorstand auf die Urwahl eines neuen Vorsitzenden geeinigt. Allerdings spielte das Motiv, durch Urwahlen die Mitglieder stärker partizipieren zu lassen, im Sommer 1993 *nicht* die Hauptrolle. Wahrscheinlich gaben damals auch taktische Gründe den Ausschlag. Denn wäre der Parteivorsitzende wie herkömmlich durch einen Parteitag gewählt worden, hätte der niedersächsische Ministerpräsident Gerhard Schröder wahrscheinlich das Rennen gemacht, der folgerichtig auch der Urwahl skeptisch gegenüberstand. Im Parteivorstand hatte sich eine „Anti-Schröder"-Koalition um Scharping, Lafontaine und Rau gebildet, die von den nordrhein-westfälischen und südwestdeutschen Landesverbänden unterstützt wurden (Der Spiegel 10.5.1993; Leif/Raschke 1994: 15-19; Seifert 1996: 48). Durch eine gute Presse für die Urwahl gab er am Ende seine Einwilligung. Das Unternehmen Urwahl war so riskant wie am Ende erfolgreich: Die

---

[16] Richtigerweise müßte nicht von einer Urwahl, sondern von einer Urnominierung die Rede sein, denn nach dem Parteiengesetz (§ 9 Abs. 4) muß der Parteivorsitzende vom Parteitag gewählt werden (vgl. Schieren 1996, Anm. 16).

[17] Lösche und Walter (1992: 207) sahen darin die Strategie, über Urwahlen den Einfluß der neuen, radikaleren Mitglieder einzudämmen.

SPD konnte sich als eine Partei repräsentieren, die sich in entscheidenden Fragen an den Willen der Mitglieder rückkoppelt, die davon auch Gebrauch machen. Die Beteiligung bei der Urwahl im Juni 1993 lag bei überraschend hohen 56%, Rudolf Scharping wurde mit 40,3% vor Gerhard Schröder (33,2%) und Heidemarie Wiczorek-Zeul (26,5%) gewählt (Leonhard 1995: 96).[18] Was wie eine intraorganisatorische Revolution, „eine Teilentmachtung der bisher tonangebenden Schicht der Funktionäre und Delegierten" (Fuhr 1994: 9) aussah, wurde zweieinhalb Jahre später auf dem Mannheimer Parteitag zurechtgerückt, als Lafontaine plötzlich gegen Scharping kandidierte und siegte. Wurden vorher die „Primaries" als demagogisches Persönlichkeitsmarketing kritisiert, darf seit Mannheim dasselbe auch für Parteitage gelten. Denn offensichtlich gewann Lafontaine nicht wegen irgendwelcher Programminhalte gegen Scharping, sondern wegen seines mitreißenden Stils. Ganz davon abgesehen, daß Lafontaine nur durch massive Ad-hoc-Änderung des Organisationsstatuts überhaupt kandidieren konnte (Schieren 1996: Anm. 32; Der Spiegel, 20.11.1995). Nun hat die SPD wieder einen Vorsitzenden, der nach den alten Regeln des Repräsentativitäts-Prinzips gewählt wird, so als hätte es die Beschlüsse des Wiesbadener Parteitages nie gegeben. Auch sonst ist das hohe Lied der *primaries* verklungen, nur in der Vor-Mannheim-Zeit wagte die Bremer SPD einen Mitgliederentscheid über ihren neuen Vorsitzenden und die Koalitionsoption nach einer verlorenen Bürgerschaftswahl. Besonders die Entscheidung über den künftigen Koalitionspartner hat dazu geführt, daß sich der Spielraum der Parteiführung einengte (Schieren 1996: 227f).
Doch prinzipiell gilt, daß die „Partizipationsanreize in der Hand der Parteiführung ... eher deren Macht [erhöhen] als das [sic] sie diese mildern" (Jun 1996: 219; vgl. Leif/Raschke 1994: 195, Kitschelt 1994: 248). Ob aber die „Fehlsteuerung bei der Personalauswahl" (Leif 1993: 24) durch Urwahlen behoben werden kann, bleibt zweifelhaft, sie sind wohl kein Allheilmittel gegen Klüngelbildung, Ochsentour oder gegen unpopuläre Amtsinhaber.
Zeitgleich mit dem kurzlebigen Partizipationsexperiment der SPD eine Debatte um die Zukunft der Parteien, bzw. der Parteimitgliedschaft. Thomas Leif hatte diese (ebenso kurzlebige) Debatte Ende 1993 angestoßen: „Politik ist offenbar in den bisher angebotenen Arbeitsformen nicht mehr attraktiv. Neue Formen der Mitgliedschaft sowie begrenzte Möglichkeiten der Mitwirkung müssen entsprechend dem wechselhaften, oft spontanen Lebensrhythmus vieler Jugendlicher entwickelt werden ..."(Leif 1993: 28). Daraus wurde eine Debatte um die Zukunft der Mitgliederpartei, die Thomas Leif und Joachim Raschke (1994: 200-202) in eine „Rahmenpartei" umwandeln wollten (vgl. Kitschelt 1994: 300). Wie bereits

---

[18] Weniger das Ergebnis, sondern die Höhe der Wahlbeteiligung galt als Erfolg. Vor dem „Tag des Ortsvereins" (der offizielle Name für die Wahl) ging die Parteizentrale von bestenfalls zwanzig Prozent Beteiligung aus (Der Spiegel, 24.5.1993).

oben ausgeführt, bezog sich dieses (wie von Beyme [1997: 382] wohl zu Recht sagt) eher normative als deskriptive Konzept auf die Grünen. Ob dies auf die immer noch größte Mitgliederpartei anwendbar ist, darf bezweifelt werden (vgl. Walter 1995b: 112). Daher griffen Leif und Raschke auf ein Konzept von Gerd Mielke zurück („Reformpartei"), das vor allen Dingen auf eine plebiszitär geregelte Personalauswahl und eine hohe Führungsautonomie abstellt (Leif/Raschke 1994: 203f; Mielke 1997: 45-47). Das hieße dann, daß der Parteivorsitzende und *gleichzeitige* Kanzlerkandidat, der von den Mitgliedern bestimmt ist, bei Mißerfolgen sofort aus dem Amt katapultiert werden kann.[19] Der Mannheimer Parteitag zeigte ein Jahr nach Erscheinen des Leif/Raschke-Buches, daß solches auch völlig ohne plebiszitäre Elemente geschehen kann. Ob das direktdemokratische Führungsprinzip Mielkes, eine Art institutionalisierte charismatische Legitimität, für die SPD gangbar ist, erscheint immer noch fraglich. Zwar ist eine Bündelung der Führungsressourcen durchaus machttheoretisch sinnvoll, kann aber disfunktional sein, wie Scharping bewiesen hat. Bis zum Wahltermin 1998 hat sich zumindest die Ämtertrennung bewährt: Lafontaine wärmt die Partei, Schröder die Wähler der neuen Mitte.

Für die Zeit nach Mannheim gilt wohl: „Der Reformprozeß auf Bundesebene ist erst einmal blockiert, zumal der neue Parteivorsitzende Oskar Lafontaine andere Aufgaben für vordringlicher erachtet" (Jun 1996: 222). Das mag partizipationstheoretisch enttäuschend, organisationstechnisch durchaus berechtigt sein. Die darauffolgenden zwei Jahre bewiesen, daß selbst mit der Delegiertendemokratie ein relativ hohes Maß an Elitenautonomie erreicht werden kann - vorausgesetzt, die Partei versteht sich für eine gewisse Zeit als Medien- und Wählerpartei.[20]

Und schließlich haben die erweiterten Partizipationsmöglichkeiten für Mitglieder in *allen* Parteien keinerlei Einfluß auf die Mitgliederentwicklung gehabt (Scarrow 1999: Tab. 2), so daß eine Null-Hypothese des Einflusses der Organisationsreformen auf die Mitgliederentwicklung gerechtfertigt erscheint. Allerdings fällt auf, daß die Beteiligung bei Mitgliederabstimmungen (bisher sechs bei der SPD [Parteivorsitz der Bundespartei 1993, Parteivorsitz in Hamburg 1994 und Thüringen 1996, Bürgermeisterkandidat in Berlin 1995, 1999 und Bremen 1995], eine bei der CDU und zwei bei der FDP) durchweg hoch - bis zu 57% - waren, auf jeden Fall höher als die 10% bis 35%, die regelmäßig Mitgliederversammlungen besuchen.

---

[19]Die Karriere von Helmut Kohl ist ein instruktives Gegenbeispiel. Hier bewies sich vielmehr, daß es sich auszahlt, bei der Personalauswahl nicht den Stimmungen zu folgen, sondern einen langen Atem zu haben.

[20]Entscheidend dafür ist, ob und wie lange der Elitenkonsens hält. Es ist im Falle Labours und der SPD anzunehmen, daß er nach einiger Zeit in der Regierung bröckelt (wie z.B. die innerparteiliche Kontroverse um die Sparmaßnahmen bei Behinderten und alleinerziehenden Müttern Anfang 1998 bei Labour zeigte).

Zusammenfassung

In beiden Parteien wurden die Partizipationsmöglichkeiten für (individuelle) Mitglieder ausgedehnt, dabei dürfte sich die Autonomie der Parteiführung deswegen erhöht haben, weil der Delegiertenkorpus umgangen werden kann. Prinzipiell wird in beiden Parteien am Konzept der Mitgliedspartei festgehalten, im Fall der SPD versuchte man eine Öffnung für Nicht-Mitglieder. Der große Unterschied zwischen beiden Parteien ist, daß Labour erst im Begriff ist, eine Mitgliederpartei zu werden, während es bei der SPD um Verjüngung und Konsolidierung geht. Peter Lösche hat den Begriff der „Bonapartisierung" von Parteien geprägt, in denen die Parteiführung unter Umgehung der Delegierten direkt und einseitig mit den Mitgliedern und der Öffentlichkeit kommuniziert (Lösche 1996a: 252f; Lösche 1996b: 54f).[21] Gerade die Ausweitung der Partizipationsmöglichkeiten für Parteimitglieder und die einhergehende Entmachtung der Aktivisten hat die Vermutung nahegelegt, die „Demokratisierung" der Partei nutze in erster Linie der Parteiführung (vgl. Mair 1997: 149f).

Dafür gibt es bei Labour eindeutige Tendenzen, zumal immerhin ein Viertel der Labour-Mitglieder erst unter Blair eingetreten sind, was die prinzipielle Loyalität zur Parteiführung noch erhöhen dürfte. Außerdem weisen die neuen Mitglieder andere Partizipationsformen als die alten auf, sie sind weniger involviert und an innerparteilicher Einflußnahme durch Übernahme eines Parteiamtes wenig interessiert (Seyd/Whiteley 1998). Wenn es den Präzedenzfall einer bonapartistischen Partei geben sollte, dann ist dies zur Zeit New Labour: „Blair was offering the party a plebiscitary form of leadership" (Kavanagh 1997: 536).

Entscheidende ist aber - was Lösche verkennt -, daß der Labour-Führer nur deswegen ein „Medien-Bonaparte oder -Cäsar" (ebd.) werden konnte, weil ihm die innerparteilichen Veto-Potentiale keine Steine mehr in den Weg legten. Aber angesichts der immer noch fünfzig Prozent Gewerkschaftsstimmen auf dem Parteitag und der ideologischen Heterogenität der Mitglieder kann ein *backlash* für die Parteiführung nicht ausgeschlossen werden.

---

[21]Nach Lösche ist dies allerdings eher eine Verlegenheitslösung der Parteiführer angesichts einer vielfach fragmentierten Organisation, außerdem im Medienzeitalter wohl ein Muß.

TEIL V: Programmatik von SPD und Labour
Kapitel 22-23

22 Der Hintergrund: Programmatik und Ideologie von Labour und SPD bis zur Oppositionszeit der achtziger Jahre

In allen sozialdemokratischen und sozialistischen Parteien gab es seit der Zeit ihres Bestehens fundamentale Auseinandersetzungen über die Ideologie oder die Strategie, an die Macht zu kommen. Nach Adam Przeworski (1985: 3) standen dabei diese Parteien zunächst vor drei Grundfragen:
1. Soll der Sozialismus mit oder gegen den Kapitalismus erreicht werden?
2. Ist die Arbeiterklasse der alleinige Träger dieser Transformation oder sollen Bündnisse mit anderen sozialen Gruppen gesucht werden?
3. Soll der Kapitalismus schrittweise parlamentarisch überwunden werden oder soll er durch eine Revolution ersetzt werden?[1]

Die Sozialdemokraten, genauer die Reformisten und Revisionisten, waren nach Przeworski im Gegensatz zu Sozialisten für das schrittweise Vorgehen: Kooperation mit dem Kapitalismus, Kooperation mit anderen sozialen Gruppen und wenn Sozialismus, dann nur auf friedlichem Weg, nämlich durch eine deutliche Mehrheit im Parlament. Dies ist keine akademische Frage, sondern hat Auswirkungen auf die gesamte Politik der Partei. Wer auch andere soziale Gruppen gewinnen will, muß sozialistische Ziele opfern und eine sehr langfristige Sozialismus-Perspektive anpeilen. Aber genau dies war auch der Vorteil sozialdemokratischer Politik: Mit der „soften" Strategie waren auch die Gewerkschaften einverstanden, die zunächst einmal die sehr enggesteckten Ziele ihrer Mitglieder im Auge hatten. In beiden Staaten waren die Gewerkschaften eher pragmatisch, d.h. an besseren Lebensbedingungen für ihre Mitglieder orientiert, als utopisch (vgl. Müller-Jentsch 1992: 106; Degen 1992: 146f). Programmatisch war dieses Dilemma zwischen Utopie und Gegenwartsbewältigung wesentlich weniger gut zu schließen. Erst der Keynesianismus brachte die Rettung: Durch staatliche Intervention in die Marktwirtschaft konnte diese den Interessen der arbeitenden Bevölkerung nutzbar gemacht werden.

In diesem Zusammenhang ist eine Definition von Revisionismus angebracht. Dabei darf nicht vergessen werden, daß dieser Begriff nicht unproblematisch ist, denn in der deutschen Diskussion ist der Begriff Revisionismus verbunden mit der Kritik Eduard Bernsteins an der Marxismus-Orthodoxie Karl Kautskys. In

---

[1] Dies ist eine heroische Vereinfachung der „paradigmatischen Diskurse" (Meyer 1992: 22-31). Der erste Diskurs war der zwischen Anarchisten und Marxisten, der zweite der Diskurs um die graduelle Transformation (Reformisten, Revisionisten, Marxisten), der dritte der Diskurs um die Diktatur des Proletariats versus Demokratie (Sozialisten, Kommunisten), der vierte der Diskurs über die „Krise des Fortschritts".

diesem Zusammenhang ist der Begriff weiter gespannt, so daß er auch für Großbritannien angewandt werden kann: Revisionismus soll hier durch die oben dargestellten Elemente definiert werden: Ablehnung der politischen Revolution und der fundamentalen Neuordnung der wirtschaftlichen Besitzverhältnisse (z.B. durch Verstaatlichung), Ausgleich mit der Unternehmerseite und Adaption marktkonformer Steuerungsmechanismen, insbesondere des Keynesianismus.

Was so plausibel klingt, war ein weiter Weg für Sozialdemokraten. Denn in den ersten siebzig Jahren ihres Bestehens mußte die reformerische Arbeiterbewegung ohne ein makroökonomisches Modell auskommen, das den Pragmatismus legitimierte.

Denn Pragmatismus stand immer im Gegensatz zum utopischen Anspruch des Sozialismus. Bis zur keynesianischen Wende in der Mitte dieses Jahrzehnts war die Sozialdemokratie in diesem Zwiespalt gefangen, auf den sie in der Vorkriegszeit mit entschiedener Ratlosigkeit reagierte. Zwei Einschränkungen müssen nachgeschoben werden: Erstens soll nicht der Frage nachgegangen werden, ob Sozialdemokratie eine transformative Strategie an sich darstellt (vgl. Meyer 1992: 25-28)[2], und zweitens soll hier keine umfassende Darstellung sozialdemokratischer Ideologietradition erfolgen.

Immerhin sind zwei Punkte von Bedeutung, die die strukturelle Unterschiedlichkeit beider Parteien kennzeichnen (cf. Elliot 1993: 3):

- Labour war niemals eine marxistische Partei, sie speiste sich aus den Quellen des reformerischen Sozialismus, der Fabianisten, des Methodismus und des ethischen Sozialismus, während die Anfänge der SPD eher etatistischer und marxistischer Natur waren, Paterson nennt dies „the Erfurt model" (Paterson 1993: 1f; Miller/Potthof 1990). Das heißt nicht, daß die SPD Zeit ihres Bestehens einen fertigen Plan für den Weg zum Sozialismus hatte. Ganz im Gegenteil, ihre Politik war (wenn auch in marxistischer Rhetorik) eher pragmatisch. Insofern war das Godesberger Programm lediglich die Anerkennung des Politikmerkmals der deutschen Sozialdemokratie, der Reform den Vorzug vor der Revolution zu geben (Lehnert 1983: 191; Braunthal 1983: 1-17). Die Labour Party muß als eine Art „intellectual stockpot" (Bealey 1970: 1) gesehen werden, als eine „loose coalition of ideas and interests" (Jones 1996: 2), in der bis 1918 kaum eine Diskussion über sozialistische Theorie geführt wurde (Bealey 1970: 11). Herbert Morrison sagte einmal treffend: „Socialism is what a Labour government does" (zit. n. Paterson 1993: 1). Das kann nur heißen, daß

---

[2]Die Interpretationen reichen von einer partiell reaktionären Politikhaltung der Sozialdemokraten bis hin zu Konzeptionen eines dritten Weges (Stephens 1979). Das Problem der dritten Wege ist, daß sie sich auf unterschiedliche Extremwege beziehen. In den vierziger Jahren war es der Weg zwischen reiner Marktwirtschaft und totalitärem Dirigismus, in den fünfziger und sechziger Jahren zwischen reiner Marktwirtschaft und Etatismus und in den neunziger Jahren (nach Tony Blair) zwischen Marktwirtschaft und sozialdemokratischem Vollversorgungsstaat.

die Ideologie als Anleitung zum Regierungshandeln keine besondere Rolle spielt. Immerhin hatte sie von 1918 bis 1995 ein knappes sozialistisches Programm in Form der *Clause IV* der *Labour Party Constitution*, die Labour auf umfangreiche Verstaatlichungen festlegte. Dies war aber nur ein Symbol, ein politischer Mythos (Jones 1996), der im Regierungshandeln Labours nur in der unmittelbaren Nachkriegszeit eine Rolle spielte. Die SPD hatte trotz eines marxistischen Programms es nicht vermocht, zu irgendeiner Zeit an der Regierung Verstaatlichungen durchzuführen. Hierin waren sich die sozialdemokratischen Regierungen der Zwischenkriegszeit in beiden Ländern bemerkenswert ähnlich.

- Labour war von Anbeginn eine Partei der Gewerkschaften, niemals eine Massenpartei mit großer eigener individueller Mitgliedschaft, sie war „aus dem Schoß der Gewerkschaften geboren" („grown out of the bowels of the T.U.C."), wie Ernest Bevin Mitte der dreißiger Jahre sagte (zit. n. Beer 1965: 113). Dabei präsentierte sie sich gleichzeitig als eine „alliance of labour" (Kavanagh 1982b: 205), die den unterschiedlichen Strömungen und Gruppierungen der Partei eine gewisse Repräsentation zubilligte.[3] In Deutschland waren die Gewerkschaften zunächst schwach und ideologisch zersplittert, so daß die Partei eine gewisse Autonomie von den Gewerkschaften hatte (Braunthal 1983: 3). Im historischen Kompromiß von 1906 wurde die Arbeitsteilung zwischen Gewerkschaften (Lohnpolitik) und Partei (Parlamentsarbeit) zementiert, auch wenn es durchaus Stimmen gibt, die in diesem Kompromiß ein Vetorecht der Gewerkschaften in der Partei sahen (zur Diskussion: Müller-Jentsch 1992: 105).

22.1 Der ideologische Hintergrund: Herkunft und traditionelle Programmatik von Labour und SPD

Labour Party: Labour verdient als *deviant case* gesonderte Erwähnung, denn diese „verspätete" Partei unterscheidet sich in ihrer Ursprungsideologie vom mittel- und nordeuropäischen (marxistischen) Mainstream. Denn die Marxisten spielten von Anfang an keine große Rolle in der Labour Party. Deren autokratischer Führer H.M. Hyndman hatte die Gewerkschaften als reaktionär verketzert, und sich damit einer prominenten Rolle in der neuen Partei beraubt. Seine „Social Democratic Federation" (gegründet 1881) zog sich bereits 1901 aus der Prä-La-

---

[3] So haben die Gewerkschaften zwar die meisten Sitze im Parteivorstand (National Executive Committee), aber auch die Wahlkreisverbände, die sozialistischen Gesellschaften und die Frauen sind vertreten. Bis auf die Frauen dürfen die einzelnen Gruppen ihre Mitglieder im NEC selbst bestimmen, die Frauensektion des NEC wird auf dem Parteitag von allen Delegierten (nicht nur der weiblichen) gewählt.

bour Party zurück (Foote 1986: 21f, Thorpe 1997: 13), da diese sich partout nicht dem Klassenkampf verschreiben wollte. Einflußreicher war eine „group of disillusioned mystics and bohemians" (Foote 1986: 25), die sich seit 1884 in der Fabian Society organisierten. Aus dieser institutionalisierten Teestunde der Mrs Charlotte Wilson kamen ihre Protagonisten George Bernard Shaw, Sidney und Beatrice Webb. Ihnen ging es darum, Sozialismus mit den Traditionen des britischen Liberalismus vereinbar zu machen. Sie hielten an den Grundnormen britischen Verfassungslebens fest und sahen in einer höheren Besteuerung den Schlüssel zur Lösung des Klassenkampfes. Agenten des Wandels waren für die Fabianisten das Parlament (mit sozialistischer Mehrheit) und der Beamtenapparat (*civil service*), die den Sozialismus qua staatlicher Direktive einführen sollten. Dieser Staatssozialismus sah den Staat als fundamental neutral, nicht als Klassenagent.

Dies ist eine interessante Parallele zur SPD der Weimarer Republik, insbesondere zu den Auffassungen des damaligen Nachwuchspolitikers und späteren SPD-Vorsitzenden Kurt Schumacher. Schmacher vertrat zunächst in seiner 1926 geschriebenen Dissertation den Gedanken, daß der Staat kein Klassenstaat sei, sondern das Instrument zur Neuordnung der Wirtschaft und Gesellschaft sein müsse. Schumacher sagte nach dem Kriege: „Der Weg zur Wirtschaftseroberung führt über die zuvor erfolgte Eroberung des Staates" (Schumacher, Leitsätze zum Wirtschaftsprogrammentwurf, in: Flechtheim 1963 III, 2: 9).[4] Und „Eroberung des Staates" meinte Erringung der Parlamentsmehrheit.

Wie die SPD der Schumacher-Ära setzten die Fabianisten auf das Parlament und lehnten die Massenmobilisierung der Arbeiterschaft zur Durchsetzung ihrer Ziele ab (Foote 1986: 29). Allerdings lehnten es die Fabianisten zunächst ab, eine eigene Arbeiterpartei zu gründen, sie dachten eher daran, die Liberalen und Konservativen mit ihren Gedanken zu durchdringen.

Die ethischen Sozialisten teilten prinzipiell den Parlamentarismus der Fabianisten, füllten aber „the emotional gap left by the Fabians" (Foote 1986: 32) mit religiösem Pathos und der Utopie des New Jerusalem. Ihnen ging es darum, was eine gerechte Gesellschaft ausmacht, um einen *community spirit*, der sich im Kapitalismus nicht entwickeln konnte. Ihre Kritik am Kapitalismus war keine sozioökonomische, sondern eine moralische (Foote 1986: 37). Und ihre Utopie war eine Gesellschaft, in der glückliche, gesunde und gottesfürchtige Familien in einem *New Jerusalem* leben. Dies erinnert stark an den Populär-Kommunitarismus, wie er in den 80er und 90er Jahren u.a. von Amitai Etzioni vertreten wird. Nicht ohne

---

[4] „Damit wird der Staat aus einem Instrument der Unterdrückung zu einem Instrument der sozialen Wirtschaftsgestaltung und allgemeiner Wohlfahrtsförderung", sollte die SPD die Wahlen gewinnen. (ebd); in ähnlichem Duktus auch die Passage aus seiner Doktorarbeit: „Es ist praktisch der Gedanke, daß der Staat sozialen Zwecken dienstbar gemacht werden könne, und theoretisch, daß nur der Staat zu den letzten Zielen hinzuführen imstande ist. Der Kampf für das erstere ist der Kampf um die politische Macht [...]" (Schumacher 1973 [1926]: 24).

Zufall befassen sich ethische Sozialisten und Kommunitarier mit dem „Spirit of Community" (Etzioni 1995). Wenn auch Etzioni eine besonders populäre Variante (unter mehreren) des Kommunitarismus vertritt und keinesfalls zur ersten Generation der Kommunitarier wie Michael Sandel, Charles Taylor, Michael Walzer und Alaisdair MacIntyre zählt (Honneth [Hg] 1995), so ist doch das Thema des Kommunitarismus gleich: „eine Debatte um die moralischen Grundlagen moderner Gesellschaften" (so der Untertitel des Sammelbandes von Honneth), ein Versuch, atomisierte Gesellschaften wieder - auf der Basis gemeinsam geteilter Werte - zu einer Gemeinschaft zusammenzufügen. Und dies haben die Kommunitarier der 1980er und 1990er und die ethischen Sozialisten des ausgehenden 19. Jahrhunderts gemeinsam, wenn auch die Kommunitarier nicht in demselben politischen und institutionellen Vakuum wie die ethischen Sozialisten agieren.

Für Labours dominante Ideologie galt weitgehend die Formel „social revolution without political revolution". Dies lag in erster Linie nicht nur an der Melange verschiedener ideologischer Doktrinen (s.o.), die keine Massenbasis in der Partei hatten, sondern an der Gründungssituation der Labour Party. Sie ist eine verhältnismäßig spät erfolgte Gründung der Gewerkschaften.[5] Sie war in ihrer Anfangszeit nicht als eine Massenpartei mit individueller Mitgliedschaft konzipiert, sondern sollte die Gewerkschaften im Parlament repräsentieren, daher auch der ursprüngliche Name „Labour Representation Committee" (LRC). Der Grund für die späte parlamentarische Repräsentation der Gewerkschaften in Form dieser Parteigründung waren „fears about the unions' legal position" und nicht ein „massive upsurge of socialist sentiment among trade unionists" (Thorpe 1997: 5, 12). Die konservativen Regierungen der Jahrhundertwende wollten die Tarifautonomie der Gewerkschaften, das *free collective bargaining*, einschränken. Und aus dieser Defensivsituation heraus wollten die Gewerkschaften ein Gegengewicht im Parlament schaffen, um den Angriff auf ihre Prärogative abzuwehren (Elliott 1993: 23). Weder die schon vorher bestehenden Parteien wie die SDF, die Fabian Society und die Independent Labour Party Keir Hardies bestimmten die Politik des LRC. Ganz im Gegenteil, der neuen Partei ging es um „nothing more than a straightforward, utilitarian politics of economic self interest, untainted by ideology or social philosophy" (Beer 1965: 124).[6] Die Gewerkschaften behielten im Exekutivausschuß die erdrückende Mehrheit von zehn der dreizehn Sitze. Wie

---

[5]In den ersten 45 Jahren seines Bestehens hatte der TUC (gegründet 1868) lediglich etwa über zwei Millionen Mitglieder, bis 1918 verdoppelte sich die Zahl, 1920 zählten die Einzelgewerkschaften des TUC 6,5 Millionen Mitglieder - davon waren 4,36 Millionen gleichzeitig Mitglieder der Labour Party (Roberts 1958: 309, Cole 1948: 50).
[6]G. H. D. Cole schrieb sogar: „Right up to 1914, any attempt to commit the Labour Party to Socialism would have endangered trade union support" (Cole 1948: 53). Ben C. Roberts äußerte sich ähnlich: „ ... it would have been impossible before the war to persuade a majority of the unions that State socialism was a desirable objective" (Roberts 1958: 305).

unpragmatisch die Gewerkschaften bei ihrer Besitzstandswahrung qua Parlament verfuhren, zeigt die Praxis des LibLab-Paktes. Der Sekretär des LRC, Ramsay MacDonald, und der *chief whip* der Liberalen, Herbert Gladstone, vereinbarten 1903 eine gemeinsame Kandidatenpolitik in den Wahlkreisen. Liberale Parlamentsabgeordnete konnten genauso für die Verbesserung des Loses der Arbeiter sorgen wie die Abgeordneten der Gewerkschaften (Thorpe 1997: 16).
Die Meta-Ideologie des Labourismus ist daher auch das zunächst bestimmende Element in Labours Politik gewesen. Labourismus heißt nichts anderes als die Umsetzung gewerkschaftlicher Politik in die politisch-parlamentarische Sphäre. Dieses vage Programm erlaubte es auch später der Labour Party, viele verschiedene Strömungen in sich aufzunehmen. Sie wurde zu einer - in Harold Wilsons Worten - „broad church", wenn auch um den Preis, daß sie ideologisch amorph blieb. Zugleich galt und gilt immer die Maxime, daß diejenige Strömung innerhalb der Partei isoliert wird, die es nicht vermag, sich dem gewerkschaftlichen Mainstream anzupassen: „If the ideological faction is to have any success, it must adapt itself to the labourism of the trade unions" (Foote 1986: 12).
Spätestens seit der Wahl von 1906 stand die Partei vor der Frage, was sie mit den dreißig Abgeordneten anfangen wollte. Waren sie lediglich Gewerkschaftsabgeordnete mit quasi-imperativem Mandat? Das LRC entschied, sich in Labour Party umzubenennen: „Party" bedeutete „a new bid for status". Statt *Socialist* oder *Social Democrat* entschied sich das LRC für das Attribut „Labour", denn: „It lacked the sectarian and foreign connotation of 'social democracy'" (Thorpe 1997: 19).
Der ausgeprägte Parlamentarismus und Pragmatismus der Labour Party zeigt sich auch darin, daß die Partei ohne organisatorischen Unterbau war: Sie bestand in allererster Linie aus der Parliamentary Labour Party (PLP), die Partei hatte bis 1922 nicht einmal einen Parteiführer. Die folgenden Jahre brachten weitere folgenreiche Weichenstellungen für die neue Partei: Sie wurde finanziell völlig abhängig von den Gewerkschaften. Nach dem *Trade Union Act* (1913) konnten die Gewerkschaften die Partei durch eigene Fonds finanzieren. Die Finanzierung der Labour Party durch die Gewerkschaften war eine „blessing in disguise" (Thorpe 1997: 26) für die neue Partei. Einerseits konnte sie sich konsolidieren, andererseits hatten die Gewerkschaften in allen Parteiangelegenheiten das letzte Wort. Genau dies ist das britische Spezifikum der Arbeiterbewegung: „The precise modality of the structural link between party and unions was unique in the universe of Social Democracy" (Elliott 1993: 25; vgl. Kapitel 19.1).
Der entscheidende Wendepunkt der Labour Party kam 1918 mit der Annahme der *Labour Party Constitution* (Februar) und des Programms „Labour and the New Social Order" (Juni), das die nicht-sozialistische Identität Labours in der Zeit davor teilweise überwand.
Sidney Webb prägte die programmatischen Aussagen der beiden Parteideklarationen. Weniger spektakulär als in der vagen *Party Constitution* wies das neue

Programm den Weg: Vollbeschäftigung, ein umfassendes soziales Netz, die Vergesellschaftung (Nationalisierung) von Land, Bahnen, Kanälen, Kohle und Elektrizität, ein progressives Steuersystem und eine Wohlfahrtssteuer machten es zu einem „essentially ... conservative programme aiming to preserve the extended wartime state and the increased saliency of working-class demands that the war had brought" (Thorpe 1997: 45).

In der *Labour Party Constitution* gab sich die Partei eine neue organisatorische Struktur, indem sie einen neuen Wahlmodus für das NEC bestimmte und eine individuelle Mitgliederschaft auf der Basis der Wahlkreise einrichtete. Die wichtigste Neuerung war die Wahl des NEC durch den Parteitag, die *Labour Party Conference* (LPC). Damit hatten die Gewerkschaften ihr *final say* auch institutionalisiert, stellten sie doch auf den Parteitagen die übergroße Mehrheit der Delegierten. Außerdem ging auch die Parlamentsfraktion (PLP) gestärkt aus dem organisatorischen Revirement hervor; die PLP durfte nun auch Disziplinarmaßnahmen gegenüber den Abgeordneten verhängen (Thorpe 1997: 44). Weit weniger beachtet wurden die ebenfalls formulierten *Party Objects*, deren bekanntestes die *Clause IV, Section Four* war.

Ihr Wortlaut stand bis 1995 auf jeder *membership card*:

> „To secure for the workers by hand or by brain the full fruits and the most equitable distribution thereof that may be possible upon the basis of the common ownership of the means of production, distribution and exchange, and the best obtainable system of popular administration and control of each industry or service".

Löste damit genuiner Sozialismus den Labourismus Keir Hardies ab? In seiner frühen Darstellung der Labour Party kam Egon Wertheimer zu der Feststellung, daß sich Labours Ideologie „from social reform to socialism" transformiere (Wertheimer 1929: 50). Beer sah in der *Clause IV* ebenfalls einen „not a shift from interest politics to ideological politics, but a basic change in ideology" (Beer 1965: 125). Labour vollzog den endgültigen Abschied vom pragmatischen Labourismus und nahm in Milibands Worten eine „comprehensive ideology of socialism" an (Miliband 1961: 61). McKibbin hingegen sah die Gewerkschaften am Werk, die eigentlich eher eine andere Richtung verfolgten: Mit der *common/ public ownership* der *Clause IV*, also der Vergesellschaftung des Eigentums an Produktionsanlagen, des Verkehrs und des Handels, sollten nicht-labouristische Strömungen (wie die Fabianisten) in die Partei integriert werden (McKibbin 1974: 91, 102). Pimlott sah in der *Clause IV* auch eher „a consolation prize to socialists in a package of reform which actually reduced socialist influence in the higher Party echelons" (Pimlott 1980: 166): Die sozialistische Kolorierung der Partei sollte zugleich den Unterschied zu den Liberalen deutlich machen (Beer 1965: 149, Jones 1996: 7). Winter (1974: 274) schreibt dem *Clause IV*-Sozialismus eine funktionale und normative Bedeutung zu: Indem sich die Labour Party sehr vage ideologisch positionierte, ermöglichte sie es den Wählern „to make the choice among the parties one of conviction rather than just a comparison of personalities".

Auch wenn es nicht besonders plausibel erscheint, die *Clause IV* als Ausdruck einer neuen sozialistischen Ideologie zu sehen, hatte sie weitreichende Wirkungen auf die Partei in Gestalt des politischen Mythos. Nach Drucker (1979) setzt sich eine Ideologie aus einem bestimmten „Ethos" und einer „Doktrin" zusammen. „Ethos" bezeichnet charakteristische Werte und Traditionen, die aus den *working-class*-Erfahrungen der gemeinsam erlebten Ausbeutung und dem Aufbau von Verteidigungsorganisationen (Gewerkschaften) kommen. „Doktrinen" hingegen sind programmatische Aussagen über die prinzipielle Richtung, die eine Partei einschlagen soll (z.B. Sozialisierung zur Überwindung der kapitalistischen Produktionsweise). Zur Ideologie kommt aber auch die nicht-rationale Komponente des *sentiment*. Beschrieb Duverger noch Ideologien als „collections of rationalized and systematized beliefs", sind politische Mythen „vaguer, less rational, less thought out", also „simplified ideologies" (Duverger 1972: 99f). Vor allem bilden sie aber den emotionalen Hintergrund für Ideologien, sie erklären den Anhängern auf vage Weise Vergangenheit, Gegenwart und Zukunft. Die Ideologie übersetzt den politischen Mythos in Programmatik und Theorie (Jones 1996: 17).

Im Falle Labours hieße dies, daß die junge Partei dringend einer Vision bedurfte, gerade um den *individual members* zu erklären, warum sie sich gerade dieser Partei anschließen sollten. Der *Clause IV*-Sozialismus gab in all seiner Kürze und Unbestimmtheit den Parteimitgliedern das Gefühl einer kollektiven Identität und eines gemeinsamen Zwecks (Haseler 1969: 175f; Howell 1980: 223f). Jones' Erklärungsmodell, das der *Clause IV* den Status eines politischen Mythos zuschreibt, geht über die strategisch und ideologisch motivierten Analysen McKibbins, Milibands, Wertheimers und Pimlotts hinaus. Mit der neuen *Party Constitution* hatte sich die Labour Party im weitesten Sinne darauf festgelegt, den Kapitalismus umstürzen zu wollen. Das bedeutete nicht per se eine antikapitalistische Ideologie, noch weniger ein Regierungshandeln, welches auf den Umsturz hinauslief, sondern eher eine Art antikapitalistische Vision, ein Schuß Eschatologie in einer schlimmen Gegenwart. Pimlott wies auf die Analogie zur christlichen Heilserwartung hin. Das *New Jerusalem* der ethischen Sozialisten, das nun auch zum Mythos der Gesamtpartei wurde, war „a rationalist equivalent of Christianity" (Pimlott 1980: 181).

Genau dies war das eigentlich Neue im Jahr 1918: Die von Sidney Webb fast im Alleingang formulierte *Clause IV* hatte ihre Wirkung auf die Partei nicht in Form einer kohärenten sozialistischen Ideologie oder eines Trostpreises für Nicht-Labouristen, sondern in Form einer Vision, die Labour vorher wegen des allgegenwärtigen Labourismus nicht hatte. Sieht man die *Clause IV* als Ausdruck einer Vision und eines politischen Mythos, kann man mit dem *benefit of hindsight* auch erklären, warum sie fast siebzig Jahre Bestand hatte, und Hugh Gaitskell Ende der fünfziger Jahre daran scheiterte, sie umzuschreiben. Erst Tony Blair gelang dies 1995. Damit entfiel aber auch der bisher konstituierende politische Mythos der Labour Party, der durch Anleihen aus dem Kommunitarismus wettgemacht werden sollte. Nicht ohne Gespür für die Macht des politischen Mythos der *Clause IV* nannte sich auch die innerparteiliche Kampagne gegen ihre Abschaffung „The Battle for Labour's Soul".

Mit der konkreten Ausgestaltung der *Party Constitution* ließ sich Labour Zeit, jedenfalls brachten die Minderheitskabinette der zwanziger und frühen dreißiger Jahre keinen Durchbruch.

Die Labour Party war nach zwei Regierungen unter Ramsey MacDonald 1924 und 1929-1931 in einem Stadium völliger Demoralisierung (Thorpe 1997: 57-77). Das erste Kabinett MacDonald, das als Minderheitsregierung von den Liberalen toleriert wurde, brachte keine substantielle Politikänderung; Pläne zur Sozialisierung der Kohleindustrie überlebten die kurze Regierungszeit nicht. Die fiskalische Orthodoxie des ersten Kabinetts ohne wesentliche Innovationen wurde vom zweiten Kabinett fortgeführt - die zwanziger Jahre waren ein Jahrzehnt der „ideological stagnation" (Thorpe 1997: 64). Die Wahl von 1931 brachte ein für die Partei furchtbares Verdikt über die offensichtliche Ratlosigkeit von Labour *in office*. Offensichtlich war die programmatische Festlegung der Partei so vage, daß eine Labour-Regierung keinen *masterplan* für die Hinführung zum Sozialismus hatte, der „Gradualismus", der eine langsame Hinentwicklung zum Sozialismus mit prosperierendem Kapitalismus implizierte, war gescheitert. Hierin unterscheidet sich Labour nicht von seiner deutschen Schwesterpartei, die ihr Erfurter und Heidelberger Programm auch nicht zur Richtschnur ihres Regierungshandelns machte - was allerdings graduelle Verbesserungen nicht ausschloß.

In der Labour Party setzte sich in den dreißiger Jahren Vorstellungen des *corporatist socialism* durch. Herbert Morrison vermochte es, die Labour Party in den dreißiger Jahren auf seine Vorstellungen einer weitgehenden Nationalisierung der Industrie, des Verkehrs und des Handels und einer zentralen Wirtschaftsplanung einzustimmen (Foote 1986: 149-188, bes. 178-180). Sozialismus wurde von ihm definiert als eine Mischung aus Effizienz und sozialer Moralität: „... it is essential that Socialism should be sound public business as well as being healthy in its social morality" (Morrison, zit. n. Foote 1986: 179). Nach Morrison sollten von der Regierung ernannte Direktoren die vergesellschafteten Industrien leiten - und zwar nach den Maximen der Effizienz und Wettbewerbsfähigkeit. Statt des Gradualismus hieß die neue Maxime Verstaatlichung und zentrale Lenkung der Wirtschaft. Forderungen, wie sie in Deutschland unter dem Stichwort „Wirtschaftsdemokratie" erhoben wurden, wurden nicht aufgegriffen (s. Fußnote 7).

Der Eintritt Labours in das Kriegskabinett Winston Churchills (Mai 1940) katapultierte auch Labours Programm auf die Regierungsagenda: „Labour's Home Policy" (1940) und „The New World and the New Society" (1942) formulierten, daß die Partei auch nach Kriegsende Planung, Kontrolle und Vollbeschäftigung beizubehalten seien. Weitere wichtige Impulse der Kriegszeit waren der Beveridge-Report über die soziale Sicherheit, der Labour ein umfassendes soziales Netz und ein staatliches Gesundheitssystem fordern ließ (Laybourn 1988: 114f; Thorpe 1997: 101-107).

Der Wahlsieg der Labour Party 1945 kam in seiner Wucht unerwartet, Labour hatte zum ersten Mal die absolute Mehrheit in den *Commons* (mit 48% der Stimmen). Waren die Gründe entweder eine kumulative Unterstützung für sozialistische Politik, eine Radikalisierung durch den „Volkskrieg" oder das negative Image der Konservativen, jedenfalls „Labour had had a good war" (Thorpe 1997: 111). Ihre Führungspersonen waren bekannt und hatten sich im Kabinett Churchill als kompetente Regierungsmitglieder erwiesen. Damit war Labour ein gewaltiger Mobilisierungserfolg bei den Wahlen geglückt: Die *working-class* wurde besonders mobilisiert, ebenso die Jungwähler und die untere *middle-class* (ebd: 112). Günstig wirkte sich außerdem ein hoher Grad an Gewerkschaftsmitgliedschaft, die Angst vor Arbeitslosigkeit infolge der Demobilisierung der Streitkräfte und attraktive Wahlversprechen Labours, z.B. in der Wohnungspolitik, aus. Endlich konnte „Labour's finest hour" (Jeffreys 1993: 8) beginnen.

Die „finest hour" hieß organisatorisch große Geschlossenheit und auf der Policy-Ebene weitreichende Verstaatlichungen nach dem Modell des *corporate socialism* (Jeffreys 1993: 10-12). Zugleich waren aber die Schwierigkeiten der neuen Labour-Regierung immens: Der Krieg hatte enorme wirtschaftliche Kosten verursacht, da er zu schweren Verlusten im Exportgeschäft und zu einer gewaltigen Verschuldung geführt hatte. Ein „finanzielles Dünkirchen" stand bevor, bei dem diesmal die Amerikaner mit einem Kredit von vier Milliarden Dollar aushelfen mußten. Die Bedingung für den Kredit war allerdings, daß das Pfund innerhalb eines Jahres kompatibel sein mußte. Unter solch ungünstigen Auspizien gelang es der Partei allerdings, in den ersten zwei Jahren ihr innenpolitisches Programm eindrucksvoll durchzusetzen: Die Zivilluftfahrt, Kohle, Bahn und Elektrizitätswerke wurden verstaatlicht.

Somit hatte Labour einen ideologischen modus vivendi gefunden, der es ermöglichte, die vielen unterschiedlichen Strömungen innerhalb der Partei zu integrieren, *public ownership* wurde zur „mainstream democratic socialist ideology" (Taylor 1980: 1, 26) innerhalb der Labour Party, die wiederum selbst zu einer Partei des europäischen sozialdemokratischen Mainstream wurde.

SPD: Unter programmatisch ähnlichen Bedingungen formulierte die SPD nach 1945 ihre Sozialisierungskonzeptionen. Auch hier bewegte sie sich in einem Spannungsfeld aus Effizienzmaximierung und einer Vision völliger Umgestaltung. Ähnlich der Labour Party ging die SPD unter Schumacher davon aus, daß der Sozialismus Tagesaufgabe werden sollte, denn 1945 schien das Sterbeglöcklein für den Kapitalismus in Deutschland geklingelt zu haben. Die SPD sah sich dazu auserkoren, den Neuordnungsprozeß zu organisieren. Die Voraussetzungen standen günstig. Laut OMGUS-Surveys sahen 41% der Befragten im November 1947 die Schwerindustriellen als die Schuldigen des Krieges, 49% befürworteten die Sozialisierung der Schwerindustrien, darunter besonders viele aus der *middle class* (Merritt/Merritt 1970: 197). Selbst im Februar 1949, als sich die kapitalistische Wirtschaftsordnung schon wieder restauriert hatte, traten 51% für „social ownership of the Ruhr factories" ein (ebd: 301). In Hessen fand am 1. Dezember 1946 eine gesonderte Abstimmung über den Artikel 41 der Verfassung statt, der die Sozialisierung vorsah. Er wurde mit 72% angenommen.

Sollte nun der Sozialismus „Tagesaufgabe" werden, so mußte eine klare Konzeption für eine Neuordnung ausgearbeitet werden. Doch die Realitäten des Jahres 1945 sprachen eine andere Sprache. Zunächst gab es keine gesamtdeutschen parlamentarischen Strukturen, innerhalb derer die SPD „mit dem (ganzen) Volk, für das Volk" ihre Konzeption hätte durchsetzen können. Schumacher gab allerdings in den „Leitsätzen zum Wirtschaftsprogramm-Entwurf" 1945 die grobe Marschrichtung vor: Bergbau, Energie, Schwerindustrie, Verkehrs-, Versicherungs- und Bankenwesen waren sozialisierungsreif und sollten verstaatlicht werden. Handwerker, Bauern und kleine Händler sollten von jeglicher Änderung ihrer Eigentumstitel ausgespart bleiben. Die gesamte Wirtschaft sollte nach einem Plan gelenkt werden, über dessen Zustandekommen Schumacher kein Wort verlor (Flechtheim 1963 III,2: 10f).

Konkretisiert wurde das Sozialisierungskonzept auf dem Parteitag 1946 vom Wirtschaftsexperten der Partei, Victor Agartz (Huster 1978: 35-41). Ähnlich wie Schumacher vertrat er die Ansicht, daß die Wirtschaft, besonders die Grundgüterindustrie, durch Sozialisierungen strukturreformiert werden müßte. Ausdrücklich ausgenommen waren Klein- und Mittelbetriebe, Bauern, Einzelhandel und Handwerker als kapitalismusfreie Zonen des Wirtschaftens. Eine neue Nuancierung kam allerdings hinzu: Der Staat sollte seinen Interventionismus auf das nötigste beschränken; Maßnahmen der indirekten Lenkung waren rigider staatlicher Planvorgabe vorzuziehen. Oberstes Kontroll- und Lenkungsorgan der Wirtschaft sollte das Parlament sein, während die Planung und Lenkung der Wirtschaft über Wirtschaftskammern (Arbeiter, Unternehmer, Konsumenten) dezentralisiert ablaufen sollte. Zudem war an „marktwirtschaftliche Spielflächen" (Narr 1966: 113) gedacht: Die sozialisierten Betriebe und die anderen Eigentumsformen sollten in Wettbewerb miteinander treten. Auf betrieblicher Ebene war die Mitbestimmung für Arbeitnehmer vorgesehen. Damit kam man einer evolutionären Umgestaltung der Wirtschaft schon bedeutend näher, Leitbild war nun die *mixed economy*, eine Pluralität von Betriebsformen, die der Staat nach Bedarf steuerte. Dieses Konzept setzte allerdings Strukturen voraus, die es 1946/47 nicht gab. Agartz wurde auf dem Feld der parlamentarischen Umsetzung seines Konzeptes wenig konkret, er ging von der Wirtschaftseinheit Deutschlands aus, mithin war sein Konzept an Gesamtdeutschland orientiert. Eine Handlungsanweisung ergab sich für die SPD-Fraktionen in den entstehenden Länderparlamenten eben nicht. Im Gegensatz zu Labour war die SPD bis 1946 nicht auf den Sozialismus als Tages- oder Gegenwartsaufgabe vorbereitet. Es fehlte das klare Konzept, die Handlungsanweisung, die sich an den Realitäten orientierte. Schumacher hatte mit seiner undifferenzierten Verwendung der Begriffe Sozialisierung und Verstaatlichung der neoliberalen Kritik Tür und Tor geöffnet, Sozialisierung bedeute nichts anders als die Allmacht des Staates.

Auf dem Parteitag 1948 vollzog sich im wirtschaftspolitischen Hauptreferat von Rudolf Zorn ein programmatisch-reformerischer Schwenk (Parteitag 1948: 138-159). Zorn sprach auf einmal von der „regulierten Marktwirtschaft" (ebd: 147f), die „Frage des Eigentums an den Produktionsmitteln ist, vom rein wirtschaftlichen Standpunkt aus gesehen, eine zweitrangige Frage geworden" (ebd: 146; ähnlich auch Sering 1977 [1947]: 169). Die Sozialisierung der „kapitalintensiven Großindustrie" wurde weiter behauptet, doch diesmal aus anderen Motiven heraus als bei Schumacher. Zum erstenmal wurde die Notwendigkeit zur Sozialisierung aus wirtschaftlichen Motiven begründet. Die öffentlichen Träger sollten in ihren Betrieben „Investititionsaufgaben durchführen, die Private nicht durchführen können oder wollen". Die Wendung gegen die „totale Planwirtschaft" war in Zorns Referat besonders scharf, nur noch die Produktion sollte „organisiert" werden, die Nachfrage blieb völlig von der Planung ausgeschlossen („Konsumfreiheit"). In den Vordergrund trat nunmehr als neuer Aspekt die „soziale Einkommensverteilung" (ebd: 149). Dazu sollten Maßnahmen der staatlichen Steuerpolitik dienen. Überhaupt trat staatliche Politik mehr in Form von gezielten, punktuellen Interventionen als von Strukturveränderungen auf.

Ende 1946 kam Bewegung in die innerparteiliche Diskussion, in deren Gefolge sich eine inhaltliche Kluft zwischen den Neomarxisten um Agartz und den Freiheitlichen Sozialisten auftat (Ehni 1973: 136-142). Im Gegensatz zu den Neomarxisten vollzogen die Freiheitlichen Sozialisten eine noch stärkere Abgrenzung der Verstaatlichung und schufen die Grundlage „einer Art deutschen Fabianismus" (Pirker 1965: 90f). Zentraler Regulator des Wirtschaftslebens war für sie der Markt, für dessen Funktionieren nach ordoliberaler Manier mit Monopolverbot gesorgt werden sollte. Planung hatte nur als Schwerpunktplanung zu erfolgen. Noch weniger als bei Agartz war das Privateigentum an Produktionsmitteln von ausschlaggebender Bedeutung, Lenkung indirekter Art und Mitbestimmung der Arbeitnehmer wurden wesentlich stärker akzentuiert. Ott sekundierte mit der Behauptung, daß ab 1947 die Abkehr vom Marxismus irreversibel wurde (1978: 153-157).

Während Labour mit seinem einseitigen Verstaatlichungsprogramm ohne Mitbestimmung reüssierte, wußten die deutschen Genossen in Gewerkschaft und Partei nicht so recht wohin: Nachdem sich die SPD endlich dazu durchgerungen hatte, mangels einer Zentralgewalt die Sozialisierungen auf Länderebene zu ak-

zeptieren (Ehni 1973: 144), blieb am Ende in Nordrhein-Westfalen nur ein reduzierter Entwurf einer Mitbestimmung und einer Vergesellschaftung lediglich der Eisenindustrie.
Wie sehr die Illusionen der SPD hinsichtlich des Sieges der Labour Party 1945 enttäuscht wurden, zeigt der Blick auf die Innovationen der neuen britischen Regierung. Für die SPD konnte das innenpolitische Programm Labours zwischen 1945 und 1951 kein Quell der Inspiration sein. Denn offensichtlich verstanden SPD und Labour unter Sozialisierung etwas anderes; Labour verstaatlichte, während die SPD ein wesentlich komplexeres Projekt vertrat, das nicht nur den bloßen Tausch von Eigentumstiteln vorsah. Besonders die deutschen Gewerkschaften hätten sich an der ausgebliebenen Mitbestimmung in britischen Betrieben wohl gestoßen.[7] Außerdem entsprach die Reichweite der Strukturveränderungen in der Wirtschaft Großbritanniens bei weitem nicht SPD-Vorstellungen, da Steuerungsorgane (bis auf die Rationierung und Bewirtschaftung) im Sinne eines wirtschaftlichen Gesamtplanes nicht existierten.
Besonders enttäuschend war für die SPD, daß sich die Labour-Regierung nicht für die Ziele ihrer deutschen Schwesterpartei einsetzte, denn: „[...] a last area where the Attlee government's socialism was virtually invisible was in foreign policy" (Morgan 1989: 307). Im Gegenteil, die Briten unter Außenminister Ernest Bevin verfolgten weiterhin die Traditionslinien britischer Außenpolitik, nämlich die Verfolgung des nationalen Interesses und Anlehnung an die USA. Großbritannien war auf die Besetzung Deutschlands personell, konzeptionell und finanziell nicht vorbereitet, während die SPD auf brüderliche Hilfe wartete. Das vordergründige Interesse der Briten lag darin, die finanziellen Kräfte für innenpolitische Aufgaben zu bündeln und die Besatzungskosten möglichst niedrig zu halten. Außerdem waren die Briten tief in Kolonialkonflikten (Indien, Palästina) verstrickt, so daß Deutschland an das Ende der Themenskala rücken mußte.
Damit korrespondiert das sich verschlechternde Verhältnis zwischen Labour und der SPD. Die SPD mußte erfahren, daß die britische Besatzungsmacht sie nicht vorrangig behandelte. Bevin hatte noch nie ein herzliches Verhältnis zu deutschen Sozialdemokraten, schon gar nicht zu Schumacher, den er für einen verkappten Nationalisten hielt.[8] Zudem war die SPD auch mit Besatzungsbehörden konfrontiert, deren Personal weder besondere Sympathie für Labour noch für die SPD hatte (Schwarz 1966: 171).

---

[7] Die Demokratisierung der Wirtschaft blieb selbst nach den Verstaatlichungen von 1946 bis 1949 aus. Die Gewerkschaftsvertretung in den Unternehmenvorständen blieb weitgehend symbolisch. Die Gewerkschaften selbst scheuten eine stärkere Einbindung, da sie „den Rollenkonflikt von mitbestimmungsbedingter Selbstbindung und gewerkschaftlicher Handlungsautonomie fürchteten" (Merkel 1992: 273).
[8] Schwarz (1966: 164, 731f) bemerkte über Bevin, daß er der SPD nie die Zustimmung zu den Kriegskrediten 1914 verziehen hatte. Bevin und Schumacher hatten sich nur einmal kurz im Mai 1949 getroffen.

Doch nicht nur die konzeptionelle Schwäche der SPD und die relative Bedeutungslosigkeit verursachten mit das Scheitern der deutschen Sozialisierung, sondern die Stärke der amerikanischen Besatzungsmacht. Sie war es, die immer darauf insistierte, die Westzonen solange nicht über die endgültige Gestaltung der Wirtschafts- und Sozialordnung entscheiden zu lassen, bis es eine zentrale deutsche Zentralregierung gäbe. Hartwichs „Präjudizierung durch das Verbot der Präjudizierung" trifft den Sachverhalt (Hartwich 1970). Militärgouverneur Lucius D. Clay ließ nichts unversucht, die Westdeutschen von den Segnungen einer freien Marktwirtschaft zu überzeugen. Auf sein Einwirken hin wurden Sozialisierungsgesetze entweder suspendiert (wie in Nordrhein-Westfalen) oder so lange herausgezögert, bis sie der Landtag verwarf (wie in Hessen).

In der sich konstituierenden Bizone, dem Vorgängerprovisorium des Provisoriums Bundesrepublik, entschloß sich die SPD zur Übernahme der Oppositionsrolle, nachdem sie bei der Wahl zum Wirtschaftsdirektor unterlegen war. Damit nahm sie die politische Realität der ersten zwei Nachkriegsjahrzehnte vorweg: Eine liberal-christdemokratische Koalition regierte gegen eine sozialdemokratische Opposition. Besonders angesichts der Währungsreform und der neoliberalen Politik des Wirtschaftsdirektors Ludwig Erhard mußte die SPD im folgenden als „nörgelnder Störenfried des werdenden Wohlstandes" (Narr 1966: 114) erscheinen. Gerade angesichts der dramatischen Preissteigerungen nach der Währungsreform stellte sich in der SPD eine Art Attentismus ein; sie wartete auf die marktwirtschaftliche Apokalypse. Unter diesem Eindruck standen auch die Beratungen über das Grundgesetz, das die staatsrechtlichen Provisorien in Form eines (immer noch formal provisorischen) Weststaates beenden sollte Hartwich 1970: 51). Die Partei verzichtete weitgehend auf die Festschreibung einer ihr genehmen Wirtschafts- und Sozialordnung, sie konzentrierte sich in Gestalt von Carlo Schmid auf die Ausarbeitung eines klassisch-liberalen Grundrechtsteils. Die Begründung lautete, daß die SPD das Grundgesetz nur als Provisorium sah, und die „Organisation eines Staatsfragments" (Schmid) lediglich eines politisch-institutionellen Teils mit den Grundrechten bedurft hätte (Antoni I, II 1992). Gemäß der alten Arbeitsteilung der Arbeiterbewegung fokussierte die SPD auf die Arbeit im parlamentarischen Rat, während die Gewerkschaften sich jeglicher Mobilisierung enthielten (Sörgel 1969: 204). Lediglich in der Frage der Finanzverfassung zeigte sich die SPD hart und ließ es auf einen Konflikt mit der CDU und den amerikanischen Besatzungsbehörden ankommen (Antoni 1992 II: 55f). Die von den Amerikanern favorisierte föderale Finanzverfassung hätte sozialdemokratische Träume nach Wirtschaftsplanung zunichte gemacht. Stattdessen begnügte sich die Partei nach ihrem Sieg in dieser Frage, auf einen Wahlsieg zu hoffen und ansonsten mit dem Sozialisierungsartikel (Art. 15 GG) zufrieden zu sein. Das ordnungspolitisch offene Grundgesetz nutze in erster Linie den Vorstellungen, die sich in den ersten Wahlen durchsetzten - und das war nicht die

SPD. Hätte sie die Wahl gewonnen, wäre ihre Strategie „Sozialisierung qua Parlament" aufgegangen. Mit der Bundestagswahl 1949 war klar, daß die SPD keinerlei Chance mehr hatte, ihre reichlich diffusen Vorstellungen von der Neuordnung der Wirtschaft umzusetzen. In der CDU hatten sich im Laufe des Jahres 1947 die liberal-konservativen Kräfte durchgesetzt, die Sozialisierungen prinzipiell ablehnten. Bis zum Godesberger Programm 1959 konkurrierten Sozialisierungsmodelle und Modelle der regulierten Marktwirtschaft weitgehend unkoordiniert innerhalb der Partei.

22.2. Der Revisionismus

Dennoch begann Anfang der fünfziger Jahre in beiden Parteien die Debatte über *public ownership*/Sozialisierung erneut. Beide Parteien hatten die Wahlen verloren, wenn auch knapp - Labour hatte 1951 nach den Sozialisierungen fast die absolute Stimmenmehrheit erreicht, die SPD folgte der CDU mit einem Abstand von knapp zwei Prozentpunkten. Allerdings war die Ausgangslage beider Parteien recht unterschiedlich: Labour hatte sein Ziel der Sozialisierungen weitgehend erreicht, die SPD hatte keinerlei Aktiva, mit denen sie das Wahlvolk beeindrucken konnte.

Mit dem Revisionismus begann der nun auch theoretisch untermauerte Siegeszug des Sozialdemokratismus im Sinne Przeworskis in beiden Parteien. Es ist kein Zufall, daß die kopernikanische Wende ohne ptolomäische Mobilmachung gerade zu einer Zeit stattfand, als die beiden Parteien lange genug in der Opposition waren: Labour acht, die SPD zehn Jahre. In diesen Prosperitätsjahren spürten in beiden Ländern selbst die Arbeiter den steigenden Wohlstand. Die Konservativen hatten Labours Errungenschaften nicht abgeschafft, die Union den bundesdeutschen Sozialstaat erst aufgebaut. Allerdings ruhte der Sozialdemokratismus der fünfziger Jahre auf unterschiedlichen Füßen: In der SPD wurde die Führung davon überzeugt, daß pragmatischer Reformismus der Weg zum Wahlerfolg sei. Genau dies konnten sie auch der Basis vermitteln. Schließlich wurde das Godesberger Programm mit 95 Prozent angenommen und Gegenanträge sofort abgeschmettert (Müller 1967: 86-89). Bei Labour war zwar eine Camarilla ebenso überzeugt, aber Wohl und Wehe der Sozialdemokratie hingen vom Einverständnis der Gewerkschaften ab (Minkin 1980: 278). Bis in die sechziger Jahre hinein konnte sich die Parteiführung auf die fast bedingungslose Unterstützung drei großer Gewerkschaften verlassen.[9] Wohlgemerkt: Es waren keine Aktivisten oder

---

[9] Die „Big Three" waren die National Union of Mineworkers (NUM) unter Will Lather, die Transport and General Workers Union (TGWU) unter Arthur Deakin und die General and Municipal Workers Union (GMWU) unter Tom Williamson. Ab 1968 orientierte sich die

Gewerkschaftsmitglieder, die den Sozialdemokratismus absicherten, sondern die Führer großer Gewerkschaften.

Labour Party: In der Labour Party setzte mit der Veröffentlichung der „New Fabian Essays" (Crossman [Hg] 1953) eine Neuorientierung ein: Während Crossman einen „loss of momentum" konstatierte (Crossman 1953: 1) und die verpaßte Chance einer „peaceful socialist revolution" (ebd: 26) bedauerte, setzte ein zweiter Essayist, Anthony Crosland, ganz andere, folgenreichere Akzente. In seinem Artikel „The Transition from Capitalism" nahm er sein immens einflußreiches Werk vorweg: „The Future of Socialism" (1956), nach Jones (1996: 29) „the most ambitious and systematic expression of revisionist thought to appear since 1945": Der Kapitalismus, so Crosland, habe sich selbst in einen „Post-Kapitalismus" transformiert, in dem „individual property rights no longer constitute essential basis of economic and social power" (Crosland 1953: 38). Die Betriebe würden nicht mehr von ihren Eigentümern geleitet, sondern von Managern, die wesentlich aufgeschlossener gegenüber den Erfordernissen einer effizienten und sozial gerechten Gesellschaft seien. Der Staat sei nicht länger Klassenagent der Besitzenden, sondern sorge mit Nachfragesteuerung und Wohlfahrtspolitik für Vollbeschäftigung und soziale Gerechtigkeit.

Der eigentliche Angriff auf die Parteitradition und den Parteimythos bestand in einer Skepsis gegenüber der *public ownership*: Sie sei keine Voraussetzung mehr, sozialistische Ziele zu erreichen (Crosland 1962: 41), ihr gegenüber herrschte weniger Abneigung als „Indifferenz" (Jones 1996: 38). Denn die wirtschaftspolitische Macht sei auf den Staat, die Gewerkschaften und die Manager übergegangen, womit der reine Besitz an Produktionsmitteln volkswirtschaftlich nicht entscheidend sei (Crosland 1956: 22), zumal sich die Manager sich sozial und sensibel gegenüber dem Gemeinwohl erwiesen.

Der Sozialismus-Begriff wurde folgenreich ethisch neu interpretiert: Sozialismus hieß nicht mehr Verstaatlichung als Kristallisation von Utopie, sondern persönliche Freiheit, Wohlfahrt, soziale Gerechtigkeit und Gleichheit. Und Sozialisten könnten hervorragend mit einer gemischten Wirtschaft leben, die auf die Gleichheit aller hinarbeitete (Crosland 1956: 340). Besonders der Gleichheit galt die ungeschmälerte Liebe der Revisionisten, sie wurde zum „central socialist ideal", wie Gaitskell 1955 sagte, erhoben, war gleichsam die Quintessenz des heterogenen britischen „Sozialismus" (Crosland 1956: 67).

Innerhalb der Labour Party hatten sich einflußreiche Gruppen um den späteren Parteiführer (1955-1963) Hugh Gaitskell geschart, die gerade in der Fixierung der Partei auf *public ownership* eine Bürde sahen (Jones 1996: 26). Sozialismus sei nicht länger mit der *public ownership* of the means of production" identisch, son-

---

NUM nach links, indem sie Lawrence Daly und später Arthur Scargill zu Vorsitzenden wähte (Minkin 1980: 322).

dern er müsse ethisch re-interpretiert werden: persönliche Freiheit, Wohlfahrt, soziale Gerechtigkeit und Gleichheit der Chancen waren die konstituierenden Elemente der revisionistischen Sozialismusdefinition.
Die Partei nahm solche Bilderstürmereien erstaunlich gelassen, die Linke hatte sich in Gestalt von Aneurin Bevan erst 1957 wieder Hugh Gaitskell angenähert. Die Wahlniederlage Labours 1959 ließ aber Hugh Gaitskell über eine schärfere Erneuerungsstrategie nachdenken. Seiner Meinung nach hatte Labour die Wahl verloren, da der Partei immer noch das Verstaatlichungsimage anhaftete: Der Wähler habe den Eindruck, Labour wolle alles verstaatlichen (Williams 1979: 546, 916). So faßte Gaitskell, den einsamen Entschluß, die *Clause IV*, die der Quell der Verstaatlichungsgedanken Labours war, umzuschreiben - und stützte sich auf Croslands Analyse. Der Parteitag von 1959 - dem Jahr des Godesberger Programms - erschien ihm als das geeignete Forum, seine Erneuerungsstrategie durchzusetzen. In seiner Rede machte er die Verstaatlichungen als „vote-loser" aus, schließlich seien sie unpopulär, während Labour immer noch das Image habe, aus Gründen der puren Doktrin alles verstaatlichen zu wollen (Labour Party Conference Report 1959: 110). Labour müsse sich daher programmatisch ändern „to be in touch always with ordinary people, to avoid becoming small cliques of isolated doctrine-ridden fanatics, out of touch with the main stream of social life in our time" (ebd: 109). Dabei komme es darauf an, die Öffentlichkeit nicht länger zu verwirren und dem Gegner in die Hände zu spielen: Verstaatlichungen sind nicht das Ziel des Sozialismus, sondern nur *ein* Mittel dahin. Das Ziel des britischen Sozialismus sei soziale Gerechtigkeit, Gleichheit, Brüderlichkeit und persönliche Freiheit (ebd: 111). Damit war, wie in Godesberg, der Sozialismus ethisch begründet worden und nicht durch die Änderung der Besitzverhältnisse an Produktionsmitteln. Für Gaitskell lag der Schlüssel in einer Umformulierung der *Clause IV*, um Mißverständnisse abzubauen, denn Labour könne nicht unter dem Banner einer vergangenen Zeit kämpfen. Daher gelte es „try to work out and state the fundamental principles of British democratic socialism as we see and as we feel it today, in 1959, not in 1918" (ebd: 113). Aber der notwendige ideologische Anpassungsprozeß fand seine Kritiker: Labour, so befand Barbara Castle, unterwerfe sich dem Kapitalismus, und Michael Foot sekundierte, man könne Mittel und Ziele des Sozialismus nicht trennen (ebd: 84f, 122). Douglas Jay als Erzrevisionist war für Gaitskells Forderung, und Aneurin Bevan versuchte zu vermitteln, was Gaitskell ablehnte. Der Parteitag faßte lediglich den Beschluß, eine Art „Neues Testament" in Form von zwölf Punkten dem alten Testament der *Clause IV* beizufügen. Später fand es als gemäßigt revisionistisches „Labour's Aims" Eingang in die Programmatik.
Die Debatte belebte sich erneut, als eine Studie von Mark Abrams und Richard Rose „Must Labour Lose" erschien (Abrams/Rose 1960). Rita Hinden, die Herausgeberin des revisionistischen „Socialist Commentary" hatte den Kommentar dazu geschrieben, und sie konnte mit den empirischen Ergebnissen

Abrams zufrieden sein: Er hatte festgestellt, daß Labour das Image hatte, eine Partei der Armen und Arbeiter zu sein - „a restrictive and depressing image" (ebd: 21f). Gerade dies schrecke sozial aufsteigende Wähler ab. Außerdem gelte die Labour Party als zerstritten und ohne entschiedene Führung (ebd: 25-27). Besonders negativ schnitt *public ownership* ab: Zwar waren sich die Wähler einig, daß manche *nationalisations* durchaus erfolgreich waren (Elektrizitätsversorgung, Atomenergie, Flugwesen, Gas), daß aber andere unpopulär waren (Kohle, Bahn; ebd: 33, Tab. 16). Mehr noch, die Ausweitung der Verstaatlichung lehnten drei Viertel der Befragten und 58 Prozent der Labour-Anhänger ab (ebd: 35, Tab. 18). Rita Hinden zog in ihrem Kommentar die passenden Schlußfolgerungen: Labour müsse sich von seinem Klassen- und Verstaatlichungsimage lösen. Dabei müsse insbesondere die Verstaatlichungsforderung fallen, Labour solle die Gleichheit besser durch „public spending" erreichen. Dies solle auch der Konsens der Partei sein, so werde das Image der Zerstrittenheit abgelegt (ebd: 99-121). Zum ersten Mal kam 1960 die empirische Forschung den Revisionisten zu Hilfe, ein Phänomen, das sich später mehrfach wiederholte.

Gaitskell hatte aber das Beharrungsvermögen der sonst loyalen Gewerkschaften unterschätzt, denn im Sommer 1960 sprachen sich die sechs größten Gewerkschaften gegen jegliche Änderungen der *Clause IV* aus. (Haseler 1969: 170-176). Er hatte den politischen Mythos der Klausel in sein Kalkül nicht miteinbezogen (Howell 1980: 222; Jones 1996: 59-63). In Druckers Worten: Er hatte die systemtransformative Doktrin Labours, die erst ihren Ethos der Disziplin begründete, angegriffen (Drucker 1979: 38; vgl. Hodge 1993: 9). Und er stellte erneut die Frage nach der Autonomie der Unterhausfraktion und der Rolle des Parteitages (Drucker 1981: 373), zumal führende Revisionisten sogar die Bande zu den Gewerkschaften kappen wollten. Schließlich sah die Basis der CLPs in Gaitskells Vorgehen nicht nur eine parlamentarische Bevormundung, sondern auch eine elitäre: Die meisten Revisionisten kamen aus den Außenbezirken Londons und stammten aus der *middle class* (das sogenannte „Hampstead set").

Auf dem Parteitag 1960 erlitt er eine halbe Niederlage, indem „Labour's Aims" zwar verabschiedet wurde, allerdings ohne konstitutionellen Charakter (Williams 1979: 571). McKenzie (1963; 607) schrieb dies auch der ungeschickten Strategie Gaitskells zu, der die Gewerkschaften in seine Pläne nicht eingeweiht hatte.

Das beherrschende Thema der sechziger Jahre in beiden Parteien war das Modernisierungsmotiv. Wirtschaft und Gesellschaft sollten den Anforderungen der zweiten industriellen Revolution („the white heat of technology" nach Wilson) gerecht werden. Gaitskell hatte seine wichtigste Schlacht verloren, so suchte er nach anderen, weniger spaltenden Themen, die sich im Policy Statement „Signpost for the Sixties" (1961) fanden. Hier wurde die *public ownership* positiver gesehen, als es Gaitskell wollte.[10] Sie war der Schlüssel zur wirtschaftlichen Modernisierung; damit knüpfte Labour eher an die dreißiger Jahre an, als sie *public ownership* mit Wirtschaftsplanung verband (Bealey 1970: 27, Jones 1996: 71f).

Inzwischen hatte sich Wilson innerlich von den Verstaatlichungen abgewandt und verfolgte - ähnlich wie die SPD - die Strategie, Labour als eine Partei der wirtschaftlichen Modernisierung, der Technokratie und Effizienz zu präsentieren, um aus Labour „the natural party of government" zu machen (Howell 1980: 248). Mit seinem bekannt gewordenen Ausspruch von der „white heat of technology" versuchte er die technokratische Rechte und *zugleich* die Linke, die für die Wirtschaftsplanung und die Verstaatlichung eintrat, zu vereinen (Thompson 1996: 37). Howell will auch das Weißbuch „In Place of Strife" als Versuch verstanden wissen, sich als eine Partei der Nation und nicht einer Klasse darzustellen (ebd: 265), aber diese Behauptung geht zu weit.[11] Die ersten zwei Jahre sah es durchaus so aus, als sei das Projekt der Modernisierung erfolgreich; aber dann kamen die Zahlungsbilanzschwierigkeiten, so daß ab 1966 nur noch orthodoxe Deflationspolitik betrieben wurde (Howell 1980: 252-254). Cronin sah in den Wilson-Regierungen „the essential bankruptcy of the social democratic vision" (Cronin 1984: 192). Dazu hätte Wilson erst einmal Sozialdemokrat sein müssen. Auch Crosland konnte mit seinem „The Conservative Enemy" (1962) die innerparteiliche Debatte nicht mehr so prägen wie noch sechs Jahre zuvor. Stattdessen war der Revisionismus auf dem Rückzug, zumal die Labour-Regierungen seit 1964 sowohl die Kernforderungen des Revisionismus ignorierten (bis auf die Ausweitung der Sekundarbildung und die Eröffnung der „Open University") als auch die Forderungen der Linken. Vor allen Dingen die Gewerkschaften mußten sehen, wie die eigene Regierung sie mit „In Place of Strife" einem ungewohnten Eingriff in die Tarifautonomie konfrontierte. Die Partei und die Gewerkschaften reagierten auf diese Enttäuschung mit einem Linksrutsch, die LPCs verabschiedeten zwischen 1970 und 1973 Resolutionen, die weitreichende Nationalisierungen vorsahen. Tony Benns „Alternative Economic Strategy" wurde sogar in das Policy-Statement „Labour's Programme 1973" und das Wahlprogramm 1974 aufgenommen. Demnach sollten die führenden profitablen Industriebetriebe verstaatlicht und zum Schrittmacher der wirtschaftlichen Modernisierung werden (Jones 1996: 90-94). 1976 war der völlige Tiefpunkt erreicht, Callaghans Kri-

---

[10]Im Gegensatz dazu: Minkin: 1980: 287. Er hält die „Signposts" für „an important landmark ... to make the Labour Party a revisionist party".
[11]Zu „In Place of Strife" vgl. Kapitel 3.1.2. Gerade die Castle-Diaries zeigen, welche Schwierigkeiten Wilson mit dem Castle-Plan hatte, den er so nicht gewollt hatte.

senmanagement machte alle revisionistischen und fundamentalistischen Träume zunichte.[12]

SPD: Bereits 1948 hatte der bayerische Wirtschaftsminister Zorn in seinem Referat auf dem Parteitag eine vorbehaltliche Anerkennung der Marktwirtschaft angedeutet und die interventionistische Steuerung der Wirtschaft verfochten. Richard Löwenthal hatte (unter seinem Pseudonym Paul Sering) deutliche Sympathie für den „New Deal" und die Labour-Regierung erkennen lassen (Sering 1947). Eine deutsche Spielart des ethischen Sozialismus, wie er von Willi Eichler vertreten wurde, setzte sich auch programmatisch durch: So wurde 1954 das Aktionsprogramm von 1952 durch eine Präambel erweitert, die sich von der marxistischen Geschichtsdeterminierung abgrenzt (Dokument 23 in Miller/Potthoff 1991: 393; Klotzbach 1982: 322; Miller/Potthoff: 195f).[13]
Mit den verlorenen Wahlen 1953 und 1957 drängte sich die Debatte um ein neues Grundsatzprogramm wieder auf. Kurt Schumacher hatte die SPD noch nicht für reif befunden, so kurz nach Kriegsende und ohne wissenschaftliche Hilfe ein Programm zu formulieren, das das altmodische Heidelberger Programm von 1925 ablösen sollte. Der ethische Sozialist Eichler wurde 1955 mit der Ausarbeitung eines neuen Grundsatzprogramms beauftragt, auf dem revolutionären Parteitag 1958 wurde es vorgelegt. Nach der Reorganisation der Parteispitze saßen die innerparteilichen Reformer Schmid, Wehner und Erler im Präsidium, dem engeren Parteivorstand, so daß die Verabschiedung eines neuen Grundsatzprogramms schnell vonstatten lief. Auf einem außerordentlichen Parteitag im November 1959 in Bad Godesberg wurde das Programm in überarbeiteter Form angenommen. Zwischen Stuttgart und Godesberg wurde auf allen Ebenen der Partei der neue Entwurf intensiv diskutiert und 276 Anträge für Godesberg eingebracht, von denen 212 von der Redaktionskommission zugelassen wurden und nur 40 als Ergänzung in das Programm eingearbeitet wurden. Am letzten Tag des Sonderparteitags wurde über den revidierten Entwurf als ganzes abgestimmt: 324 Delegierte waren dafür, nur 16 dagegen (Müller 1967: 89).
Inhaltlich knüpfte das Godesberger Programm an die 1954er Präambel an, in der der Sozialismus ethisch begründet wurde, „Freiheit, Gerechtigkeit und Solidari-

---

[12] Selbst ein hartnäckige Kritiker des Revisionismus gab zu, daß der Revisionismus trotz falscher Theorie und Analyse wenigstens eine klare und kohärente Konzeption vom Sozialismus gehabt hätte. Die Labour-Regierungen seit 1964 hätten auf keiner kohärenten Sozialismus-Strategie operiert, sie seien weder revisionistisch noch radikal (Arblaster 1977: 427f).

[13] Das „Aktionsprogramm" von 1952 (Dokument 23 in Miller/Potthoff 1991) brach eigentlich schon mit dem Sozialisierungsparadigma. Nicht Godesberg, sondern Dortmund prägte die Formel „ Wettbewerb soweit wie möglich, Planung soweit wie nötig" (ebd: 398). Neben der „freien Konsumwahl" wurden auch die Instrumente indirekter Wirtschaftssteuerung („zielbewußte Geld- und Kapitalmarktpolitik") hervorgehoben (ebd: 399).

tät" waren die politischen Grundwerte der Sozialdemokratie (Dokument 25 in Miller/Potthoff 1991). Die Marktwirtschaft wurde prinzipiell anerkannt, jedoch wurde der Staat auf eine vorausschauende Konjunkturpolitik festgelegt. Der Staat habe im Rahmen der marktwirtschaftlichen Ordnung die Wirtschaft mittelbar (z.B. durch Fiskalpolitik) zu steuern, Modelle der Wirtschaftsplanung oder Vergesellschaftung kamen kaum mehr vor (ebd: 411-413).[14] Die Sozialdemokratie setzte in ihrem Programm auf eines: Wachstum, das sowohl den Massenwohlstand erhöhen als auch die staatliche Politik, insbesondere die Sozial- und Bildungspolitik, finanzieren sollte.

Niclauß schreibt zu Recht, daß Godesberg weniger eine Wende, sondern nur eine Festschreibung eines kontinuierlichen Wandlungsprozesses der SPD seit 1948 war[15]. Es war nur ein Markstein unter anderen: So diente auch Wehners Rede vor dem Bundestag vom 30. Juni 1960, in der die Westintegration bejaht wurde, und die Nominierung von Willy Brandt als Kanzlerkandidat (November 1960) dem neuen pragmatischen Politikstil der SPD (Niclauß 1995: 59; vgl. Klotzbach 1982: 449). Susanne Miller meinte, in der Folgezeit sei Godesberg „zitiert, aber nicht interpretiert" worden (Miller/Potthoff 1991: 219f), Lösche und Walter sekundieren mit der Feststellung, daß die SPD sich als „Partei der optimistischen Technokratie" darstellte, ohne sich mit den Werten Godesbergs zu beschäftigen (Lösche/ Walter 1992: 116; vgl. Lehnert 1983: 56).

Gerade zu einer Zeit, als durch die neue Linke sich eine Reideologisierung der Politik abzeichnete, waren der sonst so partizipatorisch und emanzipatorisch gesonnenen SPD die Hände in der großen Koalition gebunden. Erst 1969 konnte die SPD unter Willy Brandt diese Forderungen der neuen Linken richtig aufgreifen, wenn auch das innenpolitische Gesetzgebungswerk eher auf Kontinuität als auf konsequente Reform hindeutete (Miller/Potthoff 1991: 222f). Zu dieser Zeit hatte sich die SPD als Partei verjüngt, „entproletarisiert", akademisiert und auch an der

---

[14]Godesberg begründet die Gewichtsverlagerung von der Vergesellschaftung genauso wie Crosland in seiner These von der „managerial revolution": „In der Großwirtschaft ist die Verfügungsgewalt überwiegend Managern zugefallen, ... Damit hat das Privateigentum an Produktionsmitteln hier weitgehend seine Verfügungsgewalt verloren" (ebd: 413).

[15]Pirker schrieb daß mit Godesberg „die Partei nun endlich zu sich selber gekommen war", denn zum ersten Mal bestand kein „Widerspruch von Theorie und Praxis, von demonstrativer Radikalität und biederer Honorigkeit" mehr (Pirker 1965: 211). Nach zehn Jahren des Bestehens des westdeutschen Teilstaates war die SPD endlich in der Bundesrepublik angekommen, wie Pirker so treffend feststellt (ebd: 281f). Denn gerade das prinzipielle Festhalten an der Einheit Deutschlands und das Hoffen auf eine schnelle Wiedervereinigung hatten die radikale Rhetorik der SPD, besonders in den Fragen der Vergesellschaftung, der Wiederbewaffnung und der Westintegration gespeist. Wie Müller (1984: 394) bemerkt, gerierte sich die SPD als „wahrer Souverän, als die künftige Reichsregierung [...], die nach Heimholung der mittel- und ostdeutschen Traditionsgebiete der Arbeiterbewegung die von der CDU/CSU und den Alliierten geschaffenen Strukturen überwunden hätte".

Basis ideologisiert.[16] Dies zeigte sich auch in der mittelfristigen Programmatik. Auf dem Parteitag 1973 wurde die Ausarbeitung des „Orientierungsrahmen '85" beschlossen (vgl. „Die Neue Gesellschaft" 4/1975; von Oertzen 1975; Glotz 1976; Miller/Potthoff 1991: Dokument 29). Die innerparteiliche Diskussion ging hauptsächlich um das Kapitel „Markt und Lenkung", das die Investitionslenkung forderte (Friedrich 1975: 879).

Es ist unklar, ob der „OR '85" wirklich ein Regierungsprogramm umreißt oder lediglich eine Art programmatische Spielwiese für die Linke war (Niclauß 1995: 62; vgl. Müller 1984: 404). Klar hingegen ist, daß der Orientierungsrahmen von Mitgliedern und Presse unbeachtet blieb - wie im folgenden auch die Programmentwürfe der achtziger Jahre.

Mit den neuen sozialen Bewegungen (NSB) wurde der Burgfrieden zwischen SPD-Linken und -Rechten wieder hinfällig. Die Themen der NSB waren Atomenergie, Umweltschutz und Abrüstung, Themen, um die sich selbst die innerparteiliche Linke nie besonders gekümmert hatte. Gerade als die Grünen als neue Partei erste Erfolge hatten, hatte die SPD auf keinem Flügel die passenden Antworten auf die Herausforderung. In der SPD reagierte Willy Brandt als erster auf die neuen Themen und Bewegungen, der prinzipiell Verständnis äußerte. Dem stand der nüchterne Manager Helmut Schmidt gegenüber, um den sich der rechte Parteiflügel scharte.

Ab Mitte der siebziger Jahre drehte sich die Diskussion hauptsächlich darum, wie mit der „neuen Politik" und den NSB umgegangen werden sollte, während die marxistische Linke besonders nach dem Parteiausschluß des Juso-Vorsitzenden Klaus-Uwe Benneter marginalisiert wurde.

Das Ende der sozial-liberalen Regierung wurde von zwei Themen bestimmt: der Debatte um die Nato-Nachrüstung und die Bewältigung der zweiten Ölkrise. Die Auseinandersetzung mit der Friedensbewegung brachte die Partei in das Dilemma, sich für die Integration dieser Forderungen oder deren Ausgrenzung entscheiden zu müssen. Zentraler war allerdings ein ganz anderes Thema, die Arbeitslosigkeit, die auch den Parteitag 1982 dominierte. Während die FDP der Regierung Schmidt einen neoliberalen Kurs aufdrängte, forderte der Münchner Parteitag eine kreditfinanzierte Nachfragepolitik und die Erhöhung des Spitzensteuersatzes (Miller/Potthoff 1991: 252-255). In der „Münchner Erklärung" wurde Kanzler Schmidt gestärkt und ausdrücklich das Festhalten an der Koalition bekundet, was sich nicht für innerparteiliche Dolchstoßlegenden eignet (ebd: Dokument 30: 449; Paterson 1986: 131, 141). Den Todesstoß erhielt die Koalition

---

[16] 1960 machten die Neumitglieder unter 40 Jahren 55% aller Neumitglieder aus, 1969 67% und 1972 75%. 1960 waren 56% aller Neumitglieder Arbeiter und 28% Angestellte und Beamte, 1969 sank der Arbeiteranteil bei Neumitgliedern auf 40% und 1972 auf 28%, während der Anteil der neuen Mittelschichten auf 34% stieg. 1972 wurden 34% Angestellte und Beamte ausgewiesen, der Anteil der neu eingeführten Kategorie „Schüler und Studenten" lag bei 16%.

durch das Lambsdorff-Papier vom September 1982, das die Durchsetzung neoliberaler Politik zur Bedingung für die Fortsetzung der Koalition machte. Schmidt wollte sich nicht beugen, die FDP wechselte am 17. September 1982 die Fronten.

22.3 Zusammenfassung

Der fundamentale Unterschied zwischen dem deutschen und britischen Revisionismus wurde von Shaw (1994a: 6) deutlich umrissen, als er über den britischen Revisionismus schrieb: „This programme was never formally adopted - unlike the SPD's Bad Godesberg programme - and it lacked official status". Während Gaitskell 1959/60 völlig überraschend radikal den politischen Mythos der *public ownership* beseitigen wollte, hatten die SPD-Revisionisten das Feld besser bestellt. Vor allem gab in der SPD keinen Kreuzzug gegen die Tradition und Parteigeschichte, schließlich konnte auch die Linke einigermaßen mit dem ethischen Sozialismus leben, zumal Godesberg auch Referenzen an Vergesellschaftungen als „letztes Mittel" der Wirtschaftspolitik enthielt (Hodge 1993: 11f). Den Todesstoß erhielt der britische Revisionismus, als seine drei Pfeiler, Keynesianismus, Korporatismus und Ausweitung des Wohlfahrtsstaats, unter einer Labour-Regierung erodierten. Während Labour aus Resignation zunächst nach links rutschte, hatte die SPD andere Probleme: Wie sollten sich die Postmaterialisten in der Partei heimisch fühlen und zugleich wirtschaftliche Modernisierungsstrategien entworfen werden, die sowohl bürgerliche als auch Arbeiterwähler anziehen? Wie in Kapitel 3 ausgeführt, machten ab Mitte der sechziger Jahre die beiden Parteien durchaus unterschiedliche Erfahrungen in der Regierung. Bei beiden allerdings ist gleich, daß ab Mitte der siebziger Jahre die Visionen dem Krisenmanagement Schmidts (ab 1974) und Callaghans (ab 1976) wichen. Gerade im Fall der Bundesrepublik zeigte sich, daß weitgehende Reformen, z.B. die Mitbestimmung, auf den Widerstand des Koalitionspartners FDP trafen (Lehnert 1983: 204). Doch entscheidender waren die weltwirtschaftlichen Hürden, die das sozialdemokratische Reformmodell, das auf Wachstum setzte, ins Stocken geraten ließen.
Dies heißt nicht, daß das „Modell Deutschland" in der Krise der siebziger Jahre untergegangen wäre, im Gegenteil: Die wichtigsten makroökonomischen Daten der Bundesrepublik waren vergleichsweise günstig, und die sozialliberale Koalition gewann die Wahlen 1976 und 1980 (Scharpf 1987). Dies verhinderte aber nicht, daß sich die Koalitionspartner nach der zweiten Ölkrise 1979/1980 über den prinzipiellen Weg der Wirtschafts- und Sozialpolitik zerstritten. Die FDP verlangte mehr Austerität, die SPD mit Rücksicht auf ihre Klientel nicht mittragen wollte. Schlimmer als den Verlust der Regierung traf die SPD allerdings die Wahlerfolge der Grünen, die sich aus dem partiellen Politikversagen der Re-

gierung Schmidt erklären lassen: Enttäuschte Reformer und Anhänger der Neuen Sozialen Bewegungen waren der SPD entfremdet.

Borchert et al. (1996: 10f) schrieben über den Revisionismus: „Für einen historischen Moment schien es, als sei Politik unter den Bedingungen der modernen Massendemokratien nur noch als im Kern sozialdemokratische Politik denkbar". Wie bereits die Kapitel 2 und 3 zeigten, stieß der sozialdemokratische Politikmodus an seine Grenzen. Schuld daran war weniger die Wirtschaftskrise an sich, sondern auch das Wegbrechen der „nationalen Zinssouveränität" (Scharpf 1987: 301f; Burnham 1996), was in der Folgezeit die Programme/Policy Statements anerkannten. Wie in Kapitel 23 gezeigt wird, herrschte Ratlosigkeit in beiden Parteien: Was soll getan werden, wenn tatsächlich wieder Wahlen gewonnen werden? Was macht dann spezifisch sozialdemokratische Politik aus?

Im folgenden Kapitel werden die programmatischen Antworten beider Parteien auf diese Herausforderung dargestellt. Dabei zeigt sich, daß es eine revisionistische Kontinuität gibt, die die Beseitigung der Arbeitslosigkeit und sozialen Ausgleich gebietet. Die Ziele der beiden Parteien haben sich bemerkenswert wenig geändert, allerdings die Mittel und Maßnahmen, um diese Ziele zu erreichen.

23 Die programmatischen Diskurse in der Oppositionszeit

Fast wie zufällig fiel der Zeitpunkt, als beide Parteien in die Opposition kamen, mit einem neuen „paradigmatischen Diskurs" (Thomas Meyer) zusammen. Dieser rankte sich um Fragen wie „Krise des Fortschritts". Deutlich ist der Einfluß der „neuen Politik", die das alte Wachstums- und Verteilungsparadigma in Frage gestellt hatte. Nach Thomas Meyer (1992: 34-43) standen dabei sechs Fragen im Vordergrund:
- der ökonomische Wachstumsbegriff („qualitatives", umwelt- und sozialverträgliches Wachstum wird angestrebt),
- die Einstellung zur Technologie (Kritik an zivilisationsgefährdenden Technologien),
- die Einstellung zur Energiepolitik (Kritik an der Atomenergie),
- die Zukunft der Arbeit (neue Arbeitsformen, z.b. Teilzeitarbeit, Arbeitszeitverkürzung, flexible Organisation der Arbeit mit dem Ziel, zusätzliche Beschäftigung zu schaffen und Frauen/Arbeitslosen neue Erwerbsmöglichkeiten zu bieten),
- Verteidigungspolitik (Entspannung, Abrüstung),
- die Zukunft der Solidarität bei wachsendem Individualismus (Kann der Staat noch kollektive Solidarität und Sicherheit vermitteln?).

Jedes dieser Diskursthemen ist dazu geeignet, die Rolle des Staates neu zu überdenken und innovative Antworten zu finden. Ein Problem dabei ist sicherlich, wie die engsten Bündnisgenossen der Sozialdemokratie, die Gewerkschaften, darauf reagieren: Denn als Interessengruppen in der Wirtschaftssphäre tun sie sich mit der Neubestimmung mancher Ziele schwer. Eine mögliche Strategie, das Bündnis doch noch zu retten, ist wohl, einige dieser Themen zu akzentuieren, andere hintanzustellen. So kann beispielsweise durch „grüne Steuern" (wie in Großbritannien) oder durch Vorschläge zu ökologischen Steuerreformen (wie von der SPD ansatzweise vertreten) das quantitative Wachstum beibehalten werden, ohne in ein (wahrscheinlich niedrigeres) qualitatives zu verfallen.

Die aktuelle Programmdiskussion in beiden Parteien hat gezeigt, daß viele dieser Themen schon wieder überholt sind (z.B. Verteidigungspolitik, Technologiekritik, teilweise auch Atompolitik). Gerade die ersten zwei Jahre der neuen Labour-Regierung hat gezeigt, daß die Umsetzung von Diskursthemen ins Regierungshandeln nicht nur schwer ist, sondern meistens auch nicht gewollt.

Überblick: Bei aller Reservation gegenüber einer direkten Bedeutung von (Wahl-) Programmen, sind sie als „a party's ideological homebase" (Laver 1984: 34) wichtig. Die Partei richtet mit einem Programm den Blick nach innen, aber auch nach außen. Es wurde bereits Kapitel 9.2 gezeigt, daß Programme auch ein „symbolisches Moment" enthalten, das für breite Wählerschichten relevant wird –

z.B. das Godesberger Programm 1959, die *Policy Review* Labours 1987-90 oder die Neufassung der *Clause IV* 1995. Es fällt auf, daß solche substantiellen (und symbolischen) Momente lediglich bei Labour auftauchen. Labour machte in den achtziger Jahren programmatische Sprünge mit, die der SPD fremd waren.

In einer Inhaltsanalyse der Parteiprogramme[1] von 1945 bis 1983 zeigt sich, daß es in der Zeit zwischen 1945 bis 1979 durchaus einen programmatischen Konsens der drei britischen Parteien gab. Natürlich betonte Labour stärker die linken Themen und die Konservativen die rechten, jedoch enthielten die Programme dieser Parteien auch parteipolitisch neutrale Themen oder auch Themen der jeweils anderen Seite (Laver 1984: 36). 1983 änderte sich dieses harmonische Bild: Labour stellte ins Zentrum seines Programms Regulierung, Planung, Verstaatlichung und Ausweitung des Wohlfahrtsstaates, während die Konservativen die Prinzipien des freien Marktes betonten (ebd: 37): Beide Parteien rückten von einer zentristischen Position zu den Extremen, dabei rutschten die Konservativen stärker nach rechts als Labour nach links. Ähnliche Befunde lieferten Klingemann et al. (1994: 60, Fig. 4.1): Seit Beginn der fünfziger Jahre bewegten sich Labour und die Konservativen parallel auf der „Ideologieachse". Die Schere öffnete sich Anfang der siebziger Jahre, als Labour 1973 die „Alternative Economic Strategy" in das Wahlmanifest aufnahm und als die Konservativen 1975 eine neue Parteiführerin bekamen, die marktradikale Margaret Thatcher (vgl. Rose 1980: 45). Zumindest diesen Befund bestätigt Topf (1994: 164), als er die Parteiprogramme der britischen Parteien in sieben ideologische Dimensionen („value keys") unterteilte. Demnach machen „rechte" Wertaussagen den Großteil des konservativen Programms aus, während es bei Labour bereits seit 1983 die Tendenz gibt, „linke" Wertaussagen weniger zu betonen. Nach seiner Analyse war das angeblich so moderate Wahlprogramm Labours von 1987 sogar linker als das von 1983, das weitreichende Verstaatlichungen forderte - das kann nicht überzeugen![2] *Common sense and wisdom* ist wohl, daß die Labour Party ab 1987 einen deutlichen Kurswechsel einleitete, der sich in der *Policy Review* der frühen neunziger Jahre und dem Wahlprogramm 1992 („It's Time to Get Britain Working Together Again") niederschlug, auch wenn um den Zeitpunkt der programmatischen Wandlung gestritten wird (Lent 1997; Heffernan 1998).[3]

---

[1]Meist wird der Anteil von linken bzw. rechten Programmpositionen errechnet. Die Differenz zwischen beiden gibt dann an, ob eine Partei als eher links oder rechts gelten kann. Wird dies über mehrere Jahre hinweg errechnet, können Entwicklungen aufgezeigt werden.

[2]Topf zieht daraus den Schluß, daß die sich nach rechts radikalisierenden Programme der Konservativen den ideologischen Schwerpunkt derart verschoben haben, daß selbst moderate Labour-Programme als radikal perzipiert werden (Topf 1994: 165).

[3]Während Lent als ersten (und signifikanten) Wendepunkt die Jahre zwischen 1983 und 1985 (Kinnock als Parteiführer, versagte Unterstützung gegenüber dem Bergarbeiterstreik, Vorgehen gegen die Trotzkisten; Abwendung der gemäßigten Linken von der radikalen Linken)

In der Bundesrepublik war die programmatische Kluft zwischen SPD und CDU in den fünfziger Jahren groß, wurde in den Sechzigern kleiner, vergrößerte sich aber wieder in den Siebzigern, da die SPD programmatisch nach links rückte und die CDU nach rechts. Die ideologische Färbung des Wahlprogramms der SPD von 1961 paßt auch hervorragend zum Eindruck, die SPD sei in den sechziger Jahren die Partei des entideologisierten Fortschrittsoptimismus gewesen. Zugleich zeigen sich auch die Ideologisierungstendenzen ab Ende der Sechziger (Klingemann/ Volkens: 1997: Abb. 3). Entgegen der oft gehegten Meinung war die Reideologisierung der SPD seitdem erratisch, ein linker Durchbruch in der Wahlprogrammatik fand nicht statt. Die programmatische Reideologisierung der Union hingegen ist deutlicher: Kontinuierlich rutscht sie programmatisch nach rechts (Klingemann et al. 1994: 192). Einschränkend gilt aber, daß die Wahlprogramme nicht vollständig die Strategie der Parteien widerspiegeln. So vermerken Klingemann und Volkens für 1983 einen Ruck nach rechts im SPD-Wahlprogramm, 1987 nach links, obwohl die damaligen Spitzenkandidaten eine gegenteilige Wahlkampfstrategie hatten. Für 1990 und 1994 stimmt wieder das Bild (und wohl auch für 1998): Ein „linker" Lafontaine trat mit einem linken Programm an, ein „rechter" Scharping mit einem rechten (was auch für Schröder 1998 gilt).

Prinzipiell läßt sich mit dieser Analyse von Wahlprogrammen, wie sie von Klingemann et al. (1994) oder von Klingemann/Volkens (1997) vorgenommen werden, zeigen, daß der deutsche Nachkriegskonsens kein Konstrukt ist, und daß es eine Art „Volksparteienprogrammatik" gibt. Zudem findet sich einige Bestätigung für die vor zwanzig Jahren formulierte These, daß der Konsens grosso modo durch eine programmatische Mäßigung der Rechten zustande kam (Abramson 1979). Was die Reideologisierung der Parteien angeht, finden sich Bestätigung dafür im Falle Labours um 1983, für die SPD ist ein solcher Beweis nur sehr eingeschränkt zu führen: Die Partei bewegte sich in einem sehr engen Spektrum mal nach rechts, mal Mitte/Ende der achtziger wieder nach links. Es scheint vielmehr so, als hätte es auch bei den rechten Parteien eine Reideologisierung gegeben. Für die Bundesrepublik gilt, daß zunächst die SPD den Pfad der Mäßigung verlassen hat, dann die Union, die 1994 ihr „rechtestes" Programm vorlegte (Klingemann/ Volkens 1997: Abb. 3).

---

und einem nachfolgenden graduellen Wandel sah, ist für Heffernan die *Policy Review* unter Kinnock der eigentliche Transformationszeitpunkt eines ab 1981 (mit Benns Niederlage im *deputy leadership contest*) eingeleiteten prozeßhaften Wandels, auf dem auch Blair seit 1994 aufbaut. Er schlägt daher die Phaseneinteilung vor:
1. „High-tide" 1981-1984 (Höhepunkt und Ende der linken Suprematie),
2. „Interregnum" 1984-1985 (Kinnocks Ringen um innerparteiliche Autorität),
3. „Realignment" 1985-1987 (Rechte sichert innerparteiliche Dominanz),
4. „Transformation" 1987-1994 (*Policy Review*),
5. „Consolidation" seit 1994 (Blair).

Aber nicht nur Programme formen das Bild der Öffentlichkeit von einer Partei, sondern auch programmatische oder politische Initiativen einiger Gruppierungen oder Politiker. Diesem Aspekt gelten nun die Einzeldarstellungen. Vor allen Dingen ist zwischen endogenen und exogenen Variablen zu unterscheiden. Endogene Variablen sind die Strategien, Programmentwürfe und die Stärke von innerparteilichen Gruppierungen der Parteien, exogene die Art des Parteienwettbewerbs und die Resonanz, die die Parteistrategien und -diskurse beim Wähler fanden. In beiden Parteien interagieren beide Variablentypen miteinander: „Influencing and influenced, determined and determining, parties are the creatures of their environment" (Heffernan 1998: 105). Über diese komplexen Interaktionsmuster gab bereits der grobe Überblick eine erste Auskunft. Parteien reagieren auf ein gegebenes Umfeld und versuchen es zu beeinflussen. Und je nach Erfolg und Mißerfolg der Parteien ergibt sich ein neues Interaktionsmuster. Die Bilanz für den Zeitpunkt der Wahlsiege 1997/1998 darf wohl sein: Beide Parteien reagierten auf vier aufeinanderfolgende Niederlagen mit einer Stimmenmaximierungs-/*office-seeking*-Strategie, die eine programmatische Neuausrichtung erforderlich machte und eine Annäherung an die „Mitte" (bzw. den Mittelschichtwähler) und neuen Diskursthemen (z.B. Neoliberalismus / Globalisierung in den 90er Jahren nach der „neuen Politik" in den 80ern) zur Folge hatte. Der Weg zum Wahlsieg war für (New) Labour zielstrebiger, im Fall der SPD führte er über einige Umwege, die sich aber durch die Art des Parteienwettbewerbs und der Diskursthemen hinreichend gut erklären lassen.

23.1 Diskurse, Programmentwicklung und Strategien der SPD: Zweimal Postmaterialismus und zurück

Nach den Erfolgen der Grünen und synchroner Verluste stand die SPD vor drei Optionen (Padgett/Burkett 1986: 75; Leif/Raschke 1994: 75-84):
1. die Gesamtintegration von neuen Themen und Gruppen (um die Grünen überflüssig zu machen),
2. die Konzentration auf sozialdemokratische Kernthemen (Wirtschafts-, Sozial- und Arbeitsmarktpolitik),
3. ein „arbeitsteilig-kooperatives Reformbündnis" (kein Verdrängungswettbewerb mit den Grünen, sondern das Akzentuieren der jeweiligen Identitäten).

Alle drei Optionen und Szenarien, die entsprechend auch eigene Koalitionsstrategien implizieren, wurden seit Anfang der achtziger Jahre durchgespielt. 1981 kam es zu einer ersten Auseinandersetzung zwischen Willy Brandt und Richard Löwenthal in der parteinahen Zeitschrift „Neue Gesellschaft", als es um die Behandlung der NSB und die Wahlstrategie der SPD ging: Sollte die SPD die neuen Themen aufgreifen (wie Brandt [1981: 1066] meinte) oder sich davon strikt abgrenzen (wie Löwenthal [1981] forderte)? Löwenthal sah die von Brandt anvisierte (und zu integrierende) gesellschaftliche Gruppe der „unruhigen Jungen, der unbequem Drängenden" (Brandt 1981: 1067) als Aussteiger ohne Bezug zur Industriegesellschaft, die mit den Interessen der meisten Berufstätigen nichts zu tun hat. Sollte sich die SPD angrünen, würde sie unter den Zielgruppen des Godesberger Programms, dem (materiell denkenden) neuen Mittelstand und den Facharbeitern, verlieren (Löwenthal 1981: 1087, 1089; zur Kontroverse vgl. Der Spiegel, 7.12.1981).

Lösche und Walter (1992: 124) behaupten, die SPD habe sich ab 1983 für einen Integrationskurs entschieden und sei damit dem „Irrtum" des Postmaterialismus aufgesessen. Dies ist nicht ganz falsch angesichts des Zustroms postmaterialistischer Parteimitglieder. Wie aber weiter unten argumentiert wird, war der entscheidende Fehler der SPD, daß sie sich nicht inhaltlich konsistent dafür entscheiden konnte, die Forderungen der „neuen Politik" aufzunehmen (und so die Grünen überflüssig zu machen) *oder* den pragmatisch-gewerkschaftlichen Kurs Schmidts fortzusetzen.

Nach dem Verlust der Regierungsverantwortung entschied sich die SPD zunächst für die Brandt-Option der Gesamtintegration: 1983 wurde auf einem Sonderparteitag die Nachrüstung abgelehnt, 1986 forderte die SPD einen Ausstieg aus der Atomenergie (Paterson 1986: 141; Der Spiegel, 14.3.1983). Das Regierungsprogramm von 1983 ist indes ein Zwitter: Im Mittelpunkt steht zwar die Bekämpfung der Arbeitslosigkeit, aber die neuen Themen drängen deutlich nach vorn (Frieden, Umwelt). Um die Arbeitslosigkeit abzubauen, hoffte das Programm noch auf einen „internationalen Beschäftigungspakt", ansonsten einen „Solidarpakt" als korporatistisches Gremium und einen „Beschäftigungshaushalt 1983-1985" (Protokoll des Wahlparteitags 1983: 168f). Zusätzlich wird die gewerkschaftliche Forderung nach Arbeitszeitverkürzung (mit *geringerem* Lohnanstieg) aufgenommen (ebd: 171). Der Keynesianismus ist 1983 noch nicht tot,[4] wird aber durch angebotsseitige Maßnahmen (Qualifizierung) ergänzt. Die Aussagen über Sozialpolitik, Arbeitsbeziehungen und Mitbestimmung zielen darauf ab, sich mit den Gewerkschaften auszusöhnen (ebd: 171-175), da als der gemeinsamer Gegner die neue Koalition ausgemacht wird. Nicht an prominenter Stelle, aber durchaus merklich, flossen in das Programm die neuen Themen Umweltschutz und Frieden ein: „Für uns ist die Erhaltung der Umwelt eine bestimmende Vorgabe für alle Politikbereiche" (ebd: 180). Deutliche Absatzbewegungen gibt es insbesondere in der Frage der Kernenergie, längerfristig wird ein Verzicht angepeilt (ebd: 182).[5] In den Fragen der Friedenssicherung und Abrüstung wurde die SPD deutlich skeptischer, besonders was die Bündnisloyalität angeht. So

---

[4]So forderte die SPD-Bundestagsfraktion 1983 einen öffentlichen Investitionsplan in Höhe von 10 Milliarden Mark, der an Schmidts Zukunftsinvestitionsprogramm erinnerte (Padgett/Burkett 1986: 77).
[5]Die Kohle hingegen soll weiter gefördert werden.

deutet das Programm an, die Nachrüstung abzulehnen (ebd: 189). Das Regierungsprogramm 1983 ist im ganzen gesehen ein wenig inspirierender Versuch, sich mit den Gewerkschaften nach einer Periode der Entfremdung auszusöhnen und zugleich die Anliegen der neuen Politik aufzunehmen. Ein längerfristiges Modernisierungskonzept wurde nicht entwickelt.

Noch kurz vor Ende der sozialliberalen Regierung hatte der Münchner Parteitag 1982 die SPD-Grundwertekommission beauftragt, die Defizite des Godesberger Programms aufzulisten und ein neues Programm auszuarbeiten, das auch eine Zeitanalyse enthalten sollte (Heimann 1991: 42). In der Diskussion um ein neues Grundsatzprogramm wurde die Ratlosigkeit der SPD offenbar: Sollte sie sich die Wachstumskritik der innerparteilichen Linken um Erhard Eppler zueigen machen oder auf den gewerkschaftlichen „quantitativen" Wachstumsbegriff setzen?

Unter Ausschluß des öffentlichen Interesses diskutierte die Grundwertekommission der Partei zwischen 1984 und 1986 den „Irseer Entwurf", der Godesberg ablösen sollte. Die Motive, Godesberg abzulösen, lagen nicht im Sieg einer innerparteilichen Gruppierung über eine andere, sondern im obsolet gewordenen Wachstumsoptimismus Godesbergs (Padgett 1987: 337f; Padgett 1993b: 24). Irsee war keine radikale Veranstaltung, wie manchmal vermutet wurde (Lösche/ Walter 1992: 126), aber auch kein Aufbruch. Der Markt blieb prinzipiell anerkannt, wenn auch Ambivalenzen durchschimmerten. Im Technologieteil brach sich der Technikskeptizismus Bahn, wie von den Programmprominenten Erhard Eppler und Johano Strasser nicht anders zu erwarten war. Wie Padgett anmerkt, war Irsee vor allem eine Lektion der innerparteilichen Intelligenz in Sachen Anthropologie und humanistischer Ethik (Hoffmann 1988; Padgett 1993b: 26-29). Der Entwurf war meist vage und abstrakt, vor allem aber lang. In den Bereichen „Wirtschaftspolitik" und „Zukunft der Arbeit" war sich die Programmkommission unschlüssig, ob nachfrageseitige Maßnahmen der richtige Weg seien.

Irsee machte nur allzu deutlich, daß sich die SPD in einem Dauerspagat zwischen herkömmlicher materialistischer Politik der Gewerkschaften und der neuen Politik befand. Die SPD glaubte einen Ausweg gefunden zu haben, indem sie die Versöhnung zwischen Umwelt und Arbeit zum neuen Ansatz sozialdemokratischer Reformpolitik erkor. Auf dem SPD-Parteitag 1985 in Dortmund wurde das „Rappe-Steinkühler-Papier" präsentiert, das eine staatliche Förderung von Umwelttechnologien befürwortete. Klassisch sozialdemokratisch bediente das neue etwas innerparteiliche Paradigma viele innerparteiliche Macht- und Zielgruppen: Umweltschützer bekamen Umweltschutz, Gewerkschaften Jobs und Unternehmer eine neue Produktionsperspektive (Padgett 1987: 340). Auch hier gilt: Die generelle Politiklinie der SPD veränderte sich aber nicht dramatisch: An der sozialen Marktwirtschaft wurde weiter festgehalten, und Verstaatlichungen standen niemals ernsthaft in irgendeinem Politikforum der Partei zur Debatte.[6] Die Krux solcher Kompromisse war, daß zwar ein innerparteilicher Burgfrieden erreicht wurde, die Öffentlichkeit aber kaum enthusiastisch reagierte. Man könnte durchaus soweit wie Peter Lösche gehen, der durch die fast zwanghafte Suche nach Kompromiß und Konsens die schleichende Entpolitisierung der SPD, das „Profil der SPD" und die „Substanz der Politik" verloren gehen sah (Lösche 1996c: 20).

Inzwischen hatte sich die innerparteiliche Diskussion auf ein völlig anderes Gebiet verlagert: Wenn schon die SPD sich widerspruchsvoll angrünte, wie soll sie es mit den Grünen selbst halten? In der Brandt-Löwenthal-Kontroverse 1981 hatte es noch danach ausgesehen, daß die SPD einen Kurs der „Gesamtintegration" einschlagen könnte, um die Grünen überflüssig zu machen. Seit 1980 waren die Grünen eine feste Kraft in vielen Länderparlamenten, ab 1983 auch im Bundestag - offensichtlich war die Gesamtintegration unrealistisch.

Dennoch zeigte sich innerparteilich ein Einstellungswandel. Nachdem die SPD bei den hessischen Landtagswahlen im Herbst 1983 deutlich zulegen konnte, die absolute Mehrheit aber verfehlte, dachte Brandt öffentlich über eine „Mehrheit diesseits der Union" nach. Nach langem Zögern entschied sich Ministerpräsident Holger Börner zu einer Koalition mit den Grünen, die Ende 1985 zustande kam, aber nur ein Jahr hielt. Die SPD konnte sich auf Länderebene allerdings nicht durchgängig zu Koalitionen mit den Grünen entschließen. So kam es 1987 in Hamburg zu einer sozialliberalen Koalition. Die rot-grüne Koalition in Berlin von 1989 pries der Regierende Bürgermeister zunächst noch als „Vorbildfunktion für die Bundestagswahl 1990", sah sie aber nach ihrem Scheitern 1991 als ein „Auslaufmodell" (Heimann 1991: 37f).

In einem Sammelband von Wolfgang Bickerich (1985) fanden sich alle Optionen und Strategien: Von der Abgrenzung von den Grünen über die Integration grüner Politikinhalte bis hin zu „Bündnisstrategien". Gerhard Schröder, damals niedersächsischer Landesvorsitzender und Spitzenkandidat für die anstehende Landtagswahl, plädierte für „eine Politik der ökologischen Veränderung" und ein Bündnis mit den Grünen (Schröder 1985: 133). Der spätere Kanzlerkandidat Johannes Rau lehnte kategorisch jede Koalitionsaussage zugunsten der Grünen ab (Rau 1985: 235) und befand sich damit im selben Lager wie der mächtige IG Chemie-Vorsitzende Hermann Rappe (Rappe 1985) oder Hans Apel (1985: 222, 226). Der Vorsitzende Hans-Jochen Vogel sprach sich eher für die Adaption grüner Programmpunkte aus, ansonsten seien sie zu bekämpfen (Vogel 1985: 37).

---

[6] So wurde auf dem Essener Parteitag 1984 der Antrag, Banken und Schlüsselindustrien in Gemeineigentum zu überführen, mit großer Mehrheit abgelehnt (Padgett/Burkett 1986: 77). Allerdings war eine sektorale Hinwendung zur neuen Linken für eine kurze Zeit unübersehbar (Koelble 1991: 73; Lösche/Walter 1992: 126f). Das gilt vor allem für die Außen- und Sicherheitspolitik (Parteitag 1983) und für die Atompolitik (Parteitag 1986).

Selbst prominente SPD-Politiker, die immer ein offenes Ohr für die Anliegen der neuen Politik hatten, hielten sich in der Adaption grüner Politikinhalte oder neuer Koalitionsstrategien zurück (Glotz 1985: 179).[7] Ein Grund für die plötzliche Reservation des Bundesgeschäftsführers Glotz war die (unveröffentlichte) Infratest-Studie 1984, die der Parteiführung Empfehlungen für eine SPD-Mehrheit gab: Eine allzu enge Bindung der SPD an postmaterialistische Vorhaben entfremde SPD-Sympathisanten und Stammwähler (zur Studie und zur methodologischen Kritik: von Alemann 1992: 102f). Schließlich hatte die Landtagswahl 1985 in Nordrhein-Westfalen gezeigt, daß die SPD mit einem Sozialdemokraten alten Schlages ohne postmaterialistische Schnörkel die Wahl gewinnen konnte. Als Johannes Rau als Exponent der traditionellen, gewerkschaftsnahen SPD die Bundestagswahlen 1987 verlor, wurde das Dilemma offenbar: Der Traditionalismus konnte die Wahlen 1987 nicht gewinnen, zumal sich die Arbeiter in prosperierenden Sektoren von der SPD abwandten, der Postmaterialismus hatte 1983 schon nicht die SPD der Regierung nähergebracht. Vor allem war das Ziel Raus, eine „Mehrheit aus eigener Kraft" zu erreichen so strategisch wie illusorisch. Rau hoffte, daß ohne Koalitionsaussage die SPD die postmaterialistischen Wähler an sich binden konnte und zugleich Ängste vor einer möglichen rot-grünen Koalition gegenstandslos erscheinen lassen würde (Heimann 1991: 39). Das aus Nordrhein-Westfalen importierte Konzept versagte 1987 auf Bundesebene: Während die Hochburgen gehalten wurden, verlor die Partei deutlich bei den postmaterialistischen und aufstiegsorientierten Mittelschichten.

1987 hingegen kämpfte die SPD auf der Basis eines Programms, das zwar die Themen der neuen Politik aufgriff, aber in den Mittelpunkt Arbeitsplätze und soziale Gerechtigkeit stellte. Schwerpunkte waren Arbeitszeitverkürzung und öffentliche Investitionen (Regierungsprogramm 1987: 11). Die Ökologie wurde pflichtschuldig erwähnt, aber unter das Primat gestellt, für neue Arbeitsplätze zu sorgen (z.B. durch das „Sondervermögen Arbeit und Umwelt", ebd: 13). Die Linie des Regierungsprogramms 1983 und des Parteitages 1986 auf dem Gebiet der Atomkraft wird fortgesetzt: Ausstieg aus der Atomenergie (und Förderung der heimischen Kohle). Zum ersten Mal wird der Umbau des Sozialstaates angepeilt, aber bis auf vage Andeutungen einer „sozialen Grundsicherung" und eines einheitlichen Kindergeldes wird das nicht weiter ausgeführt (ebd: 26f). 1987 geht es

---

[7] „Die 'neuen sozialen Bewegungen' gehören hier dazu, wo immer es möglich ist. Aber eine Koalition der Minderheiten, die gegenüber einer breiten Majorität bürgerlicher Mittelschichten selbst Minderheit bleibt ... darf die SPD nicht anstreben. Es ist eine Schlüsselfrage für die Mehrheitsfähigkeit der SPD - in einer Gesellschaft, in der die klassische Industriearbeiterschaft abnimmt, in der Wirtschaft und Handel sich diversifizieren, in der neue Schichten und Berufsgruppen aufsteigen und breiter werden, die Techniker, die technische Intelligenz, aber auch den sich herausbildenden Typ des hochqualifizierten Facharbeiters für sich zu gewinnen ... Diese soziale Koalition ist mir im Augenblick wichtiger als die 17. Auflage der rot-grünen Spekulation".

in diesem Programm durchaus traditionell zu, wenn auch Konzessionen an die neue Politik gemacht werden. Vor allen Dingen wird immer wieder die Verbindung zwischen Umweltschutz und Arbeitsplätzen gezogen. Äußerst uninspirierend ist der Teil über die Strukturpolitik geraten (ebd: 11): Die SPD macht sich zum Lobbyisten der absteigenden Altindustrien. Auch innerparteilich ist dies ein Programm des „Versöhnens statt Spaltens", ein Formelkompromiß, bei dem die traditionelle Gewerkschafts- und Sozialstaatsrhetorik überwiegt, ohne daß sich Raus eindeutiger „Materialismus" und Gewerkschaftsnähe hätten völlig durchsetzen können. Mit Raus Wahlniederlage war zunächst auch das Szenario der „reduzierten Ansprüche" erledigt.

Ende der achtziger Jahre hatten die „Enkel" in der Parteispitze (Lafontaine, Engholm, Scharping, Schröder) erkannt, daß die Partei auf sozioökonomische Wandlungen reagieren müßte. Bis auf Scharping waren die „Enkel" durch schöngeistigen und teilweise etwas exzentrischen Lebensstil aufgefallen, eine interessante Parallele zur Infratest-Zielgruppe der aufsteigenden technokratischen Intelligenz. Lafontaines Äußerung zur Flexibilisierung des Arbeitsmarktes, verbunden mit der Forderung nach Arbeitszeitverkürzung ohne Lohnausgleich zeigten bereits 1988 an, daß sich die angeblich postmaterialistischen „Enkel" Gedanken um die globale Herausforderung machten (zieht man einmal Lafontaines Hang zum medial verbreiteten Tabubruch ab; Lafontaine 1989). Hintergrund der Auseinandersetzung war der gewerkschaftliche Kampf um die 35-Stunden-Woche mit vollem Lohnausgleich, für die IG Metall 1984 sechs Wochen lang gestreikt hatte. Die Partei stand bisher hinter diesen gewerkschaftlichen Vorschlägen, selbst der sonst so anthropologische Irsee-Entwurf hatte sie berücksichtigt (Padgett 1993: 30).

Durch seinen Vorstoß riskierte Lafontaine den Bruch mit der labouristischen Orthodoxie der Gewerkschaften (Mückenberger 1988; Meyhöfer 1988;, Meyer 1997: 126). Das sollte dem Kanzlerkandidaten des Jahres 1990 allerdings nicht gut bekommen. Nachdem Lafontaine mit der Vereinigung das Diskursthema und die Diskursführerschaft abhanden gekommen war, sah er sich auch noch von den Gewerkschaften verlassen. Ob bewußt oder unbewußt, griff er 1988 den Lösungsvorschlag seines Wirtschaftsberaters Fritz Scharpf auf („Sozialismus in einer Klasse"). Scharpf meinte, daß die Reduzierung der Arbeitslosigkeit nicht mehr als Verteilungskonflikt zwischen Arbeit und Kapital gesehen werden dürfe. Stattdessen müßten die Arbeitnehmer die alleinige Last an der Mehrbeschäftigung tragen, da die Kapitalseite durch die Globalisierung dazu nicht mehr in der Lage sei. Nach Scharpf gibt es dafür zwei Möglichkeiten: die Ausweitung von öffentlicher Beschäftigung (von Lafontaine nicht thematisiert) und die Reduzierung der Arbeitszeit ohne Lohnausgleich (um die Arbeitskosten nicht weiter zu erhöhen; Scharpf 1987: 333-336).[8] Wie Scharpf sah Lafontaine (1989: 42-44) die Ar-

---

[8]Kesselman fragte aber völlig zu Recht, wie denn die privilegierten Arbeiter dazu gebracht werden sollen, Abstriche an ihrem Lohn zu machen (Kesselman 1996: 153).

beitslosigkeit als ein Verteilungsproblem der vorhandenen Arbeit und plädierte daher für die Reduzierung der Arbeitszeit ohne Lohnausgleich, um in Zeiten schwachen Wirtschaftswachstums die Arbeitslosigkeit durch eine Umverteilung der Arbeit zu Lasten der Arbeitnehmer zu bekämpfen. Dies wurde von Seiten der Arbeitgeberverbände als „ein wirklicher Schritt nach vorn" gewürdigt (BDA-Präsident Klaus Murmann, zit. n. Wehr 1998: 132).
Lafontaines Strategie war damals, die Diskursführerschaft um die ökonomische Modernisierung wiederzuerringen. Besonders seine Attacken auf die Inflexibilität der Gewerkschaften als Gralshüter der Status-quo-Orthodoxie sollten die neuen Mittelschichten für die SPD begeistern. Dies mißlang gründlich. Schuld daran war einerseits der heftige Widerstand der Gewerkschaften, die erfolgreich Lafontaines Vorschläge von der Agenda des Parteitags 1988 tilgten (Der Spiegel, 29.8.1988)[9], andererseits Lafontaine selbst, der seit 1987 ohne großen Elan die neue Kommission für ein neues Grundsatzprogramm leitete. Lafontaine führte die Kommission an der langen Leine, so daß im Dezember 1988 sich die linke von-Oertzen-Gruppe mit den Forderungen nach Wirtschafts- und Sozialräten und nationalen Entwicklungsplänen durchsetzte. Das Presseecho war verheerend (vgl. Der Spiegel, 16.1.1989).
Nach heftigen Interventionen des Arbeitnehmerflügels und der Wirtschaftsminister der SPD-regierten Länder blieb am Ende des Programmfindungsprozesses alles beim alten: Entgegen aller Befürchtungen der Parteirechten fiel das „Berliner Programm" (Miller/Potthoff 1991: Dokument 33, abrufbar im Internet unter: http://www.spd.de/partei/grundsatzprogramm) nicht hinter Godesberg zurück, es wurden lediglich einige Themen der „neuen Politik" integriert: Umweltschutz tauchte nun genauso auf wie Humanisierung des Arbeitsplatzes und Gleichberechtigung (Padgett 1993b: 33; Padgett 1994: 22). Der Godesberger Wachstumsoptimismus und Keynesianismus wurden ersatzlos gestrichen[10], aber durch keine konsistenten Alternativen ersetzt. Lediglich wurden „regionale Gemeinschaften" als neue transnationale Steuerungsorgane erwähnt (Miller/ Potthoff 1991, Dokument 33: 467). Das neue Grundsatzprogramm fand daher auch schnell seine Kritiker, es sei „an uninspiring patchwork text with no coherent vision" (Silvia 1993a: 175; vgl. Lösche 1996c: 22). Scheer (1999: 139) urteilte ähnlich: „Den Spagat, den die SPD in ihrem neuen Grundsatzprogramm zwischen traditionellen sozialdemokratischen Werten und den neuen postmaterialistischen Herausforderungen vollzog, ist immens - und wenig überzeugend. Denn gerade

---

[9]Nicht sehr überzeugend führten Padgett/Paterson (1991: 61) an, daß die Gewerkschaften sich auf einen Formelkompromiß einließen. Stattdessen errangen sie einen deutlichen Sieg über Lafontaines Innovationen.
[10]Das Programm nennt als Gründe Globalisierung, multinationale Konzerne und die Umweltschädlichkeit eines rein quantitativen Wachstums (Miller/Potthoff 1991: Dokument 33: 467, 496).

die wirtschaftspolitischen Probleme der Gegenwart wurden seltsamerweise ausgespart". „Das neue Programm ist deshalb ein 'Zwischenergebnis', das für die neuen Aufgaben in den 90er Jahren 'durchaus brauchbar' ist (Glotz 1990), mehr aber auch nicht" (Heimann 1991: 43).

Thomas Meyer (1997: 129f), Andreas Wehr (1998: 128f) und Anthony Giddens (1998: 30f) sehen im Grundsatzprogramm eine geglückte Verzahnung aus Wachstumsstrategie, Umweltschutz und Bewahren der gesellschaftlichen Solidarität. Vor allem trügt Meyers Einschätzung (1997: 130), daß die Debatte um das neue Grundsatzprogramm ein „outcome of a highly inclusive discussion process" gewesen sei. Allein der Umstand, daß es nicht von „elektoralistischen" *spin doctors* verfaßt wurde, ist kein überzeugender Gegenbeweis, daß es weitreichende innerparteiliche Konsultationen oder öffentliche Anteilnahme gegeben hat. Vor allem erscheint fragwürdig, ob das neue Programm wirklich einen „new party consensus about modern social democratic politics" (ebd.) darstellt. Denn die konfligierenden Interessen und Strategien innerhalb der Partei machten genau diesen Konsens unmöglich. Vor allem die Gewerkschaften rieben sich an der neuen postmaterialistischen Vision des qualitativen statt quantitativen Wachstums.

Der wirtschaftspolitische Modernisierungsdiskurs ist seit den Attacken Lafontaines Ende der 80er nicht mehr mit derselben Rigorosität geführt worden, das lag an einer intraorganisatorischen Koalitionsbildung, die Policysprünge verhinderte: „Indeed, the attempt to modernise policy in defiance of labor movement orthodoxy was met by an heterogenious coalition of the SPD's labour wing, the conventional left and the right, which was largely successful in repulsing this attack upon tradition" (Padgett 1994: 24). Jedenfalls schlägt sich der Modernisierungskurs nicht im Berliner Programm nieder, stattdessen wurde das alte Thema „Arbeitszeitverkürzung" in den Programmstatus erhoben (Miller/Potthoff: Dokument 33: 481f). Bei dieser Inkonsistenz des Berliner Programms ist es auch nicht verwunderlich, daß sich keiner der rasch wechselnden Parteivorsitzenden und Kanzlerkandidaten seit 1989 zur Gesamtvision des Programms bekennen wollte: „Each of them underlined selected issues from the new programme or emphasized his own policies, but they all stopped short of espousing its full vision" (Meyer 1997: 134). Was Meyer als Kritik an SPD-Granden verstanden sehen wollte, ist eher ein vernichtendes Verdikt über die mangelnde Überzeugungskraft des Grundsatzprogramms. Denn wenn es so überzeugend wäre, hätte es eine größere Strahlkraft innerhalb der Partei gehabt, und dann hätte auch nicht das Präsidium der SPD im August 1999 den Entschluß gefaßt, eine Programmkommission zur Neufassung des erst zehn Jahre alten Grundsatzprogrammes einzusetzen (Rhein-Neckar-Zeitung, 24.8.1999; vgl. zur Diskussion: Vorwärts 9/1999: 16f).

Der außerordentliche Programmparteitag 1989 sollte ursprünglich in Bremen stattfinden, aber der Zusammenbruch der DDR und der Zusammenschluß mit der ostdeutschen SDP veranlaßten die SPD, nach Berlin zu wechseln. Diese Symbolik ist bezeichnend, denn just zu der Zeit, als sich Lafontaine mit seinem Modernisierungsdiskurs zumindest in der öffentlichen Debatte durchzusetzen schien, kam ein unvorhergesehenes Ereignis dazwischen, das diesen Diskurs, der durchaus Erfolg versprach, entwertete. Zunächst verlagerte sich Debatte auf die Frage, wie die SPD zur Einheit stehe.

Kitschelt erklärt die Ambivalenz der SPD der deutschen Einheit gegenüber mit einem profunden „Aneinandervorbeireden" von verschiedenen Diskursen: „Socialist, social democratic and left libertarian political discourse has difficulties conceiving of particularistic and naturalistic conceptions of collective identity, whether based on religion, ethnicity, language or territory" (Kitschelt 1991: 131). Padgett und Paterson sahen den Grund eher in der Ostpolitik, die der SPD so in Fleisch und Blut übergegangen war, daß sie die Stabilität des DDR-Regimes (über-) schätzte (Padgett/Paterson 1991: 72-75; Groh/Brandt 1992: 328-334; Silvia 1993b: 29-32).[11]

Zumindest im (alt-) linken Spektrum der Partei gab es Vorbehalte gegen das Instrument der Vereinigung qua Artikel 23 GG, wie sie am prononciertesten Günther Grass formuliert hatte.[12] Wenn schon Vereinigung, dann über Artikel 146 GG, der die Neukonstituierung Gesamtdeutschlands bedeutet hätte. Quell dieser Haltung war eine „residual ambivalence in the SPD to the political and social character of the Federal Republic itself" (Padgett 1994: 24f). Anstatt die politische und soziale Grundordnung der Alt-Bundesrepublik auf Gesamtdeutschland zu extrapolieren, waren Teile der SPD eher einem Modell des „Dritten Weges" zugeneigt.

Der designierte Kanzlerkandidat Lafontaine ahnte, daß seine Diskursthemen des Postmaterialismus und der wirtschaftlichen Modernisierung in den Hintergrund gedrängt wurden, und profilierte sich als Einheitsgegner. Damit geriet er in einen heftigen Konflikt mit dem Ehrenvorsitzenden Brandt, der die Einheit begrüßte, und der Ost-SPD, die auf eine schnelle Einheit drängte. Als Lafontaine die Ablehnung des Vertrages über die Wirtschafts- und Währungsunion forderte, wurde seine Position von dem Partei- und Fraktionsvorsitzenden Vogel, der Mehrheit

---

[11] In diesen Zusammenhang gehört das SPD-SED-Papier „Der Streit der Ideologien und die gemeinsame Erklärung" vom 27. August 1987. Auch wenn die SPD, besonders Unterzeichner Erhard Eppler, das Papier als Arbeitsgrundlage für „einen konstruktiven Streit" sahen (Eppler in: Der Spiegel, 36/1987) sahen, und die SPD den Dialog im März 1989 abbrach, wurde die Erklärung als De-facto-Anerkennung der DDR gesehen, obwohl es wichtige Impulse für die Oppositionstätigkeit der DDR-Kirche gab (dazu: Gerlach 1999: 163-165)

[12] Grass war Ende 1989 für ein Fortbestehen der Teilung, sprach sich aber ab Mitte 1990 für die Einheit nach Artikel 146 GG aus, als der Vereinigungsprozeß nach Art. 23 GG irreversibel schien (Grass 1990).

der Bundestagsfraktion und den Ministerpräsidenten öffentlichkeitswirksam demontiert (Der Spiegel, 26.11.1990).[13]
Immerhin trug das Regierungsprogramm 1990 die Handschrift Lafontaines: So als sei nichts geschehen, widmet das Programm seine ganze Aufmerksamkeit dem „ökologischen Umbau der Industriegesellschaft" (Regierungsprogramm 1990: 7-11). Hierin wird eine ökologische Steuerreform vorgeschlagen, die den Verbrauch von Energien steuerlich belastet. In völliger Verkennung der ostdeutschen Wünsche nach schneller Angleichung der Lebensverhältnisse forderte die SPD statt eines quantitativen Wachstums dort ein „ökologisch vernünftiges" (ebd: 7). Der Umweltgedanke zog sich auch durch den sehr kurz gehaltenen Programmteil „Arbeitsplätze schaffen": Dafür sollten „ökologische Investitionen" sorgen (ebd: 13). In der noch 1988 heiß diskutierten Frage der Arbeitszeitverkürzung erlitt Lafontaine eine Niederlage. Ohne einschränkende Bemerkungen wurde sie generell als Ausweg aus der Arbeitslosigkeit gesehen (ebd.). Bemerkenswert ist der völlige Verzicht auf Maßnahmen der Nachfragesteuerung. Stattdessen verlagerte sich der Schwerpunkt auf die „gerechte Verteilung der Arbeit", Öko-Investitionen und eine Qualifizierungsoffensive (ebd: 13f, 20). Selbst für Ostdeutschland befürwortete die Partei vor allem angebotsseitige Politiken, „beschäftigungsintensive Infrastruktur- und Umweltinvestitionen" wurden nur am Rande thematisiert (ebd: 19f).
Nach der verlorenen Wahl von 1990 schien es für kurze Zeit, als würde sich ein Richtungswandel abermals andeuten, diesmal initiiert von Engholm (unter Mitwirkung Lafontaines): Fiskalische Sparsamkeit und verstärkte Anstrengungen um eine erhöhte Wettbewerbsfähigkeit standen im Vordergrund, aber dieser Kurs konnte sich in seiner Gänze kaum durchsetzen (Walter 1995b: 89f). Dies lag einerseits wohl an Engholms moderierendem Führungsstil (s. Kapitel 24), andererseits am Beharrungsvermögen von Parteisegmenten.
Im Jahr 1993 befand sich die SPD zwar in einer schweren organisatorischen Krise, weniger augenfällig war programmatische Ratlosigkeit. Engholm hatte einen umfangreichen Dialog mit der Wissenschaft versprochen, der sich aber programmatisch in seinen zwei Jahren kaum niederschlug. Seine Leistungen liegen weniger in einer kohärenten Strategie, sondern in den gelegentlichen Weichenstellungen, wie z.B. den „Petersberger Beschlüssen", in denen die SPD ihren Widerstand gegen die Änderung von Art. 16 GG aufgab. In den anderthalb Jahren seiner Führerschaft standen diese Themen im Vordergrund (Der Spiegel, 31.8.1992). Donald Hancock sah Engholms Leistungen eher auf dem Gebiet der

---

[13]Dies zeigte sich im innerparteilichen Disput über die Währungsunion im Juni 1990. Lafontaine vertrat eine harte Linie und forderte die Ablehnung des Staatsvertrages, konnte sich aber gegen Vogel und Wirtschaftssprecher Wolfgang Roth nicht durchsetzen. Entsprechend hart fiel nach der verlorenen Wahl 1990 auch die Kritik Brandts an seinem Lieblingsenkel Lafontaine aus (vgl. Der Spiegel, 10.12.1990).

Organisationsreform und einer neuen Diskussionskultur als in konkreten Programminnovationen (Hancock 1993: 92-94). Die letzten Monate Engholms führten zur bis dato schwersten Führungskrise der SPD, da im Zentrum der Diskussion nicht die Strategie der SPD stand, sondern die Verstrickung Engholms in die schleswig-holsteinische Barschel-Affäre.

Mit Scharping kam der jüngste (und wohl auch ungeliebteste) „Enkel" an den Vorsitz, der durch pragmatische Regierungsarbeit auf sich aufmerksam gemacht hatte. Gerade der Umstand, daß er 1991 die SPD in einem strukturkonservativen Land zum Wahlsieg führen konnte, ließ ihn als Vorsitzenden und Kanzlerkandidaten hinreichend geeignet erscheinen. Scharping personifizierte die (erfolglose) Wende der Oppositions-SPD: Er wollte die Macht, und er wollte an die Macht wie die SPD in den 60er Jahren: Ökonomische Modernisierung und soziale Sicherheit, mithin materielle Themen, wurden das Leitmotiv seiner zweieinhalb Jahre (vgl. Leif/Raschke 1994: 61-66; Der Spiegel, 5.7.1993).[14] Folgerichtig hieß auch das Regierungsprogramm 1994 „Reformen für Deutschland". Franz Walter, (in: Vorwärts 5/1994: 10), Thomas Leif und Joachim Raschke (1994: 9) sahen Scharping eher in der Tradition Helmut Schmidts stehen: „Eine Entwicklungslinie, die der Enkel Willy Brandts, ist gescheitert. Scharping, der eher in der Tradition Helmut Schmidts steht, ist Vorbote und Weichensteller der neu-alten SPD (...). Scharping ist eine Konsequenz aus dem Scheitern der Linken".

Das Motiv der ökologischen Modernisierung wurde nicht aufgegeben, aber der wirtschaftlich positive Effekt des Umweltschutzes hervorgehoben (Vorwärts 8/1994: 8). Auf der Zielgeraden zur Bundestagswahl 1994 hatten sich solche Anstrengungen auf die Sätze verkürzt „Arbeit! Arbeit! Arbeit!" und „Sicherheit statt Angst" (Titel des Vorwärts 6/1994). Als der ursprüngliche Postmaterialist Oskar Lafontaine in derselben Nummer des „Vorwärts" das wirtschaftliche Programm der SPD erklärte, tauchte die ökologische Steuerreform nur am Rande auf, die designierte Schatten-Umweltministerin Monika Griefhan beeilte sich zu begründen, daß mit der ökologischen Modernisierung Deutschland wettbewerbsfähig sein würde und die Arbeitslosigkeit reduziert werden könne (Vorwärts 6/1994: 8-12). Besonders Lafontaines Beitrag zeigt, wie sehr sich die SPD bereits 1994 auf einen Kurs der Mäßigung festgelegt hatte: Zwar werden Forschungs-, Innovations-, und Bildungsoffensiven, ein Aufbauprogramm-Ost, aktive Arbeitsmarktpolitik und eine ökologische Steuerreform angekündigt, jedoch steht all dies unter dem Primat der „finanzpolitischen Solidität": „Die SPD steht für folgende finanzpolitischen Grundsätze: keine Erhöhung der Steuer- und Abgabenquote, mittelfristige Rückführung der Neuverschuldung, strikter Finanzierungsvorbehalt für

---

[14]Scharping sagte in einem Interview kurz nach seiner Wahl zum Vorsitzenden: „Dreh- und Angelpunkt ist unsere ökonomische Kompetenz in einer Zeit, in der die deutsche Wirtschaft in einer ungewöhnlich schwierigen Wettbewerbssituation steckt und noch einige hunderttausend Arbeitsplätze auf dem Spiel stehen" (Der Spiegel, 28.6.1993).

alle Maßnahmen des Regierungsprogramms" (ebd: 9). Die SPD war also durchaus responsiv, was die Themen des vereinten Deutschlands anging. Die Themenagenda hatte sich seit 1994 eindeutig zugunsten materieller Themen verschoben, so daß auch für die SPD postmaterialistische Themen ein notwendiger, aber kaum elaborierter Appendix wurden. Die Eigenständigkeit dieses Themas ist verloren, Ökologie wird unter zwei Gesichtspunkten betrachtet: Was bringt der Umweltschutz für das Wachstum und die Arbeitsplätze? Wie lassen sich Umweltmaßnahmen marktwirtschaftskonform und ausgabenarm umsetzen?

An erster Stelle des Regierungsprogramms 1994 stand daher auch der Punkt „Arbeit schaffen", der „Hauptaufgabe unserer Politik" (Regierungsprogramm 1994: 10). Als Instrumentarien dienen ein „Beschäftigungspakt" (aus Regierung, Gewerkschaften, Arbeitgebern und Bundesbank), Forschungspolitik, Infrastrukturprogramme, die Senkung der Lohnnebenkosten, selektive Steuersenkungen und eine aktive Arbeitsmarktpolitik (ebd: 10f). Nachfragesteuerung hingegen kommt nicht mehr vor, die SPD hatte sich auf angebotsseitige Politiken kapriziert, vor allem dadurch, daß sich die SPD auf die Nichterhöhung der Staatsschuld festgelegt hatte. Unterbelichtet ist hingegen das Politikfeld „Umwelt" (die ökologische Steuerreform wird nicht konkretisiert, aber durch die Verbesserung der Wettbewerbsfähigkeit begründet). Selbst die Sozialpolitik findet wenig Erwähnung: Lediglich die Erhöhung des Kindergeldes wird vorgesehen (ebd: 39), ansonsten aber keine Expansion gefordert.

Scharping wechselte also von der Eingrenzung der „neuen Politik" (wie in den 80ern) zu einer Abgrenzung. Dabei zeigte er auch deutliche Reservationen einer Koalition mit den Grünen gegenüber (Interview in: Der Spiegel, 22.5.1995). Bereits vor der Bundestagswahl hatte es an Scharpings Kurs Kritik gegeben, die aus dem Ökolager der Partei unter Leitung des Programmkommissionsmitglieds Christoph Zöpel kam (Der Spiegel, 25.4.1994).

Im Sommer 1995 kam es zu einer schweren Kooperationskrise zwischen Scharping und dem niedersächsischen Ministerpräsident Schröder. Im Vordergrund standen damals nicht so sehr programmatische Unvereinbarkeit, sondern Rivalitäten über Personalfragen und die Rigorosität des Reformdiskurses.

Als Scharping in einem ungeplanten Putsch im November 1995 durch Lafontaine ersetzt wurde, gab es Befürchtungen, der vorsichtige Modernisierungskurs Scharpings werde einem traditionell-etatistischen Kurs weichen (Der Spiegel, 20.11.1995). Im Gegensatz zu 1990 setzte Lafontaine auf die Gewerkschaften. Im November 1997 kam es zu einer heftigen Kontroverse zwischen Lafontaine und Schröder, als Lafontaine Verständnis für die Aufgabe einer moderaten Lohnpolitik gezeigt hatte.[15] Schröder antwortete darauf: „Steigern werden wir die

---

[15]Damit befand sich Lafontaine in bemerkenswertem Widerspruch zu seinen „Wirtschaftsthesen", als er eine langsamere Lohn- und Rentenentwicklung für Ostdeutschland forderte und

Löhne nicht mehr können - wer anderes sagt, hat keine Ahnung oder lügt" (Süddeutsche Zeitung, 27.11.1997). Der Düsseldorfer Zukunftskongreß vom Mai und der Dortmunder Innovationskongreß vom Oktober 1997 zeigten, daß die SPD sich immer noch nicht für einen klaren Kurs entschieden hatte (Schwennicke in: Süddeutsche Zeitung, 23.10.1997).[16] Im „Dortmunder Allerlei" (ebd.) konkurrierten ökologische, sozialstaatsbewahrende und modernisierende Konzepte unkooriniert nebeneinander her. Das hatte seinen Grund: Lafontaine ging es mehr um die innerparteiliche Konsolidierung als um die Schärfung des programmatischen Profils.

Die Jahre 1996 und 1997 und die ersten vier Monate 1998 verbrachte die SPD hauptsächlich damit, über die Spitzenkandidatur zu räsonieren. Das war prinzipiell nicht falsch, standen doch die Aspiranten Lafontaine und Schröder für zwei unterschiedliche Strategien („Tradition" versus „Moderne").[17] Erst im April 1998 war diese Frage entschieden, und Schröder konnte seinen Kurs der Modernisierung den Wählern präsentieren. Dabei hatte die Arbeitsteilung zwischen ihm und Lafontaine Bestand. Lafontaine hielt sich sowohl in der Frage der Kanzlerkandidatur als auch in der Diskussion um Schröders Wahlkampfstrategie erstaunlich zurück.

Lafontaine selbst legte mit seiner Frau Christa Müller kurz vor der Bundestagswahl 1998 ein Buch vor, das seine wirtschaftspolitischen Vorstellungen thematisierte. Lafontaine und Müller (1998) erkannten die Restriktionen für staatliches Handeln im Gefolge der Globalisierung an, begriffen aber die Globalisierung als Chance, die über staatliches Handeln zu gestalten sei. Als neuer Bezugsrahmen für staatliches Handeln werden internationale Rahmenverträge zu Sozialstandards und zur Stabilisierung der Kapitalmärkte und eine konzertierte europäische Beschäftigungspolitik vorgeschlagen, die das neoliberale Paradigma der Standortkonkurrenz der Volkswirtschaften ablösen sollen: „Unser Standort heißt Europa" (ebd: Kap. 2, 3, Zitat: ebd: 83; vgl. Lafontaine 1997a: 75; ders: 1997b).[18]

Lafontaine hatte bereits im Oktober 1997 im Grundsatzpapier „Grundzüge sozialdemokratischer Wirtschafts- und Finanzpolitik" unter Punkt 12 formuliert:

---

scharfe Kritik von den Gewerkschaften erhielt (Lafontaine-Interview, in: Der Spiegel, 18.10.1993).

[16] Auf dem Zukunftskongreß setzten Lafontaine und Schröder unterschiedliche Akzente. Während Schröder den Schwerpunkt auf die technologische und wirtschaftliche Wettbewerbsfähigkeit legte, betonte Lafontaine die „gesellschaftliche Teilhabe, soziale Sicherheit und Gerechtigkeit" (Süddeutsche Zeitung, 22.5.1997).

[17] „Die SPD tut gut daran, in Fragen der ökonomischen Kompetenz nichts anbrennen zu lassen [...] Konkurrieren beide Koalitionsparteien [SPD und Grüne, M.H.] darum, wer die grünen Positionen am besten vertritt, dann wird das Ergebnis zwangsläufig sein: Beide sacken ab" (Schröder-Interview, in: Der Spiegel, 18.3.1996).

[18] Allerdings erläutert Lafontaine nie die konkreten Bedingungen, mit denen seine Politikvorstellungen umgesetzt werden sollen. Auch die Nennung der für die internationale Kooperation in Frage kommenden Institutionen unterliegt einer „gewissen Beliebigkeit" (Wehr 1998: 153).

„Die Politik der inneren Reformen muß begleitet werden durch eine Politik der internationalen Zusammenarbeit. Wir wollen in Deutschland eine umfassende Modernisierung von Wirtschaft, Staat und Gesellschaft. Im Zeitalter der Globalisierung reichen nationale Anstrengungen allein aber nicht aus. Zusammen mit unseren europäischen Partnern müssen wir dafür sorgen, daß es für den Leistungswettbewerb der Unternehmen in der globalisierten Weltwirtschaft einen internationalen Ordnungsrahmen gibt. Dieser internationale Ordnungsrahmen muß sich an den Prinzipien der sozialen und ökologischen Marktwirtschaft orientieren. Um unsere berechtigten nationalen Interessen zu vertreten, müssen wir dem internationalen Steuerdumping entgegentreten. Einen internationalen Steuersenkungswettlauf kann letztlich kein Land gewinnen. Diese Erkenntnis setzt sich in Europa immer weiter durch. Eine Bundesregierung, die der Erosion der nationalen Steuerbasis jahrelang tatenlos zugesehen hat, hat international keine Durchsetzungskraft, um die Beseitigung von Steueroasen zu erreichen. Aus unserer Verantwortung für die Menschenrechte und für die Zukunft kommender Generationen fordern wir die Einhaltung sozialer und ökologischer Mindeststandards. Deshalb unterstützen wir die entsprechenden Initiativen der Völkergemeinschaft." (Grundsatzpapier abrufbar im Internet unter: http://www.spd.de/archiv/wirtschaft/Wir19971015_199.html.).

Gerade der Bezug auf französische Vorschläge einer europäischen Beschäftigungspolitik macht deutlich, daß Lafontaine und Müller sich weiterhin in der etatistischen und keynesianischen Tradition sehen. Keynesianismus wird hier mit einer „konjunkturgerechten und beschäftigungsorientierten Budgetpolitik" und einer „nachhaltigen Stärkung der Binnennachfrage" neugefaßt (Lafontaine/Müller 1998: 19, 100-105).

Doch zum Neokeynesianismus treten Elemente der ökologischen Neuorientierung der Wirtschaft, die seit dem Rappe-Steinkühler-Papier (s.o.) in sozialdemokratischer Programmatik nicht unüblich sind (Lafontaine/Müller 1998: Kap. 5).[19] Nur kurz werden die Arbeitsplatzgewinne in der Umweltindustrie abgehandelt, im Vordergrund stehen die ökologischen und wirtschaftlichen Vorteile eines Trends hin zu langlebigen Produkten, mit deren Herstellung Deutschland eine weltwirtschaftliche Nische finden soll, und auch die Vorschläge einer ökologischen Steuerreform. Mit ihr sollen die Kosten für Energieressourcenverbrauch erhöht werden, die sofort zur Senkung der Arbeitskosten, insbesondere der Lohnnebenkosten, verwendet werden. Zum vorgeschlagenen Strategiemix gehören auch Maßnahmen des „supply side socialism", wie sie Labour seit der *Policy Review* kennzeichen: Erziehung, Bildung und Qualifikation sind „der Schlüssel zu dauerhafter Wettbewerbsfähigkeit" (ebd: Kap. 6, Thompson 1996; zu Labour: s. Kapitel 23.2). Scheer (1999: 142) ist zuzustimmen, wenn er diesen Strategiemix

---

[19] Diesen Punkt übersieht Scheer (1999: 141f) bei seiner Würdigung des Buches von Lafontaine und Müller.

deutlich im Gegensatz zu Konzepten New Labours sieht, nach denen der Staat nur noch selektiv, und dann vornehmlich auf der Angebotsseite steuernd eingreifen soll. Zentralen Elementen der von Lafontaine und Müller vorgeschlagenen internationalen Kooperation stand Schröder allerdings skeptisch gegenüber, da nationale Egoismen die Kooperation scheitern ließen (Wehr 1998: 153). In seinem Nachwort zu Bodo Hombachs Anti-Lafontaine-Buch[20] „Aufbruch" (Hombach 1998: 221-225) erwähnt Schröder mit keinem Wort die von Lafontaine vorgeschlagene neokeynesianische Kooperation auf europäischer Ebene und die Rahmenvereinbarungen zur Kapitalpolitik. Lediglich eine „sozial und ökologisch ausgewogene Steuerpolitik" wird erwähnt, die allerdings unter dem Primat steht, „die Rahmenbedingungen für mehr Beschäftigung zu verbessern" (ebd: 223).

Stattdessen ist der Fokus in Hombachs Buch ganz anders gelagert. Hombach geht es ausschließlich um die Umgestaltung des Transfer-Wohlfahrtsstaates hin zu einem aktivierenden, dessen Maximen „mehr Eigenverantwortung und Risikobereitschaft" lauten (ebd: 66). Der „aktivierende Sozialstaat" Hombachs steht in direkter Linie zum „supply side socialism", wie die vielen Referenzen an Tony Blair und Anthony Giddens zeigen: Die Herstellung gleicher Chancen soll die Bürger befähigen, ihre eigenen Talente zu entfalten und nicht passiv auf die Hilfe des Sozialstaates zu warten (ebd: Kap. 2). Vor allem erweckt Hombach wieder korporatistische Vorstellungen zum Leben, wie sie bei Lafontaine/Müller nicht erwähnt werden.[21] Sein Modell sind die Niederlande, die es vermittels eines korporatistischen Konsens („Vertrag von Wassenaar" 1982) vermocht hatten, den Sozialstaat auf beschäftigungsfördernde Weise umzugestalten (ebd: 133ff). Mit besonderer Aufmerksamkeit betrachtet Hombach die Flexibilisierung des niederländischen Arbeitsmarktes, der die Schaffung vieler sozial abgesicherter Teilzeitarbeitsplätze ermöglicht habe (ebd; 141).[22]

Was Hombach am schärfsten von Lafontaine und Müller abgrenzt ist sein Festhalten am Paradigma des Standortwettkampfes der Volkswirtschaften (s. Anm. 19). Sein Anliegen ist nicht, nach den geeignetsten Formen der Kooperation zu suchen, sondern nach tauglichen Vorbildern für eine Strategie zum beschäfti-

---

[20] Anti-Lafontaine deswegen, da Hombach weiterhin von der Konkurrenz der Standorte ausgeht, indem er die Standortsicherungsstrategien verschiedener Länder, insbesondere der Niederlande, vergleicht (Hombach 1998: 133-142).

[21] Wie Scheer (1999: 144) sehr klar erkennt, ist dies eine der großen Scheidelinien zwischen Blair und Hombach, der sich Blair ansonsten verbunden sieht. Korporatistischer Interessenausgleich hat für Labour seit der Rückkehr zum *free collective bargaining* unter Thatcher 1979 keinen Stellenwert mehr (vgl. Kapitel 3.2). Für Hombach und Schröder stellt genau dies die Institutionalisierung des Vertrauens nach holländischem Muster dar.

[22] In einigen Nuancen läßt sich hier eine Abkehr von der deutschen Vorstellung vom „Normalarbeitsverhältnis" herauslesen, nach dem der meist männliche Arbeitnehmer für den Erhalt seiner ganzen Familie zu sorgen hat. Diese Problematik wurde bereits in Kapitel 2 angesprochen.

gungsintensiven Umbau des deutschen Sozialstaates hin zu einem Sozialinvestitionsstaat. Wie in britischen Überlegungen heißt das: Umbau des Sozialstaates nach Effizienzkriterien, aber nicht Abbau.
Im Wahlprogramm 1998 spiegeln sich einige der genannten Kontroversen wider. Die Grundlinie aber ist die, daß 1998 Scharpings vorsichtiger Modernisierungskurs im Wahlprogramm weitergeführt wurde. Zum ersten Mal wurde die Zielgruppe der SPD genannt: Die „Leistungsträger", die Facharbeiter, Unternehmer und der Mittelstand und die Gewerkschaften, kurzum: „die neue Mitte" (Wahlprogramm 1998: 13). Stärker noch als 1994 war die Ökologie zu einem kurz gefaßten Appendix geworden, im Vordergrund stand die ökonomische Modernisierung, vor allem die Wettbewerbsfähigkeit (ebd: 14). Vorbei war der Wachstums- und Technologiepessimismus der 80er. Es wurde von den „großen Chancen der neuen Technologien" und einer „Innovationsoffensive" gesprochen (ebd: 16), die ausdrücklich auch die Bio- und Gentechnologie einschließt. Die SPD steht vor einem „Godesbyte 2000" (Manfred Fritz in: Rhein-Neckar-Zeitung, 22.5.1997). Neben den mittlerweile zum Programmjargon gehörenden Aussagen über die Qualifizierung, fiel die nachfrageseitige Steuerung völlig unter den Tisch, vage wurde „eine konjunkturgerechte Finanzpolitik mit einer Verstetigung der öffentlichen Zukunftsinvestitonen auf möglichst hohem Niveau" angedeutet (Wahlprogramm 1998: 16). Weiter unten hieß es jedoch: „Für neue kreditfinanzierte Konjunkturprogramme gibt es keinerlei Spielraum" (ebd: 30). Kurz, aber nicht uninnovativ war der Programmteil über die „intelligente Organisation der Arbeit": Hier zog die SPD Konsequenzen aus den tariflich bereits festgelegten Möglichkeiten, die Arbeitszeit zu flexibilisieren. Neu war die Forderung nach mehr Teilzeitarbeit (ohne allerdings näher ausgeführt zu werden). Sollte sich die SPD vom gewerkschaftlichen Bild des alleinverdienenden Haushaltsvorstands gelöst haben? Wahrscheinlich nicht, denn dagegen stehen die Beharrungskräfte der Gewerkschaften. So machte der ÖTV-Vorsitzenden Herbert Mai den Vorschlag, die Arbeitsplätze im öffentlichen Dienst „solidarisch umzuverteilen" (d.h. Arbeitszeitverkürzung ohne Lohnausgleich). Obwohl Mais Vorschlag von Peter Grottian als „sensationell, sehr couragiert und weitsichtig" beurteilt wurde (Grottian in: Süddeutsche Zeitung, 8.3.1997), scheiterte er am Widerstand der eigenen Gewerkschaft. Überraschend schlug der IG Metall-Vorsitzende Klaus Zwickel auf dem DGB-Beschäftigungsgipfel im April 1997 die 32-Stunden-Woche ohne *vollen* Lohnausgleich vor[23], der von Lafontaine zwar aufgenommen wurde, aber keinen Eingang in das Wahlprogramm fand.
Neu auf die Agenda kamen die Förderung von kleinen und mittelständischen Unternehmen und die Bereitstellung von Risikokapital für Existenzgründer, eine „neue Gründungswelle" wird gefordert (ebd: 20). Im Gegensatz zu den vorheri-

---

[23] Zwickel sprach sich für einen differenzierten Lohnausgleich aus (Süddeutsche Zeitung, 10.4.1997). Hierin erwies sich die IG Metall als die strukturkonservativste Gewerkschaft.

gen Programmen widmete sich dieses den Beschäftigungspotentialen des Dienstleistungssektors, vor allem in der „welfare industry". Dabei wurde erkannt, daß die Löhne in diesem Sektor niedrig bleiben müssen, damit es deutliche Beschäftigungseffekte gibt. Wie allerdings die Löhne der zu Beschäftigenden auf ein existenzsicherndes Niveau gehoben werden sollen, wurde nicht weiter ausgeführt (es wurde lediglich auf die allgemeinen Entlastungseffekte von Steuer- und Abgabensenkungen verwiesen; ebd: 21). Bereits im November 1997 hatte die Bundestagsfraktion ein Zehn-Punkte-Programm vorgelegt, das den Kombi-Lohn vorschlug (Süddeutsche Zeitung, 19.11.1997).

Zur Förderung der haushaltsbezogenen Dienstleistungen schlug das Programm ein Gutscheinsystem vor: Jeder Haushalt soll von der Bundesanstalt für Arbeit Dienstleistungsgutscheine erhalten, die einen Teil der Kosten für die neue Beschäftigung decken sollen. Generell sollen „mehr einfache Arbeitsplätze" (ebd: 25) geschaffen werden, notfalls mit niedrigeren Sozialbeiträgen.

Stärker als noch 1994 setzte sich das Programm von 1998 mit der Steuerpolitik auseinander (ebd: 26-30): Als Ziel peilte die SPD eine Senkung des Einkommensteuersatzes auf 15%, des Spitzensteuersatzes auf 49% an - mit der Option auf weitere Senkung, sollte die Finanzierung gesichert sein.[24] Dabei legte sich die SPD nicht fest, wie die gleichzeitig zu erfolgende Entlastung der Unternehmen zusammen mit der Erhöhung des Kindergeldes zu finanzieren wäre. Als Finanzierungsquellen tauchten die „Mindeststeuer" und eine hohe Besteuerung der sehr hohen Privatvermögen auf, die nicht näher ausgeführt wurden.

Wie 1994 schwebt der Geist solider Staatsfinanzen über den Wassern des Programms: Offenbar steht alles unter Finanzierungsvorbehalt. Dies hatte Lafontaine bereits im Oktober 1997 im Grundsatzpapier „Grundzüge sozialdemokratischer Wirtschafts- und Finanzpolitik" angekündigt:

„7. Die Finanzpolitik der Regierung Kohl hinterläßt der nächsten Bundesregierung eine schwere Erblast. Mit ihrer unsoliden Schuldenpolitik belastet sie die Zukunft der kommenden Generationen. An einer Konsolidierung der öffentlichen Haushalte führt kein Weg vorbei. Es ist die moralische Pflicht unserer Generation, die öffentlichen Haushalte wieder in Ordnung zu bringen. [...] Zu verläßlichen Rahmenbedingungen für Bürger und Wirtschaft gehört, daß der Staat eine glaubwürdige Konsolidierungsperspektive schafft. Dazu gehört eine sparsame Haushaltspolitik. Auch aufgrund der großen finanziellen Erblast, die die jetzige Bundesregierung hinterläßt, führt kein Weg an der Erkenntnis vorbei: Die Ansprüche an den Staat müssen zurückgenommen werden. [...] Wir werden unser Regierungsprogramm unter einen strikten Finanzierungsvorbehalt stellen: Unfi-

---

[24] Diesem Entschluß war eine lange innerparteiliche Diskussion um die Senkung des Spitzensteuersatzes vorausgegangen. Der damalige Hamburger Bürgermeister Henning Voscherau befürwortete eine Senkung, während sich Lafontaine für die Beibehaltung aussprach (Süddeutsche Zeitung, 1.2.1997).

nanzierbare Wahlversprechungen wird es bei uns nicht geben." (abrufbar Internet unter: http://www.spd.de/archiv/wirtschaft/Wir19971015_199.html, vgl. FAZ, 17.10.1997).

Deutlich stärker als in den Programmen vorher wurde der Aufbau Ost akzentuiert, der schleichende Wandel erfaßt indes den Sozialstaat. Ähnlich den Programmen Labours seit 1989 wurden *welfare-to-work*-Maßnahmen vorgeschlagen: Durch verstärkte Qualifizierung und Kombi-Löhne sollen Sozialhilfeempfänger in Lohn und Brot gebracht werden. Sollten sie sich sträuben, drohen ihnen Leistungskürzungen (ebd: 37f). In der Rentenpolitik (ebd: 38-40) wurde die private Vorsorge positiver gesehen, ebenso die von den Gewerkschaften nicht forcierte Beteiligung der Arbeitnehmer an den Unternehmen. Zur Sicherung der Rentenversicherung sollen versicherungsfremde Leistungen aus Steuermitteln bezahlt werden (aber nicht erläutert, wie sich dies mit den Steuersenkungsplänen und der Haushaltskonsolidierung vertragen mag), der Versichertenkreis um Schein- und richtige Selbständige erweitert werden[25] und die Lebensarbeitszeit verlängert werden, was diametral zur gewerkschaftlichen Politik der Frühverrentung steht. Strukturkonservativ bleibt die SPD dabei, an der „beitrags- und leistungsbezogenen Rente" festzuhalten - trotz der Erkenntnis, daß es immer mehr „gebrochene Erwerbsbiographien" gibt. Andererseits zeigte sich die DGB-Spitze innovativer als die SPD, als es um die Senkung des Rentenniveaus ging (was die SPD prinzipiell ablehnte; Süddeutsche Zeitung, 6.5., 20.5., 21.5.1997).

Auffallend ist die „neue Bescheidenheit", die sich 1994 schon angekündigt hatte: Die SPD hat die Überlastungsthese akzeptiert: „Die Ansprüche an den Staat müssen zurückgenommen werden. Vieles, was wünschbar wäre, ist nicht mehr finanzierbar" (ebd: 62f).

Etliche Forderungen des Programms sind mit den Anliegen der Gewerkschaften nicht leicht vereinbar, dafür winkt ihnen eine fast allfällige Konzertierung: Ob in der Wirtschafts- (ebd: 11 als „Bündnis für Arbeit, Innovation und Gerechtigkeit"), der Ausbildungs- (ebd: 50) oder in der Umweltpolitik (ebd: 58) - korporatistische Interessenvermittlung gewinnt für die SPD wieder an Bedeutung (über das „Bündnis für Arbeit" s. Kapitel 23.3).

What's new? Die neue Linke und ihre partizipatorischen und ökologischen Interessen wurden ausgerechnet von einem ihrer Exponenten marginalisiert, es ging der SPD um ökonomische Modernisierung, weniger um ökologische. Die Gewerkschaften sollen in korporatistische Arrangements eingebunden werden. Dies ist sinnvoll, angesichts ihrer Stärke, ihres gesamtwirtschaftlichen Verantwortungsbewußtseins und der Innovationen, zu denen sie doch fähig waren. Kaum ausgeführt werden die reformerischen Ansätze in der Sozialpolitik, wenn auch

---

[25] Die Beamten bleiben ausgenommen, allerdings spricht das Programm von einer „Versicherungspflicht für alle Bürgerinnen und Bürger" (ebd: 40).

hier die SPD endgültig Abschied vom (Um-) Verteilungsparadigma genommen hat.

23.2 Diskurse, Programmentwicklung und Strategien Labours: Neorevisionismus einfach

Unter dem neuen Parteivorsitzenden Michael Foot konnte sich die Linke für drei kurze Jahre programmatisch durchsetzen, schließlich waren die entscheidenden Gewerkschaften, das NEC und viele CLPs auf ihrem Kurs. Das Wahlmanifest „New Hope for Britain" war 1983 der letzte Sieg der Linken. Es forderte weitreichende Verstaatlichungen und Planung, Protektionismus und *deficit spending* ganz im Stil der „Alternative Economic Strategy" (Labour Party: 1983). In jeder Hinsicht war „New Hope" ein Reflex auf die als Versagen perzipierte Regierungspolitik Labours bis 1979, besonders in dem Punkt, zu dem „New Hope" schwieg: der Einkommenspolitik (Byrd 1986: 73).

Kinnock setzte zu Anfang seiner Amtszeit vorsichtig neue Akzente. In seinem „The Future of Socialism" (1985) entwarf er einen dritten Weg des demokratischen Sozialismus zwischen „the stale vanguardism of the ultra-left and ... the atavistic and timid premise of social democracy" (Kinnock 1985: 1). Labour wolle die Wahlen gewinnen, und zwar mit der neuen Arbeiterklasse und den sozialen Aufsteigern, indem dem unpopulären bürokratischen Etatismus abgeschworen werde. Das neue Leitbild war nun der „enabling state" (ebd: 2, 6). Aus der „public ownership" wurde nun eine „social ownership", nach der der Staat Anteile an wichtigen Betrieben erwerben sollte oder innovative Firmen selbst gründen sollte (Kinnock 1986). Der Markt an sich wurde prinzipiell akzeptiert, nur bei akutem Marktversagen solle interveniert werden (Kinnock 1986: 42). Auch programmatisch war dies ein Kompromiß zwischen der gemäßigten Linken und der Rechten, die radikale Linke spielte gar keine Rolle mehr. In größere Verlegenheit kam Kinnock, als es um die Arbeitsbeziehungen ging. Labour hatte seine Träume von einer Neubelebung korporatistischer Institutionen noch nicht aufgegeben, allerdings fielen die programmatischen Aussagen dazu seit 1986 immer vager aus, vielleicht weil Labour zu der Einsicht kam, daß in Großbritannien der institutionelle Rahmen für den Korporatismus fehlte, vielleicht weil die Einführung korporatistischer Arrangements elektoral riskant sein könnte (Minkin 1991: 430f). Und schließlich stellte sich die Frage, ob Labour auch die Gewerkschaftsgesetze der Konservativen abschaffen wollte. 1983 versprach Labour in seinem Wahlmanifest die restlose Abschaffung, vier Jahre später sollten einige Elemente (z.B. die obligatorische Urabstimmung vor einem Streik und die Wahl der Gewerkschaftsvorstände durch die Mitglieder) erhalten bleiben (Shaw 1994a: 45).

Nach der verlorenen Wahl 1987 überdachte Kinnock seinen integrativen Kurs und gab eine Überarbeitung der Programmatik in Auftrag. Wie Gaitskell sah er den Grund für die Programmreform in der Wahlniederlage: Der Modernisierungsprozeß war noch nicht weit genug getrieben worden (Shaw 1994a: XII). Die *Policy Review*[26] war „a response to the ideological failings of the Labour Party", sowohl des Keynesianismus der Revisionisten als auch des Staatssozialismus der Linken (Smith 1992: 17). Wie Crosland über dreißig Jahre vorher betonte Kinnock im Policy-Statement „Meet the Challenge, Make the Change", daß *public ownership* heute irrelevant geworden sei, allerdings ohne die *Clause IV* abzuschaffen (Gamble 1992: 65). Heute werde der Staat gebraucht, um die ärgsten Auswüchse einer ungezügelten Marktwirtschaft (vor allem des kurzfristigen Profitinteresses) zu beschneiden (Labour Party 1989: 6). Der „enabling state" müsse selektiv intervenieren, z.b. in der Bildung und Technologie. Das Modernisierungsmotiv war in diese Themenbereiche gepackt: Um Großbritannien wettbewerbsfähiger zu machen, sollen angebotsseitige Maßnahmen ergriffen werden: Mit dem Instrumentarium der Industrie-, Struktur- und Bildungspolitik sollen Wachstumssektoren unterstützt oder geschaffen werden und zugleich die Arbeitnehmer qualifiziert werden (vgl. Brown 1994: 1). Labours Staatsidee wandelte sich von einem steuernden und planenden Staat zu einem „Infrastruktur-Staat" (Shaw 1996: 190).[27]

Neu war vor allem eine bisher noch nicht dagewesene Akzeptanz der Marktwirtschaft: Sie gewährleiste die Befriedigung der Nachfrage, Effizienz und Innovation (Labour Party 1989: 10). Doch kurz darauf wurde der staatsaktive Ansatz von „Meet the Challenge, Make the Change" abgeschwächt, als der Interventionist und Keynesianer Bryan Gould als „industry spokesman" von Gordon Brown abgelöst wurde (Shaw 1993: 120). Brown und der Schattenschatzkanzler Smith fürchteten um das Vertrauen der City, sollte Labour deren Prärogative (Kapitalbereitstellung) durch Investment-Banken in Frage stellen.

Damit hatte Labour auch offiziell einen Schritt weg vom klassischen Interventionismus getan, wie ihn Bryan Gould befürwortete, schließlich stand Labour nun für einen „Angebotssozialismus" und nicht für einen keynesianistischen „Nachfragesozialismus" (Smith 1992: 27, Gamble 1992: 67-73; Jones 1996: 126-128). In diesem Punkt hat Labour sicherlich das neoliberale Standort- und Wettbewerbsfähigkeitsparadigma übernommen (Thompson 1996: 42f).

---

[26]Die Policy Review wurde von sieben „Policy Review Groups" ausgearbeitet, die ständig Berichte produzierten, die dann zu „Policy Statements" gebündelt wurden. Die wichtigsten Statements sind „Meet the Challenge, Make the Change" (1989), „Looking To The Future: A Dynamic Economy. A Decent Society Strong in Europe" (1990).
[27]„Meet the Challenge, Make the Change" schlug vor, Institutionen zu schaffen, die dem japanischen MITI nachempfunden waren: eine Technologie-Staatsholding und eine Investitionskapitalbank (Labour Party 1989: 10).

Den korporatistischen Experimenten der 70er Jahre erteilte Labour eine deutliche Absage: Eine Wiederbelebung des „Social Contract" war nicht vorgesehen, stattdessen sprach „Looking to the Future" lieber von „social partnership" (Labour Party 1990: 6, 11-13). Auch wenn Rosamond (1992: 94, 96) die Nähe zum Thatcherismus bestreitet, ist doch offensichtlich, daß die wichtigsten Teile konservativer Antigewerkschaftsgesetzgebung beibehalten werden: Urabstimmung vor jedem Streik und enge Grenzen für Sympathiestreiks. Nach einigem Zögern stimmten auch die Gewerkschaften diesem Teil der *Policy Review* zu. Rosamond (1992: 99) erklärt dies durchaus schlüssig damit, daß die Gewerkschaften den programmatischen Erneuerungsprozeß nicht torpedieren wollten. Zwar hatten sie in der öffentlichen Gunst Mitte der achtziger Jahre wieder gewonnen und galten nicht mehr als zu mächtig. Dennoch waren die Gewerkschaftsgesetze Thatchers ziemlich populär (Taylor 1993: Tab. A3.1-A3.4).

1992 hatte sich Labour noch weiter domestiziert: Als einziges Unternehmen, das wieder verstaatlicht werden sollte, wurde die Elektrizitätsversorgung angeführt. 1995 beschloß der Parteitag, das 1994 privatisierte Eisenbahnwesen (*British Rail*) zu verstaatlichen. Im März 1996 wurden die Verstaatlichungspläne gestrichen, indem die linke Labour-Sprecherin für das Verkehrswesen, Clare Short, erklärte, die Verstaatlichung sei nicht obligatorisch (Leys 1997: 33). Damit hatte Labour die konservativen Tatsachen der Privatisierung letztlich anerkannt (Labour Party 1995: 38, Thompson 1996: 43).[28]

Auch der Interventionismus eines Infrastrukturstaates kannte seine Grenzen, vor allem wurde die noch drei Jahre zuvor groß angekündigte staatliche Investment-Bank im Wahlmanifest zu einer Risikokapitalbeschafferin ohne große Finanzausstattung (Labour Party 1992: 13, 21). Dies muß als eine abermalige Konzession Labours an die City verstanden werden, die von John Smith und Margaret Beckett 1991/92 in einer „Krabbencocktail-Offensive" umworben wurde.[29] Labour befürwortete daher auch das Primat der Preisstabilität und den Eintritt in das Europäische Währungskurssystem und kündigte an, kein *deficit spending* und Steuererhöhungen zu betreiben (Shaw 1994a: 97-102).[30] So konnte Schattenfinanzminister John Smith 1989 verkünden: „... we can't spend what we haven't earned. We intend to earn it before we spend it. That will be the guarding light of

---

[28]Mandelson und Liddle (1996: 82) sahen auch eher den Fehler in der konservativen Privatisierungspolitik darin, daß das Mangement und die Aktienbesitzer der privatisierten Unternehmen einseitig bevorteilt wurden - und nicht in der Privatisierungspolitik per se.

[29]Kinnock schrieb schon vor der „Policy Review": „We can curse the irresponsibility, prejudice and power of the currency movers. All of that is justifiable. It is also idle" (Kinnock 1986: 168).

[30]Beckett sagte 1992: „We have to minimise the level of borrowing, and it has to be judged against what is seen to be prudent, not only in the government's own judgement, but also by markets. We have to take into account of what the markets will wear" (zit. n. The Guardian, 25.2.1992).

the next Labour Government's economic policy" (zit. n. The Guardian, 2.10.1989). Schon sechs Jahre vor Blairs Ankündigung, die Staatsausgaben nicht erhöhen zu wollen, hatte sich Labour auf eine restriktive Fiskal- und Finanzpolitik festgelegt. Dies kommt einer völligen Aufgabe zentraler revisionistischer Politikvorstellungen gleich: Der Staat hatte als Steuerungsinstrument makroökonomischer und gesellschaftlicher Prozesse ausgedient. Alle Politikvorhaben standen ab sofort unter Finanzierungsvorbehalt.

Labour konnte diese Message aber nicht dem Wähler nahebringen, so daß die Konservativen mit Hilfe der *tabloids* im Wahlkampf 1992 in diese offene Flanke stießen. Mit der konservativen Parole „Labour's Tax Bombshell" geriet Labour in die Defensive (The Guardian, 13.2.1992; Butler/Kavanagh 1992: 80-84).[31] 1992 hatte sich Labour zweifellos den wirtschaftlichen Realitäten angenähert, sich aber um die Beantwortung der Frage gedrückt, wie die ambitionierte Modernisierungspolitik Labours finanziert werden sollte, wenn sich die Partei auf eine restriktive Finanzpolitik festgelegt hatte. So wollte Labour immer noch das NHS als kostenloses Gesundheitssystem beibehalten, mehr Mittel dem Bildungssystem zukommen lassen und eine aktive Forschungs- und Technologiepolitik betreiben (Shaw 1994a: 139).

Die Frage, was die *Policy Review* an Wählerstimmen eingebracht hatte, ist kontrovers beantwortet worden: Heath and Jowell (1994: 201) errechneten ein Plus von 1,1 Prozentpunkten, die die *Policy Review* gebracht habe. Taylor sah gerade in dem Umstand, daß Labour alte, klar identifizierbare Positionen aufgab, den Grund für die Wahlniederlage. Die Wähler vertrauten kaum einer Partei, die sich aus rein wahlstrategischen Gründen von ihrem Programm löste (Taylor 1997: 131).

Unter John Smith, der Kinnock nach der Wahlniederlage im Amt des *party leader* folgte, kehrte in der Partei wieder etwas Ruhe ein, zumal Smith sich mehr um die Konsolidierung des programmatisch Erreichten und um organisatorische Reformen kümmerte als um weitere programmatische Revolutionen. So wollte Smith die *Clause IV* lieber ergänzen als abschaffen, obwohl der *shadow environmental secretary* Jack Straw im Februar 1993 forderte, die ganze *Clause IV* abzuschaffen (Rentoul 1996: 408f). Smith schreckte davor zurück, da er die Gewerkschaften nicht verärgern wollte, er brauchte sie, um OMOV (s. Kapitel 21) durchzusetzen. Zwei Jungtürken, Tony Blair und Gordon Brown, waren über Smiths attentistisches Zögern ungehalten, erschien er ihnen doch als zu vorsichtig und zu sehr mit der Einheit der Partei beschäftigt (ebd: 342). Diese Debatte hatte der einflußreiche Labour-MP Giles Radice angestoßen, als er im September 1992

---

[31] Der Schattenschatzkanzler John Smith hatte kurz vor der Wahl einen Alternativhaushalt vorgelegt, der leichte Steuererhöhungen für die oberen Einkommensklassen vorsah (etwa zwanzig Prozent der Bevölkerung wären davon betroffen gewesen). Eigentlich war dieser Vorstoß dazu gedacht gewesen, Labours finanzpolitische Solidität zu beweisen (Shaw 1993: 122f).

seine bekannte Schrift „Southern Discomfort" vorlegte (Radice 1992). Nach Radice lag der Grund für Labours Niederlage 1992 hauptsächlich darin, daß Labour im englischen Süden nicht genügend Wähler der aufsteigenden Schichten (C1 und C2), den sogenannten „Essex man", mobilisieren konnte (ebd: 5). Der Grund lag hauptsächlich in der Labour zugeschriebenen Inkompetenz, die Wirtschaft erfolgreich managen zu können und dem Image Labours als Partei der Unterschichten und der Gewerkschaften (Radice 1992: 10f, 15, 18, 23f). Vor allem müsse sich Labour von allen Plänen lösen, die öffentlichen Ausgaben zu erhöhen; dies erwecke nur den Anschein, Labour sei eine „tax and spend party" (vgl. Gould 1998: 176f).[32]
An der generellen Politikausrichtung Labours änderte sich wenig. Smith war darum bemüht, seinen Fehler in der Steuerpolitik von 1992 nicht zu wiederholen, indem er Labour endgültig darauf festlegte, die Besteuerung von höheren Einkommen nicht ändern zu wollen. Shaw hatte wohl recht, wenn er feststellte, daß damit Labour de facto das regressive Steuersystem der Konservativen übernommen hätte (Shaw 1996: 193). Relativ unbemerkt von der Parteiöffentlichkeit hatte Smith Ende 1992 die Gründung einer „Commission on Social Justice" angeregt, um die vagen Aussagen der *Policy Review* in Fragen des Wohlfahrtsstaates zu überarbeiten und eine neue Vision von einem wirtschaftsfreundlichen Sozialstaat zu entwerfen (und vielleicht auch, um dem Modernisierungsprozeß einen eigenen Stempel aufzudrücken; Taylor 1997: Kap. 6).[33] Diese Kommission war kein Organ der Parteispitze, sondern ein vom parteinahen *think tank*[34] „Institute for Public Policy Research" gemanagtes Unternehmen, in dem noch nicht einmal Parteimitglieder den Ton angaben (Taylor 1997: 139). Der Kommissionsreport enthielt Forderungen, die nahtlos in das Konzept der *Policy Review* paßten. Die zentrale These war, daß es drei verschiedene Herangehensweisen an den Wohlfahrtsstaat gebe; Deregulation, Gleichmacherei („levelling") und Investition. Zu den letzteren rechneten sich die Kommissionsmitglieder. Nach ihrem Ansatz lagen Großbritanniens Wettbewerbsschwäche und überdurchschnittliche Arbeitslosigkeit vor allem in der geringen Qualifikation britischer Arbeitnehmer. Sozialpolitik hieße demnach in erster Linie Qualifikationspolitik, d.h. „investing in people" (Thompson 1996: 47f., Anderson/Mann 1997: 214; Taylor 1997: 151f). Die Sozialpolitik bewegte sich weg von der universalistisch-selektiven Dichoto-

---

[32] Sicherlich war Philip Gould einflußreicher als Giles Radice. Gould stammt aus dem Reklamegewerbe und arbeitete als Kommunikationsberater für Labour seit 1985. 1992 und 1996 besuchte er für mehrere Monate die Wahlkampfzentrale der US-Demokraten. Auf ihn gehen die Kontakte Labours zu den amerikanischen Wahlkampfstrategen James Carville und Stanley Greenberg zurück (zu Greenberg vgl. Kapitel 13).
[33] Anderson und Mann (1997: 213) sehen ganz andere Kräfte am Werk. Im innerparteilichen Machtkampf um die Kinnock-Nachfolge machte sich die Linke die Wohlfahrtskritik zu eigen, um Smith mit dessen redistributiv-universalistischen Alternativ-Budget von 1992 zu schlagen.
[34] Zu den Labour-nahen und -beeinflussenden *think tanks* vgl. Leys 1997: 20ff.

mie hin zu einer „welfare-to-work"-Politik, in der es um „extension of economic opportunity" gehe. Es ging also nicht um eine Umverteilung des Einkommens oder Vermögens, sondern um das Etablieren einer Kultur der Arbeit (statt des Sozialtransfers)[35] und um die Frage, was das Individuum zur Wettbewerbsfähigkeit und zum volkswirtschaftlichen Wachstum beitragen könne (Independent, 25.10.1995; Independent on Sunday, 30.10.1995; Taylor 1997: 154f).

Tony Blair, der im Juli 1994 nach Smiths Tod Parteiführer wurde, war in seiner ideologischen Grundausstattung Smith nicht unähnlich. Wie Smith hatte sein Sozialismusbegriff ethische und christliche Dimensionen (Jones 1996: 132). Rentoul berichtet, daß Blair seine Wurzeln im Werk John Macmurrays habe, der eine Kritik am liberalen Individualismus mit einem christlichen und ethischen Sozialismus kombinierte (Rentoul 1996: 41-45). In seinem Essay „Socialism" deutete Blair an, worum es ihm beim Sozialismus geht, es ist das oft paraphrasierte „social-ism": „individuals owe a duty to another and a broader society" (Blair 1994: 4; vgl. Blair 1995: 12).[36] Die Wiederherstellung der Gemeinschaft, eines Gemeinschaftssinns, das ist die Quintessenz von Blair, dem es nicht mehr um „a set of narrow timebound class or sectional interests or particular economic prescriptions" gehe (ebd.). Obwohl Blair in diesem Statement vage war (wie überhaupt seine Reden ziemlich vage und pathetisch erscheinen), war er umso entschiedener, als es darum ging, die *Clause IV* umzuschreiben. Blair hatte bereits im Sommer 1994 mit Gordon Brown und Peter Mandelson Pläne besprochen, die *Clause IV* zu ändern (Rentoul 1996: 407). Im August 1994 bestärkte Giles Radice mit einer Fortsetzung des „Southern Discomfort" Blair, mit diesem Projekt fortzufahren, um für die südenglischen Wechselwähler ein deutliches Zeichen der Erneuerung zu setzen, die einerseits von den Konservativen enttäuscht waren, andererseits von Blair durchaus beeindruckt waren. Ohne ein solch deutliches Zeichen habe Labour deren Vertrauen nur auf Bewährung („on probation"; Radice/Pollard 1994: 16).

Auf dem Parteitag in Blackpool (Oktober 1994) machte Blair nur Andeutungen, Labour eine „modern constitution" zu geben (Guardian, 5.10.1994). Jeder wußte, was damit gemeint war: das wichtigste Symbol von Labours Utopie, die *Clause IV*, abzuschaffen. Kurz darauf startete die Linke eine „Defend Clause IV Campaign", das NEC setzte im Dezember 1994 einen Sonderparteitag an. Blair begann eine breit angelegte Propagandakampagne, die Mitglieder wurden befragt, das NEC gab im März 1995 seine Zustimmung zur neuen *Clause IV*, die seither „Statement of Aims and Values" heißt.

---

[35]Daher standen Qualifizierungsoffensiven und die Kinderbetreuung (um Alleinerziehende in Arbeit zu bringen) im Vordergrund der Vorschläge.
[36]Gerade hier werden die von Schönwälder (1998: 93-95) zutreffenderweise beobachteten Anleihen beim Kommunitarismus Etzionischer Prägung (vgl. Etzoni 1995) deutlich, wie sie auch von Mandelson und Liddle (1996: 19) akzentuiert werden.

Der NEC-Text, „Labour's New Aims and Values", lautete:

> „The Labour Party is a democratic socialist party. It believes that by the strength of our common endeavour, we achieve more than we achieve alone so as to create for each of us the means to realise our true potential and for all of us a community in which power, wealth and opportunity are in the hands of the many not the few, where the rights we enjoy reflect the duties we owe, and where we live together, freely in a spirit of solidarity, tolerance and respect".

Blairs Erfolg war enorm. Zunächst noch zögerten einige Gewerkschaften[37], das Presseecho war überwältigend: Die konservative „Times" schrieb, Labour sei „a modern progressive, left of the centre party facing up to a new century with clarity and confidence" (The Times, 14.3.1995). Nach einer beispiellosen Mobilisierungskampagne errang Blair einen überzeugenden Sieg auf dem Sonderparteitag im April 1995, als sich 90% der Stimmen in den CLPs und über die Hälfte der Gewerkschaftsstimmen für „Labour's New Aims and Values" aussprachen (s. Kapitel 21).

Auch hier hatte Blair die Gunst der sonst Labour-kritischen Presse (wie auch der Labour-freundlichen) auf seiner Seite: Labour sei endlich eine sozialdemokratische Partei geworden, wie die „Times" („a sharp move away from old-style socialism towards the language of social democracy", The Times, 14.3.1995) oder Roy Hattersley im „Guardian" (The Guardian, 27.4.1995) behaupten. Sie definiert sich, wie auch die SPD, nicht über die Änderung der Besitzverhältnisse, sondern über Werte, die Gemeinschaft, soziale Gerechtigkeit und Gleichheit der Chancen umfassen. Blair hat durch geschicktes Management das erreicht, woran Gaitskell 35 Jahre vorher gescheitert war: den sozialistisch-transformativen Mythos Labours zu begraben.

1995 machte Blair deutlich, worum es ihm konkret ging: ökonomische Modernisierung, verbesserte Bildung (verengt auf die Schulen), mehr Arbeitsplätze durch Wachstum und einen Umbau des Sozialstaates („a new settlement on welfare for a new age, where opportunity and responsibilty go together"; Blair 1995: 14). Dabei legte er noch stärker als Smith das Gewicht in der Wirtschaftspolitik auf die Inflationsbekämpfung (zu Lasten einer Vollbeschäftigungspolitik; Independent, 23.5.1995). Ein neues Element ist seit dieser Zeit auch ein deutlicher Akzent auf „law and order" („tough on crime, tough on the causes of crime"; Schönwälder 1998: 113-116).

Wie Mandelson und Liddle (1996) in ihrem vielverkauften Strategie- und informellen Regierungsprogramm darlegten, ging es Labour unter Blair darum, das „tax and spend"-Image abzustreifen, den Wohlfahrtsstaat umzubauen (was in der *Policy Review* kaum erwähnt wurde), den sektoral-interventionistischen Ansatz

---

[37] Die großen Gewerkschaften TGWU und Unison (und Arthur Scargills NUM) waren gegen die Neufassung (Guardian, 14.4.1995; Independent, 25.4.1995).

der Policy-Review beizubehalten und dem *celtic fringe* eine größere Autonomie zuzustehen.[38] Mit dem konstitutionellen Umbau Großbritanniens kam Blair nach dem Wahlsieg vom Mai 1997 überraschend schnell voran, Schottland und Wales erhalten Parlamente, wenn auch mit unterschiedlicher Befugnis (Roland Sturm in: FAZ, 11.9.1997; Dunleavy 1997: 136-139; s. Kapitel 23.3).

Eine nicht zu unterschätzende Wirkung des New Labour-Konzepts von Tony Blair und Peter Mandelson ging gerade davon aus, eine künstliche Linie zwischen Old und New Labour zu ziehen, die alles vor 1994 als „old" denunziert (Schönwälder 1998: 87), obwohl die entscheidenden Weichenstellungen bereits seit 1990 erfolgt sind. Weniger die konkreten programmatischen Innovationen der *Policy Review* unter Neil Kinnock waren für den Stimmungsumschwung zugunsten Labours ausschlaggebend, sondern der symbolische Moment der *Clause IV*-Abschaffung und der dazu geeignete Kommunikator. Dies wurde angereichert durch die Infragestellung des konservativen Politikkonzepts einer streng individualistischen Gesellschaft („there is no such thing as society"), das die britische Gesellschaft für inakzeptabel hielt, da es einem weitgehend sozialdemokratischen Grundkonsens widersprach (vgl. Kapitel 2.2).

Im Jahr 1995 legte der Guardian-Wirtschaftsredakteur Will Hutton mit „The State We're In" einen Bestseller vor, dessen Schlagwort von einer „stakeholder society" (=Teilhabegesellschaft) sogleich von Tony Blair übernommen wurde. Bereits in Kapitel 3.1.2 wurde Huttons Kritik am britischen Finanzsystem vorgestellt, das durch seine Orientierung auf den kurzfristigen Profit die langfristige Investitionsplanung, die zur Wettbewerbsfähigkeit und Bekämpfung der Arbeitslosigkeit notwendig ist, vergessen habe. Hutton schlägt daher ein Modell des „stakeholder capitalism" vor, das tiefgreifende Strukturreformen im Finanzsystem (vor allem der *Bank of England*), im Staat und in der Unternehmensführung vorsieht (Hutton 1996: 289-318). Finanzmarkt, Staat und Unternehmen sollen partnerschaftlich, d.h. durch gemeinsame Agenturen und Institutionen, darauf hinwirken, einen langfristig angelegten Investitionsfonds bei niedrigen Zinsen zu schaffen, der der „industrial rejuvenation of Britain" dienen soll. Investoren (z.B. Pensionsfonds oder Versicherungen) sind nicht mehr der „absentee landlord" sondern werden zu engagierten und verantwortungsbewußten Besitzern, denen - zusammen mit den Beschäftigten bzw. den Gewerkschaften[39] - Sitz und Stimme in den

---

[38] „The Blair Revolution" ist so innovativ wie vage, vor allem in den Sozialstaatskapiteln (vgl. Hattersleys Besprechung in: The Guradian, 27.2.1996). Roger Liddle war vorher Mitglied der SDP, saß dort im Programmkomitee und war ein ehemaliger Vertrauter von Bill Rodgers (The Guardian, 18.7.1995 und Liddles eigener Artikel in: The Guardian, 17.7.1995; dort schrieb er: „I want my basic allegiance as a social democrat to be clear. It has to be New Labour").

[39] Hutton geht es um die Schaffung eines Verantwortungsbewußtseins seitens der Gewerkschaften, denen das langfristige Wohlergehen mehr am Herzen liegen soll als das kurzfristige Interesse an Lohnsteigerungen. Als Vorbild dient hier das deutsche System der Betriebsräte (Hutton 1996: xxii).

Unternehmensvorständen eingeräumt werden sollen. Vorbilder dieser Überlegungen sind der „rheinische Kapitalismus" und das schwedische Modell des „wage-earner fund" (vgl. Kapitel 1, Anmerkung 3). Diese Überlegungen lagen aber trotz der Lippenbekenntnisse „New" Labours (z.B. Mandelson/Liddle 1996: 19f, 25, 30, 71f) über Kreuz mit dem erklärten Willen zu Währungs- und Preisstabilität bei finanzieller Solidität (ebd: 81, 97, 101) und der von Labour mittlerweile garantierten Unabhängigkeit der City, die seit 1990 ausdrücklich mit dem Argument umworben wurde, daß sich an ihren Rahmenbedingungen unter einer Labour-Regierung nichts ändern würde (Thompson 1996: 53). So blieb vom durchaus radikalen Konzept Huttons, das „nothing less than a British revolution" (Hutton 1996: 256) impliziert hätte, nur das Schlagwort von der „stakeholder society" übrig, das eine lose „Partnerschaft zur Stärkung der Wettbewerbsfähigkeit" von Staat und Unternehmern bei weitgehender Auslassung der Arbeitnehmer und der City vorsieht. Gerade die Politik der Labour-Regierung seit 1997 macht deutlich, wie wenig sich New Labour *in office* an dem Bestseller des Jahres 1995 orientieren wollte.

23.3 Postskript: SPD und Labour an der Regierung

Als diese Analyse als Dissertation an der Universität Heidelberg angenommen wurde (August 1998), war bereits Labour fünfzehn Monate an der Macht, während für die SPD ex-ante die Chancen, die Regierung zu übernehmen positiv eingeschätzt wurden. Zum gegenwärtigen Zeitpunkt, im November 1999, sind Labour zweieinhalb Jahre und die SPD knapp über ein Jahr an der Regierung, so daß eine erste Bilanz ihres Regierungshandelns bereits gezogen werden kann. Mit der Magisterarbeit von Dirk Scheer (1999) liegen bereits eine komparativ orientierte Analyse der Wirtschaftspolitik beider sozialdemokratischer Parteien an der Macht vor, die hier zusätzlich durch Sektoralanalysen ergänzt werden sollen.

Ein erster kursorischer Überblick über die ersten *outcomes* sozialdemokratischen Regierungshandelns in den neunziger Jahren gehört auch deshalb in diese Analyse der *Opposition*szeit, weil er untersuchen soll, ob und wie Sozialdemokraten Konsequenzen aus dem veränderten Umfeld der 80er und 90er Jahre gezogen haben, und wie sie die Programmatik der Oppositionszeit in Regierungshandeln umgesetzt haben. Vor allem geht es dabei um die Frage, ob sich ein einziges kohärentes sozialdemokratisches Politikprojekt gibt (wie z.B. der „Dritte Weg"[40] oder die „Neue Mitte", vgl. Schröder/Blair 1999), oder ob es nicht doch mehrere

---

[40] Zur Genese dieser politischen Metapher vgl. Merkel 1999: 5f. Die neuerliche Verwendung der Metapher bezeichnet nun den „engen" Pfad zwischen dem radikalen Neoliberalismus und der „alten" etatistisch-korporatistischen Sozialdemokratie (während sie vorher den „breiten" Weg zwischen Kapitalismus und Kommunismus umschrieb).

länderspezifische Projekte der Sozialdemokratie, etliche „Dritte Wege", gibt. Vielleicht gibt es auch gar keinen „Dritten Weg" oder selbst nationale sozialdemokratische Politikprojekte, da die Sozialdemokraten an der Macht eher den Imperativen der „Pfadabhängigkeit" gehorchen, so daß sie in ihrem Regierungshandeln ihren bürgerlichen Vorgängerregierungen ähnlicher sind als ihren europäischen Schwesterparteien (Sturm 1999b: 86f; Merkel 1999).

Das Papier „Dritte Wege - Neue Mitte" der SPD-Grundwertekommission zeigt insgesamt vier „dritte Wege" auf: den marktorientierten von Labour, den markt- und konsensorientierten der niederländischen PvdA, den etatistischen der französischen Sozialisten und den reformiert-wohlfahrtsstaatlichen der schwedischen SAP (SPD 1999: Teil II, Merkel 1999: Kap. 5), wobei die Spezifika jedes nationalen Weges die Übertragbarkeit eines nationalen „dritten Weges" auf andere Gesellschaften schwierig machen.[41] In einem ersten Vergleich der drei sozialdemokratischen Regierungen von Großbritannien, Frankreich und Deutschland zeigt Wolfgang Merkel (1998) zunächst noch zwei „dritte Wege" auf: den marktorientierten von New Labour und den etatistischen der französischen Sozialisten. Zwischen beiden Polen steuere die neue Regierung Schröder aller Voraussicht nach einen eigenen dritten Weg, so die Analyse im Dezember 1998. Während sich die Konturen des britischen Weges deutlich abzeichnen, bleiben die Konturen einer Politik der „Neuen Mitte" in Deutschland unscharf. Statt eines eigenen deutschen Weges oszilliert die rot-grüne Regierung zögernd zwischen beiden Polen, wobei sich seit dem Rücktritt Oskar Lafontaines als Finanzminister und Parteivorsitzender (März 1999) die Anzeichen mehren, daß zumindest in der Haushaltspolitik ein Kurs der radikalen Konsolidierung eingeschlagen wurde, der mit nachfrageorientierten Konzepten der Wirtschaftspolitik kaum mehr etwas gemein hat, aber auch die - teuere - Forcierung eines aktivierenden Sozialstaates unwahrscheinlich werden läßt (bis auf die Fortführung des Programms „100.000 Jobs für Jugendliche", s.u.).

In der Frage der Reform der Sozialsysteme kann der nachfolgende Überblick auf gesicherte Erkenntnisse in Großbritannien zurückgreifen, während in diesem Bereich in Deutschland wenig geschehen ist. Das zeigte sich u.a. in der heftigen Debatte, die der Vorschlag des neuen Arbeits- und Sozialministers Walter Riester auslöste, Elemente einer obligatorischen privaten Altersvorsorge in das bestehende Rentensystem einzuführen. Die von Oskar Lafontaine vorgeschlagene Umstellung des Wohlfahrtsstaates, insbesondere der Arbeitslosen- und Rentenversi-

---

[41] Wolfgang Merkel, der Autor des zweiten Teils des SPD-Papiers, läßt eine Präferenz für den niederländischen Weg erkennen (SPD 1999: 32; Merkel 1999: 21, 41). Dieser Weg ist gekennzeichnet durch die Ausweitung der Frauenbeschäftigung und der Teilzeitarbeit (unter Aufgabe des Ideals des männlichen Familienernährers), gepaart mit selektiven Sozialkürzungen und korporatistisch abgesicherter moderater Lohnpolitik (Becker 1998) Außerdem ist er der für Deutschland aufgrund seiner institutionellen Gegebenheiten auch der *am ehesten* gangbare (zur Übertragbarkeit vgl. Becker 1998: 21).

cherung, auf Steuerfinanzierung und eine verschärfte Fokussierung auf die Bedürftigen fand im Regierungshandeln keinen Niederschlag.[42] Solche weitreichenden Pläne sind auch spätestens mit dem „Zukunftsprogramm" (einem Euphemismus für Budgetkonsolidierung) gegenstandslos geworden. In Deutschland zeigen sich zudem die strukturkonservativen Kräfte der „Pfadabhängigkeit" deutscher Sozialpolitik.[43] Daran wird auch das massenmedial verbreitete und ohne vorherige innerparteiliche Debatte präsentierte „Schröder-Blair-Papier"[44] vom 8. Juni 1999 nichts ändern. Es folgt in seinen Feststellungen und Folgerungen weitgehend dem marktorientiert-angebotsseitigen Konzept eines aktivierenden Sozialstaates (Schröder/Blair 1999: 7f, 11f, 14-16, abrufbar im Internet unter: http://www.spd.de/politik/erneuerung/perspektiven/index.htm), wie ihn in Großbritannien Anthony Giddens (1998) oder in Deutschland Bodo Hombach (1998) vorgeschlagen haben. Im „Schröder-Blair-Papier" werden aber „Pfadabhängigkeiten" und damit die Machbarkeit ihrer Imperative nicht erwähnt. Deutscher Strukturkonservatismus zeigte erste Reflexe, als das DGB-Vorstandmitglied Heinz Putzhammer im Papier eine „historisch blinde Diffamierung des Sozialstaates" sah, während FDP-Generalsekretär Guido Westerwelle „eine große Übereinstimmung mit den Positionen der Freien Demokraten" sah (in ähnlichem Sinne negativ: Grahl 1999 und Gerhard Bökel in: Vorwärts 9/1999, Regionalausgabe Hessen-Süd, S. 1). Lediglich der rechte „Seeheimer Kreis" sah im Blair-Schröder Papier einen konstruktiven Beitrag zur Modernisierung der SPD (Archiv der Gegenwart 6/1999: 43579).

Die folgende kursorische Analyse untersucht die drei Hauptfelder sozialdemokratischer Politik: Verstaatlichungs-, Sozial-, Steuer- und Haushaltspolitik seit dem Zeitpunkt, als beide Parteien nach langer Oppositionszeit wieder die alleinige oder dominante Regierungspartei wurden.

---

[42] Lafontaine bemerkte in seinem Grundsatzpapier „Grundzüge sozialdemokratischer Wirtschaftspolitik" vom Oktober 1997 dazu: „Wir wollen aber dafür sorgen, daß die Zielgenauigkeit des Sozialstaates verbessert wird. Selbstverantwortung und Selbstvorsorge der Einzelnen müssen gestärkt werden: Die Menschen müssen die notwendigen Hilfen bekommen, um ihr Leben soweit wie möglich selbst und aus eigener Kraft in die Hand nehmen zu können." (abrufbar im Internet unter: http://www.spd.de/archiv/wirtschaft/Wir19971015_199.html

[43] Mit der partiellen Ausnahme des Gesundheitswesens, in dem Strukturreformen mit „etatistischen" Sektoralbudgets von der christlich-liberalen Vorgängerregierung vorgenommen wurden

[44] Korrekterweise müßte es Mandelson-Hombach-Papier genannt werden, da beide im Auftrag Schröders und Blairs seit Anfang 1999 an dieser Positionsbestimmung arbeiteten (Archiv der Gegenwart 6/1999: 43575). Es ist nicht nur wegen seines Inhaltes in diesem Kontext interessant, sondern wegen des Umstands, daß es nach langer Zeit wieder einen *gemeinsamen* Diskussionsvorschlag Labours und der SPD darstellt. Damit ist die von Lafontaine gepflegte deutsch-französische Achse zunächst in ihrer Bedeutung geschwächt. Daher erklärte auch der französische Ministerpräsident und Vorsitzende der PS, Lionel Jospin, er könne sich in diesem Papier nicht wiederfinden (ebd: 43579; Süddeutsche Zeitung, 9.6.1999).

Großbritannien unter der Regierung von New Labour
Labour führte in der Privatisierungspolitik die Tradition der konservativen Vorgängerregierung fort, indem weitere Privatisierungen zur Verbesserung der Einnahmesituation des Haushaltes angekündigt werden (und zwar in einer Größenordnung von einer Milliarde Pfund pro Jahr; Scheer 1999: 146).[45] In den privatisierten Bereichen des öffentlichen Personenverkehrs, insbesondere im Eisenbahnwesen, wurde auf die Betreiber erhöhter Druck seitens der Regulierungsbehörde ausgeübt, um die Performanz des öffentlichen Verkehrs zu erhöhen. Die Maßnahmen reichen bis hin zum Lizenzentzug (Independent on Sunday, 23.8.1999). Hier setzt Labour auf die effizienzstärkenden Kräfte des „regulatorischen Staates" (Majone 1994) bei partiellem Marktversagen.

Waren die Privatisierungen und Deregulierungen der konservativen Regierung ein Prüfstein für die Neuausrichtung Labours auf den „marktorientierten Weg" (SPD 1999: 12), so hatte dieser Themenkomplex kaum Bedeutung in der programmatischen Diskussion der SPD. Die unter der christdemokratisch-liberalen Regierung vollzogenen Privatisierungen und Deregulierungen betreffen bisher den Telekommunikations- und Strommarkt, während der Bund bei der „gelben" Post (Deutsche Post AG) und der Deutschen Bahn AG immer noch Alleineigentümer ist. Die im britischen Vergleich vollzogene unvollständige Privatisierung war innenpolitisch unumstritten, zumal die Leitung der öffentlichen Unternehmen der Bundesrepublik nicht ideologisch instrumentalisiert, sondern nach betriebswirtschaftlichen Kalkülen geführt wurde (Lange 1985). Lediglich im Bereich der deregulierten Strommärkte mahnte die SPD-Bundestagsfraktion einen Bestandsschutz für die Stadtwerke an (indem der Wettbewerb nur auf überregionale Strommärkte begrenzt werden sollte, Süddeutsche Zeitung 13.9.1999).

An dem primären Ziel der Preisstabilität, wie es seit der *Policy Review* verkündet wurde, hat auch *Labour in office* festgehalten. Dies wird in einer der ersten Maßnahmen der Regierung deutlich, als die *Bank of England* weitreichende Autonomie erhielt, auch wenn ihre Autonomie noch nicht so groß ist wie die der Bundesbank (OECD 1998: 35).[46]

In der Haushaltspolitik hatte sich Labour im Wahlprogramm (Labour Party 1997: 11) auf die Fortführung des restriktiven Haushalts der Vorgängerregierung festgelegt. Dieses Versprechen ist eingehalten worden, so daß das Haushaltsdefizit 1998 (auch wegen günstiger Entwicklung der Steuereinnahmen) auf 0,6 Prozent

---

[45] Zum Verkauf stehen zumindest teilweise die Luftverkehrssicherung, die Totogesellschaft *Tote*, die *Royal Mint* und die *Commonwealth Development Corporation*. Zusammen mit dem geplanten Verkauf von Aktiva (u.a. dem Belfaster Hafen und mehreren Autobahnservicestellen) sollen insgesamt zwölf Milliarden Pfund binnen drei Jahren eingenommen werden (Guardian Weekly, 21.6.1998).

[46] Der *Chancellor of the Exchequer* gibt der Zentralbank auf drei bis vier Jahre einen Zielkorridor für die Inflationsrate vor.

des BIP sank. Dadurch sank auch die Staatsquote auf den Stand der Macmillan-Jahre (1959 wie 1998: 39,3%; Guardian 27.8.1999). Das *welfare to work*-Programm und die geplanten Investitionen in den Erziehungs- und Gesundheitssektor (s.u.) sollen durch die Einführung einer *windfall tax* auf ungerechtfertigte Privatisierungsgewinne finanziert werden. Mit dieser verbesserten Einnahmesituation wird die Finanzierung des Sozialinvestitionsstaates über Verschuldung ausgeschlossen. Scheer (1999: 150) ist zuzustimmen, daß Labour den finanzpolitischen Handlungsspielraum eher auf der Einnahmenseite als auf der Ausgabenseite des Haushaltes sieht (wie z.B. durch die drastische Erhöhung der indirekten Steuern auf Tabak und Kraftstoffverbrauch [sog. „green taxes"][47]).

Zu einem zentralen Thema wurde der Umbau des Sozialstaates. Frank Field, *minister* (= Staatssekretär) *for welfare reform*, und langjähriger Vorsitzender der „Child Poverty Action Group", legte Ende März 1998 ein *green paper* „New Ambitions for Our Country - A New Welfare Contract" vor. Danach soll der Wohlfahrtsstaat so umgebaut werden, „that the best form of welfare is work as the surest route out of poverty" (Independent, 27.3.1998).[48] Vorgeschlagen wird, die Kinderbetreuung auszuweiten, die Besteuerung arbeitender Sozialhilfeempfänger zu senken und die Kriterien für Invaliditätsrenten zu verschärfen. In Anlehnung an amerikanische Vorbilder sollen Anreize geboten werden, eine Stelle auch dann anzunehmen, wenn der Lohn unter der Höhe staatlicher Unterstützung liegt. In Form einer negativen Einkommenssteuer (*tax credit*), die den *working poor* ausbezahlt wird, soll der stigmatisierende Charakter staatlicher Transfers ersetzt werden.[49] Darüber hinaus wurde ein kindbezogenes *tax credit*-System von Schatzkanzler Gordon Brown 1998 vorgeschlagen, das Alleinerziehende, die ein besonders hohes Armursrisiko tragen (Schönwälder 1998: 103), zur Aufnahme von Arbeit bewegen soll. Auch wenn gelegentliche Kritik an den vagen Formulierungen (Independent [Comment], Guardian [Leader], 27.3.1998) geübt wurde, war unbestritten, daß weniger eventuelle Leistungskürzungen im Vordergrund des *green paper* standen, sondern die Maxime „the welfare state to be rebuilt on work ethic" (Guardian, 27.3.1998).

Die Umsetzung allerdings gestaltete sich schwierig, da der Eindruck entstand, Labour gehe es nicht um den Umbau, sondern um den Rückbau des Sozialstaates. Ein Sozialhilfe- und Invaliditätsrentenreformgesetz (Dezember 1997) vollzog die ersten Kürzungen bei Behinderten und Alleinerziehenden, was zu einem kleineren

---

[47]Ausgenommen ist nur die Mehrwertsteuer auf Heizöl (und nicht, wie Scheer [1999: 151] schreibt, auf Benzin), die von 17,5 auf 7,5 Prozent gesenkt wurde, um den Bedürfnissen der „fuel poor" (Guardian, 27.8.1999) entgegenzukommen.
[48]Das *green paper* beruhte auf seinem Buch „Making Welfare Work" (vgl. Besprechung in: Independent on Sunday, 14.5.1995 und Fields Artikel in: Guardian, 7.11.1995).
[49]Diese Regelung ist allerdings keine Innovation der Labour-Regierung, sondern die Fortführung der *in-work benefits* der Konservativen Regierung (Dingeldey 1999: 333).

Aufstand innerhalb der Unterhausfraktion führte. Dieser Vorgang wiederholte sich Anfang November 1999.[50] Der erste Haushalt des neuen Schatzkanzlers Gordon Brown vom Juli 1997 setzte einige Wegmarken. Er verpflichtete alle jugendlichen Arbeitslosen, die länger als sechs Monate ohne Arbeit sind, auf die Teilnahme an Qualifizierungsprogrammen; die Einstellung von Langzeitarbeitslosen wird den Arbeitgebern mit £75/Woche vergütet; in Schulen und das NHS werden drei Milliarden Pfund investiert (Notebook: „Budget Update", Juli 1997). Ende 1998 kündigte Schatzkanzler Gordon Brown an, in den nächsten drei Jahren 40 Milliarden Pfund in das Gesundheits- und Bildungssystem zu investieren, wobei allerdings erst 250 Millionen für das NHS für den Krisenwinter 1998/99 eingeplant sind (Brown in Progress 12/1998: 7f). Das Investitionsprogramm ist allerdings an die Entlastungseffekte, die New Deal bringen soll, und höhere Steuereinnahmen infolge höheren Wirtschaftswachstum geknüpft (Inside Labour 7/1999, Pullout „Modernising the NHS", S. xiv). Forderungen nach einer quantitativen Ausweitung des Sozialstaates hatte bereits der Parteitag 1996 in Blackpool verworfen, als Barbara Castles Antrag, die staatlichen Grundrenten an die Veränderung der Nettolöhne anzupassen, verworfen wurde (The Guardian, 3.10.1996).
Elemente des von Giddens (1998: Kap. 4) vorgeschlagenen Sozialinvestitionsstaat setzte Labour im *welfare to work*- (auch: *New Deal*-) Programm um. Mit Qualifizierungsmaßnahmen, Lohnsubventionen und befristeten ABM sollen die meist unterqualifizierten jugendlichen Arbeitslosen in den ersten Arbeitsmarkt integriert werden (OECD 1998: 85). Dabei wendet Labour bei den Betroffenen „Zuckerbrot und Peitsche" (Dingeldey 1999) an: Verweigert ein Arbeitsloser die Teilnahme an den Maßnahmen, drohen ihm empfindliche Einbußen in der Arbeitslosenunterstützung. Bis Ende August 1998 haben 148.000 jugendliche Arbeitslose an *welfare to work* teilgenommen, wobei noch 100.000 in der Qualifizierungsphase waren. Etwa 17.000 fanden auf dem ersten Arbeitsmarkt eine feste Stelle (ebd: 332).
Problematisch sind allerdings die Mitnahmeeffekte des Programmes (OECD 1998: 86). Zudem steht die Erprobung des *New Deal* in Zeiten der Rezession und

---

[50]Patrick Wintour sah darin schon eine Morgenröte für die Labour-Linke (The Observer, 14.12.1997). Allerdings rebellierte kaum ein Fünftel der Unterhausfraktion, so daß die Regierung zu keiner Zeit eine Abstimmungsniederlage befürchten mußte (vgl. FAZ, 12.12.1997). Im November 1999 wies das Unterhaus mit einer Mehrheit von nur fünfzig Stimmen das ablehnende Votum des Oberhauses gegen den Regierungsentwurf zurück, 54 Labour-Abgeordnete (ein Achtel der Fraktion) stimmten mit der Opposition. Der Entwurf sah vor, den Kreis von Personen zu beschränken, denen aufgrund einer Behinderung staatliche Zahlungen zustehen. Außerdem solle die Arbeitsunfähigkeitsrente für diejenigen entfallen, die in den drei Jahren vor der Beantragung der Rente nicht mehr gearbeitet haben. Das Oberhaus wies diesen Antrag kurz vor seiner Auflösung (in der jetzigen Form) ein zweites Mal zurück (Guardian Weekly, 5.11.1999, Süddeutsche Zeitung, 4., 11.11.1999).

zurückgehender Beschäftigung aus. Dann könnten die von *welfare to work* Qualifizierten die ersten sein, die von ihren neuen Unternehmen entlassen werden. Noch ist diese Situation nicht eingetreten, da die britische Arbeitslosenrate 1998 auf unter 5% nach britischer Erhebungsmethode gesunken war (Dingeldey 1999: 328). Und schließlich kommen die meisten Teilnehmer wieder im Niedriglohnsektor unter, was zur Perpetuierung der Armut („Armut trotz Arbeit") führt (ebd: 335; dies. 1998: 38). Um *New Deal* zu finanzieren, führte Brown eine *windfall tax* ein. Sie ist eine Einmalsteuer auf Exzeßgewinne privatisierter Firmen. Die Einnahmen aus der Steuer taxierte Brown auf 5,2 Milliarden Pfund (Brown, in: New Labour - New Britain 4/1997: 4f).

Im Gefolge seines zweiten Haushalts machte Brown den Vorschlag, den Arbeitgeberanteil an der Sozialversicherung bei niedrigbezahlten Jobs zu reduzieren (und dafür bei hochbezahlten Jobs zu erhöhen; Independent on Sunday, 15.3.1998). Diese Regelung ist ziemlich radikal, macht sie doch gutbezahlte Arbeitsplätze für die Arbeitgeber teurer. Überraschend war das völlige Einverständnis auch der linken Presse mit diesen Plänen, der Observer wunderte sich über den ausbleibenden Aufschrei der *middle class*-Zeitungen: „Turkeys, as it seems, had voted for christmas" (Observer [Leader], 22.3.1998).

Lediglich auf einem Gebiet begab sich Labour auf einen interventionistisch-etatistischen Pfad, nämlich mit der Festlegung eine Mindestlohnes von £3,60/ Stunde ab April 1999, nachdem die Gewerkschaften mindestens £4 gefordert hatten (Guardian Weekly, 7.6.1998, 28.6.1998).[51] Blair hatte sich bis nach seinem Wahlsieg für die Einführung eines Mindestlohnes eingesetzt, aber konkrete Aussagen über dessen Höhe verweigert. Mit der Einführung eines Mindestlohnes wird das Wettbewerbsparadigma nicht der Armutsbekämpfung geopfert: „Einerseits hat sich New Labour damit [mit einem niedrigen, nicht-dynamisierten Mindestlohn, M.H.] auf einen neoliberalen Weg begeben, indem die internationale Wettbewerbsfähigkeit der britischen Ökonomie über niedrige Kosten (Löhne, Unternehmenssteuer) zu steigern ist, andererseits wird die staatliche Mindestlohnpolitik aber auch, solange ökonomieverträglich, als sozialpolitisches Instrument zur Armutsbekämpfung und zur Förderung des Arbeitsanreize benutzt" (Scheer 1999: 158f).

Wirklich umwälzende Veränderungen fanden allerdings abseits der Wirtschafts- und Sozialpolitik im Verfassungsgefüge Großbritanniens statt, die so tiefgreifend sind, daß bereits vom Ende des Westminster-Modells geschrieben wird (Schönwälder 1998: 110-113; Sturm 1999; Übersicht der Reformvorhaben: ebd: 216).

---

[51]Noch in der Opposition hatte sich Blair von den Gewerkschaften weiter distanziert, so daß der „Economist" von einem gegenseitigen Übertrumpfen von Labour und Konservativen sprach, wenn es darum ging, gegen die angebliche „trade union militancy" vorzugehen (The Economist, 14.9.1996; vgl. zum reduzierten Gewrkschaftseinfluß innerhalb Labours Kapitel 21).

Die weitreichendste Reform war die Dezentralisierung („Devolution") für Schottland und Wales, die in Referenden bestätigt wurde (ders. 1997).[52] Gerade der schottische Fall bricht mit der Allzuständigkeitsvermutung des nationalen Parlaments (wie im Westminster-Modell vorgesehen) und transferiert diese auf das schottische Parlament (ders: 1999a: 219). Bei den Wahlen zu den Regionalversammlungen (*parliament* in Schottland und *assembly* in Wales), wie auch bei den Europawahlen, wurde zusätzlich das relative Mehrheitswahlsystem durch proportionale Listenwahl ergänzt (Lamers 1999: 63; Sturm 1999a: 216f). Damit wird das Modell der Konkurrenzdemokratie mit regierungsfähigen Mehrheiten durch den kontinentaleuropäischen Typus der Koalitionsregierungen ersetzt, wie sie seit Mitte 1999 in Schottland und Wales zwischen Labour und den LibDems existieren.[53] In eine ähnliche Richtung weisen auch Vorschläge der Jenkins-Kommission zur allgemeinen Reform des Wahlrechts für die Wahlen zum Unterhaus. Für die Mehrheit der Sitze soll das absolute Mehrheitswahlrecht gelten, etwa 15% der Sitze sollen nach Verhältniswahlrecht verteilt werden (Lamers 1999: 65f). Bis zur nächsten Wahl wird wohl kein neues Wahlsystem gelten. Sicher ist bisher nur, daß über die Reform in einem Referendum entschieden wird. Auch der geplante (Beitritt zur EWU, Wahlrecht) oder durchgeführte (Devolution; Einrichtung eines Londoner Bürgermeisters) Rückgriff auf Referenden ist eine Innovation der neuen Regierung. Mit dem Rückgriff auf „eine alternative Quelle von Legitimität für staatliches Handeln, die Volkssouveränität" (Sturm 1999a: 221) werden die Pfeiler des Westminstermodells als Inkarnation des repräsentativen Demokratieprinzips mit seiner Parlamentssouveränität brüchig.

Labour *in government* bedeutet 1998 etwas anderes als noch vor zwanzig Jahren. Das Hauptaugenmerk gilt der Sicherung der Staatsfinanzen, des inflationsfreien Wachstums und einer angebotsorientierten *welfare to work*-Philosophie, die Elemente der Qualifizierung mit denen eines informellen Arbeitszwangs mischt.
In einer Gesamtschau des wirtschaftspolitischen Kurses der Labour-Regierung analysiert das Arbeitspapier „Dritte Wege - Neue Mitte" der Grundwertekommission beim Parteivorstand der SPD Stärken und Schwächen dieser Politik (SPD 1999: 12-17; vgl. Merkel 1999: 18-20).
Zu den Stärken zählen:

---

[52] In diesen Zusammenhang gehört auch die Einrichtung des Amtes eines Bürgermeisters für Groß-London, das seit der Abschaffung des *Greater London Councils* (GLC) 1986 keine den *boroughs* (Stadtbezirken) übergeordnete Stadtregierung oder einen Repräsentanten hat. Als aussichtsreichster Kandidat Labours gilt der ehemalige Vorsitzende des GLC, Ken Livingstone („Red Ken"), dessen Kandidatur allerdings Blair verhindern will.
[53] Diese sind die ersten *formellen* Koalitionen in Großbritannien überhaupt. Allerdings kodifizieren diese nur die weitreichende Zusammenarbeit zwischen Labour und LibDems bereits im Vorfeld der Wahl von 1997. Damit haben die LibDems ihre Politik der Äquidistanz zu Labour und Konservativen aufgegeben.

- die Absage an den Protektionismus,
- die reduzierte Diskriminierung zwischen *insiders* und *outsiders* und schnellerer Strukturwandel durch die Deregulierung der Arbeitsmärkte,
- die Konzentration des Wohlfahrtsstaates auf die wirklich Bedürftigen,
- die Fokussierung auf das Humankapital mit der „individuellen Verantwortlichkeit gegenüber dem eigenen Humankapital"

Zu den Schwächen zählen:
- die Selbstausgrenzung der oberen Schichten,
- die weitgehende Aufgabe einer antizyklischen Fiskal- und Geldpolitik,
- die Perpetuierung sozialer Ungleichheit (durch die mangelnde Umverteilungskraft des Steuersystems),
- die Diskriminierung der älteren Arbeitnehmer infolge der Arbeitsmarktflexibilisierung,
- die nachlassende Akzeptanz des Wohlfahrtsstaates bei der Mittelschicht, wenn dessen Leistungen nur noch auf die Bedürftigen begrenzt werden,
- die bisher noch zu schwachen Investitionen im staatlichen Bildungssektor, der immer stärker hinter den privaten zurückfällt,
- die bisher ausgebliebenen Effekte der Bildungs-, Arbeitsmarkt- und Sozialpolitik auf die im internationalen Vergleich niedrige Produktivität.

Die eigentliche Kulturrevolution liegt aber auf den Reformvorhaben im Bereich der verfassungsmäßigen Ordnung Großbritanniens mit *devolution*, der Institutionalisierung von Koalitionsregierungen zumindest auf regionaler Ebene, Wahlrechtsreform, Reform des Oberhauses[54] und dem Einsatz von Referenden. Diese Reformen können in ihrer Konsequenz so weit gehen, daß sich Großbritannien kontinentaleuropäischen Konkordanzmodellen annähert. Labour an der Regierung ist doch mehr als ein bloßes „Thatcherism with a human face" (Stuart Hall in: Observer, 12.1.1997).[55]

---

[54]Im November 1999 trat die Reform des Oberhauses in Kraft, die die Erbsitze der *Lords* (bzw. *Ladies*) weitgehend abschaffte. Bisher setzte sich das Oberhaus aus 1213 Mitgliedern zusammen, von denen 646 Erbadelige, 541 auf Lebenszeit ernannte Adelige (171 auf Vorschlag der Regierung Blair) und 26 Vertreter der Geistlichkeit waren. Im Oberhaus blieben die Labouranhänger im Gegensatz zum Unterhaus in der Minderheit: Nur 179, davon 19 Erblords, galten als Labouranhänger. Ende Oktober hatte das Oberhaus der Neukonstituierung zugestimmt, der zufolge die Sitze der Adeligen auf Lebenszeit und der Geistlichen unangetastet bleiben, allerdings die Zahl der Sitze der Erbadeligen von 646 auf 92 reduziert wurde (Süddeutsche Zeitung, Rhein-Neckar-Zeitung, 12.11.1999).

[55]Hall hatte seinen Ausspruch allerdings allein auf die Bildungspolitik bezogen.

Bundesrepublik Deutschland unter der rot-grünen Regierung
Nach der Bundestagswahl vom 27. September 1998 wurde binnen eines Monats der rot-grüne Koalitionsvertrag vorgelegt, der in seiner Tendenz Streitfragen (Ausstieg aus der Atomenergie) und Projekte mit unklarer Finanzierung oder Realisierung (Einkommens- und Unternehmenssteuerreform) ausklammerte und an Kommissionen weiterleitete (Auszüge in: Vorwärts 11/1998: 6f; Süddeutsche Zeitung, 21.10.1999; vollständiger Text im Internet unter: http://www.spd.de/ aktuell/programmatisches/vertrag.htm; zur Bewertung vgl. Kropp 1999: 39-42). Konkret wurde nur die (unstrittige) Neuregelung des Staatsbürgerschaftsrechtes und die ökologische Steuerreform erwähnt. Die weitreichenden Pläne der Reform des Staatsbürgerschaftsrechtes, die das seit 1913 geltende Abstammungsprinzip („ius sanguinis") durch das Territorialprinzip („ius soli") ersetzen sollte, wurde allerdings aufgrund der veränderten Mehrheitsverhältnisse im Bundesrat nach der Landtagswahl in Hessen (Februar 1999) durch einen Kompromiß, dem auch das sozialliberal regierte Rheinland-Pfalz zustimmen konnte, abgeschwächt. Trotz der Kritik an einer zu vorsichtigen Reform (Heribert Prantl in: Süddeutsche Zeitung, 17.3.1999) ist diese Reform eine der großen innenpolitischen Innovationen der neuen Regierung, da sie das alte Staatsbürgerschaftsrecht durch eine Regelung nach Territorialprinzip ersetzt, indem in Deutschland geborene ausländische Staatsangehörige für eine begrenzte Zeit zwei Staatsbürgerschaften erhalten, sich aber dann bis zum 23. Lebensjahr für eine entscheiden müssen.[56]
Vor allem schien der Koalitionsvertrag inhaltlich in der Wirtschafts- und Finanzpolitik inkonsistent zu sein, denn er sah einerseits Ausgabensteigerungen (Verdoppelung der Ausgaben für Forschung und Wissenschaft bis 2004; rückgängig zu machende Absenkung des Rentenniveaus) und andererseits den Finanzierungsvorbehalt aller Maßnahmen vor (Kropp 1999: 42).
Im Bereich der Haushaltspolitik mußte die Regierung Schröder - darin New Labour nicht unähnlich - restriktiven Maßnahmen folgen, da die Maastrichter Konvergenzkriterien bereits die Regierung Kohl haushaltspolitisch gebunden hatten. Wie bereits im Wahlprogramm (SPD 1998: 30) versprochen, kündigte Schröder in seiner Regierungserklärung einen „entschlossenen Konsolidierungskurs" an (Auszug in: Süddeutsche Zeitung, 11.11.1999: 8).
Im Januar 1999 legte der neue Finanzminister Oskar Lafontaine den ersten rot-grünen Haushalt vor, der zunächst auf Kritik stieß (FAZ, 16.1.1999), da er Ausgabensteigerungen in Höhe von 6,3% vorsah. Diese Erhöhung kam allerdings durch einmalige Sondereffekte (Veranschlagung von Zuschüssen an die Rentenversicherung und Post-Unterstützungskassen) zustande, so daß der Haushalt letztlich um 1,2% anwuchs (die Vorgängerregierung hatte 0,4% veranschlagt):

---

[56]Von einem ursprünglich geforderten (und parallel zur Änderung des Staatsbürgerschaftsrechtes diskutierten) Einwanderungsgesetz wandte sich die SPD schon im Oktober 1998 - gegen die Kritik der Grünen - ab (Süddeutsche Zeitung, 15.10.1999).

„Eine deutlich expansive, keynesianische Ausgabenpolitik läßt sich daraus nicht ablesen" (Scheer 1999: 163). Die Handschrift der neuen Regierung läßt sich eher in den Umschichtungen einzelner Haushaltsposten erkennen. So wurde der Sozialetat um zehn Prozent angehoben, um das Programm „100.000 Jobs für Jugendliche", die vom Bund getragenen Beiträge zur Rentenversicherung während der Kindererziehungszeiten und die Erhöhung des Kindergelds um 30 DM/Kind[57] zu finanzieren. Allerdings hat die Regierung mit ihrem Etat noch nicht die angekündigte Modernisierung des Sozialstaates in Angriff genommen, sondern weitgehend „klientelbezogene Wahlversprechen" eingehalten (ebd: 164f).[58]
Die große haushaltspolitische Wende kam mit dem Rücktritt Oskar Lafontaines von allen Partei- und Regierungsämtern (11. März 1999) und dem Amtsantritt Hans Eichels als neuer Finanzminister. Bereits nach zwei Wochen im Amt verkündete er eine mittelfristige Haushaltspolitik, nach der die Netto-Neuverschuldung des Bundes bis 2006 auf null zurückgeführt werden soll. In dem Juni 1999 beschlossenen „Zukunftsprogramm 2000", das auch Teilsteuerreformen (Unternehmenssteuer, Fortsetzung der ökologischen Steuerreform, Neuregelung des Familienlastenausgleichs aufgrund eines Bundesverfassungsgerichtsurteil vom Januar 1999) umfaßt, werden konkrete Zahlen genannt. Durch globale Minderausgaben in allen Ressorts von 7,5% des Budgets (bis auf Bildung) in Höhe von 30 Milliarden DM soll die Nettokreditaufnahme im Haushalt 2000 auf 53,5 Milliarden DM und bis zum Jahr 2003 auf 30 Milliarden DM gesenkt werden (Vorwärts 7+8/1998: 6-8). Die größten Kürzungsposten sind der Abbau bisheriger Leistungen für Arbeitslose und Rentner (vor allem durch die Kopplung ihrer Bezüge an die Inflationsrate) und der Abbau von Subventionen bei der Eigenheimförderung, der Landwirtschaft und der Werftenhilfe (Hickel 1999b: 950).[59] Dies nährt Befürchtungen über eine „soziale Schieflage" der Etatkürzungen, zumal sich die Bundesregierung gegen die Wiedereinführung der Vermögenssteuer ausgesprochen hat, die allerdings nur den Ländern zugute kommt. Aber selbst die Länder wollten einem Bundesratsantrag Schleswig-Holsteins zur Wiedereinführung nicht folgen. Bemerkenswerterweise war der Widerstand in der SPD-Bundestagsfraktion relativ schwach (wie bei Labours Kürzungsplänen von 1998 und 1999): Nur 30 SPD-Abgeordnete, ein Zehntel der Fraktion, wandten sich öffentlich gegen das Sparpaket (Süddeutsche Zeitung, 27.8.1999). Deutlichere Wirkung hatte die öffentliche Kritik des saarländischen Ministerpräsidenten Reinhard

---

[57]In einer ersten Stufe wurde das Kindergeld für das erste und zweite Kind um 30 DM angehoben. In der dritten Stufe soll es um weitere 10 DM auf dann 260 DM angehoben werden.
[58]Dazu gehört auch das „Korrekturgesetz", das die Lohnfortzahlung im Krankheitsfall wieder einführte. Diese Maßnahme ist eher symbolisch, da diese Regelung unabhängig von gesetzlichen Bestimmungen für 80% der Arbeitnehmer aufgrund von Tarifvereinbarungen gilt.
[59]Allein im Sozialhaushalt sind Einsparungen von 12,8 Milliarden Mark vorgesehen (Der Spiegel, 24.5.1999).

Klimmts, der seinen Landtagswahlkampf dezidiert gegen das Sparpaket führte (und dennoch - wenn auch knapp - verlor).
Nachdem Eichel verkündet hatte, daß auch nach dem Jahr 2000 gespart werden müsse, ist für unabsehbare Zeit eine restriktive Richtung der Haushaltspolitik vorgegeben. Trotz der verheerenden Wahlniederlagen der SPD in den Landtagswahlen im Saarland, in Brandenburg, Thüringen und Sachsen und in der Kommunalwahl in Nordrhein-Westfalen vom September 1999 hatten Forderungen der Linken und Teile der Gewerkschaften keine Chance, die restriktive Haushaltspolitik zugunsten einer Politik der „sozialen Wärme" aufzugeben (Rhein-Neckar-Zeitung, 20.9.1999). Gerhard Schröder erklärte stattdessen, er sehe keinen Anlaß, Korrekturen vorzunehmen, das Zukunftsprogramm müsse durchgesetzt und geduldiger erklärt werden (Süddeutsche Zeitung, 21.9.1999). Zugleich ist das Sparpaket und die Person Hans Eichels populär: 72% der von der Forschungsgruppe im September 1999 Befragten halten die Kürzung der Staatsausgaben um 30 Milliarden DM für richtig, 23% für falsch. Hans Eichel selbst ist im September populärer als der Bundeskanzler (Süddeutsche Zeitung 25.9.1999).
Auf dem Gebiet der Steuerpolitik initiierte die neue rot-grüne Regierung drei Gesetzeskomplexe: die Reform der Lohn- und Einkommensteuer, der Unternehmensteuer und der ökologischen Steuerreform. Nach der Blockade der angebotsseitigen Steuerreform der alten Bundesregierung 1997 sah es zunächst nach einem Paradigmenwechsel in der Steuerpolitik aus: von der Angebotsorientierung zur Nachfrageorientierung (Hickel 1999a).
Im ersten Komplex, der Lohn- und Einkommensteuer, wurde eine Senkung des Eingangssteuersatzes und des Spitzensteuersatzes angestrebt mit dem Ziel, hauptsächlich die unteren und mittleren Einkommen bis 2002 um 15 Milliarden DM zu entlasten.[60] Das „Steuerentlastungsgesetz 1999/2000/2002" trägt durch seine Tendenz, die Binnennachfrage durch gezielte Entlastungen für mittlere Einkommen zu stärken, eindeutig die Handschrift des nur vier Monate amtierenden Finanzministers Lafontaine. Zur dreistufigen Reform zählen

- die Senkung des Eingangssteuersatzes (von 25,9% auf 19,9% 2002),
- die Senkung des Spitzensteuersatzes (von 53% auf 48,5% 2002),
- die Begrenzung des Ehegatten-Splittings,
- die Verbreiterung der Bemessungsgrundlage[61], d.h. der Abbau von Steuerprivilegien hauptsächlich für Unternehmen, um die Reform zu finanzieren (Süddeutsche Zeitung, 18.10.1999; 4.11.1998).

---

[60]Hinter diesem Konzept steht eine stärkere Orientierung am Prinzip *ability to pay*. Denn bis Ende der neunziger Jahre hatte sich das Hauptgewicht der Steuereinnahmen auf die Lohn- und Mehrwertsteuer verlegt (und damit auf die lohnabhängigen Schichten), während der Anteil der Steuern aus gewerblichen Einkünften absank.
[61]Dies kommt der im Wahlprogramm vorgeschlagenen Mindestbesteuerung nahe (s. Kapitel 23.1., vgl. Hickel 1999b: 175).

Zur Finanzierung der Lohn- und Einkommenssteuerreform werden hauptsächlich die (Groß-) Unternehmen herangezogen, deren Gewinnermittlung neugestaltet wurde. Dies führte zu heftiger Kritik seitens der Betroffenen, was Hickel als bloßen Lobbyismus abtut (Hickel 1999a: 168, 1999b: 951). Aber zugleich wurde auch Kritik daran geäußert, daß die Entlastungswirkungen zu gering seien. In ihrem Herbstgutachten sahen sechs führende Wirtschaftsforschungsinstitute in der Reform eine einseitige Bevorzugung der Erwerbstätigen mit einem Arbeitsplatz und erwarteten keine Impulse für den Arbeitsmarkt (Süddeutsche Zeitung, 21.10.1998). Dies konterte Finanzminister Lafontaine mit einem Verweis auf die Nichtfinanzierbarkeit eines „größeren Wurfes", der ein Desiderat bleibe (Süddeutsche Zeitung, 22.10.1998).

In der Unternehmenssteuerreform, dem zweiten Komplex, soll die Bilanzierung der Unternehmen rechtsformneutral gestaltet werden. Nach den „Brühler Empfehlungen" vom April 1999 soll der Steuerhöchstsatz bei 35% liegen, was bereits in knapper Form auch im Koalitionsvertrag festgehalten ist. Da sich die neue Unternehmenssteuer aus der vom Bund erhobenen Körperschaftssteuer und den von den Kommunen erhobenen Gewerbesteuer zusammensetzt, dürften sie wegen der komplizierten Gemengelage (u.a. wegen der unterschiedlichen Hebesätze der Kommunen) nicht vor 2000 umgesetzt werden (Scheer 1999: 166). Hier geht die Regierung den richtigen, aber zeitlich zu langen Weg, die psychologisch (vor allem bei Innovationen) wichtigen *nominalen* Steuersätze, die den *effektiven* Steuersätzen wegen der vielen Steuerprivilegien (Abschreibungen, Verlustrückstellungen u.ä.) nicht entsprechen, deutlich auf internationale Vergleichswerte abzusenken (vgl. Hickel 1999a: 176, 1999b: 953). Bis dahin wird die Körperschaftssteuer einmalig von 45% auf 40% gesenkt (Hickel 1999a: 171).

Mit der ökologischen Steuerreform beschritt die Regierung den dänisch-niederländischen Weg. Durch erhöhte Steuern auf den Energieverbrauch werden die Sozialversicherungen entlastet, indem die Beiträge für die Rentenversicherung von 19,5% auf 18,5% 2003 gesenkt werden. Ab 1. April 1999 trat die erste von vier Stufen in Kraft. In jeder Stufe wird die Mineralölsteuer (6 Pf. / Liter für Kraftstoff, 4 Pf. / Liter für Heizöl, 0,32 Pf. / Kilowattstunde für Gas) angehoben, wobei die Luftfahrt und Binnenschiffahrt weiter ausgeklammert bleiben (die Bahnen aber nicht). Die großzügigen Ausnahmeregelungen für verbrauchsintensive Industrien lassen den Steuerungseffekt gering erscheinen. Der negativ-umverteilende Charakter der erhöhten Verbrauchssteuern, die als „eine spezielle Verbrauchssteuer, die die privaten Haushalte aufzubringen haben", erscheint (Hickel 1999b: 951), soll durch die Entlastungen infolge der Einkommenssteuerreform und der Absenkung der Rentenversicherungsbeiträge mehr als ausgeglichen werden. Dies hat natürlich keine positiven Auswirkungen auf die Bezieher von Transfereinkommen. Die Wirkung der ersten Stufe der ökologischen Steuerreform auf die Rentenkasse und die Höhe der Rentenversicherungsbeiträge fiel noch geringer aus als ursprünglich erwartet: Statt von 19,5% auf 19,1% zu sinken, sank der Rentenbeitrag nur auf 19,3% (Süddeutsche Zeitung, 9.11.1999). Nach Scheer (1999: 168) geht die neue Regierung in ihrer Steuerpolitik „einen Mittelweg zwischen gemäßigter Umverteilung zugunsten der mittleren Einkommen und einer investitions- und wachstumsfördernden Politik für Unternehmen". Das Paradoxon ist allerdings, daß die Bevölkerung die entlastenden Effekte nicht wahrgenommen hat. Nach den Zahlen der FGW sehen 50% der Befragten eine höhere Steuerlast auf sich zukommen, nur 7% sehen für sich Entlastungen (Süddeutsche Zeitung 25.9.1999).

Die Arbeitsmarkt- und Beschäftigungspolitik der Regierung war auf einem Gebiet besonders umstritten: Um dem Wachstum sozialversicherungsfreier Arbeitsverhältnisse (630-Mark-Jobs und Scheinselbständigkeit), die Anfang 1999 5,5 Millionen Erwerbstätige umfaßten (Wagner 1999: 911), entgegenzuwirken, wurden die Kriterien dieser atypischen Beschäftigungsverhältnisse verschärft und der Personenkreis, der in ihnen beschäftigt werden kann, verkleinert, um die Erosion der Beitragsbasis für die Sozialversicherungen zu stoppen.[62] In einer heftig geführten Kontroverse legten Interessenvertreter des Dienstleistungsgewerbes (in dem diese Beschäftigungen am meisten anfallen) dar, daß ohne 630-Mark-Jobs ganze Branchen nicht lebensfähig seien. Auch für junge Selbständige sei das Defacto-Verbot der Scheinselbständigkeit existenzgefährdend (Süddeutsche Zeitung, 3.4.1999; Der Spiegel, 3.5.1999: 26-38). Ob diese Neuregelungen eher Sozial- als Arbeitsmarktpolitik ohne beschäftigungsstimulierende Effekte sind (Scheer 1999: 172), ist noch nicht abzusehen. Nach dramatischem Rückgang der geringfügigen Beschäftigungsverhältnisse meldete die Bundesanstalt für Arbeit einen Anstieg der geregelten Beschäftigungsverhältnisse in bestimmten Branchen (insbesondere der Gastronomie; Süddeutsche Zeitung, 4.6.1999). Eine noch konsequentere Form wäre allerdings die generelle Besteuerung und Sozialversiche-

---

[62]*Maßnahmen gegen Scheinselbständigkeit:* Zwei von vier Kriterien (keine Angestellten, Arbeit für einen Auftraggeber, nicht frei am Markt werbend, keine unternehmerische Tätigkeit) mußten erfüllt sein, um nach der „Vermutungsregelung" einen Scheinselbständigen zu identifizieren. Eine vom Arbeitsministerium eingesetzte Expertenkommission stellte im September 1999 Modifikationsvorschläge vor, die die schädlichen Auswirkungen des Gesetzes auf Existenzgründer mildern soll (v.a. durch großzügige Übergangsregelungen und der Versicherungsfreiheit für Besitzer von Lebensversicherungen oder einer privaten Alterssicherung; Rhein-Neckar-Zeitung 24.9.1999).
Neuregelung der 630-Mark-Jobs: Schon vor der Neuregelung zum 1. April 1999 wurde für die Arbeitgeber eine Pauschalsteuer von 20% erhoben. Seitdem werden für den Arbeitgeber die vollen Sozialversicherungsbeiträge erhoben. Für den Beschäftigten bleibt der Job steuerfrei, wenn es sich um eine Haupterwerbstätigkeit handelt (betrifft etwa 4,5 Millionen Beschäftigte). Nur bei Nebenerwerbstätigkeit unterliegt der Job der Besteuerung gemäß Steuerklasse (betrifft etwa 1,5 Millionen Beschäftigte; Zahlen nach: Wagner 1999: 911; vgl. Bundesministerium für Arbeit und Sozialordnung 1999).

rungspflicht jeder Form von Erwerbstätigkeit gewesen, wie sie der Wirtschaftswissenschaftler Gert Wagner (1999: 912) fordert.
Klassische aktive Arbeitsmarktpolitik betrieb die Regierung mit ihrem Programm „100.000 Jobs für Jugendliche", das mit einem Volumen von zwei Milliarden Mark im Januar 1999 startete und damit ein Wahlversprechen erfüllte, das Gerhard Schröder auf seiner „Versprechensscheckkarte" (vgl. Kapitel 13.3) gegeben hatte. Ähnlich dem *welfare to work*-Programm Labours werden Nach- und Zusatzqualifizierungen und Lohnkostenzuschüsse für Unternehmen angeboten. Mit 100.000 Teilnehmern ist das Programm im Vergleich zu Frankreich (700.000)[63] und Großbritannien (250.000) recht klein dimensioniert (Scheer 1999: 172). Allerdings ist die Teilnahme am Programm freiwillig, daher sind keine leistungseinschränkenden Sanktionen vorgesehen (ebd; vgl. Vorwärts 9/1999: 9-16). Damit sind auch deutsche Forderungen nach einem aktivierenden Sozialstaat, der auf die Wahrnehmung der individuellen Pflichten zum Erhalt des eigenen Humankapitals setzt (Hombach 1998; SPD 1999: 29f, 36-38), noch nicht im Regierungshandeln berücksichtigt worden.
In den großen Linien der Arbeitsmarkt- und Beschäftigungspolitik (besonders in der Arbeitsmarktpolitik in den neuen Ländern) bewegt sich die rot-grüne Regierung in den Bahnen der Vorgängerregierung. Das darf auch deswegen nicht verwundern, da diese gerade in Ostdeutschland eine klassisch-sozialdemokratische Arbeitsmarktpolitik von schwedischen Ausmaßen betrieb.
In der Arbeitsmarktpolitik setzte die Regierung große Hoffnungen auf das „Bündnis für Arbeit", das IG-Metall-Vorsitzender Klaus Zwickel bereits im Oktober 1995 erfolglos vorgeschlagen hatte (vgl. Kapitel 3.3). Zwickel hatte damals angeboten, daß sich die gewerkschaftliche Tarifpolitik an der Inflationsentwicklung orientieren werde, wenn im Gegenzug Arbeitgeber und Regierung über drei Jahre 100.000 Arbeitsplätze schüfen, 10.000 Langzeitarbeitslose einstellten und auf Kürzungen im Sozialbereich verzichteten. Im Frühjahr 1996 entschied sich die Bundesregierung wohl nach dem überraschend guten Abschneiden in den Landtagswahlen dazu, den Bündnisvorschlag abzulehnen und mit Unterstützung der Wirtschaftsverbände einseitig ein Programm der marktorientierten Deregulierung zu verfolgen (Schroeder/Esser 1999: 7). Auch unter dem Eindruck der brüsken Ablehnung verstärkten die Gewerkschaften ihren Druck auf die Bundesregierung: zunächst mit der Massendemonstration vom Juni 1996 gegen die Sozialkürzungen und danach mit der Aktion „Deine Stimme für Arbeit und soziale Gerechtigkeit", die für den Regierungswechsel mobilisieren sollte (IG Metall-Vorstand o.J. [1998]). Wie im Wahlprogramm versprochen (s. Kapitel 23.2) und im

---

[63] Davon sind 350.000 im öffentlichen Sektor angesiedelt - ein Hinweis auf die etatistische Stoßrichtung des Jugendbeschäftigungsprogramms von Dominque Strauss-Kahn, das von der Einführung der 35-Stunden-Woche und großzügigen Frühverrentungsprogrammen begleitet wurde (Merkel 1999: 29).

Koalitionsvertrag vorgesehen konstituierte sich im Dezember 1998 unter der Ägide des Kanzleramtes das „Bündnis für Arbeit, Ausbildung und Wettbewerbsfähigkeit". Die bisherige Teilnehmerzahl ist im Gegensatz zur „Konzertierten Aktion" (s. Kapitel 3.1.1) überschaubar gehalten, an deren formale Gliederung in Spitzengesprächen (bisher dreimal), Lenkungsgruppe (vier Arbeitgeberverbände, DGB mit vier Einzelgewerkschaften und vier Staatssekretäre) und Arbeitsgruppen das Bündnis anknüpft. Neu ist ein Expertengremium, die Benchmarking-Gruppe aus Wirtschafts- und Sozialwissenschaftlern, die bereits erste Vorschläge vorgelegt hat: Wolfgang Streeck und Rolf G. Heinze schlagen eine flächendeckende staatliche Subvention für alle Beschäftigungsverhältnisse im Niedriglohnsektor vor (Der Spiegel 10.5.1999: 38-45).

Zu diesem Zeitpunkt (Ende 1999) befinden sich die Akteure noch in der *agenda setting*-Phase, wobei der bereits die Einbeziehung der Lohnpolitik zu einer lebhaften Debatte geführt hat, da die Gewerkschaften Eingriffe in ihre Tarifautonomie befürchten (Süddeutsche Zeitung, 25.3.1999). Bereits in Kapitel 3.3 sind die Handlungsrestriktionen der Akteure dargestellt worden, so daß hier nur der Hinweis genügen soll, daß die Chancen eines Bündnisses (ob mit oder ohne Verhandlungen über die Lohnpolitik), in absehbarer Zeit bindende Beschlüsse zu fassen, eher gering sind.

Die als notwendig erachteten Debatten um die Flexibilisierung des Arbeitsmarktes und die beschäftigungsfördernde Umgestaltung der Sozialsysteme sind noch nicht initiiert worden. Stattdessen stehen Arbeitszeitverkürzung, Überstundenabbau, Rente ab 60 und Altersteilzeit auf der Agenda (Süddeutsche Zeitung, 5.12.1998). Trotz einer provisorischen Skepsis sollte der Wert des Bündnisses dann nicht unterschätzt werden, wenn es zum „Etablieren des Vertrauens" nach niederländischem Modell kommt (vgl. SPD 1999: 17-19). Insofern ist mit der konsensorientierten Gesprächsrunde vom 6. Juli 1999 ein erster Erfolg erzielt worden, als sich die Arbeitgeber bereiterklärten, eine feste Anzahl von mehr Ausbildungsplätzen zuzusagen (Süddeutsche Zeitung, 7.7.1999). Diesen konsensorientierten Weg schien IG-Metall-Vorsitzender Klaus Zwickel wieder zu verlassen, als er das Ende des Bündnisse für den Fall androhte, daß sich sein Konzept der Rente ab 60 nicht durchsetzen würde (Süddeutsche Zeitung, 27.9., 30.9.1999).[64] Kein gutes Omen ist auch die wachsende Kritik der Gewerkschaften an der Bundesregierung infolge des Konsolidierungsprogramms und des Blair-Schröder-Papier ab Mitte 1999 (so z.B. in der HBV-Mitgliederzeitung „Ausblick" 3/1999 mit den Überschriften „Wo bleibt die soziale Gerechtigkeit?" und

---

[64] Daran äußerte der IG Bergbau, Chemie und Energie-Vorsitzende Hubertus Schmoldt Kritik: „Insofern habe ich überhaupt kein Verständnis für Gewerkschaftskollegen, die jetzt vom Bündnis nichts mehr wissen wollen. Wer jetzt aussteigen will, soll sagen, wo er einsteigen will" (Schmoldt-Interview in: Vorwärts 9/1999: 55). Verbunden war diese Kritik an der IG Metall mit Schmoldts Zustimmung zum Sparpaket.

„Politikwechsel ist ausgeblieben"). Dies läßt ungute Erinnerungen an die Entfremdung zwischen Gewerkschaften und SPD-geführter Bundesregierung zur Endzeit der sozialliberalen Koalition aufkommen. Zusätzlich belastend für die neue Regierung waren die Wahlniederlagen bei Landtagswahlen und der NRW-Kommunalwahl, die in Ostdeutschland dadurch verschuldet wurden, daß die Stammwähler der SPD nicht zur Wahl gingen. Hinzu kam, daß der SPD weder Wirtschafts- noch Sozialkompetenz zugemessen wurden, wie die FGW ermittelte (Süddeutsche Zeitung, 14.9.1999).

23.4 Zusammenfassung

Die *Policy Review* hat in der Tat Ähnlichkeiten mit Godesberg, geht aber noch weiter. Die *Policy Review* war - ähnlich wie Godesberg - der Abschluß eines längeren Prozesses der programmatischen Neudefinition einer sozialdemokratischen Partei. Beiden Programminnovationen gingen zwei Niederlagen voraus, aus denen die Parteiführung den Schluß zog, das Programm der Partei sei altmodisch und verhindere größere Erfolge bei den Wählern. Die Unterschiede liegen
a) in der Tragweite der Reformen und
b) in der Rolle, die die Parteiführung dabei spielte. Im Falle Godesbergs waren es innerparteiliche Reformgruppen, die die Parteiführung gegen ihren Widerstand zum Handeln zwingen mußten.

Die *Policy Review* ist ein klassischer Fall einer Revolution von oben. Wie Shaw feststellte, gelang sie unter anderem, weil die Politikformulierung innerhalb Labours zentralisiert wurde (Shaw 1994a: 109-112).

Die *Policy Review* ging über Godesberg hinaus, da sie aus Labour eine „post-revisionistische" (im Sinne von „marktorientiert") Partei machte (Shaw 1994a: X), während Godesberg aus der SPD eine revisionistische (im Sinne von „interventionistisch/keynesianisch-korporatistisch") Partei machte. Smith (1992a: 27) nennt die *Policy Review* „a return to revisionism [...], a revisionism for a different era which has learnt the lessons of the 1970s". Ist Labour damit endlich in den Schoß der Mainstream-Sozialdemokratie zurückgekehrt (vgl. Smith 1992b: 223)? Ja und Nein. Nein deswegen, weil es den Mainstream so nicht mehr gibt. Die SPD war wesentlich stärker als Labour damit beschäftigt, sich „anzugrünen", während Labour nach neuen Konzepten im Umfeld des Thatcher-Staates suchte. Ja deswegen, weil sich beide Parteien mit der Blockade revisionistischer Politikkonzepte (Keynesianismus und Ausbau des Wohlfahrtsstaates) schwer tun. Sie haben darauf in unterschiedlicher Weise reagiert. Labour vollzog eine deutliche Anpassung an den konservativen Politikmodus, stellte aber unübersehbar auf die Sicherung universeller Wohlfahrtsinstitutionen (NHS) und die aktive Rolle des Staates als Infrastruktur-Staat ab. Die SPD versuchte etwas halbherzig eine eigene Vision von Moderne, die Aussöhnung von Ökologie und Ökonomie. Halbherzig deswegen, weil z.B. die ökologische Steuerreform ohne Steuerungseffekte ausfallen und die Rentenkasse nur minimal entlastet wird, weil überhaupt die Diskussion über das neue Modernisierungsparadigma erratisch verlief und weil die SPD so ganz von ihrem Traditionalismus nicht lassen wollte.[65]

---

[65] So erkennt beispielsweise das Berliner Grundsatzprogramm die Notwendigkeit an, den Sozialstaat umbauen zu wollen. Auch die ungefähre Richtung wird angedeutet (Selbstentfaltung, Dezentralisierung). Wie aber der Umbau aussehen könnte, darüber schweigt sich das Programm aus.

Das Problem der SPD ist, daß *greening*-Strategien selten von den Gewerkschaften goutiert werden (Markovits/Allen 1989: 303-305). Überdies war es für die SPD auch gar nicht nötig, sich programmatisch besonders anstrengen zu müssen, da in den meisten Politikfeldern die Zeichen auf Kontinuität standen - woran die SPD selbst gewaltigen Anteil hatte (z.B. in der permanenten großen Koalition in der Sozialpolitik). Labours Minimalismus und Anpassung an die Konservativen war in sich kohärenter, wenn auch ohne Langzeitperspektive. Vor allem ist bei Labour der Programmpunkt Umweltschutz im Gegensatz zur SPD unterentwickelt, aber immerhin schaffte er den Sprung ins Programm (Carter 1992: 132). Zwar enthielt das Policy Statement „Looking to the Future" einen Umweltteil, aber der Umweltschutz stand unter dem Primat des wirtschaftlichen Wachtums (Labour Party 1990: 19-23). Anthony Taylor hat sicher nicht unrecht, wenn er die Gründe dafür im Parteienwettbewerb sieht: Da die englischen Grünen keine elektorale Gefahr darstellen, kann dieser Themenkomplex auch unterbelichtet bleiben (A. Taylor 1993: 143).

Gerald Taylor hat die interessante Frage aufgeworfen, ob die *Policy Review* in der Ideologiegeschichte Labours wirklich so neuartig sei. Denn eigentlich nehme sie nur den alten Ideologiestrang des Labour-Pragmatismus auf, ohne eine konsistente positive Prinzipiengrundlage zu entwickeln (Taylor 1997: 39-41). Das mag schon sein, allerdings ist das Neue, daß der Pragmatismus zur Regierungsraison erhoben wurde, während der systemtransformative Mythos getilgt wurde. So fragen sich Jones (1996), Shaw (1993; 1994a) und Taylor (1997), wofür Labour eigentlich noch stehe. Aber ein Blick auf die Konservativen zeigt, daß ihr Pragmatismus dazu geführt hat, daß sie sich in diesem Jahrhundert als die „natural party of government" etablieren konnten. Warum sollte dies nicht auch für Labour gelten?[66]

Merkel trifft die Situation beider Parteien, als er schrieb, daß sich „die Kohärenz des sozialdemokratischen Projektes der Nachkriegsperiode" auflöse und zur Zeit eine „Mischung aus traditionellen Politikroutinen und neuen Politikorientierungen" herrsche, „die noch nicht zu einem mittel- oder gar langfristigen Projekt verschmolzen wurden" (Merkel 1996: 93). Gillespie schreibt von „the air of disappointment", die die sozialdemokratischen Versuche umwehe, sich abermals zu definieren (Gillespie 1993: 177). Hinzu kommt „the air of non-participation": Sowohl das Berliner Programm als auch die *Policy Review* wurden unter Ausschluß der Öffentlichkeit und der Mitglieder diskutiert. Zumindest im Falle Labours gibt es einige Anzeichen für die These, daß hier keine programmatische

---

[66]Das soll nicht heißen, daß es nicht irgendwann einen *backlash* geben kann. Aber die „revolution of decreased expectations" könnte Labour davor bewahren, daß es aus Enttäuschung über ausgebliebenes Regierungshandeln zu einem innerparteilichen Bruderkrieg kommt. Wilson scheiterte schließlich daran, daß sein Pragmatismus auf einem ambitionierten Programm der ökonomischen Modernisierung beruhte, das nicht zu erfüllen war.

Elitenverschwörung[67] am Werk war, sondern das offensichtliche Desinteresse von Mitgliedern und Öffentlichkeit. So scheiterte die großangelegte „Labour Listens"-Kampagne wie auch CLP-Foren zur *Policy Review* mangels Zuspruch (Shaw 1993: 114; Taylor 1997: 52). Im Fall der SPD gilt ebenfalls die Diagnose vom Desinteresse der Mitglieder und der Öffentlichkeit. Im Gegensatz zu Labour fällt allerdings die schwache Rolle der Parteiführung auf: Besonders Vogel sah sich selbst eher als ehrlicher Makler zwischen dem Enkelaufbruch und der Tradition denn als Initiator von Neuformulierungen im Berliner Programm. Angesichts der innerparteilichen Grabenkämpfe vor kaum zwanzig Jahren ist das wahrhaft Erstaunliche, mit wie wenig Widerstand der Neo-/Post-Revisionismus sich durchsetzte. Er konnte sich wohl deshalb durchsetzen, weil Labour die Wahl mit populären („running with the public grain", Shaw 1993: 126) Politiken gewinnen wollte, sich die pragmatische Linke der Rechten erst angenähert, dann unterworfen hatte, die Gewerkschaften und die Mitglieder stillhielten und die Politikformulierung immer mehr in die Hände des Schattenkabinetts überging. Wer diesen Kurs nicht mittrug, mußte gehen, wie Bryan Gould es 1989 tat.[68] In der SPD lagen die Verhältnisse längst nicht so dramatisch. Zwar stellte die neue Politik neue Herausforderungen an die SPD, aber im Gegensatz zu Labour waren erstens die Verluste der SPD in den Wahlen kaum dramatisch, zweitens wurden die innerparteilichen Grabenkämpfe nicht bis aufs Blut ausgetragen und drittens war man hierzulande nicht radikalen Strategien der Bürgerlichen ausgesetzt, die irgendeinen Konsens aufgekündigt hätten. Die SPD konnte sich also ihre Ambivalenzen leisten, zumal sie im Notfall auf ein treues Stammpotential zurückgreifen konnte.

An der Regierung hat New Labour mit erstaunlicher Konsequenz seinen marktorientiert-angebotsseitigen Kurs in der Wirtschaftspolitik umgesetzt, der in gewisser Weise an Versuche der konservativen Vorgängerregierung anknüpft, die Arbeitsanreize in Niedriglohnbereichen und allgemein die Qualifikation britischer Arbeitnehmer zu erhöhen (Dingeldey 1998; Merkel 1999: 17f; allgemein zur These der Kontinuität in der Wirtschaftspolitik: Lamers 1999: 62f). Dies spricht für eine gewisse „Pfadabhängigkeit" der britischen Wirtschaftspolitik auch unter Labour. Verbunden mit einem sozialen Ethos der Arbeit und der Dimensionierung und Finanzierung des *New Deal* stellt Labours Regierungshandeln aber einen eigenen inhaltlich konsistenten Weg (wenn auch mit Schwächen[69]) europäischer

---

[67]So z.B. Taylor (1997: 65-67). Er weist nicht zu Unrecht darauf hin, daß die Policy Review einen Elitenkonsens widerspiegele, während der Parteitag kaum konsultiert wurde, daß sogar 1989 beschlossen wurde, die Policy Review keinem Parteitag vorzulegen (ebd: 62).
[68]In seiner Autobiographie machte er Kinnocks Kurs der Mitte und die Intrigen Smiths und Browns für seinen Abgang verantwortlich (Guardian Outlook, 19.8.1995).
[69]Darunter zählen die bisher ausgebliebenen Antworten darauf,

Sozialdemokraten am Ende des Jahrtausends dar. Labour hat mit erstaunlichem Tempo die programmatische Erneuerung seit 1990 ins Regierungshandeln umgesetzt. Dieses Tempo wird durch den britischen Zentralismus, der Alleinregierung von Labour und damit der geringen Zahl der Akteure mit Veto-Potential ermöglicht.[70] Eine für tiefgreifende Reformen ungünstige Konstellation herrscht in der Bundesrepublik: Die Anzahl der Akteure (Koalitionspartner, Länder, Verlust der Bundesratsmehrheit seit März 1999, Tarifpartner) macht britische *policy innovations* unmöglich. Vor allem aber die bisher nicht erfolgte programmatische Reform bzw. das nicht kohärente programmatische Profil der SPD hat dazu beigetragen, daß es keinen deutschen „dritten Weg" mit klarer Zielsetzung gibt. Stattdessen verfolgt die SPD eine Post-Maastricht-Politik der Haushaltskonsolidierung. Die bisher erfolgten Neuansätze in der Steuerpolitik sind „zu bescheiden, zu wenig radikal und zu nah am Status quo der vergangenen zwei Jahrzehnte" (Merkel 1998). Das gleiche Urteil trifft auch auf die Beschäftigungspolitik und die Sozialpolitik zu. Im Falle der Sozialpolitik ist es am erstaunlichsten, daß die Regierung auf dem Gebiet mit der (auch innerparteilichen) höchsten publizistischen Frequenz kaum über folgenlose Gedankenspiele und schlecht konzipierte Ad-hoc-Politiken hinausgekommen ist.[71] Auch hier ist eine stärkere Verzahnung von Arbeitsmarkt-, Renten- und Sozialpolitik weitgehend ausgeblieben. So sind z.B. britisch-amerikanische Modelle des *earned income tax credit* besser als die deutsche Regulierung der marginalen Beschäftigungsverhältnisse dazu geeignet, die Beschäftigten im Niedriglohnsektor (wozu auch die marginalen Beschäftigungsverhältnissen zählen) nicht in die Armut abgleiten zu lassen und zugleich die Dynamik dieses Arbeitsmarktsegments zur Verbesserung der Beschäftigungssituation zu nutzen.

- wie der Wohlfahrtsstaat diejenigen schützen kann, die sich nicht in den Arbeitsmarkt integrieren können,
- wie die die wachsende Gruppe der *working poor* dauerhaft in ihrer Existenz gesichert werden kann,
- wie der britische *short termism* zugunsten einer langfristigen Investitionsstrategie der Finanzmärkte und der Unternehmen abgelöst werden soll; Vorschläge von Will Hutton (1996; vgl. Kapitel 23.2) wurden bisher nicht aufgegriffen.

[70] In diesem Zusammenhang ist der Rekurs auf Lijpharts Klassiker „Democracies" (1984) sinnvoll, wonach Großbritannien der Idealtyp des zentralistisch-majoritären Demokratietypus darstellt, während die Bundesrepublik eher dem föderal-konsensuellem Typ zuneigt. Damit verbreitert oder verengt der jeweilige Demokratietypus den Handlungskorridor sozialdemokratischer Regierungen.

[71] Beispielhaft ist die Entkopplung des Rentenanstiegs von den Nettolöhnen (stattdessen werden die Löhne um die Inflationsrate erhöht). Diese Maßnahme dient offensichtlich der kurzfristigen Haushaltskonsolidierung, denn die Entkopplung soll nur für die Jahre 2000 und 2001 gelten.

24 Der Faktor Führung

Bisher wurden Labour und SPD aus soziologischer Perspektive gesehen: Wähler und Organisation. In diesem Zusammenhang wurde oft die „Parteiführung" genannt, was nicht genauer definiert wurde. Meist wurden darunter die Parteivorsitzenden bzw. Parteiführer („party leaders" in Großbritannien) und der Parteivorstand verstanden. Die besondere Rolle der Parteiführer im engeren Sinn, die der Parteivorsitzenden/"party leaders", blieb bisher ausgeklammert. In einer instruktiven Studie von Franz Walter (1997a) wurde beklagt, daß sich die Politikwissenschaft dem Phänomen „Führung" nicht genügend zugewandt habe, so als sei dies die Prärogative der Journalisten, denen die Analyse gesamtgesellschaftlicher Zusammenhänge abgehe.

Allerdings gab es in der Wahlforschung bereits Ansätze, diesem Phänomen Bedeutung beizumessen. Denn schließlich ergab sich durch die Mediatisierung der Wahlkämpfe auch eine Personalisierung: Etliche Wähler lassen sich auch durch die (Führungs-) Qualitäten eines Kandidaten leiten. Auch in der Analyse der Parteiorganisation hat der Faktor Führung Eingang gefunden. Peter Lösche sprach von „Bonapartisierung" und meinte damit den direkten Kontakt zwischen Parteiführern und Wählern einerseits und Mitgliedern unter Umgehung der mittleren Parteihierarchie andererseits. Bonapartisierungstendenzen gibt es in beiden Parteien, allein schon durch die Distribution von Mitgliedsmagazinen, die aus der Parteizentrale kommen, wobei „Vorwärts" diskussionsfreudiger als „Labour Party News" oder das Aktivistenmagazin „Progress" ist.

Bereits 1929 war Egon Wertheimer aufgefallen, daß der SPD-Vorsitzende ungeliebt seinen Weg gehe, halb anonym in seinem Parteighetto gefangen sei, während es um den Labour-Führer[1] einen Kult gäbe, dem die Partei persönliche Gefolgschaft schulde (Wertheimer 1929: 145). Dies galt wahrscheinlich aber nur für einen kurzen Moment in der Geschichte Labours, schließlich wurde der von Wertheimer bewunderte Ramsay MacDonald zwei Jahre aus der Partei ausgeschlossen. Richtig unumstritten waren in beiden Parteien nur zwei Führer: Clement Attlee und Kurt Schumacher.

Walter (1995a, 1997a) lenkte den Blick auf die unterschiedlichen Parteiführer der SPD und fragte nach den jeweiligen Führungsressourcen, Führungspotentialen, Führungstechniken und Führungsrestriktionen. Gerade hier spielt die organisatorische Struktur der Partei und die Anzahl rivalisierender Machtzentren die entscheidende Rolle.

Williams (1982: 50f) schlug eine Klassifikation der Parteivorsitzenden vor: Die „pathfinders" (Innovatoren), die „stabilisers" (Versöhner) und die „problem-solvers" (Krisenmanager, die „fixers"). Dabei haben die einzelnen Führungstypen

---

[1]Den offiziellen Titel „Leader of the Labour Party" gibt es erst seit 1978. Vorher war der (alleine von der Fraktion bestimmte) Führer der Unterhausfraktion ex officio auch Parteiführer.

unterschiedliche Stärken und Schwächen: Ein „pathfinder" kann zwar der Partei eine langfristige Perspektive verschaffen, aber durch seine Innovationen die Partei gegen sich aufbringen. Dieser Typus dürfte der seltenste sein, da sich ein Parteiführer nicht erlauben kann, einen konfliktintensiven Kurs zu steuern. Stabilisierer induzieren keine programmatischen Innovationen, sie sind Versöhner (meist sind sie „sound party men"; Williams 1982: 51) ohne eine längerfristige programmatische Perspektive. Die „problem-solvers" überraschen oft mit Einfällen, haben aber keine langfristige Strategie, so daß sie sich nicht lange halten, zumal sie keine festen Parteibastionen hinter sich haben. Ob und wann ein Parteiführer in diese Kategorie fällt, hängt einerseits von seinem Naturell und seinen Strategien ab, aber auch von den innerparteilichen Machtkonstellationen - und der Zeit in der Opposition. Zumindest legt die Führungshistorie Labours den Schluß nahe, daß eine hinreichend lange Oppositionszeit den Typus des „pathfinder" begünstigt. Prinzipiell aber scheinen in sozialdemokratischen Parteien eher „Stabilisierer" gefragt zu sein, da sie am besten mit den oft unversöhnlichen Strömungen auskommen, während ein „pathfinder" die Partei zerreißen könnte (Ingle 1989: 125).

Zwei Dinge fallen bei beiden Parteien auf: Die ersten Jahre nach dem Krieg waren durch eine unerschütterliche Loyalität der Partei gegenüber ihrem Vorsitzenden geprägt, nur der Tod brachte sie aus dem Amt (Schumacher, Ollenhauer, Gaitskell). Aber waren sie zugleich auch gute Führer? Und was geschah in der Opposition? Seit dem halb-erzwungenen Rücktritt Brandts 1987 hatte die SPD bis dato vier Parteivorsitzende: Hans-Jochen Vogel (1987-1991), Björn Engholm (1991-1993), Rudolf Scharping (1993-1995) und Oskar Lafontaine (1995-1999). Warum hielten sie sich so kurz?

Aber auch Labours Parteiführer in der Opposition waren eher kurz im Amt: Michael Foot drei Jahre (1980-1983), Neil Kinnock neun (1983-1992), John Smith zwei (1992-1994; er erlag einem Herzinfarkt). Tony Blair ist seit Juni 1994 *party leader*.

Und die Machtressourcen der Vorsitzenden waren äußerst unterschiedlich: Während die *party leaders* bei Labour ex officio auch Vorsitzende der Parlamentsfraktion und Kandidat für das Amt des Premierministers sind, waren die SPD-Vorsitzenden nicht automatisch Kanzlerkandidaten (Ausnahme: Schumacher 1949; Ollenhauer 1953, 1957; Brandt 1965, 1969, 1972; Scharping 1994) und selten auch Fraktionsvorsitzende (Ausnahme: Ollenhauer 1952-57; Vogel 1983-91; Scharping 1994-95). Die Dreifachkombination gelang lediglich Ollenhauer 1957. Gerade im deutschen Fall gilt, daß eine entscheidende Machtressource die Kombination von Regierungs- und Parteiamt ist (Niclauß: 1988: 242). Die Kandidaten, seit 1991 auch ausnahmslos die Vorsitzenden, waren oder sind profilierte Ministerpräsidenten der Länder. Dies deutet auf eine „Föderalisierung" der Partei hin, in der die Parteizentrale eher an Gewicht verliert. Hausmacht und Legitimation durch erfolgreiche Landespolitik sind der Schlüssel für innerparteilichen Einfluß.

SPD

Schumacher (1945-52): Am Anfang der SPD war 1945 Kurt Schumacher (frei nach Arnulf Baring), der die Legitimität seiner Herrschaft innerhalb der SPD im Weberschen Sinne charismatisch begründete. Auch wenn es einen „Bürgermeisterflügel" gab, der die Konfrontationspolitik Schumachers ablehnte, konnten sich die ideologiefernen Bürgermeister innerparteilich nicht durchsetzen. Sie konnten ihre Opposition weder in die Massenmedien transportieren noch eine „plebiszitäre Stimmung gegen den Vorsitzenden" (Walter 1997a: 1294) entfachen. Dies hätten sie auch nicht gewagt, denn noch war das „Ethos" (Drucker 1979) der SPD, im Zweifelsfall loyal zu sein, intakt. Aber Schumachers programmatische Intransingenz und Maximalismus kostete der SPD Stimmen. Ein hartes Regime innerhalb der Partei führte nicht zu einem Erfolg an den Wahlurnen.

Ollenhauer (1952-63): Erich Ollenhauer, der Schumacher folgte, entsprach nicht dem charismatischen Führungstyp: Er hatte eine Reputation als Bürokrat ohne besonderes Charisma; aber zugleich war er ein „Versöhner", der innerparteiliche Reformprozesse nicht entschieden behinderte. Programmatisch war er sogar einer der führenden Initiatoren des Godesberger Programmes. Gegen seinen kaum energisch zu nennenden Widerstand wurde auf dem Parteitag 1958 das „Büro", das Vorstandssekretariat mit hauptamtlichen Vorstandsmitgliedern, aufgelöst und durch das „Präsidium" ersetzt. In ihm waren bekannte Parlamentarier aus dem Vorstand vertreten. Aus der Apparat-Partei wurde eine Parlamentarierpartei. Ollenhauers Stellvertreter waren ab 1958 Waldemar von Knoeringen und Herbert Wehner, der nun mit dem Fraktionsvorsitzenden Fritz Erler und dem Kanzlerkandidaten Willy Brandt zum eigentlichen Führungszentrum der Partei wurde. Dies war die Geburtsstunde zweier Tendenzen, die die nächsten vierzig Jahre bestimmten: Die SPD bekam eine kollektive Führung und die Länderchefs (Willy Brandt, Max Brauer, Georg August Zinn) bekamen qua Hausmacht gesteigerten Einfluß: „Erfolgreiche Regierungsarbeit und die Legitimation durch Volkswahlen bekamen einen höheren Rang als verläßliche Organisationsarbeit, programmatische Grundsatztreue und die Ochsentour im Funktionärs- und Delegiertenkörper der Partei" (Walter 1997a: 1298). Außerdem zollte die Partei mit der Kandidatur des telegenen Brandts der Mediengesellschaft Tribut. Ollenhauers Führung war alles in allem nicht charismatisch, sondern integrativ, indem er die Godesberg-Skeptiker bis auf wenige Ausnahmen trotz der enormen innerparteilichen Wandlung in der Partei halten konnte. Daß sich die Erneuerer durchsetzen konnten, und Ollenhauer trotz seiner Niederlagen nicht demontiert wurde, lag am immer noch intakten „Ethos" der SPD.

Brandt (1964-87): Nach Ollenhauers Tod erhielt Brandt den Vorsitz aufgrund seiner Medienqualitäten, Wehner bereitete in der zweiten den Eintritt der SPD in eine Koalition mit der Union vor, als er 1964 die SPD auf die Wiederwahl Heinrich Lübkes festlegte und (wenn auch nicht erfolgreiche) Koalitionsverhandlungen mit der Union 1965 führte. Dabei war Brandt in seinen ersten Jahren nicht Darling der Partei, zumal er als Kanzlerkandidat erklärt hatte, er sei nicht der Exekutor des Parteiwillens. Seine innerparteilich unangreifbare Position erlangte er in der Großen Koalition, in der er sich als Ostpolitiker profilierte und sich damit von der Union abgrenzte. Und Ende der 60er Jahre entdeckte er auch die „neue Politik" für die SPD; sie erhielt eine neue Mission. Schließlich belebten sich auch wieder die innerparteilichen Debatten, wie z.B. auf dem Parteitag 1968, als die Jusos deutliche Sympathien für die APO und die Studentenbewegung erkennen ließen. Seit Ende der sechziger Jahre verjüngte sich die SPD, und die jungen Mitglieder waren häufig weniger traditionalistisch-loyal und diszipliniert als die alten. Das sozialdemokratische Ethos zerbrach. Nun brauchte die Partei weniger einen strengen Zuchtmeister wie Wehner, sondern einen geduldigen Integrator. Dies gelang Brandt auch bis 1973, als die SPD ihre „Mission" (Ostpolitik und innenpolitische Reformen) abgeschlossen hatte. Im Gefolge des Ölpreisschocks geriet Brandt in die Mühlen der Kleinarbeit der Regierung, die seit der Wirtschaftskrise 1973/74 einen Manager brauchte, und der verschärften Auseinandersetzungen innerhalb der SPD. Dies war die große Stunde Herbert Wehners und des Wiederauflebens der kollektiven Führung (Brandt, Wehner, Schmidt), die jeder für sich ein Parteisegment repräsentierten: Brandt war der Repräsentant für Utopien und Reformen, Wehner der Repräsentant der Disziplin und der Polarisierung, Schmidt der Repräsentant für pragmatische und ideologiefreie Politik mit Mittelschichten-Appeal. Dabei konnte die Troika nur solange funktionieren, solange sich Brandt, Wehner und Schmidt untereinander kooperativ verhielten, und solange jeder seinen Part spielen konnte. Besonders Wehners Disziplinierungsregime wurde ab der Mitte der 70er Jahre brüchig. Die SPD-Parlamentarier waren seit 1976 ziemlich jung und neuen Werten eher zugetan (vgl. Schmitt 1987). Anstatt zu moderieren, versuchte er sein autoritäres Regime wie in den sechziger Jahren fortzuführen (Walter 1997a: 1309).

Schmidt war in den Wahlen der große Aktivposten der Partei, allerdings war seine Machtbasis innerhalb der Partei schmal. Schmidt machte später für sein Scheitern den Umstand verantwortlich, daß er 1974 mit dem Amt des Kanzlers nicht auch das des Parteivorsitzenden übernahm (Schmidt 1996: 446). Er hätte damit wohl die Machtressourcen gebündelt, hätte aber zugleich seinen Nimbus als Volkskanzler verloren, der notfalls auch Konflikte mit der eigenen Partei austrägt. Da Schmidts fehlende Visionen und pragmatischer Politikstil die neuen Linken in der Partei nicht integrieren konnten, ergriff Brandt ab 1979 nach längerer diskursiver Abwesenheit wieder die programmatische Initiative, indem er mit der Friedensbewegung sympathisierte. Die SPD glich sich in den frühen 80er Jahren in der Programmatik und im Habitus den Forderungen der Neumitglieder der Siebziger an, was „den Konservatismus der Partei in den 90ern" erst begründete (Walter 1995a: 710). So befand sich die SPD Ende der siebziger Jahre in einem schwer auflösbaren Dilemma, was die wirksame Steuerung des innerparteilichen Ringens um die neue Konstellation des Parteienwettbewerbs anging. Eine autoritäre Führung war ohne Chance; eine kollektive Führung „alternativlos" (Walter 1997a: 1312), aber suboptimal, da die beiden Exponenten in völlig gegensätzlichen Lagern standen. Ab 1983 sah es so aus, als hätte die neue Linke in deutlich abgemilderter Form über den Pragmatismus Schmidts gesiegt: Auf dem Nürnberger Parteitag 1986 versuchte die SPD den Schwenk zu einer „neuen Politik": Ablehnung der Nachrüstung und der Kernenergie. Vor der Wahl 1987 fiel die Kandidatenwahl auf Johannes Rau, der in Nordrhein-Westfalen 1985 die absolute Mehrheit errungen hatte. Somit wurden „provinzielle Wählerplebiszite" (Walter 1997a: 1314) zum Auswahlkriterium für den Kanzlerkandidaten. Rau war Exponent der Parteirechten, und konnte sich, ähnlich wie Schmidt, innerparteilich nicht einer vorbehaltlosen Unterstützung sicher sein. Dies lag unter anderem daran, daß die SPD über ihren Kurs angesichts einer veränderten Parteienlandschaft nicht entschieden hatte: Sollte die Mitte gewonnen werden (die Union als Konkurrent) oder die neue Linke (die Grünen als Konkurrent) oder eine „Mehrheit links von der Mitte" gesucht werden (die Grünen als Partner)?

Vogel (1987-91): Nach dem Rücktritt Brandts 1987 kam ein Bürokrat vom Schlage Ollenhauers an den Parteivorsitz. Und ähnlich wie Ollenhauer dreißig Jahre zuvor, hielt Hans-Jochen Vogel den Partei- und Fraktionsvorsitz. Dabei war seine Leistungsbilanz als Fraktionsvorsitzender (seit 1983) durchaus eindrucksvoll: Er hatte wieder die Fraktion diszipliniert, nachdem Wehners autoritäres Regime in seinen letzten Jahren als Fraktionsvorsitzender (1980 bis 1983) zusammengebrochen war. Als Parteivorsitzender wirkte Vogel durchaus integrierend, so daß sich wegen der ständigen Formelkompromisse die großen Dispute der siebziger und frühen achtziger Jahre nicht wiederholten. Aber dies ging zu Lasten einer kreativen und kämpferischen Politik- und Programmdarstellung. Anfang der neunziger Jahre geriet Vogels Führungsstil in eine Krise, als sich etliche SPD-Ministerpräsidenten gegen die eigene Partei stellten oder offenes Desinteresse an der Partei zeigten. So fuhr der niedersächsische Ministerpräsident (1990-1998) Gerhard Schröder nicht mehr zu Präsidiumssitzungen nach Bonn.

Engholm (1991-93): Auf Björn Engholm fiel die Wahl, da er 1988 einen spektakulären Erfolg bei der schleswig-holsteinischen Landtagswahl erzielt hatte. Wie alle „Enkel" hatte er seine Machtbasis auf Landesebene und war nicht bereit, diese für Bonn aufzugeben. Bereits 1990 hatte sich Oskar Lafontaine geweigert, nach der verlorenen Bundestagswahl 1990 als Oppositionsführer nach Bonn zu gehen (Der Spiegel, 10.12.1990). Auch Engholm drängte sich nicht um das Amt des Vorsitzenden. Sein berühmtes „Wat mutt, dat mutt" kennzeichnete die relative Lustlosigkeit an der Bürde des Parteivorsitzes. Auch der Fraktionsvorsitzende Hans Ulrich Klose vermochte es nicht, der SPD-Fraktion eine klare Linie vorzugeben. Weder Engholm noch Klose waren kämpferischen Naturen, die sich als Diener der Partei (wie Vogel) begriffen, sondern intellektuelle (und überaus kunstsinnige) Moderatoren, deren programmatische Äußerungen eine gewisse Beliebigkeit und Vagheit erkennen ließen.

Thomas Leif schrieb über Engholms Parteiführungs- und Regierungsphilosophie: „Regieren ist nicht befehlen" (Leif 1992: 223). Ausgehend von Engholms Regierungserfahrungen in der Kieler Staatskanzlei (1988-1993) strebte er nach einer „neuen Kontaktkultur" (ebd: 224). Walter sah in der „Modernisierung der politischen Kommunikation ... das Grundanliegen Engholms" (Walter 1997b: 19). In seiner Kieler Projektgruppe ließ Engholm die Kommunikationsgesellschaft der Zukunft mit den sechs „K" (Kenntnisse, Kompetenz, Kreativität, Kultur, Kunst und Kommunikation, einschließlich der Fremdressource „T" für Technologie) entwickeln, wenn auch nach Leif die Ressource „F" (für Finanzen) bei dem „Symposium der Siebenhundert" im Oktober 1991 nicht behandelt wurde (Leif 1992: 225-227). So ging Teamgeist und Diskurs vor Entscheidungen. Klose war Engholms kommunikativem Anspruch sehr ähnlich, was allerdings zur Folge hatte, daß für die Bundestagsfraktion keine verbindliche Linie vorgegeben wurde. Abseits von kommunikativen Leitbildern vermochte es Engholm nicht, der SPD ein klares Policy-Profil zu verschaffen. Auch wenn Engholm in der Wirtschaftspolitik die Maximen seines Regierungshandelns in Schleswig-Holstein in die Parteizentrale zu transportieren suchte, gelang ihm dies nicht im Stile einer öffentlichkeitswirksamen Policy-Wende (Leif 1992: 228, Walter 1997b: 19). Die überraschende Wende folgte indes in einem ganz anderen Feld: „Engholms bedeutendste Tat war ohne Zweifel die Revision der asylpolitischen Haltung der SPD" (Walter 1997b: 19). Fast im Alleingang hatte er die Wende der SPD in dieser Frage vorbereitet und gegen erbitterten Widerstand durchgesetzt. Und schließlich ließ er schon bald nach seinem Amtsantritt den Bundesgeschäftsführer Karlheinz Blessing eine Kommission zur Reform der Parteiorganisation einberufen. Die SPD sollte demnach ihren Mitgliedern mehr Mitspracherechte geben und sich für Seiteneinsteiger öffnen (vgl. Kapitel 21). Hier zeigte sich, daß Engholm abseits von Leifs Sarkasmen durchaus erfolgreich führen konnte, wenn auch zeitlich und sektoral begrenzt. Schließlich hatte er schon in Schleswig-Holstein gezeigt, daß sein Führungsstil zwar dialogorientiert, aber nicht a priori ineffizient war. Aber schon bald zeigten sich kommunikative Defizite des neuen Vorsitzenden: Gerade in den frühen neunziger Jahren wäre es darauf angekommen, nicht nur Kommunikation zu postulieren, sondern sie auch mit den desintegrierenden innerparteilichen Gravitätszentren zu praktizieren.

Der Kommunikator an der Spitze hätte
- die SPD-Ministerpräsidenten politisch zusammenbinden müssen (stattdessen leistete Engholm der Föderalisierung der SPD Vorschub[2]),
- die Aktivitäten der SPD in den Ländern und seine Policy-Innovationen mit der Bundestagsfraktion abstimmen müssen (stattdessen konnte Klose die Fraktion nicht auf eine verbindliche Linie festlegen),
- die Parteizentrale strategisch einbeziehen müssen.

In den knapp zwei Jahren seiner Amtszeit als Parteivorsitzender befand sich Engholm in einem „Dauerspagat zwischen Bonn (Montag und Dienstag) und Kiel (Mittwoch bis Freitag) mit einem ergänzenden Aufgabensplitting am Wochenende" (Leif 1992: 227). Neben dem wirklichen Willen zur Macht hatte es Engholm zunächst am Willen zu Bonn gefehlt. Er war selbst in die Föderalisierungsfalle der SPD geraten, aus der sich nach ihm kein Parteivorsitzender (außer Scharping nach der Bundestagswahl 1994) befreien wollte: Wenn schon Parteivorsitzender, dann wollte man zugleich auch seine Bastionen in den Ländern nicht um den Preis Bonner Allgegenwart aufgeben. Der Dauerspagat zwischen Parteivorsitz und Regierungsamt in den Ländern gehört seit der Machtübernahme der Enkelgeneration zum Erscheinungsbild der SPD-Führung.

Scharping (1993-95): Mit Rudolf Scharping wurde abermals ein Landespolitiker Parteivorsitzender, der sich durch die gegen die Union gewonnene Landtagswahl 1991 in Rheinland-Pfalz innerparteilich legitimiert hatte. Dort hatte er den Ruf eines anpackenden „Machers", der den Landesverband Rheinland-Pfalz geschaffen hatte, nachdem er die Prärogative der Bezirksverbände gebrochen hatte (Leif/Raschke 1994: 38f). In der Landespolitik hatte er sich für eine Koalition mit der FDP entschieden, nachdem er 1991 für kurze Zeit mit den Grünen „Schein-Verhandlungen" (Leif/Raschke 1994: 46) geführt hatte. Dies kennzeichnet Scharpings prinzipielle Strategie: Statt einer für seinen Kurs der kompetenzorientierten Modernisierungsstrategie riskanten Koalition mit den Grünen ging es ihm darum, Sachkompetenz und Verläßlichkeit „der Mitte" zu demonstrieren. Es war wohl ein „Kurs der Mitte", der ziemlich traditionelle Themen (besonders Arbeitsplätze) einschloß.

Scharping kam durch die Urwahl des Parteivorsitzenden in sein Amt, allerdings erreichte er mit 40,3% der Stimmen keine eindeutige Legitimation. Gerhard Schröder war ihm nur knapp unterlegen und zweifelte den Herrschaftsanspruch Scharpings an. Dem hätte mit einem zweiten Wahlgang abgeholfen werden können, der aber unterblieb. Selbst Schröders Dauergegnerschaft konnte Scharping in

---

[2] Am deutlichsten wird dies in der Mehrwertsteuer-Kontroverse 1992. Die Regierung hatte insbesondere Brandenburg erhebliche Anreize geboten, damit die Mehrwertsteueranhebung auf 15 Prozent den Bundesrat passieren konnte. Durch die Zustimmung dieses SPD-regierten Landes wurde die „Steuerlüge"-Kampagne der SPD gegen die Bundesregierung zusätzlich desavouiert.

seinem unbedingten Machtwillen nicht abhalten. Er beseitigte das traditionelle Ämtersplitting, und ging nach der verlorenen Bundestagswahl 1994 endgültig nach Bonn, indem er auch den Fraktionsvorsitz übernahm. Allerdings konnte auch er die rivalisierenden Machtzentren der Partei nicht beseitigen, zumal sich Schröder und Lafontaine nicht den Anweisungen der Zentrale beugen wollten. Schröder und Lafontaine waren bereits Anfang der neunziger Jahre Medienstars, während Scharping ein unbekannter (und dazu auch noch spröder) Gremienpolitiker aus der Provinz war. Besonders Schröder setzte seine massenmedialen Qualitäten und seinen privilegierten Zugang zur Berichterstattung ein, indem er sich direkt bei den Wählern als ein ideologiefreier „moderner" Ministerpräsident präsentierte, der durch seine demonstrative Distanz zur Partei auch noch an Popularität gewann. Dadurch geriet Scharping immer mehr in die Defensive.[3] Die Auseinandersetzungen der Jahre 1994 und 1995 waren (im Gegensatz zu denen der siebziger Jahre) keine programmatischen mehr, sondern persönliche, denn programmatisch vertraten Schröder und Scharping ähnliche, „post-revisionistische" Positionen, die mehr auf die politische Mitte als auf die Inkorporation der neuen Linken zielten (Der Spiegel, 11.9.1995). Je deutlicher vernehmbar Schröders obstruktive Statements aus Hannover wurden, desto mehr geriet Scharping in die Abhängigkeit Lafontaines, der dafür (gerade in der Außenpolitik) einen hohen Preis forderte.[4] Einen Grund für die endemische Führungsschwäche hatten Henning Voscherau und Peter Glotz ausgemacht: Beide sahen die „Teamunfähigkeit und Quertreibereien" der Enkel als Grund für die Demontage Scharpings (Voscherau-Interview in: Der Spiegel, 30.10.1995; Glotz-Interview, in: Der Spiegel, 17.6.1996).

Scharpings zunächst autoritärer Führungsstil brach ab Mitte 1995 völlig zusammen (Der Spiegel, 3.7.1995). Selbst als er entschlossen führen wollte und Schröder als wirtschaftspolitischen Sprecher der SPD absetzte, war die Presse verheerend.[5] Die Vernetzung der Machtzentren war nicht gelungen, zumal sich Scharping die letzten Monate seiner Amtszeit völlig von der innerparteilichen Kommunikation abschottete. Aus dieser Zeit stammt auch Heide Simonis' Wort vom „Autisten" Scharping. Scharpings Versagen war nicht nur das eines Vorsitzenden

---

[3] „Spiegel"-Reporter Jürgen Leinemann gab einem Portrait über Scharping den Titel „Entdeckung der Langsamkeit" (Der Spiegel, 10.10.1994).
[4] Dies führte auch zum Rücktritt des Bundesgeschäftsführers Günter Verheugen Ende September 1995, der im Gegensatz zu Lafontaine Auslandseinsätze der Bundeswehr befürwortete (Verheugen-Interview, in: Der Spiegel, 9.10.1995).
[5] Der Anlaß war die Äußerung Schröders, es gebe keine christdemokratische oder sozialdemokratische Wirtschaftspolitik, sondern nur eine moderne oder unmoderne (vgl. Scharping-Interview in: Der Spiegel, 4.9.1995). Bereits Ende 1994 hatte sich angedeutet, daß Scharping unfähig war zu delegieren und in der Strategiefindung mit Rau, Lafontaine und Schröder zu kooperieren (Der Spiegel, 12.12.1994).

ohne zentrale Autorität, sondern das eines medial Unbegabten, während seine Rivalen, besonders Schröder, virtuos mit den Medien umgingen.[6]
Die Schwäche der SPD war zu dieser Zeit zugleich ihre Stärke, denn sie stellte 1995 in zehn Bundesländern den Ministerpräsidenten (in Bremen den Bürgermeister), in vier weiteren war sie an der Regierung beteiligt. Diese föderalen Machtzentren machten den absoluten Führungsanspruch der Parteizentrale unmöglich (Walter 1995a: 706). Dies zeigte sich, als Scharping - wie Lafontaine 1991 - den Bundesrat zur Arena des Kampfes gegen die Regierung machen wollte. Die Obstruktionspolitik schlug fehl, und Schröder profilierte sich als Landesvater, dem die Landesinteressen wichtiger waren als die der Partei.

Lafontaine (1995-99): Wie Schröder in den neunziger Jahren, war Lafontaine in den Achtzigern ein Liebling der Medien, dessen Provokationen und Tabubrüche massenmedial verbreitete Aufmerksamkeit gefunden hatten. Bis 1988 beherrschte er die innenpolitische Agenda der alten Bundesrepublik, zumal er den Konflikt sowohl mit dem Parteiestablishment als auch mit den Gewerkschaften suchte. Aber aus dem „Politiksponti und Medienkobold" (Walter 1997a: 1328) wurde in seiner Zeit als Parteivorsitzender ein Integrator. Denn bis zu Scharpings Sturz auf dem Mannheimer Parteitag (November 1995) schien die parteiinterne Karriere Lafontaines fast schon beendet: Erst überlebte er im August 1990 ein Attentat und verlor deutlich die Bundestagswahl 1990 und sah sich zwei Jahre später in saarländische Skandalgeschichten involviert. Doch seit 1996 gelang ihm als Parteivorsitzender das Wunder der innerparteilichen Konsolidierung, indem er die geduldige Kommunikation mit den Parteiflügeln, den Parteiebenen und den Ministerpräsidenten suchte. Hinzu kam, daß an Lafontaines Seite loyal Bundesgeschäftsführer Franz Müntefering und Scharping als Fraktionsvorsitzender standen. Gerhard Schröder übte sich derweil in Disziplin, um seine Chancen für die Kanzlerkandidatur für die Wahl 1998 nicht zu gefährden. Schließlich waren Lafontaine auch die Parteitage und die Aktivisten gewogen, die er mit kämpferischer Rhetorik und Kompromißlosigkeit im Umgang mit der unpopulär werdenden Regierung mobilisierte.

Die neue Kultur des Umgangs miteinander bewährte sich auch während der nicht versiegenden Debatte um die Kanzlerkandidatur, die prinzipiell Schröder als auch Lafontaine anstrebten. Als Schröder die Niedersachsen-Wahl vom März 1998 zu einem Plebiszit über seine Kandidatur gemacht hatte, und sie auch gewonnen hatte, fügte sich Lafontaine diszipliniert. Die Aufgabenteilung Schröder (für unzufriedene bürgerliche Kreise) und Lafontaine (für die Partei) bewährte sich zunächst im Wahlkampf. Die Sollbruchstellen waren allerdings nicht weniger deutlich: Schröder hatte keinen Rückhalt in den Parteieliten und im Delegiertenkorpus - dies könnte eine krisenhafte Situation à la Schmidt auslösen: Ein populärer

---

[6]Joachim Raschke schrieb über ihn: „Er hat ein reduziertes Politikverständnis, eine irritierende Persönlichkeit und einen überlebten Führungsstil" (Raschke in: Der Spiegel, 6.11.1995).

Kandidat (oder Kanzler) ist in einem permanenten Konflikt mit der Partei und dem Vorsitzenden. Dies dürfte sich auch nach dem plötzlichen Rücktritt Lafontaines von all seinen Ämtern im März 1999 und der Übernahme des Parteivorsitzes durch Schröder (12. April 1999) nicht verändern.[7] Möglicherweise kann durch die für Dezember 1999 geplante Einrichtung des Postens eines Generalsekretärs, den der ehemalige Bundesgeschäftsführer Franz Müntefering bekleiden soll, ein Teil der innerparteilichen Koordinationsleistung abgewälzt werden.[8] Vor allem wurde im Vorfeld der Wahl die Strategie der Partei nicht hinreichend geklärt. Die bereits in Kapitel 23.1 eingehender beschriebene Unfähigkeit der SPD, eine konsistente Politikalternative zur damaligen Bundesregierung zu entwerfen, konnte bis dato nicht überwunden werden.

Die Grundprobleme der Partei sind bisher nicht gelöst: Sie hat unterschiedliche und gegensätzliche Wählermilieus, liebt ihre Traditionen, und ihre Entscheidungs- und Machtstruktur ist föderal-fragmentiert.
Wie gezeigt, ist Führungsqualität ein relativer Begriff: Ein autoritärer Regierungsstil (wie bei Scharping) hätte besser in die fünfziger Jahre gepaßt, ist aber in den neunziger Jahren obsolet geworden, da sich die Partei fragmentiert hatte. Aber auch ein diskussionszentrierter Führungsstil wie bei Engholm erscheint nicht erfolgversprechend, wenn die Partei Entscheidungen benötigt. Und schließlich entscheidet auch die Gunst der Medien über das Schicksal der Politiker: Lafontaines Sturz Anfang der neunziger Jahre war besonders tief, ebenso der Scharpings ab Ende 1994. Ollenhauer wäre in den neunziger Jahren niemals Vorsitzender geworden. Landespolitiker hingegen haben den Vorteil der Sichtbarkeit: Mehr als der namenlose Parlamentsabgeordnete oder Funktionäre stehen sie im Blickpunkt medialen Interesses, besonders wenn sie sich quer zur Parteilinie stellen, da die Loyalitätsaufkündigung und Interessenkonflikte der massenmedial präsenten Ministerpräsidenten mit der Parteiführung die Nachrichtenselektionskriterien der Medien bedienen und damit den Imperativen der Mediengesellschaft gehorchen

---

[7] Am 12. April 1999 wurde Gerhard Schröder auf dem SPD-Sonderparteitag in Bonn mit 75% der Stimmen zum Nachfolger Lafontaines gewählt. Der im September abgesetzte Bundesgeschäftsführer Ottmar Schreiner erhielt 81% (Vorwärts 5/1999: 6f). Beherrschendes Thema auf dem Parteitag war allerdings die Haltung der Bundesregierung zum Kosovo-Krieg.
[8] Dies war eine Konsequenz aus den Landtagswahlen im Saarland und in Brandenburg (5.9.1999), in denen die SPD dramatische Stimmenverluste hinnehmen mußte, so daß sie im Saarland die Macht verlor und in Brandenburg mit der CDU koalieren mußte. Die Überlegungen zur organisatorischen Umgestaltung wurden allerdings bereits im August als Reaktion auf den aufflammenden innerparteilichen Protest gegen das Sparpaket und die offensichtliche Desintegration der Partei gefaßt. Vom Juni 1999 an kam es zu einem ernsthaften Zusammenbruch der innerparteilichen Koordination, als der neue Fraktionsvorsitzende Struck eigenmächtig ein neues Steuermodell vorstellte, das sich an den Vorstellungen der FDP orientierte, und der damalige saarländische Ministerpräsident Reinhard Klimmt sich im Wahlkampf öffentlich vom Sparhaushalt und der Rentenpolitik der Regierung abgrenzte.

(Meyer 1997: 137-141). Diese „plebiszitäre mediale Führungsstrategie" (Walter 1997a: 1332) überholt die herkömmliche Führung einer Partei: Die Willensbildung über Parteitage, Delegierte und die Rolle programmatischer Aussagen (und die Loyalität zu ihnen) ist auf dem Rückzug. Dies hat weniger eine Amerikanisierung oder Bonapartisierung zur Konsequenz - schließlich unterlagen die Medien- und Publikumslieblinge zu oft - sondern eher eine weitere medial-föderale Fragmentierung der Partei. Schon von daher ist die kollektive Führung das einzig mögliche Führungsprinzip in der SPD, wenn auch eines mit Ambivalenzen.

Labour

Attlee (1935-55):   Attlee war der Urtyp eines „stabiliser". Ihm gelang es, die Linke in die Partei einzubinden, die sich mit der Stagnation der Reformpolitik ab 1948 immer unzufriedener zeigte. Ihm ist es zu verdanken, daß Stafford Cripps und Aneurin Bevan nicht aus der Partei entfernt wurden. Allerdings ging der Partei ab 1951 der „sense of purpose" verloren, da die Linke die Rechte verstärkt herausforderte. Die letzten Jahre seines Vorsitzes waren Jahre der Stagnation, er verwandte einen Gutteil seiner Energie darauf, den rechten Herbert Morrison vom Parteivorsitz fernzuhalten.
Gaitskell (1955-63):   Hugh Gaitskell war das genaue Gegenteil von Attlee. Er war getragen von der Mission, die Partei wieder regierungsfähig zu machen, indem unpopuläre Parteiprogrammatik getilgt werden sollte. Allerdings gelang es ihm, daß der linke Flügel bis 1959 keinen offenen Konflikt wagte, bis Gaitskell den nicht gut vorbereiteten Versuch unternahm, Labours Verpflichtung auf Verstaatlichungen, den politischen Mythos der Systemtransformation, durch eine revisionistische Programmatik zu ersetzen (vgl. Kapitel 22). Das Loyalitätsethos der Partei war noch stark genug, Wilsons Kandidatur gegen Gaitskell (1960) mit Zweidrittelmehrheit abzulehnen. Hugh Gaitskells Reformimpetus - intellektuell unterfüttert von Anthony Crosland - ist dem Blairs vergleichbar. In zentralen Punkten scheiterte er aber am Widerstand der Gewerkschaften, Labours Verpflichtung auf den Sozialismus zu tilgen.
Wilson (1964-76):   Harald Wilson hatte sich 1960 beim „leadership contest" als Versöhner der Partei präsentiert (dabei galt er als Linker). Als Hugh Gaitskell 1963 starb, konnte er die Exponenten der Rechten (George Brown und James Callaghan) im zweiten Wahlgang der Unterhausfraktion mit genau diesem Argument schlagen. In Wahrheit hatte er das eine Ziel, Labour zur „natural party of government" zu machen, indem er sie zur Partei der Modernisierung machen wollte. Die Modernisierungsstrategie beruhte eher auf herkömmlichen Konzepten der Verstaatlichung und Wirtschaftsplanung. Die Strategie kollabierte während der Währungskrise und der Streikwelle 1966, seitdem betrieb er Krisenmanagement. Kurzatmige Innovationen (wie „In Place of Strife"; vgl. Kapitel 3.1.2) scheiterten am Widerstand der Gewerkschaften. Statt die Konflikte offen auszu-

tragen, wurden sie von Wilson mit seinen oft karikierten kryptischen Phrasen überdeckt. In der Opposition zeigte sich das ganze Ausmaß seiner kurzsichtigen Strategie: Die neue Linke übernahm ganze *Constituency Labour Parties* und die größten Gewerkschaften suchten ein Realignment mit der innerparteilichen Linken. Die Linke wurde von der Unterhausfraktion Labours enttäuscht, da sie offensichtlich nichts unternahm, Konferenzbeschlüsse (wie z.B. die radikale „Alternative Economic Strategy") ins Regierungshandeln umzusetzen.[9]

Callaghan (1976-79): Auch wenn in den ersten zwei Jahre nach dem knappen Wahlsieg vom Oktober 1974 Wilson zeigte, daß er die Qualitäten eines „stabiliser" hatte, trat er im März 1976 überraschend zurück[10], und James Callaghan übernahm das Amt des Parteiführers (mit dem linken Michael Foot als „deputy leader"). Schon allein wegen seines Gewerkschaftshintergrunds (er war lange Gewerkschaftssekretär, kam aus einer Arbeiterfamilie und hatte keinen Universitätsabschluß) war er der geborene Integrator. Er hielt Tony Benn, den Repräsentanten der neuen Linken, an weniger exponierter Stelle im Kabinett. Callaghan machte 1978 den entscheidenden Fehler, angesichts wachsender Opposition der Gewerkschaften, an seiner Einkommenspolitik und seinen Dezentralisierungsplänen für Schottland und Wales festzuhalten. Nach der verlorenen Wahl 1979 trat er sofort zurück.

Foot (1980-83): Stephen Ingle (1989: 128) schrieb Michael Foot einmal „pathfinder"-Qualitäten zu, was sicherlich wenig überzeugend ist. Ob er ein Stabilisierer war, erscheint ebenfalls fraglich, da schließlich Teile des rechten Parteiflügels zur SDP überliefen. Foot war dafür auch nicht der richtige Mann: Wie Wilson hatte er eine lange Karriere als Linker in der Partei hinter sich, besonders in der „Keep Left Group" um Aneurin Bevan (dessen Biographie Foot schrieb). Seine Wahl verhinderte zwar einen offenen Konflikt zwischen Links und Rechts um das Amt des *party leader,* dafür brach der Konflikt 1981 umso schärfer um das Amt des *deputy party leader* aus. Am Ende gewann der rechte Denis Healey knapp vor der Symbolfigur der radikalen Labour-Linken Tony Benn.

Foots Bilanz als *party leader* ist gemeinhin als erfolglos beurteilt worden. Er versuchte zwar die Partei zu disziplinieren, aber er vermochte es nicht, einschneidend gegen die „harte Linke" durchzugreifen: Weder konnte er die Trotzkisten aus der Partei entfernen (Shaw 1988: 218-253), noch konnte er die Kandidatur des radikalen Linken Peter Tatchell im sicheren Wahlkreis Bermondsey verhindern (Tatchell verlor deutlich gegen die Alliance). Der Hinterbänkler Austin

---

[9] Ben Pimlott bemühte sich anläßlich von Wilsons Tod um eine Ehrenrettung, ohne allerdings das Scheitern seiner Modernisierungsstrategie widerlegen zu können (Pimlott, in: Independent on Sunday, 28.5.1995).

[10] Offensichtlich waren es eher persönliche Gründe, die ihn zu diesem Schritt bewogen, zumindest hat er sich seitdem nicht mehr öffentlich zu diesem Schritt geäußert. Eine niemals bestätigte, aber für wahrscheinlich gehaltene Alzheimer-Erkrankung wurde nach seinem Tod im Mai 1995 als Rücktrittsgrund vermutet (Independent, 25.5.1995).

Mitchell schrieb über ihn, er habe die Fähigkeit „to obscure issues" (Mitchell 1983: 51). Seine drei Jahre als *party leader* waren gekennzeichnet vom Unvermögen, der linken innerparteilichen Opposition zu einem vollkommenen Sieg zu verhelfen noch sie in ihre Schranken zu weisen. Vor allem gelang es ihm nicht, die Gründung der SDP durch prominente Labour-Rechte zu verhindern.[11]

Kinnock (1983-92): Neil Kinnock, ursprünglich ein Mann der gemäßigten Linken, war der erste Parteiführer, der unter dem neuen System des „electoral college" gewählt wurde. Er war nicht nur der populärste der Kandidaten um das Amt, sondern konnte auch Roy Hattersley, einen Mann der gemäßigten Rechten, als *deputy leader* gewinnen. Sah alles zunächst nach Versöhnung und Stabilisierung aus, wurde Kinnock durch den Bergarbeiterstreik und die Auseinandersetzung mit den linken Stadtregierungen[12] zur Entscheidung gezwungen. Er „verriet" sowohl die Bergarbeiter als auch die linken Stadtregierungen, und wurde zu einem *pathfinder* par exellence. Zunächst entfernte er die trotzkistische Gruppierung aus der Partei,[13] und änderte das Programm Labours ab 1987. In der „Policy Review" gab Labour die unpopulärsten seiner Forderungen (Verstaatlichung, Ablehnen des Sozialwohnungsverkaufs) auf und näherte sich ideologisch den Konservativen an (vgl. Kapitel 23.2).

Seine Leistung besteht darin, eine innerparteiliche Koalition zwischen der gemäßigten Linken und der Rechten ermöglicht zu haben, während sich die radikale Linke immer mehr zersplitterte. Dies war nur möglich, weil auch die großen Gewerkschaften wieder die Annäherung an die innerparteiliche Mitte suchten (Minkin 1991: 203). Allerdings war Kinnock bei den Wählern unpopulär, so daß sich Labour ab 1990 mit einer kollektiven Führung nach außen darstellte. Neben Kinnock präsentierten sich John Smith, George Brown, Tony Blair und Margaret Beckett. Nach der überraschend verlorenen Wahl 1992 trat Kinnock zurück und wechselte zwei Jahre später als EU-Kommissar nach Brüssel.

Smith (1992-94): Smith war entgegen *common wisdom* nicht nur ein Stabilisierer, wenn auch sein ausgleichender und konsultativer Führungsstil dies

---

[11] Shirley Williams, William Owen, William Rogers und Roy Jenkins wurden unter dem Namen „Gang of Four" bekannt.

[12] Hintergrund des Streits war die *rate capping*-Kontroverse. Die konservative Regierung setzte eine Grenze, die Kommunalsteuern („rates") zu erhöhen, um das angebliche „overspending" der Labour-Stadtregierungen zu verhindern. Gegen den Widerstand Kinnocks trotzten 16 Stadtregierungen dem *rate capping*, was der Parteitag 1984 begrüßte. Bald zerbrach die Front der Stadtregierungen und Kinnock hatte seine erste große Führungskrise durchzustehen (Shaw 1994a: 31-33).

[13] Auf dem Parteitag 1985 hatte Kinnock das *Liverpool City Council*, das von der trotzkistischen „Militant Group" beherrscht wurde, scharf kritisiert, die als Zeichen des Protests gegen die konservative Sparpolitik alle ihre Angestellten entlassen hatte. Der „Guardian" schrieb dazu: „Mr Kinnock has displayed the kind of leadership that the British people seem to like these days" (Guardian, 4.10.1985).

nahelegt.[14] In den zwei Jahren seiner Parteiführerschaft lag der Schwerpunkt auf der innerorganisatorischen Durchsetzung von OMOV, was ihm durchaus gelang (s. Kapitel 21). Dabei erwies er sich als ein Meister, tendenziell kampfbereite Gewerkschaften, wie TGWU unter Bill Morris, in den Reformprozeß einzubinden (Guardian, 10.7.1995). Die große programmatische Innovation konnte er nicht mehr leisten, zumal die von ihm initiierte „Commission on Social Justice" auf den Grundlagen der Policy Review arbeitete. Unter den sogenannten „Modernisierern" gilt er als retardierendes Moment, das zuwenig für die Einflüsse des Kampagnenmanagements offen war und eher auf das Ende der Konservativen bei den nächsten Wahlen hoffte, als die Modernisierung Labours voranzutreiben (cf. Gould 1998: 177f).

Blair (seit 1994) Smith wurde mit der „one final heave"-Theorie in Verbindung gebracht, nach der Labour nur noch auf das Ende der Konservativen warten müßte, um dann endlich an die Macht zu kommen, ohne sich noch weiter zu erneuern (Seyd 1998: 50). Als Blair sich um den Posten des Parteiführers bewarb, sah es zunächst nach einer Fortsetzung des Smith-Kurses aus. Blair hatte sich als *shadow home secretary* einen Namen gemacht; 1994 noch bekannter war sein ärgster Konkurrent um die Führerschaft, Gordon Brown (*shadow chancellor*), der dann nachgab (Rentoul 1996: Kap. 16, 17). Kurz nach seiner Amtsübernahme im Juli 1994 kündigte er ohne Vorwarnung an, die *Clause IV* ändern zu wollen, was ihm im April 1995 gelang. Dabei zeigte er all die Qualitäten, die von einem *pathfinder* erwartet werden dürfen - und das ist zunächst einmal Härte. So hatte er anfangs noch wegen seiner Jugend den Spitznamen „Bambi", später nannte ihn Austin Mitchell „Kim-Il Sung" (New Statesman&Society, 15.11.1996).

Für seine *pathfinder*-Qualitäten spricht, daß es ihm bisher gelungen ist, seine Reformen fast ohne Rückschläge durchzusetzen. Ob sich Blairs Sozialstaatskonzept zunächst technisch und dann parlamentarisch in seiner Gänze durchführen läßt, ist noch nicht sicher. Allerdings ist es unwahrscheinlich, daß in nächster Zeit ein innerparteilicher coup d'etat von der Größe des Mini-Aufstands vom Dezember 1997 ausbricht. Verglichen mit den SPD-Vorsitzenden verfügt er über ungleich mehr Führungsressourcen, vor allem über ein treu ergebenes Team (wie seinen Pressesprecher Alistair Campbell und Peter Mandelson). In den vier Jahren seines Parteivorsitzes hat Blair eine Partei geschaffen, die dem von Lösche beschriebenen Typus der Bonaparte-Partei sehr nahekommt. Somit war er nicht nur in der Programmatik ein *pathfinder*, sondern auch in der Herrschaftsausübung, Kommunikation, Darstellung und Imagebildung seiner Partei.

---

[14] Andy McSmith nannte ihn „Life and Soul of the Party" (Guardian, Section Two, 13.4.1994).

Zusammenfassung

Während in der SPD die Ämterdispersion dominiert, herrscht bei Labour Ämterkonzentration. Weder das eine noch das andere ist an sich disfunktional, da z.B. die Ämterdispersion es der SPD ermöglichte, unterschiedliche Parteisegmente und -gruppierungen zu integrieren. Foots und des frühen Kinnocks Wege zeigten, daß Ämterkonzentration nicht automatisch den Weg zur innerparteilichen und programmatischen Reform ebnet. Allerdings ermöglicht eine Ämterkonzentration *eher* die Durchführung innovatorischer Schritte. Diesem Umstand (wie der jahrelangen Opposition ohne jede Teilhabe an der Macht und der traumatisierenden Wahlniederlagen) ist es zu verdanken, daß sich die Labour Party seit zehn Jahren derartig transformieren konnte, daß sich ein Vergleich zur ungleich strukturkonservativeren SPD verbietet.

Der SPD ist es nicht gelungen, die rivalisierenden Machtzentren zu integrieren, zumindest nicht dauerhaft. Dies liegt weniger an der Parteistruktur, sondern auch an der Teilhabe der SPD an der Macht via Landesregierungen und Bundesrat. Gerade die Landespolitiker haben kaum eine Gelegenheit ausgelassen, sich auch innerparteilich zu profilieren und mit dem (ebenfalls aus der Landespolitik stammenden) Führungspersonal der SPD in innerparteilichen Diskursen zu konkurrieren - auch wenn die programmatischen Positionen nah beieinanderlagen.

Ob im Falle der SPD die Konzentration der Ämter Parteivorsitz, Kanzler(kandidat) und Fraktionsvorsitz erstrebenswert wäre, kann weder behauptet noch verneint werden. Eine Konzertierung dieser drei Posten erscheint aber als geboten - und im übrigen nicht als unmöglich (wie in der Brandt-Wehner-Schmidt-Troika). Unterbleibt eine Koordination, so muß mit ständig aufbrechenden Flügelkämpfen oder persönlichen Rivalitäten gerechnet werden, wie die letzten Monate Scharpings deutlich machten.

Möglicherweise sind Mielkes Vorschläge eines parteiplebiszitär legitimierten obersten Partei- und Staatsmanagers nicht von der Hand zu weisen, was sie Außendarstellung, die Distribution von Verantwortlichkeit und die Responsivität angeht. Ob sie praktikabel sind, liegt, wie oben gezeigt, eher an den Staatskanzleien als an der Parteiorganisation.

25 Schluß: Zwei Parteien, zwei Wege zur Macht?

Am Anfang dieser Arbeit wurde die These vorgestellt, daß die Sozialdemokratie am Ende sei. Bei näherer Betrachtung der beiden Parteien zeigte sich, daß beide Parteien in den achtziger Jahren erheblich an Stimmen eingebüßt haben. Während für Labour die Verluste dramatisch waren, waren sie für die SPD niemals existenzbedrohend. Außerdem war die SPD niemals völlig ohne Einflußmöglichkeiten, da sie etliche Bundesländer regierte und zumindest zeitweise eine strategische Mehrheit im Bundesrat hatte.

Gibt es Gründe, die für beide Parteien hinreichend gut erklären, warum sie die Wahlen über anderthalb Jahrzehnte hinweg verloren? Ja und nein.

In beiden Parteien wurden die Stammwählermilieus kleiner. Labour hatte mit dem Umstand zu kämpfen, daß nicht nur die Arbeiterklasse immer kleiner wurde, sondern daß deren unerschütterliche Treue zu Labour verloren ging.

Dies mußte nicht die Sorge der SPD sein. Dafür verlor sie Stimmen an die Grünen und an die Union. Dies lag daran, daß in den sechziger und siebziger Jahren eine Konfliktlinie entstand, die sich quer durch die sozialdemokratische Wählerschaft zog: Auf der einen Seite standen die Postmaterialisten, auf der anderen die Materialisten. Letztere zerfielen in die aufstiegsorientierten Mittelschichten und die traditionelle Arbeiterschaft. Schwach ist für Parteistrategen der Trost, daß die Mehrzahl der Postmaterialisten weiterhin SPD wählt.

Mit einer derartigen Heterogenisierung der Wählerschaft hatte Labour nicht zu kämpfen, denn auf der Insel gab es keine ernstzunehmende grüne Partei, zu der die postmaterialistischen Wähler übergelaufen wären.

Gemeinsamkeiten lassen sich wiederum finden, wenn der Frage nachgegangen wird, in welchen Schichten beide Parteien am meisten verloren. Für beide Parteien lagen die größten Verluste in der neuen Mittelschicht. In beiden Ländern gilt die Feststellung, daß diesem entscheidenden Wählersegment die prinzipielle Loyalität einer bestimmten Partei gegenüber fehlt. D.h. die neue Mittelschicht ist für kurzfristige Einflüsse in ihrer Wahlentscheidung am empfänglichsten.

SPD und Labour ist gemein, daß beide Parteien es nicht vermochten, die Mittelschichten davon zu überzeugen, daß sie die besseren Themen, die höhere Problemlösungskompetenz und die fähigeren Kandidaten habe.

Wie beide Parteien auf ein verändertes Umfeld reagierten, liegt an der Art des Parteienwettbewerbs in beiden Staaten.

Während die SPD eine links-postmaterialistische Konkurrenz bekam, war Labours wichtigster Konkurrent die „Alliance" (seit 1988: „LibDems"), die aus den Liberalen und der rechten Labour-Abspaltung SDP geformt wurde. Dies hatte entscheidende Auswirkungen auf die Strategiewahl beider Parteien.

1983 vollzog Labour seinen Schwenk an den Wählern vorbei: Nach dem Modell der „Alternative Economic Strategy" Tony Benns wurden weitreichende Nationalisierungen, Investitionskontrollen und einseitige Abrüstung gefordert. Ab 1987 erfolgte eine unübersehbare Annäherung an die politische Mitte - wohl auch, um die Alliance/LibDems, zum Gutteil die verlorenen Kinder, überflüssig zu machen. Dies ist Labour 1997 gelungen. War die Alliance 1983 noch Labour bedrohlich nahe gekommen (sie trennten kaum zwei Prozentpunkte), hat sich seit 1987 der Abstand vergrößert, 1997 wurde Labour die mit Abstand stimmstärkste Partei. Derweil war der Status der SPD als größter Oppositionspartei seit 1983 zu keinem Zeitpunkt gefährdet. Ein paar verlorene Kinder wechselten zu den Grünen, die es für die SPD unmöglich machten, aus dem Dreißig-Prozent-Turm auszubrechen. So ergaben sich für die SPD vier Möglichkeiten: Die Gesamtintegration der Grünen (Aufnahme grüner Politikinhalte, um die Grünen überflüssig zu machen), Ignorieren der grünen Politikinhalte (Konzentration auf die Arbeiterklasse), ein arbeitsteiliges Reformbündnis (partielle Aufnahme grüner Politikinhalte, das Ziel ist aber die politische Mitte), und eine konsequente Modernisierungspolitik. Die SPD schwankte zwischen dem Kurs, die postmaterialistischen Mittelschicht-Wähler zurückzugewinnen (1983, 1990) und dem Kurs, das Traditionsmilieu der Arbeiterschaft zu halten (1987). 1994 versuchte Scharping, die SPD auf einen Pfad der vorsichtigen ökonomischen Modernisierung festzulegen. 1998 siegte die SPD mit einer Strategie, die zumindest rhetorisch der Labours nahekam, auch wenn Gerhard Schröder und Oskar Lafontaine weiterhin für konträre Positionen standen.

Insgesamt lassen sich vier grundlegende Strategien unterscheiden.
I Die Arbeiterschaft „materialistisch" halten. Dies kann durch ein mehr oder weniger radikales Programm geschehen, das vor allen Dingen klassische Ziele der Arbeiterschaft (Umverteilung, Verstaatlichungen u.ä.) betont.
II Die Arbeiterschaft „postmaterialistisch" halten. In dieser schwer realisierbaren Strategie soll die Arbeiterklasse für postmaterialistische Ziele gewonnen werden (Umweltschutz, Partizipation, Mitbestimmung) und möglichst in Einklang mit den traditionellen Forderungen der Arbeiterbewegung gebracht werden. So wird z.B. auf die arbeitsplatzschaffenden Aspekte des Umweltschutzes abgestellt.
III Die Mittelklasse „materialistisch" gewinnen. Diese Strategie entwirft ein Konzept der ökonomischen und sozialen Modernisierung. Im Vordergrund stehen Themen wie z.B. Wettbewerbsfähigkeit und Umbau des Sozialstaates.
IV Die Mittelklasse „postmaterialistisch" gewinnen. Eine solche Strategie stellt die Werte der „neuen Politik" in den Vordergrund, traditionelle Ziele der Arbeiterbewegung (Wohlfahrtsstaat, Vollbeschäftigung) werden heruntergespielt.

In Abbildung 25.1 werden die strategischen Optionen von SPD und Labour dargestellt. Dabei wird unterstellt, daß beide Parteien prinzipiell die Wahl haben, sich zwischen einem Arbeiterschicht-*appeal* und einem Mittelklassen-*appeal* zu entscheiden.

Abbildung 25.1: Strategien von Labour und SPD 1983-1998

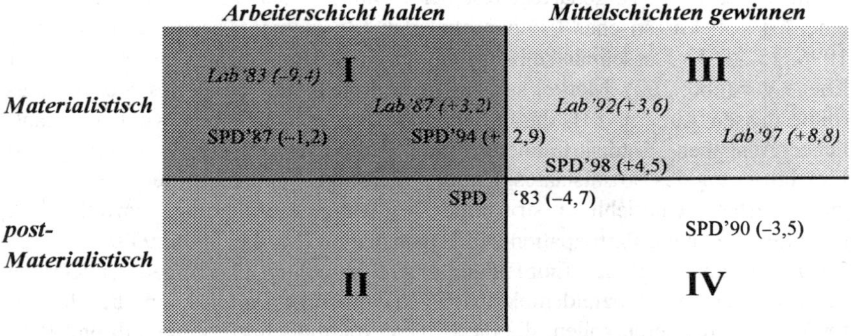

	Arbeiterschicht halten	**Mittelschichten gewinnen**	
Materialistisch	Lab '83 (-9,4) **I** Lab '87 (+3,2) SPD '87 (-1,2) SPD '94 (+2,9)	**III** Lab '92 (+3,6) SPD '98 (+4,5)	Lab '97 (+8,8)
post-Materialistisch	SPD **II**	'83 (-4,7) SPD '90 (-3,5) **IV**	

(+ ...) Stimmengewinn in Prozentpunkten im Vergleich zur vorhergehenden Wahl
(- ...) Stimmenverlust in Prozentpunkten im Vergleich zur vorhergehenden Wahl
für SPD 1990-1998 ist der Anteil der Zweitstimmen im gesamten Wahlgebiet (Gesamtdeutschland) maßgeblich

Dies läßt die Folgerung zu, daß die SPD von Labour Siegen lernen kann. Die für beide Staaten aussichtsreichste Strategie ist Strategie III („Mittelklasse materialistisch gewinnen"). Labour entschied sich für diese Strategie und gewann 1997 die Wahl.

Daraus sollte nicht der Schluß gezogen werden, daß diese Strategie der Schlüssel zu ewigem Wahlerfolg ist. Sie gelingt dann, wenn sie von einem als kompetent perzipierten Spitzenkandidaten und einer relativ einigen Partei abgesichert wird.

Hier hat Labour die besseren Karten. Die neue Parteiführung ist relativ homogen in ihrer Strategieausrichtung, ein konzises Modernisierungsprogramm ist erarbeitet, und innerparteiliche Vetopotentiale sind ausgeschaltet. Während Labour auf den Modernisierungskurs festgelegt ist, kann innerhalb der SPD der derzeitige Modernisierungskurs wieder rückgängig gemacht werden. Die innerparteilichen Beharrungskräfte haben sich in manchen Bereichen durchgesetzt, wie Riesters Vorschlag zur Grundrente beweist. So erscheint die SPD als eine (alte) Bundesrepublik en miniature: Große Kursabweichungen sind nicht zu erwarten, schnell realisierbare Innovationen sind selten möglich.

Vor allem benötigt die SPD einen langen Atem, um ein kohärentes Modernisierungsprogramm zu entwerfen. Dazu wäre es zunächst nötig, die Führungsressourcen zu bündeln, was voraussetzt, daß es in der SPD wieder eine gestalterische Elite gibt, die sich dieser Aufgabe widmet und dafür ein klares Mandat erhält.

Wofür steht heute noch die Sozialdemokratie und wofür sollte sie stehen? Fürsorglicherweise empfahlen manche Autoren der Sozialdemokratie Rezepte für einen neuen Politikmodus: Kitschelt (1994) sah die Chance der Sozialdemokratie, ihr libertäres Profil zu schärfen, Roemer wollte mit seinem „Marktsozialismus" eine Art kollektivistisches Couponschneiden (Zusammenfassung bei Kesselman 1996: 157-161). Kesselman selbst schlug einen Keynesianismus auf europäischer Ebene vor (ebd: 162). Merkel sah das neue Projekt im Umbau des Sozialstaates (ohne dessen Abbau), z.B. durch verstärkte Steuerfinanzierung wohlfahrtsstaatlicher Ausgaben, Entdiskriminierung von Frauen und Entbürokratisierung und Flexibilisierung des Sozialstaates. Um die libertär gesonnenen Mittelschichten neu zu begeistern, empfiehlt er stringente Beschäftigungssicherung, Umweltpolitik und allgemein mehr Partizipation und Emanzipation (Merkel 1996: 95-97).
Solche programmatischen Empfehlungen sind berechtigt und tragen zur Klärung der Frage bei, wie sozialdemokratische/sozialistische Parteien auf die Herausforderungen reagieren sollen, die die Erosion traditioneller Politikmodi und Politikparadigmata (Ausbau des Wohlfahrtsstaates, keynesianische Globalsteuerung) an sie stellt. Dabei wird die Frage aufgeworfen, ob die alten Modi wirklich erodieren. Wie Merkel (1993) am Beispiel sozialistischer Parteien in Südeuropa zeigte, deutet wenig auf eine Erosion hin. Auch für die sozialdemokratischen Parteien Mittel- und Nordeuropas darf gelten, daß sich die Bevölkerung nicht prinzipiell vom linken Politikmodus abgewandt hat. Allerdings wird der Druck auf ihn größer. Daher bieten Merkels Empfehlungen auch die realistischste Arbeitsgrundlage für ein fortgesetztes linkes Reformprojekt. Im Mittelpunkt stehen dabei sicherlich weniger libertäre Themen als vielmehr die Bekämpfung der Arbeitslosigkeit und die Reform des Sozialstaates - zwei Themen, die inhaltlich eng verknüpft sind. Auch hier zeigt sich, wie unterschiedlich weit sich beide Parteien vom alten Politikmodus entfernt haben. In manchen programmatischen Aussagen mag es durchaus Ansätze eines gemeinsamen „dritten Weges" (im Sinne eines Giddensschen Sozialinvestitionsstaates) geben, aber im Regierungshandeln stehen die Zeichen eher auf „Pfadabhängigkeit", d.h. Labour bleibt auf dem marktorientierten britischen Pfad, die SPD auf dem wohlfahrtsstaatlich-gemäßigt konsensuellen deutschen Pfad. Beide haben ihre Schwächen, aber Labours eigener Ansatz des „dritten Weges" ist wesentlich konturierter als der der deutschen Schwesterpartei. Auch hier ist die inkonsistente SPD-Strategie eine Resultante aus Parteienwettbewerb, den institutionellen Schranken der Bundesrepublik Deutschland, der innerparteilichen Kräftekonstellation (d.h. der Flügel und der föderalen Machtzentren) und den unzureichenden Machtressourcen eines Strategie- und Führungszentrums. Eine bisher sich noch nicht abzeichnende Behebung dieser Defizite ist wohl eine oder *die* entscheidende Bedingung dafür, daß die

SPD eine konsistente Modernisierungsstrategie entwickelt, die wirtschaftliche Modernisierung, den Umbau des Wohlfahrtsstaates und den Abbau der Arbeitslosigkeit miteinander verknüpft. Der Rahmen für ein solches Programm wird auch weiterhin der Nationalstaat sein, europäische Koordinierungsversuche, wie sie die französische Regierung und Lafontaine vorschlugen, haben innerhalb der EU in absehbarer Zeit keinerlei Chance, realisiert zu werden.
Die Sozialdemokratie sollte sich - so zeigte der zweite Teil der Arbeit - vielleicht weniger um große Entwürfe kümmern, sondern um ihre Schwachstellen - und das ist nicht die schwindende utopische Kraft des sozialdemokratischen Politikmodus, sondern die mangelnde Regierungskompetenz und auch - bei aller Vorsicht - eine angemessene medien- und mainstreamorientierte Darstellung von Partei, Programm und Personal. Das tröstet die Utopisten nicht, die sich lieber um Grundsätzliches bekümmern. Horribile dictu, noch werden Wahlen nicht durch Utopien gewonnen.

Quellen- und Literaturverzeichnis

I. Quellenverzeichnis

I.1 Parteipublikationen

I.1.1 SPD

BERICHT DER KOMMISSION „AUSWERTUNG DER BUNDESTAGSWAHL 1987 UND FOLGERUNGEN FÜR DIE WEITERE POLITISCHE ARBEIT" (1987): Die Bundestagswahl vom 27.1.1987 - Analyse und Konsequenzen (Manuskript), o.O. (=Bonn).
BLESSING, K. (Hg) 1993: SPD 2000. Die Modernisierung der SPD, Marburg/Berlin.
FUCHS, A. (o.J. [=1991]): Auswertung der Bundestagswahl 1990 (Manuskript), o.O. (=Bonn).
GRUNDWERTEKOMMISSION BEIM PARTEIVORSTAND DER SPD (1999): Dritte Wege - Neue Mitte. Sozialdemokratische Markierungen für Reformpolitik im Zeitalter der Globalisierung, Berlin.
o.A. (=Bundesgeschäftsführer der SPD) (1983), Analyse und Konsequenzen der Bundestagswahl 1983 (Bonn, den 16. März 1983; Manuskript), o.O. (=Bonn).
o.A. (=Bundesgeschäftsführer der SPD) (1994): Analyse zur Bundestagswahl 1994 (Stand: 24. November 1994; Manuskript), o.O. (=Bonn).
INTERNET: http://www.spd.de
PARTEITAG 1948: Protokoll der Verhandlungen des Parteitages der Sozialdemokratischen Partei Deutschlands vom 11. bis 14. September 1948 in Düsseldorf.
PARTEIVORSTAND o.J. [1991]: Die deutsche Sozialdemokratie: Gut für unser Land. Rede von Björn Engholm auf dem Parteitag in Bremen, 29. Mai 1991, Bonn.
PROJEKTGRUPPE SPD 2000 DES PARTEIVORSTANDES: Ziele und Wege der Parteireform, in: Blessing, K. (1993) a.a.O., S. 16-46.
REGIERUNGSPROGRAMM 1983: SPD-Wahlparteitag, Dortmund 21. Januar 1983 (Protokoll), S. 161-192, o.O.
REGIERUNGSPROGRAMM 1987-1990: Zukunft für alle - Arbeiten für soziale Gerechtigkeit und Frieden, o.O.
REGIERUNGSPROGRAMM 1990-1994: Der neue Weg - ökologisch, sozial, wirtschaftlich stark (Beschlossen vom SPD-Parteitag in Berlin am 28. September 1990), o.O.
REGIERUNGSPROGRAMM 1994: Reformen für Deutschland, o.O.
REGIERUNGSPROGRAMM 1998: Arbeit, Innovation und Gerechtigkeit. Beschluß des außerordentlichen Parteitages der SPD am 17. April 1998 in Leipzig, Bonn.
SOZIALDEMOKRAT-MAGAZIN / VORWÄRTS, div. Ausgaben 1989-1998.

I.1.2 Labour Party

BLAIR, T. (1995): Let Us Face the Future - The 1945 Anniversary Lecture, London (Fabian Pamphlet 571), London.
BROWN, G. (1994): Fair is Efficient: A Socialist Agenda for Fairness (Fabian Pamphlet 563), London.
INTERNET: http://www.labour.org.uk
KINNOCK, N. (1985): The Future of Socialism, London (Fabian Tract 509).
KINNOCK, N. (1986): Making Our Way: Investing in Britain's Future, Oxford.
LABOUR PARTY (1983): New Hope for Britain, London (Wahlprogramm).
LABOUR PARTY (1988): Labour and Britain in the 1990s, London.
LABOUR PARTY (1989): Meet the Challenge, Make the Change: A New Agenda for Britain, London.
LABOUR PARTY (1990): Looking To the Future: A Dynamic Economy, a Decent Society, Strong in Europe, London.
LABOUR PARTY (1992): It's Time to Get Britain Working Together Again, London (Wahlprogramm).
LABOUR PARTY (1995): A New Economic Future for Britain, London.
LABOUR PARTY (1997): Britain Deserves Better, London (Wahlprogramm).
LABOUR PARTY CONFERENCE REPORT (1959), London.
LABOUR PARTY NEWS, div. Ausgaben (Mitgliedermagazin 1986-1995).
NEW LABOUR - NEW BRITAIN, div. Ausgaben (Mitgliedermagazin ab 1996).
NOTEBOOK, div. Ausgaben (Beilage zu „Progress" seit 1996).
PROGRESS, div. Ausgaben (Aktivistenmagazin).
RADICE, G. (1992): Southern Discomfort, London (Fabian Pamphlet 555).
RADICE, G. / POLLARD, S. (1994): Any Southern Discomfort?, London (Fabian Pamphlet 568).

I.2 Primärquellen und Dokumentsammlungen

FLECHTHEIM, O. K. (Hg) (1963): Dokumente zur parteipolitischen Entwicklung seit 1945, Bd. II, 2, Berlin.
MERRITT, A. J. / MERRITT, R. L. (1970): Public Opinion in Occupied Germany: The OMGUS Surveys, Urbana et al.
SCHUMACHER, K. (1973[1926]): Der Kampf um den Staatsgedanken in der deutschen Sozialdemokratie (herausgegeben von F. Holtmeier, mit einem Geleitwort von H. Wehner), Stuttgart.

II. Literaturverzeichnis

ABRAMS, M. / ROSE, R. (1960): Must Labour Lose? (with a commentary by Rita Hinden), Harmondsworth.
ABRAMSON, P. (1971): Social Class and Political Change in Western Europe: A Cross-National Longitudinal Analysis, in: Comparative Political Studies 4, S. 131-157.
AGNOLI, J. / BRÜCKNER, P. (1968): Die Transformation der Demokratie, Frankfurt (unveränderte Neuauflage 1974).
AHRENS, R. (1994): Zwischen Tradition und Erneuerung: Bildungssystem und berufliche Ausbildung, in: Kastendiek/Rohe/Volle (Hg) a.a.O., S. 438-455.
ALBER, J. (1982): Vom Armenhaus zum Wohlfahrtsstaat. Analysen zur Entwicklung der Sozialversicherung in Westeuropa, Frankfurt a. M. / New York
ALBER, J. (1985): Modernisierung, neue Spannungslinien und die politischen Chancen der Grünen, in: Politische Vierteljahresschrift 26, S. 211-226.
ALBER, J. (1986a): Der Wohlfahrtsstaat in der Wirtschaftskrise - eine Bilanz der Sozialpolitik in der Bundesrepublik seit den frühen siebziger Jahren, in: Politische Vierteljahresschrift 27, S. 28-60.
ALBER, J. (1986b): Germany, in: Flora, P. (Hg): Growth to Limits: The Western European Welfare States since World War II, Bd.2, Berlin / New York, S. 4-154.
ALBER, J. (1989): Der Sozialstaat in der Bundesrepublik 1950-1983, Frankfurt a. M. / New York.
ALCOCK, P. (1992): The Labour Party and the Welfare State, in: Smith/Spear (Hg) a.a.O., S. 133-150.
ALDERMAN, K. / CARTER, N. (1994): The Labour Party and the Trade Unions: Loosening the Ties, in: Parliamentary Affairs 47, S. 321-347.
von ALEMANN, U. (1983): Korporatismus, in: Mickel, W. W. (Hg): Handlexikon der Politikwissenschaft, München, S. 265-267.
von ALEMANN, U. (1992): Parteien und Gesellschaft in der Bundesrepublik. Rekrutierung, Konkurrenz und Responsivität, in: Mintzel/Oberreuter (Hg) a.a.O., S. 89-131.
ALFORD, R. (1963): Party and Society: The Anglo-American Democracies, Chicago.
ALT, J. E. (1979): The Politics of Economic Decline: Economic Management and Political Behaviour in Britain since 1964, Cambridge et al.
ALT, J. E. (1984): Dealignment and the Dynamics of Partisanship in Britain, in: Dalton/Flanagan/Beck (Hg) a.a.O, S. 298-329.
ANDERSEN, P. (1976): Wahlkampf vor Ort, in: Die Neue Gesellschaft 25, S. 562-565.
ANDERSON, P. / MANN, N. (1997): Safety First: The Making of New Labour, London.
ANTONI, M. (1992): Sozialdemokratie und Grundgesetz, 2 Bände, Berlin.

ARBLASTER, A. (1977): Anthony Crosland: Labour's Last „Revisionist"?, in: Political Quarterly 48. S. 416-428.
ARMINGEON, Klaus (1988): Die Entwicklung der westdeutschen Gewerkschaften 1950-1985, Frankfurt / New York.
ARMINGEON, K. (1989): Sozialdemokratie am Ende? Die Entwicklung der Macht sozialdemokratischer Parteien im Vergleich 1945-1988, in: Österreichische Zeitschrift für Politikwissenschaft 18, S. 321-345.
ARMINGEON, K. (1996): Rezension: Crouch, C. / Traxler, F. (1995): Organized Industrial Relations in Europe, Aldershot, in: Politische Vierteljahresschrift 37, S. 826-828.
ARTIS, M. / COBHAM, D. (1991): The Background, in: Artis, M. / Cobham, D. (Hg): Labour's Economic Policies, 1974-79, S. 1-18.
ASP, K. (1983): The Struggle for the Agenda. Party Agenda, Media Agenda and Voter's Agenda in the 1979 Swedish Eleection Campaign, in: Schulz/Schönbach (Hg) a.a.O., S. 301-320.
AXFORD, B. / MADGWICK, P. (1989): Indecent Exposure? Three-Party Politics in Television News during the 1987 General Election, in: Crewe/Harrop (Hg) a.a.O., S. 147-156.

BÄCKER, G. / BISPINCK, R. / HOFEMANN, K. / NAEGELE, G. (1989): Sozialpolitik und soziale Lage in der Bundesrepublik Deutschland, 2 Bände, Köln.
BAERNS, B. (1982): Öffentlichkeitsarbeit und Journalismus, in: Schatz, H. / Lange, K. (Hg): Massenkommunikation und Politik. Aktuelle Probleme und Entwicklungen im Massenkommunikationssystem der Bundesrepublik Deutschland, Frankfurt/M., S. 55-80.
BAKER, K. L. / DALTON, R. J. / HILDEBRANDT, K. (1981): Germany Transformed: Political Culture and the New Politics, Cambridge/Mass.
BARTOLINI, S. (1983): The European Left since World War II. Size, Composition, and Patterns of Electoral Development. In: Daalder, H. / Mair, P.: Western European Party Systems. Continuity and Change, London. S. 139-175.
BEALEY, F. (1970): Introduction, in: ders. (Hg): The Social and Political Thought of the British Labour Party, London, S. 1-26.
BEALEY, F. / BLONDEL, J. / McCANN, W. P. (1965): Constituency Politics: A Study of Newcastle-under-Lyme, London.
BEAN, C. / MUGHAN, A. (1989): Leadership Effects in Parliamentary Elections in Australia and Britain, in: American Political Science Review 83, S. 1165-1179.
BECKER, H. / HOMBACH, B. / U. A. (1983): Die SPD von innen. Bestandsaufnahme an der Basis der Partei. Auswertung und Interpretation empirischer Untersuchungen in der SPD Nordrhein-Westfalen, Bonn.
BECKER, U. (1998): Beschäftigungswunderland Niederland?, in: Aus Politik und Zeitgeschichte 11/98, S. 12-21.

BEER, S. H. (1958): Great Britain: From Governing Elite to Organized Mass Parties, in: Neumann, S. (Hg): Modern Political Parties: Approaches to Comparative Politics, Chicago, S. 9-57.
BEER, S. H. (1965): Modern British Politics: A Study of Parties and Pressure Groups, London.
BELL, D. S. / SHAW, E. (Hg) (1994): Conflict and Cohesion in Western European Social Democratic Parties, London / New York.
BERGER, M. (1973): Parteiidentifikation in der Bundesrepublik, in: Politische Vierteljahresschrift 14, S. 215-225.
BERGER, M. (1977): Stabilität und Intensität von Parteineigung, in: Politische Vierteljahresschrift 18, S. 501-509.
BERGER, M. / GIBOWSKI, W. G. / ROTH, D. / SCHULTE, W. (1983): Regierungswechsel und politische Einstellungen. Eine Analyse der Bundestagswahl 1983, in: Zeitschrift für Parlamentsfragen 14, S. 556-582.
BERGER, M. / GIBOWSKI, W. G. / ROTH, D. / SCHULTE, W. (1984): Das Eis schmilzt zuerst an den Rändern ... Zur Infas-These von den Stammwählerverlusten der SPD, in: Zeitschrift für Parlamentsfragen 15, S. 305-312.
BERGER, M. / GIBOWSKI, W. G. / JUNG, M. / ROTH, D. / SCHULTE, W. (1990): Sieg ohne Glanz. Eine Analyse der Bundestagswahl 1987, in: Kaase/ Klingemann (Hg) a.a.O., S. 689-734.
BERGER; M. / GIBOWSKI, W. G. / ROTH, D. / SCHULTE, W. (1983): Stabilität und Wechsel: Eine Analyse der Bundestagswahl 1980, in: Kaase/ Klingemann (Hg) a.a.O., S. 12-57.
BERGER, M. / GIBOWSKI, W. G. / ROTH, D. / SCHULTE, W. (1986): Legitimation des Regierungswechsels. eine Analyse der Bundestagswahl 1983, in: Klingemann/Kaase (Hg) a.a.O., S. 251-289.
BERRINGTON, H. (1982): The Labour Left in Parliament: Maintenance, Erosion and Renewal, in: Kavanagh (Hg) a.a.O., S. 69-94.
BEYER, J. (1992): Die Linksparteien Westeuropas im Niedergang? (unveröffentlichte Magisterarbeit an der Universität Heidelberg).
von BEYME, K, (1978): The Changing Relations between Trade Unions and the Social Democratic Party in West Germany, in: Government and Opposition 13, S. 399-415.
von BEYME, K. (1980): Interessengruppen in der Demokratie, München (fünfte erweiterte Neuauflage).
von BEYME, K. (1984): Parteien in westlichen Demokratien, München / Zürich (zweite überarbeitete Neuauflage).
von BEYME, K. (1989): Konfliktorische und kooperative Gewerkschaften - eine überwundene Alternative?, in: Gewerkschaftliche Monatshefte 40, S. 19-28.
von BEYME, K. (1991a): Das politische System der Bundesrepublik Deutschland nach der Vereinigung, München / Zürich.
von BEYME, K. (1991b): Theorie der Politik im 20. Jahrhundert. Von der Moderne zur Postmoderne, Frankfurt/M.

von BEYME, K. (1991c): Parteiensysteme, in: Nohlen, D. (Hg): Wörterbuch Staat und Politik. München / Zürich, S. 458-462.

von Beyme, K. (1991d): Parteientheorie, in: Nohlen, D. (Hg): Wörterbuch Staat und Politik. München / Zürich, S. 462-466.

von BEYME , K. (1997): Funktionswandel der Parteien in der Entwicklung von der Massenmitgliederpartei zur Partei der Berufspolitiker, in: Gabriel/Niedermayer/Stöss (Hg) a.a.O., S. 359-383.

von BEYME, K. / SCHMIDT, M. G. (Hg) (1990): Politik in der Bundesrepublik Deutschland, Opladen.

BICKERICH, W. (Hg) (1985): SPD und Grüne. Das neue Bündnis?, Reinbek.

BICKERICH, W. (1985): „Die Grünen müssen Erfahrungen sammeln". Fragen an Oskar Lafontaine, in: Bickerich (Hg) a.a.O., S. 210-220.

BICKERICH, W. / FOERSTER, U. (1985): „Wir müssen vorbereitet sein". Gespräch mit Hans Apel, in: Bickerich (Hg) a.a.O., S. 221-232.

BIRCH, A. H. (1959): Small-Town Politics: A Study of Political Life in Glossop, Oxford.

BLANKENBURG, E. (1967): Kirchliche Bindung und Wahlverhalten. Die sozialen Faktoren bei der Wahlentscheidung. Nordrhein-Westfalen 1961 bis 1967, Freiburg.

BLONDEL, J. (1969): An Introduction to Comparative Government, New York.

BLOOM, H. S. / PRICE, H. D. (1975): Voter Response to Short-Run Economic Conditions: the Asymetric Effect of Prosperity and Recession, in: American Political Science Review 69, S. 1240-1254.

BLUMLER, J. G. / GUREVITCH, M. (1981): Politicians and the Press: An Essay on Role Relationships, in: Nimmo/Sanders (Hg) a.a.O., S. 467-493.

BLUMLER, J. G. / MCQUAIL, D. (1968): Television in Politics, London.

BOCHEL, J. M. / DENVER, D. T, (1971): Canvassing, Turnout and Party Support: An Experiment, in: British Journal of Political Science 1, S. 257-269.

BÖLTKEN, F. / JAGODZINSKI, W. (1985): In an Environment of Insecurity: Postmaterialism in the European Community 1970-1980, in: Comparative Political Studies 17, S. 453-484.

BÖRNER, H. (1976): Dokumentation: Holger Börner an das SPD-Präsidium am 13. 10. 1976, in: Die Neue Gesellschaft 25, S. 973f.

BOGDANOR, V. / FIELD, W. H. (1993): Lessons of History: Core and Periphery in British Electoral Behaviour, 1910-1992, in: Electoral Studies 12, S. 203-224.

BONFADELLI. H. (1998): Politische Kommunikation - kommunikationspsychologische Perspektiven, in: Jarren/Sarcinelli/Saxer (Hg) a.a.O., S. 211-235.

BOORSTIN, D. J. (1961): From News Gathering to News Making: A Flood of Pseudo Events, in: ders.: The Image: A Guide to Pseudo-Events in America, New York, S. 19-54.

BORCHERT, J. (1995): Die konservative Transformation des Wohlfahrtsstaates, Frankfurt a.M. / New York.

BORCHERT, J. Alte Träume und neue Realitäten: Das Ende der Sozialdemokratie, in: Borchert/Golsch/Jun/Lösche (Hg) a.a.O., S. 39-80.
BORCHERT, J. / GOLSCH, L. / JUN, U. / LÖSCHE; P. (1996): Einleitung: Das sozialdemokratische Modell - Krise und Perspektive, in: Borchert/Golsch/ Jun/Lösche (Hg) a.a.O., S. 7-22.
BORCHERT, J. / GOLSCH, L. / JUN, U. / LÖSCHE, P. (Hg) (1996): Das sozial-demokratische Modell. Organisationsstrukturen und Politikinhalte im Wandel, Opladen.
BRAND, J. / MITCHELL, J. / SURRIDGE, P. (1994): Social Constituency and Ideological Profile: Scottish Nationalism in the 1990s, in: Political Studies 42, S. 616-629.
BRANDT, W. (1981): Sozialdemokratische Identität, in: Die Neue Gesellschaft 28, S. 1065-1069.
BRAUNS, H. J. / JAEGGI, U. / KISKER, K. P. / ZERDICK, A. / ZIMMERMANN, B. (1976): Die SPD in der Krise. Die deutsche Sozialdemokratie nach 1945, Frankfurt/M.
BRAUNTHAL, G. (1983): The West German Social Democrats, 1969-1982: Profile of a Party in Power, Boulder.
BRETTSCHNEIDER, F. (1994): Agenda-Setting. Forschungsstand und politische Konsequenzen, in: Jäckel/Winterhoff-Spurk (Hg) a.a.O., S. 211-230.
BRETTSCHNEIDER, F. (1998): Medien als Imagemacher? Bevölkerungsmeinung zu den beiden Spitzenkandidaten und der Einfluß der Massenmedien im Vorfeld der Bundestagswahl 1998, in: Media Perspektiven 8/1998, S. 392-401.
BRINKMANN, H. U. (1988): Das Wahlverhalten der „neuen Mittelschichten" in der Bundesrepublik Deutschland, in: Aus Politik und Zeitgeschichte 30-31/88, S. 19-32.
BROOK, L. / HALL, J. / PRESTON, I. (1996): Public Spending and Taxation, in: Jowell, R. / Curtice, J. / Park, A. / Thomson, K. (Hg): British Social Attitudes: The Thirteenth Report, Aldershot, S. 185-202.
BRYANT, J. / ZILLMANN, D. (Hg) (1994): Media Effects: Advances in Theory and Research, Hillsdale, N.J.
BUDGE, I. / CREWE, I. / FARLIE, D. (Hg) (1976): Party Identification and Beyond, London et al.
BÜCHEL, F. / FALTER, J. W. (1994): Der Einfluß von Langzeitarbeitslosigkeit auf die Parteibindung in der Bundesrepublik Deutschland, in: Zeitschrift für Parlamentsfragen 25, S. 186-202.
BÜRKLIN, W. (1981): Die Grünen und die „Neue Politik". Abschied vom Dreiparteiensystem?, in : Politische Vierteljahresschrift 22, S. 359-382.
BÜRKLIN, W. (1988): Wählerverhalten und Wertewandel, Opladen.
BÜRKLIN, W. (1994): Verändertes Wählerverhalten und der Wandel der Politischen Kultur, in: Bürklin/Roth (Hg) a.a.O., S. 27-53.
BÜRKLIN, W. (1996): Perspektiven des Parteiensystems: Stabilität und Regierbarkeit nach der Bundestagswahl 1994, in: Oberreuter (Hg) a.a.O., S. 205-220.

BÜRKLIN, W. / ROTH, D. (1994): Das Superwahljahr 1994. Deutschland am Ende einer Ära stabilen Wählerverhaltens?, in: Bürklin/Roth (Hg) a.a.O., S. 9-26.
BÜRKLIN, W. / ROTH, D. (Hg) (1994): Das Superwahljahr. Deutschland vor unkalkulierbaren Regierungsmehrheiten?, Köln.
BULPITT, J. (1986): The Discipline of the New Democracy: Mrs Thatcher's Domestic Statecraft, in: Political Studies 34, S. 19-39.
BUNDESMINISTERIUM FÜR ARBEIT UND SOZIALORDNUNG (1999): Das 630-Mark Gesetz. Die neuen Regeln zur geringfügigen Beschäftigung, Bonn.
BUNDESZENTRALE FÜR POLITISCHE BILDUNG (Hg) (1992): Privatkommerzieller Rundfunk in Deutschland. Entwicklungen, Forderungen, Regelungen, Folgen, Bonn.
BURNHAM, W. D. (1970): Critical Elections and the Mainsprings of American Politics, New York.
BURNHAM, W. D. (1996): Woher kommt und wohin treibt die Sozialdemokratie?, in: Borchert/Golsch/Jun/Lösche (Hg) a.a.O., S. 23-48.
BUTLER, D. (1995): British General Elections since 1945, Oxford / Cambridge, Mass (zweite Auflage).
BUTLER, D. / KAVANAGH, D. (Hg) (1980): The British General Election of 1979, London / Basingstoke
BUTLER, D. / KAVANAGH, D. (Hg) (1984): The British General Election of 1983, London / Basingstoke
BUTLER, D. / KAVANAGH, D. (Hg) (1988): The British General Election of 1987, London / Basingstoke.
BUTLER, D. / KAVANAGH, D. (Hg) (1992): The British General Election of 1992, Basingstoke / London.
BUTLER, D. / KAVANAGH, D. (Hg) (1997): The British General Election of 1997, Basingstoke / London.
BUTLER, D. / PINTO-DUSCHINSKY, M. (Hg) (1971): The British General Election of 1970, Basingstoke / London.
BUTLER, D. E. / ROSE, R. (1960): The British General Election, London.
BUTLER, D. / STOKES, D. (1969): Political Change in Britain: Forces Shaping Electoral Choice, London.
BUTLER, D. / STOKES, D. (1974): Political Change in Britain: Forces Shaping Electoral Choice, London (zweite erweiterte Auflage).
BYRD, P. (1986): The Labour Party in Britain, in: Paterson/Thomas (Hg) a.a.O., S. 59-107.

CAIN, B. E. (1978): Strategic Voting in Britain, in: American Journal of Political Science 22, S. 639-655.
CAMERON, D. R. (1978): The Expansion of the Public Economy: A Comparative Analysis, in : American Political Science Review 72, S. 1243-1261.
CAMERON, D. R. (1984): Social Democracy, Corporatism, Labour Quiescence, and the Representation of Economic Interest in Advanced Capitalist Societies, in:

Goldthorpe, J. H. (Hg): Order and Stress in Contemporary Capitalism: Studies in the Political Economy of Western European Nations, Oxford, S. 143-178.
CAMPBELL, A. / GURIN, G. / MILLER, W. E. (1954): The Voter Decides, Evanston/New York.
CAMPBELL, A. / CONVERSE, P. E. / MILLER, W. E. / STOKES, D. E. (1960): The American Voter, New York / London.
CARMINES, E. G. / STIMSON, P. (1984): The Dynamics of Issue Evolution: The United States, in: Dalton/Flanagan/Beck (Hg) a.a.O., S. 134-158.
CARTER, N. (1992): The 'Greening' of Labour, in: Smith/Spear (Hg) a.a.O., S. 118-132.
CASTLE, B. (1990): The Castle Diaries, 1964-1976, London.
CHAFFEE, S. H. (1972): The Interpersonal Context of Mass Communication, in: Kline, F. G. / Tichenor, P. J. (Hg): Current Perspectives in Mass Communication Research, Beverly Hills et al., S. 95-120.
CLARKE, H. D. / STEWART, M. C. (1984): Dealignment of Degree: Partisan Change in Britain, 1974-83, in: Journal of Politics 46, S. 689-718.
CLARKE, P. (1978): Liberals and Social Democrats, Cambridge.
CLIFFORD, P. / HEATH, A. (1994): The Election Campaign, in: Heath/Jowell/ Curtice (Hg) a.a.O., S. 7-24.
COHEN, N. (1994): One-Party Britain, in: Independent on Sunday, 3.4.1994.
COHEN, N. / WEIR, S. (1994): Welcome to Quangoland, in: Independent on Sunday, 22.5.1994.
COLE, G.D.H. (1948): A History of the Labour Party from 1914, London.
COMPSTON, H. (1995a): Union Participation in Economic Policy Making in Scandinavia, 1970-1993, in: West European Politics 18, S. 98-115.
COMPSTON, H. (1995b): Union Participation in Economic Policy Making in France, Italy, Germany and Britain, 1970-1993, in: West European Politics 18, S. 314-339.
CONRAD, W. / STREECK, W. (Hg) (1982): Elementare Soziologie, Reinbek, darin: Kapitel 8, „Klasse", S. 149-157.
CONRADT, D.P. / DALTON, R.J. (1988): The West German Electorate and the Party System: Continuity and Change in the 1980's, in: Review of Politics 50, S. 3-30.
CONVERSE, P. E. (1966): The Concept of a Normal Vote, in: Campbell A. / Converse P.E. / Miller, W.E. / Stokes D.E. (Hg): Elections and the Political Order, New York, S. 9-39.
CONVERSE, P. E. / DUPEUX, G. (1962): Politicization of the Electorate in France and the United States, in: Public Opinion Quarterly 26, S. 1-23.
CONVERSE, P. E. / MARKUS, G. E. (1979): Plus ça change ...: The New CPS Election Study Panel, in: American Political Science Review 73, S. 32-49.
CREWE, I. (1973): The Politics of „Affluent" and „Traditional" Workers in Britain: An Aggregate Data Analysis, in: British Journal of Political Science 3, S. 29-52.

CREWE, I. (1974): Do Butler and Stokes Really Explain Political Change in Britain?, in: European Journal of Political Research 3, S. 47-92.
CREWE, I. (1976): Party Identification Theory and Political Change in Britain, in: Budge/Crewe/Farlie (Hg) a.a.O., S. 33-61.
CREWE, I. (1982a): The Labour Party and the Electorate, in: Kavanagh (Hg) a.a.O., S. 9-49.
CREWE, I. (1982b): Is Britain's Two-Party System Really About to Crumble? The Social-Liberal Alliance and the Prospects for Realignment, in: Electoral Studies 1, S. 275-313.
CREWE, I. (1983): The Electorate: Partisan Dealignment Ten Years On, in: West European Politics 6, S. 183-215.
CREWE, I. (1985): Great Britain, in: Crewe/Denver (Hg) a.a.O., S. 100-150.
CREWE, I. (1986): On the Death and Resurrection of Class Voting: Some Comments on „How Britain Votes", in: Political Studies 34, S. 620-638.
CREWE, I. (1987a): A New Class of Politics, in: The Guardian, 15.6.1987.
CREWE, I. (1987b): Tories Prosper from a Paradox, in: The Guardian, 16.5.1987.
CREWE, I. (1988): Has the Electorate Become Thatcherite?, in: Skidelsky, R. (Hg): Thatcherism, London, S. 67-89.
CREWE, I. (1991): Labour Force Change, Working Class Decline, and the Labour Vote: Social and Electoral Trends in Postwar Britain, in: Piven, F. F. (Hg): Labour Parties in Postindustrial Societies, Cambridge, S. 20-46.
CREWE, I. (1992): A Nation of Liars? Opinion Polls and the 1992 Election, in: Parliamentary Affairs 45, S. 475-495.
CREWE, I. / DENVER, D. (Hg) (1985): Electoral Change in Western Democracies: Patterns and Sources of Electoral Volatility, London / Sydney.
CREWE, I. / HARROP, M. (Hg) (1989): Political Communication: The General Election of 1987, Cambridge.
CREWE, I. / KING, A. (1994): Did Major Win? Did Kinnock Lose? Leadership Effects in the 1992 Election, in: Heath/Jowell/Curtice (Hg) a.a.O., S. 125-148.
CREWE, I. / SÄRLVIK, B. / ALT, J. (1977): Partisan Dealignment in Britain 1964-1974, in: British Journal of Political Science 7, S. 129-190.
CRONIN, J. E. (1984): Labour and Society in Britain, 1918-1979, London.
CROSLAND, C. A. R. (1953): The Transition from Capitalism, in: Crossman (Hg) a.a.O., S. 33-69.
CROSLAND, C. A. R. (1956): The Future of Socialism, London.
CROSLAND, C. A. R. (1962): The Conservative Enemy: A Programme of Radical Reform for the 1960s, London.
CROSSMAN, R. H. S. (1953): Towards a Philosophy of Socialism, in: Crossman (Hg) a.a.O., S. 1-33.
CROSSMAN, R. H. S. (Hg) (1953): New Fabian Essays, London (dritte Auflage).

CROUCH, C. (1980): Varieties of Trade Union Weakness: Organised Labour and Capital Formation in Britain, Federal Germany and Sweden, in: West European Politics 3, S. 87-106.
CROUCH, C. (1982): The Peculiar Relationship: The Party and the Unions, in: Kavanagh (Hg) a.a.O., S. 171-190.
CURTICE, J. (1988): One Nation?, in: Jowell, R. / Witherspoon, S. / Brook, L. (Hg): British Social Attitudes: The Fifth Report, Aldershot, S. 127-154.
CURTICE, J. (1996): One Nation Again?, in: Jowell, R. / Curtice, J. / Park, A. / Brook, L. / Thomson, K. (Hg): British Social Attitudes: The Thirteenth Report, Aldershot, S. 1-18.
CURTICE, J. / SEMETKO, H. (1994): Does It Matter What the Papers Say?, in: Heath/Jowell/Curtice (Hg) a.a.O., S. 43-64.
CURTICE, J. / STEED, M. (1982): Electoral Cloice and the Production of Government: The Changing Operation of the Electoral System in the United Kingdom since 1955, in: British Journal of Political Science 12, S. 249-298.
CURTICE, J. / STEED, M. (1986): Proportionality and Exaggeration in the British Electoral System, in: Electoral Studies 5, S. 209-228.
CURTICE, J. / STEED, M. (1988): Appendix 2: Analysis, in: Butler/Kavanagh (Hg) a.a.O., S. 316-362.
CURTICE, J. / STEED, M. (1992): Appendix 2: Analysis, in: Butler/Kavanagh (Hg) a.a.O., S. 322-362.
CURTICE, J. / STEED, M. (1997): Appendix 2: The Results Analysed, in: Butler/Kavanagh (Hg) a.a.O., S. 295-325.
CZADA, R. (1988): Bestimmungsfaktoren und Genese politischer Gewerkschaftseinbindung, in: Schmidt (Hg) a.a.O., S. 178-195.

DAHRENDORF, R. (1983): Die Chancen der Krise, Stuttgart.
DALTON, R. J. (1984): The West German Party System between Two Ages, in: Dalton/Flanagan/Beck (Hg) a.a.O., S. 104-133.
DALTON, R. J. (1988): Citizen Politics in Western Democracies: Public Opinion and Political Parties in the United States, Great Britain, West Germany and France, New Jersey.
DALTON, R. J. (1989): The German Voter, in: Smith, G. / Paterson, W. E. / Merkl, P. H. (Hg): Developments in West German Politics, Basingstoke / London, S. 99-121.
DALTON, R. J. (1992): Two German Electorates, in: Smith, G. / Paterson, W. E./ Merkl, P. H. / Padgett, S. (Hg): Development in German Politics, Basingstoke/ London, S. 52-76.
DALTON, R. J. (1996): A Divided Electorate?, in: Smith/Paterson/Padgett (Hg) a.a.O., S. 35-54.
DALTON, R. J. / BECK, P. A. / FLANAGAN, S. C. (1984): Electoral Change in Advanced Industrial Democracies, in: Dalton/Flanagan/Beck (Hg) a.a.O., S. 3-22.

DALTON, R. J. / FLANAGAN, S. C. / BECK, P. A. (Hg) (1984): Electoral Change in Advanced Industrial Democracies: Realignment or Dealignment?, Princeton.

DALTON, R. J. / ROHRSCHNEIDER, R. (1990): Wählerwandel und Abschwächung der Parteineigungen von 1972 bis 1987, in: Kaase/Klingemann (Hg) a.a.O., S. 297-324.

DARKOW, M. / BUSS, M. (1983): Der Bundestagswahlkampf 1980 - ein Ereignis am Rande des Alltags, in: Schulz/Schönbach a.a.O., S. 446-463.

DEGEN, G. (1992): Länderanalyse Großbritannien, in: Grebing/Meyer (Hg) a.a.O., S. 146-168.

DEKKER, P. / ESTER, P. (1987): Working-Class Authoritarianism: A Reexamination of the Lipset Thesis, in: European Journal of Political Research 15, S. 395-415.

DENVER, D. / HANDS, G. (Hg) (1992): Issues and Controversies in British Electoral Behaviour, New York et al.

DENVER, D. / HANDS, G. (1992b): Constituency Campaigning, in: Parliamentary Affairs 45, S. 528-544.

DENVER, D. (1994): Elections and Voting Behaviour, Hemel Hampstead.

DENVER, D. (1998): The Government That Could Do No Right, in: King (Hg), S. 15-48.

DINGELDEY, I. (1998): Arbeitsmarktpolitische Reformen unter New Labour, in: Aus Politik und Zeitgeschichte 11/98, S. 32-38.

DINGELDEY, I. (1999): Zuckerbrot und Peitsche. Arbeitsmarktpolitik unter New Labour, in: Blätter für deutsche und internationale Politik 3/99, S. 328-335.

DINKEL, R. (1981): Zur Gesetzmäßigkeit der Trendverschiebungen zwischen Landtagswahlen und Bundestagswahlen, in : Zeitschrift für Parlamentsfragen 12, S. 135-139.

DITTBERNER, J. (1987): FDP - Partei der zweiten Wahl. Ein Beitrag zur Geschichte der liberalen Partei und ihrer Funktion im Parteiensystem der Bundesrepublik. Opladen.

DÖRING, H. (1990): Wählen Industriearbeiter zunehmend konservativ? Die Bundesrepublik im internationalen Vergleich, in: Kaase/Klingemann (Hg) a.a.O, S. 31-88.

DÖRING, H. (1993): Großbritannien: Regierung, Gesellschaft und politische Kultur, Opladen.

DÖRING, H. E. (1989): Wählen Industriearbeiter zunehmend konservativ? Die Bundesrepublik Deutschland im westeuropäischen Vergleich, in: Archiv für Sozialgeschichte XXIX, S. 225-272.

DOGAN, M. (1960): Le Vote Ouvrier en Europe Occidentale, in: Revue Française de Sociologie 1, S. 25-44.

DOWNS, A. (1957): An Economic Theory of Democracy, New York.

DOWNS, A. (1972): Up and down with Ecology: The Issue-Attention Cycle, in: The Public Interest 28, S. 1-23.

DRUCKER, H. M. (1979): Doctrine and Ethos in the Labour Party, London.
DRUCKER, H. M. (1981): Changes in the Labour Party Leadership, in: Parliamentary Affairs 34, S. 369-391.
DUEBBER, U. / BRAUNTHAL, G. (1963): West Germany, in: Journal of Politics 25, S. 774-789.
DUNLEAVY, P. (1979): The Urban Basis of Political Alignment: Social Class, Domestic Property Ownership, and State Intervention in Consumption Processes, in: British Journal of Political Science 9, S. 409-443.
DUNLEAVY, P. (1987): Class Dealignment in Britain Revisited, in: West European Politics 10, S. 400-419.
DUNLEAVY, P. (1997): The Constitution, in: Dunleavy/Gamble/Holliday/Peele (Hg) a.a.O., S. 129-154.
DUNLEAVY, P. / GAMBLE, A. / HOLLIDAY, I. / PEELE, G. (Hg) (1997): Developments in British Politics 5, Basingstoke / London.
DUNLEAVY, P. / HUSBANDS, C. T. (1985): British Democracy at the Crossroads, London.
DURBAN, E. (1940): The Politics of Democratic Socialism, London.
DUVERGER, M. (1967): Political Parties: Their Organization and Activity in the Modern State, London (zweiter Nachdruck der dritten Auflage).
DUVERGER, M. (1972): The Study of Politics, London.
DYSON, K. (1989): Economic Policy, in: Smith, G. / Paterson, W.E. / Merkl, P.B. (Hg): Developments in West-German Politics, London. S. 144-167.

EAGLY, A. H. / CHAIKEN, S. (1984): Cognitive Theories of Persuasion, in: Berkowitz, L. (Hg): Advances in Experimental Social Psychology (Bd. 17), New York, S. 267-359.
EBBIGHAUSEN, R. / TIEMANN, F. (Hg) (1984): Das Ende der Arbeiterbewegung in Deutschland? Ein Diskussionsband zum sechzigsten Geburtstag von Theo Pirker, Opladen.
ECKHART, K. W. / HENDERSHOT, G. (1967): Dissonance-Congruence and the Perception of Public Opinion, in: American Journal of Sociology 73, S. 226-234.
EHNI, H.-P. (1973): Sozialistische Neubauforderungen und Proklamation des „Dritten Weges" - Richtung sozialdemokratischer Wirtschaftspolitik 1945-1947, in: Archiv für Sozialgeschichte XIII, S. 131-190.
EILFORT, M. (1996): 1994 - auch ein „Super-Nichtwahljahr", in: Oberreuter (Hg) a.a.O., S. 77-92.
ELLIOTT, G. (1993): Labourism and the English Genius: The Strange Death of Labour England?, London / New York.
ELTERMANN, L. K. (1980): Kanzler und Oppositionsführer in der Wählergunst. Empirische Untersuchungsergebnisse zum Bild der Spitzenpolitiker in der Bevölkerung der Bundesrepublik von 1971 bis 1976, Stuttgart.

EMMERT, T. (1994): Politische Ausgangslage vor der Bundestagswahl 1994. Entwicklung der Parteien, Themen und Kandidaten in Ost und West, in: Bürklin/ Roth (Hg) a.a.O., S. 54-85.
EMMERT, T. / JUNG, M. / ROTH, D. (1998): Zwischen Konstanz und Wandel - Die Bundestagswahl vom 16. Oktober 1994, in: Kaase/Klingemann (Hg) a.a.O., S. 45-84.
EMMERT, T. / STÖGBAUER, A. (1994): Volksparteien in der Krise. Die Wahlen in Baden-Württemberg, Schleswig-Holstein und Hamburg, in: Bürklin/Roth (Hg) a.a.O., S. 86-110.
EPSTEIN, L. D. (1967): Political Parties in Western Democracies, London.
ERBRING, L. / GOLDENBERG, E. / MILLER, A. (1980): Front Page News and Real World Cues: A New Look at Agenda Setting by the Media, in: American Journal of Political Science 24, S. 16-49.
ERLER, F. (1958): Gedanken zur Politik und inneren Ordnung der Sozialdemokratie, in: Die Neue Gesellschaft 5, S. 2-8.
ESPING-ANDERSEN, G. (1985): Politics Against the Markets: The Social Democratic Way to Power, Princeton.
ESPING-ANDERSEN, G. (1990): The Three Worlds of Welfare Capitalism, Cambridge.
ESPING-ANDERSEN, G. (1991): Postindustrial Cleavage Structures: A Comparison of Evolving Patterns of Social Stratification in Germany, Sweden and the United States, in Piven, F. F. (Hg.): Labour Parties in Postindustrial Societies, Cambridge, S. 147-169.
ESPING-ANDERSEN, G. (Hg) (1996): Welfare States in Transition: National Adaptions in Global Economies, London et al.
ESPING-ANDERSEN, G. (1996a): After the Golden Age? Welfare State Dilemmas in a Global Economy, in: Esping-Anderen (Hg) a.a.O, S. 1-31.
ESPING-ANDERSEN, G. (1996b): Welfare States without Work: The Impasse of Labour Shedding and Familialism in Continental European Social Policy, in: Esping-Andersen (Hg) a.a.O., S. 66-87.
ESSER, J. (1982): Gewerkschaften in der Krise, Frankfurt/M.
ESSER, J. (1986): State, Business and Trade Unions in West Germany after the „Political Wende", in: West European Politics 9, S. 198-214.
ETZIONI, A. (1995): Die Entdeckung des Gemeinwesens. Ansprüche, Verantwortlichkeiten und das Programm des Kommunitarismus, Stuttgart.
EVANS, G. (1994): Tactical Voting and Labour's Prospects, in: Heath/Jowell/ Curtice (Hg) a.a.O., S. 65-84.
EVANS, G. / HEATH, A. / PAYNE, C. (1996): Class and Party Revisited: A New Model for Estimating Changes in Levels of Class Voting, in: Rallings/ Farrell/Denver/Broughton (Hg.) a.a.O., S. 157-174.

FALTER, J. W. (1977): Einmal mehr: Läßt sich das Konzept der Parteiidentifikation auf deutsche Verhältnisse übertragen? Theoretische, methodologische und empirische Probleme einer Validierung des Konstrukts „Parteiidentifikation" für die Bundesrepublik Deutschland, in: Politische Vierteljahresschrift 18, 476-500.

FALTER, J. W. (1983): Wahlverhalten, in: Lippert, E. / Wukenhut, R. (Hg): Handbuch der Politischen Psychologie, Opladen, S. 335-346.

FALTER, J. W. (1987): Wahlen und Wählerverhalten unter besonderer Berücksichtigung des Aufstiegs der NSDAP nach 1928, in: Bracher, K. D. / Funke, M. / Jacobsen, H.-A. (Hg): Die Weimarer Republik 1918-1933. Politik-Wirtschaft-Gesellschaft, Bonn, S. 484-504.

FALTER, J. W. / BÜCHEL, F. (1994): Der Einfluß der erwerbsbiographischen Situation auf die politische Einstellung: Eine Panel-Analyse mit Längsschnittdaten von Langzeitarbeitslosen, in: Rattinger/Gabriel/Jagodzinski (Hg). a.a.O., S. 369-398.

FALTER, J. W. / HÄNISCH, D. (1986): Die Anfälligkeit von Arbeitern gegenüber der NSDAP bei den Reichstagswahlen 1928-1933, in: Archiv für Sozialgeschichte XXVI, S. 179-16.

FALTER, J. W. / KLEIN, M. / SCHUMANN, S. (1994): Politische Konflikte, Wählerverhalten und die Struktur des Parteienwettbewerbs, in: Gabriel, O. W. / Brettschneider, F. (Hg): Die EU-Staaten im Vergleich. Strukturen, Prozesse, Politikinhalte, Bonn, S. 194-220.

FALTER, J. W. / RATTINGER, H. (1983): Parteien, Kandidaten und politische Streitfragen bei der Bundestagswahl 1980: Möglichkeiten und Grenzen der Normal-Vote-Analyse, in: Kaase/Klingemann (Hg) a.a.O., S. 320-421.

FALTER, J. W. / RATTINGER, H. / ZINTL, R. (1986): Von den Schwierigkeiten kumulativer Sozialforschung. Einige kritische Anmerkungen zu Hubert Kriegers Untersuchung des Wahlverhaltens von Arbeitslosen im Lichte der Anti-Regierungs- und Klientelhypothese, in: Politische Vierteljahresschrift 27, S. 341-346.

FALTER, J. W. / SCHUMANN, S. (1992): Politische Konflikte, Wählerverhalten und die Struktur des Parteienwettbewerbs, in: Gabriel, O. W. (Hg): Die EG-Staaten im Vergleich. Strukturen, Prozesse und Politikinhalte, Opladen, S. 192-219.

FEIST, U. (1996): Wählerstimmung und Wahlentscheidung 1994 - Zeit für einen Wechsel?, in: Oberreuter (Hg) a.a.O., S. 59-76.

FEIST, U. / LIEPELT, K. (1986): Vom Primat des Primären. Massenkommunikation im Wahlkampf, in: Klingemann/Kaase (Hg) a.a.O., S. 153-179.

FEIST, U. / KRIEGER, H. (1987): Alte und neue Scheidelinien des politischen Verhaltens, in: Aus Politik und Zeitgeschichte 12/87, S. 33-47.

FEIST, U. / KRIEGER, H. / SMID, M. (1984): Das 'kritische' Potential bei der Bundestagswahl 1983: Die bewußte Arbeitnehmerschaft. Eine Antwort auf die Forschungsgruppe Wahlen, in: Zeitschrift für Parlamentsfragen 15, S. 124-136.

FEIST/ U. / LIEPELT, K. (1990): Was die Dynamik des Arbeitsmarktes für das Wählerverhalten bedeutet, in: Kaase/Klingemann (Hg) a.a.O., S. 89-108.

FELD, L. P. / KIRCHGÄSSNER, G. (1998): Offizielle und verdeckte Arbeitslosigkeit und ihr Einfluß auf die Wahlchancen der Regierung und der Parteien: Eine ökonometrische Analyse für die Ära Kohl, in: Kaase/Klingemann (Hg) a.a.O., S. 537-570.

FELS, G. (1977): Inflation in Germany, in: Krause, L. B. / Salant, W. (Hg): Worldwide Inflation: Theory and Recent Experience, Washington, S. 589-629.

FEREJOHN, J. A. / FIORINA, M. P. (1975): Closeness Counts Only in Horseshoes and Dancing, in: American Political Science Review 69, S. 920-925.

FESTINGER, L. (1957): A Theory of Cognitive Dissonance, Stanford.

FIELD, W. E. (1994): Electoral Volatility and the Structure of Competition: A Reassessment of Voting Patterns in Britain 1959-92, in: West European Politics 17, S. 149-165.

FIELDHOUSE, E. A. / PATTIE, C. J. / JOHNSTON, R. J. (1996): Tactical Voting and Party Constituency Campaigning at the 1992 General Election in England, in: British Journal of Political Science 26, S. 403-439.

FINKEL, S. E. (1993): Reexamining the „Minimal Effects" Model in Recent Presidential Campaigns, in: Journal of Politics 55, S. 1-21.

FINKEL, S. E. / SCHROTT, P. E. (1995): Campaign Effects on Voter Choice in the German Election of 1990, in: British Journal of Political Science 25, S. 349-377.

FIORINA, M. P. (1981): Retrospective Voting in American National Elections, New Haven / London.

FIORINA, M. P. / SHEPSLE, K. A. (1989): Is Negative Voting an Artifact?, in: American Journal of Political Science 33, S. 423-439.

FISCHER, C. A. (Hg) (1990): Wahlhandbuch für die Bundesrepublik Deutschland, 2 Bände, Paderborn.

FISHER, J. (1996): British Political Parties, London et al.

FISHER, J. / GROENNINGS, S. (1970): German Electoral Politics, in: Government and Opposition 5, S. 218-234.

FISHMAN, N. / SHAW, A. (1989): TV87: The Campaign to Make Tactical Voting Make Votes Count, in: Crewe/Harrop (Hg) a.a.O., S. 289-302.

FITZGERALD, M. (1989): Black Sheep? Race in the 1987 Election Campaign, in: Crewe/Harrop (Hg) a.a.O., S. 275-288.

FLANAGAN, R. J. / SOSKICE, D. W. / ULMAN, L. (1983): Unionism, Economic Stabilisation and Income Policies, Washington.

FLANAGAN, S. C. (1987): Value Change in Industrial Societies, in: American Political Science Review 81, S. 1303-1319.

FLOCKTON, C. (1996): Economic Management and the Challenge of Unification, in: Smith/Paterson/Padgett (Hg) a.a.O., S. 211-232.

FLORA, P. (1986): Introduction, in: ders. (Hg): Growth to Limits: The Western European Welfare States since World War II, Bd. 1, Berlin / New York, S. XI-XXXVI.

FOGT, H. (1982): Politische Generationen, Opladen.

FOOTE, G. (1986): The Labour Party's Political Thought: A History, London et al..
FORSCHUNGSGRUPPE WAHLEN (1983): Bundestagswahl 1983. Eine Analyse der Wahl zum 10. Deutschen Bundestag am 6. März 1983, Mannheim.
FORSCHUNGSGRUPPE WAHLEN (1987): Bundestagswahl 1987. Eine Analyse der Wahl zum 11. Deutschen Bundestag am 25. Januar 1987, Mannheim.
FORSCHUNGSGRUPPE WAHLEN (1990): Bundestagswahl 1990. Eine Analyse der ersten gesamtdeutschen Bundestagswahl am 2. Dezember 1990, Mannheim.
FORSCHUNGSGRUPPE WAHLEN (1994): Bundestagswahl 1994. Eine Analyse der Wahl zum 13. Deutschen Bundestag, Mannheim.
FORSCHUNGSGRUPPE WAHLEN (1998): Politbarometer 7/1998, Mannheim.
FORSCHUNGSGRUPPE WAHLEN (1998): Bundestagswahl 1998. Eine Analyse der Wahl vom 27. September 1998, Mannheim.
FRANKLAND, E. G. (1989). Federal Republic of Germany: „Die Grünen", in: Müller-Rommel, F. (Hg): New Politics in Western Europe: The Rise of Green Parties and Alternative Lists, Boulder et al, S. 61-79.
FRANKLAND, E. G. / SCHOONMAKER, D. (1992): Between Protest and Power: The Green Party in Germany, Boulder et al.
FRANKLIN, C. H. (1984): Issue Preferences, Socialization, and the Evolution of Party Identification, in: American Journal of Political Science 28, S. 459-478.
FRANKLIN, M. N. (1985): The Decline of Class Voting: Changes in the Basis of Electoral Choice, 1964-1983, Oxford.
FRANZ, G. (1986): Economic Aspirations, Well-Being and Political Support in Recession and Boom Periods: The Case of West Germany, in: European Journal of Political Research 14, S. 97-112.
FRIEDRICH, B. (1969): Bundestagswahlen 1969. Wahlkampf und Parteiorganisation, in: Die Neue Gesellschaft 16, S. 102-108.
FRIEDRICH, B. (1975): Fragen an die Sozialdemokratie, in: Die Neue Gesellschaft 22, S. 876-880.
FUHR, E. (1994): Zurück zur Mitte: Die SPD zu Beginn des Superwahljahres 1994, in: Aus Politik und Zeitgeschichte 1/94, S. 8-11.
FUNKHOUSER, G. Ray (1973): The Issues of the Sixties: An Exploratory Study in the Dynamics of Public Opinion, in: Public Opinion Quarterly 37, S. 62-75.

GABRIEL, O. W. (1997): Parteiidentifikation, Kandidaten und politische Sachfragen als Bestimmungsfaktoren des Parteienwettbewerbs, in: Gabriel/Niedermayer/Stöss (Hg) a.a.O., S. 233-254.
GABRIEL, O. W. / BRETTSCHNEIDER, F. (1994): Soziale Konflikte und Wählerverhalten: Die erste gesamtdeutsche Bundestagswahl im Kontext der längerfristigen Entwicklung des Parteiensystems der Bundesrepublik Deutschland, in: Rattinger/Gabriel/Jagodzinski (Hg) a.a.O., S. 7-46.

GABRIEL, O. W. / NIEDERMAYER, O. (1997): Entwicklung und Sozialstruktur der Parteimitgliedschaften, in: Gabriel/Niedermayer/Stöss (Hg) a.a.O., S. 277-300.
GABRIEL, O. W. / NIEDERMAYER, O. / STÖSS, R. (Hg) (1997): Parteiendemokratie in Deutschland, Bonn.
GABRIEL, O. W. / VETTER, A. (1998): Bundestagswahlen als Kanzlerwahlen? Kandidatenorientierungen und Wahlentscheidungen im parteienstaatlichen Parlamentarismus, in: Kaase/Klingemann (Hg) a.a.O., S. 505-536.
GAMBLE, A. (1988): The Free Economy and the Strong State: The Politics of Thatcherism, Durham, N.J.
GAMBLE, A. (1992): The Labour Party and Economic Management, in: Smith/Spear (Hg) a.a.O., S. 61-74.
GARRETT, G. (1994): Popular Capitalism: The Electoral Legacy of Thatcherism, in: Heath/Jowell/Curtice (Hg) a.a.O., S. 107-124.
GARRETT, G. / LANGE, P. (1986): Performance in a Hostile World: Economic Growth in Capitalist Democracies, in: World Politics 38, S. 517-545.
GAVIN, N. T. (1996): Class Voting and the Labour Party in Britain: The Analysis of Qualitative Data on Voting Preference in the 1987 General Election, in: Electoral Studies 15, S. 311-326.
GEISSLER, R. (1992): Die Sozialstruktur Deutschlands, Bonn (Lizenzausgabe).
GERLACH, S. V. (1999): Staat und Kirche in der DDR. War die DDR ein totalitäres System?, Frankfurt/M. et al.
GIBOWSKI, W. (1990): Demokratischer (Neu-)Beginn in der DDR. Dokumentation und Analyse der Wahl vom 18. März, in: Zeitschrift für Parlamentsfragen 21, S. 5-22.
GIBOWSKI, W. G. / KAASE, M. (1991): Auf dem Weg zum politischen Alltag. Eine Analyse der ersten gesamtdeutschen Bundestagswahlen vom 2. Dezember 1990, in: Aus Politik und Zeitgeschichte 11-12/91, S. 3-20.
GILLESPIE, R. (1993): A Programme for Social Democratic Renewal, in: West European Politics 16, S. 174-178.
GLEICH, U. (1998): Die Bedeutung medialer politischer Kommunikation für Wahlen, in: Media Perspektiven 8/98, S. 411-422.
GLOTZ, P. (1975): Anatomie einer politischen Partei in einer Millionenstadt. Über den Zusammenhang von Mitgliederstruktur und innerparteilicher Solidarität in der Münchener SPD 1968-1974, in: Aus Politik und Zeitgeschichte 41/75, S. 15-37.
GLOTZ, P. (1976): Der Mannheimer Parteitag der SPD 1975, in: Aus Politik und Zeitgeschichte 11/76, S. 3-15.
GLOTZ, P. (1980): Interview, in: (o.A.): Die Linke. Bilanz und Perspektiven für die 80er, Hamburg, S. 107-117.
GLOTZ, P. (1985): „Der Tanker ist kein Surfbrett". Zur Taktik der SPD, in: Bickerich (Hg) a.a.O., S. 174-179.

GLUCHOWSKI. P. (1978): Parteiidentifikation im politischen System der Bundesrepublik Deutschland. Zum Problem der empirischen Überprüfung eines Konzepts unter variierten Systembedingungen, in: Oberndörfer, D. (Hg): Wählerverhalten in der Bundesrepublik Deutschland: Studien zu ausgewählten Problemen der Wahlforschung aus Anlaß der Bundestagswahl 1976, Berlin, S. 265-323.

GLUCHOWSKI, P. (1983): Wahlerfahrung und Parteiidentifikation. Zur Einbindung von Wählern in das Parteiensystem der Bundesrepublik, in: Kaase/ Klingemann (Hg) a.a.O, S. 442-478.

GLUCHOWSKI, P. / MNICH, P. (1993): Alter, Generationen und Parteipräferenzen, in: Aus Politik und Zeitgeschichte 43/93, S. 13-23.

GLUCHOWSKI, P. / von WILAMOWITZ-MOELLENDORFF, U. (1997): Sozialstrukturelle Grundlagen des Parteienwettbewerbs in der Bundesrepublik Deutschland, in: Gabriel/Niedermayer/Stöss (Hg) a.a.O., S. 179-208.

GOLDBERG, A. (1969): Social Determism and Rationality as Bases of Party Identification, in: American Political Science Review 63, S. 5-25.

GOLDING, Peter (1981): The Missing Dimension - News Media and the Management of Social Change, in: Katz, E. / Szescko, T. (Hg): Mass Media and Social Change, Beverly Hills / London, S. 63-81.

GOLDTHORPE, J. H. / LOCKWOOD, D. / BECHHOFER, F. / PLATT, J. (1970): Der 'wohlhabende' Arbeiter in England, Band II (Politisches Verhalten und Gesellschaft), München.

GOLDTHORPE, J. (1980): Social Mobility and the Class Structure in Modern Britain, Oxford.

GOLDTHORPE, J. / HOPE, K. (1974): The Social Grading of Occupations, Oxford.

GOODHART, C. A. E. / BHANSALI, R. J. (1970): Political Ecomomy, in: Political Studies 18, S. 43-106.

GOTTO, K. (1985): Wandlungen des politischen Katholizismus seit 1945, in: Oberndörfer/Rattinger/Schmitt (Hg) a.a.O, S. 221-236.

GOULD, P. (1998): The Unfinished Revolution: How the Modernisers Saved the Labour Party, London.

GOUREVITCH, P. / MARTIN, A. / ROSS, G. / ALLEN, C. / BORNSTEIN, S. / MARKOVITS, A. (1985): Unions and Economic Crisis: Britain, West Germany and Sweden, London et al (zweite Auflage).

GRAHL, J. (1999): Aufholjagd im Rückwärtsgang, in: Blätter für deutsche und internationale Politik 8/1999, S. 907-910.

GRAMSOW, V. / OFFE, C. (1981): Politische Kultur und Sozialdemokratische Regierungspolitik, in: Das Argument Heft 128, S. 551-564.

GRASS, G. (1990): Interview, in: Die Neue Gesellschaft/Frankfurter Hefte 37, S. 702-710.

GREBING, H. / MEYER, T. (Hg) (1992): Linksparteien und Gewerkschaften in Europa. Die Zukunft einer Partnerschaft, Köln.

GREVEN, M. T. (1987): Parteimitglieder. Ein empirischer Essay über das politische Alltagsbewußtsein in Parteien, Opladen.
GROH, D. / BRANDT, P. (1992): Vaterlandslose Gesellen. Sozialdemokratie und Nation 1860-1990, München.
GROSSMAN, M. B. / ROURKE, F. E. (1976): The Media and the Presidency: An Exchange Analysis, in: Political Science Quarterly 91, S. 455-470.

HABERMAS, J. (1985): Die neue Unübersichtlichkeit, Frankfurt
HACKFORTH, J. (1976): Massenmedien und ihre Wirkungen. Kommunikationspolitische Konsequenzen für den publizistischen Wandel, Göttingen.
HÄSE, V. / MÜLLER, P. (1973): Die Jungsozialisten in der SPD, in: Dittberner, J. / Ebbighausen, R. (Hg): Parteiensystem in der Legitimationskrise. Studien und Materialien zur Soziologie der Parteien in der Bundesrepublik Deutschland, Opladen, S. 277-306.
HALL, S. (1990 [1981]): The Great Moving Right Show, in: ders.: The Hard Road to Renewal: Thatcherism and the Crisis of the Left, London / New York, S. 39-56.
HANCOCK, M. D. (1993): The SPD Seeks a New Identity: Party Modernization and Prospects in the 1990s, in: Dalton, R. (Hg): The New Germany Votes: Unification and the Creation of the New German Party System, Providence / Oxford, S. 77-98.
HARDIN, R. (1982): Collective Action, Baltimore / London.
HARRISON; M. (1992): Politics on the Air, in: Butler/Kavanagh (Hg) a.a.O., S. 155-179.
HARROP, M. (1987): The Voters, in: Seaton, J. / Pimlott, B. (Hg): The Media in British Politics, Aldershot, S. 45-63.
HARROP, M. (1990): Political Marketing, in: Parliamentary Affairs 43, S. 277-291.
HARTWICH, H.-H. (1970): Sozialstaatspostulat und gesellschaftlicher Status quo, Opladen / Köln.
HASELER, S. (1969): Gaitskellites: Revisionism in the Labour Party, 1951-64, London.
HASENRITTER, K.-H. (1982): Parteiordnungsmaßnahmen und innerparteiliche Demokratie, in: Aus Politik und Zeitgeschichte 14-15/82, S. 19-28.
HEARL, D. J. / BUDGE, I. / PEARSON, B. (1996): Distinctiveness of Regional Voting: A Comparative Analysis Across the European Community, 1979-1993, in: Electoral Studies 15, S. 167-182.
HEATH, A. / JOWELL, R. (1994): Labour's Policy Review, in: Heath/Jowell/ Curtice (Hg) a.a.O., S. 191-212.
HEATH; A. / JOWELL, R. / CURTICE, J. (1985): How Britain Votes, Oxford.
HEATH; A. / JOWELL, R. / CURTICE, J. (1987): Trendless Fluctuation: A Reply to Crewe, in: Political Studies 35, S. 256-277.

HEATH; A. / JOWELL, R. / CURTICE, J. (1992 [1988]): Partsian Dealignment Revisited (unpublished paper presented to the PSA annual conference), in: Denver/Hands (Hg) a.a.O., S. 162-169.
HEATH, A. / JOWELL, R. / CURTICE, J. / EVANS, G. / FIELD, J. / WITHERSPOON, S. (1991): Understanding Political Change: The British Voter 1964-1987, Oxford.
HEATH, A. / JOWELL, R.. / CURTICE, J. (1994): Can Labour Win?, in: Heath/Jowell/Curtice (Hg) a.a.O., S. 275-300.
HEATH, A. / JOWELL, R. / CURTICE, J. (mit Taylor, B.) (Hg) (1994): Labour's Last Chance? The 1992 Election and Beyond, Aldershot et al.
HEATH, A. / McDONALD, S. K. (1986): Social Change and the Future of the Left, in: Political Quarterly 58, S. 364-377.
HEFFERNAN, R. (1998): Labour's Transformation: A Staged Process With No Single Point of Origin, Politics 18, S. 101-106.
HEIMANN, S. (1984): Die Sozialdemokratische Partei Deutschlands, in: Stöss, R.. (Hg): Parteienhandbuch, Bd. 2, S. 2025-2216.
HEIMANN, S. (1991): Zwischen Aufbruchstimmung und Resignation. Die SPD in den 80er Jahren, in: Süß, W. (Hg): Die Bundesrepublik Deutschland in den achtziger Jahren. Innenpolitik, politische Kultur, Außenpolitik, Opladen, S. 35-52.
HEIMANN, S. (1993): Die Sozialdemokratie: Forschungsstand und offene Fragen, in: Niedermayer, O. / Stöss, R. (Hg): Stand und Perspektiven der Parteienforschung in Deutschland, Opladen, S. 147-186.
HELM, J. A. (1986): Co-Determination in West Germany: What Difference Has It Made?, in: West European Politics 9, S. 32-53.
HEMPEL-SOOS, K. (1980): Die AsF zwischen SPD und Frauenbewegung, in: Die Neue Gesellschaft 27, S. 111-114.
HERMENS, F. A. (1968): Demokratie oder Anarchie? Untersuchung über die Verhältniswahl, Köln.
HIBBS, D. A. jr. (1977): Political Parties and Macroeconomic Policy, in: American Political Science Review 71, S. 1467-1487.
HICKEL, R. (1999a): Ein „bescheidener" Entwurf? Der rot-grüne Einstieg in eine andere Steuerpolitik, in: Blätter für deutsche und internationale Politik 2/1999, S. 168-178.
HICKEL, R. (1999b): Abschied vom Rheinischen Kapitalismus. Zum rot-grünen Kurswechsel in der Wirtschafts- und Sozialpolitik, in: Blätter für deutsche und internationale Politik 8/1999, S. 947-957.
HICKS, A. / SWANK, D. H. (1992): Politics, Institutions, and Welfare Spending in Industrialized Democracies 1960-82, in: American Political Science Review 86, S. 558-674.
HIEGEMANN, S. (1992): Die Entwicklung des Mediensystems in der Bundesrepublik, in: Bundeszentrale für politische Bildung (Hg) a,a,O., S. 31-88.

HILLS, J. (1994): Die Zukunft des Wohlfahrtsstaates, in: Kastendiek/Rohe/Volle (Hg) a.a.O., S. 411-437.

HIMMELWEIT, H. T. / HUMPHREYS, P. / JAEGER, M. (1985): How Voters Decide: A Model of Vote Choice Based on a Special Longitudinal Study Extending over Fifteen Years and the British Election Surveys of 1970-1983, Milton Keynes / Philadelphia (zweite überarbeitete Auflage).

HINDESS, B. (1971): The Decline of Working Class Politics, London.

HINE, D. (1982): Factionalism in West European Parties: A Framework for Analysis, in: West European Politics 5, S. 36-53.

HINE, D. (1986): Leaders and Followers: Democracy and Manageability of Social Democratic Parties of Western Europe, in: Paterson/Thomas (Hg) a.a.O., S. 261-290.

HIRSCHMAN, A. O. (1970): Exit, Voice and Loyalty: Responses to Decline in Firms, Organizations, and States, Cambridge/Mass.

HODGE, C. C. (1993): The Politics of Programmatic Renewal: Postwar Experiences in Britain and Germany, in: West European Politics 16, S. 5-19.

HÖPNER, M. (1997): Politisch koordinierte Demokratien 1973-1996, WSI-Diskussionspapier Nr. 42 (Oktober 1997), Düsseldorf.

HOFFMANN, D. (1988): Kleine Schritte sind nicht wenig. Zum Irseer Programmentwurf, in: Die Neue Gesellschaft 35, S. 34-39.

HONNETH, A. (Hg) (1995): Der Kommunitarismus. Eine Debatte über die moralischen Grundlagen moderner Gesellschaften, Frankurt / New York.

HOVLAND, C. I. / LUMSDAINE, A. I. / SHEFFIELD, F. D. (1949): Experiments on Mass Communication, Princeton, N J.

HOVLAND, C. / JANIS, I. / KELLEY, H. H. (1953): Communication and Persuasion, New Haven.

HOWELL, D. (1980): British Social Democracy: A Study in Development and Decay, London (zweite Auflage).

HUMPHREYS, P. J. (1994). Media and Media Policy in Germany: The Press and Broadcasting since 1945, Oxford/Providence (zweite Auflage).

HUSTER, E.-U. (1978): Die Politik der SPD 1945-1950, Frankfurt/M.

HUTTON, W. (1996): The State We're in, London (zweite, erweiterte Auflage).

IG METALL-VORSTAND (o.J.) [1998]: Deutschland hat die Wahl. Handeln. Für Arbeit und soziale Gerechtigkeit, Frankfurt.

INGHAM, G. (1974): Strikes and Conflict: Britain and Scandinavia, London.

INGLE, S. (1989): The British Party System, Oxford / Cambridge, Mass. (zweite Auflage).

INGLEGART, R. (1971): The Silent Revolution in Europe: Intergenerational Change in Post-Industrial Societies, in: American Political Science Review 65, S. 991-1017.

INGLEHART, R. (1977): The Silent Revolution: Changing Values and Political Styles among Western Publics, Princeton.

INGLEHART, R. (1985): New Perspectives on Value Change: Response to Lafferty, Savage, and Böltken and Jagodzinski, in: Comparative Political Science 17, S. 485-532.
INGLEHART, R. (1990): Culture Shift in Advanced Industrial Societies, Princeton.
INGLEHART, R. / ABRAMSON, P. (1994): Economic Security and Value Change, in: American Political Science Review 88, S. 336-354.
INGLEHART, R. / RABIER, J.-R. (1986): Political Realignment in Advanced Industrial Society: From Class-Based Politics to Quality-of-Life Politics, in: Government and Opposition 23, 456-479.
ISMAYR, W. (1992): Der Deutsche Bundestag. Funktionen, Willensbildung, Reformansätze, Opladen.
IYENGAR, S. (1989): How Citizens Think about Political Issues: A Matter of Responsibility, in: American Journal of Political Science 33, S. 878-900.
IYENGAR, S. (1992): Wie Fernsehnachrichten die Wähler beeinflussen: Von der Themensetzung zur Herausbildung von Bewertungsmaßstäben, in: Wilke, J. (Hg): Öffentliche Meinung. Theorien, Methoden, Befunde, Freiburg / München, S. 123-142.
IYENGAR, S, / PETERS, M. D. / KINDER, D. R. (1982): Experimental Demonstrations of the 'Not-So-Minimal' Consequences of Television News Programs, in: American Political Science Review 76, S. 848-858.

JÄCKEL, M. / WINTERHOFF-SPURK, P. (Hg) (1994): Politik und Medien. Analysen zur Entwicklung der politischen Kommunikation, Berlin.
JAGODZINSKI, W. (1985): Die zu stille Revolution: Zum Aggregatwandel materialistischer und postmaterialistischer Wertorientierungen in sechs westeuropäischen Ländern zwischen 1970 und 1981, in: Oberndörfer/Rattinger/Schmitt (Hg) a.a.O., S. 333-356.
JAGODZINSKI, W. / KÜHNEL, S. M. (1990): Zur Schätzung der relativen Effekte von Issueorientierungen, Kandidatenpräferenz und langfristiger Parteibindung auf die Wahlabsicht, in: Schmitt (Hg) a.a.O, S. 5-65.
JAGODZINSKI, W. / KÜHNEL, S. (1997): Werte und Ideologien im Parteienwettbewerb, in: Gabriel/Niedermayer/Stöss (Hg) a.a.O., S. 209-232.
JAHRESGUTACHTEN 1996/97 DES SACHVERSTÄNDIGENRATES ZUR BEGUTACHTUNG DER GESAMTWIRTSCHAFTLICHEN ENTWICKLUNG, Deutscher Bundestag, Drucksache 6200, (18.11.1996).
JAHRESGUTACHTEN 1997/98 DES SACHVERSTÄNDIGENRATES ZUR BEGUTACHTUNG DER GESAMTWIRTSCHAFTLICHEN ENTWICKLUNG, Deutscher Bundestag, Drucksache 9090 (18.11.1997).
JAHRESGUTACHTEN 1998/99 DES SACHVERSTÄNDIGENRATES ZUR BEGUTACHTUNG DER GESAMTWIRTSCHAFTLICHEN ENTWICKLUNG, Deutscher Bundestag, Drucksache 14/73 (20.11.1998).

JANZEN, K.-H. (1982): Das Maß an Zumutungen ist voll. Zu den Haushaltsbeschlüssen 1983, in: Die Neue Gesellschaft 29, S. 774-777.
JARREN, O. / SARCINELLI, U. / SAXER, U. (Hg) (1998): Politische Kommunikation in der demokratischen Gesellschaft. Ein Handbuch mit Lexikonteil, Opladen.
JEFFREYS, K. (1993): The Labour Party since 1945, Basingstoke.
JESSE, E. (1992): Parteien in Deutschland. Abriß der historischen Entwicklung, in: Mintzel/Oberreuter (Hg) a.a.O., S. 41-88.
JESSE, E. (1998): Grundmandatsklausel und Überhangsmandate. Zwei wahlrechtliche Eigentümlichkeiten in der Kritik, in: Kaase/Klingemann (Hg) a.a.O., S. 15-41.
JOHNSTON, R. J. / PATTIE, C. J. (1991): Tactical Voting in Great Britain in 1983 and 1987: An Alternative Approach, in: British Journal of Political Science 21, S. 95-128.
JOHNSTON, R. J. / PATTIE, C. J. (1996): The Strength of Party Identification among the British Electorate: An Exploration, in: Electoral Studies 15, S. 295-309.
JOHNSTON, R. J. / PATTIE, C. J. (1998): Campaigning and Advertising: An Evaluation of the Components of Constituency Activism at Recent British Elections, in: British Journal of Political Science 28, S. 677-693.
JONES, T. (1996): Remaking the Labour Party: From Gaitskell to Blair, London/ New York.
JUN, U. (1996): Innerparteiliche Reformen im Vergleich: Der Versuch einer Modernisierung von SPD und der Labour Party, in: Borchert/Golsch/Jun/Lösche (Hg) a.a.O., S. 213-237.
JUNG, M. / ROTH, D. (1994): Kohls knappster Sieg. Eine Analyse der Bundestagswahl 1994, in: Aus Politik und Zeitgeschichte 51-52/94, S. 3-15.
JUNNE, G. (1984): Der strukturpolitische Wettlauf zwischen den kapitalistischen Industrieländern, in: Politische Vierteljahresschrift 25, S. 134-155.

KAASE, M. (1970): Determinanten des Wahlverhaltens bei der Bundestagswahl 1969, in: Politische Vierteljahresschrift 11, S. 46-110.
KAASE, M. (1973): Die Bundestagswahl 1972: Probleme und Analysen, in: Politische Vierteljahresschrift 14, S. 146-176.
KAASE, M. (1976): Party Identification and Voting Behaviour in the West German Election of 1969, in: Budge/Crewe/Farlie (Hg) a.a.O., S. 81-102.
KAASE, M. (1986): Massenkommunikation und politischer Prozeß, in: Kaase (Hg) a.a.O., S. 357-374.
KAASE, M. (Hg) (1986): Politische Wissenschaft und politische Ordnung, Opladen.
KAASE, M. (1989): Fernsehen, gesellschaftlicher Wandel und politischer Prozeß, in: Kaase/Schulz (Hg) a.a.O., S. 97-116.

KAASE, M. (1998): Politische Kommunikation - Politikwissenschaftliche Perspektiven, in: Jarren/Sarcinelli/Saxer (Hg) a.a.O., S. 97-113.
KAASE, M. / GIBOWSKI, W. G. (1990): Die Ausgangslage für die Bundestagswahl am 2. Dezember 1990 - Entwicklungen und Meinungsklima seit 1987, in: Kaase/Klingemann (Hg) a.a.O, S. 735-785.
KAASE, M. / KLINGEMANN, H.-D. (Hg) (1990): Wahlen und politisches System. Analysen aus Anlaß der Bundestagswahl 1987, Opladen.
KAASE, M. / KLINGEMANN, H.-D. (Hg) (1998): Wahlen und Wähler. Analysen aus Anlaß der Bundestagswahl 1994, Opladen.
KAASE, M. / MARSH, A. (1979): Political Action: A Theoretical Perspective, in: Barnes, S.H. / Kaase, M. (Hg): Political Action: Mass Participation in Five Western Democracies, Beverly Hills / London, S. 27-56.
KAASE, M. / SCHULZ, W. (1989): Perspektiven der Kommunikationsforschung, in: dies. (Hg) a.a.O, S. 9-27.
KAASE, M. / SCHULZ, W. (Hg) (1989): Massenkommunikation. Theorien, Methoden, Befunde (Kölner Zeitschrift für Soziologie und Sozialpsychologie Sonderheft 30), Opladen.
KASTE, H. / RASCHKE, J. (1977): Die Politik der Volkspartei, in: Narr, W.-D. (Hg): Auf dem Weg zum Einparteienstaat, Opladen, S. 26-75.
KASTENDIEK, H. (1984): Struktur- und Organisationsprobleme einer staatstragenden Arbeitnehmerpartei: Zum Verhältnis von SPD und Gewerkschaften seit 1966, in: Ebbighausen/Tiemann (Hg) a.a.O., S. 407-443.
KASTENDIEK, H. / ROHE, K. / VOLLE, A. (Hg): (1994): Länderbericht Großbritannien. Geschichte - Politik - Wirtschaft - Gesellschaft, Bonn.
KATZ, R. M. / MAIR, P. (1995): Changing Models of Party Organization and Party Democracy, in: Party Politics 1, S. 5-28.
KATZENSTEIN, P. J. (1985): Small States in World Markets: Industrial Policy in Europe, Ithaca / London.
KATZENSTEIN, P. J. (1987): Policy and Politics in Western-Germany: The Growth of a Semisovereign State, Philadelphia.
KAVANAGH, D. (1971): The Deferential English: A Comparative Critique, in: Government and Opposition 6, S. 330-360.
KAVANAGH, D. (1982a): Still the Workers' Party? Changing Social Trends in Elite Recruitment and Electoral Support, in: Kavanagh (Hg) a.a.O., S. 95-110.
KAVANAGH, D. (1982b): Representation in the Labour Party, in: Kavanagh (Hg) a.a.O., S. 171-190.
KAVANAGH, D. (Hg) (1982): The Politics of the Labour Party, Boston/Sidney.
KAVANAGH, D. (1990): Thatcherism and British Politics: The End of Consensus?, Oxford (zweite Auflage).
KAVANAGH, D. (1992): Private Opinion Polls and Campaign Strategy, in: Parliamentary Affairs 45, S. 518-527.
KAVANAGH, D. (1997): The Labour Campaign, in: Parliamentary Affairs 50, S. 533-541.

KEPPLINGER, H. M. / GOTTO, K. / BROSIUS, H.-B. / HAAK, D. (1989a): Der Einfluß der Fernsehnachrichten auf die politische Meinungsbildung, Freiburg/ München.
KEPPLINGER, H. M. / BROSIUS, H.-B. / STAAB, J. F. / LINKE, G. (1989b): Instrumentelle Aktualisierung. Grundlagen einer Theorie publizistischer Konflikte, in: Kaase/Schulz (Hg) a.a.O., S. 199-220.
KEPPLINGER, H. M. / BROSIUS, H.-B. (1990): Der Einfluß der Parteibindung und der Fernsehberichterstattung auf die Wahlabsichten der Bevölkerung, in: Kaase/Klingemann (Hg) a.a.O., S. 675-686.
KEPPLINGER, H. M. / BROSIUS, H.-B. / DAHLEM, S. (1994): Partei- oder Kandidatenpräferenz. Zum Einfluß der wahrgenommenen Sachkompetenzen auf die Wahlabsichten bei der Bundestagswahl 1990, in: Rattinger/Gabriel/ Jagodzinski (Hg) a.a.O., S. 153-188.
KESSELMAN, M. (1996): Sozialdemokratische Wirtschaftstheorie nach dem Ende des Keynesianismus, in: Borchert/Golsch/Jun/Lösche (Hg) a.a.O., S. 135-167.
KEY, V. O. Jr. (1955): A Theory of Critical Elections, in: Journal of Politics 17, S. 3-18.
KEY, V. O. Jr. (1961): The Responsible Electorate: Rationality in Presidential Voting, 1936-1960, Cambridge, Mass.
KIEFER, M.-L. (1987): Massenkommunikation III, in: Berg, K. / Kiefer, M.-L. (Hg): Massenkommunikation III. Eine Langzeitstudie zur Mediennutzung und Medienbewertung 1964-1985, Frankfurt/M., S. 9-261.
KIEFER, M.-L. (1992): Massenkommunikation IV, in: Berg, K. / Kiefer, M.-L. (Hg): Massenkommunikation IV. Eine Langzeitstudie zur Mediennutzung und Medienbewertung 1964-1990, Baden-Baden, S. 9-298.
KING, A. (Hg) (1998): New Labour Triumphs: Britain at the Polls, Chatham.
KING, A. (1998): Why Labour Won - At Last, in: King (Hg) a.a.O., S. 177-208.
KIRCHGÄSSNER, G. (1986): Economic Conditions and the Popularity of West German Parties: A Survey, in: European Journal of Political Research 14, S. 421-440.
KIRCHGÄSSNER, G. (1989): Der Einfluß wirtschaftlicher Variablen auf die Popularität der Parteien, in: Falter, J. W. / Rattinger, H. / Troitzsch, K. G. (Hg) (1989): Wahlen und politische Einstellungen in der Bundesrepublik Deutschland: Neuere Entwicklungen der Forschung, Frankfurt/M. et al., S. 175-195.
KIRCHGÄSSNER, G. (1990a): Hebt ein „knapper" Wahlausgang die Wahlbeteiligung? Eine Überprüfung der ökonomischen Theorie der Wahlbeteiligung anhand der Bundestagswahl 1987, in: Kaase/Klingemann (Hg) a.a.O., S. 445-477.
KIRCHGÄSSNER, G. (1990b): Zur gegenseitigen Abhängigkeit von Parteipräferenz und Einschätzung der Wirtschaftslage. Eine empirische Untersuchung für die Bundesrepublik Deutschland 1972 bis 1986, in: Schmitt (Hg) a.a.O., S. 65-98.

KIRCHHEIMER, O. (1965): Der Wandel des westeuropäischen Parteisystems, in: Politische Vierteljahresschrift 6, S. 20-41

KITSCHELT, H. (1989): The Internal Politics of Parties: The Law of Curvilinear Disparity Revisited, in: Political Studies 37, S. 400-421.

KITSCHELT, H. (1991): The 1990 German Federal Election and the National Unification: A Watershed in German Electoral History?, in: West European Politics 14, S. 121-148.

KITSCHELT, H. (1994): The Transformation of European Social Democracy, Cambridge.

KLAPPER, J. T. (1957): What Do We Know about the Effects of Mass Communication: The Brink of Hope, in: Public Opinion Quarterly 21, S. 451-474.

KLAPPER, J. T. (1960): The Effects of Mass Media Communication, New York.

KLEINERT, H. (1996): Bündnis 90/Die Grünen: Die neue dritte Kraft?, in: Aus Politik und Zeitgeschichte 6/96, S. 36-44.

KLINGEMANN, H.-D. (1983): Parteipräferenz, in: Lippert, E. / Wukenhut, R. (Hg): Handbuch der Politischen Psychologie, Opladen, S. 224-229.

KLINGEMANN, H.-D. (1984): Soziale Lagerung, Schichtbewußtsein und politisches Verhalten. Die Arbeiterschaft der Bundesrepublik im historischen und internationalen Vergleich, in: Ebbighausen/Tiemann (Hg) a.a.O., S. 593-622.

KLINGEMANN, H.-D. (1985), West Germany, in: Crewe/Denver (Hg) a.a.O., S. 230-263.

KLINGEMANN, H.-D. (1986): Massenkommunikation, interpersonale Kommunikation und politische Einstellungen. Zur Kritik der These vom Zwei-Stufen-Fluß der politischen Kommunikation, in: Kaase (Hg) a.a.O., S. 387-399.

KLINGEMANN, H.-D. (1998): Parteien im Urteil der Bürger: Eine Längsschnittanalyse 1969-1994, in: Kaase/Klingemann (Hg) a.a.O., S. 391-462.

KLINGEMANN, H.-D. / HOFFERBERT, R. I. / BUDGE, I. (1994): Parties, Policies and Democracy, Boulder et al.

KLINGEMANN, H.-D. / KAASE, M. (Hg) (1986): Wahlen und politischer Prozeß. Analysen aus Anlaß der Bundestagswahl 1983, Opladen.

KLINGEMANN, H.-D. / LUTHART, W. (Hg) (1993): Wohlfahrtsstaat, Sozialstruktur und Verfassungsanalyse, Opladen.

KLINGEMANN, H.-D. / STEINWEDE, J. (1993): Traditionelle Kerngruppenbindung der Wähler in der Bundesrepublik. Stabilität oder Veränderung in den achtziger Jahren?, in: Klingemann/Luthart (Hg) a.a.O., S. 49-65.

KLINGEMANN, H.-D. / TAYLOR, C. L. (1977): Affektive Parteiorientierung, Kanzlerkandidaten und Issues. Einstellungskomponenten der Wahlentscheidung bei Bundestagswahlen in Deutschland, in: Politische Vierteljahresschrift 18, S. 301-347.

KLINGEMANN, H.-D. / VOLKENS, A. (1997): Struktur und Entwicklung von Wahlprogrammen in der Bundesrepublik Deutschland 1949-1994, in: Gabriel/ Niedermayer/Stöss (Hg) a.a.O., S. 517-536.

KLOTZBACH, K. (1982): Der Weg zur Staatspartei. Programmatik, praktische Politik und Organisation der deutschen Sozialdemokratie 1945 bis 1965, Berlin.

KLOTZBACH, K. (1989): SPD und Katholische Kirche nach 1945 - Belastungen, Mißverständnisse und Neuanfänge, in: Archiv für Sozialgeschichte XXIX, S. XXXVII-XLVII.

KNAPPE, E. / ROPPEL, U. (1982): Erfolg und Grenzen der keynesianischen Konjunkturpolitik, in: Wehling (Red.), S. 59-85.

KNOKE, D. (1990): Political Networks: The Structural Perspective, Cambridge/Mass. et al.

KOELBLE, Th. A. (1991): The Left Unraveled: Social Democracy and the New Left Challenge in Britain and West Germany, Durham / London.

KOGAN, D. / KOGAN, M. (1982): The Battle for the Labour Party, London.

KORPI, W. / SHALEV, M. (1979): Strikes, Industrial Relations, and Class Conflict in Capitalist Societies, in: British Journal of Sociology 30, S. 164-187.

KOSCHNIK, H. (1976): Bundestagswahlkampf 1976, in: Die Neue Gesellschaft 23, S. 971-973.

KRAMER, G. H. (1971): Short Term Fluctuations in U.S. Voting Behaviour, 1896-1964, in: American Political Science Review 65, S. 131-143.

KREBS, T. (1996): Parteiorganisation und Wahlkampfführung. Eine mikropolitische Analyse der SPD-Bundestagswahlkämpfe 1965 und 1986/87, Wiesbaden.

KRIEGER, H. (1985): „Anti-Regierungs-"oder „Klientelhypothese"? Wirkungen persönlicher Betroffenheit von Arbeitslosigkeit im Rahmen des etablierten Parteienspektrums (1980-1985), in: Politische Vierteljahresschrift 26, S. 357-380.

KROPP, S. (1999): Die rot-grüne Koalitionsvereinbarung der Bundesparteien vom 20. Oktober 1998. Ein Plan und die ersten Schritte seiner Realisierung, in: Gegenwartskunde 1/1999, S. 31-44.

KÜCHLER, M. (1985): Ökonomische Kompetenzurteile und individuelles politisches Verhalten: Empirische Ergebnisse am Beispiel der Bundestagswahl 1983, in: Oberndörfer/Rattinger/Schmitt (Hg) a.a.O, S. 157-182.

KÜCHLER, M. (1990): Ökologie statt Ökonomie: Wählerpräferenzen im Wandel, in: Kaase/Klingemann (Hg) a.a.O., S. 419-444.

KUNCZIK, M. (1992): Massenmedien und Gesellschaft. Theoretische Modelle unter besonderer Berücksichtigung des Aspekts Kultur und Kommerz, in: Bundeszentrale für politische Bildung (Hg) a.a.O., S. 13-30.

LAFFERTY, W. M (1990): The Political Transformation of a Social Democratic State: As the World Moves in, Norway Moves Right, in: West European Politics 13, S. 79-100.

LAFONTAINE, O. (1989): Das Lied vom Teilen. Die Debatte über Arbeit und politischen Neubeginn, Hamburg.

LAFONTAINE, O. (1997): The Future of German Social Democracy, in: New Left Review 227/97, S. 72-87.

LAFONTAINE, O. (1997b): Aufgaben einer modernen Wirtschaftspolitik, in: Frankfurter Allgemeine Zeitung, 27.6.1997.
LAFONTAINE, O. / MÜLLER, C. (1998): Keine Angst vor der Globalisierung. Wohlstand und Arbeit für alle, Bonn.
LAMERS, B. (1999): New Labour - Zwischenbilanz, in: Die politische Meinung Heft 350 (Januar 1999), S. 61-69.
LANE, J.-E. / ERSSON 1994: Politics and Society in Western Europe, London et al (dritte Auflage).
LANGE, T. (1985): Der Staat als Unternehmer, in: Grosser, D. (Hg): Der Staat in der Wirtschaft der Bundesrepublik, Opladen, S. 301-374.
LASS, J. (1995): Vorstellungsbilder über Kanzlerkandidaten. Zur Diskussion um die Personalisierung der Politik, Wiesbaden.
LASSWELL, H. D. (1948): The Structure and Function of Communication in Society, in: Bryson, L. (Hg): The Communication of Ideas, New York, S. 37-51.
LAVER, M. (1984): On Party Policy, Polarization, and the Breaking of Moulds: The 1983 British Parties Manifestos in Context, in: Parliamentary Affairs 37, S. 33-39.
LAYBOURN, K. (1988): The Rise of Labour: The British Labour Party 1890-1979, London et al.
LAYARD, R. / NICKELL, S. / JACKMAN, R. (1991): Unemployment: Macroeconomic Performance and the Labour Market, Oxford et al.
LAYARD, R. / NICKELL, S. / JACKMAN, R. (1994): The Unemployment Crisis, Oxford.
LAZARSFELD, P. F. / BERELSON, B. / GAUDET, H. (1948): The People's Choice: How the Voter Makes up His Mind in a Presidential Campaign, New York (vierter unveränderter Nachdruck der zweiten Auflage).
LEHMBRUCH, G. (1979a): Consociational Democracy, Class Conflict, and the New Corporatism, in: Schmitter, P. C. / Lehmbruch, G. (Hg): Trends towards Corporatist Intermediation, London, S. 53-61.
LEHMBRUCH, G. (1979b): Liberal Corporatism and Party Government, in: Schmitter, P. C. / Lehmbruch, G. (Hg): Trends towards Corporatist Intermediation, London, S. 147-183.
LEHMBRUCH, G. (1982): Introduction: Neo-Corporatism in Comparative Perspective, in: Lehmbruch, G. / Schmitter, P. C. (Hg): Patterns of Corporatist Policy-Making, S. 1-28.
LEHMBRUCH, G. (1984): Concertation and the Structure of Corporatist Networks, in: Goldthorpe, J. H. (Hg): Order and Stress in Contemporary Capitalism: Studies in the Political Economy of Western European Nations, Oxford, S. 60-80.
LEHMBRUCH, G. (1996): Die korporative Verhandlungsdemokratie in Westmitteleuropa, in: Schweizerische Zeitschrift für Politikwissenschaft 2, S. 19-41.
LEHMBRUCH, G. / SINGER, O. / GRANDE, E. / DÖHLER, M. (1988): Institutionelle Bedingungen ordnungspolitischer Strukturwechsel im internationalen Vergleich, in: Schmidt (Hg) a.a.O., S. 251-283.

LEHNERT, D. (1983): Sozialdemokratie zwischen Protestbewegung und Regierungspartei 1848 bis 1983, Frankfurt/M.
LEIF, T. (1992): Personalrekrutierung der SPD: kopf und konzeptionslos, in: Leif, T. / Legrand, H.-J. / Klein, A. (Hg): Die politische Klasse in Deutschland. Eliten auf dem Prüfstand, Bonn / Berlin, S. 223-240.
LEIF, T. (1993): Hoffnung auf Reformen? Reformstau und Partizipationsblockaden in den Parteien, in: Aus Politik und Zeitgeschichte 43/93, S. 24-33.
LEIF, T. / RASCHKE, J. (1994): Rudolf Scharping, die SPD und die Macht. Eine Partei wird besichtigt, Reinbek.
LEIGH, D. / VULLIAMY, E. (1997): Sleaze: The Corruption of Parliament, London.
LENT, A. (1997): Labour's Transformation: Searching for the Point of Origin, in: Politics 17, S. 10-16.
LEONHARD, E. (1995): Aus der Opposition an die Macht. Wie Rudolf Scharping Kanzler werden will, Köln.
LEPSIUS, R. M. (1966): Parteiensystem und Sozialstruktur. Zum Problem der Demokratisierung der deutschen Gesellschaft, in: Abel, W. u.a. (Hg): Wirtschaft, Geschichte und Wirtschaftsgeschichte. Festschrift zum 65. Geburtstag von F. Lütge, Stuttgart, S. 371-393.
LEWIS-BECK, M. (1988): Economics and Elections: The Major Western Democracies, Ann Arbour.
LEYS, C. (1997): The British Labour Party since 1989, in: Sassoon, D. (Hg): Looking Left: Socialism in Europe after the Cold War, London / New York, S. 17-43.
LINNEMANN, R. (1994): Die Parteien in den neuen Bundesländern. Konstituierung, Mitgliederentwicklung, Organisationsstrukturen, Münster / New York.
LIPSET, S. M. (1969): Political Man, London.
LIPSET, S. M. (1981): Political Man: The Social Bases of Politics, Baltimore.
LIPSET, S. M. / ROKKAN, S. (1967): Cleavage Structures, Party Systems, and Voter Alignments: An Introduction, in: Lipset, S.M. / Rokkan, S. (Hg): Party Systems and Voter Alignments: Cross-National Perspectives, New York / London, S. 1-64.
LIJPHART, A. (1984): Democracies: Patterns Of Majoritarian and Consensus Government in Twenty-one Countries, New Haven.
LIJPHART, A. (1990): The Political Consequences of Electoral Laws, 1945-85, in: American Political Science Review 84, S. 481-496.
LÖSCHE, P. (1996a): Abschied von der Funktionärspartei?, in: Blätter für deutsche und internationale Politik 41, S. 52-56.
LÖSCHE, P. (1996b): SPD, Demokratische Partei und Labour Party: Konvergenzen und Divergenzen, in: Borchert/Golsch/Jun/Lösche (Hg) a.a.O., S. 239-257.
LÖSCHE, P. (1996c): Die SPD nach Mannheim: Strukturprobleme und aktuelle Entwicklungen, in: Aus Politik und Zeitgeschichte 6/96, S. 20-28.

LÖSCHE, P. / FRANZ, W. (1992): Die SPD: Klassenpartei - Volkspartei - Quotenpartei, Darmstadt.
LÖWENTHAL, R. (1981): Identität und Zukunft der SPD, in: Die Neue Gesellschaft 28, S. 1085-1089.
LOVENDUNSKI, J. / NORRIS, P. (1994): Labour and the Unions: After the Brighton Conference, in: Government and Opposition 29, S. 201-217.
LOWERY, S. A. / DEFLEUR, M. L. (1988): Milestones in Mass Communication Research: Media Effects, New York / London.
LUHMANN, N. (1981): Politische Theorie im Wohlfahrtsstaat, München / Wien.

MAAG, G. (1991): Gesellschaftliche Werte. Strukturen, Stabilität und Funktion, Opladen.
MacARTHUR, B. (1989): The National Press, in: Crewe/Harrop (Hg) a.a.O., S. 95-107.
MAIR, P. (1997): Party System Change, Oxford.
MAJONE, G. (1994): The Rise of the Regulatory State in Europe, in: West European Politics 17, S. 77-101.
MANDELSON, P. / LIDDLE, R. (1996): The Blair Revolution: Can New Labour Deliver?, London.
MANGEN, S. (1996): German Welfare and Citizenship, in: Smith/Paterson/ Padgett (Hg) a.a.O., S. 250-266.
MANNHEIM, K. (1969): Das Problem der Generationen, in: von Friedeburg, L. (Hg): Jugend in der modernen Gesellschaft, Köln, S. 23-48.
MARKOVITS, A. S. (1982): The Legacy of Liberalism and Collectivism in the Labour Movement: A Tense but Fruitful Compromise for Model Germany, in: Markovits, A. S. (Hg): The Political Economy of West Germany: Modell Deutschland, Cambridge, S. 141-187.
MARKOVITS, A. S. (1986): The Politics of West German Trade Unions: Strategies of Class and Interest Representation in Growth and Crisis, Cambridge.
MARKOVITS, A. S. (1992): Arbeiterbewegung in Europa - Versuch einer Periodisierung des Traditionsbündnisses zwischen Gewerkschaften und Parteien, in: Grebing/Meyer (Hg) a.a.O., S. 81-100.
MARKOVITS, A. S. / ALLEN, C. S. (1989): The Trade Unions, in: Smith/ Paterson/Merkl (Hg) a.a.O., S. 289-307.
MARSH, A. / KAASE, M. (1979): Background of Political Action, in: Barnes, S.H. / Kaase, M. (Hg): Political Action: Mass Participation in Five Western Democracies, Beverly Hills / London, S. 97-136.
MATHES, R. (1989): Medienwirkungen und Konfliktdynamik in der Auseinandersetzung um die Entlassung von General Kiessling, in: Kaase/Schulz (Hg) a.a.O., S. 441-458.
MATHES, R. / FREISENS, U. (1990): Kommunikationsstrategien der Parteien und ihr Erfolg. Eine Analyse der aktuellen Berichterstattung in den Nachrich-

tenmagazinen der öffentlich-rechtlichen und privaten Rundfunkanstalten im Bundestagswahlkampf 1987, in: Kaase/Klingemann (Hg) a.a.O., S. 569-618.
MAY, J. D. (1973): Opinion Structure in Political Parties: The Special Law of Curvilinear Disparity, in: Political Studies 21, S. 135-151.
McALLISTER, I. (1984): Housing, Tenure and Party Choice in Australia, Britain and the United States, in: British Journal of Political Science 14, S. 509-522.
McALLISTER, I. / STUDLAR, D. (1992): Region and Voting in Britain, 1979-87: Territorial Polarization or Artifact?, in: American Journal of Political Science 36, S. 168-199.
McCOMBS, M. E. (1981): The Agenda-Setting Approach, in: Nimmo/Sanders (Hg) a.a.O., S. 121-140.
McCOMBS, M. E. (1994): News Influence on Our Pictures of the World, in: Bryant/Zillmann (Hg) a.a.O., S. 1-16.
McCOMBS, M. E. / SHAW, D. L. (1972): The Agenda-Setting Function of Mass Media, in: Public Opinion Quarterly 36, S. 176-187.
McGRAW, K. M. (1990): Avoiding Blame: An Experimental Study of Political Excuses and Justifications, in: British Journal of Political Science 20, S. 129-142.
McGREGOR, R. / SVENNEVIG, M. / LEDGER, C. (1989): Television and the 1987 General Campaign, in: Crewe/Harrop (Hg) a.a.O., S. 175-186.
McILROY, J. (1995): Trade Unions in Britain Today, Manchester / New York (zweite Auflage).
McKENZIE, R. T. (1963): British Political Parties. The Distribution of Power within the Conservative and Labour Parties, London (zweite Auflage).
McKENZIE, R. T. (1982): Power in the Labour Party: the Issue of 'Intra-Party Democracy', in: Kavanagh (Hg) a.a.O., S. 191-201.
McKIBBIN, R. (1974): The Evolution of the Labour Party 1910-1924, Oxford.
McLEOD, J. M / KOSICKI, G. M. / McLEOD, D. M. (1994): The Expanding Boundaries of Political Communication Effects, in: Bryant/Zillmann (Hg) a.a.O., S. 123-162.
McNAIR, B. (1995): An Introduction to Political Communication, London.
McQUAIL, D. (1983): Mass Communication Theory: An Introduction, London et al.
MERKEL, W. (1992): Verstaatlichung, Privatisierung und Sozialdemokratie, in: Abromeit, H. / Jürgens, U. (Hg): Die politische Logik wirtschaftlichen Handelns, Berlin, S. 255-292.
MERKEL, W. (1993): Ende der Sozialdemokratie? Machtressourcen und Regierungspolitik im westeuropäischen Vergleich, Frankfurt / New York.
MERKEL, W. (1996): Vergangenheit, Gegenwart und Zukunft der Sozialdemokratie, in: Borchert/Golsch/Jun/Lösche (Hg) a.a.O., S. 81-106.
MERKEL, W. (1998): Die Endzeit-Propheten haben sich getäuscht, in: Frankfurter Allgemeine Zeitung, 9.12.1998.

MERKEL, W. (1999): The Third Ways of European Social Democracy at the End of the Twentieth Century, Paper presented to the Curso de Verano „La Tercera Via" Madrid / El Escorial, July 19-22, 1999 (Manuskript).
MERTEN, K. (1983): Wirkungen der Medien im Wahlkampf. Fakten oder Artefakte?, in: Schulz/Schönbach (Hg) a.a.O., S. 424-441.
MEULEMANN, H. (1985): Säkularisierung und Politik. Wertewandel und Wertstruktur in der Bundesrepublik Deutschland, in: Politische Vierteljahresschrift 26, S. 29-51.
MEULEMANN, H. (1996): Werte und Wertewandel. Zur Identität einer geteilten und wieder vereinten Nation, Weinheim / München.
MEYER, T. (1992): Zur Programmentwicklung demokratischer Sozialisten in Europa - ein Vergleich, in: Grebing/Meyer (Hg) a.a.O., S. 17-46.
MEYER, T. (1997): The Transformation of German Social Democracy, in: Sassoon, D. (Hg): Looking Left: Socialism in Europe after the Cold War, London/ New York, S. 124-142.
MEYER, T. (1998): Die Transformation der Sozialdemokratie. Eine Partei auf dem Weg ins 21. Jahrhundert, Bonn.
MICHELS, R. (1989 [1912]): Zur Soziologie des Parteiwesens in der modernen Demokratie. Untersuchungen über die oligarchischen Tendenzen des Gruppenlebens (herausgegeben und mit einer Einführung versehen von Frank R. Pfetsch), Stuttgart (vierte Auflage).
MIELKE, G. (1990): Des Kirchturms langer Schatten. Konfessionell-religiöse Bestimmungsfaktoren des Wahlverhaltens, in: Landeszentrale für politische Bildung Baden-Württemberg (Hg): Wahlverhalten, Stuttgart, S. 157-165.
MIELKE, G. (1997): Mehr Demokratie wagen! SPD-Führung im partizipatorischen Zeitalter, in: Blätter für deutsche und internationale Politik 42, S. 38-47.
MILIBAND, R. (1961): Parliamentary Socialism: A Study in the Politics of Labour, London.
MILLER, S. / POTTHOFF, H. (1991): Kleine Geschichte der SPD. Darstellung und Dokumentation 1848-1990, Bonn (siebte Auflage).
MILLER, W. E. (1976): The Cross-national Use of Party Identification as a Stimulus for Political Enquiry, in: Budge/Crewe/Farlie (Hg) a.a.O., S. 21-31.
MILLER, W. L. (1978): Social Class and Party Choice in England: A New Analysis, in: British Journal of Political Science 8, S. 257-284.
MILLER, W. L. (1979): Class, Region and Strata at the British General Election of 1979, in: Parliamentary Affairs 32, S. 376-382.
MILLER, W. L. (1984): There Was No Alternative: The British General Election of 1983, in: Parliamentary Affairs 37, S. 364-384.
MILLER, W. L. (1991): Media and Voters: The Audience, Content and Influence of Press and Television at the 1987 General Election, Oxford.
MILLER, W. L. / BROUGHTON, D. / SONNTAG, N. / McLEAN, D. (1989): Political Change in Britain during the 1987 Campaign, in: Crewe/Harrop (Hg) a.a.O., S. 108-125.

MILLER, W. L. / CLARKE, H. D. / HARROP, M. / LEDUC, L. / WHITELEY, P. F. (1990): How Voters Change: The 1987 British Election Campaign in Perspective, Oxford.

MILLER, W. L. / MACKIE, M. (1973): The Electoral Cycle and the Asymmetry of Government and Opposition Popularity, in: Political Studies 21, S. 263-279.

MILLER, W. L. / TAGG, S. / BRITTO, K. (1986): Partisanship and Party Preference in Government and Opposition: The Mid-term-Perspective, in: Electoral Studies 5, S. 31-46.

MINKIN, L. (1979): The Party Connection: Divergence and Convergence in the British Labour Movement, in: Government and Opposition 13, S. 458-484.

MINKIN, L. (1980): The Labour Party Conference: A Study in the Politics of Intra-Party Democracy, Manchester.

MINKIN, L. (1991): The Contentious Alliance: Trade Unions and the Labour Party, Edinburgh.

MINTZEL, A. (1993): Auf der Suche nach der Wirklichkeit der Großparteien in der Bundesrepublik Deutschland, in: Klingemann/Luthart (Hg) a.a.O., S. 66-104.

MINTZEL, A. / OBERREUTER, H. (1992): Parteien in der Bundesrepublik Deutschland, Bonn (zweite, erweiterte Auflage).

MITCHELL, A. (1983): Four Years in the Death of the Labour Party, London.

MORGAN, K. O. (1989). Socialism and Social Democracy in the British Labour Party, 1945-1989, in: Archiv für Sozialgeschichte XXIX, S, 297-327.

MÜCKENBERGER, U. (1988): Wie aus Lafontaines Vorschlag noch etwas werden könnte ..., in: Hildebrandt, E. / Schmidt, E. / Sperling, H. J. (Hg): Zweidrittelgesellschaft - Eindrittelgewerkschaft. Kritisches Gewerkschaftsjahrbuch 1988/89, Berlin, S. 10-18.

MÜCKL, W. J. (1982): Wie problematisch ist die Staatsverschuldung?, in: Wehling (Red.) a.a.O., S. 160-185.

MÜLLER, E.-P. (1992): Wirtschaftliche und soziale Interessen im XII. Deutschen Bundestag, in: Zeitschrift für Parlamentsfragen 23, S. 6-16.

MÜLLER, H. (1996): Stimmungsumschwung. Die Strategie der Union im Wahlkampfjahr 1994, in: Oberreuter (Hg) a.a.O., S. 165-180.

MÜLLER, P. (1984): Das „Volksparteikonzept" der SPD, in: Ebbighausen/ Tiemann (Hg) a.a.O., S. 386-407.

MÜLLER, U. (1967): Die demokratische Willensbildung in den politischen Parteien, Mainz.

MÜLLER, W. (1998): Klassenstruktur und Parteisystem. Zum Wandel der Klassenspaltung im Wahlverhalten, in: Kölner Zeitschrift für Soziologie und Sozialpsychologie 50, S. 3-46.

MÜLLER-RENTSCH, W. (1992): Länderanalyse Bundesrepublik Deutschland, in: Grebing/Meyer (Hg) a.a.O., S. 103-117.

MÜLLER-ROMMEL, F. (1982): Innerparteiliche Gruppierungen in der SPD. Eine empirische Studie über informell-organisierte Gruppierungen von 1969-1980, Opladen.

MÜLLER-ROMMEL, F. (1992): Erfolgsbedingungen Grüner Parteien in Westeuropa, in: Politische Vierteljahresschrift 33, S. 189-217.
MÜLLER-ROMMEL, F. (1993): Grüne Parteien in Westeuropa. Entwicklungsphasen und Erfolgsbedingungen, Opladen.
MÜLLER-ROMMEL, F. / POGUNTKE, T. (1992): Die Grünen, in: Mintzel/ Oberreuter (Hg) a.a.O., S. 319-361.
NADEAU, R. / MENDELSOHN, M. (1994): Short Term Popularity Boost Following Leadership Change in Great Britain, in: Electoral Studies 13, S. 222-228.
NARR, W.-D. (1966): CDU - SPD. Programm und Praxis seit 1945, Stuttgart.
NARR, W.-D. (1977): Parteienstaat in der BRD - ein Koloß auf tönernen Füßen, aber mit stählernen Zähnen, in: Narr, W.-D. (Hg): Auf dem Weg zum Einparteienstaat, Opladen, S. 7-26.
NICLAUSS, K. (1988): Kanzlerdemokratie. Bonner Regierungspraxis von Konrad Adenauer bis Helmut Kohl, Stuttgart et al.
NICLAUSS, K. (1995): Das Parteiensystem der Bundesrepublik Deutschland. Eine Einführung, Paderborn et al.
NIEDENHOFF, H.-U. / PEGE, W. (1989): Gewerkschaftshandbuch: Daten, Fakten, Strukturen, Köln.
NIEDENHOFF, H.-U. / PEGE, W. (1997): Gewerkschaftshandbuch: Daten, Fakten, Strukturen, Köln.
NIEDERMAYER, O. (1993): Innerparteiliche Demokratie, in: Niedermayer, O. / Stöss, R. (Hg): Stand und Perspektiven der Parteienforschung in Deutschland, Opladen, S. 230-250.
NIEDERMAYER, O. (1997a): Das gesamtdeutsche Parteiensystem, in: Gabriel/ Niedermayer/Stöss (Hg) a.a.O., S. 106-130.
NIEDERMAYER, O. (1997b): Beweggründe des Engagements in politischen Parteien, in: Gabriel/Niedermayer/Stöss (Hg) a.a.O., S. 323-337.
NIEMI, R. G. / WHITTEN, G. / FRANKLIN, M. N. (1992): Constituency Characteristics, Individual Characteristics and Tactical Voting in the 1987 British General Election, in: British Journal of Political Science 22, S. 229-240.
NIMMO, D. D. / SANDERS, K. R. (Hg) (1981): Handbook of Political Communication, Beverly Hills / London.
NOELLE-NEUMANN, E. (1977): Das doppelte Meinungsklima. Der Einfluß des Fernsehens im Wahlkampf, in: Kaase, M. (Hg): Wahlsoziologie heute. Analysen aus Anlaß der Bundestagswahl 1976, in: Politische Vierteljahresschrift 18, S. 408-451.
NOELLE-NEUMANN, E. (1979a): Der getarnte Elefant. Über die Wirkung des Fernsehens, in: dies.: Öffentlichkeit als Bedrohung. Beiträge zur empirischen Kommunikationsforschung, Freiburg / München, S. 115-126.
NOELLE-NEUMANN, E. (1979b): Kumulation, Konsonanz und Öffentlichkeitseffekt, in: dies.: Öffentlichkeit als Bedrohung. Beiträge zur empirischen Kommunikationsforschung, Freiburg / München, S. 127-168.

NOELLE-NEUMANN, E. (1980): Die Schweigepirale. Öffentliche Meinung - unsere soziale Haut, München / Zürich.
NOELLE-NEUMANN, E. (1989): Die Theorie der Schweigespirale als Instrument der Medienwirkungsforschung, in: Kaase/Schulz (Hg) a.a.O., S. 418-440.
NOHLEN, D. (1978): Wahlsysteme der Welt: Daten und Analysen. Ein Handbuch, München / Zürich.
NOHLEN, D. (1990): Wahlrecht und Parteiensystem. Über die politischen Auswirkungen von Wahlsystemen, Opladen.
NOHLEN, D. (1991): Wahlsysteme, in: Nohlen D. (Hg): Wörterbuch Staat und Politik, München, S. 777-784.
NOHLEN, D. (1992): Wahlrecht / Wahlsystem / Wahlprüfung, in: Andersen, U. / Woyke, W. (Hg): Handwörterbuch des politischen Systems der Bundesrepublik Deutschland, Bonn, S. 582-589.
NORDLINGER, E. A. (1967): The Working-Class Tories: Authority, Deference and Stable Democracy, Berkeley.
NORPOTH, H. (1977): Kanzlerkandidaten. Wie sie vom Wähler bewertet werden und seine Wahlabsicht beeinflussen, in: Politische Vierteljahresschrift 18, S. 551-572.
NORPOTH, H. (1978): Party Identification in West Germany: Tracing an Elusive Concept, in: Comparative Political Studies 11, S. 36-61.
NORPOTH, H. (1984): The Making of a More Partisan Electorate in West Germany, in: British Journal of Political Science 14, S. 53-71.
NORPOTH, H. (1987a): Guns and Butter and Government Popularity in Britain, in: American Political Science Review 81, S. 949-959.
NORPOTH, H. (1987b): The Falklands War and Government Popularity in Britain: Rally without Consequence or Surge without Decline, in: Electoral Studies 6, S. 3-16.
NORPOTH, H. (1992): Confidence Regained: Economics, Mrs Thatcher and the British Voter, Ann Arbour.
NORPOTH, H. / GOERGEN, C. (1990): Regierungspopularität auf Kredit: Wirtschaftsbilanz und Wählerwille, in: Kaase/Klingemann (Hg) a.a.O., S. 345-376.
NORPOTH, H. / YANTEK, T. (1983): Von Adenauer bis Schmidt: Wirtschaftslage und Kanzlerpopularität, in: Kaase/Klingemann (Hg) a.a.O., S. 198-221.
NORRIS, P. (1987): Four Weeks of Sound and Fury ...: The 1987 British Election Campaign, in: Parliamentary Affairs 40, S. 458-467.
NORRIS, P. (1990): Thatcher's Enterprise Society and Electoral Change, in: West European Politics 13, S. 63-78.
NORRIS, P. (1994): Labour's Factionalism and Extremism, in: Heath/Jowell/ Curtice (Hg) a.a.O., S. 173-190.
NORRIS, P. (1995): May's Law of Curvilinear Disparity Revisited. Leaders, Officers, Members and Voters in British Political Parties, in: Party Politics 1, S. 29-47.

NORRIS, P. (1996a): Political Communications in British Election Campaigns: Reconsidering Media Effects, in: Rallings/Farrell/Denver/Broughton (Hg) a.a.O., S. 125-138.
NORRIS, P. (1996b): Mobilising the „Women's Vote": The Gender-Generation Gap in Voting Behaviour, in: Parliamentary Affairs 49, 331-342.
NORRIS, P. (1997): Electoral Change since 1945, Oxford/Cambridge, Mass.
NORRIS, P. (1998): The Battle for the Campaign Agenda, in: King (Hg) a.a.O., S. 113-144.
NORRIS, P. / LOVENDUNSKI, J. (1995): Political Recruitment. Gender, Race and Class in the British Parliament, Cambridge et al.
NORTON, P. (1981): The Commons in Perspective, Oxford.
NORTON, P. (1998): The Conseravtive Party: „In Office but Not in Power", in: King (Hg) a.a.O., S. 75-112.

OBERNDÖRFER, D. / RATTINGER, H. / SCHMITT, K. (Hg) (1985): Wirtschaftlicher Wandel, religiöser Wandel und Wertewandel. Folgen für das politische Verhalten in der Bundesrepublik Deutschland, Berlin.
OBERREUTER, D. (Hg) (1996): Parteiensystem am Wendepunkt? Wahlen in der Fernsehdemokratie, München / Landsberg.
OECD (1998): Economic Surveys: United Kingdom, Paris.
von OERTZEN, P. / MÖBBECK, S. (Hg) (1992): Vorwärts, rückwärts, seitwärts. Das Lesebuch zur SPD-Organisationsreform, Köln (zweite Auflage).
OFFE, C. (1972): Strukturprobleme des kapitalistischen Staates. Aufsätze zur Politischen Soziologie, Frankfurt.
OFFE, C. (1984): Korporatismus als System nichtstaatlicher Makrosteuerung? Notizen über seine Voraussetzungen und seine demokratischen Gehalte, in: Geschichte und Gesellschaft 10, S. 234-256.
OFFE, C. (1990): Akzeptanz und Legitimität strategischer Optionen in der Sozialpolitik, in: Sachße/Engelhart (Hg) a.a.O., S. 179-202.
OFFE, C. (1991): Smooth Consolidation in the West German Welfare State: Structural Change, Fiscal Policies, and Populist Politics, in: Piven, F. F. (Hg): Labour Parties in Postindustrial Societies, Cambridge, S. 124-147.
OLSON, M. (1965): The Logic of Collective Action, London / New Haven.
OLSON, M. (1982): The Rise and Fall of Nations, Princeton.
OMEROD, P. (1991): Incomes Policy, in: Artis, M. / Cobham, D. (Hg): Labour's Economic Policies, 1974-79, Manchester / New York, S. 56-72.
O'SHAUGNESSY, N. J. (1990): The Phenomenon of Political Marketing, London.
OTT, E. (1978): Die Wirtschaftskonzeption der SPD nach 1945, Marburg.

PADGETT, S. (1987): The West German Social Democrats in Opposition 1982-86, in: West European Politics 10, S. 333-356.

PADGETT, S. (Hg) (1993): Parties and Party Systems in the New Germany, Aldershot et al.
PADGETT, S. (1993a): The New German Electorate, in: Padgett (Hg) a.a.O., S. 25-46.
PADGETT, S. (1993b): The German Social Democrats: A Redefinition of Social Democracy or Bad Godesberg Mark II, in: West European Politics 16, S. 20-38.
PADGETT, S. (1994): The German Social Democratic Party: Between Old and New Left, in: Bell/Shaw (Hg) a.a.O, S. 10-30.
PADGETT, S. / BURKETT, T. (1986): Political Parties and Elections in West Germany: The Search for a New Stability, London / New York.
PADGETT, S. / PATERSON, W. (1991): The Rise and Fall of the West German Left, in: New Left Review 186/1991, S. 46-77.
PAGE, B. I. / JONES, C. C. (1979): Reciprocal Effects of Policy Preferences, Party Loyalties and the Vote, in: American Political Science Review 73, S. 1071-1089.
PANEBIANCO, A. (1988): Political Parties: Organization and Power, Cambridge et al.
PAPPI, F.-U. (1973): Parteiensystem und Sozialstruktur in der Bundesrepublik, in: Politische Vierteljahresschrift 14, S. 191-213.
PAPPI, F.-U. (1977): Einstellungen zum Wohlfahrtsstaat, in: Zapf, W. (Hg): Probleme der Modernisierungspolitik (Mannheimer sozialwissenschaftliche Studien, Bd. 14), Meisenheim, S. 221-227.
PAPPI, F.-U. (1979): Konstanz und Wandel der Hauptspannungslinien in der Bundesrepublik, in: Matthes, J. (Hg): Sozialer Wandel in Westeuropa. Verhandlungen des 19. Deutschen Soziologentages Berlin 1979, Frankfurt / New York, S. 465-480.
PAPPI, F.-U. (1984): The West German Party System, in: West European Politics 7, S. 8-26.
PAPPI, F.-U. (1985): Die konfessionell-religiöse Konfliktlinie in der deutschen Wählerschaft: Entstehung, Stabilität und Wandel, in: Oberndörfer/Rattinger/ Schmitt (Hg) a.a.O, S. 263-290.
PAPPI, F.-U. (1990a): Klassenstruktur und Wahlverhalten im Wandel, in: Kaase/ Klingemann (Hg) a.a.O., S. 15-30.
PAPPI, F.-U. (1990b): Neue Soziale Bewegungen und Wahlverhalten in der Bundesrepublik, in: Kaase/Klingemann (Hg) a.a.O., S. 143-192.
PAPPI, F.-U. (1990c): Die Republikaner im Parteiensystem der Bundesrepublik. Protesterscheinung oder politische Alternative?, in: Aus Politik und Zeitgeschichte 21/90, S. 37-50.
PAPPI, F.-U. / TERWEY, M. (1982): The German Electorate: Old Cleavages and New Political Conflict, in: Döring, H. / Smith, G. (Hg): Party Government and Political Culture in Western Germany, London, S. 174-197.
PARKIN, F. (1967): Working-Class Conservatives: A Theory of Political Deviance, in: British Journal of Sociology 18, S. 278-290.

PARKIN, F. (1968): Middle Class Radicalism: the Social Bases of the British Campaign for Nuclear Disarmament, Manchester.
PARRY, G. / MOYSER, G. / DAY, N (1992): Political Participation and Democracy in Britain, Cambridge et al.
PATERSON, W. E. (1986): The German Social Democratic Party, in: Paterson/ Thomas (Hg) a.a.O., S. 127-153.
PATERSON, W. E. (1993): Reprogramming Democratic Socialism, in: West European Politics 16, S. 1-4.
PATERSON, W. E. / THOMAS, A. H. (Hg) (1986): The Future of Social Democracy: Problems and Prospects of Social Democratic Parties in Western Europe, Oxford.
PATTIE, C. J. / FIELDHOUSE, E. A. / JOHNSTON, R. J. (1995): Individual Vote Choices and Constituency Economic Conditions at the 1992 General Election, in: Electoral Studies 14, S. 399-415.
PEDERSEN, M. N. (1979): The Dynamics of European Party Systems: Changing Patterns of Electoral Volatility, in: European Journal of Political Research 13, S. 1-27.
PEELE, G. (1995): Governing the UK, Oxford / Cambridge, Mass (dritte Auflage).
PEELE, G. (1997): Political Parties, in: Dunleavy/Gamble/Holliday/Peele (Hg) a.a.O., S. 89-109.
PEGELOW, H. (1985): Arbeitslosigkeit und Wahlverhalten: Zwei Effekte überlagern sich, in: Zeitschrift für Parlamentsfragen 16, S. 46-56.
PELINKA, A. (1980): Sozialdemokratie in Europa - Macht ohne Grundsätze oder Grundsätze ohne Macht?, Wien / München.
PETTY, R. E. / CACIOPPO, J. T. (1986): The Elaboration Likelihood Modell of Persuasion, in: Berkowitz, L. (Hg): Advances in Experimental Social Psychology (Bd. 19), New York, S. 123-205.
PETTY, R. E. / PRIESTER, J. R. (1994): Mass Media Attitude Change: Implications of the Elaboration Likelihood Model of Persuasion, in: Bryant/Zillmann (Hg) a.a.O, S. 91-122.
PFENNIG, U. (1990): Parteipolitische Aktivitäten, Sozialstruktur und politische Netzwerke der Grünen Rheinland-Pfalz im Jahr 1984: Eine Fallstudie, in: Kaase/ Klingemann (Hg) a.a.O., S. 193-214.
PFETSCH, B. (1991): Politische Folgen der Dualisierung des Rundfunksystems in der Bundesrepublik Deutschland. Konzepte und Analysen zum Fernsehangebot und zum Publikumsverhalten, Baden-Baden.
PFETSCH, B. / SCHMITT-BECK, R. (1994): Amerikanisierung von Wahlkämpfen? Kommunikationsstrategien und Massenmedien im politischen Mobilisierungsprozeß, in: Jäckel/Westerhoff-Spurk (Hg) a.a.O., S. 231-252.
PIMLOTT, B. (1980): The Labour Left, in: Cook, C. /Taylor, C. (Hg): The Labour Party, Longman, S. 163-188.

PINARD, M. (1975): The Rise of a Third Party: A Study in Crisis Politics, Montreal.
PINTO-DUSCHINSKY, M. (1987): Financing the British General Election of 1987, in: Crewe/Harrop (Hg) a.a.O., S. 15-28.
PIRKER, T. (1965): Die SPD nach Hitler. Die Geschichte der Sozialdemokratischen Partei Deutschlands 1945-1964, München.
PIZZORNO, A. (1981): Interests and Parties in Pluralism, in: Berger, S. D. (Hg): Organizing Interests in Western Europe: Pluralism, Corporatism, and the Transformation of Politics, Cambridge et al., S. 277-284.
POGUNTKE, T. (1987): Grün-alternative Parteien: Eine neue Farbe in westlichen Parteiensystemen, in: Zeitschrift für Parlamentsfragen 18, S. 368-382.
POGUNTKE, T. (1993): Der Stand der Forschung zu den Grünen: Zwischen Ideologie und Empirie, in: Niedermayer, O. / Stöss, R. (Hg): Stand und Perspektiven der Parteienforschung in Deutschland, Opladen, S. 187-210.
PONTUSSON, J. (1987): Sweden, in: Kesselman, M. / Krieger, J. (Hg): European Politics in Transition, Lexington, S. 451-550.
POULANTZAS, N. (1975): Klassen im Kapitalismus heute, Berlin.
PRZEWORSKI, A. (1985): Capitalism and Social Democracy, Cambridge.
PRZEWORSKI, A. / SPRAGUE, J. (1986): Paper Stones: A History of Electoral Socialism, Chicago.
PULZER, P. G. J. (1967): Political Representation and Elections in Britain, London.

RADUNSKI, P. (1983): Strategische Überlegungen zum Fernsehwahlkampf, in: Schulz/Schönbach (Hg) a.a.O., S. 131-145.
RAE, D. W. (1967): The Political Consequences of Electoral Laws, New Haven / London.
RALLINGS, C. / FARRELL, D. M. / DENVER, D. / BROUGHTON, D. (Hg) (1996): British Elections and Parties Yearbook 1995, London.
RAPPE, H. (1985): „Wir brauchen den mittleren Weg". Für eine klare Abgrenzung von den Grünen, in: Bickerich (Hg) a.a.O., S. 201-209.
RASCHKE, J. (1985): Soziale Konflikte und Parteiensystem in der Bundesrepublik, in: Aus Politik und Zeitgeschichte 9/85, S. 22-39.
RASCHKE, J. (1991): Die Parteitage der Grünen, in: Aus Politik und Zeitgeschichte 11-12/91, S. 46-54.
RASCHKE, J. (1993): Die Grünen. Wie sie wurden, was sie sind, Köln.
RASCHKE, J. / SCHMITT-BECK, R. (1994): Die Grünen. Stabilisierung nur durch den Niedergang der Etablierten?, in: Bürklin/Roth (Hg) a.a.O., S. 160-184.
RASCHKE, J. / TIMM, A. (1997): Das Menetekel von Hamburg. Strategieprobleme und Strukturkrise der SPD, in: Blätter für deutsche und internationale Politik 42, S. 1323-1332.

RATTINGER, H. (1983a): Arbeitslosigkeit, Apathie und Protestpotential: Zu den Auswirkungen der Arbeitsmarktlage auf das Wahlverhalten bei der Bundestagswahl 1980, in: Kaase/Klingemann (Hg) a.a.O., S. 257-317.

RATTINGER, H. (1983b): Das Wahlverhalten der Arbeitslosen bei der Bundestagswahl 1980. Zur Anwendung der ökologischen Regressionsanalyse, in: Ellwein, W.-D. (Hg): Politische Stabilität und Konflikt. Neue Ergebnisse der makroquantitativen Politikforschung, Opladen, S. 94-112.

RATTINGER, H. (1994): Parteineigungen, Sachfragen- und Kandidatenorientierungen in Ost- und Westdeutschland 1990 bis 1992, in: Rattinger/Gabriel/ Jagodzinski (Hg) a.a.O., S. 267-315.

RATTINGER, H. (1998): Normalwahlanalyse monatlicher Parteipräferenzen in Westdeutschland von 1978 bis 1994, in: Kaase/Klingemann (Hg) a.a.O., S. 357-390.

RATTINGER, H. / GABRIEL, O. W. / JAGODZINSKI, W. (Hg) (1994): Wahlen und politische Einstellungen im vereinigten Deutschland (Empirische und methodologische Beiträge zur Sozialwissenschaft, Band 13), Frankfurt/M.

RAU, J. (1985): „Wir wollen klare Verhältnisse". Ein Brief an Freunde in der Partei, in: Bickerich (Hg) a.a.O., S. 233-235.

RAULFS, A. (1976): Die Wahlkampf-„Instrumente" der SPD, in: Die Neue Gesellschaft 25, S. 560-562.

REICHART-DREYER, I. (1997): Parteireform, in: Gabriel/Niedermayer/Stöss (Hg) a.a.O., S. 338-356.

REIF, K.-H. / SCHMITT, H. (1980): Nine Second-Order National Elections: A Conceptual Framework for the Analysis of European Election Results, in: European Journal of Political Research 8, S. 3-44.

RENTOUL, J. (1996): Tony Blair, London (zweite überarbeitete Auflage).

RePASS, D. E. (1971): Issue Salience and Party Choice, in: American Political Science Review 65, S. 389-400.

von RHEIN-KRESS, G. (1993): Coping with Economic Crisis. Labour Supply as a Policy Instrument, in: Castles, F. G. (Hg): Families of Nations: Patterns of Public Policy in Western Democracies, Aldershot, S. 131-178.

RIEGGER, V. (1983): Medien im Wahlkampf der SPD, in: Schulz/Schönbach (Hg) a.a.O., S. 146-161.

RICHARDSON, B. M. (1991): European Party Loyalties Revisited, in: American Political Science Review 85, S. 751-775.

RIEMER, J. R. (1982): Alternation in the Design of Model Germany: Critical Innovations in the Policy Machinery for Economic Steering, in: Markovits, A. S. (Hg): The Political Economy of West Germany: Modell Deutschland, Cambridge, S. 53-89.

RIKER, W. P. / ORDESHOOK, P. C. (1968): A Theory of the Calculus of Voting, in: American Political Science Review 62, S. 675-689.

ROBERTS, B. C. (1958): The Trade Union Congress, 1868-1921, Cambridge, Mass.

ROBERTSON, D. (1976): Surrogates for Party Identification in the Rational Choice Framework, in: Budge/Crewe/Farlie (Hg) a.a.O., S. 365-382.
ROBINSON, J. P. (1976): Interpersonal Influence in Election Campaigns: Two Step-flow Hypotheses, in: Public Opinion Quarterly 40, S. 304-319.
ROGERS, E. M. / BHOWMIK, D. K. (1970): Homophily-Heterophily: Relational Concepts fo Communication Research, in: Public Opinion Quarterly 34, S. 523-538.
ROHE, K. (1994): Parteien und Parteiensystem, in: Kastendiek/Rohe/Volle (Hg) a.a.O., S. 213-229.
ROHE, K. (1997): Die Entwicklung der politischen Parteien und Parteiensysteme in Deutschland bis zum Jahre 1933, in: Gabriel/Niedermayer/Stöss (Hg) a.a.O., S. 39-58.
ROLLER, E. (1992): Einstellungen der Bürger zum Wohlfahrtsstaat der Bundesrepublik Deutschland, Opladen.
ROOTES, C. A. (1992): The New Politics and the New Social Movements: Accounting for British Exceptionalism, in: European Journal of Political Research 22, S. 171-191.
ROSAMOND, B. (1992): The Labour Party, Trade Unions and Industrial Relations, in: Smith/Spear (Hg) a.a.O., S. 89-101.
ROSE, R. (1962): The Political Ideas of English Party Activists, in: American Political Science Review 56, S. 360-371.
ROSE, R. (1964): Parties, Factions and Tendencies in Britain, in: Political Studies 12, S. 33-46.
ROSE, R. (1974): The Problem of Party Government, London / Basingstoke.
ROSE, R. (1980): Do Parties Make a Difference?, Chatham, N.J.
ROSE, R. / URWIN, D. W. (1970): Persistence and Change in Western Party Systems since 1945, in: Political Studies 18, S. 287-319.
ROTH, D. (1977): Ökonomische Situation und Wahlverhalten. Das Beispiel Arbeitslosigkeit, in: Politische Vierteljahresschrift 18, S. 537-550.
ROTH, D. (1990a): Die Wahlen zur Volkskammer in der DDR. Der Versuch einer Erklärung, in: Politische Vierteljahresschrift 31, S. 369-393.
ROTH, D. (1990b): Die Republikaner. Schneller Aufstieg und tiefer Fall einer Protestpartei am rechten Rand, in: Aus Politik und Zeitgeschichte 37-38/90, S. 37-44.
ROTH, D. (1996): Stabilität der Demokratie - Die Lehren der Bundestagswahl 1994, in: Oberreuter (Hg) a.a.O., S. 24-36.
ROTH, D. / SCHÄFER, H. (1994): Der Erfolg der Rechten. Denkzettel für die etablierten Parteien oder braune Wiedergeburt?, in: Bürklin/Roth (Hg) a.a.O., S. 111-131.
RÜDIG, W. / LOWE, P. D. (1986): The Withered 'Greening' of British Politics: A Study of the Ecology Party, in: Political Studies 34, S. 262-284.

RÜDIG, W. / FRANKLIN, M. N. / BENNIE, L. Y. (1996): Up and Down with the Greens: Ecology and Party Politics in Britain, 1989-1992, in: Electoral Studies 15, S. 1-20.
RUDZIO, W. (1991): Das politische System der Bundesrepublik Deutschland, Opladen (dritte Auflage).

SABINI, J. (1992): Social Psychology, New York / London (zweite Auflage).
SACHSSE, C. (1986): Verrechtlichung und Sozialisation: Über die Grenzen des Wohlfahrtsstaates, in: Leviathan 14, S. 528-546.
SACHSSE, C. (1990): Freiheit, Gleichheit, Sicherheit. Grundwerte im Konflikt, in: Sachße/Engelhardt (Hg) a.a.O., S. 9-28.
SACHSSE, C. / ENGELHARDT, H. T. (Hg) (1990): Sicherheit und Freiheit. Zur Ethik des Wohlfahrtsstaates, Frankfurt/M.
SÄRLVIK, B. / CREWE, I. (1983): Decade of Dealignment: The Conservative Victory of 1979 and the Electoral Trends in the 1970s, Cambridge et al.
SAGGAR, S. (1992): Race and Politics in Britain, Hertfordshire.
SANDERS, D. (1991): Government Popularity and the Next General Election, in: Political Quarterly 62, S. 235-261.
SANDERS, D. (1997): Voting and the Electorate, in: Dunleavy/Gamble/ Holliday/Peele (Hg) a.a.O., S. 45-74.
SANDERS, D. (1998): The New Electoral Battleground, in: King (Hg) a.a.O., S. 209-248.
SANDERS, D. / WARD, H. / MARSH, D. (mit Fletcher, T.) (1987): Government Popularity and the Falkland War: A Reassessment, in: British Journal of Political Science 17, S. 281-313.
SARCINELLI, U. (1987): Symbolische Politik. Zur Bedeutung symbolischen Handelns in der Wahlkampfkommunikation der Bundesrepublik Deutschland, Opladen.
SARTORI, G. (1976): Parties and Party Systems: A Framework for Analysis, Cambridge et al.
SASS, H.-M. (1990): Zielkonflikte im Wohlfahrtsstaat, in: Sachße/Engelhardt (Hg) a.a.O., S. 71-85.
SCAMMELL, M. (1995): Designer Politics: How Elections Are Won, Basingstoke / London.
SCARROW, S. (1996): Parties and Their Members: Organizing for Victory in Britain and Germany, Oxford.
SCARROW, S. (1999): Parties and the Expansion of Direct Democracy: Who Benefits?, in: Party Politics 5, S. 341-362.
SCHARPF, F. W. (1984): Economic and Institutional Constraints of Full Employment Strategies: Sweden, Austria and Western Germany, 1974-1982, in: Goldthorpe, J. H. (Hg): Order and Stress in Contemporary Capitalism: Studies in the Political Economy of Western European Nations, Oxford, S. 257-290.

SCHARPF, F. (1987): Sozialdemokratische Krisenpolitik in Europa, Frankfurt / New York (zweite Auflage).
SCHATTSCHNEIDER, E. E. (1960): The Semisovereign People, New York et al.
SCHEER, D. (1999): Vom Staat zum Markt? Die Wirtschaftspolitik von SPD und Labour Party (unveröffentlichte Magisterarbeit an der Universität Heidelberg).
SCHENK, M. (1987): Medienwirkungsforschung. Tübingen.
SCHENK, M. (1989): Massenkommunikation und interpersonale Kommunikation, in: Kaase/Schulz (Hg) a.a.O., S. 406-417.
SCHENK, M. (unter Mitwirkung von Uwe Pfennig) (1990): Politische Massenkommunikation: Wirkung trotz geringer Beteiligung?, in: Politische Vierteljahresschrift 31, S. 420-435.
SCHENK, M. (1994): Meinungsbildung im Alltag - Zum Einfluß von Meinungsführern und sozialen Netzwerken, in: Jäckel/Westerhoff-Spurk (Hg) a.a.O., S. 143-158.
SCHERER, H. (1990), Massenmedien, Kommunikation und Einstellung. Eine Untersuchung zur Theorie der Schweigespirale, Opladen.
SCHIEREN, S. (1996): Parteiinterne Mitgliederbefragungen: Ausstieg aus der Professionalität? Die Beispiele der SPD auf Bundesebene und in Bremen sowie der Bundes-FDP, in: Zeitschrift für Parlamentsfragen 27, S. 214-229.
SCHILLER, T. (1997): Parteien und Interessenverbände, in: Gabriel/Niedermayer/Stöss (Hg) a.a.O., S. 459-478.
SCHINDLER, P. (1994): Datenhandbuch zur Geschichte des Deutschen Bundestages 1983-1991, Baden-Baden.
SCHMID, G. (1990): Beschäftigungs- und Arbeitsmarktpolitik, in: von Beyme/ Schmidt (Hg) a.a.O., S. 228-254.
SCHMID, G. / REISSERT B. (1988): Machen Institutionen einen Unterschied? Finanzierungssysteme der Arbeitsmarktpolitik im internationalen Vergleich, in: Schmidt (Hg) a.a.O., S. 284-304.
SCHMIDT, H. (1996): Weggefährten. Erinnerungen und Reflexionen, Berlin.
SCHMIDT, M. G. (1982a): The Role of Parties in Shaping Macroeconomic Policy, in: Castles, F. G. (Hg): The Impact of Parties: Politics and Policies in Democratic Capitalist States, London, S. 97-150.
SCHMIDT, M. G. (1982b): Does Corporatism Matter? Economic Crisis, Politics and Rates of Unemployment in Capitalist Democracies, in: Lehmbruch, G. / Schmitter, P. C. (Hg): Patterns of Corporatist Policy Making, London, S. 237-255.
SCHMIDT, M. G. (1982c): Wohlfahrtsstaatliche Politik unter bürgerlichen und sozialdemokratischen Regierungen. Ein internationaler Vergleich, Frankfurt/ New York.

SCHMIDT, M. G. (1983a): The Welfare State and the Economy in Periods of Economic Crisis: A Comparative Study of Twenty-three OECD Nations, in: European Journal of Political Research 11, S. 1-26.
SCHMIDT, M. G. (1983b): The Growth of the Tax State: The Industrial Democracies, 1950-1978, in: Taylor, C. L. (Hg): Why Governments Grow: Measuring Public Sector Size, London, S. 261-285.
SCHMIDT, M. G. (1985): Allerweltsparteien in Europa? Ein Beitrag zu Kirchheimers These zum Wandel des westeuropäischen Parteiensystems, in: Leviathan 18, S. 376-398.
SCHMIDT, M. G. (1986a): Wahlen, Parteipolitik und Arbeitslosigkeit, in: Aus Politik und Zeitgeschichte 17/86, S. 37-45.
SCHMIDT, M. G. (1986b): Politische Bedingungen erfolgreicher Wirtschaftspolitik. Eine vergleichende Analyse westlicher Industrieländer (1960-1985), in: Journal für Sozialforschung 26, S. 251-273.
SCHMIDT, M. G. (Hg) (1988): Staatstätigkeit. International und historisch vergleichende Analysen (PVS Sonderheft 19/1988), Opladen.
SCHMIDT, M. G. (1990): Die Politik des mittleren Weges. Besonderheiten der Staatstätigkeiten in der Bundesrepublik Deutschland, in: Aus Politik und Zeitgeschichte 9-10/90, S. 23-31.
SCHMIDT, M. G. (1992): Regieren in der Bundesrepublik Deutschland, Opladen.
SCHMIDT, M. G. (1993): Arbeitslosigkeit und Vollbeschäftigung in der Bundesrepublik Deutschland, in: Klingemann/Luthart (Hg) a.a.O., S. 25-45.
SCHMIDT, M. G. (1995): Wörterbuch zur Politik, Stuttgart.
SCHMIDT, M. G. (1998): Sozialpoltik in Deutschland. Historische Entwicklung und internationaler Vergleich, Opladen (zweite Auflage).
SCHMITT, H. (1987): Neue Politik in alten Parteien. Zum Verhältnis von Gesellschaft und Parteien in der Bundesrepublik Deutschland, Opladen.
SCHMITT, H. (1990): Von den Siebzigern in die achtziger Jahre: Die mittlere Parteielite der SPD im Wandel, in: Schmitt (Hg) a.a.O., S. 211-229.
SCHMITT, H. (Hg) (1990): Wahlen, Parteieliten und politische Einstellungen, Frankfurt/M.
SCHMITT, H. (1992): Die Sozialdemokratische Partei Deutschlands, in: Mintzel/Oberreuter (Hg) a.a.O., S. 133-172.
SCHMITT, H. (1998): Issue-Kompetenz oder Policy-Distanz? Zwei Modelle des Einflusses politischer Streitfragen auf das Wahlverhalten und die empirische Evidenz aus drei Nachwahlumfragen zur Bundestagswahl 1994, in: Kaase/ Klingemann (Hg) a.a.O., S. 145-172.
SCHMITT, K. (1985): Religiöse Bestimmungsfaktoren des Wahlverhaltens: Entkonfessionalisierung mit Verspätung?, in: Oberndörfer/Rattinger/Schmitt (Hg) a.a.O., S. 291-329.

SCHMITT-BECK, R. (1993a): Interpersonale Kommunikation und Massenkommunikation als Instanzen der Politikvermittlung, in: Österreichische Zeitschrift für Politikwissenschaft 22, 445-462.
SCHMITT-BECK, R. (1993b): Denn sie wissen nicht, was sie tun... Zum Verständnis des Verfahrens der Bundestagswahl bei westdeutschen und ostdeutschen Wählern, in: Zeitschrift für Parlamentsfragen 24, S. 393-415.
SCHMITT-BECK, R. (1994a): Vermittlungsumwelten westdeutscher und ostdeutscher Wähler: Interpersonale Kommunikation, Massenkommunikation und Parteipräferenzen vor der Bundestagswahl 1990, in: Rattinger/Gabriel/ Jagodzinski (Hg) a.a.O., S. 189-234.
SCHMITT-BECK, R. (1994b): Eine „vierte Gewalt"? Medieneinfluß im Superwahljahr 1994, in: Bürklin/Roth (Hg) a.a.O., S. 266-292.
SCHMITT-BECK, R. (1994c): Zwei Seelen in einer Brust - sozialdemokratischer Postmaterialismus, in: Leif/Raschke a.a.O., S. 102-110.
SCHMITT-BECK, R. (1998): Medieneinflüsse auf Kandidatenbewertungen. Eine vergleichende Analyse deutscher und spanischer Wähler, in: Kaase/ Klingemann (Hg) a.a.O., S. 599-623.
SCHMITT-BECK, R. / PFETSCH, B. (1996): Politische Akteure und die Medien der Massenkommunikation. Zur Generierung von Öffentlichkeit in Wahlkämpfen, in: Neidhardt, F. (Hg): Öffentlichkeit, öffentliche Meinung, soziale Bewegungen, Opladen, S. 106-138.
SCHMITTER, P. C. (1981): Neokorporatismus: Überlegungen zur bisherigen Theorie und zur weiteren Praxis, in: von Alemann, U. (Hg): Neokorporatismus, Frankfurt / New York, S. 62-79.
SCHÖNBACH, K. (1983a): Massenmedien und Wahlen - Perspektiven der europäischen Forschung, in: Schulz/Schönbach (Hg) a.a.O., S. 104-113.
SCHÖNBACH, K. (1983b): Das unterschätzte Medium. Politische Wirkungen von Presse und Fernsehen im Vergleich, München.
SCHÖNBACH, K. / SEMETKO, H. A. (1996): Wahlkommunikation, Journalisten und Wähler: Fünf Thesen zum Bundestagswahlkampf 1990 - mit einem internationalen Vergleich und einem ersten Blick auf 1994, in: Oberreuter (Hg) a.a.O., S. 153-164.
SCHÖNWÄLDER, K. (1998): „New Labour, New Britain". Tony Blairs altes neues Großbritannien, in: Unger, F. / Wehr, A. / Schönwälder, K. (Hg): New Democrats, New Labour, Neue Sozialdemokratie, Berlin, S. 71-126.
SCHOONMAKER, D. (1988): The Changing Party Scene in West Germany and the Consequences for Stable Democracy, in: Review of Politics 50, S. 49-71.
SCHRÖDER, G. (1985): Das Mißtrauen praktisch überwinden. Für eine Politik der ökologischen Veränderung, in: Bickerich (Hg) a.a.O., S. 133-144.
SCHRÖDER, G. / BLAIR, T. (1999): Der Weg nach vorne für Europas Sozialdemokraten. Ein Vorschlag von Gerhard Schröder und Tony Blair, o.O., Juni 1999.

SCHROEDER, W. / ESSER, J. (1999): Modell Deutschland: Von der Konzertierten Aktion zum Bündnis für Arbeit, in: Aus Politik und Zeitgeschichte 37/99, S. 3-12.
SCHULTZE, R.-O. (1991a): Wahlforschung / Wahlsoziologie, in: Nohlen, D. (Hg): Wörterbuch Staat und Politik, München, S. 769-777.
SCHULTZE, R.-O. (1991b): Außengeleitete Innovation und innengeleiteter Methodenrigorismus - Deutsche Wahlsoziologie auf dem Prüfstand des internationalen Vergleichs, in: Zeitschrift für Parlamentsfragen 22, 481-493.
SCHULTZE, R.-O. (1992): Weder Protest noch Parteienverdrossenheit. Der Strukturwandel im deutschen Pareteinsystem, in: Die Neue Gesellschaft/ Frankfurter Hefte 39, S. 886-892.
SCHULTZE, R.-O. (1994): Aus Anlaß des Superwahljahres: Nachdenken über Konzepte und Ergebnisse der Wahlsoziologie, in: Zeitschrift für Parlamentsfragen 25, S. 472-493.
SCHULTZE, R.-O. (1995): Widersprüchliches, Ungleichzeitiges und kein Ende in Sicht: Die Bundestagswahl vom 16. Oktober 1994, in: Zeitschrift für Parlamentsfragen 26, S. 325-352.
SCHULZ, W. (1994): Wird die Wahl im Fernsehen entschieden? Der „getarnte Elefant" im Lichte der neueren Forschung, in: Media Perspektiven 7/94, S. 318-327.
SCHULZ, W. (1996): Wahljahr '94: Eine demoskopische Bilanz, in: Oberreuter (Hg) a.a.O., S. 37-58.
SCHULZ, W. (1998): Wahlkampf unter Vielkanalbedingungen. Kampagnenmanagement, Informationsnutzung und Wählerverhalten, in: Media Perspektiven 8/98, S. 378-391.
SCHULZ, W. / SCHÖNBACH, K. (Hg) (1983): Massenmedien und Wahlen. Mass Media and Elections: International Research Perspectives, München.
SCHUMPETER, J. A. (1980 [1950]): Kapitalismus, Sozialismus und Demokratie, München (fünfte Auflage).
SCHWARZ, H.-P. (1966): Vom Reich zur Bundesrepublik Deutschland. Deutschland im Widerstreit der außenpolitischen Konzeptionen in den Jahren der Besatzungsherrschaft 1945-1949, München.
SEATON, J. / PIMLOTT, B. (1987): The Struggle for 'Balance', in: dies. (Hg): The Media in British Politics, Aldershot, S. 133-153.
SEIFERT, J. (1996): Marktgesetze und innerparteiliche Demokratie, in: Blätter für deutsche und internationale Politik 41, S. 47-51.
SEITZ, N. (1994): Die richtige Partei in der falschen. '68, Seeheim und die konservative SPD, in: Die Neue Gesellschaft 41, S. 138-145.
SEMETKO, H. / SCAMMELL, M. / NOSSITER, T. (1994): The Media's Coverage of the Campaign, in: Heath/Jowell/Curtice (Hg) a.a.O., S. 25-42.
SEMETKO, H. A. / SCHÖNBACH, K. (1993): The Campaign in the Media, in: Dalton, R. (Hg): The New Germany Votes: Unification and the Creation of the New German Party System, Providence / Oxford, S. 187-208.

SERING, P. [=Richard Löwenthal] (1977 [1947]): Jenseits des Kapitalismus. Ein Beitrag zur sozialistischen Neuorientierung (Nachdruck von 1947), Bonn/Berlin.
SEYD, P. (1987): The Rise and Fall of the Labour Left, London.
SEYD, P. (1998): Tony Blair and New Labour, in: King (Hg) a.a.O., S. 49-74.
SEYD, P. (1999): New Party / New Politics?: A Case Study of the British Labour Party, in: Party Politics 5, S. 383-405.
SEYD, P. / WHITELEY, P. (1992): Labour's Grass Roots: The Politics of Party Membership, Oxford.
SEYMOUR-URE, C. (1997): Editorial Opinion in the National Press, in: Parliamentary Affairs 50, S. 586-608.
SHARKEY, J. (1989): Saatchi's at the 1987 Election, in: Crewe/Harrop (Hg) a.a.O., S. 63-71.
SHAW, D. L. / MCCOMBS, M. E. (1977): The Emergence of American Political Issues: The Agenda-Setting Function of the Press, St. Paul, Minn.
SHAW, E. (1988): Discipline and Discord in the Labour Party: The Politics of Managerial Control in the Labour Party, 1951-87, Manchester / New York.
SHAW, E. (1993): Towards Renewal? The British Labour Party's Policy Review, in: West European Politics 16, S. 112-132.
SHAW, E. (1994a): The Labour Party since 1979: Crisis and Transformation, London / New York.
SHAW, E. (1994b): Conflict and Cohesion in the British Labour Party, in: Bell/ Shaw (Hg) a.a.O., S. 151-167.
SHAW, E. (1996): Von „Old Labour" zu „New Labour": Die Transformation der britischen Sozialdemokratie, in: Borchert/Golsch/Jun/Lösche (Hg) a.a.O., S. 185-212.
SHIVELY, W. P. (1972): Voting Stability and the Nature of Party Attachments in the Weimar Republic, in: American Political Science Review 66, S. 1203-1225.
SHIVELY, W. P. (1979): The Development of Party Identification among Adults, in: American Political Science Review 73, S. 1039-1054.
SILVIA, S. J. (1993a): „Loosely Coupled Anarchy": The Fragmentation of the Left, in: Padgett (Hg) a.a.O., S. 171-189.
SILVIA, S. J. (1993b): Left Behind: The Social Democratic Party in Eastern Germany, in: West European Politics16, S. 24-48.
SMITH, G. (1982): The German Volkspartei and the Career of the Catch-All Concept, in: Döring; H. / Smith, G. (Hg): Party Government and Political Culture in Western Germany, London / Basingstoke, S. 59-76.
SMITH, G. (1996): Das deutsche Parteiensystem am Wendepunkt?, in: Oberreuter (Hg) a.a.O., S. 221-228.
SMITH, G. / PATERSON, W. E. / PADGETT, S. (Hg) (1996): Developments in German Politics 2, Basingstoke.
SMITH, J. / McLEAN, I. (1994): The Poll Tax and the Electoral Register, in: Heath/Jowell/Curtice (Hg) a.a.O., S. 229-254.

SMITH, M. (1992a): A Return to Revisionism? The Labour Party's Policy Review, in: Smith/Spear (Hg) a.a.O., S. 13-28.
SMITH, M. (1992b): Continuity and Change in Labour Party Policy, in: Smith/Spear (Hg) a.a.O., S. 217-229.
SMITH, M. / SPEAR, J. (Hg) (1992): The Changing Labour Party, London / New York.
SMITH, T. W. (1989): Inequality and Welfare, in: Jowell, R./ Witherspoon, S. / Brook, L. (Hg): British Social Attitudes: Special International Report, Aldershot, S. 59-86.
SÖRGEL, W. (1969): Konsensus und Interessen. Eine Studie zur Entstehung des Grundgesetzes für die Bundesrepublik Deutschland, Stuttgart.
STARITZ, D. (1987): Die Gründung der DDR. Von der sowjetischen Besatzungsherrschaft zum sozialistischen Staat, München (zweite Auflage).
STEPHENS, J. D. (1979): The Transformation from Capitalism to Socialism, London.
STEPEHENS, J. D. (1996): The Scandinavian Welfare States: Achievement, Crisis and Prospects, in: Esping-Andersen (Hg) a.a.O, S. 32-65.
STOKES, D. (1963): Spatial Models of Party Competition, in: American Political Science Review 57, S. 368-377.
STREECK, S. / STREECK, W. (1972): Parteiensystem und Status Quo. Drei Studien zum innerparteilichen Konflikt, Frankfurt/M.
STREECK, W. (1978): Staatliche Ordnungspolitik und industrielle Beziehungen. Zum Verhältnis von Integration und Institutionalisierung gewerkschaftlicher Interessenverbände am Beispiel des britischen Industrial Relations Act von 1971, in: Bermbach, U. (Hg): Politische Wissenschaft und politische Praxis (PVS Sonderheft 9/1978), Opladen, S. 106-139.
STURM, R. (1985): Budgetary Politics in the Federal Republic of Germany, in: West European Politics 8, S. 55-63.
STURM, R. (1990): Die Politik der Deutschen Bundesbank, in: von Beyme/ Schmidt (Hg) a.a.O., S. 255-282.
STURM, R. (1993): The Territorial Dimension of the New Party System, in: Padgett (Hg) a.a.O., S. 103-125.
STURM, R. (1994): Das Vereinigte Königreich von Großbritannien und Nordirland. Historische Grundlagen und zeitgeschichtlicher Problemaufriß, in: Kastendiek/Rohe/Volle (Hg) a.a.O., S. 68-82.
STURM, R. (1998): Die Wende im Stolperschritt - eine finanzpolitische Bilanz, in: Wewer, G. (Hg): Bilanz der Ära Kohl, Opladen, S. 183-200.
STURM (1997): Schottlands Wahl. Hintergründe der Devolution, in: Blätter für deutsche und internationale Politik 11/1999, S. 1341-1349.
STURM, R. (1999a): Großbritannien heute. Ist das Modell der Westminster-Demokratie am Ende?, in: Merkel, W. / Busch, A. (Hg): Demokratie in Ost und West. Für Klaus von Beyme, Frankfurt, S. 210-224.

STURM, R. (1999b): England, Frankreich, Deutschland - Unterschiedliche Profile von Sozialdemokratie, in: Politische Studien 50 (Heft 364), S. 83-87.
SWADDLE, K. (1987): Ancient and Modern: Innovations in Electioneering at the Constituency Level, in: Crewe/Harrop (Hg) a.a.O., S. 29-40.
SWENSON, P. (1989): Fair Shares: Unions, Pay and Politics in Sweden and Germany, London.

TATE, C. N. (1980): The Centrality of Party in Voting Choice, in: Merkl, P. H. (Hg): Western European Party Systems: Trends and Prospects, New York/ London, S. 367-401.
TAYLOR, A. J. (1993): Trade Unions and the Politics of Social Democratic Renewal, in: West European Politics 16, S. 133-155.
TAYLOR, G. R. (1997): Labour's Renewal?, The Policy Review and Beyond, Basingstoke / London.
TAYLOR, R. (1993): The Trade Union Question in British Politics: Government and Unions since 1945, Oxford / Cambridge, Mass.
TAYLOR-GOOBY, P. (1989): The Role of the State, in: Jowell, R./ Witherspoon, S. / Brook, L. (Hg): British Social Attitudes: Special International Report, Aldershot, S. 35-58.
TAYLOR-GOOBY, P. (1991): Attachment to the Welfare State, in: Jowell, R. / Brook, L. / Taylor, B. (mit G. Prior): British Social Attitudes: The Eighth Report, Aldershot, S. 23-42.
THOMAS, J. C. (1979): The Changing Nature of Partisan Divisions in the West: Trends in Domestic Policy Orientations in Ten Party Systems, in: European Journal of Political Research 13, S. 397-413.
THOMPSON, N. (1996): Supply Side Socialism: The Political Economy of New Labour, in: New Left Review 216, S. 37-54.
THOMASSEN, J. (1976): Party Identification as a Cross-national Concept: Its Meaning in the Netherlands, in: Budge/Crewe/Farlie (Hg) a.a.O., S. 63-81.
THORPE, A. (1997): A History of the British Labour Party, Basingstoke.
THURNER, P. W. / PAPPI, F. U. (1998): Retrospektives und prospektives Wählen im Mehrparteiensystem mit Koalitionsregierungen. Die Bundestagswahl 1994, in: Kaase/Klingemann (Hg) a.a.O., S. 113-144.
TIEMANN, H. (1993): Die SPD in den neuen Bundesländern - Organisation und Mitglieder, in: Zeitschrift für Parlamentsfragen 24, S. 415-422.
TIMMINS, N. (1995): The Five Giants: A Biography of the Welfare State, London.
TOPF, R. (1994): Party Manifestos, in: Heath/Jowell/Curtice (Hg) a.a.O., S. 149-172.
TROLDAHL, V. C. (1966): A Field Test of a Modified 'Two-Step Flow of Communication' Model, in: Public Opinion Quarterly 30, S. 609-623.
TROLDAHL, V. C. / VAN DAM, R. (1965): Face-to-Face Communication about Major Topic in the News, in: Public Opinion Quarterly 29, S. 626-634.

VALLONE, R. P. / ROSS, L. / LEPPER, M. R. (1985): The Hostile Media Phenomenon: Biased Perception and Perceptions of Media Bias in Coverage of the Beirut Massacre, in: Journal of Personality and Social Psychology 49, S. 577-585.
VEEN, H.-J. (1993): The First All-German Elections, in: Padgett (Hg) a.a.O., S. 47-86.
VEEN, H.-J. (1996): Stabilisierung auf dünnem Eis - Entwicklungstendenzen des Parteiensystems nach der zweiten gesamtdeutschen Wahl, in: Oberreuter (Hg) a.a.O., S. 182-204.
VEEN, H.-J. / GLUCHOWSKI, P. (1988): Sozialstrukturelle Nivellierung bei politischer Polarisierung - Wandlungen und Konstanten in den Wählerstrukturen der Parteien 1953-1987, in: Zeitschrift für Parlamentsfragen 19, S. 225-248.
VESTER, M. (1995): Deutschlands feine Unterschiede. Mentalitäten und Modernisierung in Ost- und Westdeutschland, in: Aus Politik und Zeitgeschichte 20/95, S. 16-30.
VICKERS, J. / WRIGHT, V. (1988): The Politics of Industrial Privatisation in Europe: An Overview, in: West European Politics 11, S. 1-30.
VISSER, W. / WIJNHOFEN, R. (1990): Politics Do Matter, But Does Unemployment?, in: European Journal of Political Research 18, S. 71-97.
VOGEL, H.-J. (1985): „Mit den Grünen, gegen die Grünen ...". Aus einem Brief an die Bundestagsabgeordneten der SPD, in: Bickerich (Hg) a.a.O., S. 37-41.

WAGNER, G. (1999): Die 630-Mark-Falle, in: Blätter für deutsche und internationale Politik 8/1999, S. 910-914.
WALTER, F. (1995a): Partei der ewigen 70er: Zur Krise der SPD in der Ära Scharping, in: Politische Vierteljahresschrift 36, S. 707-718.
WALTER, F. (1995b): Die SPD nach der deutschen Vereinigung - Partei in der Krise oder bereit zur Regierungsübernahme?, in: Zeitschrift für Parlamentsfragen 26, S. 85-112.
WALTER, F. (1997a): Führung in der Politik am Beispiel sozialdemokratischer Parteivorsitzender, in: Zeitschrift für Politikwissenschaft 7, S. 1287-1336.
WALTER, F. (1997b): Die Zügel in der Hand, in: Frankfurter Allgemeine Zeitung, 19. November 1997, S. 19f.
WARE, A. (1996): Political Parties and Party Systems, Oxford et al.
WEAVER, K. R. (1986): The Politics of Blame Avoidance, in: Journal of Public Policy 6, S. 371-398.
WEBBER, D. (1986): Social Democracy and the Re-emergence of Mass Unemployment in Western Europe, in: Paterson/Thomas (Hg) a.a.O., S. 19-59.
WEBBER, D. / NASS G. (1984): Employment Policy in West-Germany. in: Richardson J. / Henning, R. (Hg): Unemployment: Policy Responses of Western Democracies, London, S. 132-164.
WEEDE; E. (1988): 'Schleichender Sozialismus', Marktvermachtung und wirtschaftliche Stagnation, in: Schmidt (Hg) a.a.O., S. 88-114.

WEHLING, H.-G. (Redaktion) (1982): Zuviel Staat? Die Grenzen der Staatstätigkeit, Stuttgart et al.
WEHNER, H. / FRIEDRICH, B. / NAU, A. (1969): Parteiorganisation, Bonn.
WEHR, A. (1998): „Innovation für Deutschland": Die SPD auf dem Weg zurück zur Macht?, in: Unger, F. / Wehr, A. / Schönwälder, K. (Hg): New Democrats, New Labour, Neue Sozialdemokratie, Berlin, S. 127-177.
WERTHEIMER, E. (1929): Portrait of the Labour Party, London.
WEISS, H.-J. (1983): Strukturelle Probleme der Wahlkampfberichterstattung und -kommentierung von Fernsehen und Tagespresse in der Bundesrepublik Deutschland, in: Schulz/Schönbach (Hg) a.a.O., S. 346-356.
WHITELEY, P. (1982): The Decline of Local Party Membership and Electoral Base, 1945-79, in: Kavanagh (Hg) a.a.O., S. 111-134.
WHITELEY, P. (1983): The Labour Party in Crisis, London.
WHITELEY, P. (1986): Macroeconomic Performance and Government Popularity in Britain: The Short Run Dynamics, in: European Journal of Political Research 14, S. 45-62.
WHITELEY, P. / SEYD, P. (1992): Labour's Vote and Local Activism: The Impact of Local Constituency Campaigns, in: Parliamentary Affairs 45, S. 582-595.
WHITELEY, P. / SEYD, P. (1998): The Dynamics of Party Activism in Britain: A Spiral of Demobilisation?, in: British Journal of Political Science 28, S. 113-137.
WIESENDAHL, E. (1992): Volksparteien im Abstieg. Nachruf auf eine zwiespältige Erfolgsgeschichte, in: Aus Politik und Zeitgeschichte 34-35/92, S. 3-14.
WILENSKY, H. L. (1975): The Welfare State and Equality, Berkley.
WILENSKY, H. L. (1976): The „New Corporatism", Centralization, and the Welfare State, London.
WILKE, M. (1999): Das Bündnis für Arbeit, in: Die politische Meinung, Heft 354, S. 23-29.
WILLIAMS, P. M. (1979): Hugh Gaitskell: A Political Biography, London.
WILLIAMS, P. (1982): Changing Styles of Labour Leadership, in: Kavanagh (Hg) a.a.O., S. 50-68.
WILLIAMS, P. (1983): The Labour Party: The Rise of the Left, in: West European Politics 6, S. 26-55.
WINTER, J.M. (1974): Socialism and the Challenge of War, London.
WINTOUR, P. (1988): Local Parties Show Way to One Member, One Vote, in: The Guardian, 8.10.1988, S. 4.
WISCHNEWSKI, H.-J. (1969): Wahlkampf 1969. Aufgaben und Chancen der SPD, in: Die Neue Gesellschaft 16, S. 153-160.
WOLF-CSANÁDY, E. (1996): Wertewandel und Kulturpolitik in der Bundesrepublik Deutschland und Österreich, Diss. Wien.

WRING, D. (1996): From Mass Propaganda to Political Marketing: The Transformation of Labour Party Election Campaigning, in: Rallings/Farrell/ Denver/ Broughton (Hg) a.a.O., S. 105-124.

YERIC, J. L. / TODD, J. R. (1989): Public Opinion: The Visible Politics, Ithaka.

YOUNG, K. (1991): Shades of Green, in: Jowell, R. / Brook, L. / Taylor, B. (Hg): British Social Attitudes: The Eighth Report, Aldershot, S. 107-130.

ZELLE, C. (1994): Steigt die Zahl der Wechselwähler? Trends des Wahlverhaltens und der Parteiidentifikation, in: Rattinger/Gabriel/Jagodzinski (Hg) a.a.O., S. 47-92.

ZELLE, C. (1995): Social Dealignment vs. Political Frustration: Contrasting Explanations of the Floating Vote in Germany, in: European Journal of Political Research 27, S. 319-345.

ZELLE, C. (1998): Modernisierung, Personalisierung, Unzufriedenheit: Erklärungsversuche der Wechselwahl bei der Bundestagswahl 1994, in: Kaase/ Klingemann (Hg) a.a.O., S. 221-258.

BEITRÄGE ZUR POLITIKWISSENSCHAFT

Band 1 Maria M. Müller-Sorge: Journalismus - Offenheit und Konformität. Die Politische Tagespresse in der Bundesrepublik. 1975.

Band 2 Hans Heinrich Rass: Britische Außenpolitik 1929-1931: Ebenen und Faktoren der Entscheidung. 1975.

Band 3 Maria Huber: Strategien der Entwicklungspolitik. Ein Beitrag zur Kritik der Entwicklungsökonomik. 1975.

Band 4 Jürgen Hentze: Nationalismus und Internationalismus bei Rosa Luxemburg. 1975.

Band 5 Detlef Klotz: Länderparlamentarismus: Bürgernähe als Chance? Zur hochschulpolitischen Entscheidungsfindung im Landtag von Baden-Württemberg 1956-1968 am Beispiel des Hochschulgesetzes von 1968. 1975.

Band 6 Dieter-Dirk Hartmann: Volksinitiativen. 1976.

Band 7 Ulrich Heyder: Der sozialwissenschaftliche Systemversuch Eduard Heimanns. Darstellung und Kritik der Möglichkeit einer einheitlichen Theorie der modernen Wirtschafts- und Sozialsysteme. 1977.

Band 8 Jost F. Noller: Theorie und Praxis der Apartheid. Eine Analyse der Grundlagen und Bedingungen der Politik der 'Getrennten Entwicklung' in Südafrika. 1977.

Band 9 Annemarie Bopp-Schmehl: Konflikt und Demokratie. Eine Auseinandersetzung mit Kompromiß- und Gleichgewichtsvorstellungen moderner Politiktheorien. 1977.

Band 10 Günter Pumm: Kandidatenauswahl und innerparteiliche Demokratie in der Hamburger SPD. Eine empirische Untersuchung der Kandidatennominierungen für die Bundestagswahl 1969, die Bürgerschaftswahl 1970, den Senat und die Deputationen. 1977.

Band 11 Werner Hugger: Gesamtsystemplanung und Reform des Gesundheitswesens der Bundesrepublik Deutschland. 1977.

Band 12 Peter Wordelmann: Simulation von Systemveränderungen. Möglichkeiten und Grenzen einer Planungsmethode, dargestellt am Beispiel des Ausbildungssektors. 1978.

Band 13 Werner Lang: Kooperative Gewerkschaften und Einkommenspolitik. Das Beispiel Österreichs. 1978.

Band 14 Michael J. Seifert: Sozialer Konflikt. Eine Analyse der Entstehungsbedingungen politischer Bewegungen. 1978.

Band 15 Erhard Zahn: Objektivierung und Vergegenwärtigung als Probleme der politischen Bildung. Untersuchungen zur Komplementarität zweier Wissenschaftsbegriffe. 1979.

Band 16 Barbara Pommerehne-Häß: Die Reformprogramme für die Heimerziehung. Chancen für eine Demokratisierung der öffentlichen Erziehung? 1979.

Band 17 Ingeborg E. Schäfer: Umlandverband Frankfurt/M. Entscheidungsprozesse bei der Entstehung einer Stadt-Umland-Verwaltung. 1979.

Band 18 Robert Lederer: Neokonservative Theorie und Gesellschaftsanalyse. 1979.

Band 19 Dieter Mohrhart: Elternmitwirkung in der Bundesrepublik Deutschland. Ein Beitrag zur politisch-historischen und pädagogischen Diskussion. 1979.

Band 20 Petra S. Hartmann-Laugs: Die politische Integration der Mexiko-Amerikaner. Eine Analyse des mexikoamerikanischen Wahlverhaltens in den Jahren 1960-1974 unter Berücksichtigung sozioökonomischer Variablen. 1980.

Band 21 Wulf W. Hartmann: Die Vietnam-Generation und das amerikanische Parteiensystem. Das Wahlverhalten der akademischen Jugend Kaliforniens und der USA in den Wahlen 1972 und 1974: Eine Analyse mit intra- und intergenerationellem Vergleich unter besonderer

Berücksichtigung der ideologischen Entwicklung und der Implikationen für Parteien und Parteisysteme. 1980.

Band 22 Christoph Huhle: Vom Nahziel Kommunismus zu den Grenzen des Wachstums? Sowjetische Kommunismus-Konzeptionen seit 1961. 1980.

Band 23 Marle-Maria Kallen: Die Messung von Fortbildungswirkungen in der öffentlichen Verwaltung. Analyse und Fallstudie zu den Bedingungen und Grenzen der Fortbildungsevaluierung in der öffentlichen Verwaltung. 1980.

Band 24 Gerhard Ziegler: Das Verbraucherinteresse und seine Durchsetzbarkeit. Eine kritische Untersuchung über die restriktiven Bedingungen von Verbraucherarbeit in der Bundesrepublik Deutschland. 1980.

Band 25 Hans-Peter Jäger: Eduard Bernsteins Panorama. Versuch, den Revisionismus zu deuten. 1981.

Band 26 Eva Kronenwett: Beschäftigungsorientierte Regionalpolitik. Möglichkeiten und Probleme einer beschäftigungsorientierten Umgestaltung der Regionalpolitik. 1983.

Band 27 Liesel Hollmann: Wissenschaftliche Beratung der Politik, dargestellt am Beispiel von IPEKS. Integriertes Planungs-, Entscheidungs- und Kontrollsystem für eine Landesregierung. 1983.

Band 28 Dörte Rasch: Kooperation im Unitarismus. Dargestellt am Beispiel französischer Raumordnungspolitik (1967 - 1981). 1983.

Band 29 Gisela Färber: Das rationale Budget. Voraussetzungen und Konsequenzen für ein funktionsfähiges Haushaltswesen der öffentlichen Hand. 1984.

Band 30 Wolfgang Weinz: Gewerkschaften und Arbeitsbeziehungen in der Republik Irland. 1984.

Band 31 Gregor Halmes: Regionenpolitik und Regionalismus in Frankreich 1964 - 1983 (unter besonderer Berücksichtigung der Dezentralisierungspolitik der Linksregierung seit 1981). 1984.

Band 32 Klaus Günther: Politisch-soziale Analyse im Schatten von Weimar. 1985.

Band 33 Dieter Rehfeld: Bestimmungsfaktoren der Energiepolitik in der Bundesrepublik Deutschland. Zugleich ein Beitrag zur aktuellen Diskussion staatlicher Willensbildungs-, Entscheidungs- und Funktionsmuster. 1986.

Band 34 Jens Borchert: Legitimation und partikulare Interessen. Zur gesellschaftlichen Funktion und institutionellen Struktur des Kongresses im amerikanischen Interventionsstaat. 1987.

Band 35 Benedikt Widmaier: Die Bundeszentrale für politische Bildung. Ein Beitrag zur Geschichte staatlicher politischer Bildung in der Bundesrepublik Deutschland. 1987.

Band 36 Thomas Saalfeld: Das britische Unterhaus 1965 bis 1986. Ein Parlament im Wandel. 1987.

Band 37 Werner Reh: Politikverflechtung im Fernstraßenbau der Bundesrepublik Deutschland und im Nationalstraßenbau der Schweiz. Eine vergleichende Untersuchung der Effizienz und Legitimation gesamtstaatlicher Planung. 1988.

Band 38 Wolfgang Schmidt-Streckenbach: Die Stellung der Länder in der Entwicklungspolitik der Bundesrepublik Deutschland. 1988.

Band 39 Manfred Bartosch: Die Rolle der finanziellen Forschungsförderung bei der Entstehung von neuen, technologisch und wirtschaftlich bedeutsamen Innovationen. Theoretische Überlegungen und Fallstudien aus den high-tech-industries in den USA. 1989.

Band 40 Horst Siegemund: Parteipolitik und "Sprachenstreit" in Belgien. Die Auswirkungen der Gegensätze zwischen der niederländischen und der französischen Sprachgemeinschaft in

Belgien auf die traditionellen Regierungsparteien des Landes. Eine Untersuchung zur Entwicklung einer gesellschaftlichen Konfliktlinie in der belgischen "consociational democracy" und zum Versuch ihrer politischen Institutionalisierung. 1989.

Band 41 Andreas Busch: Neokonservative Wirtschaftspolitik in Großbritannien. Vorgeschichte, Problemdiagnose, Ziele und Ergebnisse des 'Thatcherismus'. Mit einem Vorwort von Klaus von Beyme. 1989.

Band 42 Andreas Mehler: Die nachkolonialen Staaten Schwarzafrikas zwischen Legitimität und Repression. 1990.

Band 43 Maximilian von Beyme: Kulturpolitik unter den Sozialisten in Frankreich von 1981 bis 1986. 1990.

Band 44 Beatrix Bursig: Die Regionalpolitik der Europäischen Gemeinschaft, unter besonderer Berücksichtigung integrationstheoretischer Überlegungen. 1991.

Band 45 Susanne Knorre: Soziale Selbstbestimmung und individuelle Verantwortung. Hugo Sinzheimer (1875-1945). Ein politische Biographie. 1991.

Band 46 Thomas Rautenberg: Möglichkeiten einer arbeitnehmerorientierten Konzeption zur "Technologiefolgenabschätzung" (Technology Assessment). 1991.

Band 47 Carl Böhret: Nachweltschutz. Sechs Reden über politische Verantwortung. 1991.

Band 48 Peter Müller: Die politische Macht der Mafia. Bedingungen, Formen und Grenzen. 1991.

Band 49 Carl Böhret/Michael Hofmann: Umweltverträglichkeit. Test von Umweltrecht im Planspiel. 1992.

Band 50 Moritz Müller-Wirth: Die Debatte um die Parlamentsreform in Italien von 1971-1988. Mit einem Vorwort von Kurt Sontheimer. 1992.

Band 51 Andreas Wellenstein: Privatisierungspolitik in der Bundesrepublik Deutschland. Hintergründe, Genese und Ergebnisse am Beispiel des Bundes und vier ausgewählter Bundesländer. 1992.

Band 52 Willi Herbert: Wandel und Konstanz von Wertstrukturen. 1993.

Band 53 Carl Böhret: Funktionaler Staat. Ein Konzept für die Jahrhundertwende? 1993.

Band 54 Andreas Klocke: Sozialer Wandel, Sozialstruktur und Lebensstile in der Bundesrepublik Deutschland. 1993.

Band 55 Kyu-Young Lee: Zivilgesellschaft als Ansatzpunkt für den Umbruch der sozialistischen Systeme in Osteuropa? Das Beispiel Polen. 1994.

Band 56 Gerald Paschen: Regierungsmehrheit und Opposition in der demokratischen Konsolidierung Spaniens. 1994.

Band 57 Helge-Lothar Batt: Kooperative regionale Industriepolitik. Prozessuales und institutionelles Regieren am Beispiel von fünf regionalen Entwicklungsgesellschaften in der Bundesrepublik Deutschland. Mit einem Vorwort von Klaus von Beyme. 1994.

Band 58 Hermann Hill / Helmut Klages (eds.): Trends in Public Sector Renewal. Recent Developments and Concepts of Awarding Excellence. 1994.

Band 59 Matthias Beyerle: Staatstheorie und Autopoiesis. Über die Auflösung der modernen Staatsidee im nachmodernen Denken durch die Theorie autopoietischer Systeme und der Entwurf eines nachmodernen Staatskonzepts. 1994.

Band 60 Michael Hofmann: Der Faktor "Zeit" als zentrales Element des politisch-administrativen Managements. 1995.

Band 61 Patrick Horst: Haushaltspolitik und Regierungspraxis in den USA und der Bundesrepublik Deutschland. Ein Vergleich des haushaltspolitischen Entscheidungsprozesses beider Bun-

		desrepubliken zu Zeiten der konservativen Regierungen Reagan/Bush (1981-92) und Kohl (1982-93). 1995.
Band	62	Harald Schlüter: Vom Ende der Arbeiterjugendbewegung. Gewerkschaftliche Jugendarbeit im Hamburger Raum 1950-1965. 1996.
Band	63	Annette Elisabeth Töller: Europapolitik im Bundestag. Eine empirische Untersuchung zur europapolitischen Willensbildung im EG-Ausschuß des 12. Deutschen Bundestages. 1995.
Band	64	Hermann Hill / Helmut Klages / Elke Löffler (Eds.): Quality, Innovation and Measurement in the Public Sector. 1996.
Band	65	Michael Hofmann / Werner Jann / Peter Wordelmann (Hrsg.): Spuren in die Zukunft. Zukunftsorientierte Problemlösungen auf dem Prüfstand. Beiträge zum 60. Geburtstag von Carl Böhret. 1996.
Band	66	Götz Konzendorf: Folgen der "Heranalternden Gesellschaft" und Ansatzpunkte aktiver Politik – mit einer Fallstudie zur Mittelstadt Speyer. 1996.
Band	67	Bettina von Harder: Die Interdependenzen zwischen Währungsunion und Politischer Union in der Europäischen Union des Maastrichter Vertrages. Ökonomische Funktionsbedingungen – nationale Souveränität – Integrationsautomatismus. 1997.
Band	68	Antje Blöcker / Ulrich Heyder / Birgit Mangels-Voegt (Hrsg.): Die Reformfähigkeit von Staat und Gesellschaft. Festschrift für Klaus Lompe zum 60. Geburtstag. 1997.
Band	69	Yvette Gerner: Die Europäische Union und Rußland. Unterstützung der EU für die Transformationsprozesse in Rußland am Beispiel des technischen Hilfsprogramms Tacis. 1997.
Band	70	Michael Haus: Demokratischer Kommunitarismus: Michael Walzers politische Philosophie. 1998.
Band	71	Uta Devries: Amnesty International gegen Folter. Eine kritische Bilanz. 1998.
Band	72	Katja Thimm: Die politische Kommunikation Jean-Marie Le Pens. Bedingungen einer rechtspopulistischen Öffentlichkeit. 1999.
Band	73	Ja-Sook Park: Transformation in einem geteilten Land. Vom marxistisch-leninistischen System der DDR zum freiheitlich-demokratischen System der BRD. 9. November 1989 bis 3. Oktober 1990. 1999.
Band	74	Dirk Frenzel: Kulturelle Eye-dentity. Die Kulturpolitik der EU am Beispiel der Filmförderung. 1999.
Band	75	Stefanie Virginia Gerlach: Staat und Kirche in der DDR. War die DDR ein totalitäres System? 1999.
Band	76	Micha Hörnle: What's Left? Die SPD und die British Labour Party in der Opposition. 2000.